高等院校工商管理专业系列教材

现代商务管理
(第3版)

刘　安　符　敏　刘元元　主　编

陈　静　副主编

清华大学出版社
北京

内 容 简 介

本书共分为十三章，内容包括现代商务与商务管理概述、现代商务管理的思想与理论、现代商务环境与商圈设定拓展、现代商务信息与商机管理、现代商务谈判管理、现代有形商品贸易管理、现代无形商品贸易管理、现代客户关系管理、现代电子商务管理、现代国际商务管理、现代商务冲突管理、现代资本运营管理、现代商务风险管理。

本版教材，较之第 2 版教材，从体系上作了"微妙"改动：一方面依据"商务"的内涵和外延增加了现代商务谈判管理、现代有形商品贸易管理、现代客户关系管理三章内容，从而使"商务管理"的体系更加科学；另一方面，为适应"现代商务"的发展趋势，将现代资本运营管理、现代商务风险管理各自独立成章，实现知识的由浅入深。

为适应教学改革和社会变革之需要，本书在体系设计和具体内容上，严格遵循"理论必须与实践相结合，重在实践"的指导思想，力争做到理论上通俗易懂、实践上易于操作。

本书既可作为本科院校经济与管理类专业的教材，也可作为 MBA 的实训教材，还可以作为现代公司从事商务活动人士的参考用书。

本书封面贴有清华大学出版社防伪标签，无标签者不得销售。
版权所有，侵权必究。举报：010-62782989，beiqinquan@tup.tsinghua.edu.cn。

图书在版编目(CIP)数据

现代商务管理/刘安，符敏，刘元元主编．—3 版．—北京：清华大学出版社，2022.5(2024.1 重印)
高等院校工商管理专业系列教材
ISBN 978-7-302-60495-2

Ⅰ．①现… Ⅱ．①刘… ②符… ③刘… Ⅲ．①商业管理—高等学校—教材 Ⅳ．①F712

中国版本图书馆 CIP 数据核字(2022)第 054292 号

责任编辑：	汤涌涛
装帧设计：	刘孝琼
责任校对：	徐彩虹
责任印制：	杨　艳

出版发行：清华大学出版社
网　　址：https://www.tup.com.cn, https://www.wqxuetang.com
地　　址：北京清华大学学研大厦 A 座　　邮　编：100084
社 总 机：010-83470000　　邮　购：010-62786544
投稿与读者服务：010-62776969, c-service@tup.tsinghua.edu.cn
质量反馈：010-62772015, zhiliang@tup.tsinghua.edu.cn
课件下载：https://www.tup.com.cn, 010-62791865

印 装 者：三河市龙大印装有限公司
经　　销：全国新华书店
开　　本：185mm×260mm　　印　张：29.5　　字　数：715 千字
版　　次：2014 年 8 月第 1 版　2022 年 5 月第 3 版　　印　次：2024 年 1 月第 3 次印刷
定　　价：69.00 元

产品编号：087975-01

前　　言

第 3 版《现代商务管理》教材，诚惶诚恐地终于与各位学者见面了……

本教材之所以能以第 3 版的面貌问世，一方面得益于全国同行和广大学生的厚爱、指导和认可，另一方面得益于清华大学出版社有关领导和编辑的不懈支持和鼓励，以及本教学团队全体同仁的风雨同舟。在此，一并向关心此书、为此书的编辑和出版做出努力的同志们，致以最崇高的敬意！

现代商务管理学这门学科，经历了几代人的努力。中国人民大学夏光仁教授、汪洋教授等老前辈们为此学科的建立奠定了基础；中国人民大学王立平教授、江西财经大学廖进球教授等为此学科的发展做了大量的开创性工作。在此，本教材全体作者，深切缅怀夏光仁教授、汪洋教授；衷心祝愿王立平教授、廖进球教授永远健康……

与时俱进是时代发展的铁律。本版教材实现了从体系到内容的再次更新，正如在内容简介中所言，本版教材对原版教材而言，实现了体系更新和内容升华——有计划地新增了现代商务谈判管理、有形商品贸易管理、现代客户关系管理三章内容，并将现代资本运营管理、现代商务风险管理独立成章，以增强知识的厚度和实用性。

本教材体系共分为十三章，各章具体内容如下所述。

第一章，现代商务与商务管理概述。主要阐述了现代商务活动的基本内容与发展趋势、现代商务管理的职能与管理原理、现代商务活动的历史经验和发展趋势等内容。

第二章，现代商务管理的思想与理论。主要阐述了传统商务思想与理论、现代商务思想与理论、新中国商务思想与理论及其发展等内容。

第三章，现代商务环境与商圈设定拓展。主要阐述了商务环境分析、商务环境创新、商圈设定与拓展等内容。

第四章，现代商务信息与商机管理。主要阐述了商务信息与数据、获取商业机会、商业机会分析和选择、商业计划书等内容。

第五章，现代商务谈判管理。主要阐述了商务谈判概要、现代商务谈判理论、现代商务谈判常用策略、各国商务谈判风格等内容。

第六章，现代有形商品贸易管理。主要阐述了现代销售管理、现代商品采购管理、现代物流管理等内容。

第七章，现代无形商品贸易管理。主要阐述了服务贸易管理、知识产权贸易管理、信息技术贸易管理等内容。

第八章，现代客户关系管理。主要阐述了客户关系管理、客户关系建立、客户关系维护、客户关系恢复、客户关系管理项目的实施等内容。

第九章，现代电子商务管理。主要阐述了电子商务基本原理、电子商务基础设施、电子采购、电子营销、电子商务分析与设计、电子商务实施与维护等内容。

第十章，现代国际商务管理。主要阐述了国际商务概述、国际商务组织、国际商务进出口管理、国际商务运营等内容。

第十一章，现代商务冲突管理。主要阐述了商务冲突的形成与影响、商务冲突管理的基本原则、商务冲突管理策略与具体方式等内容。

第十二章，现代资本运营管理。主要阐述了资本运营、现代资本运营方式、资本运营风险及管理等内容。

第十三章，商务风险管理。主要阐述了风险及风险管理、商务风险管理原理、商务风险管理流程和控制技术、商务风险类型与管理等内容。

编著本教材的基本指导思想是理论与实践并重。每一章、节都力求解决好是什么、为什么、怎么办的问题，突出应用能力的培养，强化实践性教学环节。为此，本教材体例设计为学习要点及目标、核心概念、引导案例、正文、本章小结、本章案例。

本书由天津商业大学刘安教授、刘元元副教授，湖南应用技术学院符敏任主编，由天津商业大学陈静副教授任副主编。具体编写分工为第一章、第九章由刘安编写；第二至五章、第七章、第十三章由刘元元编写；第六章第一节、第三节、第十一章及文前文后部分由符敏编写；第六章第二节、第八章、第十章、第十二章由陈静编写。

由于编者水平和经验有限，教材中的某些观点和行文难免存在纰漏，恳请同行及读者斧正，以使本教材更趋完善。

祝愿本教材的应用，能为培养中国的商界精英贡献绵薄之力！

编 者

目 录

教学资源服务

第一章 现代商务与商务管理概述 1
第一节 商务的概念和特征 4
一、有关"商务"的各种学说 4
二、商务的概念 5
三、商务活动的基本特征 5
第二节 商务活动的基本内容与发展趋势 6
一、商务活动的基本内容 6
二、商务活动的层次 10
三、商务活动的发展趋势 11
第三节 现代商务组织 14
一、商务组织的定义 14
二、现代商务组织的基本形式——企业 15
第四节 现代商务管理职能与管理原理 18
一、现代商务管理职能 18
二、现代商务管理原理 26
第五节 商务管理的历史经验和发展趋势 30
一、商务管理的历史经验 30
二、商务管理的发展趋势 32
本章小结 32
本章案例 33

第二章 现代商务管理的思想与理论 35
第一节 传统商务思想与理论 37
一、中国传统的商务思想与理论 37
二、西方传统的商务思想与理论 40
第二节 现代商务思想与理论 43
一、马克思的商品流通理论 43
二、需求理论 45
三、销售成本理论 46
四、交易费用理论 47
五、消费者主权理论 48
六、创新理论 49
七、电子商务理论 50
第三节 新中国商务思想与理论及其发展 50
一、建国三十年商务思想及理论时期(1949—1977 年) 51
二、基于商品经济的商务思想与理论探索时期(1978—2012 年) 51
三、加快完善现代市场体系时期(2013—2017 年) 52
四、新时代完善现代市场体制时期(2017—2021 年) 54
本章小结 55
本章案例 56

第三章 现代商务环境与商圈设定拓展 59
第一节 商务环境分析 60
一、经济全球化与区域经济一体化 60
二、宏观环境分析 62
三、行业环境分析 64
四、新技术环境及对商业的影响 67
第二节 商务环境创新 68
一、电子商务 68
二、移动商务 71
三、物联网 74
四、协同商务 76
五、社交商务 79
第三节 商圈设定与拓展 82
一、商圈的构成及类型 82
二、影响商圈需求的因素 83
三、传统商圈划定方法 84
四、商圈理论的创新 88
五、新型商圈的形成与融合 90
本章小结 91
本章案例 92

第四章 现代商务信息与商机管理 95

第一节 商务信息与数据 96
一、商务信息的价值 96
二、信息来源 97
三、商务信息化及商务信息系统的建立 99
四、大数据时代与商务 100
五、大数据在商务领域的应用 103

第二节 获取商业机会 104
一、商业机会的概念及特征 104
二、商业机会的类型 105
三、开发商业机会的动机 106
四、捕捉商业机会的方法 107

第三节 商业机会分析和选择 109
一、商业机会分析的重要性 109
二、商业机会分析的流程 109
三、商业机会价值分析 111
四、商业机会选择过程 113
五、商业机会的判断 117

第四节 商业计划书 118
一、商业创意的内涵与来源 118
二、商业计划书的撰写 119
三、商业计划的演示与实践 122

本章小结 124
本章案例 125

第五章 现代商务谈判管理 128

第一节 商务谈判概要 129
一、商务谈判的概念与价值评判 129
二、商务谈判的特征与种类 130
三、商务谈判的主要作用 132
四、商务谈判的原则与流程 133

第二节 现代商务谈判理论 135
一、需要谈判理论 135
二、原则谈判理论 135
三、结构谈判理论 136
四、博弈谈判理论 137
五、社会交换谈判理论 137
六、公平谈判理论 138

第三节 现代商务谈判常用策略 139
一、谈判开局阶段的策略 139
二、谈判报价阶段的策略 141
三、谈判磋商阶段的策略 143
四、谈判签约阶段的策略 144
五、破解谈判僵局的策略 145

第四节 各国商务谈判风格 146
一、跨文化谈判与谈判风格 146
二、日本人的谈判风格 146
三、美国人的谈判风格 147
四、俄罗斯人的谈判风格 148
五、英国人的谈判风格 148
六、法国人的谈判风格 149
七、德国人的谈判风格 149
八、阿拉伯人的谈判风格 150
九、拉美人的谈判风格 151

本章小结 152
本章案例 153

第六章 现代有形商品贸易管理 155

第一节 现代销售管理 157
一、销售在企业中的基本作用 157
二、销售理念及其销售模式 157
三、销售管理的基本方法 159
四、销售经理的基本职责 160
五、现代销售方式 161
六、现代销售技术 167
七、现代销售服务质量管理 172
八、销售费用与利润管理 177

第二节 现代商品采购管理 180
一、商品采购与采购管理概述 180
二、现代商品采购运营管理 185
三、现代商品采购及其管理的新趋势 195

第三节 现代物流管理 203
一、物流管理概要 203
二、传统运输方式及其选择 207
三、选择运输方式的影响因素 211
四、物流运输的合理化 213
五、传统商品储存控制与技术 215
六、电子商务条件下的物流过程 221

七、电子商务条件下的物流模式......228
　　八、电子商务条件下的物流管理......234
　本章小结......236
　本章案例......237

第七章　现代无形商品贸易管理......242

　第一节　服务贸易管理......243
　　一、服务产品及其特点......243
　　二、服务贸易及其范围......245
　　三、企业服务贸易管理过程......245
　第二节　知识产权贸易管理......247
　　一、知识产权的含义和特征......247
　　二、企业主要的知识产权......248
　　三、知识产权转让......256
　第三节　信息技术贸易管理......257
　　一、信息贸易的含义与内容......257
　　二、信息贸易的特征......258
　　三、技术贸易的含义与特征......259
　　四、技术贸易方式......260
　　五、国际技术贸易......261
　本章小结......262
　本章案例......263

第八章　现代客户关系管理......266

　第一节　客户关系管理概述......267
　　一、客户关系管理的产生及含义......267
　　二、客户关系管理的内容与作用......269
　　三、客户关系管理的原则......271
　第二节　客户关系建立......271
　　一、客户识别与选择......272
　　二、客户的开发......274
　第三节　客户关系维护......277
　　一、客户信息管理......277
　　二、客户分级管理......280
　　三、客户沟通管理......284
　　四、客户体验管理......286
　　五、客户满意与客户忠诚管理......288
　第四节　客户关系恢复......293
　　一、客户流失原因......293
　　二、客户流失挽回......294

　　三、客户流失防范策略......295
　第五节　客户关系管理项目的实施......296
　　一、客户关系管理项目实施的目标与原则......296
　　二、客户关系管理项目小组的组建......298
　　三、客户关系管理项目实施的步骤......301
　　四、客户关系管理项目实施成功的影响因素......302
　本章小结......304
　本章案例......305

第九章　现代电子商务管理......308

　第一节　电子商务的基本原理......308
　　一、电子商务定义......308
　　二、电子商务特征......309
　　三、电子商务关联对象......309
　　四、电子商务的应用范围......310
　　五、电子商务的功能......310
　　六、电子商务的类型......311
　　七、电子商务的运营模式......313
　　八、电子商务的盈利模式......315
　　九、建站模式......318
　第二节　电子商务的基础设施......318
　　一、互联网......318
　　二、互联网标准......323
　　三、电子商务基础设施结构......325
　第三节　电子采购......326
　　一、电子采购的含义及特点......326
　　二、电子采购方式......327
　　三、电子采购优势......327
　　四、电子采购平台......328
　　五、电子采购的实现......329
　第四节　电子营销......329
　　一、电子营销的定义及特点......329
　　二、电子营销的优势......329
　　三、电子营销步骤......330
　　四、电子营销技巧......330

第五节 电子商务分析与设计 333
　　一、电子商务分析的含义及目的 333
　　二、电子商务分析的内容 334
　　三、电子商务设计 335
第六节 电子商务实施与维护 336
　　一、电子商务实施与维护的
　　　　动态性 336
　　二、建立电子商务系统的可选
　　　　方案 337
　　三、选择解决方案的主要标准 337
　　四、内容管理与维护 338
本章小结 340
本章案例 341

第十章 现代国际商务管理 344

第一节 国际商务概述 346
　　一、国际商务的概念 346
　　二、国际商务的产生与发展 348
　　三、企业商务国际化的驱动因素 349
　　四、我国商务活动国际化的特征
　　　　与趋势 350
第二节 国际商务组织 351
　　一、组织结构 351
　　二、组织文化 353
　　三、组织变革 356
第三节 国际商务进出口管理 359
　　一、进出口在国际商务中的体现 359
　　二、进出口的一般动机 360
　　三、进口保护政策 361
　　四、出口鼓励及其他政策 362
　　五、网络时代进出口管理的
　　　　新趋势 363
第四节 国际商务运营 364
　　一、国际市场营销 364
　　二、全球化供应链管理 368
　　三、国际人力资源管理 371
　　四、国际财务管理 376
本章小结 380
本章案例 381

第十一章 现代商务冲突管理 384

第一节 商务冲突的形成与影响 385
　　一、商务冲突的成因 385
　　二、商务冲突的类型 387
　　三、电子商务环境下的商务冲突 388
　　四、商务冲突的影响 389
第二节 商务冲突管理的基本原则 390
　　一、商务冲突管理的重要性 390
　　二、商务冲突管理的基本原则 391
第三节 商务冲突管理策略与具体
　　　　方式 392
　　一、商务冲突管理基本策略 392
　　二、电商渠道与传统渠道冲突管理
　　　　对策 395
本章小结 395
本章案例 396

第十二章 现代资本运营管理 398

第一节 资本运营概述 399
　　一、资本的含义及特点 400
　　二、资本运营的含义及特点 400
　　三、资本运营的内容与模式 402
　　四、资本运营的意义 403
　　五、现代资本运营理论 404
第二节 现代资本运营方式 405
　　一、风险投资 405
　　二、企业上市 408
　　三、企业并购 414
第三节 资本运营风险及管理 418
　　一、资本运营风险概述 418
　　二、资本运营风险类型 419
　　三、资本运营风险管理 421
本章小结 424
本章案例 425

第十三章 商务风险管理 427

第一节 风险及风险管理 428
　　一、风险与不确定性 428
　　二、风险管理概述 430

三、风险管理的意义 432
第二节　商务风险管理原理 433
　　一、商务风险的来源 433
　　二、商务风险管理的基本原理 434
第三节　商务风险管理流程和控制
　　　　技术 436
　　一、商务风险管理流程 436
　　二、商务风险管理与控制技术 441
第四节　商务风险类型与管理 443

　　一、市场风险管理 443
　　二、信用风险管理 445
　　三、筹资风险管理 447
　　四、投资风险管理 450
　　五、贸易风险管理 453
　本章小结 455
　本章案例 455

参考文献 458

第一章 现代商务与商务管理概述

【学习要点及目标】

- 重点掌握商务的概念和特征,了解生活中常见的商务活动。
- 掌握商务活动的基本内容,了解其发展趋势。
- 了解现代商务组织的种类。
- 掌握现代商务管理职能与管理原理。
- 了解商务管理的历史经验及其发展趋势。

【核心概念】

商务管理　商务组织　商务活动　商务管理职能

【引导案例】

沃尔玛的商务活动

沃尔玛全球概况

沃尔玛百货有限公司是由美国零售业的传奇人物山姆·沃尔顿先生于1962年在阿肯色州创立,经过50多年的发展,已经成为世界最大的私人雇主和连锁零售商,多次荣登《财富》杂志世界500强榜首及当选最具价值品牌。

沃尔玛致力于通过实体零售店、在线电子商店以及移动设备移动端等不同平台、不同方式来帮助世界各地的人们随时随地节省开支,并生活得更好。每周都会有超过2.6亿名顾客和会员光顾沃尔玛在28个国家拥有的超过63个品牌下的约11 500家分店以及遍布11个国家的电子商务网站。2016财政年度(2015年2月1日至2016年1月31日)的营业收入达到近4 821亿美元,全球员工总数约230万名。创建以来,沃尔玛始终坚持创新思维和服务领先,一直在零售业界担任领军者的角色,更重要的是沃尔玛始终履行"为顾客省钱,从而让他们生活得更好"这一企业重要使命。

与在世界其他地方一样,沃尔玛在中国始终坚持"尊重个人、服务顾客、追求卓越、始终诚信"四大信仰,专注于开好每一家店,服务好每一位顾客,履行公司的核心使命,以不断地为顾客、会员和员工创造非凡成就。

沃尔玛中国概况

沃尔玛对中国经济和市场充满信心,并致力于在中国的长期投资与发展。沃尔玛于1996年进入中国,在深圳开设了第一家沃尔玛购物广场和山姆会员商店。经过20多年的发展,沃尔玛在中国现在已拥有约10万名员工。

目前沃尔玛在中国经营多种业态和品牌,包括购物广场、山姆会员商店等。截至2016年12月31日,沃尔玛已经在中国189个城市开设了439家商场、8家干仓配送中心和11家鲜食配送中心。

沃尔玛在中国的经营始终坚持本地采购原则。目前,沃尔玛在中国与超过7 000家供应商建立了合作关系，销售的产品中本地产品占比超过95%。

同时，沃尔玛在中国注重人才本土化，鼓励人才多元化，特别是培养和发展女性员工及管理层。目前沃尔玛在中国超过99.9%的员工来自中国本土，商场总经理95%以上由中国本土人士担任，女性员工占比超过60%，管理团队(职等7级以上)约42%为女性。2009年公司成立了"沃尔玛中国女性领导力发展委员会"，以加速推动女性的职业发展。2013年年初，公司又成立了沃尔玛女性领导力学院，更好地推动了女性领导者在公司的成长与发展。

2015—2017年，沃尔玛计划加大对中国市场不同业务的投资，预计新增115家门店，包括大卖场和山姆会员店，预计创造3万多个就业岗位。同时，沃尔玛将继续升级现有门店，加强食品安全，与本土供应商共赢发展。沃尔玛希望能更好地适应中国经济新常态，创造更多就业岗位，在与中国经济共发展的同时成为消费者信赖的优秀企业公民。

沃尔玛中国经营业态

沃尔玛在中国经营多种业态，其中购物广场、山姆会员商店是两大主力业态。

1) 沃尔玛购物广场

沃尔玛购物广场营业面积6 000~10 000 m^2不等，主营生鲜食品、服装、家电、干货等两万多种商品，为顾客提供独特的"一站式购物"体验。同时作为主力店，为相邻的小零售商、餐厅及商店等商家吸引客流。

沃尔玛购物广场不仅注重食品安全和商品质量，还一直致力于实现"为顾客省钱、让他们生活得更好"的目标。每家购物广场都努力为顾客提供更多的商品，在全国范围内力推"省心价"商品，为消费者省去比价的烦恼。同时，通过市场调研，甄选消费者喜爱的商品组合，配合以不断改良的陈列方式，持续推动店面改造，以提升顾客购物体验，在满足顾客需求的同时带来产品整体销售的增长。

2) 山姆会员商店

山姆会员商店是世界500强企业沃尔玛旗下的高端会员制商店，其名取自零售界传奇人物——沃尔玛创始人山姆·沃尔顿先生。自1983年4月首家商店在美国俄克拉何马州的米德韦斯特城开业起，山姆已有超过30年的历史。20世纪90年代初，山姆开始进入国际市场，发展至今已成为全球最大的会员制商店之一。目前，山姆在全球已拥有800多家门店，为5 000多万个人与商业会员提供优质的购物体验。中国第一家山姆会员商店于1996年8月12日落户深圳。目前，山姆已在中国开设了14家商店，分别坐落在北京、上海、深圳、广州、福州、大连、杭州、苏州、武汉、常州、珠海和天津。未来，山姆会员商店将继续扩大在中国的投资，让更多的中国家庭享受山姆带来的优质生活。

每家山姆会员商店平均拥有20 000 m^2的超大购物空间，主要经营百货商品。为满足顾客对于更高品质商品的需求，山姆会员商店只精选同类商品中最佳品质或者最畅销的品牌，提供4 000多种高性价比单品，包括生鲜食品、干货、家电、家居、服装等品类，既帮助会员免除挑选商品的烦恼，也可以为会员节省时间和金钱。山姆销售的产品大多为大而简单的复合包装，通过大批量进货降低成本。山姆会员店的选址强调交通便利，拥有足够的停车场，通常提供给会员至少1 500个停车位。

沃尔玛中国电子商务发展动态

(1) 从2010年年底开始，山姆会员网上商店(www.samsclub.cn)陆续在深圳、北京、大连、上海、广州、福州、杭州、苏州、武汉、常州和珠海在内的所有已开设山姆会员商店的城市开通了山姆会员网购直送服务。

(2) 2011年5月,沃尔玛百货有限公司宣布与1号店控股公司达成协议,购入这家正在快速发展的中国电子商务企业少部分股权。

(3) 2012年10月26日,沃尔玛宣布已完成对发展迅速的中国电子商务网站1号店控股公司的投资,沃尔玛持有其股份增至近51%。沃尔玛的增资将有助于1号店的继续发展,也将使沃尔玛更好地通过电子商务来服务中国顾客。自2008年7月上线以来,1号店一直在中国电子商务市场保持快速的发展。1号店拥有9 000万注册用户,在北京、天津、上海、广州、深圳、东莞、苏州、昆山等8个城市已实现当日达,全国166个城市实现次日达。

(4) 从2012年10月开始,山姆会员网上商店在深圳、广州、上海、北京、苏州等地区,陆续上线了生鲜、冷藏、冷冻食品,并提供一日两送、上午下单当日送达的网购服务。未来,生鲜食品网购直送服务还将在更多地区推广。山姆会员可以很方便地在山姆网站购买数百种果蔬、肉蛋、新鲜面包、冷藏及冷冻食品。

(5) 为了方便山姆会员多渠道购物,继开通微信服务后,山姆的App移动客户端在2014年4月正式发布。上网搜索关键词"山姆会员商店"下载安装App,即可随时随地了解实体店信息和商品信息。会员网购下单更方便,还可以在移动客户端查询购物记录和常购清单,并获取最新优惠信息,非会员也可以通过移动客户端购买山姆会籍成为山姆会员。

(6) 2014年12月底,山姆会员网上商店银联在线和购物卡在线支付服务上线。其中新发行的带网上支付密码的沃尔玛购物卡在沃尔玛、山姆门店及山姆网站均可使用。这些举措丰富和完善了山姆会员商店多渠道的支付工具,为会员朋友提供了更灵活便捷的支付服务。

(7) 2015年5月,沃尔玛在深圳宣布推出大卖场O2O服务平台,该平台包括同时宣布推出的"沃尔玛"手机App、供顾客自提货的门店"速购服务中心",以及线上线下多种移动电子支付方式。沃尔玛将率先在拥有门店数量最多的深圳市进行试点,借由23家大卖场的门店网点覆盖全市(除盐田和大鹏外)。

(8) 2015年7月,沃尔玛宣布已收购1号店余下股权,全资控股1号店,时任沃尔玛全球电子商务亚洲区总裁兼首席执行官的王路的部分管理职责将包括领导1号店。在全资控股1号店后,沃尔玛计划投资加速电商业务的发展。

(9) 2016年3月,沃尔玛宣布在其App上推出覆盖全国范围的跨境电商服务"全球e购",所售商品不仅有正品和价格优势的保证,还享有实体店一样的退货服务。在沃尔玛App上的"全球e购"频道提供来自美国、英国、日本、韩国、澳大利亚等200多个全球知名产地的食品、保健、个护化妆和母婴商品。

(10) 2016年6月,沃尔玛(纽交所股票代码:WMT)和中国最大的自营电商企业京东(纳斯达克股票代码:JD)宣布达成一系列深度战略合作协议,通过整合双方在电商和零售领域的巨大优势,为中国消费者提供更优质的商品和服务。作为此次协议的一部分,沃尔玛将获得京东新发行的144 952 250股A类普通股,约为京东发行总股本数的5%,同时各方将在多个战略领域进行合作。

(11) 2016年10月,沃尔玛与京东双方宣布在电商、跨境电商、O2O等领域的合作取得了多项重要进展,将携手为中国消费者提供更丰富的海内外优质商品、更便捷高效的物流服务。在"双十一"期间,沃尔玛与京东共同开拓的一系列全新服务,使中国消费者的网购体验又上一个新的台阶。

- 山姆会员商店独家入驻京东。
- 全球官方旗舰店入驻京东全球购。
- 沃尔玛购物广场入驻"京东到家"平台。

(资料来源：www.wal-martchina.com，2017-3-24.)

【案例导学】

沃尔玛为什么能多次荣登《财富》杂志世界500强榜首及当选最具价值品牌？除了在世界范围内拥有连锁和超市两种业态相结合的优势之外，还积极地、创造性地、与时俱进地大力发展电子商务，使其销售规模、销售速度均居世界之首。其购物广场、山姆会员商店两大主力业态已做到了极致，值得我们学习与借鉴。

第一节 商务的概念和特征

人类社会的生产和生存离不开商品交换活动，"交换"是市场经济的主旋律。这是由社会劳动分工导致的，因此，交换就成为社会再生产过程中必不可少的四环节(生产、交换、分配、消费)之一，缺少了这一环节，社会生产的发展速度和规模将会极大地受阻，人们的消费也很难得到满足。一个社会在交换上的发达程度，直接决定了这个社会的发达程度。

显然，人们为获取一定的物质、能量和信息，转让自己的产品或服务，需要开展一系列的交换活动，通常称之为商务活动或商业活动。本章主要阐述商务的概念、商务活动的内容、商务活动的重要性及商务发展的新趋势等基本商务问题。

一、有关"商务"的各种学说

对"商务"概念的科学界定是准确把握商务活动的实质和意义的前提。商务印书馆出版的《现代汉语词典》中收录了"商务"一词，把"商务"解释为"商业上的事务"，同时把"商业"定义为"以买卖方式使商品流通的经济活动"。将两个词条结合起来理解，就可以把"商务"界定为"买卖商品的事务"。

一般将英文business译作"商务"，而business在英文中是一个多义词，与"商务"相关的解释有：①买卖、商业、贸易；②商店、工商企业。这些不同的解释及business在不同场合的使用，使中文中"商务"的含义产生了明显的差异。

目前国内外经济学、管理学论著及实践中对"商务"的理解，大致可归纳为以下四种。

第一，买卖说。商务就是买卖商品的事务。一切买卖商品和直接为买卖商品活动服务的活动都是商务活动；一切旨在达成商品交易的行为也都是商务行为。

第二，营销说。商务即市场营销。一切买卖商品的活动都是市场活动，都要以销售为中心。市场营销活动就是以销售为中心的市场活动，也就是商务活动。

第三，转让说。商务是指各种经济资源(包括物质产品、劳动、土地、资本等有形产品和无形产品)有偿转让的活动。只要这种资源通过交换的方式实现所有权的转移，那么这种所有权转移的活动就是商务活动。

第四，营利说。商务是指一切营利性的行为。只要人类从事的活动是以营利为目的的，那么这种活动就是商务活动，它包括商业活动以及生产和服务活动。

二、商务的概念

商务是指以营利为目的的微观经济主体出售和购买各种经济资源及为此而服务的各种活动的总称。这一定义明确了以下几个主要问题。

(1) 商务的主体：以营利为目的的微观经济主体，包括自然人和法人。不以营利为目的的行为主体被排除在商务概念之外，如消费者购买商品是为了自己消费，不是商务主体；政府、学校、军队、宗教组织等都不是经济组织，其活动均不以营利为目的，其行为也就不是商务行为。

(2) 商务的客体：可供买卖的所有经济资源，不仅包括各种有形商品和资产(如劳动力、物资、货币、房地产等)，而且包括无形商品(如商标、专利、工业产权、计算机软件、信息等)和资产。

(3) 商务的实质：通过买卖方式实现商品所有权的转移，它反映微观经济主体为获得收益而进行的各种交易行为。一切不通过买卖方式而实现商品所有权转移的行为都不是商务行为，如国家征税、企业捐赠物资、个人继承、个人拾得等。

(4) 商务的范围：包括直接买卖经济资源以及为此而服务的全部活动，如商情调研与发现商业机会、供应分析与选择商业机会、交易磋商、商务合同的签订、处理商务冲突与对外形象塑造、制定竞争战略、资本营运与风险控制等。

综上，该定义从商务的主体、客体、实质、范围等四个方面，综合地、系统地阐述了商务的概念。

三、商务活动的基本特征

从商务的定义可以看出，商务活动具有如下几种特征。

(1) 交易性：任何商务活动都要涉及交易，即买卖。买卖(商品销售与采购)是商务活动的基本特征和最基本的业务活动。

(2) 竞争性：市场中从事商务活动的经济主体成千上万，为消费者或经销商提供的商品在质量、功能、价格、交易条件等方面，谁占有优势，谁就在市场竞争中占有有利地位。竞争性是商务活动的必然属性。

(3) 利益性：从事商品买卖的最终目的是盈利，而不是自己消费或无偿为社会提供商品或服务。这一特性是商务组织存在的前提和发展的理由。

对商务活动基本特征的认识水平，将在很大程度上决定商务工作者的工作水平。针对以上三个基本特征，商务工作者在实际工作中应特别注意以下问题：选择好符合特定消费者需求及自身能力的商品和服务进行交易；如今的商务竞争是商品质量、功能、价格、交易条件、服务设施和水平等全方位的竞争，而不是简单的价格竞争；商务组织取得利益的唯一合法途径是向社会提供合法的商品或服务，提供任何非法的商品或服务，都将使该组织化为乌有。

第二节　商务活动的基本内容与发展趋势

一、商务活动的基本内容

根据商务的定义，可以明确地看出商务活动的内容非常丰富，其范围包括营利性组织和个人除生产活动以外的全部对外经济活动。以现代商事组织——企业为例，商务活动的内容包括以下八个方面。

(一)商情调研与发现商业机会

商情调研与发现商业机会(市场需求点)是现代商务活动的起点。其原因是商务活动的核心是商品销售，销售什么、能销售多少、以什么价格销售等问题，均取决于目标市场的需求。而对目标市场需求的把握，必须依靠商情调研。

商情调研与发现商业机会的关系为商情调研是发现商业机会的手段，发现可能的商业机会是商情调研的真实目的。只有发现商业机会，企业才知道社会和消费者需要或可能需要什么，进而才能确定企业应该提供什么。

最具价值的商情调研是预测到市场需求的未来趋势。因为"市场需求的未来趋势"不是任何组织、任何人都能够预测到的，只有准确预知"市场需求的未来趋势"的组织或人员，才能够提前为满足该市场需求做好相应的准备，从而使组织在供应方面提高竞争能力。

根据这一结论，企业应当成立专门从事商情调研工作的部门，至少要责成专人专门从事商情调研工作，从而使企业具备灵敏的商业嗅觉。在现实商务活动中，商情调研工作往往是由所有者或高级管理人员代劳，如此重要的工作，仅仅寄托在某个人或几个人身上是非常危险的。

(二)供给分析与选择商业机会

所谓选择商业机会，是指企业从若干个商业机会中选择一个或几个商业机会予以实践的过程。供给分析与选择商业机会二者的关系为供给分析是前提，选择商业机会是目的。企业为什么要对商业机会进行选择？这是因为在一个特定时空中，商业机会多种多样，一个组织不可能满足所有的市场需求点(即商业机会)，一方面从事满足这些需求工作的主体(即供应者)千千万万，竞争性很强，另一方面企业的资源有限，不可能满足所有的需求。故一个企业要想盈利，必须将市场需求状况、竞争状况和自身条件紧密结合起来统筹考虑，选择一个或几个市场需求点予以满足，所以，选择商业机会是企业将一般商机转化为盈利商机的重要前提。

商业机会(市场需求点)随时随地都会存在，通过商情调研可以发现一系列商业机会，但企业并不是每一个商业机会都能抓住，都能使其转化为盈利机会。一个营利性组织要使某个商业机会转化成盈利机会，必须遵循商业运营三要素的规则，搞好三要素的平衡，即商业机会、供给状况和自身条件。具体来说就是商业运营不仅要从市场中找到满足消费需求的商业机会点，而且要认真分析供给状况和自身条件，把商业机会点与供给及自身条件有机地结合起来。这里的关键是企业首先要看清外部条件(供需状况)，再看清自身条件(能否以低于市场的平均价格向社会提供产品或服务),先外后内,做到市场需要什么、需要多少,企业就提供什么、提供多少。商业运营最忌讳的是企业能生产什么,就向社会提供什么。据此三要素理论,进行供给分析和对自身状况的判断,就成为企业最终选择适合自己商业机会的前提条件。供给分析是选择商业机会的手段,选择商业机会是供给分析的真实目的。这样最终选择的商业机会,才有可能是企业的盈利机会。

供给状况包括:①生产资料的供给状况,即是否具有生产和组织某种产品或服务供给的经济资源,获得这些资源需要花费多大的代价;②产品或服务的供给状况,即社会现存的产品或服务的供给能力、供给的竞争强度。

自身条件包括生产能力、技术能力、开发和经营能力等,也可以说是企业自身的供给能力。

如果商业机会与企业的自身条件和供给状况相适应,就能够迅速将商业机会转化为盈利机会;反之,就很难使商业机会转化为盈利机会,商业机会对企业来说也就无任何意义可言。

选择商业机会,其实质是确定企业未来的产品结构或服务结构,也就是确定企业的发展战略,这是关系到企业生死存亡的重大问题。

(三)商务磋商与签订商务合同

商务磋商,即商务谈判,是指为达成交易,买卖双方就商品买卖的相关问题反复进行交涉、商量的过程。这是双方讨价还价、斗智斗勇、体现着谈判科学与谈判艺术的过程,它是签订商务合同的前提。

商务磋商的具体内容包括交易的标的、价格、品质、数量、交付地点、交付时间、包装要求、运输方式、验收方法、付款方式、商品所有权转移的时间、违约责任、争议的解决方式等。

商务合同是买卖双方就交易的各种条件在平等、自愿、互惠互利的原则下达成的书面协议,它要对各商务主体的权利与义务(磋商的 13 项内容)做出明确而具体的规定。签订商务合同是成功进行商务磋商的必然结果,没有商务合同,双方的交易便没有了规则,也就无法形成有效的市场交易秩序,商务行为便不能有效地进行。

合同一般有三种形式,即口头、书面、行为。《中华人民共和国合同法》(以下简称《合同法》)规定:当事人双方即时能结清的合同,可以采取口头形式,否则应当采用书面合同。现代商务活动是有组织的活动,除了直接面对最终消费者的零售业务活动以外(这种业务是一手钱、一手货的钱货两清的业务,是即时能结清的业务),大多数商务活动都是以书面合同为纽带的。要保证交易的顺利进行和合同的有效履行,商务主体之间首先要进行交易磋商,就交易的标的、价格、品质、数量、交付地点、交付时间、包装要求、运输方式、验收方法、付款方式、商品所有权转移的时间、违约责任、争议的解决方式等进行谈判,达到双方一致的进行交易的意思表示,并通过契约的形式固定下来,使之成为约束双方交易行为的依据。

书面合同的形式包括纸质、传真、电子邮件、微信、微博等。

以行为表示的合同是指双方虽没有书面合同,但一方以一定条件进行交易,对方接受的行为。我国法律不提倡用此种形式表示合同,因为此种形式有时会给商务双方带来不必要的争议。

明确而具体的商务合同，是约束双方交易行为的依据，是保证交易顺利进行的必要条件。

据此，每个商务工作者必须掌握商务谈判技巧这一交易技能，同时对商务合同的形式、内容、签订原则等必须有准确、全面的理解，具备必要的、基本的法律知识。商务组织建立法务部门是业务的基本需求。

(四)商品购销与履行商务合同

传统的商务活动与现代商务活动在指导思想上截然不同。前者以生产为中心，后者以市场为中心。传统的商务活动是从采购开始的，即以购买生产所需的经济资源为起点，经过生产过程创造出产品或服务后，再把产品或服务推销出去，最终实现产品或服务的价值。也就是说，传统的商务活动是围绕着生产进行的，以生产定采购，以生产定销售，生产是中心，商务为生产服务，这是商品短缺时代(或计划经济时期)的指导思想。

现代商务活动是围绕着市场进行的，生产和商务活动都要以市场为中心。因此，现代商务活动以发现商业机会为起点，以商务合同为纽带，生产围绕着商务活动展开，购销运存过程直接体现为履行商务合同的过程，这是商品丰富时代(或市场经济时期)的指导思想。

当商务合同签订以后，商务活动的中心任务就是按合同要求组织好购销运存活动，保证合同的有效履行。

对于商务组织而言，合同的履行状态有三种，即完全履行、完全不履行、部分履行部分不履行。

所谓完全履行，是指商务主体双方均按照合同条款的规定各自履行了义务。此时，双方无任何争议，长此以往，双方将形成亲密无间的合作伙伴关系，为自己、为社会都会带来最大的利益。

所谓完全不履行，是指商务主体双方均没有在规定的时间内各自履行合同规定的义务。其原因，可能来自外部环境，也可能来自内部主观或客观条件的变化。无论何种原因，均可导致双方发生争议，不利于长期合作关系的建立。

所谓部分履行部分不履行，是指商务主体的任何一方或双方在规定的时间内只是履行了合同中规定的一部分义务。这种状态，也极易招致守约方的争议。

只有严格、完全地履行商务合同，才能使企业得以迅速发展、社会得以快速进步，其他两种履行状态必然导致商务冲突，使企业信誉受到损失，长此以往，必然导致全社会的道德、信誉缺失，这对一个企业、一个民族、一个国家来说将是一场灾难。因此，商务组织作为国民经济的一个细胞，必须坚决、牢固地树立严格履行合同的法治观念，视信誉为生命。

(五)处理对外关系与塑造企业形象

商务活动是面对市场、面向外部的经济活动，企业与外部的各种经济联系，主要是通过商务活动实现的。由于商务活动面临的外部环境总是不断变化的，因此，商务活动必须经常保持与外部环境的适应性，理顺企业与外部的关系。

企业商务活动面临的对外关系主要包括：供应商、经销商、顾客、股东、竞争者、银行及其他金融机构(如保险公司、证券公司、证券交易所、金融公司、融资租赁公司、财务公司、信托公司、典当行等)、传播媒体、政府部门、社区及社会团体等。商务活动在理顺对外关系中的重要职能是妥善处理商务冲突、讲求诚信交易、扩大对外宣传、塑造良好形象。

处理好对外关系,是塑造企业良好形象的重要途径之一;对外关系的恶化,是企业形象的最大破坏者。就二者之间的关系而言,处理好对外关系是原因,塑造企业良好形象是结果。

基于此,商务组织必须建立一个强有力的公关部门,妥善处理好企业对外的关系,使企业在和谐的外部环境中生存与发展。

(六)制定实施竞争战略与保持企业长期发展

制定适合本企业的竞争战略是保持企业长期发展的关键。现代社会高科技的发展和世界经济一体化的到来,使同行业竞争者的数量和实力得以空前地发展壮大,竞争的激烈程度前所未有。企业为了在激烈竞争的夹缝中求生存,就必须从事有效的商务活动。为此,现代商务活动要把制定和实施竞争战略作为重点,从企业的长期发展出发来确定商务竞争的目标、手段和方式,并始终围绕着企业的发展目标来展开商务竞争,把长期利益和短期利益有机地统一起来。制定、实施有效的竞争战略是保持企业长期发展的先决条件,二者是手段与目的的关系。

所谓竞争战略,是指企业在面对竞争这一问题上应当干什么,即确定干什么,才能确保企业取得竞争优势。企业可选择的竞争战略一般有三种,即成本领先战略、差异化战略、集中一点战略。成本领先战略是指与竞争者生产相同的产品,但追求规模生产,以降低生产成本,从而取得销售价格的优势以获取竞争优势,这一战略又称"航空母舰"战略。差异化战略是指与竞争者生产不相同的产品,即"你无我有",进而选择不同的目标市场,避开激烈的市场竞争。这是竞争的最高级形式,即达到无竞争的境地,这一战略又称"潜水艇战略"。实施这一战略,当产品投放到市场后,必将引起其他竞争者的仿造。因此,这一战略的出路是发展成"航空母舰"战略,或制定新的"潜水艇战略"。集中一点战略是指竞争者生产A产品,企业自身也生产A产品,但企业自身的A产品在某一点上就是比竞争者的强,企业自身是站在某一点上生产或销售A产品的,竞争者永远也达不到或很难达到企业自身的这一点,从而取得竞争优势,即"人无我有,人有我新,人新我优"。例如,茅台酒就是站在"国酒"这一点上生产和销售的,别的酒再好,也无法站在这一点上与茅台酒竞争。

商务组织应把市场供求与自身条件紧密结合起来,制定自身的竞争战略,确保企业长期发展。

(七)稳定市场份额与开拓新市场领域

市场份额可以用市场占有率和市场覆盖率两个指标来表示。

稳定市场份额是商务组织生存的基础,开拓新市场领域是商务组织生存与发展的前提,二者在层次上是递进的关系。商务组织的当务之急是稳定市场份额,因为产品或服务能否最终出售是实现企业利润的关键,只有稳定的市场份额,才能使企业拥有最忠实的顾客,才能有稳定的利润来源。当市场份额稳定后,企业才会以稳定的心态开拓新的市场领域。心态稳定,心智才会不乱;心智不乱,才会有正确的判断;有正确的判断,才会有正确的决策;有正确的决策,开拓新的市场领域才会卓有成效。

商务活动的最终目的是实现企业的盈利目标。企业要实现一定的盈利目标,必须保持与自身生产技术和经营能力相适应的市场份额,同时,还必须不断地开拓新的市场领域。开拓新市场领域的方法有三:扩大原有产品或服务的市场范围,提高市场占有率;开发相关或连带产品和服务的市场领域;开发新产品,拓展新的产品和服务市场领域。这是企业拓宽利润来源,保持旺盛生命力的重要商务活动。

因此,商务组织首先要把精力放在稳定市场份额上,切不可在原有的市场份额还未稳定时,就把精力转投到开拓新市场领域上。否则,新的据点没打下来,原有的根据地也丢掉了。

现实的很多商务活动实践表明:以同等的资金分别投入到稳定市场份额和开拓新市场领域两个点上,从所得的收益来看,前者比后者大。

(八)资本营运与商务风险控制

资本是能够带来剩余价值的价值,资本营运是指资本的筹集和运用的过程。商务活动的核心内容是商品的购销活动,这一活动的实质是资本营运的过程。因此,企业商务活动的集中体现就是科学营运资本,有效达成产权交易。也就是说,如何有效营运资本是企业商务活动的最高形式。古语云:"长袖善舞,多财善贾。"据此,商务组织应当善于筹集资本、运用资本,只有这样才能使商品流通规模迅速扩张,实现企业利润"跳跃式增长"。现代经济又称"速度经济",企业的竞争对手在快速地成长,当企业发展的速度缓慢时,必将被发展速度快的竞争对手"吃掉"。因此,搞好资本营运是当代商务组织快速发展的重要途径之一。

无论是资本营运还是商品交易,都有着一定的风险。所谓风险,是指事物出现的可能性处于一种不确定的状态。由交易而产生的风险是商务风险,如融资风险、投资风险、采购风险、运输风险、储存风险、销售风险等。

商务活动面临大的风险,可能带来大的收益,也可能带来灾难性的损失。有效进行资本营运与商务风险控制,是确保企业盈利的两个重要支点。

二、商务活动的层次

商务活动的层次主要包括以下三层。

(1) 基本层。指为保证生产活动的正常运行所进行的采购、销售、储存、运输等活动,是微观经济主体最基本的商务活动。

(2) 服务层。指为稳定微观经济主体与外部的经济联系及有效开展购销活动所进行的商情调研、商业机会选择、商务洽谈、合同签订与履行、商务纠纷(冲突)处理等活动,是为生产和购销服务的商务活动。

(3) 战略层。指为保持自身的竞争优势和长期稳定发展所进行的塑造组织形象、制定和实施竞争战略、扩张经营资本、开拓新市场、防范经营风险等活动,是战略性的商务活动。

将商务活动进行层次划分的重要意义在于使商务工作者明白:第一,商务工作是一个完整的工作系统。由相互联系、相互制约、相互影响的三个层次构成一个完整的商务体系。作为商务活动的管理者,不可忽视任何一个层次、一个环节的作用。任何一个层次、一个环节的失误,都有可能导致整个商务活动的彻底失败。第二,商务工作应当进行主次工作的划分,以获得事半功倍的工作效果。很显然,基本层的工作是重中之重。

三、商务活动的发展趋势

商务的核心内容是商品销售,所以商务活动的发展趋势便是商品销售的发展趋势。商品销售,追求的必然是规模和速度,凡是有利于扩大流通规模和速度的方法,必然成为商务活动的发展趋势。随着新技术革命和经济竞争的加剧,商务活动的重要性明显增强,商务的组织形式和活动方式也随之发生革命。现代商务的发展趋势呈现出如下所述几种特征。

(一)流通形式多样化

企业为了适应市场快速多变的要求,有针对性地采用了多种多样的流通经营形式。

1. 流通组织大型化

流通组织朝着大型化方向发展,原因如下:第一,经济高度发展,全社会消费量增大。原来分散的中、小商业企业不能满足大量消费的需要,这在客观上要求出现大批量销售的流通组织。第二,为了在商业竞争中取得优势,必须实现规模销售。现实生活中,批发公司、百货公司、超级市场、连锁商店,其规模越来越大,销售额也越来越高。截至2022年,沃尔玛这一流通组织在世界范围内以超级市场加连锁的方式,在美国《财富》杂志世界500强排名中,连续9年荣登榜首。

2. 批发形式多元化

批发是对大宗商品进行集散的活动。批发的对象是经销商,一般是下一级批发商或零售商,再由零售商转售给最终消费者。批发企业是流通环节中第一层次的企业,一般不从事零售业务,但现在很多批发企业往往也从事零售业务,出现了批发兼零售的企业。为了加速商品流通,批发多元化成了基本的发展趋势。以美国为例,其批发商主要有四种形式:一是专职批发商,包括完全职能批发商和有限职能批发商;二是代理商和经纪人;三是生产厂家销售分支机构和办事处;四是其他批发商业组织,包括农产品收购批发商和拍卖行等。不同的批发形式均在市场竞争中发挥着各自的优势,拓展自己的生存空间。我国的批发业已高度呈现这一特征,在商品流通领域发挥着重要的、积极的作用。

3. 零售形式多样化

零售业是直接面对消费者进行商品销售的行业,是流通领域中第二层次的企业,一般不从事批发业务,但现在很多零售企业往往也从事批发业务,出现了零售兼批发的状态。零售形式多样化的原因是商品品种繁杂、消费者需求差异性大。零售形式多样化表现为:从经营商品来看,有专业商店、百货公司、超级市场、方便商店、综合商店等;从价值特点来看,有廉价商店、仓库商店等;从有无店铺来看,有店铺零售商和无店铺零售商(网上零售商);从管理形式来看,有独立零售商、连锁商店、消费合作社和商业集团等。这些零售形式在营业面积、商品种类、硬件环境、服务方式、商品价格等方面各具特点。

流通形式多样化这一商务活动的发展趋势提示我们:无论在流通的哪一环节(批发或零售)从事经营活动,都要适应流通组织大型化的发展趋势,从线上、线下两个方面拓展业务以壮大流通组织。

(二)商事组织联合化

商事组织联合化的原因在于流通领域的竞争和垄断都在逐渐加剧,为了增强综合竞争能力及实现规模效益,走联合化的道路已成必然。联合化的最大优势在于可以最大限度地进行资源优化配置,在资金、设备、信息等经营要素方面发挥更大、更强的优势。目前,联合化的形式体现在以下几个方面。

1. 工商一体化

工商一体化方式是企业兼顾生产、销售双重职能,进行市场调查、产品设计、生产制造、市场销售、售后服务全覆盖,可分为以下几种类型。

(1) 以"生产联合公司"为中心建立起来的工商一体化。它是控制批发和零售环节的专门系统。

(2) 以"大商业公司"为中心,由该公司投资设厂,使有关厂家拥有股份,并由这些厂家为其供货的工商一体化。

(3) 通过一系列合同实行的一体化经营。如由批发商发起,通过签订合同,由若干独立的零售商自愿参加的一体化系统。

(4) 以连锁商店为形式的横向一体化经营模式。

从现实发展来看,以连锁商店为形式的横向一体化经营模式已成为工商一体化的主流。

2. 跨国一体化

跨国一体化是指企业根据国际市场的需要和自身可能,把相关行业有机结合起来,形成经济实体,进行生产、销售、服务、国际化经营。跨国一体化包括如下类型。

(1) 工贸结合型跨国经营。工业企业以其生产规模、科技开发的强大实力与贸易公司的市场信息、销售网络优势相结合,组成强大的工贸集团参与竞争。

(2) "五位一体型"跨国经营。这一趋势是适应国际竞争的需要而产生的,其特点是以产品为基础、以科技为主体、以贸易为纽带、以金融为后盾、以服务为辅助,实现多功能优势互补,形成巨型公司,参与国际经营大循环。在国际经济一体化、无贸易保护的背景下,"五位一体型"跨国经营的组织会更快地发展。

(3) 综合商社。综合商社(general trading company)是一个以贸易为主体、多种经营并存,集贸易、金融、信息、综合组织与服务功能于一体的跨国公司组织形式,是集实业化、集团化、国际化于一身的贸易产业集团。其基本特点有:第一,以贸易为窗口,以产业资本、金融资本为依托,具有交易、金融、信息等多种功能;第二,部门专业化和经营综合化相结合,大规模、大批量经营,追求低成本、低风险、高利润;第三,实现内贸和外贸相结合,连接国内外市场。

日本综合商社,作为一种具有独特机能的贸易组织,在战后日本的高速增长时期,曾发挥其综合性经营机能,为推进"贸易立国"国策,实现流通效率化和经济领域的开发,振兴本国贸易作出了巨大贡献并因此享誉世界。

20世纪90年代,随着我国经济体制由计划经济向市场经济的全面转轨,我国曾效仿日本综合商社的模式,在政府主导下打造过一些典型的商社,如中华集团、浙江物产等。但后来因为不适应中国的经济发展,相继被兼并或者破产,这说明我国办综合商社还没有领会综合商社的精髓。如今,我国设立综合商社的条件(如政府调控能力、贸易基础组织、经营动机等)已经具备,适时打造以贸易为主体、兼具多功能的综合商社已成为时代的迫切要求。

(三)销售方式多样化

企业对目标市场、目标顾客的消费要求划分得越来越细,只有这样才能不断适应消费者的变化需求,为消费者提供适销对路的商品。据此,在日益剧烈的商业竞争中,依据满足消费需求的不同,销售方式也要作出相应的调整,使销售方式呈现出多样化的趋势。其主要表现在:第一,更新改造型的销售方式,即在巩固原有店铺销售的基础上,进行某些经营方针、经营环境改良,使之适应新的市场竞争;第二,填齐补缺型的销售方式,即在充分掌握市场变化信息的基础上,寻找市场空当,以销售方式的变化来吸引顾客;第三,推陈出新型的销售方式,即摒弃传统销售模式,以一种崭新的经营方式、观念来吸引顾客;第四,引导潮流型的销售方式,即依据商业自动化、信息化发展的特点,开辟符合未来商业主流方向的销售方式。

在商务实践中,依据不同类型的企业、不同的商品、不同的销售对象,需要采取不同的销售方式。可选择的销售方式有:①按商品所有权的转移来划分,有经销方式、自销方式、代销方式、代理制;②按商品销售方法的不同来划分,有门市销售、会议销售、展览销售、上门销售;③其他销售方式,如函电销售、信贷销售、网上销售等。企业应根据自身经营状况、产品特点、市场状况和经营管理体制以及政策规定,选择有利于企业发展的销售方式:可以采取以一种方式为主、多种方式并用的办法,也可以采取灵活多样的销售方式,以增强企业在市场竞争中的应变能力和竞争能力,不断扩大销售。

(四)经营战略多角化

经营战略,是指企业面对激烈变化的市场,严峻挑战的竞争,为谋求生存和不断发展而作出的总体性、长远性的谋划和方略,是企业家用来指挥竞争的经营艺术。多角化经营战略(strategy of diversification)又称为多元化经营战略,也称多角化增长战略(diversification growth strategies)、多产品战略,是企业发展多品种或多种经营的长期谋划,实质上是企业在区位结构、行业结构、商品结构等环节上进行全方位开发,属于开拓发展型战略。

经营战略实行多角化的原因,从社会原因看是社会需求的发展变化、新技术革命对经济发展的作用、竞争局势的不断演变等;从内部原因看是企业资源未能充分利用、企业本身具有拓展经营项目的实力、企业家的个性等。

实施经营战略多角化可以达成以下目的:第一,分散经营风险。如果企业经营范围较宽、产品多样,则企业抗击市场风险的能力将大大增强。第二,争取协同效应。因协作的作用,两个(或两个以上)事物结合在一起,能产生大于两个(或两个以上)事物简单加和的效果,即"1+1>2",这就是所谓的协同效应。多元化发展能帮助企业获得管理、广告、商誉、销售等各方面的协同效应,使企业的人员、设备、资源的生产效率得到提高。另外,多元化经营可以让企业获得批量采购原材料、设备等的规模经济,使企业获得成本优势。第三,充分利用富余资源。企业特别是大型企业,在发展过程中,因科技水平的提高、人员素质的提升、管理理念和方法的改进、企业发展方向的变化等,一般都会产生大量的富余资源,包括设施设备等有形资源、信誉等无形资源以及人力资源等。这些富余的资源如果没有得到充分利用,就会造成企业大量人、财、物的浪费,成为企业的负担。如果企业采取多元化经营战略，这些富余的资源就能得到充分利用，可为企业创造更多的效益。

经营战略如何实行多角化？西方学者鲁梅尔特(Richard P. Rumelt)给出了基本思路。鲁梅尔特采用专业比率、关联比率、垂直统一比率等三个量的标准和集约——扩散这一质的标准，将多角化经营战略分为专业型、垂直型、本业中心型、相关型、非相关型五种类型：①专业型战略。企业专业化比率很高(在95%以上者)，称为专业型多角化战略，这是把已有的产品或事业领域扩大化的战略，如由超级商场分化而来的自我服务廉价商店、小型零售店、百货店等。②垂直型战略。某种产品的生产，往往只取从原材料生产到最终产品销售整个系统中的一个阶段，而每个阶段都有其完整的生产体系。垂直型战略就是或向上游发展，或向下游渗透。如一个轧钢厂生产各种钢材，采取垂直型多角化战略，进一步向上游发展，投资发展炼钢、炼铁，甚至采矿业。③本业中心型战略。企业专业转化率比较高的多角化战略(在70%~95%)，称为本业中心型战略。即企业开拓与原有事业密切联系的新事业而仍以原有事业为中心的多角化战略。④相关型战略。企业专业转化率比较低(低于70%)，而相关比率较大的多角战略。一般来讲，多角化战略的核心是经营资源。实行相关型多角化战略就是利用共同的经营资源，开拓与原有事业密切相关的新事业。⑤非相关型战略。企业相关比率很低，也就是企业开拓的新事业与原有的产品、市场、经营资源毫无相关之处，所需要的技术、经营资源、经营方法、销售渠道必须重新取得。

(五)经营手段现代化

经营手段现代化是指将现代科技成果应用于商流、物流、信息流，使其快速、高效、协调运转，以实现企业经营目标。"二战"后，随着科学技术的发展，商业的现代化程度空前提高，经商手段和方式发生了深刻的变化。经营手段现代化高度体现在互联网、物联网、通信技术的应用上。

互联网、物联网、通信技术的高度发达，极大地促进了商品流通的规模和速度的变革。现在，消费者足不出户进行网上购物，快捷的物流系统使商品2~3天即可送达消费者手中；全覆盖的通信工具保证了商流和物流的畅通无阻。

近年来，中国网购比重不断提升，2012年网购销售额占社会消费品零售总额比重接近6%，对传统零售企业渠道已经产生明显的替代作用。从艾瑞咨询提供的数据看，服装网购占全部服装零售额比重连年快速攀升，2011年已达到14.30%；3C和家电也面临同样的情况，2011年3C和家电网购交易额分别占到其品类全部零售额的15.6%和6.3%，并且上升趋势还将继续；此外，化妆品网购占比也于2011年达到16.3%。因此，商家必须学会使用现代化的经营手段，否则将会被淘汰。

第三节　现代商务组织

一、商务组织的定义

商务这一概念包含于"商事"概念之中，即商事活动含有商务活动。商事活动是指自然人和法人所从事的全部商品生产和商品交换活动，包括以盈利为目的的一切生产、服务和交换活动。商事组织包括企业、银行、旅店、酒店、保险公司、服务公司等各种营利性组织。商务活动是指以交换为中心的全部活动。因此，商务组织是指商事组织中从事交易活动的一些职能部门和专门从事媒介商品交换的商业组织。由此可见，商务组织有两种表现形式：一是商事组织中从事交易活动的一些职能部门，由此可以看出，任何商事组织中均含有商务组织；二是专门从事媒介商品交换的商业组织，也就是商业企业。商务组织的核心职能是从事商品交换，商务组织是商务活动的主体。

二、现代商务组织的基本形式——企业

(一)企业的概念

企业是指从事生产、流通、服务等经济活动，为满足社会需要并盈利，进行自主经营，实行独立核算，可能具有法人资格的基本经济单位。据此可看出企业具有如下特点。第一，经济性。企业是将一定的生产资料和劳动力聚结在一起，从事生产、流通、服务等活动的经济组织。第二，营利性。企业是以盈利为目的的独立商品生产经营者。没有了营利性，企业便没有存在的基础和理由；独立性是确保营利性的前提条件；企业的独立性体现在自主经营、独立核算上。所谓独立核算，是指企业有自己独立的银行账户，有自己可支配的自有资金。第三，法人可能性。一般来说，企业是法人，但个人独资企业、合伙企业不是法人，只有公司才是法人。我国绝大多数企业一般采取公司形态，因此，只能说企业具备法人的可能性。

企业是现代商务活动的基本单位和基本组织，也是市场活动最重要的主体，是市场机制运行的微观基础。企业是一个历史概念：在封建社会及以前的社会，人类社会没有企业这个名称，当人类发展到资本主义社会时，企业这个名称才应运而生。企业在客观上有大、中、小之分，但只要是企业，就要有一定的组织体系和规模，按一定的章程来运作。

(二)企业的类型

依据企业开展商务活动的性质、特点、规模，商务活动的类型，以及所在国家、地区法律的规定，可以将企业分成多种组织形式。在我国，依据企业的组织形式，将企业分为个人独资企业、合伙制企业和公司制企业。

1. 个人独资企业

个人独资企业是指在中国境内依法设立的，由一个自然人投资，财产为投资人所有，投资人以其个人财产对企业债务承担无限责任的经营实体。个人独资企业有如下特征。

(1) 自然人属性。个人独资企业是由一个自然人投资的企业。个人独资企业的投资人必须为一个具有中国国籍的自然人，国家机关、国家授权投资的机构或者国家授权的部门、企业、事业单位都不能作为个人独资企业的投资人，外商独资企业也不能作为个人独资企业的投资人。个人独资企业本质上属于自然人企业，而非法人企业。虽然个人独资企业是独立的民事主体，可以用自己的名义从事民事活动，但个人独资企业不具有法人资格，无独立承担民事责任的能力，它的民事责任是由投资人个人承担的。

(2) 责任无限性。投资人可以以自有财产出资，也可以以家庭财产出资。如果是以家庭财产出资，必须在进行工商登记时明确说明。当企业的资产不足以清偿到期债务时，投资人应当以自己个人的全部财产(如果是以家庭财产出资，则以家庭全部财产)用于清偿，投资

人对个人独资企业的债务负无限责任。因此说个人独资企业之债，实质是投资人个人之债。个人独资企业即使解散，个人独资企业之债仍不能免除，由投资人个人继续偿还。我国《个人独资企业法》明确规定：个人独资企业自解散之日起 5 年内，债权人未向该投资人主张偿债请求的，该债权消灭。

(3) 机构精简性。个人独资企业一般规模较小，因此内部机构设置简单，经营方式灵活。

从以上个人独资企业的特征可以看到，个人独资企业一般规模较小，内部管理机构简单，容易设立。其优点是决策自由、创办简单、完全所有权；其缺点是本身财力有限、资本筹集困难，企业规模小，经营分散。商业银行一般不会为一个没有声誉的小企业提供有风险的贷款，因此，个人独资企业经济上不够稳定，承担市场风险的能力较差。

2. 合伙企业

个人独资企业的最大弊端在于资本有限，无法适应大生产、大流通的要求。为了聚集更多的资本，合伙企业应运而生。合伙企业是指依法在中国境内设立的由两个以上的合伙人订立合伙协议，共同出资、共同经营、共享收益、共担风险，并对合伙企业债务承担无限连带责任的经济性组织。合伙企业具有如下特征。

(1) 组织性。一个合伙企业至少由两个合伙人组成，并且最少有一个普通合伙人(即对合伙企业的债务承担无限责任的合伙人)。合伙人共同筹资、共负盈亏，可以减小企业经营风险，增强企业筹资能力，并且有助于提高企业的信誉度；但同时也增加了决策层次，加大了经营管理难度。

(2) 协议性。合伙协议是合伙人建立合伙关系，确定合伙人各自权利、义务的重要法律文件，是合伙企业得以设立的前提，也是合伙企业的法律基础。没有合伙协议，合伙企业便不能成立。

(3) 人合性。所谓人合，是指合伙内部人与人之间相互信任，大家具有相同的价值观、信仰，有共同的追求。全体合伙人共同出资、共同经营、共享收益、共担风险，对外承担责任，以全体合伙人的信用为基础。

(4) 责任无限性。普通合伙人对合伙企业债务承担无限连带责任，即任一普通合伙人对合伙企业之债，都要首先以其在合伙企业中的财产份额承担责任，当财产份额不足以偿债时，全体普通合伙人将以其个人财产对外承担无限连带责任。对普通合伙企业而言，合伙企业之债，对内是全体合伙人按份之债，对外是全体合伙人的连带之债。

有限合伙企业中的有限合伙人对合伙企业之债，仅以其在合伙企业中的财产份额为限承担责任。

3. 公司制企业

1) 公司的定义及特征

公司是指依法成立、以盈利为目的的，能够以自己的名义行使民事权力、承担民事责任的独立的经济组织。据此可以看出公司具有以下特征。

第一，社团性。即公司通常是由两个或两个以上的股东出资组成，需要一定的组织机构进行运营，具有强烈的组织性——社团性。

第二，法人性。体现在两个方面：一是公司必须依法设立。根据我国现行公司法律规定，我国公司一般采取登记制度，即只要符合设立公司的条件(有确定的注册资本额、公司章程、公司名称、经营地点、明确的经营范围、合理的组织机构、必要的物质条件等)，在工商部门登记即可成立；特殊公司(如三资企业、金融性质的公司等)采取批准加登记制度，即要想设立这类公司，首先必须经政府或相关行政部门核准，取得批准证书后，再去工商部门进行登记。二是公司独立承担责任。即公司以其全部法人财产(非注册资本)对公司的债务承担独立的责任，该责任是无限的。

第三，营利性。公司是从事经济活动的企业法人，其区别于行政法人、事业法人、军队法人、宗教法人、社会团体法人，企业法人的最大特点是追求利润，而其他法人则不以追求利润为目的。

2) 公司种类

(1) 以股东的责任范围为标准，可将公司分为无限公司、两合公司、股份两合公司、股份有限公司和有限责任公司。

无限公司是指由两个以上股东组成，全体股东对公司债务负无限连带责任的公司。

两合公司是指由部分无限责任股东和部分有限责任股东共同组成，前者对公司债务承担无限连带责任，后者仅以其出资额为限承担责任的公司。

股份两合公司是指由部分对公司债务负无限连带责任的股东和部分仅以其所持股份对公司债务承担有限责任的股东共同组成的公司。

股份有限公司是指由一定发起人发起设立或社会公众募集设立的，公司资本分为等额股份，投资者以其所持股份对公司承担责任，公司以其全部资产对公司债务承担责任的公司。

有限责任公司是指由不超过法定人数(1～50人)的股东出资组成，股东仅以其出资额为限对公司承担责任，公司以其全部资产对公司债务承担责任的公司。

(2) 以公司信用基础为标准，可将公司分为人合公司、资合公司和人合兼资合公司。

人合公司是指公司的经营活动以股东个人信用而非公司资本的多寡为基础的公司。无限公司是典型的人合公司。

资合公司是指公司的经营活动以公司的资本规模而非股东个人的信用为基础的公司。股份有限公司是最典型的资合公司。

人合兼资合公司是指公司的设立和经营同时依赖股东个人的信用和公司资本公司。两合公司即属人合兼资合公司。

(3) 以公司相互之间法律上的关系为标准，可将公司分为母公司与子公司、总公司和分公司。

母公司通常是指拥有另一公司一定份额的股份，或者根据协议能够控制、支配其他公司的人事、财务、业务等事项的公司。

子公司是指一定数额的股份被另一公司控制或者依照协议被另一公司实际控制或支配的公司。需要特别注意的是，子公司拥有独立的法人资格，拥有自己的财产，自己公司的名称、章程和董事会，对外独立开展业务和承担责任。但是涉及公司利益的重大决策或重大人事安排，仍由母公司决定。

总公司又称本公司，是指具有独立的法人资格，能够以自己的名义直接从事各种业务活动，并管辖公司全部组织的总机构。

分公司是指在业务、资金、人事等方面受总公司管辖而不具有独立法人资格的分支机构，其民事责任由总公司承担。需要注意的是，分公司能够在总公司授权范围内以自己的名义从事经济活动，有相应的权利能力和行为能力，也可以代表本公司进行诉讼，但行为和诉讼的效力当然及于母公司。

(4) 以公司的国籍为标准，可将公司分为本国公司、外国公司和跨国公司。

本国公司是指按本国法律登记成立的公司。所有依据中国法律在中国境内登记成立的公司，都具有中国国籍，属中国公司。特别需要指出的是，"三资企业"(即中外合资经营企业、中外合作经营企业、外商独资企业)均是按照中国法律登记成立的企业，均属本国公司或本国企业。

外国公司是指依照外国法律在中国境外登记成立的公司。依照我国《公司法》的规定，允许外国公司在我国境内设立分支机构，从事生产经营活动，但是外国公司属于外国法人，其在中国境内设立的分支机构不具有中国法人资格，该分支机构在中国境内进行经营活动而产生的民事责任，由其所属外国公司承担。

跨国公司是指由两个或两个以上国家的经济实体所组成，并从事生产、销售和其他经营活动的国际性大型企业。跨国公司主要是指发达资本主义国家的垄断企业，以本国为基地，通过对外直接投资，在世界各地设立分支机构或子公司，从事国际化生产和经营活动。联合国跨国公司委员会认为跨国公司应具备以下三要素：第一，跨国公司是指一个工商企业，组成这个企业的实体在两个或两个以上的国家经营业务，而不论其采取何种法律形式经营，也不论其在哪一经济部门经营；第二，这种企业有一个中央决策体系，因而具有共同的政策，此等政策可能反映企业的全球战略目标；第三，这种企业的各个实体共同分享资源、信息以及分担责任。

在现实的商务活动中，公司已成为从事商务活动的最高组织形态。无论是企业集团，还是跨国公司，均没有脱离公司的形态。

第四节　现代商务管理职能与管理原理

一、现代商务管理职能

商务管理的职能就是商务管理者在管理过程中到底要做什么，包括商务管理者的基本职责以及执行这些职责的程序或过程。管理学界的普遍观点认为，管理的职能包括计划、组织、领导和控制。因此，商务管理的职能也是计划、组织、领导和控制。

(一)商务计划职能

商务计划是商务管理的首要职能，它与其他商务管理职能有着密切的联系。商务计划职能既包括确立目标，又包括确定实现这些目标的途径和方法。

1. 商务计划的含义

商务计划是一种预测未来、设立目标、决定决策、选择方案的连续过程，通过有效的商务计划，以期能够经济地使用现有资源，更好地把握未来的发展，获得最大的组织成效。由此可见，商务计划工作主要与未来有关，商务计划工作本身的目的就是力图使商务组织在将来获得最大的成效。正如哈罗德·孔茨(Harold Koontz)所言，计划工作是一座桥梁，它把人们所处的此岸和人们要去的彼岸连接起来。

商务计划包括"5W1H",即商务计划必须清楚地确定和描述下列要求。what(做什么):明确商务计划工作的具体任务和要求——目标与内容;why(为什么做):明确商务计划的宗旨、目标和战略,论证可行性,说明为什么做——原因;who(谁去做):规定商务计划中每个阶段由哪些部门负责、哪些部门协助、具体执行者是谁——人员;where(在何地做):规定商务计划的实施地点和场所,了解环境条件和限制,以便安排商务计划实施的空间布局——地点;when(何时做):明确工作的开始和完成的进度,以便有效地控制及对能力与资源进行平衡——时间安排;how(怎么做):制定实施措施以及相应的规则和程序,对资源进行合理分配和集中使用,对人力、物力、财力进行平衡——手段和方式。

2. 商务计划的特征

商务计划工作是商务管理工作的一种重要职能,是组织、领导、控制等商务管理活动的基础,是组织内不同部门、不同成员行动的依据。其基本特征如下所述。

(1) 目标性。商务计划的制订总是以一定的组织目标为基础的,任何组织和个人制订商务计划都是为了有效地实现某种目标。商务计划工作为实现组织目标服务。所谓目标,就是在特定的时间完成特定的任务或工作,即希望组织未来达到的状态。

(2) 首位性。商务计划工作在管理职能中处于首要地位,这主要是由于商务管理过程中的其他职能都是为了促进目标的实现,而这些职能只有在商务计划工作确定目标之后才能进行。因此,商务计划工作先于其他商务管理职能。商务计划工作的首位性还在于商务计划工作影响和贯穿于整个商务管理工作的全过程。目标是组织、指挥的依据,是进行控制的标准。

(3) 普遍性。虽然商务计划工作的特点和范围随着各级管理人员职权的不同而有所不同,但它却是各级商务管理者的共同职能。所有商务管理人员,从最高层到第一线的基层都要从事商务计划工作。当然,商务计划的普遍性中还蕴含着一定的秩序,这种秩序随着组织的性质不同而有所不同,主要表现在商务计划工作的纵向层次性和横向协作性。通常,高层商务管理人员制订战略计划,中层商务管理人员制订战术计划,基层商务管理人员据此拟定具体的工作计划,从而保证实现组织的总目标。

3. 商务计划的类型

商务计划的种类有很多,根据不同的标准对计划进行分类,有利于深刻地了解计划的性质以及寻求计划工作的规律和方法。

(1) 按期限分类,商务计划可分为长期计划、中期计划和短期计划。

长期计划通常是指5年以上的计划,描述组织在较长时期的发展方向和方针,规定组织各个部门在较长时期内从事某种活动应达到的目标和要求,绘制组织长期发展的蓝图。长期计划一般较为宏观、概略。

中期计划介于长期计划和短期计划之间,一般期限为1至5年,由中层管理者制订,是组织较长时期内的宏伟蓝图。

短期计划是指1年或1年以内的计划,具体地规定组织的各个部门从目前到未来的各个较短的时期内,特别是最近的阶段中,应该从事何种活动。

不同组织因其性质不同(如生产周期长短、环境变动程度等),长、短期计划的时间期限和意义也不尽相同。

(2) 按层次分类，商务计划可分为战略计划、战术计划和作业计划。

战略计划是指重大的、带有全局性的谋划。它的作用是为组织设立总体目标和任务。它是组织最基本的计划，也是制订其他计划的依据。战略计划是由高层管理者制订的，具有全局性、长远性、稳定性和综合性等特征。

战术计划(管理计划)是将战略计划中具有广泛性的目标和政策，转变为确定的目标和政策。它是战略计划的实施计划，是在战略计划的指导下制订的，通常按组织的管理职能进行。战术计划由中层管理者制订，往往时间跨度不是很大，比战略计划具体，涉及的范围包括某些职能领域，是从属性的计划。

作业计划是指战术计划的具体执行计划，根据战术计划确定的目标，为各项作业活动制定详细具体的说明、规定或工作流程，是实际工作和现场控制的依据。作业计划是由基层管理者制订的，它具有局部性、短期性、针对性和灵活性等特点。

(3) 按内容分类，商务计划可分为综合计划和专项计划。

综合计划(整体计划)是以整个组织为范围进行的全面计划，是对组织的整体安排，一般指具有多个目标和多方面内容的计划，关联到整个组织或组织中的许多方面。综合计划的特点是从整体出发，强调综合性，促使各部门、各环节协调发展。

专项计划(项目计划)是指为完成某一特定重要任务而拟定的计划。例如，某种新产品的开发计划、某项新技术的攻关计划、企业扩建计划、办公楼修建计划等。专项计划的特点是内容的单一性、具体性、新颖性和挑战性。

4．商务计划的制订方法和技术

目前比较成熟的制订商务计划的方法有滚动计划法、甘特图法、计划评审技术。

1) 滚动计划法

(1) 滚动计划法的含义。滚动计划法是一种定期修订未来计划的方法。其特点是根据计划的执行情况和环境变化情况，定期修订未来的计划，并逐期向前推移，将短期计划、中期计划和长期计划有机地结合起来制订计划。

(2) 滚动计划法的具体做法。在制订商务计划时，同时制订未来若干期的商务计划，但计划内容采用近细远粗的办法，即近期计划尽可能地详尽，远期计划的内容则较粗；在计划期的第一阶段结束时，根据该阶段计划执行情况和内外部环境变化情况，对原计划进行修订，并将整个计划向前滚动一个阶段，以后根据同样的原则逐期滚动。滚动计划法适用于任何类型的计划。

(3) 滚动计划法的优缺点。滚动计划法的优点：第一，使计划更加切合实际。由于滚动计划相对缩短了计划时间，加大了对未来估计的准确性，能更好地保证计划的指导作用，从而提高了计划的质量。第二，确保各项计划内容的衔接。由于滚动，使长期计划、中期计划和短期计划相互衔接，短期计划内部各阶段相互衔接，这就保证了能根据环境的变化及时地进行调节，并使各期计划基本保持一致。第三，增强了计划的弹性。滚动计划法能有效避免环境不确定性可能带来的不良后果，从而提高了组织的应变能力。滚动计划法的缺点是计划编制的工作量较大。

2) 甘特图法

(1) 甘特图法的含义。甘特图是在20世纪初由美国管理专家亨利·甘特(Henry L. Gantt)

开发的，它基本上是一种线状图：横轴表示时间；纵轴表示安排的活动；线条表示在整个期间上计划的和实际的活动完成情况。

(2) 甘特图法的作用。甘特图直观地表明：任务计划在什么时候进行，以及实际进展与计划要求的对比。它虽然简单，但却是一种重要的工具，它使管理者很容易搞清楚一项任务或项目还剩下哪些工作要做，并能够评估工作是提前了还是拖后了，或是按计划进行了。

3) 计划评审技术

(1) 计划评审技术的含义。计划评审技术(Program Evaluation and Review Technique，通常称为 PERT 或 PERT 网络分析技术)是在 20 世纪 50 年代末开发出来的。PERT 网络是一种类似流程图的箭线图，它描绘出项目包含的各种活动的先后次序，标明每项活动的时间或者相关的成本。

据此定义，对于 PERT 网络，项目管理者必须考虑的问题：第一，为了实现目标，要做哪些工作(程序)；第二，确定时间之间的依赖关系；第三，辨认出潜在的可能出问题的环节。

(2) 使用计划评审技术的关键概念和步骤。为了运用 PERT 网络技术，应该掌握事件、活动和关键路线三个基本概念。所谓事件，表示主要活动结束的那一点。所谓活动，表示从一个事件到另一个事件之间的过程，它要花费时间和资源。关键路线是 PERT 网络中花费时间最长的事件和活动的序列。

开发 PERT 网络可以按以下步骤来进行：第一，确定完成项目必须进行的每一项有意义的活动，开展每项活动都要产生事件或结果。第二，确定活动完成的先后次序。第三，绘制活动流程从起点到终点的图形，明确表示出每项活动及与其他活动的关系。用圆圈表示事件，用箭线表示活动，结果得到一幅箭线流程图，这就是 PERT 网络。第四，估计和计算每项活动的完成时间。在理想条件下完成活动所需的时间为乐观时间；以最可能时间表示正常条件下活动的持续时间；以悲观时间表示在最差的条件下完成活动所需的时间。

(3) 使用计划评审技术的优点。第一，重点突出，兼顾一般。计划评审技术能把整个工程的各项任务的时间顺序和相互关系清晰地表示出来，并指出完成工程的关键环节和路线，使管理人员在制订计划时，既可统筹安排，又不失去重点。第二，优化时间与资源。通过调动非关键路线上的人力、物力与财力，加强关键作业，既可节省资源，又能加快工程进度。借助 PERT 还可以方便地比较不同行动方案在进度和成本方面的效果。因此，PERT 可以使管理者监控项目的进程，识别可能的瓶颈环节，以及必要时调度资源，确保项目按计划进行。第三，预知风险。计划评审技术可事先评价实现目标的可能性，指出实施中可能发生的困难点和这些困难点对整个任务产生的影响，以便准备好相应的措施，以减少完不成任务的风险。第四，便于组织和控制。特别是对于复杂的大项目，可分成许多子系统来分别控制。第五，简单易懂。具有中等文化程度的人就能够掌握，对复杂的多节点工作，可以利用已有的软件在计算机上进行优化。第六，应用范围十分广泛，适用于各行各业。

(二)商务组织职能

1. 组织的含义

组织是指按照一定的目标、原则、程序和分工组合起来的人群或团体。组织是一个职务结构或职权结构。组织具有如下特征：①团体性，组织必须具有一定数量的、自愿加入的成员(这些成员拥有相同的目的和价值观)；②目标性，组织必须具有相对明确的目标；③结构性，组织必须具有相对固定的分工和结构，形成一定的层级；④规则性，组织必须具有相对稳定的规则(规章或制度)。

2. 商务组织的作用

(1) 汇集资源力量。个人力量渺小、分散,只有联合起来,互相协作,共同从事某项活动,才能把个人的力量汇集起来。组织就是通过各种形式,把分散的个人汇聚成为集体,把个人力量汇集成为集体力量。

(2) 扩大资源力量。当个体汇集成集体,组织的作用就是要使集体的能力大于组成集体的各个个体的能力之和,即不是简单的1+1=2,而是1+1>2,这既是对个体能力的放大和超越,也是对集体力量的整合和放大。

(3) 满足需要的交换。每个个体具有不同的需要,组织正好提供了人们交换需要的场所和机会。例如,投资人和劳动者可以在一个企业组织中共存,是因为他们可以在同一企业中交换各自的需求。投资人投入的是资金,获得的是利润;劳动者投入的是劳动,获得的是报酬。这种相辅相成、平等互换的关系,满足了双方的需要。

(4) 促进学习。随着社会的发展、竞争的加剧,组织必须成为学习型组织才能具有持久的竞争力。促进学习是组织的又一作用。组织不仅是人们工作、取得收益、获得安全感和心理满足的场所,还是人们通过学习不断提高的场所。

(5) 维持社会发展。组织把不同的个体联系在一起,同时众多的组织又把不同的人群联系在一起。经济组织、政治组织、群众组织等组织形式使社会众多成员有了归属感,其活动得以协调。因而社会的稳定状态得到维护,在稳定状态得到维护的同时,社会发展就有了可能和基础。

3. 商务组织的类型

按照不同的标准,可以把商务组织划分为不同类型。

(1) 按照组织在社会再生产过程中存在的环节划分,可以将商务组织分为生产领域的商务组织、流通领域的商务组织和服务领域的商务组织。

(2) 按照组织在流通领域中存在的环节划分,可以将商务组织分为批发组织和零售组织。

4. 商务组织设计

1) 商务组织设计基础

商务组织设计的任务是提供组织结构系统图和编制职务说明书。为完成这两项任务,设计者要做好职务设计与分析、部门划分、组织结构的形成三方面的工作。

组织设计的依据主要有战略、环境、技术、规模、组织所处的发展阶段。

组织设计的原则主要有因事设职与因人设职相结合、权责对等、命令统一。

2) 组织结构类型选择

组织结构是一个组织内各构成部分及各部分间所确立的关系。常见的组织结构有直线型结构、职能型结构、直线职能型结构、矩阵型结构、事业部型结构、网络结构、集团控股型结构。

5. 商务组织人员配备

人员配备是为组织的每个岗位配备适当的人。

通过人员配备，可以实现以下目标：使组织的每个岗位都有合适的人选；为组织的发展培养管理力量；维持成员对组织的忠诚；留住人才；使每个人的知识和能力不断发展。

人员配备的主要工作内容包括确定人员需要量、选配人员、制订和实施人员培训计划、人员考评。

人员配备应遵循的原则是因事用人、因材适用、人事动态平衡。

(三)领导职能

1. 领导与管理

领导一词具有名词和动词两种属性。作为名词的"领导"，其含义是指领导者本身，即一种类型的管理人员；作为动词的"领导"，其含义是指领导者所从事的活动，或者说作用于被领导者的一种活动。

领导与管理有着密切的关系。从表面上看，领导者所从事的活动就是管理活动。一个组织的管理者往往也就是这个组织的领导者。因此，人们在日常工作中，常常把"领导"与"管理"混为一谈。但事实上，领导与管理有共性，也有着本质的区别。共性体现在行为方式与权力构成上。从行为方式看，领导和管理都是一种在组织内部通过影响他人的协调活动，实现组织目标的过程；从权力构成看，两者都是组织层级的岗位设置结果。区别体现在行使权力的基础有所不同。管理是建立在合法的、有报酬的和强制性的权力基础之上的对下属命令的行为；领导则是可能建立在合法的、有报酬的和强制性权力的基础上，也可能更多地建立在个人影响力和专长权以及模范作用的基础上。因此，一个人可能既是管理者，也是领导者，而领导者和管理者两者分离的现象也会存在。

2. 领导的含义与作用

领导的作用取决于对领导含义的理解。所谓领导，就是调动、引导、推动和鼓励部下为实现目标而努力的过程。这一定义包括以下三个要素：①追随者。领导者必须有部下或追随者。②个人影响力。领导者拥有影响追随者的能力或力量，既包括组织赋予的领导者的权利和职位，也包括领导者个人由于品德和才能所产生的影响力。③组织目标。领导的目的是通过影响部下来达成组织目标。

在这种含义基础上，领导的作用是指领导者在调动、引导、推动和鼓励部下为实现组织目标而努力的过程中，产生指挥、协调和激励三方面的作用。

3. 领导方式

领导方式是一个领导者怎样领导的问题，大体上有三种类型，即专权型领导、民主型领导和放任型领导。专权型领导是指领导者个人决定一切，布置下属执行。这种领导者要求下属绝对服从，并认为决策是自己一个人的事情。民主型领导是指领导者发动下属讨论，共同商量，集思广益，然后决策，要求上下融洽、合作一致地工作。放任型领导是指领导者撒手不管，下属愿意怎样做就怎样做，完全自由，他的职责仅仅是为下属提供信息并与企业外部进行联系，以利于下属的工作。

4. 领导艺术

领导既是一门科学，也是一门艺术。领导工作是科学，是指领导工作是有科学规律可循的;领导工作是艺术,是指领导工作是富有创造性的工作。领导艺术是一种富有创造性的领导方法的体现。一般而言,领导艺术包括授权艺术、决策艺术、开会艺术、用人艺术等。

1) 授权艺术

授权是指上级主管委授给下级一定的权利和责任,使下属在一定的范围内,有相当的自主权、决定权,授权者对被授权者有监督权,被授权者对授权者有报告和完成相应工作的责任。

授权一般有三种方式:一是授权留责——这是正常的授权;二是权责均授——这是不正常的授权;三是授责留权——这是错误的授权。因此,授权中一条重要的原则是领导者把一部分权利和责任授予下属后,领导者依然负有责任。

为了确保任务的完成,领导者授权时应当遵循必要的授权原则。

第一,因事择人,视能授权。

第二,授权之前,应当对被授权者进行严格的考察。

第三,必须向被授权者明确交代任务目标及权责范围。

第四,授权者只能对直接下属授权,而不应越级授权。

第五,涉及组织全局的问题,不可轻易授权。

第六,授权者对被授权者应保持必要的监督。

2) 决策艺术

决策是管理的心脏,管理是由一系列决策构成的,管理就是决策。作为管理者,必须根据组织发展目标,科学地、正确地决策,因此必须十分注意讲究决策艺术。决策艺术体现在决策时应灵活、系统地遵循以下原则。

第一,系统原则。应用系统论的观点进行决策。

第二,可行原则。决策应遵循事物发展变化的客观规律,在操作过程中,充分考虑有利条件与不利因素,理性地估量机会,正确地确立决策目标,选择较为合理的、较优的实施方案。

第三,信息原则。信息是决策的前提条件。掌握大量的、可靠的、高质量的信息是决策科学化、最优化的重要条件。

第四,民主原则。在决策实施的过程中,领导者充分听取各方面意见,尤其是专家、学者的意见,是决策科学化、最优化的重要保证。

第五,效益原则。决策必须以提高效益为中心,实现经济效益与社会效益、长期效益与短期效益、全局效益与局部效益的有机结合。

3) 开会艺术

作为领导者,因工作需要,经常召集各种会议,研究、讨论许多问题,作出许多决定,指导下属工作。

会议有许多功能。会议是整个社会或整个组织活动的重要反映,也是与会者在组织中、在社会上的身份、地位、影响力及所起作用的表示;会议是集思广益的重要场所;会议对每个与会者将产生一种约束力;会议是显露人才、发现人才的重要场所。

开会的艺术主要体现为不开无准备的会议;开短会,不开长会;准时开会,不拖拉;注意合理安排议题的先后次序。

4) 用人艺术

王夫之说:"能用人者,可以无敌于天下。"可见,用人应是领导者的看家本领。精于领导艺术的领导者,其下级总是劲头十足,同级乐于配合,上级大力协助;不擅领导艺术的领导者,则下级怀才不遇,同级不愿与之合作,上级感到头疼、不好领导。

用人艺术集中体现在以下用人原则上。

(1) 要善于调动他人之长。坚持用人所长,正确对待他人之短。知人者智,自知者明。

(2) 要尊重他人的职权。做到用人不疑、疑人不用;尊重上级;同级之间要权力不争、责任不让,通力合作。

(3) 领导者要宽严并济。领导者律己要严,绝不做损害别人和集体之事,绝不做为自己谋私利之事;领导者要忠诚待人,令人乐于与之亲近;宽严并济并不是无原则地迁就,对待别人的错误,一定要和风细雨地指出,直到对方心悦诚服地接受,并给人改正的机会。

(四)控制职能

1. 控制的内涵

控制主要是指组织在动态环境中为保证既定目标的实现而采取的检查和纠正偏差措施的过程。在这一概念中,揭示了以下问题:①组织环境的不确定性。组织必须通过控制来及时了解环境变化的程度和原因,对原计划和目标进行有效的调整和修正。②控制有很强的目的性,即控制是为了保证组织中各项活动按照计划进行,最终实现组织目标。③控制是通过"监督"和"纠偏"来实现的。④控制是一个过程,是一个发现问题、分析问题、解决问题的过程。在实际工作中,无论计划制订得如何周密,由于各种各样的原因,人们在执行过程中都会或多或少地出现偏差。管理中的控制职能就是要及时地发现问题,并且深入了解实际情况,找出原因,提出解决问题的措施。⑤控制职能的完成需要一个科学的程序。实现有效控制必不可少的三个步骤是制定控制标准、衡量实际工作和纠正偏差。

2. 控制的作用及基本过程

控制是管理工作的重要职能之一,是管理过程中不可分割的一部分,是组织各级管理人员的一项重要工作内容。控制是保证企业计划与实际作业动态相适应的管理职能,没有控制就难以保证一切活动按照计划进行。一个有效的控制系统可以保证各项活动朝着实现组织目标的方向进行,而且控制系统越完善,组织目标就越容易实现。

控制的基本过程包括制定控制标准、衡量实际工作、鉴定并矫正偏差。

3. 控制方法

在企业管理实践中,管理人员除采用现场巡视、监督或分析下属提供的工作报告等手段进行控制外,还经常借助预算控制、比率分析、审计控制等方法进行控制。

(1) 预算控制就是根据预算规定的收入与支出标准来检查和监督各个部门的生产经营活动,以保证各种活动或各个部门在充分实现既定目标、实现利润的过程中对资源的利用,从而使费用支出受到严格有效的约束。预算内容主要涉及收入预算、支出预算、现金预算、资金支出预算、资产负债预算。

(2) 比率分析就是将企业资产负债表和收益表上的相关项目进行对比,形成一个比率,从中分析和评价企业的经营成果和财务状况。常用的有财务比率和经营比率。

财务比率可以帮助人们了解企业的偿债能力和盈利能力等财务状况。财务比率具体包括流动比率(流动资产与流动负债之比)、负债比率(总负债与总资产之比)、盈利比率(企业利润与销售额或全部资金等相关要素的比例关系，如销售利润率、资金利润率等)。

经营比率也称为活力比率，是与资源利用有关的几种比率关系，反映了企业经营效率的高低和各种资源是否得到了充分利用，主要有库存周转率(销售总额与库存平均价值的比例关系，反映了销售收入相比库存数量是否合理)、固定资产周转率(销售总额与固定资产之比，反映了单位固定资产能够提供的销售收入)、销售收入与销售费用的比率(表明单位销售费用能够实现的销售收入)。

(3) 审计控制。审计是对反映企业资金运动过程及其结果的会计记录及财务报表进行审核、鉴定，以判断其真实性和可靠性，从而为控制和决策提供依据。

依据审查主体和内容的不同，可将审计分为以下三种类型。

外部审计。即由外部机构(如会计师事务所)选派的审计人员对企业财务报表及其反映的财务状况进行独立的评估。外部审计人员需要抽查企业的基本财务记录，以验证其真实性和准确性，并分析这些记录是否符合公认的会计准则和记账程序。

内部审计。即由企业内部的有关机构或财务部门的专职人员独立进行的审计活动。它不仅兼有外部审计的目的，还要分析企业的财务结构是否合理；不仅要评估财务资源的利用效率，还要检查和分析企业控制系统的有效性；不仅要检查目前的经营状况，还要提出改进这种状况的建议。

管理审计。即利用公开记录的信息，从反映企业管理绩效及其影响因素的若干方面将企业与同行业其他企业或其他行业的著名企业进行比较，以判断企业经营管理的健康程度。该方法虽然可以组织内部的有关部门进行审计，但为了保证某些敏感领域得到客观的评价，企业通常会聘请外部专家进行审计。

二、现代商务管理原理

原理是揭示自变量与因变量之间恒常不变的关系式，即要揭示自变量与因变量之间的规律。管理原理是指对管理工作的实质内容进行科学分析总结而发现的基本规律，透过对现实中纷繁复杂的管理现象的抽象，对各种管理规律进行高度的概括，因而对现实的管理活动具有普遍的指导意义。

根据原理的基本定义，管理原理可描述为管理效率(果)=f(人本，系统，效益，责任)。其中，管理效率为因变量，人本、系统、效益、责任分别为四个自变量，两者之间有着必然的因果关系。每个自变量与管理效率(果)的关系又可分别表述为以下四个基本原理。

(一)人本原理

人本原理是指管理的一切活动要以人为核心，以调动人的主观能动性和创造性为出发点。管理理论发展到 20 世纪末才充分认识到这一原理。在传统工业社会时代，人被视为机器的一部分或一种工具，只要采取"胡萝卜+大棒"的政策，人就会在外在刺激之下努力工作，此时人的主观能动性和创造性丝毫没有被考虑到。到 20 世纪中后期，知识经济逐渐成为社会发展的主流趋势。知识经济以人的知识和创造性为核心要素，管理理论开始充分认识到这一客观社会现实，并进行了归纳和总结。在知识经济社会，人不仅会受外在的物质待遇和奖惩制度的影响,而且还具有极强的主观能动性,实现自身价值和成就一番事业的动力会推动人努力地去工作。人本原理的主要内容如下所述。

1. 人是管理的主体

管理活动的对象包括人、财、物、技术、时间、信息等基本要素。在这些要素中,只有人是管理的主体,其他要素都是管理的客体。虽然在一定意义上人也是管理的客体,但首先它是作为管理的主体而存在的。从一般角度来看,激发人的积极性和主动性是管理活动的首要问题。现代管理理论和大量管理实践都表明,对任何一个组织的管理,都要贯彻人本原理,而贯彻这一原理的首要问题就是如何调动人的积极性和主动性。要调动人的积极性和主动性,就必须从存在千差万别的人的内在需求出发,结合管理的情境,运用不同的手段和方法进行人本管理。在现实管理实践中,待遇、感情、晋升、授权、培训等手段都会被用来调动员工的积极性和主动性。

2. 有效管理的关键是员工参与

员工对工作的满意感不仅来自工作条件、工作环境、工作待遇等外部因素,而且更为重要的是来自员工参与工作本身的成就感和成长感。要想让员工对工作总是充满主动性和创造性,让员工参与管理是一个很好的方法。员工参与管理以后,管理者不是自上而下地发号施令,而是鼓励员工对自己的工作负责,勇于探索、敢于尝试。同时,通过培训和教育不断提升员工的工作心态和工作技能,可以使员工更有能力积极参与到工作之中。让员工参与到工作中有许多形式,比如有权力决定工作时间和工作地点、对工作方式拥有发言权、工作丰富化、参与到工作决策之中等。

3. 管理是为人服务的

管理是以人为中心的,是为人服务的,最高目标是为了实现人的全面发展。在组织中,管理者一方面应以制度和职权为条件,利用监督、约束、强制和惩罚等手段对组织成员进行管理;另一方面,他们也会以情感和文化为基础,使用尊重、激励、引导和启发等方式进行管理。人本原理更加提倡在组织中进行民主管理、自我管理和文化管理。人本管理不仅强调如何以柔性的方式来管理员工,而且主张善于发现人才、培养人才和合理使用人才。在人才管理领域中,人本原理要求管理者在工作中必须实现人岗匹配、人尽其才、才尽其用的目标。

(二)系统原理

系统原理是指任何一种组织都可被视为一个完整的开放的系统或某一大系统中的子系统。企业属于整个社会大系统中的一个子系统,如果把企业简单地视为一个生产加工单位,那么它的输入端和输出端都与整个社会大系统密切相连。输入端需要从企业之外的社会大系统中获取原材料、零部件、劳动力、资本、技术等要素投入到生产中;输出端则是把生产加工的产品或创造的服务投入企业之外的社会系统中来满足顾客或用户的需求,从而获得资金回报或声誉回报。企业内部本身也存在着许多子系统和亚系统,比如一个典型的大中型工业企业系统通常包括研发子系统、生产子系统、销售子系统、财务子系统和信息子系统等。依据系统原理的含义,我们可将系统原理的外延分解为以下内容。

1. 整体性原理

整体性原理是指系统要素之间的相互关系及要素与系统之间的关系，以整体为主进行协调，要求局部服从整体，使整体效果为最优。整个系统是由不同的要素构成的，但整体并非部分或要素之和，整体可能大于各个部分之和，也可能小于各个部分之和。当企业中各个部门之间群策群力、资源共享、优势互补时，整个企业的系统功能就会得到优化，从而实现整体功能大于部分之和；当企业中各个部门之间相互争权夺利、对责任相互推诿时，整个企业的系统功能就会退化，此时整体功能可能小于各个部分之和。所以，管理者必须善于协调局部和整体之间的关系，保证局部之间能够实现有效协同。

2. 动态性原理

系统作为一个不断运动着的有机体，其稳定状态是相对的，运动状态是绝对的。在外部环境的影响和作用之下，系统会一直保持变化的状态。特别是在今天知识经济的时代，变化成为唯一不变的主题。企业是社会经济系统中的一个子系统，它为了更好地在变化的市场环境中生存和发展，必须不断地完善和提升自己的系统功能，即从外部以低成本获取高质量的资源，在内部加快投入品转化为产出品的速度，然后把高质量的产品或服务以最便捷的方式送到顾客面前以满足顾客的需求。为此，企业内部的系统必须要进行不断的调整和变革，包括企业的产品结构、工艺过程、生产组织、管理机构、规章制度等，都必须做到与变化的环境相适应。

3. 开放性原理

任何系统都具有开放性特点，不存在一个与外部环境完全没有物质、能量、信息交换的系统。从理论角度来看，完全封闭的系统其熵(体系的混乱程度)将逐渐增大，活力逐渐减弱，最终将会消失。任何有机系统都是耗散结构(耗散结构是自组织现象中的重要组成部分，它是在开放的远离平衡条件下，在与外界交换物质和能量的过程中，通过能量耗散和内部非线性动力学机制的作用，经过突变而形成并持久稳定的宏观有序结构)系统，系统通过与外界不断交流物质、能量和信息获得生存的基础和动力，并且只有当系统从外部环境获得的能量大于系统内部消耗散失的能量时，系统才能不断克服熵，从而不断发展壮大。对于企业系统来说，环境中蕴藏着大量丰富的能量和信息。

(三)效益原理

效益原理是指组织的各项管理活动都要以实现有效性、追求高效益作为目标。现代管理学大师彼得·德鲁克认为：作为管理者，不论职位高低，都必须力求有效。管理者的"有效"即指管理者通过自己的付出和投入，帮助组织获得良好的绩效和结果。对企业管理者来说，最主要的有效性是指能帮助企业节省成本，创造更多的利润。现实中除了管理水平会影响企业效益之外，科技水平、资源消耗和占用的合理性等因素都会对效益产生直接或间接的影响。管理者应该充分发挥管理功能，利用先进的科技工具，在资源获取、资源配置和资源使用等方面为企业节省更多成本，创造更多的效益。效益原理的主要内容如下所述。

1. 正确认识效果、效率、效益三者的关系

效果是指人们或组织采取某种行动所获得的各种结果。这些结果是为满足组织内外的

各种利益相关者服务的。当结果能满足主要的利益相关者的需求时，说明效果比较好，否则说明效果比较差。比如，企业引入某项先进的生产流水线，管理者希望能提高劳动生产率。可是生产工人却经常消极怠工，甚至故意破坏先进设备。结果显然没能达成管理者的初衷，导致引进先进流水线的行为没有取得很好的效果。

效率是指在单位时间内的投入与所取得的效果之间的比率。这个比率经常用来衡量管理者管理水平的高低。比如，要衡量企业的管理水平，就必须考察企业对时间、资金、技术、人力等各种资源的投入与产出之间的比率。在单位时间里，如果消耗的资源投入越少，获得的效果越好，说明效率越高；相反，则说明效率越低。

效益是某种活动所产生的有益效果及其所达到的程度，是效果和利益的总称，主要包括经济效益和社会效益两个部分。经济效益主要是指用金钱来衡量的各种收益性成果；而社会效益则是指用声誉来衡量的各种收益性成果。对企业来说，经济效益的获得是最根本的，没有经济效益企业就无法生存和发展；企业又不能单纯停留在对经济效益的追求层面上，必须以履行更多的社会责任来体现对社会效益的追求。对社会效益的追求反过来会促进企业经济效益的提高。

2. 树立可持续发展的效益观

可持续发展(sustainable development)是指既能满足当代人的需求，又不损害后代人满足其需要的能力的发展。我们将其引申为既满足企业当前需求，又不损害企业将来满足其需要的能力。

企业作为一个经济系统，它与自然生态系统密切相连，企业需要从自然界获取各种自然资源作为生产投入品，同时企业的整个生产制造过程可能会对自然生态系统产生各种不好的影响，比如排放废水、废渣、废气等对环境造成破坏。因此，随着自然资源的短缺与自然环境的恶化，在企业与自然界之间，人们必须树立可持续发展的效益观。此外，在与企业密切联系的经济系统中存在着各种各样的利益相关者。企业在追求自身效益的同时，还必须具有长远眼光和全局视野，充分兼顾各个利益相关群体的利益和偏好，否则企业将无法获得长期的生存和发展机会，一遇到危机事件就可能朝不保夕。比如三鹿集团为节省成本，在奶粉中加入对消费者身体健康产生重大影响的三聚氰胺，因为这个危机事件而破产倒闭。总之，对企业管理者来说，无论是从与自然界和谐相处的角度，还是从与其他利益相关者长期共赢的角度来看，都必须要树立可持续发展的效益观。

(四)责任原理

责任原理是指在合理分工的基础上，明确规定各部门和个人必须完成的工作任务和必须承担的相应责任。管理过程就是追求责、权、利相统一的过程，职责是特定职位应承担的责任，是行使权力应付出的代价，其本质是一种义务，它是组织维持其正常秩序的一种约束力。它会在数量、质量、时间、效益等方面对组织成员的行为进行规范。职权是为完成工作任务而授予的权力，是支撑他人进行工作的一种力量，其本质是一种利益。任何管理者都必须具有一定的职权才能实行真正的管理。在现实中，要特别注意职权和职责对等问题。从理论角度来看，职权和职责必须对等，即有多大的职权就应承担多大的职责。

在管理中落实责任原理，必须做好以下几个方面的工作。

1. 明确每个人的职责

在设计组织架构时，要重点解决职位设计、权责关系的确定问题，明确这个职位应该做什么、不应该做什么、要承担什么责任，出现任何后果都能找到相关责任部门和责任人。要保证职责分配到人，首先要划清职责界限。在实际工作中，有些责任界限容易搞清楚，而有些则比较困难。一般应遵循现场第一责任人制度，在事前确定好每项工作的直接责任人，保证职责内容的具体化，便于检查、考核和奖罚。无法具体化的职责内容不要写进岗位职责说明书中。

2. 授权要恰当

作为一个管理者，能力、时间和精力都是有限的，此外有时出于培养下属和接班人的目的，许多工作都要授权给下级去做。管理者必须善于授权，不必像三国时的诸葛亮那样事必躬亲。领导者通过授权，既能使自己从一些具体事务中脱离出来，专心处理重大事项和进行战略决策，同时也能借此充分调动下级的工作积极性。管理者的授权必须恰当：授权太少，下级不好开展工作；授权太多，下级缺乏应有的能力，导致无法顺利完成交付的任务，同时也容易失控，影响组织全局。

3. 奖惩要分明、公正而及时

只有职权和职责的划分，而没有完善的考核，也经常会使管理偏离目标、组织失去控制。加强员工工作完成情况的考核，并进行及时公正的奖惩是管理者日常工作中的两个重要环节。在明确的绩效考核标准的指导下，对有成绩有贡献的成员进行及时的肯定和奖励，有助于维持和调动他们的积极性。对于没有按照要求和规定完成工作的员工要进行惩罚，惩罚的目的在于改变员工所表现出来的不利于组织绩效的行为，通过惩罚少数人来教育多数人，从而强化管理的权威。不管是奖是罚，都要做到制度化、规范化，要做到公正和及时，并以提高组织绩效为出发点和归宿。

第五节 商务管理的历史经验和发展趋势

一、商务管理的历史经验

(一)顺应流通革命潮流，选择最佳经销方式

在西方商业发展过程中，已出现过三次"流通革命"，它们都是以新的零售商业组织形态的出现为标志的。所谓"流通革命"，是指新的流通方式较之前传统的流通方式所产生的颠覆性的变化。这种颠覆性体现在能极大地加速商品流通速度和扩大商品流通规模。这三次流通革命分别是19世纪后期兴盛起来的百货商店、20世纪30年代出现的超级市场和20世纪60年代后期兴盛起来的连锁商店。但这三次"流通革命"的背景和影响远远超过了零售商业的范围。19世纪后期，资本主义由自由竞争向垄断竞争过渡，大规模的生产体系初步形成，这就要求有相适应的市场销售系统，在这个背景下，百货商店产生了。由于百货商店大多采取了股份公司的形式，资金雄厚和对零售市场实行垄断，从而改变了过去零售领域零星小资本经营依赖于批发的状况，使整个商业体系发生了革命性的变革，既适应

了消费者大量购买的需要，又使产业资本的作用更为明显。20世纪30年代，超级市场在美国出现，由于它采取了自我服务的销售方式和电子计算机等先进技术手段，从而开始了商业现代化的进程，比百货商店更能适应大生产和广大消费者的需要。20世纪60年代后期，连锁商店的广泛发展，一方面是因为资本积累和集中的需要，另一方面则因垄断产业资本始终都排除商业的倾向，而连锁形式有利于他们直接控制零售商。

综上所述，三次"流通革命"不仅使产业资本侵入流通领域，而且通过连锁化，朝着产销一体化的方向发展。三次"流通革命"同时表明：商业经销方式是不断发展变化的，企业开展商务活动要善于掌握这种变化规律，选择最有利于扩大销售的经销方式。

(二)重视跨国经营，开拓世界市场

跨国化是当代经营的一种重要发展趋势，企业要发展，要拓展商务领域，不能无视跨国化的潮流。因为市场经济发展的内在要求必然是市场无限扩张，直至全球，形成生产要素的跨国性配置。随着国际分工的发展和分工体系的形成，各国在经济上的相互依赖程度空前提高，特别是科技、交通、运输、通信、信息事业的巨大进步，使商品流通成为世界经济领域中变化最为突出的领域。跨国公司已经成为世界经济舞台的主角，它通过市场在全世界范围内调集和配置资源，通过公司内部的分工，将产品(劳务)的生产过程和销售过程连成一体，极大地促进了世界经济一体化的形成和发展。在跨国公司的推动下，国际经济合作成为一种潮流，合资经营、合作经营、外资经营、补偿贸易、许可证贸易等投资经营方式层出不穷。这些变化必然会给企业的商务活动带来机遇和挑战。企业要善于运用跨国公司的经营方式，加强经济合作，努力开拓世界市场，扩大企业产品的市场范围和生存空间，以期在世界范围内赢取利润。

(三)加强战略研究，防范经营风险

随着竞争的加剧，战略经营的重要性日益凸显。一个企业的成败不在于某一次、两次商务活动的成功与失败，而在于经营方向决策的正确与否。如果经营方向错了，将导致竞争的失败。现代商务活动已经超出了经营商品的范围，扩展到对企业发展全局产生深刻影响的资本经营领域。尤其是企业实行多角化经营战略后，企业的商务活动不是固定在某一产品或服务领域，而是涉及多个产业领域，资本的流动更为频繁，商务的风险明显增大。为此，商务管理的思维方式要产生革命性变革，不能单纯地把商务活动的重点放在已经形成的某种或某几种产品及服务上，不能单纯研究如何扩大这些产品的市场占有率，而应把管理的重点放在制定经营战略、开拓新的市场领域以及资本的有效运营和经营风险的有效防范上面，用动态管理的思想去指导企业的商务活动。

(四)营造商业环境，塑造良好形象

以市场需求为导向的商务活动，客观上要求商务管理要树立强烈的市场观念，满足消费者的需求。随着消费需求的高级化，人们对商业环境的要求越来越高，对企业形象的要求越来越突出。在这方面，商务管理的经验如下：①现代商业利润在很大程度上同商业环境密切相关。良好的商业环境是一种重要资源，可以带来不可估量的经济效益和社会效益。②商业"硬环境"包括两方面的内容，一是企业的地理区位，二是基础设施方面的条件。商业"软环境"是指政治、经济、社会、文化等方面的条件。由于商业环境具有强烈的国

际化比较性,必须高度重视环境的美化、优化,以适应现代市场竞争的需要。③环境营造是一项系统工程,要从劳动者素质、经营管理水平等最基础的工作着眼,激发职工的积极性与创造性。

二、商务管理的发展趋势

(一)商品和服务的个性化

在商品活动领域,实现产品和服务的个性化是现代化的一个重要内容。在信息技术出现以前,为了提高生产效率,工业生产主要采用大批量的生产方式。这样虽然降低了成本,但造成了产品的单一,而且不能适应市场变化的需要。只有在信息技术和信息网络的支持下,才能够既实现个性化服务,又不提高服务成本。例如,戴尔计算机公司利用互联网推出了用户在网上定制计算机的业务,顾客可以根据自己的需要,选择计算机的配置,也就是说,顾客可以在网上自己组装一台计算机。这种网上定制计算机的服务,不仅因其个性化的服务而使顾客满意,同时还因其网络化营销而节约了成本,使戴尔公司产品的价格更富竞争力,从而在美国荣登计算机生产销售的榜首。再如,海尔集团于2000年3月10日在家电企业中率先推出电子商务开放式交易平台,在集团的网站上,除了推出产品的在线订购销售外,最大的特色就是面对用户的四大模块,即个性化定制、产品智能导购、新产品在线预订和用户设计建议。这些模块为用户提供了独特的信息服务,并且使网站真正成为与用户保持零距离接触的平台。

商品和服务的个性化需求趋势,要求商务管理活动也必须追求个性化管理,表现在商品定制、销售、运输、服务等均应实行个性化管理。

(二)经营环境的法制化

为了有效地开展市场竞争和保护经营者的合法权益,以及维护消费者权益等,世界各地都非常重视经营环境的法制化,同样,商务管理的发展趋势也朝着这个方向发展。在商品买卖的过程中,各个经济主体之间存在着复杂的产权关系、交易关系,只有对这些关系加以法律规范,明确各自的责、权、利,才能为商务活动的开展提供前提条件。因此,商业经营的法制化是现代商务管理发展的重要趋势。以美国为例,涉及商业的主要立法有《劳资安全法》《联邦贸易法》《消费者安全法》等。在我国,合同法、公司法、反不正当竞争法、反垄断法、产品质量法、消费者权益保护法、食品安全法、劳动合同法等一大批法律、法规逐步健全与完善,已经对我国的商务管理活动产生了深远影响。商务管理活动适应这一趋势已成必然。

  本章小结

(1) 本章重点介绍了现代商务的概念及其基本的特性,并简单介绍了商务活动在生活中的应用,能使读者更形象深刻地理解现代商务活动的确切含义,同时还介绍了商务活动有哪些内容、将会有怎样的发展趋势。

(2) 从商务的定义,还可以看到商务活动的如下特征。

第一,交易性:任何商务活动都要涉及交易,即买卖。买卖(商品销售与采购)是商务活动的核心内容和最基本的业务活动。

第二，竞争性：市场中从事商务活动的经济主体成千上万，谁能为消费者或经销商提供的商品在质量、功能、价格、交易条件上占有优势，谁就能在市场竞争中占据有利地位。竞争性是商务活动的必然属性。

第三，利益性：从事商品买卖的最终目的是盈利，而不是自己消费或无偿为社会提供商品或服务。这一特性是商务组织存在的前提和发展的理由。

(3) 本章还介绍了现代商务组织与管理原理。现代商务组织的基本形式是企业，企业是现代商务活动的基本单位和基本组织，也是市场活动最重要的主体，是市场机制运行的微观基础。企业是一个历史概念，在封建社会及以前的社会，人类社会没有企业这个名称。当人类发展到资本主义社会时，企业这个名称才应运而生。企业在客观上有大、中、小之分，但只要是企业，就要有一定的组织体系和规模，按一定的章程来运作。

(4) 本章重点罗列了现代商务的管理职能：计划职能、组织职能、领导职能和控制职能。同时伴随职能一起产生的还有管理原理。现代商务的管理原理包括人本原理、系统原理、效益原理和责任原理。

(5) 商务管理的历史为现代商务管理提供了宝贵的经验：第一，顺应流通革命潮流，选择最佳经销方式；第二，重视跨国经营，开拓世界市场；第三，加强战略研究，防范经营风险；第四，营造商业环境，塑造良好形象。

 本章案例

海尔：攻占世界市场

韦尔奇说："如果中国企业因自封在国内生产，向其他国家出口，这就不是一个可持续发展的方式。如果你要问一个特定的战略，那就是我的战略。"他的话最主要的一点，就是我们要到世界市场的 8848(珠穆朗玛峰高度)去建厂，这是一般的机制。客户经济的一个重要特点是在客户经济条件下最重要的资源不是资金、劳力、技术、专利、品牌等，而是市场。市场本身是不可以拿钱买来的。科特勒曾说过：市场就是拿着钱来买你的产品的那些人。市场不是说一个买的一个卖的，从营销学上来讲，市场就是拿着钱来买你产品的客户群。买产品的人叫作市场，而卖产品的人叫作产业。所以，科特勒这个定义是很准确的。在营销实践上不管你经济学怎么讲，最后买卖之间是讲操作的。包括官员们也常说，拿市场换技术，但是换来了没有？没有换来，或者说没有换好，为什么呢？因为真正要换来的是那些拿钱去买你的产品的客户群，但要做到这一层可就不容易了。

我们先把这样一个概念弄清楚，就是客户经济条件下第一资源是市场，是市场本身。这是我们谈问题的出发点，如果不从这一点来进行分析，好多事你就没法理解。什么劳动力成本优势、资源优势、资本优势、资金优势，这一切的优势莫不是第二位、第三位的，或者说是派生的，这些都是可以用金钱买来的。然后，我们来分析"市场"。市场又可划分为高端、中端、低端三个层次。在国内，比方说上海、北京的市场肯定是高端市场；西部不发达地方，那是低端市场；其他的一些较为发达的地方为中端市场。国际市场同样如此。像美国、欧洲的一些重要国家，是高端市场，那么其他地区有的是中端市场，有的是低端市场。显然，如果一个企业想做世界级品牌，它就必须攻高端市场。不攻高端市场，怎么能做世界级品牌呢？海尔下决心去做世界级品牌，那它就必须去攻高端市场。

我一直认为，首要的还是要不要去攻高端，其次才是时机问题。若确定要攻了，那么就攻世界级高端市场，也就是要攻世界市场的8848(珠穆朗玛峰)，那只能到美国去。法国阿尔卡特老总也是这么说的。当然，日本的、欧洲的也是高端市场了，但是它们当中最高的还是在美国。纵观世界各国企业的战略，人们看到日本是这么做的，德国是这么做的，法国也是这么做的，几乎没有谁不是这么做的。刚才引用的韦尔奇的那段话已说得很清楚了。当年日本把美国吓得要命，据说是因为"日本人要买下整个美国"，当时的一些美国人害怕了。华尔街有好多大公司被日本人买去了，被日本人买去了他们也害怕。这是一般规律，在这个意义上说，进军南卡并不是海尔的独创。它的目标就在创造世界级品牌。它要创世界级品牌这一点似乎是没有什么疑问的，因此，就要占领高端市场，否则就无法说是一个世界级品牌。这后面更深一层的内涵，在许多人那里似乎不曾想过或未曾深深地思考过。

(资料来源：管益忻. 海尔创业二十年演讲稿)

讨论题

1. 企业最重要的资源到底是什么？为什么？
2. 市场的本质何在？如何抓住市场？
3. 海尔攻占世界市场的原因何在？

 思考题

1. 什么是商务？什么是商务管理？
2. 说说现代商务管理的基本职能。
3. 列举出生活中常见的商务活动。
4. 商务管理将会有什么样的发展趋势？
5. 现代商务管理的原理有哪些？

第二章 现代商务管理的思想与理论

【学习要点及目标】

- 了解中国传统商业思想的基本构成。
- 掌握商德、仁义、忠信与礼和的基本含义。
- 了解重商主义和自由贸易主义的基本思想。
- 掌握重商主义和自由贸易主义的主要政策、措施。
- 了解马克思流通思想的基本观点。
- 掌握现代商务思想与理论的基本内容。

【核心概念】

商品流通 交易 商务管理 思想 理论

【引导案例】

数字经济时代国际商务理论的新思考

信息和数字技术正在迅速改变国际商务活动的面貌,将数字技术应用于商品和服务的生产与贸易的数字经济正成为全球经济中的重要部分。数字经济时代的到来正在从根本上改变着商务实践,同时也为商务研究提供了一个新的方向。以下几个观点值得关注和思考。

一、数字平台的发展

随着数字经济的蓬勃发展,新兴的国际化形式正在涌现,很多经济部门中出现了以平台为运营模式的企业。数字化平台催生了一些服务,从根本上改变了现有的商业模式和生态圈,并塑造了产业结构。数字化平台可以被定义为"一组共享的、通用的服务和体系结构"。根据布洛瑟斯等的研究,互联网商务企业提供了一个基于网络的平台,以实现用户之间的交互,包括产品或服务交易和信息交换。信息通信技术的快速发展降低了交易成本,增加了数字化平台的覆盖范围。有关平台的理论研究还有待拓展。

二、消费者角色的转变

随着技术的数字化和社会化,以消费者为中心的创新活动激增。消费者为其他消费者和组织提供免费劳动(如编写代码、编写电影评论、评定餐厅等级)。一些研究将用户视为产品开发过程、服务主导市场过程、服务生态圈和创业营销环境中的共同创造者。在线社区是创业活动的摇篮,创业者经常以用户的身份提出一个想法,并在商业化之前挖掘社区中其他用户的知识和创造力。新一代企业的显著特点在于以用户为资源,包括最终消费者在内的外部用户可以集体参与产品创新和共同生产。消费者角色的变化推动了如价值共创理论等的发展。

三、数字创业生态圈对创新创业的促进

目前对数字初创企业的研究还存在空间。传统创业研究的重点是企业所有者和独家经

营者的自主创业，尤其是成千上万的小型初创企业，换言之，创业并不注重在创业前先找到客户。在数字经济中，情况可能相反，初创企业数量少而每家都有数百万的客户数量，因而价值数十亿美元。同时，许多多边平台上都有数字创业者，他们编写了数百万个应用程序，为智能手机和数千家企业提供助力。例如苹果和谷歌打造的数字创业生态圈对于创新创业普惠化的推动是一个极为典型的例子。它们创建了基础平台，即向其他多边平台提供核心服务的多边平台，因此是"平台的平台"。

四、默会知识在数字化传播中的作用

数字经济的兴起重新定义了跨国企业与其国际合作伙伴之间连接的性质，改变了知识获取、重组和重新配置的流程。数字化平台的商业模式涉及多层次的社会和经济活动，使得知识可以在企业间，以及跨国企业和其全球客户之间获取、传播和整合。例如，数字化平台通常会与一些互补创新者合作，后者拥有当地市场的共同专业化知识，这些内嵌的默会知识能够帮助扩展平台的价值主张。数字经济时代，平台及其生态圈结构的模块化和开放性都可能影响从全球合作伙伴和客户处获取隐性知识并加以传播和使用。此外，有些合作伙伴会以独特的方式进行创新，从而使企业的默会知识获取、整合和重组复杂化。

（资料来源：柴宇曦，张洪胜，马述忠.数字经济时代国际商务理论研究：新进展与新发现[J].国外社会科学，2021(01)：85-94.）

【案例导学】

数字经济发展迅猛，传统的商务理论在新形势下也会受到一定的冲击，有些理论可能会明显滞后于从商业企业或商务活动中观察到的丰富事实。对信息时代带来的不断变化的环境作出反应，适时地进行理论创新，对于商务学术研究、理论发展及商务实践发展而言将成为关键问题，这是值得认知、思考和探索的。

商务活动是一种具有多个环节的社会经济过程，其客观地受到社会经济发展状况的制约。在现代企业商务管理过程中，既要遵循商品流通中特殊的经济规律，又要研究现代社会经济发展中支配社会经济活动的共有经济规律对商品流通的作用。一般而言，这些基本经济规律共有四类：一是商品流通必然遵循人类社会发展的一般规律，如生产关系要适应生产力发展的规律和劳动生产率不断提高的规律；二是商品流通要遵循社会主义市场经济发展的规律，如社会主义经济发展规律和按劳与按生产要素相结合的分配规律；三是商品流通应当遵循商品经济的发展规律，如价值规律、供求规律、竞争规律；四是商品流通领域中特殊的经济规律，如商品等价交换规律、商品自由流通规律、节约流通时间规律、流通费用不断降低规律、商品流通资本运动规律等。为了提高经济活动的科学性，获得理想的经济效益，企业商务活动必须研究、认识、掌握和运用这些经济规律，认真地按照规律的要求办事。只有这样，才能使商务管理更加科学，才能实现企业商务管理的预期目标，促进企业经营管理工作持续、健康地发展。

在社会主义市场经济条件下，作为满足社会商品与服务需求的企业，流通是生产得以进行和维持的必要前提，而生产则是流通赖以进行的基础和归宿。生产和流通二者是相互影响、相互制约、互为媒介的矛盾统一体。从生产对流通的决定作用来看，生产决定着流通的内容、流通的规模；从流通对生产的影响和制约来看，流通是商品生产、存在和发展的前提条件，流通对社会扩大再生产的速度、比例、结构都具有决定性的影响。而且，随

着商品生产的发展，流通对生产的决定性影响作用将会越来越大。可以说，现代经济社会中的流通比生产更为重要。

第一节 传统商务思想与理论

一、中国传统的商务思想与理论

相对而言，商业既是一种经济活动，也是一种文化活动，其存在和发展有着自身的特殊规律。中华文化源远流长，其中不乏优秀的古老商业思想、商业伦理，与现代市场经济存在着不少同构与契合的因素，对现代商业文明的培育产生积极的促进作用。

(一)商德之道与"货畅其流"思想

中国的古人常说："君子爱财，取之有道。"这个"道"实际上就是理财文化加商德，真正把经商作为事业的人都深明此理。具体而言，"爱财"就是追求效益，"取之有道"就是在追求效益时要讲有德之道法。这里的"德"起码包括四层意思，即依法经营、规范经营、依靠优质服务而不是投机取巧和邪门歪道、符合国家的宏观经济政策。也就是说，商人获取效益的"道"绝不是建立在损害他人利益的基础上，而是追求自身效益、企业及社会效益的统一。作为一种商业思想，我国传统商业文化和伦理有着广泛、丰富和深刻的内涵，如以诚待客、以义制利、公平守信、货真价实、童叟无欺、和气生财、薄利多销等思想，曾经对我国商业的繁荣和发展起过良好的导向作用，并对东亚、东南亚一些国家和地区的经济发展产生过重大影响。

日本著名企业家涩泽荣一说过："所谓商才，原应以道德为本，舍道德之无德、欺瞒、诈骗、浮华、轻佻之商才，实为卖弄小聪明、小把戏者，根本称不上真正的商才。商才不能背离道德而存在。因此，论道德之《论语》自当成为培养商才之'圭臬'。"他以《论语》治商，创办了日本首批银行、保险、电信、铁路、纺织、电力等多行业的大企业，事业上获得极大成功，被誉为日本"企业之父"。

松下电器公司在旅游胜地建有松下电器商业学院，将《大学》《论语》《孟子》和《孝经》四部儒家经典列为必修课程，将《中庸》中的"明德、亲民、止于至善"作为学员的研修目标。具体来说，就是强调企业人在商业道德实践中竭尽所能、身体力行，在人际交往中至诚无欺，为人处世力求完美，实践"商业之道在于德"的思想，并以此建立人性化管理模式。

我国清末著名晋商乔致庸曾谆谆告诫子孙："经商之道首重信，即以信誉赢得顾客。次讲义，不以权术欺人，该取一分取一分，昧心黑钱坚决不挣。第三才是利，不能把利摆在首位。"他不仅言传，而且身教。也正因为如此，乔氏家族才能在谲诡多变的商海角逐中站稳脚跟，从一家简陋的乡村小店，逐渐发展成为"雄踞包头"、在全国各地拥有20多个"码头""汇通天下"的"一代财雄"。

(二)仁义之道与"逐利思义"思想

在中国传统社会，商人形象常常与"无商不奸""为富不仁"等概念联系在一起，构成了农业社会特有的"贱商"心理。乐善好施既可以满足商人积功立德的心理欲望，又可以借此获得社会效益，同时也为商人赢得良好的声誉。实际上，多数成功商人所奉行的"贾道"，并非商业欺诈，而是根植于儒家伦理的商业道德。"仁"是儒家伦理的核心，它的基本内涵是推己及人的仁爱之心。

孔子曰："己欲立而立人，己欲达而达人。"意思是要求人人持恻隐之心，克己复礼，以爱化同天下。"义"，指是非善恶之心，凡符合社会道德之事皆为义。董仲舒把"爱人""正我"视为仁义的根本，提出"仁之法，在爱人，不在爱我。义之法，在正我，不在正人"。商业以逐利为目的，在"逐利"与"克己""正我"的矛盾之间，古代商人选择了既不违背仁义之道，又不影响获取利益的两全之策，即化义为利、逐利思义，体现在商人行为中则表现为公平交易，互惠互利，乐善好施。这样做既顾全了"仁爱"之心，又可开辟更加广阔的商业市场。司马迁在总结"廉贾五利之术"时认为，贪贾以奸盈利，只能得三分之利，廉贾以义化利，能得五分之利。历史上许多商人致富的经验，也证明了义利互动的奥妙。如商人始祖陶朱公范蠡，在帮助越王勾践成就大业后，毅然辞官入齐国经商，很快积资数十万，但他奉行取之社会、造福于社会的原则，散尽资财，转入陶经商，不久又积累了大量财富，再次分散给贫苦百姓，从而为中国商人树立了仗义疏财、慷慨捐赠的榜样。

也曾有中国古人说："天下熙熙，皆为利来；天下攘攘，皆为利往。"可见，从事生产和经营赚钱，是天经地义的事。孔子曰："富与贵，是人之所欲也，不以其道得之，不处也；贫与贱，是人之所恶也，不以其道得之，不去也。"故"君子爱财，取之有道"。孟子曰："义，人之正路也。""义"作为儒家重要的道德规范之一，指人的思想和行为要符合一定的标准。做人要讲义，而做生意要赚钱，这就产生"义""利"之矛盾。如何处理义、利之间的矛盾呢？儒家的态度是"见利思义""舍生取义""利以养其体，义以养其心"。可见，儒家伦理反对以利为中心，强调要先义后利，不发不义之财，不做不义之事，反对重利轻义、见利忘义甚至不择手段的唯利是图行为。

儒家的以上主张在古往今来的经济活动中，得到了很好的验证。以百年老店同仁堂为例，其创始人乐显扬一开始就以"养生""济世"为宗旨，提出"制药虽无人见，存心自有天知"的信条，坚守"炮制虽繁必不敢省人工，品味虽贵必不敢减物力"的古训，向社会提供配方独特、选料上乘、工艺精湛、疗效显著的治病良药，深受消费者信任。其实，不仅仅是同仁堂，历史上业绩卓著的生产经营者大都先义后利，把发展企业、谋求利润的行为服从于国家兴旺、民众幸福的大局，为国效力，为民造福。而那些见利忘义的生产经营者，虽然一时能聚敛一大笔无义之财，但最终必然是"以不义得之，必以不义失之，未有苟得而长也"。

(三)忠信之道与"诚信无欺"思想

中国儒家视"忠""信"为待人处事的准则，儒家文化中将诚信作为一条重要的道德原则，既是人立身处世、自我修养的基本原则，也是人们进行市场交易活动的基本原则。在儒家文化的影响下，逐渐形成了儒商"诚信为本"的商业伦理，"人无信不立，店无信不开""言必信，行必果"，履行对顾客的承诺，成为生产经营活动中商业道德的重要内容，也是形成市场主体良好商誉的必要条件。中国历来有崇尚诚商信贾的传统，把信誉视为企业的生命，由此也孕育出一条格言："诚招天下客，信揽四方财。"

在中国封建社会中，商品经济中的各种法律关系也受法律的调整和约束，因而在商业社会内部，赖以维持其秩序的主要是道德上的信誉，这便是"诚交天下客，誉从信中来"等商业俗语的文化内涵。能否做到"诚信无欺"，不仅关系到商人的道德评价，而且直接影响商人的长远利益。孔子认为："人而无信，不知其可也。"孟子将仁、义、忠、信视为人的四大美德，希望人们乐善不倦。宋代理学大师朱熹进一步发展了孔、孟的忠信观，指出："忠信者，真实而无虚伪也。"传统商人将儒家的忠信观应用于商业，形成了"诚信无欺"的贸易原则。司马迁把商人分为"义商"和"奸商"两类。"义商"即"廉商"，义商恪守诚信无欺、公平交易的经商准则，深知"黄金有价，信誉无价"。"奸商"即"贪商"，奸商作伪欺诈，牟取暴利，唯利是图，到手为快，不知"信义"为何物。

明代徽商强调"忠诚立质"，晋商强调"笃守信用"。在营销过程中，有长远目光的商户，皆能做到重然诺、守信用、市不二价，保证商品质量，童叟无欺，力求与贸易伙伴和顾客建立长期的相互信赖关系，以保障贸易关系的稳定、持久。

明代徽商吴南坡称"人宁贸诈，吾宁贸信，终不以五尺童子而饰价为欺"。由于他坚持以诚取信于人，故四方百姓皆争购他的货，甚至在市场上只要看到货物的包装上有"坡公"的封识，就持货便去，毫不担心货物的精恶长短。

晋商樊现晚年以自己的贸易经验告诫子弟，认为自己数十年来能在商海沉浮中处于不败之地，唯一的诀窍便是坚持"诚信无欺"，在别人以欺诈牟取暴利的时候，始终以信接物，诚实经营。诚者，诚实，讲求货真价实，童叟无欺也。信者，讲求遵规守约，以信立商也。

此外，杭州"胡庆余堂"堪称义商的典范，其店内挂两块匾，一块向外一块向里。向外的匾牌对顾客，写的是"真不二价"，向里的对店员，写着"戒欺"，旁边刻有一段话："凡百贸易均着不得欺字，药业关系性命，尤为万不可欺。余存心济世，誓不以劣品弋取厚利，惟愿诸君心余之心。采办务真，修制务精，不至欺予以欺世人，是则造福冥冥，谓诸君之善为余谋也可，谓诸君之善自为谋也亦可。"由于坚持"戒欺"的店规，"胡庆余堂"便在消费者心目中建立了良好的企业形象，其经营百年不衰。

(四)礼和之道与"和气生财"思想

孔子的伦理思想主要表现为"仁""仁者，爱人""四海之内，皆兄弟也""己所不欲，勿施于人"。孟子曰："天时不如地利，地利不如人和。""仁"就是解决如何做人以及如何处理人与人之间的关系，如何在尊重、关怀他人的基础上，获得他人的尊重和关怀。儒商主张顺应人性的自然关系的建立与协调，注重营造人与人相处的和谐氛围与环境。生产经营活动中以人为本，首先体现在对内要善待员工，即了解、尊重、信任员工。知人善任，以信任换来员工对组织的忠诚，使员工和组织同呼吸、共命运、水乳交融，最终换来企业的业绩。在中国古代的许多店铺，受儒家传统仁爱思想的影响，"掌柜的"善待"伙计"，"伙计"遵从"掌柜的"，他们同心协力达到合义生利的目的，已成为商界的美德。此外，以人为本在生产经营活动中还应体现在"消费者第一"的营销理念中。市场主体应为消费者提供质量过硬的产品和服务，在消费者满意中获得企业的利润。诚如商谚："人叫人千声不语，货叫人点头自来。"

儒家伦理中的"礼"，指谦让恭敬之心。孟子曰："辞让之心，礼之端也。""和"，指人与人之间的和睦、和谐。孟子认为，在天时、地利、人和诸因素中，"人和"最为重要，是取得成功的必备前提，中国传统商人在经营实践中，充分认识到协调贸易关系的重要性，遂将儒家的礼和之道用于润滑贸易中的人际关系，总结出"和气生财""人无笑脸休开店"等处理公共关系的经验。明朝中后期被商人视为经商指南的《士商类要》告诫人们"凡人存心处世，务在中和，不可因势凌人，因财压人，因能侮人，因仇害人"。实际上，传统商人的谦让、恭敬之德不仅指顾客至上，礼貌待客，还泛指以和气、友善的态度处理一切与贸易有关的人际关系，包括顾客、贸易伙伴、竞争对手、政府官员，力求在自己的周围营造出一种祥和的气氛，从而减少贸易阻力。

二、西方传统的商务思想与理论

(一)重商主义理论

重商主义是在 15—17 世纪中叶，欧洲一些国家为了资本的原始积累，以商业资产阶级为利益代表，以政治经济为主要对象发展起来的一种经济理论和政策体系。早期重商主义的代表人物是约翰海尔斯、威廉斯塔福德、孟克列钦等。其核心观点为：货币—金银是唯一的财富，任何商品输入都会使货币流出，如果本国货币拥有量减少，本国财富就会减少，因而一国在外贸中就应尽可能的多输出少输入，最好不输入，只有这样一国才能迅速的增加货币，即财富的积累。晚期重商主义的代表人物是英国大商人托马斯·曼，他认为，要增加货币财富，就必须把货币投入贸易中进行流转，即所谓"货币生产贸易，贸易增多货币"。简而言之，重商主义是在封建社会晚期和资本原始积累时期出现的一种重商主义政策和重商主义学说。因此，重商主义有两层含义：一是就经济政策而言，是指其在资本原始积累时期采取的为资本主义生产方式创造条件的经济政策；二是指反映商业资本利益和论证重商主义政策合理性的经济学说。二者不能截然分开，而是相互促进、相互交织的关系。因为政策本身是在一定思想基础上产生的，而经济学说又是以社会经济实践为源泉的。

欧洲重商主义的发展经历了两个阶段，即 15 世纪到 16 世纪中叶为早期重商主义阶段；16 世纪下半叶到 17 世纪中叶为晚期重商主义阶段。这两个发展阶段是按其认识水平所达到的程度来划分的，它们都是资本原始积累时期商业资产阶级的意识形态。因此，两个阶段重商主义的基本思想是一致的，这主要表现在以下几点。

(1) 它们研究的对象都是流通领域，研究的方法都是把经济现象和商业实践经验加以描述和总结，研究的目的都是为了实用，即增加货币财富。重商主义是以商业资本的运动作为其考察对象，从流通领域来研究 G—W—G′ 的运动，即考察商业资本是如何通过商品交换来增值的，它反映了在封建社会内部逐渐成长起来的代表商业资本利益的资产阶级观点。

(2) 它们都认为金银(即货币)是财富的唯一形态，把拥有金银或货币的多寡作为衡量一国富裕程度的标准。重商主义者反对古代思想家维护自然经济和反对货币财富的观点，他们从商业资本出发，认为一切经济活动的目的都是获得金银，把金银(即货币)作为财富的唯一形态，重商主义的财富观念反映了新兴资产阶级对货币资本的渴望。

(3) 它们都认为财富(即金银货币)来自流通领域，但并非所有流通领域都是财富的源泉，只有输出的商品换回金银货币的对外贸易才能增加一国财富，国内贸易不能增加一国财富。因为利润是一种"让渡利润"，是商品贱买贵卖的结果，而国内贱买贵卖，一人之所得为他人之所失所抵消，所以，只有对外贸易才能带来利润。

(4) 它们都认为工业生产是为商业服务的，商品生产只是贸易的条件，财富的增加必须从对外贸易中取得"让渡收入"。为此，生产活动应当紧紧围绕商业需求而展开，鼓励和发展生产那种在国外可高价畅销的商品的工场手工业。此外，在对外贸易中应遵守多卖少买的原则，对外贸易的差额必须是顺差，只有这样才能使金银流入本国。

(5) 它们都认为国家应当干预经济活动，以法令的形式保护国内工商业，奖励和督促工业生产，促进对外贸易的发展，保证本国财富的增加。因为当时商业资本的力量还比较薄弱，为保证获取大量的货币财富还需要借助封建集权国家的力量，而封建统治阶级由于开支巨大，也把商业资本作为它的经济来源的强大后盾，这是重商主义者强调国家干预经济活动的思想基础。

作为一种具有广泛实践性的经济思想与理论，重商主义理论主要是在新大陆、新航线发现之后，随着欧洲庄园经济的解体，在文艺复兴和宗教改革的影响下，新兴商业资产阶级对一国财富的增长和财富的实现，以及与此相关的生产和流通方面所作的最初的理论探索和概括。在经济学说史上，重商主义是古典经济学产生以前对资本主义生产方式进行的第一次理论探讨。它反映的是资本主义前驱者——商业资本家的要求。因为当时资本主义生产方式还没有确定，产业资本才刚刚萌芽，在经济生活中占统治地位的是商业资本和高利贷资本，商业资本的发展促进了封建自然经济的解体和国内外贸易的发展。在这种情况下，为进一步发展商品货币经济，商业资本家便要求采取新的措施和政策，重商主义就是这一系列新措施、新政策在理论上的表现。因此，重商主义理论不再从宗教和伦理上对经济现象作规范性的论述，而是根据客观立场的因果论对社会经济进行观察，它的核心思想是以货币和商业为中心来振兴国家经济。

(二)商品价值理论

在经济学说史上首先提出使用价值和交换价值概念的是英国经济学家亚当·斯密。斯密在考察了分工、交换和货币以后，接着研究商品价值，由货币和商品的交换比例问题进入交换价值问题的研究，并且在概念上第一次对商品的商业价值与交换价值进行了区分。斯密明确指出："价值一词有两个不同的意义，它有时表示特定物品的效用，有时又表示由于占用某物而取得的对他种物品的购买力。前者可叫作使用价值，后者可叫作交换价值。"继而，斯密又借助著名的"钻石与水"的悖论分析了使用价值和交换价值的关系，他认为，使用价值很大的东西，往往具有极小的交换价值，甚或没有；反之，交换价值很大的东西，往往具有极小的使用价值，甚或没有。例如水的使用价值很大，但交换价值很小；而钻石的使用价值很小，但交换价值却很大。斯密在区分了使用价值和交换价值之后，进一步提出了价值学说所要解决的三个问题：第一，什么是交换价值的真实尺度？换言之，构成商品真实价格的究竟是什么？第二，构成真实价格的各部分究竟是什么？第三，什么原因使真实价格的某些部分或全部，有时高于其自然价格或普通价格，有时又低于其自然价格或普通价格？以上三个问题及其研究，对后来的商品价值理论的发展产生了深远的影响。

对于商品的价值，斯密认为商品的交换价值不是由商品的使用价值所决定的，劳动是衡量一切商品交换价值的真实尺度。在他看来，人们之间既然有劳动分工，那么每个人所需要的必需品，绝大部分要依赖于别人的劳动，同时每个人也都在为别人工作。因此，人们彼此之间要交换商品，而且商品的交换不过是体现在这些商品中的劳动量的交换，所以商品的价值就十分自然地取决于劳动。然而,斯密虽然把商品价值归结为一般的社会劳动(实际上就是抽象劳动，即一般的无差别的人类劳动)，但是他并没有进一步分析劳动的社会性质，因而他的劳动价值研究便陷入混乱和矛盾之中，导致他的价值决定学说也是二重的。其一，决定商品价值的劳动是生产商品时所耗费的劳动。也就是说，人们要取得任何物品，必须经历一定的"辛苦"和"麻烦"，这种"辛苦"和"麻烦"就是生产产品所必须付出的"代价"，这些"代价"就是劳动。因此，劳动是一切商品交换价值的真实尺度，生产商品耗费的劳动决定商品的价值。其二，决定商品价值的劳动是该商品在交换中购买到的或能支配的劳动。也就是说，一个人占有某种货物，但不自己消费，而用以交换其他物品，对他来说，这种货物的价值，就等于使他能购买或能支配的劳动量。在简单商品生产条件下，劳动者的全部生产物是属于劳动者自己的，这时，商品的价值就由生产它所耗费的劳动量来决定，因为当商品卖出时，生产者仍将从购买者那里换回耗费了同样多的劳动时间的其他产品。这种交换是以一种形式的劳动换回等量的物化劳动，即耗费的劳动与购买到的劳动是等量的，因而耗费的劳动决定商品价值。

对于商品价格，斯密认为价值规律只适用于"初期蒙昧社会"，即资本主义以前的简单商品经济社会，而不适用于资本积累和土地私有权产生以后的"进步社会"，即资本主义社会。在资本主义社会，商品价值不再由耗费的劳动量所决定，而由购买到的劳动量决定，这种购买到的劳动量则可分解为工资、利润和地租三种收入。因此，商品价值由工资、利润和地租三种收入构成，三种收入决定商品价值，即工资、利润和地租是一切收入和一切交换价值的三个根源。此外，斯密还认为，商品的市场价格有时高于它的自然价格，有时低于它的自然价格，有时和它的自然价格完全相同，价格波动的原因是供求关系的变化。如果市场上一种商品的供给量不能满足对该商品的有效需求，即供不应求，那么它的市场价格就会高于自然价格；反之，如果供大于求，市场价格就会低于自然价格；如果供求相等，市场价格就会和自然价格趋于一致，这是一种"自然趋势"。因为当市场上供大于求时，市场价格低于自然价格，资本家便会把资本抽掉一部分，减少该商品的生产，因而市场上的供求不久便会趋于一致，市场价格也因此而升到自然价格的水平；反之，当市场上商品供不应求时，市场价格高于自然价格，资本家便会投入更多的资本扩大该商品的生产，因而市场上的供求不久又会趋于一致，市场价格也因此会下降到自然价格的水平。

(三)自由贸易理论

自由贸易理论始于英国的古典经济学派，其最具代表性的人物是经济学家亚当·斯密和大卫·李嘉图。在他们看来，自由发展对外贸易的好处是可以输出本国多余的产品，同时输入本国需要的原料和消费品，这样就可以以另一种形式扩大国内市场，商品的销售规模得以扩大，从而使每个行业的分工日益细化和完善，促进劳动生产力的提高和国民财富的增长。因此，对外贸易对于参加交易的双方国家都是有利的，政府应当鼓励和促进。与贸易保护主义相反，自由贸易理论主张取消一切限制内外贸易的政策，国家对进出口贸易既不限制，也不给予任何优惠补贴，使商品自由进出口，在国内外市场上自由竞争。英国是世界上产业革命最早的国家，为了发展工业，需要从外国获得原料和粮食，而它的工业产品物美价廉、竞争力强，因而大力主张自由贸易。后来法国、德国、美国在完成工业革命之后，也采取了程度不同的自由贸易政策。"二战"后，在关税及贸易总协定的推动下，发达国家普遍采取了自由贸易政策。现今的世界贸易组织(WTO)和一些地区性经贸组织的宗旨也都是发展自由贸易。

自由贸易所追求和遵循的目标和准则是使整个商品交换活动，不论是在国内还是在世界范围，都应当依靠价值规律去调整和支配，让市场在资源配置中发挥基础性和决定性作用。任何一个国家的政府都不可能单纯依靠本国的政策、法律甚至计划，去直接限制其他国家、经济组织以及个人在世界市场及国内市场的正当交易行为。在商品经济不断发展、经济活动日益国际化的今天，尽管各国各地间存在利益差别和矛盾，但总的发展趋势是在寻求通过多边的自由贸易来促进各国各地的经济增长和生活水平的提高。自由贸易理论主张贸易自由的基本理由如下：一是商事活动面对的是复杂多变的国内外市场，商业机会往往瞬息变化，稍纵即逝。这在客观上要求不允许有过多的外在干涉，而必须由经营者高度自主、迅速地作出决策，否则就会丧失良好的交易机会。二是商业是一项风险事业，在法律上对风险的承担应尽可能做到责权对称，谁享有权利，谁就要承担相应的义务和责任。在交易活动中，风险责任既然要由投资者、经营者承担，自然应当给予他们自主配置资源的权利。三是人权的要求。人们广泛推崇的法治社会应当是民主的社会、自由的社会、依法办事的社会。其中，人们行为的自由是根本所在。四是竞争的需要。只有充分自由，才能适应国内外激烈竞争的市场。

在商业实践中，自由贸易的具体实施主要体现为组织形式的自由、经营方式的自由以及订立契约的自由，例如商业组织形式是采取独资、合伙，还是公司；公司是设立有限责任公司，还是其他形式；在经营方式上是批发，还是零售；商品从哪里进货，商品卖到何处等，都由经营者根据自己的主客观条件进行市场定位，自主决策。人们之所以普遍认同自由贸易理论，而抛弃贸易保护主义，是因为商事活动的复杂性和残酷性。有竞争就必然有选择，而如何去选择，要由当事人根据各国各地的资源禀赋和技术水平所形成的比较利益去判断，自由决策。如果说婚姻自由选择的宗旨在于维护人权，那么贸易自由的主旨既在于维护人权，同时还在于维护财产权。因为自由贸易可以提高世界资源配置的效率，增加世界性生产和消费，从而促进整个商品经济的发展。

第二节 现代商务思想与理论

一、马克思的商品流通理论

作为无产阶级政治经济学的创立者，卡尔·马克思在其政治经济学中对社会经济流通进行了充分的考察和研究，并且创立了独树一帜的流通理论，即马克思的流通理论。该理论是在对社会生产和再生产总过程进行全面分析和研究的基础上确立的，是马克思再生产理论的重要组成部分，它涉及社会再生产过程中的生产、分配、交换和消费各个环节。按照马克思的观点，生产、分配、交换和消费是生产总过程中的四个相互联系、不可分割的环节，它们之间并不是孤立的，而是一个统一体内部的各个不同环节。

(一)马克思商品流通理论的主要内容

1. 对商品流通的含义进行了科学的阐述

马克思指出，流通是商品使用者的全部相互关系的总和。每个商品的形态变化系列所形成的循环，同其他的商品循环不可分割地交错在一起，这一过程表现为商品流通。流通首先要具备两个条件：第一，以价格为前提的商品；第二，不是单个的交换行为，而是一连串的交换，即一种交换行为体系。

2. 阐明了商品流通产生的必要性和重要性

马克思指出，假定生产过程不能过渡到流通过程，便要陷入绝境。因为商品包含的价值和剩余价值都必须在流通过程中才能得以实现。在任何不是为了直接满足生产者自身需要的生产中，产品都必须作为商品来流通，也就是说，商品必须卖掉，这不仅是为了获得利润，也是为了使生产者能够可持续地生存下去。

3. 揭示了商品流通中商流、物流、货币流的分工原理

马克思指出，商品流通直接赋予货币的运动形式，也就是货币不断地离开起点，从一个商品所有者手里转到另一个商品所有者手里，这就是货币流通。此外，要使商品实际进行流通，就要有运输工具，而这是货币所无能为力的。商品运输是商品在空间上的流通，即商品的实际位移，这便是物流的过程。在商流、物流、货币流过程中，始终伴随着信息流动。信息收集、加工、处理、输出的速度与质量，决定着商流、物流、货币流的速度与质量。

4. 论述了流通与生产、分配、消费的相互制约关系

马克思指出，一定的生产关系决定一定的消费、分配、交换和这些不同要素相互之间的一定关系。当然，生产就其片面形式来说也取决于其他因素。当市场扩大，即交换范围扩大时，生产规模也会随之增大。流通和生产本身一样必要，从而流通当事人也和生产当事人一样必要。

(二)马克思商品流通理论的主要观点

1. 流通是商品经济发展的内在动力

马克思指出，流通同交换是两个不同的概念，交换是商品生产的起点，也是流通的起点。作为商品，产品必须在流通过程中通过出售来实现它的价值，取得货币形式。流通出现之后，大大推动了商品经济的发展，流通发展的程度标志着商品经济发展的历史进程。由直接产品交换到商品流通，反映了人类从自然经济到商品经济的历史进程；从商品流通到资本流通，反映了简单商品经济到资本主义商品经济的历史进程；社会主义社会在人类历史上出现以后，仍然存在着商品生产和商品交换，而且商品经济还将得到进一步发展。只有大力发展商品经济，社会生产力才能得到不断增强，才能在世界之林立于不败之地，为人类社会作出应有的贡献。总之，流通起源于简单的商品交换，但并不停留于简单的商品交换。流通发展的广度和深度体现出商品经济发展的总水平。随着生产的社会化程度越来越高，流通的范围越来越广，流通对社会再生产总过程产生的影响将会越来越大。

2. 流通是社会再生产的媒介

马克思认为，每个商品的形态变化系列所形成的循环，同其他商品的循环不可分割地交错在一起，整个过程就表现为商品流通。一般的流通既包括社会资本各个不同独立部分的循环的相互交错，即各个单个资本的总体，也包括那些不作为资本投入市场而进入个人消费的价值的流通。因此可以说，流通是商品形态变化系列构成的再生产的媒介，即流通是社会再生产的媒介。因为社会再生产过程是由生产、分配、交换、消费四个环节构成的。

生产是为了消费，而在商品经济条件下，社会产品的最终实现必须经过分配和交换两个环节。生产者要获取的是商品的价值，消费者要获取的是商品的使用价值，只有通过以货币为媒介的商品交换，才能使货币形态的价值转化为实物形态的有使用价值的商品，这样生产者和消费者双方的需要才能得到满足。这种担负着价值、使用价值相互转换使命的媒介就是流通。可见，流通在社会再生产过程中处于媒介地位。

3. 流通是一个不断运动的经济过程

马克思商品流通理论是迄今为止最完整、最深刻的流通理论，现代流通理论是在这一理论的基础上构建起来的。马克思认为，商品流通过程是社会再生产过程的一个阶段，流通过程就其纯粹的形式来说，要求等价物的交换。而且，商品流通是一个不断运动的经济过程。因为在现实的流通过程中，资本往往只表现为商品或货币，并且它的运动往往分解为一系列的买和卖。作为一个不断运动的经济过程，商品流通过程表现为三种具体形式：第一，狭义流通过程，即连续不断的交换过程或以货币为媒介的商品买卖过程；第二，较广义的流通过程，即商品资本在流通领域的运动过程，包括在流通领域发生的生产与分配活动，如商品在流通领域的加工和储藏等；第三，广义的流通过程，即资本依次经过生产领域和流通领域的循环过程。

4. 商品流通过程涵盖着生产、分配和消费的要素

按照马克思的观点，商品流通是价值的转化过程，这一过程表现为各种不同的形式，即货币的形式、生产过程的形式、产品的形式、产品再转化为货币和追加资本的形式。商品流通过程涵盖以下四项经济内容：①商品流通过程是使用价值的交换或称"物质代谢"过程。交换有两种，一种是属于生产条件的交换，另一种是属于产品的交换。②商品流通过程是价值补偿和剩余价值的实现过程。在资本循环过程中，原来预付的资本价值只形成运动始极的一部分，因而运动一开始就表明是产业资本的总和运动，既是补偿生产资本的那部分产品的运动，又是形成剩余产品的那部分产品的运动。③商品流通过程是各种生产要素进行社会组合的媒介过程。在社会再生产过程中，只有通过流通，生产资料和劳动力才能有机地结合起来，从而进行生产。④商品流通过程是个别企业的生产费用和社会生产费用的比较过程。个别企业的劳动消耗在多大程度上得到社会承认，这是企业能够在多大程度上进行再生产的基本前提。

二、需求理论

需求理论是由英国经济学家阿弗里德·马歇尔提出的。马歇尔用边际效用论来说明需求，他认为需求取决于购买者买进这件商品所给予他的边际效用，这种边际效用决定着他的需求及其变化。因此可以说："一个人从一物的所有量有了一定的增加而得到的那部分新增加的利益，随着他已有的数量的增加而递减。在他要买进一件东西的时候，他刚刚被吸引购买的那一部分，可以称为他的边际购买量，因为是否值得花钱购买它，他还处于犹豫不决的边缘。他的边际购买量的效用，可以称为此物对他的边际效用。"马歇尔同时指出，愿望是不能直接衡量的，而只能通过它们所引起的外部现象加以间接地衡量，而且这种衡量是以一个人为了实现或满足他的愿望而付出的价格来表现的。也就是说，决定需求的边际效用虽然无法直接加以衡量，但可以通过购买者为满足他的愿望所愿意支付的货币量即

价格间接加以衡量。这样，马歇尔就把需求转化为需求价格，并且认为，由于商品对购买者的边际效用是随商品量的增加而递减，因此边际需求价格也会随商品量的增加而递减，这就是边际价格递减规律。

马歇尔在分析价格和需求的关系时，还提出了需求弹性(或感应性)这个概念。根据需求的一般规律，价格低则需求量大，价格高则需求量小，价格与需求量是按照相反的方向发生变化的。但是，价格变化所引起的需求量变化程度是不同的。有的商品价格上涨一点，需求量便减少很多，价格下跌一点，需求量便增加很多；而有的商品价格上涨很多，需求量却减少很少，价格下跌很多，需求量也增加很少。这种需求量随价格的涨跌而变化的程度就称为需求弹性。对此，马歇尔所作出的结论是在市场中，需求弹性的大小，是随着需求量在价格的一定程度的下跌时增加的多寡和在价格的一定程度的上涨时减少的多寡而定的。如果需求量变动幅度大于价格变动幅度，就称需求弹性大；如果需求量变动幅度小于价格变动幅度，就称需求弹性小。

在提出需求弹性的一般原则之后，马歇尔又指出了需求弹性会因商品的不同和消费者情况的不同而存在差异，并分析了影响弹性的一般原则。一般来说，奢侈品的需求弹性大，必需品的需求弹性小。有些物品，如肉类、牛奶和牛油、羊毛织品、烟草、进口水果以及普通医疗用品等，对于工人阶级和下层中等阶级来说是很有弹性的，价格每有变化就会使他们的消费量发生很大的变化；而对于富裕阶级的消费量则不会产生什么影响。有些物品，如温室里的水果、上等的鱼类以及其他昂贵的奢侈品，中等阶级对于它们的需要是很有弹性的，而富人和工人阶级对这些物品的需要却没什么弹性，因为对富人而言需求已经几乎达到饱和了，对工人阶级而言价格仍然太高了。

三、销售成本理论

销售成本理论是由美国经济学家爱德华·张伯伦提出的。所谓销售成本，是指为了改变产品的需求曲线的位置或形状而支出的成本，即为创造需求或增加需求而花费的开支。销售成本包括广告费用、推销员的工资、橱窗陈设、新产品的介绍等支出。按照张伯伦的观点，在垄断竞争下，决定厂商均衡的因素有价格、产品性质和销售成本。把这三个因素作为变数，厂商可以通过调整价格、产品性质和销售成本来获得最大利润。对此，他指出，假定产品性质和销售成本不变，厂商可通过调整价格及产量来获取最大利润；假定价格和销售成本不变，厂商可通过改变产品的品质、设计、颜色、包装等，以相应地引起产品的成本和需求的变化，使之能取得最大利润；假定产品性质和价格不变，厂商则可通过调整销售成本来获得最大利润。

依据张伯伦的论述，厂商必须把销售成本与生产成本区别开来。因为生产成本是创造产品和效用的费用，而销售成本则是创造需求和增加需求的费用。前者是创造满足欲望的效用，后者则是创造需求或改变需求的效用。对此，一个简单的标准是在某种产品制造和销售的一切成本中，改变需求曲线的那些成本是销售成本，而不改变需求曲线的那些成本是生产成本。在纯粹的竞争条件下，由于产品完全一致或标准化，没有任何差别，厂商在既定的价格下可以销售任何数量的产品，因此没有必要花费广告开支，即使做广告也不能吸引更多的顾客购买其产品。在纯粹垄断条件下，由于一个厂商控制了整个市场，该厂商没有竞争对手而成为独家垄断者，因此广告对他来说也毫无意义。在现代经济生活中，通过创造需求而获利有了更为重要和紧迫的意义,因为广告对增加需求、促进销售有着重大影响。在这种情况下,如果厂商仍然把一切成本看作只是增加货物的供给,而把需求看作已经固定的东西,不需要任何经费去开拓,显然已经不能适应现实的经济情况。因此,必须把销售成本单独提出来加以分析。

在对销售成本的分析中,张伯伦以广告费用作为销售开支的代表。他认为,广告增加需求的作用表现在:一方面,由于购买者对产品的了解不完全,广告则可以为购买者提供市场知识,弥补购买者对商品的不了解,使需求增加;另一方面,由于购买者的欲望有改变的可能,广告可以使人们了解商品的品质、特征、商标等,引导购买者去购买广告产品,而不去购买非广告产品,从而改变了购买者的欲望,增加了需求,使厂商的需求曲线的形状和位置发生变化。即使厂商需求曲线富有弹性,并向右上方移动,广告增加需求也同样受报酬递增、报酬不变和报酬递减规律的支配,即当广告支出增加时,所增加的销售量比增加的广告支出以更大的比例增加,此为报酬递增;反之,当广告支出增加时,所增加的销售量小于增加的广告支出,此为报酬递减。

四、交易费用理论

美国经济学家罗纳德·科斯在 20 世纪 30 年代发表了《企业的性质》一文,并首次提出了交易费用理论。所谓交易费用,是指在市场机制下,交易双方用于寻找交易对象、签约及履约等方面的所有支出,包括金钱、时间和精力的支出。一般情况下,交易费用可以分为两类:一是谈判费用,即为签订交易协议而付出的寻找成本、信息成本、商谈签约费用等;二是履约费用,即用于防止一方违反签约或协议条款而付出的代价。交易费用理论认为,人类原始的物品交换活动可以被视为交易的起源。但是,长期以来,人们只关注交易活动所带来的巨大社会经济利益,而忽略了与此同时可能会产生的交易成本。交易活动对人类社会发展的贡献是毋庸置疑的,它极大地促进了劳动分工,方便了人们的生活,刺激了技术和商业的发展。但是,交易是有成本的,而且成本有时会高得惊人,原因如下所述。

(1) 市场的不确定性。对于交易的签约者双方来说,准确的市场预测很难实现,未来的市场往往处于不确定状态。市场的不确定性包括市场环境、价格、质量、合作伙伴、投资风险的不确定性等,这些不确定性构成买卖双方进行谈判和达成合作协定的障碍。由于任何一方的违约行为都会减少另一方的利益,因而双方都想尽可能全面地了解合作所需的一切细节,这既增加了达成合作的成本,也降低了适应市场条件变化的灵活性。

(2) 资产的专用性。资产的专用性是指耐用人力资产或实物资产在何种程度上被锁定而投入特定贸易关系,也就是在何种程度上它们在可供选择的交易中所具有的价值。一般来说,资产特殊性的高水平意味着双边垄断的存在。对某个厂商来说,潜在的交易对象数目的减少也可能增加市场的交易费用。如果交易者对于交易对手的选择受到了约束,交易人数的减少会增加交易的"搜寻"和"等待"成本,降低合同谈判成功的概率,从而增加交易完成的费用支出。

(3) 人类的有限理性。有限理性是指人们由于受到信息的不完全、知识的缺乏等影响,在对事物进行分析、判断时,无法做到完全的客观和准确。在交易活动中,人们的行为常常处于欲望的合理性与有限条件之间,也就是说,人们在收集、储藏和加工处理那些为更准确地实现目标所需的大量信息方面，其能力受到相当严重的限制，使其决策会出现一定的偏差，在交易行为上也会发生不理性行为，从而导致交易费用的增加。

(4) 个别人的机会主义行为。机会主义行为是一种狡诈地追求利益的利己主义行为，是一些人为实现个人效用最大化而损害他人利益的行为。在人类的交易活动中，偷窃、欺骗、撒谎、偷懒和违背诺言等机会主义或投机取巧行为不仅经常发生，而且会产生巨大的交易费用，甚至可能导致交易的低效率和交易失败。在制度缺失的条件下，总有一些人在交易中缺乏正直和诚实，总想通过蒙骗对方来达到自己的目的，这就使得交易过程更加复杂、交易费用额外增加。

五、消费者主权理论

消费者主权理论是奥地利经济学家弗里德曼·哈耶克在亚当·斯密的经济自由主义学说的基础上提出的。根据消费者主权理论，消费者和生产者之间存在着这样一种关系，即消费者在确定商品生产的数量和类型方面起着决定性作用，生产者最终听命于消费者，即消费者根据自己的意愿和偏好到市场上选购所需的商品，这就把这种意愿和偏好通过市场传达给了生产者，因而生产者听从消费者的意见来安排生产，提供消费者所需要的商品。这就是说，生产者生产什么、生产多少，最终取决于消费者的意见和偏好。这一过程的实现犹如一场"民主选举"：消费者在市场上每花一元货币来购买某种商品就等于给这一商品的生产者投了一张选票；生产者为了多得货币选票，争取最大利润，就必须展开竞争，改进技术，降低成本，增加花色品种。通过市场机制的竞争作用，消费者可以买到物美价廉的商品，生产者可以获得最大利润，资源的使用可以最大限度地符合社会需要。所以，消费者主权的实现也就等于资源配置的最优化和社会经济活动的高效率化。

自 20 世纪 30 年代资本主义经济危机以后，通过市场自由竞争使资源得到有效配置的学说失去了阵地。同时，随着生产社会化程度的空前提高、现代计算技术的普遍应用，以及凯恩斯主义的广泛影响，西方经济学界一度普遍认为，经济的计划化和国家干预是一股历史潮流，而消费者主权在当今时代已经变得无足轻重了。而哈耶克完全不同意这种观点，他重新强调消费者主权理论，同时论证自由市场经济可以使资源得到最优配置，从而提高经济效益，促进经济增长。从整体上看，哈耶克有针对性的理论学说主要表现在以下三个方面。

(1) 随着私人垄断资本的实力日益强大，少数大公司垄断了产品的生产和销售，使市场基本上成为可以通过公司的生产和销售计划来加以调节的市场。在这种情况下，有些经济学家认为，消费者主权已经不存在或不必要了。哈耶克则认为，大公司的出现并没有改变市场经济的性质，大公司仍然要在市场上实现自己的最大利润，仍然要听从消费者的意愿来安排生产和销售。此外，大公司既是生产者，又是生产资料的消费者，如果不存在消费者主权，大公司本身的发展也会受到限制，所以哈耶克断言，消费者主权原则仍然有效。

(2) 数学在经济学中的应用日益普遍，计算技术发展越来越迅速，使通过集中的计划管理来安排社会生产和合理配置资源有了技术上的可能性。因此，有些经济学家认为，消费者主权不再是实现资源有效配置的必要条件。但是，哈耶克认为，现代技术并不能取代消费者主权的作用，因为市场上的产品千差万别，消费者的喜好各异，供求和价格变化无常，即使用先进技术也难以及时反映和处理如此复杂的问题。只有通过在市场经济中生产者与消费者之间无数次自发的交换活动，才能灵活、准确地反映出来。所以，消费者主权原则并不因计算技术的进步而失去效力。

(3) 在国家垄断资本主义时期，政府拥有越来越大的权力，越来越大规模地干预社会经济生活。对此，哈耶克指出，政府干预经济会使消费者主权受到限制，妨碍消费者主权的实现。如果国家违背了消费者主权，把国家的意志强加给市场，强加给生产者与消费者，那么对于资源的合理配置是有害的，而且时间越长其危害性越大。哈耶克抨击了凯恩斯主义关于国家调节经济的理论和政策，指责这种违背消费者主权的理论和政策带来了严重的后果，导致资源配置失调，失业现象更加严重。

六、创新理论

创新理论是由美籍奥地利经济学家约瑟夫·熊彼特最先提出的。熊彼特认为，所谓"创新"，就是建立一种新的生产函数，把一种从未有过的关于生产要素和生产条件的"新组合"引入生产体系。这种组合具体包括以下五种类型：其一，引进一种新的产品或提供一种产品的新质量；其二，采用一种新的生产方法；其三，开辟一个新市场；其四，获得一种原料或半成品的新的供给来源；其五，实行一种新的企业组织形式。熊彼特将社会经济活动区分为两种类型，即经济循环和经济发展。其中，经济循环是指经济生活中的"循环流转"状态；经济发展是指现代的经济增长。他首先假定经济生活中存在一种"循环流转"的静态均衡状态。在这种状态下，不存在企业家，没有"创新"，没有变动和发展，企业总收入等于总支出，生产管理者所得到的收入只是"管理工资"，因而不产生利润，也不存在资本和利息。因此，这种生产过程实际上是一种简单的再生产过程，它只能适用于历史上某个特定时期，而不适用于资本主义经济变动或发展的时期。

熊彼特认为，在经济活动中存在着一种破坏均衡而又恢复均衡的力量，这种力量就是"创新"活动，正是"创新"促进了经济发展。经济增长的动力是创新者——有远见卓识、有组织才能、敢于冒险的企业家。他指出，在近代史上的某些国家里，政府或者代表企业家进行"创新"，或者把企业家的能力汇集到一起，使之通过一定的制度机构来发挥作用，因此政府也起到了经济增长发动者的作用。按照熊彼特的观点，创新活动之所以发生，是因为具有远见卓识、敢于冒险的企业家看到了通过创新活动能带来额外的盈利机会。如果没有盈利机会，就不会有创新，也就不会有经济增长，追求利润的动机是导致创新活动的重要原因。此外，熊彼特还看到了文化、心理上其他因素对创新活动的刺激作用。他认为，企业家具有显示个人成功愿望的心理特征，在推动企业家进行创新活动的过程中，起到了不可忽视的作用。企业家为了证明自己出类拔萃的才能而竭力争取事业成功的这种非物质的精神力量，支配着企业家的创新活动，他把这种精神称为企业家精神。

熊彼特以"创新"理论为基础，提出了他的经济周期理论，认为经济周期是由"创新"所引起的旧均衡的破坏和新均衡的形成过程，并对两阶段周期的"纯模式"进行了深入的阐述。所谓两阶段周期的"纯模式"，是指排除了失误和过度投资行为等因素干扰的模式。在这种模式中，经济周期是由繁荣和衰退两个阶段构成的，以一般均衡经济体系作为论证的出发点。在这个体系中，产品的价格受生产费用法则支配，企业的总收入等于企业的总成本，生产者既无利润，也没有损失。当企业家看到了"创新"能给他带来盈利机会时，便开始进行"创新"活动。繁荣是因"创新"活动使经济离开原来的机会位置，而衰退则意味着回到新的均衡位置。由于"创新"活动不断出现，因此繁荣和衰退两个阶段循环往复、周而复始。

七、电子商务理论

从20世纪末到21世纪初，世界范围内的电子商务进入到一个平稳发展时期。在这一时期，随着电子商务思想的产生及其对电子商务活动的影响，人们逐渐意识到电子商务活动要实现"四流"的协同与和谐，必须构建一个能够协同多个方面的商务平台，并在一定的理论指引下进行运作。作为发展之中的电子商务理论，主要包括三个组成部分，即虚拟企业理论、协同商务理论和移动商务理论。

虚拟企业理论最初是由美国里海大学的雅柯卡(Iacocca)研究所和通用电气公司(GE)共同在《振兴与发展美国制造企业的战略——灵捷制造》一文中提出的。其核心要义是企业为了满足市场上的特定需要，将多家企业的核心能力集中在一起，组成合作伙伴的虚拟组织，共同参与竞争。依托多项核心能力的有机结合，伙伴企业能够创造更多的复杂产品和劳务，获得更多的经济利益。虚拟企业理论包含了两个基本观点，即"动态"和"跨企业"，其中，动态观点直接引导了动态企业模型的理论，而跨企业观点则直接促生了供应链理论。

协同商务理论最初是由高德纳·格鲁普(Gartner Group)在1999年提出的，其基本要义是"一种能够激励具有共同商业利益的价值链上的合作伙伴的商业战略，主要通过信息的共享来实现"。协同商务理论充分体现了在全球经济一体化的大背景之下，以Internet等新兴技术为实现手段，在企业供应链内以及跨供应链进行的多种业务合作，最终通过改变商务经营模式与方法来达到商业资源充分利用的目的。就一般而言，协同商务包含了两个层面的含义，即企业内部协同和企业外部协同。其中，企业内部协同的主要作用是整合企业内部资源，排除信息死角，使企业内部活动按照既定的规划与流程协调进行。而企业外部的协同是指具有商业关系的企业之间信息共享及企业间相关业务流程的整合，不再从单个企业自身角度出发，而要兼顾整个协同体的最优化。

移动商务是指通过移动通信网络进行信息与数据传输，同时利用移动信息终端参与商业活动的一种电子商务模式，它是新技术条件和新市场环境下的新型电子商务形态。在移动商务活动中，参与者可以在任何时间、任何地点实时获取和采集各种商业信息，并运用移动通信技术和使用移动终端进行信息交流。凭借移动通信的实时性，移动商务用户可以通过移动终端在第一时间准确地与对象进行沟通，与商务信息中心进行交互，使用户摆脱固定设备和网络环境的束缚，最大限度地活动于自由广阔的商务空间。相对于传统的商务活动，移动商务具有四个显著的特点：一是更具开放性，使网络范围的延伸更加广阔；二是具有无处不在、随时随地的特点，使人们可以随时随地结算、订票或购物；三是巨大的潜在用户规模，使商家可以不断地拓展交易市场；四是能够较好地确认用户的身份，使商务信用认证的基础更加可靠。

第三节 新中国商务思想与理论及其发展

中华人民共和国成立后，国家从根本上摆脱了半殖民地、半封建的束缚，整个社会经济进入一个全新的发展时期，为社会主义商业经济的发展提供了制度条件。

一、建国三十年商务思想及理论时期(1949—1977 年)

(一)社会主义商学理论的引进和形成时期(1949—1965 年)

中华人民共和国成立之初,我国商学基础理论十分薄弱,在国内理论界,既没有对西方商学理论进行必要的研究与介绍,也没有对马克思商学理论进行深入系统的研究和认识,更没有对苏维埃传统商学理论进行认真的扬弃,几乎全盘照搬了苏联早期以斯大林经济思想为基础的商业理论,即完全以计划经济思想为主导的行业分工理论。

(二)社会主义商学研究的停滞时期(1966—1977 年)

1966 年 5 月至 1976 年 10 月,我国处于"文化大革命"时期。在这一时期,我国商学理论的研究受到极大的破坏,使刚刚开始的社会主义商业问题的探讨,不但没有进一步深入下去,反而由于受极左思想的影响,全面否定了国内商务理论研究中已取得的成果,倡导了一些极左的观点,严重影响和制约了国内的商务实践。

二、基于商品经济的商务思想与理论探索时期(1978—2012 年)

党的十一届三中全会以后的 30 多年,是我国社会主义商业经济大发展的时期,在这一历史时期,依托改革开放的经济发展,商品经济的观念与知识得以引入,新的商务思想不断涌现,商务理论的研究与运用进入一个全新的阶段。

(一)20 世纪 80 年代初我国的商务思想与理论

在这一时期,国内先后开展了对"无流通论"的批判,对个体经济与长途贩运的争论,在理论上确立了生产资料的商品地位。针对当时存在的流通渠道单一的状况,提出了"三多一少"的改革思想。同时,开始了对流通规律的认识,达成了一些共识,如等价交换规律、节约流通时间规律、商品供求规律、竞争规律、贱买贵卖规律、商品使用价值规律、自愿让渡规律等。

此外,理论界还进一步开展了流通与生产关系的讨论。其中,具有代表性的观点包括"生产与流通并重论""生产与流通相互决定论""生产与流通相互转化论""流通中心论""流通决定论""生产流通决定论与非决定论的统一""生产决定流通、资金流通决定生产"等。同时,对"双轨制"现象、"消费早熟"和"买方市场论"的出现进行了一些理论探讨。

(二)20 世纪 80 年代末我国的商务思想与理论

在这一时期,适应商品流通体制的改革,商务理论开始触及一些敏感领域,有人提出"价格改革是经济体制改革"的关键,有人认为"所有制的改革是经济体制改革"的关键,人们集中对中国商品流通体制改革及其目标模式进行了比较深入的探讨,就商品经济条件下商品流通的内在规律达成了共识,为国内商业企业的发展指明了方向。

此时,期货理论的禁区被打破,提出"抽出资本主义社会期货市场的特殊性,就期货市场的一般性而言,期货市场能够被社会主义商品经济所用"的新观点。此外,市场营销理论也得到快速发展,并在中西方市场营销结合方面进行了许多有益的探索,农产品产销一体化流通渠道理论获得新的发展,为国内各类企业的商务活动开阔了视野。

(三)20世纪90年代初我国的商务思想与理论

在这一时期,伴随着我国新一轮改革开放的热潮,理论界对于市场经济条件下商务的发展规律进行了广泛的研究。与此对应,国内工业品批发市场体制改革政策相继出台,为此,理论界提出了中国批发体制改革的基本目标:建立同社会主义市场经济相适应的,以厂商批发、专业批发以及批零兼营、代理、配销为主要形式,商品自由流通、企业公平竞争的批发体制。

根据发达市场经济中批发体系的一般特征,相关部门对我国批发体制改革所应借鉴的结构框架进行了总体规划,对省际贸易的主要问题进行了分析研究,对"建立长江商贸走廊"和建立"中国特色的综合商社"进行了探讨,提出并倡导商业文化和商业文化力的理论,进一步丰富了商学理论的内容,推进了国内商业企业改革与股份制试点的探索。

(四)20世纪90年代末我国的商务思想与理论

随着我国社会主义市场经济的发展,在社会经济活动中,流通的地位得到提高,流通的作用进一步加强,企业的商务活动更加活跃。在这样的背景条件下,国内理论界先后有学者提出了"流通决定生产论""流通产业论""流通生产力论""商业贡献率论"等理论观点,促进了国内商务思想和理论进一步向深度和广度拓展。

在这一时期,适应国内商业的改革与开放,理论界就国有商业是否应该从竞争领域退出、如何构建市场经济的新秩序、零售领域全面对外开放、国内贸易与国际贸易一体化、商业企业的商品经营与资本经营、商业业态的扩展与升级等问题展开了讨论,并取得了较为丰富的理论成果,为国内企业的商务工作奠定了思想与理论基础。

(五)21世纪以来我国的商务思想与理论

进入21世纪,特别是我国加入WTO以后,随着国内市场经济的进一步发展,流通的国际化与信息化问题受到人们的普遍重视。在此形势下,北大著名学者厉以宁教授提出了"流通应由末端产业变为先导产业;应当进一步开拓农村市场;大力发展连锁经营、电子商务、现代物流和假日经济,以及开展粮食流通体制的改革"等观点、思想和基本理论,为我国企业商务活动的国际化提供了理论依据。

至此,我国商务及流通理论的研究已由对流通的各种经济关系为主,转向重点研究流通生产力及其构成、商品服务效用和价值、流通产业生产过程、流通成本与效益、流通生产力的组织与管理、流通科技对流通生产力的影响、流通基础产业、流通战略产业、流通产业集群、流通产业结构、流通产业体系等方面的问题,商务理论研究开始向深度拓展。

三、加快完善现代市场体系时期(2013—2017年)

2012年11月,中国共产党第十八次全国代表大会召开,对新的历史条件下我国国民经济的发展以及流通领域的进一步改革提出了新的要求。2013年11月,在党的十八届三中全会之后,中共中央发布了《中共中央关于全面深化改革若干重大问题的决定》,在这一纲领性文件中,党中央明确指出,建设统一开放、竞争有序的市场体系是使市场在资源配置中起决定性作用的基础。必须加快形成企业自主经营、公平竞争,消费者自由选择、自主消费,商品和要素自由流动、平等交换的现代市场体系,着力清除市场壁垒,提高资源配置效率和公平性。为此，国家实施了以下几个方面的措施。

(一)建立公平开放透明的市场规则

实行统一的市场准入制度，探索对外商投资实行准入前国民待遇加负面清单的管理模式。推进工商注册制度便利化，削减资质认定项目，由先证后照改为先照后证，把注册资本实缴登记制逐步改为认缴登记制。推进国内贸易流通体制改革，营造法治化营商环境。同时，实行统一的市场监管，清理和废除妨碍全国统一市场和公平竞争的各项规定和做法，严禁和惩处各类违法实行优惠政策行为，反对地方保护，反对垄断和不正当竞争。建立健全社会征信体系，褒扬诚信，惩戒失信。健全优胜劣汰市场化退出机制，完善企业破产制度。

(二)完善主要由市场决定价格的机制

凡是能由市场形成价格的都交给市场，政府不进行不当干预。推进水、石油、天然气、电力、交通、电信等领域价格改革，放开竞争性环节价格。政府定价范围主要限定在重要公用事业、公益性服务、网络型自然垄断环节，提高透明度，接受社会监督。完善农产品价格形成机制，注重发挥市场形成价格作用。同时，加快自然资源及其产品价格改革，全面反映市场供求、资源稀缺程度、生态环节损害成本和修复效益。建立有效调节工业用地或居住用地合理比价机制，提高工业用地价格。

(三)建立城乡统一的建设用地市场

在符合规划和用途管制的前提下，允许农村集体经营性建设用地出让、租赁、入股，实行与国有土地同等入市、同权同价。缩小征地范围，规范征地程序，完善对征地农民合理、规范、多元保障机制。扩大国有土地有偿使用范围，减少非公益性用地划拨。建立兼顾国家、集体、个人的土地增值收益分配机制，合理提高个人收益。完善土地收益、转让、抵押二级市场。同时，保障农民宅基地用益物权，慎重稳妥地推进农民住房财产权抵押、担保、转让，探索农民增加财产性收入渠道，建立农村产权流转交易市场。

(四)完善金融市场体系

扩大金融业对内对外开放，在加强监管的前提下，允许具备条件的民间资本依法发起设立中小型银行等金融机构。推进政策性金融机构改革。健全多层次资本市场体系，推进股票发行注册制改革，多渠道推动股权融资，发展并规范债券市场，提高直接融资比重。完善保险经济补偿机制，建立巨灾保险制度。发展普惠金融。鼓励金融创新，丰富金融市场层次和产品。同时，完善人民币汇率市场化形成机制，加快推进利率市场化，健全反映市场供求关系的国债收益率曲线。推动资本市场双向开放，有序提高跨境资本和金融交易可兑换程度，建立健全宏观审慎管理框架下的外债和资本流动管理体系。

(五)深化科技体制改革

建立健全鼓励原始创新、集成创新和引进消化吸收再创新的体制机制，健全技术创新市场导向机制，发挥市场对技术研发方向、路线选择、要素价格、各类创新要素配置的导向作用。建立产学研协同创新机制，强化企业在技术创新中的主体地位，发挥大型企业创新骨干作用，激发中小企业创新活力，推进应用型技术研发机构市场化、企业化改革，建设国家创新体系。同时，加强知识产权运用和保护，建立主要由市场决定技术创新项目和经费分配、评价成果的机制，促进科技成果资本化、产业化。

四、新时代完善现代市场体制时期(2017—2021 年)

根据习近平总书记在中国共产党第十九次全国代表大会上的报告(2017 年 10 月 18 日)和中共中央、国务院《关于新时代加快完善社会主义市场经济体制的意见》(2020 年 5 月 11 日)的阐述，中国特色社会主义进入了新时代，这是我国发展新的历史方位。进入新时代，在习近平新时代中国特色社会主义思想指导下，我们既要全面建成小康社会，又要在此基础上，分两步走：从 2020 年到 2035 年，基本实现社会主义现代化；从 2035 年到本世纪中叶，把我国建成富强、民主、文明、和谐、美丽的社会主义现代化强国。

(一)新时代我国在商贸领域的新矛盾、新问题

进入新时代，我国社会主要矛盾已经转化为人民日益增长的美好生活需要和不平衡、不充分的发展之间的矛盾。一方面，我国社会生产力水平总体上显著提高，社会生产能力在很多方面进入世界前列，已稳定解决了十几亿人的温饱问题，总体上实现了小康。另一方面，未来一段时期，我国要在继续推动发展的基础上，着力解决好发展不平衡不充分问题，满足人民日益增长的美好生活需要。

与新形势、新要求相比，我国市场体系还不健全、市场发育还不充分，政府和市场关系还没有完全理顺，还存在市场激励不足、要素流动不畅、资源配置效率不高、微观经济活力不强等问题，必须进一步解放思想，坚定不移地深化市场化改革，扩大高水平开放，不断在经济体制关键性基础性重大改革上突破创新。

(二)新时代完善我国社会主义市场经济体制的主要措施

一是全面实行市场准入负面清单制度，清理废除妨碍统一市场和公平竞争的各种规定和做法，支持民营企业发展，激发各类市场主体活力；二是深化商事制度改革，打破行政性垄断，防止市场垄断，加快要素价格市场化改革，放宽服务业准入限制，完善市场监管体制；三是深化供给侧结构性改革，把提高供给体系质量作为主攻方向，推动互联网、大数据、人工智能和实体经济的深度融合，在高中端消费、创新引领、绿色低碳、共享经济、现代供应链、人力资本服务等领域培育新增长点、形成新动能。

(三)新时代完善我国全面开放新格局的主要措施

新时代完善我国全面开放新格局的主要措施包括以下几点。

一是以"一带一路"建设为重点，坚持引进来和走出去并重，遵循共商共建共享原则，加强创新能力开放合作，形成陆海内外联动、东西双向互济的开放格局；二是拓展对外贸易，培育贸易新业态新模式，推进贸易强国建设；三是实行高水平的贸易和投资自由化便利化政策，全面实行准入前国民待遇加负面清单管理制度；四是大幅度放宽市场准入，扩大服务业对外开放，保护外商投资合法权益；五是加快自由贸易试验区、自由贸易港等对外开放高地建设。

(四)新时代完善我国要素市场化配置体制机制的主要措施

构建更加完善的要素市场化配置体制机制,进一步激发全社会创造力和市场活力。以要素市场化配置改革为重点,加快建设统一开放、竞争有序的市场体系,推进要素市场制度建设,实现要素价格市场决定、流动自主有序、配置高效公平。为此,必须做好以下几项工作:其一,建立健全统一开放的要素市场。加快建设城乡统一的建设用地市场,建立同权同价、流转顺畅、收益共享的农村集体经营性建设用地入市制度。同时,加快建立规范、透明、开放、有活力、有韧性的资本市场。建立数据资源清单管理机制,完善数据权属界定、开放共享交易流通等标准和措施,发挥社会数据资源价值。其二,推进要素价格的市场化改革。健全主要由市场决定价格的机制,最大限度减少政府对价格形成的不当干预。同时,加快全国技术交易平台建设,积极发展科技成果、专利等资产评估服务,促进技术因素有序流动和价格合理形成。其三,创新要素市场化配置方式。建立土地征收目录和公共利益用地认定机制,促进劳动力、人才社会性流动,完善企事业单位人才流动机制,畅通人才跨所有制流动渠道。其四,推进商品和服务市场提质增效。深化流通体制改革,加强全链条标准体系建设,发展"互联网+流通",降低全社会物流成本。同时,强化消费者权益保护,探索建立集体诉讼制度。

本章小结

(1) 社会经济活动所涉及的四类基本经济规律:一是商品流通必须遵循人类社会发展的一般规律,如生产关系要适应生产力发展的规律和劳动生产率不断提高的规律;二是商品流通要遵循经济发展的规律,如社会主义经济发展规律和按劳与按生产要素相结合的分配规律;三是商品流通应当遵循商品经济的发展规律,如价值规律、供求规律、竞争规律;四是商品流通领域中特殊的经济规律,如商品等价交换规律、商品自由流通规律、节约流通时间规律、流通费用不断降低规律、商品流通资本运动规律等。

(2) 作为一种商业思想,我国传统商业文化和伦理有着广泛、丰富和深刻的内涵,如以诚待客、以义制利、公平守信、货真价实、童叟无欺、和气生财、薄利多销等思想。这些思想曾经对我国商业的繁荣和发展起过良好的导向作用。中国儒家视"忠""信"为待人处事的准则,儒家文化中将诚信作为一条重要的道德原则,既是人立身处世、自我修养的基本原则,也是人们进行市场交易活动的基本原则。而"仁"就是解决如何做人以及如何处理人与人之间的关系,如何在尊重、关怀他人的基础上,获得他人的尊重和关怀等问题。

(3) 重商主义有两层含义:一是就经济政策而言,指其在资本原始积累时期采取的为资本主义生产方式创造条件的经济政策;二是指反映商业资本利益和论证重商主义政策合理性的经济学说。重商主义者认为,金银即货币是财富的唯一形态,把拥有金银或货币的多寡作为衡量一国富裕程度的标准。财富即金银货币,来自流通领域,但并非所有流通领域都是财富的源泉,只有输出的商品换回金银货币的对外贸易才能增加一国财富,国内贸易不能增加一国财富。

(4) 自由贸易理论主张贸易自由的基本理由:一是商事活动面对的是复杂多变的国内外市场,商业机会往往瞬息变化,这在客观上要求经营者要高度自主、迅速地作出决策,否则就会丧失良好的交易机会。二是商业是一项风险事业,在法律上对风险的承担应尽可能做到责权对称。在交易活动中,风险责任既然要由投资者、经营者承担,自然应当给予他们自主配置资源的权利。三是人权的要求。人们广泛推崇的法治社会应当是民主的社会、自由的社会、依法办事的社会;四是竞争的需要。只有充分自由,才能适应国内外激烈竞争的市场。

(5) 马克思认为,流通同交换是两个不同的概念,交换是商品生产的起点,也是流通的起点。每个商品的形态变化系列所形成的循环,同其他商品的循环不可分割地交错在一起,这全部过程就表现为商品流通。商品流通是价值的转化过程,这一过程表现为各种不同的形式,即货币的形式、生产过程的形式、产品的形式、产品再转化为货币和追加资本的形式。商品流通过程是社会再生产过程的一个阶段,流通过程就其纯粹的形式来说,要求等价物的交换。

(6) 根据需求的一般规律,价格低则需求量大,价格高则需求量小,价格与需求量是按照相反的方向发生变化的。在某种产品制造和销售的一切成本中,改变需求曲线的那些成本是销售成本,不改变需求曲线的那些成本是生产成本。在市场机制作用下,交易双方需要付出寻找交易对象、签约及履约等方面的支出,包括金钱、时间和精力的支出。消费者主权的实现也就等于资源配置的最优化和社会经济活动的高效率化。当企业家看到了"创新"能给他带来盈利机会时,便开始进行"创新"活动。

 ## 本章案例

稻盛和夫的商业哲学

27 岁时,在朋友的援助下,我创办了京瓷公司,当时是生产电视机显像管使用的绝缘零部件。在京瓷成立之初,准备工作该如何进行,我一无所知。从创业后的第一个月开始,虽然只有 28 名员工,但为了向他们支付工资、奖金,资金的周转应该如何运作,我摸不着头脑。作为经营者,我对此烦恼不已。

一、道不同不相为谋

为了做好工作,从那时起,每当我有所感悟时,就把自己的想法记在笔记本上。当我开始经营京瓷时,我常常把记录了我工作要诀的笔记本拿出来,再添上经营中新的体悟,将这些要点重新加以整理。这就形成了所谓的哲学。我自己投身于工作,埋头于经营,在实践中反复思考究竟该怎么做,工作和经营才能顺利开展。在这一过程当中,终于领悟了有关工作和经营的理念、思维方式以及具体的方法模式,归纳起来就是哲学。有人说,拥有什么思维方式,难道这不是个人的自由吗?但是,企业为了员工的幸福,需要确立一个远大的目标,需要不断地成长,这就要求有正确的哲学、正确的思维方式作为共同的标准。并在此基础上统一全体员工的思想,特别是领导众多员工的公司干部,必须充分理解公司的思维方式,从内心与公司的哲学产生共鸣。你的哲学与我的不一致,我无法接受,如果有这样的干部,公司的力量就无法凝聚起来。当然,不光是干部,一般员工也要与公司一条心,一起朝着相同的方向努力奋斗。为此,他们必须加深理解公司的哲学、思维方式,大家共同拥有这种哲学。虽然这样强调,但是一直有人会有抵触情绪。尽管如此,首先大家必须理解一个道理,企业是一个集体,为了实现高的目标、远大的目标,大家在工作中,必须配合协调。不管个人的好恶,全体人员都需要拥有共同的思维方式,需要理解,并赞同这样的思维方式。这是做好工作，实现企业目标的前提。不理解、不赞同公司的哲学，表面又装出理解赞同的样子，彼此都不愉快。我认为在这一点上必须要明确，没有任何商量的余地。

二、诚信是最基本的

所谓哲学，首先应该是经营公司的规范、规则，或者说是必须遵守的事项。经营公司无论如何都必须有全体员工共同遵守的规范、规则或事项，必须在企业里明确确立起来。但事实上，公司的这种规范、规则或者说必须遵守的事项，并不明确的企业比比皆是。就是这个原因，无论古今中外，各式各样的企业丑闻不断发生。历史上一些有名的大企业，甚至因为这类丑闻而遭无情淘汰。回顾过去，在日本因食品造假的公司都消失了。在美国，大型企业安然公司，因财务造假而崩溃；在中国，大型的乳制品企业三鹿集团，因为对三聚氰氨事件负有责任，导致资不抵债，这些事在日本也有所报道。这些例子都说明了，企业忽视了必须遵守的规范规则。企业舞弊丑闻之所以发生，都是因为没有明确自己的职责，或者说这种哲学没有在企业内部得以渗透。在多数企业里，首先没有经营者向员工们提出作为人何为正确这个问题。而我思考的所谓哲学，却正是针对这个问题的解答。同时这也是孩童时代父母、老师所教导的做人的最朴实原则，要正直，不能骗人、撒谎，等等。这起码的东西，还需要在企业里讲吗？或许有人感到惊奇，但是，正因为不遵守上述理所当然的做人原则，才产生了各种各样的企业丑闻。例如，为了获利，这种程度的违规没有关系吧？将公司内部的规范、规则稍微扭曲一下、变通一下，就会行通了。于是，稍进一步的违规也没有问题吧，把规范规则又抛到一边，这样的企业或者产品肯定会发生问题。如果将问题公开，企业可能蒙受巨大的损失，于是采取不如实公布、沉默应对的态度。而由于内部的告发，问题暴露时，企业又出面掩饰。结果，舆论谴责企业说谎骗人掩盖真相，事态愈加复杂，最后导致企业崩溃。

三、不妥协、不示弱

翻开中国几千年的历史，这一点看得尤为清楚。霸道的经营者，以武力迫使人屈从，但终究没落，然后诸侯割据。霸道统治的时代持续了一段时间，但霸权主义走到了尽头。乱世之后，人们渴望王道出现，以仁义治国的当政者登上历史舞台。以王道治国的当政者，人格圆满，但因为性格懦弱最后被夺权，导致灭亡。从中可以看出如何治人，对于任何一个时代的当政者来说，都是极为困难的课题。

京瓷创业后的第九年，当时还是一家中小型企业，在日本企业中，也算是最早进军美国市场的。在现在的硅谷的斯坦福大学附近成立事务所，在美国开展营业活动。当时，正好是硅谷的"黎明时期"，事务所的周围还是樱桃园，种了很多樱桃，我们就是在这样的环境下营业的，雇佣了当地的一位日裔员工，面孔和日本人完全一样，但思维方式完全是美国人的一套，各方面都与我们持有不同的意见。我们不能不面对这个问题。后来，我们在圣地亚哥市场聘用了一位美国人做厂长，也总是意见对立，格格不入。因为有了上述的经验，我认识到在海外经营企业，归根到底就是如何治人的问题。当时，只要现场一发生问题，我立刻飞往美国，穿上与生产工人一样的工作服，到车间巡视。看到工作态度差的员工，就要他们改进。比如，看到当地的女工在进行装配时手忙脚乱，我会走到她身旁，教给她作业方式。这时候，身穿西装的当地经理就会过来，说"稻盛社长，您这样做让我们很难堪，只要到办公室听我们汇报就可以了。你穿着工作服到工厂，和女工们做一样的工作，会被人小看"。我并不介意别人怎么想，此后还是同在日本一样，深入现场，与员工们一起拼命工作。那么，怎样做才能让对方信任和尊敬呢？那就是优秀的人格。要想赢得外国人的尊敬，必须具备特别优秀的人格，即具备做人的德性。这个"德"字超越国界，普遍适用，不能以德治人，企业在海外的运行就无法成功。

(资料来源：根据 2010 年 8 月 12 日的网易财经下的商业频道刊文"稻盛和夫：企业经营是一门优秀的哲学"整理)

讨论题

1. 稻盛和夫为什么把企业经营方法置于哲学的高度？
2. "道不同不相为谋"的基本含义是什么？
3. 在企业经营中为什么"诚信是最基本的"？

思考题

1. 中国传统商务思想有什么主要表现？
2. 欧洲重商主义有什么主要表现？
3. 自由贸易理论主张贸易自由的基本理由是什么？
4. 简述马克思流通理论的主要内容。
5. 简述交易费用产生的主要原因。
6. 简述我国未来市场体系改革的基本方向。

第三章 现代商务环境与商圈设定拓展

【学习要点及目标】

- 了解经济全球化与区域经济一体化的全球背景。
- 掌握现代商务环境的主要影响因素及分析框架。
- 掌握宏观环境和行业环境分析的思路。
- 了解新技术环境(如5G、人工智能、区块链等)的变化及对商业的影响。
- 了解并思考商务环境的创新趋势,如移动商务、协同商务、物联网等环境背景。
- 重点掌握商圈的概念及构成。
- 理解并掌握影响商圈形成的主要因素及传统商圈的划定方法。
- 思考未来商圈模式,了解网络商圈、虚拟商圈、智能商圈等概念。

【核心概念】

商务环境 经济全球化 人工智能 区块链 电子商务 社交商务 物联网 协同商务 社交商务 商圈 智慧商圈 虚拟商圈 雷利法则 赫夫法则

【引导案例】

微信支付穿越"智慧商圈"

微信支付宣布"智慧商圈"解决方案全新升级,重点从基础的"支付"转为深度的"经营"。所谓深度经营,用微信支付团队的介绍,体现在商圈行业,是运用微信支付的基础能力、营销能力,以及包括小程序在内的微信和腾讯整体的生态能力,帮助商业管理公司、商户、服务商进行经营的深度耦合。目前,这一方案已在万达广场、西单大悦城、上海七宝万科、深圳海雅缤纷城等多家商业综合体和购物中心落地。

对于腾讯来说,用户达到11.2亿的微信是深度经营再合适不过的载体。智慧商圈并不是新概念,几年前腾讯就以微信支付为基础开始在线下布局推广,但升级后实现了纵向和横向的连接合体,从而使零售企业的营销呈现出了更多可能,更加有效。

圈内圈外流量连通

除了圈内的扫码领优惠券、支付后发券等流量,基于微信支付的数据引擎及精准推荐,将商圈周边的朋友圈广告、异业商家的面对面收款,变为潜在的用户触点,为商圈挖掘圈外流量。比如,购物中心通过微信支付的推荐,可以向附近理发店、水果店等用户在支付成功页精准推送符合其预期购买需求的优惠券,以获得良好的转化效果,实现消费多场景和流量的高效整合。

工具实现跨业态交叉营销

由于商圈经营管理方本身具有场内流量分发属性,跨业态的营销联动、相互引流成为天然的需求。童装店与儿童玩具店目标顾客一致,影城与餐饮品牌顾客需求相通,超市与家居家纺类品牌顾客需求存在某种关联,使用微信支付智慧商圈2.0工具,商圈管理方可以在A门店为用户发券,引导在B门店中核销,实现业绩的多方共赢,并共建交易数据库,为未来的联动带来更大想象空间。

服务提升增加用户新触点

无感停车和刷脸支付在提升服务体验的同时,也通过与用户的互动进一步创造了营销机会。目前,全国200多家万达广场均已实现"无感停车",消费者"入场不用领卡、离场无需扫码",停车出场平均等待时间从20秒降低到2秒,高峰期每小时通行车辆数从292辆提升到509辆。更有意思的是,基于车牌与会员信息的绑定,购物中心可以通过服务消息触达车主,入场时精准缩短顾客从停车场到商场消费的路径,离场时又可以拉回流。

微信支付极大地便利了商家和用户。腾讯除了对零售企业开放线上流量运营的能力,微信支付智慧商圈也针对线下商圈内的流量,提升购物中心的流量分发能力。智慧商圈2.0利用微信与支付大数据能力向商家开放,是一个大的进步。往小了说,这是线下零售企业的"福利";往大了说,这或将影响到线上线下流量整合的格局。

(资料来源:根据陈浩文《微信支付穿越"智慧商圈"》(时代经贸,2019(22):88-89)整理所得。)

【案例导学】

随着环境的变化,商圈也不断出现新的特点,商圈新概念不断涌现。由基础"支付"转为深度"经营",除了为商家盘活流量,实现精准触达,微信支付智慧商圈还可能为腾讯的产业互联网战略,补上C端从支付到进军消费链的关键一环。这意味着腾讯未来不仅仅拥有最大的C端流量,同时从商业营销等应用上建立起了一个最"懂人"的工具箱,即除了流量扶持,还从营销、服务、技术上直接促成交易。未来的商圈分析、拓展与技术环境等因素存在重要联系,一定是线上与线下,引入互联网技术,让购物更便捷。

第一节 商务环境分析

一、经济全球化与区域经济一体化

当前,世界经济呈现经济全球化、区域经济一体化两大发展趋势,经济全球化无论利弊,都成为不可逆转的重要发展趋势,是当代世界经济的重要特征之一,而区域经济一体化正向更高层次、更广阔领域发展。

(一)经济全球化

1. 经济全球化的概念及理解

经济全球化(Economic Globalization)是指世界经济活动超越国界,通过对外贸易、资本流动、技术转移、提供服务、相互依存、相互联系而形成的全球范围的有机经济整体的过程。它是商品、技术、信息、服务、货币、人员等生产要素跨国跨地区的流动(简单地说也就是世界经济日益成为紧密联系的一个整体)。

而经济合作与发展组织(OECD)认为,"经济全球化可以被看作一种过程,在这个过程中,经济、市场、技术与通信形式都越来越具有全球特征,民族性和地方性在减少。"为此,可从三方面理解经济全球化：一是世界各国经济联系的加强和相互依赖程度日益提高；二是各国国内经济规则不断趋于一致；三是国际经济协调机制强化，即各种多边或区域组织对世界经济的协调和约束作用越来越强。

2. 经济全球化带来的影响

经济全球化带来的影响有以下几点。

第一，有利于吸引和利用外资，引进世界先进管理理论和经验并实现管理的创新。据统计，流入中国的外国直接投资在改革开放之初(1979—1982年)累计为11.66亿美元。以后逐年上升，进入20世纪90年代迅速增加，到2002年年底，累计达到4416亿美元，实际利用外国直接投资额自1993年以来一直居世界第二位，居发展中国家第一位。在过去20年，中国吸引的外国直接投资，占所有发展中国家吸引外国直接投资的32.47%。由于经济全球化实现了人才、资本、信息、知识和物质在全球范围内的流动，中国能够引进、吸收世界上的先进管理理论和经验，并根据中国的国情进行管理创新。事实上，进入中国的跨国公司在经营管理方面已经给了人们很多启迪和借鉴。

第二，有利于加速中国工业化进程，提升产业结构。经济全球化使中国能更快地融入世界经济体系之中，充分利用发达国家进行产业结构调整的机会，将其技术相对先进的劳动密集型产业或生产环节转移过来，加速中国工业化进程。根据国内和国际市场的需要，不断调整和优化产业结构及出口商品结构，强化经济竞争力。

第三，有利于深入地参与国际分工，发挥本国现实和潜在的比较优势，拓展海外市场。经济全球化为我国企业提供了在更广泛的领域内积极参与国际竞争的机会，可以通过发挥比较优势实现资源配置效率的提高，拓展海外市场，提高企业的竞争力。

第四，有利于抓住新技术革命带来的机遇，发挥后发优势，发展高新技术产业，实现经济的跨越式发展。经济全球化促进了各国科技人才、跨国公司、国家之间以及民间的全球性科技活动日趋活跃，如能加以有效地利用和积极参与，就能有效地促进中国技术水平的提高。中国企业可以利用国外的技术或在外国产品的技术基础上进行创新，建立和发展高新技术产业，实现经济的跨越式发展。

但它对每个国家来说，都是一柄双刃剑，既是机遇，也是挑战。特别是对经济实力薄弱和科学技术比较落后的发展中国家来说，面对全球性的激烈竞争，所遇到的风险、挑战将更加严峻。经济全球化中急需解决的问题是建立公平合理的新经济秩序，以保证竞争的公平性和有效性。经济全球化是指贸易、投资、金融、生产等活动的全球化，即生存要素在全球范围内的最佳配置。从根源上说是生产力和国际分工的高度发展，要求进一步跨越民族和国家疆界的产物。进入21世纪以来，经济全球化与跨国公司的深入发展，既给世界贸易带来了重大的推动力，同时也给各国商务带来了诸多不确定因素，使其出现许多新的特点和带来新的矛盾。

(二)区域经济一体化

1. 区域经济一体化的概念及发展原因

区域经济一体化是指两个或两个以上的国家和地区，通过相互协助制定经济政策和措施，并缔结经济条约或协议，在经济上结合起来，形成一个区域性经济联合体的过程。

区域性国际经济组织可以分为一般区域性国际经济组织和区域性经济一体化组织。后者比前者反映了更紧密的地区经济依赖性和协作性。大量的和重要的区域性国际经济组织都是经济一体化组织。区域经济一体化的进程大大推动了区域性国际经济组织的建立和发展。

区域经济一体化发展的主要原因有以下几个：①联合一致抗衡外部强大势力，是区域经济一体化的直接动因。②"二战"后，科学技术和社会生产力的高速发展，是区域经济一体化的客观基础。③维护民族经济利益与发展及其政治利益是地区经济一体化形成与发展的内在动因。无论是发达国家的经济一体化，还是发展中国家的经济一体化，其根本原因都在于维护自身的经济、贸易等利益，为本国经济的发展和综合国力的提高创造更加良好的外部环境。④贸易与投资自由化是区域经济一体化产生并持续发展的经济源泉。⑤贸易创造等各种积极的经济效应，是区域经济一体化产生并持续发展的重要原因。

2. 区域经济一体化的影响

区域经济一体化的根本特征是"对内自由贸易，对外保护贸易"，因此，它对多边贸易体制和全球经济的影响必然是双重的，既有一定的积极影响，同时又具有一定的消极影响。随着经济全球化的不断发展，区域经济一体化的消极影响将会变得越来越突出。

1) 区域经济一体化的积极影响

区域经济一体化的积极影响有以下几点。

一是区域经济一体化有助于自由贸易思想的发展。区域经济一体化在区域内奉行自由贸易原则，清除各种贸易壁垒。自由贸易政策实施所带来的各种好处将有助于成员国增强自由贸易意识，同时区域内部保护贸易的约束机制对于成员国内部贸易保护主张起到一定的遏制作用。发挥其经济效应、示范效应和约束效应。二是区域经济一体化可以成为多边贸易体制的基础。三是区域经济一体化可以为多边贸易谈判提供经验和技巧。

2) 区域经济一体化的消极影响

其消极影响主要表现在一是区域性经济集团都实行对内自由贸易、对外保护贸易的贸易政策，这种"内外有别"的政策明显背离多边贸易体制的非歧视原则，形成保护主义的贸易壁垒；二是区域经济一体化组织都具有不同程度的"贸易转移效应"，背离比较优势原则，对区域外的国家造成损害，往往导致区域内外发生贸易摩擦和冲突，使世界贸易组织经常处于"救急"状态；三是区域经济一体化组织增加了国际市场上的垄断力量，抑制了竞争，削弱了 WTO 体制的作用；四是区域经济一体化组织把各国追求自由贸易的目标由多边贸易协定转向区域性一体化组织安排，不利于 WTO 体制发挥作用和进一步发展。

目前，区域经济一体化对我国经济起到了重要作用，使贸易额大幅增长、投资大幅增长，为我国企业走出去创造了良好条件，增强了我国在全球的影响力。

二、宏观环境分析

环境对商务企业成长的影响是巨大的。宏观环境，如社会经济环境、科学技术环境和政策环境对企业成长的影响是方向性和整体性的，而居民收入水平、社会人口数量和结构、生活方式等状况是制约企业成长的重要因素，竞争环境对企业经营质量的提升和经营规模的壮大有着直接促进作用。在此主要针对经济环境、科学技术环境、社会文化环境、政治法律环境等因素进行简单介绍。

(一)政治法律环境因素

政治法律环境因素是指对商务活动具有现存和潜在作用与影响的政治力量，以及对商务活动加以限制和约束的法律、法规等。这些政策和法律既可以使商务活动受到保护，也可以使商务活动受到限制，具体体现在下述几方面。

1. 对经营商品的约束

出售的商品状况与消费者的利益密切相关，也与商品的来源和商标的使用有着密不可分的联系。因此，法律对商业企业提供的商品质量及安全、专利、商标使用等作出了具体明确的规定。不仅要按照《中华人民共和国产品质量法》《中华人民共和国商标法》《中华人民共和国经济合同法》《中华人民共和国消费者权益保护法》《食品安全卫生法》等法律、法规的要求开展经营活动，还要在商品出售前进行严格的商品检测，使检测合格的商品被商家出售，同时也要对消费者提供商品质量及安全的保证。

2. 对商品价格的约束

商务经营的商品通常可以自行定价，但这并不意味着可以随意定价。销售价格与消费者的经济利益直接相关，对消费者安居乐业、社会稳定起着很大的作用，因此，国家与当地政府在不同时期根据不同的商品会对价格给予不同的控制。如《中华人民共和国价格法》《价格违法行为处罚规定》等对部分商品的价格制定与管理提出了相关要求。

3. 对开展促销活动的约束

商家为向消费者出售商品而开展的促销活动也与消费者的利益密切相关。因此，国家对商务活动中开展的促销活动也有明确的法律法规。如《中华人民共和国广告法》《中华人民共和国反不正当竞争法》《中华人民共和国消费者权益保护法》对利用广告促进商品销售、采用公平的促销手段开展竞争、保护消费者合法权益等方面进行了约束并提出具体要求。

(二)经济环境因素

经济环境因素是指一个国家的经济制度、经济结构、产业布局、资源状况、经济发展水平以及未来的经济走势等。其中，对商务活动影响较大的经济因素包括国民经济发展状况、消费者收入和消费者支出等。

(1) 国民经济发展状况，主要包括总体经济走势、社会生存状况、社会分配状况，它们会在总体上影响和制约企业的经营和发展。

(2) 消费者收入，是指消费者个人所得到的所有货币收入的总和。消费者收入中的可支配收入和任意支配收入是研究的重点，其中可任意支配收入是影响消费者需求构成中最活跃的因素。

(3) 消费者支出，如消费者收入水平对支出模式的影响、收入分配平均程度对消费者模式的影响等。

(三)社会文化环境因素

1. 人口环境

人口是构成城市的基本因素，在收入水平一定的条件下，一个国家或地区人口规模的多少决定了该地区市场容量的大小。此外，企业还要研究人口的地理分布、年龄结构、性别、家庭单位和人口数量、教育构成、职业构成等因素，以确定自己的目标市场。

2. 文化环境

文化是指一定社会经过学习获得的、用以指导消费者行为的风俗、价值观和习惯的总和，包括文化、亚文化、社会阶层等。文化对顾客购买行为有着广泛而深远的影响，使消费者需求和购买行为具有相似性、习惯性和相对稳定性的特点。其中，宗教信仰和价值观对消费者影响最重。因此，开展商务活动应注重相关文化因素的影响。

3. 消费习俗和消费规范

消费习俗是人类在长期经济活动和社会活动中所形成的一种消费风俗习惯，是人类历代传承下来的一种消费方式。不同的消费习俗具有不同的商品需要，研究消费习俗，不但有利于组织好消费习俗用品的生产与销售，而且有利于积极正确地引导消费者健康消费。

不同的道德规范决定不同的交往行为，决定不同的家庭模式及消费模式。我国向来以"礼仪之邦"著称于世，广大消费者对人与人之间的关系和情感极为重视，个人行为往往习惯于与周围环境或他人保持一致，这种重人情、求同步的心理对商务决策和行为也会产生较大的影响。

(四)科学技术环境因素

科技创新是实现商务企业战略成功的关键，科学技术的应用已经成为现代商务企业创造竞争优势的一个重要来源。科技发展不仅带来了社会产品的极大丰富，为企业提供了坚实的物质基础，而且还深刻地影响着人类的生活方式和消费行为。从实践上看，科技环境对商务企业经营管理的直接影响体现在以下几个方面。

(1) 创造商务新形式。如可视图文系统、家庭购物网络、电子目录商店、无线射频技术的应用等，都得益于信息与技术的发展。

(2) 提高商务活动的效率。如视频订货系统可以使顾客直接在电视柜台订货并在家等待零售商送货上门；介绍商品的可视文件，在网站上展示，大大方便了消费者了解和选择商品；高技术收款机的使用可以加快收款速度等。

(3) 改善企业经营控制。如POS、EDI不仅减少了排队和劳动力成本、获得销售和库存的最新信息，还加强了企业与供应商的联系，从而使企业更有效地管理库存商品、减少库存商品投资。

三、行业环境分析

企业的核心竞争力是企业成长发展至关重要的因素，面对复杂多样的商务环境，了解行业内企业的竞争力和企业内部竞争力，可进一步明确企业的目标市场选择和市场定位。

(一)行业环境分析：五力模型

行业环境是对企业影响最直接、作用最大的外部环境。行业环境分析通常采用迈克尔·波特(Michael Porter)的五力分析模型，结合行业的具体情况，以此作为分析行业内竞争的框架，波特五力分析模型如图3-1所示。

1. 行业内部的竞争

导致行业内部竞争加剧的原因可能有下述几种：①行业增长缓慢，对市场份额的争夺激烈；②竞争者数量较多，竞争力量大抵相当；③竞争对手提供的产品或服务大致相同，或者至少体现不出明显差异；④某些企业为了获得规模经济效益，扩大生产规模，市场均势被打破，产品大量过剩，企业开始诉诸削价竞销。

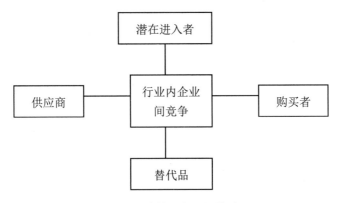

图 3-1 波特五力分析模型

2. 顾客的议价能力

行业顾客可能是行业产品的消费者或用户，也可能是商品买主。顾客的议价能力表现在能否促使卖方降低价格，提高产品质量或提供更好的服务。行业顾客的议价能力受到下述因素影响：①购买数量，如果顾客购买的数量多、批量大，作为卖方的大客户，就有更强的讨价还价能力；②产品性质，若是标准化产品，顾客在货源上有更多的选择，可以利用卖主之间的竞争而增强自己的议价能力；③顾客的特点，消费品的购买者，人数多且分散，每次购买的数量也不多，他们的议价能力就相对较弱；④市场信息，如果顾客了解市场供求状况、产品价格变动趋势，就会有较强的议价能力，就有可能争取到更优惠的价格。

3. 供货厂商的议价能力

供货厂商的议价能力表现在供货厂商能否有效地促使买方接受更高的价格、更早的付款时间或更可靠的付款方式。供货厂商的议价能力受到下述因素影响：①对货源的控制程度，如果货源由少数几家厂商控制，供货厂商就处于竞争的有利地位，就有能力在价格、付款时间等方面对购货厂商施加压力，索取高价；②产品的特点，如果供货厂商的产品具有特色，那么供货厂商就处于有利竞争地位，拥有更强的议价能力；③用户的特征，如果购货厂商是供货厂商的重要客户，供货厂商就会用各种方式给购货厂商比较合理的价格，乃至优惠价格。

4. 潜在竞争对手的威胁

潜在竞争对手指那些可能进入行业参与竞争的企业，它们将带来新的生产能力，分享已有的资源和市场份额，结果是行业生产成本上升，市场竞争加剧，产品售价下降，行业利润减少。潜在竞争对手的可能威胁，取决于进入行业的障碍程度，以及行业内部现有企业的反应程度，进入行业的障碍程度越高，现有企业反应越强烈，潜在竞争对手就越不易进入，对行业的威胁也就越小。

5. 替代产品的压力

替代产品的压力是指具有相同功能或能满足同样需求，从而可以相互替代的产品，如石油和煤炭、铜和铝。几乎所有行业都有可能受到替代产品的冲击，替代产品的竞争可以导致对原产品的需求减少，市场价格下降，企业利润受到限制。

(二)企业内部条件分析

企业的内部条件是指影响零售商生存和发展的内部因素，如企业的经营观念、管理体制与方法、经营目标与宗旨、企业精神与文化、业务流程管理水平等。企业内部条件的分析方法主要有三种，即经营资源分析法、企业能力分析法和价值链分析法。

(1) 经营资源分析方法用于确定企业的资源状态，发现企业在资源获得方面的优势和劣势，从而找出在资源使用中所需要进行的变革，内容包括企业现有资源及其利用效率、资源的平衡性和适应性等。

(2) 企业能力是企业将资源加以统筹整合以完成其任务和目标的能力。企业能力分析法的目的在于了解企业在基础管理能力、信息管理能力、研发能力、门店运营能力、分销与配送能力等各方面的能力，发现其能力的优势或劣势。

(3) 价值链分析主要研究包括采购、营销、陈列以及其辅助作用的一系列价值创造活动共同组成的链条。可分为基本活动和辅助活动两种类型。前者是企业经营的实质性活动，多与商品实体的流转有关，包括进货、分类整理与配送、上架陈列、促销宣传、售后服务等；后者是配合基本活动用于达到商品增值目的的活动，包括商品采购、技术开发、人力资源管理以及企业的总体计划、财务、行政和质量管理等活动。

(三)SWOT 分析模式

在以上对内外环境因素的分析基础上，SWOT 分析方法为商业企业提供了四种可供选择的战略，即从企业外部环境分析发现的机会和威胁，从企业自身分析所具有的优势和劣势，从而找到企业的发展方向，如图 3-2 所示。

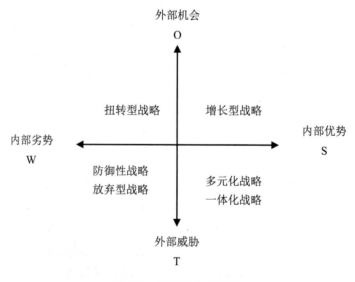

图 3-2 SWOT 分析模型

SO 象限内的区域是企业机会与优势最理想的结合区域。此时，企业拥有强大的内部优势和众多的环境机会，可以采取增长型战略。WO 象限内的业务有外部市场机会，但缺少内部条件，可以采取扭转型转型战略，尽快改变企业所处的不利地位，从而有效地利用市场机会。WT 象限内是最不理想的内外部因素结合的区域，处于该区域的业务在其相对弱势处恰恰面临着大量的环境威胁，此时，企业可以采取减少产品或市场的紧缩型或防御性战略，或是改变产品或市场的放弃型战略。ST 象限内的业务尽管在当前具有优势，但正面临着不利环境的威胁，此时，企业可以考虑采用多元化战略，利用现有的优势在其他市场上寻找和建立机会。另外，在实力非常强大、优势十分明显的条件下，企业也可以采用一体化战略，利用自身优势正面克服存在的障碍。

四、新技术环境及对商业的影响

长期以来，技术因素是推动生产变革的重要因素，同时新技术的应用又大大提升了企业生产、供应、销售等环节的效率，这也导致商业模式产生巨大的变化。人类历史上的四次重大商业变革都与技术的发展息息相关。随着科技的进步，大数据、虚拟现实技术、人工智能、5G、区块链技术都将越发成熟并实现应用。当前商业企业在客户信息收集、产品品类规划、销售渠道拓展等方面也更多地受到了创新技术的影响，新技术必将推动商业业态的转型发展。

(一)大数据与智能供应系统

目前，消费者选择的多样性和便利性都大幅提高，消费者已不仅仅满足于对产品自身功能属性的需要，同时更追求服务体验的提升。消费者需求不断产生变化，导致市场需求发生波动，这就需要零售企业能够快速响应市场需求。消费者消费数据可以帮助零售企业把控消费者需求，同时通过智能供应系统快速响应，优化品类结构，并以灵活的方式交付订单，同时提供个性化、定制化的产品和服务，保持顾客持续的忠诚度。

(二)虚拟现实技术

为进一步提升消费者的消费黏性，当前零售企业更重视顾客体验的重要性，尤其是对自身产品和服务的深度体验，有利于保持顾客的深度忠诚。书店、床上用品店、鲜花超市等实体店，都在着力塑造与商品属性契合的场景模式，结合 VR 和 AR 互动娱乐设施，可以增强消费者的深度体验感和满足感。部分企业也将沉浸式体验技术应用到消费场景中，智能试衣镜、三维体验场景等也进一步增强了顾客的体验感和品牌黏性。

(三)人工智能技术

随着人力成本的上升，导致商业企业经营成本持续上涨，这也限制了零售企业的创新发展。目前部分科技公司已开展人工智能方面的研发并取得了初步的成果，部分成果已率先在物流行业得到了应用。例如，京东已开始设立无人仓，通过人工智能技术进行订单处理，货品从入库、包装，到分拣、装车，全程100%由机器人操作，大大节省了人力成本，同时京东也将人工智能技术应用到配送过程中，京东配送机器人投入工作，实现了全场景常态化配送。

(四) 5G 技术

5G+ 行业，往往是复杂需求与新兴市场的结合体。积极与各行业探索 5G 解决方案，是一系列新市场空间构建的前提。比如中兴已经与全球 70 多家运营商展开 5G 深度合作，与工业、文旅、教育、媒体、医疗、交通、港口、环保和能源等 15 个行业的企业进行了合作。另一方面，5G 又与众多新技术在同一周期运用于产业中。5G 是云计算、大数据、人工智能甚至终端技术迭代的入口。多种技术的融合，将给 5G 市场带来更大的变化，运营商和设备提供商之间的商业关系将被重构。未来，5G 和 AI 的碰撞融合会带来产业数字化、智能化的进一步变化。网络、计算、智能的基础设施被打通，以及新技术体系之间的横向聚合，正在催生行业内玩家对更远景观，比如社会生活智慧化创新的洞察和思考。

(五) 区块链技术

区块链本身可以看作一部账本，它可以用来记录在区块链上发生过的所有行为，包括行为发生的时间、金额、涉及的账号等信息。区块链账本具有不可篡改、透明共享、隐私保护、可追溯等特性，可以有效解决信任问题或者降低信任成本，进行提高事务执行效率甚至创新业务模式。使其成为构建未来网络空间的核心关键技术，其对线上交易、支付结算等多项工作的应用价值非同小可，同时在未来将对经济和商业模式产生颠覆性的技术变革，金融、物联网、智能设备以及农业、医疗、教育等多个行业和领域均可应用区块链技术进行变革创新。

第二节　商务环境创新

一、电子商务

21 世纪，"要么电子商务，要么无商可务"。电子商务是信息网络、信息社会的产物，其活动领域可以形成从政府到市场、从市场到生产、从生产到消费者的许多方面的网络与联系，即将原有的商务活动扩散，从而形成了全球统一、规范竞争的有序的大市场。电子商务凭借其低成本、高效率的优势，不但受到普通消费者的青睐，还有效促进中小企业寻找商机、赢得市场。

传统商务和电子商务的区别如表 3-1 所示。信息化时代电子商务的发展为传统商务活动带来了许多新的改变，表现在采购、生产、销售、服务多个环节。

表 3-1　传统商务与电子商务的区别

项　目	传统商务	电子商务
交易对象	部分地区	世界各地
交易时间	在规定的营业时间内	实施 7×24 小时服务
营销推动	销售商单方努力	交易双方一对一沟通，是双向的
顾客购物方便度	受限于时间、地点及店主态度	按自己的方式，无拘无束地购物
顾客需求把握	商家需很长时间掌握顾客需求	能快速捕捉顾客的需求并及时应对
销售地点	需要销售空间(店铺、货架和仓库)	虚拟空间(提供商品列表和图片)

续表

项　目	传统商务	电子商务
销售方式	通过各种关系买卖，方式多样	完全自由购买
流通渠道	流通环节复杂，流通成本高	简化了流通环节，降低了流通成本

(一)电子商务带来的影响

1. 对企业采购带来的影响

电子商务可以成为减少企业采购成本支出的一种有效途径。电子商务的发展，使企业之间的竞争不再取决于企业所实际占有的资源多少，而取决于企业可控制运用的资源多寡。因此，企业必须利用外部资源尤其要发挥好网络的作用，通过互联网使自己与合作伙伴、供应商互通互连，做到信息资源实时共享，最大限度地提高运作效率，降低采购成本。这一点主要体现在以下两方面。

第一，电子商务模式能通过互联网快捷地在众多的供应商中找到适合的合作伙伴，及时了解供应商的产品信息，如价格、交货期、库存等，并可以获得较低的价格。第二，企业可以加强与主要供应商之间的协作关系，并形成一体化的信息传递和信息处理体系，从而降低采购费用。

2. 对企业生产加工过程带来的影响

电子商务对企业的生产运作方式、生产周期、库存等都会产生巨大的影响。具体而言，主要体现在以下几个方面：第一，传统经营模式下的生产方式是大批量、规格化、流程固定的流水线生产，是产品的全程生产，外协加工工序较少。基于电子商务的生产方式是顾客需求拉动型的生产。第二，缩短了生产与研发的周期。通过提高信息和资金等的转移速度，提高工作效率，缩短生产周期，从而降低单位产品的生产成本，并缩短其研发周期。第三，减少企业库存，提高库存管理水平。更多先进生产方式(如 MRPⅡ、ERP、JIT)的应用，为企业实现精确生产、零库存奠定了基础。

3. 对销售带来的影响

电子商务可以降低企业的销售成本，网上销售突破了时间与空间的限制，增强了企业利用互联网展示产品及服务的优势，具体体现在如下几个方面：第一，电子商务可以降低企业的交易成本。第二，突破了时间与空间的限制。传统经营模式通过各种媒体做广告，需要对复杂的销售渠道进行管理，并且目标市场受到地域的限制，而电子商务环境下的网络营销是一种主动方在于客户的软营销。第三，全方位展示产品，促使顾客理性购买。

4. 对企业客户服务带来的影响

客户是企业最重要的资源，不断满足顾客的需求，提高客户满意度和忠诚度是企业能否在市场上立足的关键。电子商务对企业客户服务的影响主要体现在以下几个方面：第一，电子商务可使企业与客户之间产生一种互动的关系，极大地改善客户服务质量。第二，通过实时互动式沟通，加深了双方的相互了解。密切用户关系，改善售后服务。第三，促使企业引入更先进的客户服务系统，从而提升客户服务质量。

(二)知识管理及电子商务

1. 企业电子商务和知识管理的关系

在网络经济模式下,因商务实体之间会发生各种各样的关联,所以产生了价值链和供应链。而企业电子商务是信息技术和网络应用的完美结合,要求建立具有较强应变能力的知识管理系统。它的核心是建立一套具有自我调节能力的快速反应机制,使企业决策和运行从传统的以预测为主导转变为以快速反应为主导,能够迅速把握市场的导向。很显然,企业实施电子商务可使信息不对称和信息滞后状况得到明显改善,通过信息的有效传递、处理和反馈,使在线决策成为可能,从而提高企业积累和运用知识的能力。

同时,企业知识管理的应用对电子商务的发展也将产生巨大的推动作用。知识管理是以知识这种无形资产为核心的新一代管理观念,这与电子商务从传统商务的有形资产管理向无形资产管理转变的观念相吻合;知识管理重视从现有的数据中挖掘出有价值的知识,这将大大增强企业的商务智能;企业知识共享环境的建立有利于商务活动的优化和商务效率的提升;尊重员工的知识贡献,增加企业的知识储备,有利于实现企业电子商务的可持续发展和创新;基于知识管理的企业文化,有助于企业洞悉并抓住市场机遇和挑战,及时调整发展战略,引领市场潮流,提高商务活动的应变能力。

由此可见,电子商务与知识管理是相互促进、交叉发展的,企业开展基于知识管理的电子商务,将实现二者关系的协调,使企业真正如虎添翼,而不是此消彼长。知识管理必须借助信息技术平台,才能全面完整地开发知识资源,发挥知识的力量。而企业发展电子商务,必须率先着眼于内部知识管理,只有在其相关的诸多环节都上升到必要的知识管理层次,才能促进企业经营的良性运作。

2. 企业电子商务的知识管理策略

在互联网时代,真正稀缺的资源不是信息,而是人的注意力和对业务规则的理解与创造。对企业而言,开展电子商务的瓶颈不在技术,而关键在于对客户需求知识的理解、对技术的合理利用和提供市场需要的产品与服务。因此,企业电子商务只有通过实施知识管理策略,才更有利于把握商务的本质规律。

1) 构建知识管理型组织结构

为了适应知识管理的需要,企业需要构建新型的组织结构,其特点是有利于员工之间的交流、沟通与知识共享;有利于企业的知识更新和深化;有助于增强企业的团队精神。知识管理型的组织是一种学习型组织,而不仅仅是一个生产、经营性组织。企业必须设立知识主管(CKO),建立专门的知识管理系统,并强调企业知识管理系统与企业业务系统之间的相互关系,以及商务管理技术创新与知识管理活动的有机结合。

2) 发挥知识流在企业价值流服务中的巨大作用

企业的价值流动主要是由人流、物流、资金流、事务流和信息流等 5 部分构成的,而知识流的价值则是通过价值流为顾客提供服务的。因此必须了解电子商务企业的基本业务流程和关键业务流程所涉及的相关知识,明确企业在一定时期内所需要的知识,以及这些知识如何收集、存储、共享和利用,发挥知识流在企业价值流服务中的巨大作用。

3) 深化企业对客户知识的挖掘和理解

在全球经济一体化的趋势下,客户需求更多地表现出个性化特征。过去那种依靠大批量生产单一产品实现规模效益的方式已经行不通了,企业生存与获利能力将更多地取决于对客户需求知识的挖掘与理解。企业在开展电子商务活动过程中,需要利用网络实现与客户的交流,了解客户对产品和服务的意见,构建出用户对产品变化的需求模式。企业要应用知识管理将企业知识有效地传播到客户中,形成购买意向,将企业产品升级为备选方案,以更好地为消费者服务。

4) 运用知识管理强化内部和外部适应性

利用知识管理,可在一定程度上将个人隐性知识显性化,转化为组织知识,存入企业知识库实现共享。知识共享环境的形成,可提高员工对市场环境的应变能力和反应速度。企业合作伙伴也是企业知识的重要来源之一,应强调与供应商和销售商网络的紧密集成,通过战略合作来实现产品知识的交流和反馈,开拓新市场。知识管理可帮助企业吸纳市场信息,获取合作伙伴的相关知识,并整合利用已有知识进行创新、把知识成功应用到具有市场的产品和服务中去,提高企业在非连续变化环境中的生存能力、适应能力和竞争能力。

企业开展电子商务的关键,在于对客户需求知识的充分理解和对技术的合理利用,从而快速地提供市场需要的产品和服务。基于互联网的电子商务应建立在广泛快速的信息交流和知识创新的基础之上,通过知识管理实施可更好地把握电子商务的本质规律,使电子商务与知识管理能够相互促进和交叉协调发展。

二、移动商务

移动商务(Mobile Business,简称 MB)是指通过无线通信来进行网上商务活动。移动商务可高效地与用户接触,允许他们即时访问关键的商业信息和进行各种形式的通信。移动商务主要的功能包括移动电商营销、移动商务管理等。

随着时代与技术的进步,人们对移动性和信息的需求急速上升,移动互联网已经渗透到人们生活、工作的各个领域,移动电子商务已成为各个产业链竞相争抢的"大蛋糕"。因其可以为用户随时随地提供所需的服务、应用、信息和娱乐,同时满足用户及商家从众、安全、社交及自我实现的需求,而深受用户的欢迎。

(一)移动商务的特点

移动电子商务是移动信息服务和电子商务融合的产物,与传统电子商务相比,移动电子商务具有独有的优势,具体内容如下所述。

(1) 具有方便、随时随地的特点。移动电子商务的最大特点是随时随地和个性化。移动终端既是一种移动通信工具,又是一个移动 POS 机,一个移动的银行 ATM 机。用户可在任何时间、任何地点进行电子商务交易和办理银行业务,包括支付。

(2) 用户规模大。移动电话的普及程度远远超过了计算机。手机用户中基本包含了消费能力强的中高端用户,以移动电话为载体的移动电子商务不论在用户规模上,还是在用户消费能力上,都优于传统的电子商务。

(3) 有较好的身份认证基础。对于传统电子商务而言,用户的消费信誉成为最大的问题,而移动电子商务手机号码具有唯一性,手机 SIM 卡上存储的用户就具有这一优势。

(4) 移动电子商务领域更易于技术创新。移动电子商务领域因涉及 IT、无线通信、无线接入、软件等技术,并且商务方式更加多元化、复杂化,因而在此领域内很容易产生新的技术，并能将这些新兴技术转化成更好的产品或服务。

(5) 定制化服务。由于移动电话具有比 PC 机更高的可连通性与可定位性，因此移动商务的生产者可以更好地发挥主动性，为不同顾客提供定制化的服务。例如，开展依赖于包含大量活跃客户和潜在客户信息的数据库的个性化短信息服务活动，以及利用无线服务提供商提供的人口统计信息和基于移动用户位置的信息，商家可以通过具有个性化的短信服务活动进行更有针对性的广告宣传，从而满足客户的需求。

(6) 开放性、包容性。移动电子商务因为接入方式无线化，使任何人都更容易进入网络世界，从而使网络范围延伸更广阔、更开放；同时使网络虚拟功能更带有现实性，因而更具有包容性。

当然，由于基于固定网的电子商务与移动电子商务拥有不同特征，移动电子商务不可能完全替代传统电子商务，两者相互补充、相辅相成。移动通信所具有的灵活、便捷的特点，决定了移动电子商务应当定位于大众化的个人消费领域，应当提供大众化的商务应用。

(二)移动商务市场的分类

1. 我国移动电子商务市场可以分为两个部分

(1) 虚拟商品。主要是依附于各运营商旗下的收费图铃、游戏下载或其他资讯类业务。工商银行、建设银行等多家银行和支付宝也开通了通过手机交水电费、话费等业务。

(2) 实体商品。目前国内主要有淘宝网、立即购、"掌店"移动商城在涉足这一领域，为人们带来更多生活便利。

2. 按移动电商的应用方式分

(1) 远程电商。移动电商中的"远程电商"是指传统电商通过 PC 端的购物方式自然转化为通过移动终端的购物方式。远程电商的购物方式是对传统电商购物方式的延伸，远程电商与传统电商购物的品类可完全重合，差异之处在于购物终端的不同与购物应用软件的不同。传统电商是通过浏览器购物，移动电商是通过 APP 购物，很多电商网站都推出了各自的移动 APP 来吸引消费者。

(2) 近场电商。移动电商中的"近场电商"是在"移动支付中的近场支付"与"O2O 中的本地化服务"共同发展下衍生出来的一个便于理解的概念。近场电商就是指通过移动终端选择本地化服务的消费场所，最后可以通过近场支付进行消费。

(三)移动商务的应用

移动商务主要在以下领域提供服务。

(1) 银行业务。移动电子商务使用户能随时随地在网上安全地进行个人财务管理，进一步完善因特网银行体系。用户可以使用其移动终端核查其账户、支付账单、进行转账以及接收付款通知等。

(2) 交易。移动电子商务具有即时性，因此非常适用于股票等交易应用。移动设备可用于接收实时财务新闻和信息，也可确认订单并安全地在线管理股票交易。

(3) 订票。通过因特网预定机票、车票或入场券已经发展成为一项主要业务，其规模还在继续扩大。因特网有助于方便核查票证的有无，并进行购票和确认。移动电子商务使用户能在票价优惠或航班取消时立即得到通知，也可支付票费或在旅行途中临时更改航班或车次。借助移动设备，用户可以浏览电影剪辑、阅读评论，然后订购邻近电影院的电影票。

(4) 购物。借助移动电子商务，用户能够通过其移动通信设备进行网上购物。即兴购物已成为一大增长点，如订购鲜花、礼物、食品或快餐等。传统购物也可通过移动电子商务得到改进。例如，用户可以使用"无线电子钱包"等具有安全支付功能的移动设备，在商店里或自动售货机上进行购物。随着智能手机的普及，移动电子商务通过移动通信设备进行手机购物，让顾客体会到购物更随意、更方便。如今比较流行的手机购物软件如"掌店商城"等，实现了手机下单，手机支付，同时也支持货到付款，不用担心没有 PC 就会错过限时抢购等促销活动，尽享购物便利。

(5) 娱乐。移动电子商务还可提供一系列娱乐服务。用户不仅可以从他们的移动设备上收听音乐，还可以订购、下载或支付特定的曲目，并且可以在网上与朋友们玩交互式游戏，还可以游戏付费，并进行快速、安全的博彩和游戏。

(6) 无线医疗。医疗产业的显著特点是每一秒钟对病人都非常关键，在这一行业十分适合于移动电子商务的开展。在紧急情况下，救护车可以作为进行治疗的场所，而借助无线技术，救护车可以在移动的情况下同医疗中心和病人家属建立快速、动态、实时的数据交换，这对每一秒钟都很宝贵的危重病人来说至关重要。在无线医疗的商业模式中，病人、医生、保险公司都可以获益，也都愿意为这项服务付费。这种服务在时间紧迫的情形下，可以向专业医疗人员提供关键的医疗信息。由于医疗市场的空间非常巨大，并且提供这种服务的公司为社会创造了价值，同时，这项服务又非常容易扩展到全国乃至世界，我们相信在这整个流程中，存在着巨大的商机。

(7) 移动 MASP。一些行业需要经常派遣工程师或工人到现场作业。在这些行业中，移动 MASP 将会有巨大的应用空间。MASP 结合定位服务技术、短信息服务、WAP 技术，以及 Call Center 技术，可为用户提供及时的服务，提高用户的工作效率。

(四)移动商务的运营策略

1. 一直在线

一个重要的事实是移动设备用户长年在线对移动电子商务的应用程序具有重要影响。电商网站多渠道营销引领单笔交易的日子已离人们而去。移动电商应用采用的方法是具有变革性的，而非无态的被动反应和交易。

市场推广一般是通过单独的渠道进行的，如邮件或离线机制，现今的移动应用程序需时刻保持在线。他们不依懒于用户的直接行动来提供优惠和价值服务，更多地是根据用户的间接活动，如登录或访问一个网址。

2. 高度整合

网页和移动解决方案的一个具有里程碑意义的事件，是两者具有无缝链接的能力。服务型的构架是允许不同的应用程序从未像过去那样相互交流。现代移动电商应用的关键是整合各种资源为客户提供价值。像社会网络那样整合前端，或者在后端提供优惠、进行促销等，都不尽如人意，但这对移动电商应用程序的成功起到关键作用。如今，是时间让玩家关注手机 app 之外，能为他们提供具有更多价值的合作伙伴和其他整合。

3. 社会化

社会化一直被认为是手机硬件的杀手级 App。现代电子商务应用程序被写入移动设备，应整合具有营销和促销活动特性的社会化媒体，允许用户以成立小组或评论等方式进行分享与协作。这是一个开放性的领域，通过创造性的方式可使消费者和他们的网络系统参与进来，包括那些基于位置、人口统计和行为的自组织网络(ad hoc networks)。

4. 游戏化

虽然游戏化是在简单的徽章游戏和分数比试进化中开始萌芽的，但它能发挥电子商务产品的巨大潜力。游戏化与电商是高度相关的，因为它甚至可以被传统电商网站所广泛使用。它与提高手机用户忠诚度有着密切的关系，用户会因为那些极具吸引的目标，冲动掏钱购买。如果"玩"得好，游戏化可以在暴富者和业务之间创造出赢家，这是一个重要的区别。

5. 语境意识

也许手机比起个人计算机和桌面浏览器最持久的优势，是它具有在用户操作过程中提供语境的能力。不管是通过用户登录跟踪他们的位置，还是根据用户的喜好递送动态和自定义菜单，或是简单地将用户行为与相对流行的产品相混合，在用户使用移动电子商务应用程序时，对消费者语境的理解和采取的行动，是其成功的一个关键因素。

6. 多样终端

这是移动设备繁衍发展的开始，即各式各样的设备，在不同平台运行。以最直观的方式呈现产品和电商交易，这是成功的移动电商应用程序的一个重要差异化特性。

移动界面的定义必须与本地使用和网页技术相关；根据用户设备大小，专注于优先产品；拥有正确的后端信息构架，使不同设备呈现最佳产品信息。这些因素不仅对移动设备具有独特意义，同时对移动电子商务应用也非常重要。

三、物联网

(一)物联网的概念

"物联网概念"是在"互联网概念"的基础上，将其用户端延伸和扩展到任何物品与物品之间，进行信息交换和通信的一种网络概念。

物联网(Internet of Things)，国内外普遍公认的是 MIT Auto-ID 中心的 Ashton 教授 1999 年在研究 RFID 时最早提出来的。在 2005 年国际电信联盟(ITU)发布的同名报告中，物联网的定义和范围已经发生了变化，覆盖范围有了较大的拓展，不再只是指基于 RFID 技术的物联网。

物联网指的是将无处不在(Ubiquitous)的末端设备(Devices)和设施(Facilities)，包括具备"内在智能"的传感器、移动终端、工业系统、楼控系统、家庭智能设施、视频监控系统等和"外在使能"(Enabled)的，如贴上 RFID 的各种资产(Assets)、携带无线终端的个人与车辆等"智能化物件或动物"或"智能尘埃"(Mote)，通过各种无线或有线的长距离或短距离通信网络连接物联网域名实现互联互通(M2M)、应用大集成(Grand Integration)、以及基于云计算的 SaaS 营运等模式，在内网(Intranet)、专网(Extranet)、或互联网(Internet)环境下，采用适当的信息安全保障机制，提供安全可控乃至个性化的实时在线监测、定位追溯、报警联动、调度指挥、预案管理、远程控制、安全防范、远程维保、在线升级、统计报表、决策支持、领导桌面(集中展示的 Cockpit Dashboard)等管理和服务功能，实现对"万物"的"高效、节能、安全、环保"的"管、控、营"一体化。

(二)物联网的应用

1. 智能家居

智能家居是利用先进的计算机技术，运用智能硬件(氦氪 wifi、Zigbee、蓝牙、NB-iot 等)，物联网技术，通信技术，将与家居生活的各种子系统有机地结合起来，通过统筹管理，让家居生活更舒适，方便，有效与安全。

2. 智慧交通

智慧交通，是将物联网、互联网、云计算为代表的智能传感技术、信息网络技术、通信传输技术和数据处理技术等有效地集成，并应用到整个交通系统中，在更大的时空范围内发挥作用的综合交通体系。智慧交通是以智慧路网、智慧出行、智慧装备、智慧物流、智慧管理为重要内容，以信息技术高度集成、信息资源综合运用为主要特征的大交通发展新模式。依托迪蒙科技在云计算、物联网、大数据、金融科技等领域的丰富开发经验和雄厚的技术积累，历时 3 年倾力打造的中国目前首家一款集网约专车、智慧停车、汽车租赁、汽车金融，以及其他智慧出行领域创新商业模式于一体的高端智慧交通整体解决方案。

3. 智能医疗

在不久的将来医疗行业将会融入更多人工智慧、传感技术等高科技，使医疗服务走向真正意义上的智能化，推动医疗事业的繁荣和发展。在中国新医改的大背景下，智慧医疗正在走进寻常百姓的生活。智能手机、移动医疗开启了很多新的创业机会、应用场景，各类新玩家争相涌入，主要分为面向医院、医生的 B2B 模式和直接面向用户的 B2C 模式，前者以为专业人士提供医学知识为主，后者则是"自查+问诊"类远程医疗健康咨询应用。智慧医院应用的问世对大众来说不仅能简化就医流程、降低医疗费用，更能增加被医生重视的感受；对医生来说，不仅能减少劳动时间，还能提高患者管理质量、提高诊治水平，在不断学习中得到患者认可；对医院来说，能更直接地了解患者需求，为患者服务，同时提高服务满意度，构建和谐医患关系。

4. 智能电网

智能电网是在传统电网的基础上构建起来的集传感、通信、计算、决策与控制为一体的综合系统，通过获取电网各层节点资源和设备的运行状态，进行分层次的控制管理和电力调配，实现能量流、信息流和业务流的高度一体化，提高电力系统运行的稳定性，以最大限度地提高设备利用效率，提高安全可靠性，节能减排，提高用户供电质量，提高可再生能源的利用效率。

5. 智慧城市

智慧城市就是运用信息和通信技术手段，感测、分析、整合城市运行核心系统的各项关键信息，从而对包括民生、环保、公共安全、城市服务、工商业活动在内的各种需求作出智能响应。其实质是利用先进的信息技术，实现城市智慧式管理和运行，进而为城市中的人创造更美好的生活，促进城市的和谐、可持续发展。

随着人类社会的不断发展，未来城市将承载越来越多的人口。目前，我国正处于城镇化加速发展的时期，部分地区"城市病"问题日益严峻。为解决城市发展难题，实现城市可持续发展，建设智慧城市已成为当今世界城市发展不可逆转的历史潮流。

智慧城市的建设在国内外许多地区已经展开，并取得了一系列成果，国内的如智慧上海、智慧双流；国外如新加坡的"智慧国计划"、韩国的"U-City 计划"等。

此外，在智能物流、智能安防、智能农业等方面都有广泛的应用。

四、协同商务

"协同"有两层含义：一层含义是企业内部资源的协同，有各部门之间的业务协同、不同的业务指标和目标之间的协同以及各种资源约束的协同。如库存、生产、销售、财务间的协同，这些都需要一些工具来进行协调和统一。另一层含义是指企业内外资源的协同，也即整个供应链的协同，如客户的需求、供应、生产、采购、交易间的协同。

协同商务(collaborative commerce,c-commerce)是指利用电子技术实现商务合作，使企业之间能够协同计划、设计、发展、管理和研发产品、服务、业务流程以及电子商务应用。一个典型例子就是制造商通过网络与某供应商进行协同合作，供应商为其设计产品或某个产品的零部件。协同商务的含义还包括沟通交流、信息分享、利用各种工具(如博客、微信、群组软件及专为电子商务设计的协同工具)在线协同规划。在供应链中，协同商务主要用来降低成本、增加收入、减少延误、加快商品流通、减少急单、减少缺货、加强库存管理等。协同商务与电子协助紧密相连，是为了完成共同的任务而利用电子技术进行的合作。

(一)协同商务的流程

在不同的环境下，协同商务的流程都是不一样的。例如，大部分情况下供应链上下游的协同商务，包括制造商、供货商、设计人员、各种商业伙伴、客户，甚至政府。在协同过程中，企业需要对网络平台上内部及外部的数据进行分析。协同商务的流程是循环流程，其中的参与者可以使用已显示的信息，也可以通过彼此互动获取信息，如图3-3所示，协同商务的各个要素可以通过不同方式进行组合，其中之一是商务协同中心。

(二)协同商务的内容

1. 信息与知识的共享

这里有几个方面的内容：一是将员工或用户的信息与自身的职责、工作联系起来，与用户有关的所有的信息都是关联的，例如，员工在公司创造的文档，而这些文档也与这个员工的客户有关，与这个员工所参与的项目有关。因此，信息都是与员工的工作联系在一起的。企业内部的信息都是个性化的，员工所需要的信息，员工可以得到的信息都是与他工作相关的。此外，信息不但包括协同商务本身的信息，甚至还包括 ERP 以及其他系统的信息，这些信息都集成在协同商务中。二是内容管理也必须纳入到整个系统当中，作为一个协同商务系统，很重要的一点是对自身产品的外部传播，例如在互联网上发布最新的企业的产品信息，建立与客户的沟通渠道，动态地维护外部网站的信息。

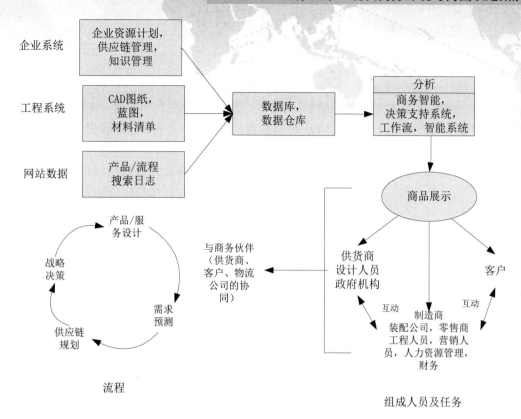

图 3-3 系统商务的要素和流程

2. 业务整合

当企业内部或是跨企业的员工需要为了一个共同的目标进行工作的同时,都需要借助业务的整体,例如员工在完成一次产品市场设计的同时,需要借助市场部门、客户部门甚至外部广告公司的协助,在这样的情况下,就需要对企业整个资源进行整合。协同商务的整个处理过程也是企业内部业务的一个整合过程,客户根据网上的供货信息进行下订单,通过商务处理过程,实现客户的需求,客户也可以通过自助门户随时了解整体业务过程的处理情况,强化了客户联系的能力。

3. 建立合作的空间

在企业运作过程中,企业的员工需要其他部门的协助,通俗一点讲,就是员工需要一些知识专家对他所提的问题进行一次解答或咨询的时候,他就需要借助这样一个空间或社区来进行,例如在线的会议,在线培训课程等。此外,企业的很多工作不单单是需要内部员工的协助完成,更需要外部用户的参与,例如客户的参与,员工在满足客户需求的同时需要不断地与外部客户进行有效的沟通,协作社区的出现既是电子商务发展的一个部分,也是协同商务作用的体现。

4. 商务的交易

协同商务必须提供安全可靠的商务交易流程,包括客户的订单管理以及合同管理、财务交易的管理等。这些交易结果可以与内部其他系统进行互动以及数据的更新。

(三)协同商务的作用

1. 协同的信息管理

对于相当一部分企业来说，财务管理、人力资源管理、项目管理、客户关系管理、物流管理等各种软件已经普遍使用，信息化的内部要素(包括 ERP、CRM、SCM、OA、网上门户、电子支付系统和物流配送系统等)已基本建成。但是，这些要素之间仍未被集成起来，每一个信息系统都是孤立的，这样就使企业的信息化出现了很多新的问题，例如信息膨胀、信息孤岛、信息非结构化等。协同商务系统突破现有软件将企业各数据封存在不同的数据库和应用平台上，而造成企业实际信息应用所面对的难题，它采用中央数据库管理企业信息，数据可以通过任何与其相关的应用更新或被提取。从应用层面上来看，协同商务可将所有的信息进行全面的整合，信息与信息之间无阻碍链接，用户可以从信息归结的友好界面入口，进行大范围和深度的信息提取，而完全无需在不同的数据库和应用平台之间切换。从管理层面上看，它基于企业资源网状管理体系的思想，从任何一个信息点都可以非常方便地提取出所有与其相关的信息，所有的信息和应用都是多维的、立体化的、强相关联的。

2. 协同的业务管理

实际工作中，企业任何一个部门或个人的工作，所影响到的因素是方方面面的。只有让这些变化的因素在系统中实时地更新并体现，才能实现真正意义上的业务协同化管理。例如，销售部门的销售动作，涉及客户的回馈或订单；采购部门的采购；财务部门的应收、应付账款；人力资源部门对相应人员的绩效考核；管理层对企业整体运营的分析等。协同业务管理的目的就是需要对所涉及相关点的变化及时地作出反应。协同商务重要的是实现了业务管理上的协同，从应用的层面看，它以部门之间、跨部门以及企业内部与外部的工作流程带动知识信息流、物流、资金流等在企业内外的无障碍流动，并完成相关数据库的更新。对于系统本身，任何一个模块都可以看作是系统应用层面上的核心，其他所有的模块都围绕它工作，共同完成它所要求的相关应用。从管理的层面上看，由于它基于资源协同的思想设计，实现的是"以点带面"和"协同运作"，任何一个因素的变化都会在系统中的相关点反映出来，并通过协同商务平台提供给企业内部各部门和外部关联机构，从而使业务过程达到高效、协作的目的。

3. 协同的资源交互，共享知识和信息

企业可以根据实际情况创建自己的知识库并实现知识的创建、组织、提取和采用等一系列过程。协同商务将企业现有的知识和信息集成在一起，并且通过信息门户，根据每个用户的要求定制出个性化的信息和应用，使用户可以方便地获取相关的知识和应用。通过协同商务平台，企业内部的员工可以创建、积累和共享知识信息，而客户、供应商和外部合作伙伴也可以通过这样的平台达到知识信息创建和共享的目的。客户协同。通过协同商务实现的客户关系管理不是单方面的客户管理，而是让客户真正参与进来，从而实现对客户的全方位跟踪和交互。通过协同商务系统，企业可以实时了解到客户的信息和需求，从而为客户提供个性化的产品和服务，客户也可以通过系统，更新自己的相关信息，了解最感兴趣的产品和服务，与企业相关部门一起共同完成购买、服务请求、项目实施等业务。合作伙伴协同。通过协同商务建立的企业与合作伙伴之间的关系是"协同"的关系。合作伙伴可以及时获取客户的需求和市场的反馈，更可以与企业共享知识，使企业能够获得采

购、生产和销售的最优路线，降低成本，提高响应速度，提升企业的竞争力，保证更高效的供应链水平和更低的供应链成本。

4. 应用的个性化

通过协同商务的企业信息门户，将企业的所有应用和数据集成到一个信息管理平台之上，并以统一的界面提供给用户，使企业可以快速地建立企业对企业和企业对内部雇员的个性化应用。它可向分布各处的用户提供商业信息，帮助用户管理、组织和查询与企业和部门相关的信息。内部和外部用户只需要使用浏览器就可以得到自己需要的数据、分析报表及业务决策支持信息。企业信息门户突破"信息海洋"造成的工作效率低下，以友好、快捷的方式提供给访问者最感兴趣和最相关的信息。

5. 商业智能

协同商务不仅是信息的载体，更是信息的分析工具。通过对数据的加工和转换，提供从基本查询、报表和智能分析的一系列工具，并以各种形象的方式展现，为企业考察运营情况、业绩表现，分析当前问题所在和未来发展趋势，展开商业策略，调整产品结构、分销渠道、工作流程和服务方式等提供决策支持。

6. 支持企业发展和业务流程调整

企业的组织结构、人力资源构成、工作流模式会随着企业内部和外部环境的变化而变化，而协同商务系统具有良好的可扩展性和强大的自定义功能，以适应组织结构和业务流程调整的需要，无需进行最底层的开发，大大提高了系统的灵活性和适用性。

7. 基于 WEB 的结构

协同系统基于 WEB 开发，采用最流行的 B/S 结构，客户端只需安装 IE 浏览器就可以使用系统。系统使用具有易用性、维护简单、24 小时连续服务等特点。

五、社交商务

(一)社交商务的定义及特征

所谓社交电子商务，是指将关注、分享、沟通、讨论、互动等社交化的元素应用于电子商务交易过程的现象。具体而言，从消费者的角度来看，社交化电子商务，既体现在消费者购买前的店铺选择、商品比较等，又体现在购物过程中通过 IM、论坛等与电子商务企业间的交流与互动，还体现在购买商品后消费评价及购物分享等。从电子商务企业的角度来看，通过社交化工具的应用及与社交化媒体、网络的合作，完成企业营销、推广和商品的最终销售。

社交电子商务是基于人际关系网络，利用互联网社交工具，从事商品或服务销售的经营行为，是新型电子商务的重要表现形式之一。

社交电子商务具备三个核心特征：①具有导购的作用；②用户之间或用户与企业之间有互动与分享，即具有社交化元素；③最为关键，具备"社交化传播多级返利"的机制，即"SNS"传播，即可获益。

社交商务主要呈现两个特征。

一是社交电商平台呈下沉态势，趋于提供底层的服务。社交电商和微商既可以使用社交电商平台提供的功能、完整的标准化交易服务，在社交电商平台的闭环内实现交易，也可以通过社交电商平台招募或微商雇佣的第三方开发者或服务商，在社交工具提供的部分或全部交易服务接口，进行定制化、深度化开发，创建个性化的交易环境，以实现社交电商平台的资源投入与用户需求的平衡。

二是社交电商和微商渠道需求旺盛，趋于突围社交平台闭环。随着发展壮大，社交电商和微商已明显不满足于在社交平台的闭环内经营，趋于获取更多的流量。它们自建独立交易网站、入驻第三方交易平台或者通过第三方开发者或服务商在社交电商平台的基础上搭建穿透社交平台闭环，以期多渠道获得用户流量。

(二)社交商务的模式

1. 电商社交

"电商社交"的模式主要有两种：一种是本来就是电商，自己顺带开了个社区，促进客户们的交流沟通，增加黏性，引导买卖，比如淘宝里的微淘、淘达人、淘直播；另一种就是卖家意识到增强社交属性可以增强用户黏性，并且发现邀请社交领域的 KOL 作为自己商品的导购，商品的转化率会更高。这两类都是传统电商转型社交电商的有效方法，转型相对简单，转型的成本更低。

2. 社交电商

这类模式一般都是从主题社区起家，比如以前的恋爱社区，社区的人气聚集起来之后，上线一个在线付费教育网站，这本质上就是社交电商。做垂直社区的也是一样，先通过优质内容圈住一批人，然后卖货，这跟在线下开个酒吧，把人吸引到酒吧里来，然后给人卖酒是一个逻辑。这种模式是建立一个能满足人社交欲求的圈子(社群)，请大伙来玩，然后顺带卖点东西出去。这种模式线上线下都可以用，只不过到了线上，就成了电商。一般这种类型的兴趣社区，会聚集一些志同道合的人，社区里还有意见领袖、红人、导师等，比较典型的例子是小红书。前两年一直被当成新概念、新理念的社群电商，其实也是这种逻辑。

3. 导购型电商

这一种模式有两种形态，一种是平台，一种是个体。先说平台型，比如蘑菇街，专门建立导购平台，请 KOL 导购，吸引顾客购买，更容易使用户产生信任感和黏性，这种方式跟线下柜台异曲同工，区别就在于一个是线下成交一个是线上成交。因为有 KOL 导购，给用户更强的安全感和信任感，所以成交率比较高。再说个体，比如微商、网红、淘宝客，这种模式是利用一切自己可以触达的社交网络铺货赚钱，触达的范围近到生活圈，远到粉丝圈，甚至包括陌生网络好友。

4. 平台型微商

平台型微商的模式有很多种，其中有直销模式、销售分佣、购物返利，可惜容易被传销利用。这个模式界定模糊、边界模糊，认为只有有一定家底的电商巨头才能做大，毕竟这种模式需要有足够物美价廉的进货渠道才能支撑起中间的返佣，且让终端客户觉得不贵。平台微商粗略可分为两大类：一是中心化平台微商，这是社交电商里比较复杂的一种模式，涉及平台和商家、商家和商家、商家和微商、微商和微商等多维度的利害关系。目前看来，中心化平台微商从2015年到现在都属于探索阶段，至今还没有非常成功的案例。比如萌店、云集、网易考拉等，也是中心化的平台微商，但其内在的模式逻辑还是略有不同。二是去中心化的平台微商，最典型的就是小黑裙，去中心化平台微商只卖自家的产品，平台上只有自家东西。和中心化平台微商可以卖多个商家产品相比，去中心化的平台微商更简单，可以说是传统微商代理模式的系统化。

5. 拼团型平台

最典型的代表是拼多多和萌店，这种模式是以大家一起拼团购实惠以及团长免单等方式引起用户裂变，主要卖一些需求广、单价低、高性价比的产品，借助社交的力量进行传播。但拼团形式，目前利用的是用户买实惠、占便宜的心理，东西一旦不实惠了，这种模式就很难玩得下去。

6. 微商代理

这种模式是将传统线下的代理囤货模式搬到了线上，并融入了直销的团队运营打造。传销还是直销其实也是在一线之间，主要看最顶上的人是想走货到终端路线还是圈钱就走。这种模式的优势是黏性强、好复制和管理，信息传达快。缺点是层次多、缺乏第三方监管，对终端消费者和低层代理可能造成伤害。

(三)社交电商的发展及趋势

艾媒咨询发布的《2020Q1中国社交电商行业市场研究报告》预计：2020年国内移动购物市场交易额将达到7.8万亿元，移动电商用户则将增长至6.04亿人，在此背景下，社交电商行业将迎来市场大爆发的局面。

数据还显示：2019年我国社交零售用户规模高达3.16亿人，预计今年年均复合增长率可以达到46.2%，保持低获客成本优势下的高速增长，用户数也将突破4.3亿人。

据《2020中国社交电商行业发展报告》显示，2020年社交电商市场规模预计达到17599.59亿元，较2019年增长73.3%。此前商务部统计到2022年，中国网络零售市场规模可达13.4万亿元。《报告》则预估社交电商市场规模将达6万亿元，几乎占到整个网络零售交易规模的4成以上。

未来社交电商的发展方向，主要表现在以下四方面。

(1) 传统的微商代理模式将会逐渐萎缩。传统微商代理模式，存在缺乏监管、假冒伪劣、暴力刷屏等问题，慢慢透支着客户的信任，以后的路会越来越窄。只有小部分重视口碑、质量和服务的团队，会继续存活下去。

(2) "社交电商"模式将逐渐往综合体方面发展。随着社群意识的觉醒，社区类发家的"社交电商"平台模式会逐渐往综合体方面发展。但是，这类模式有个弊端，社交和电商很难两者兼顾。重电商，会导致社交弱化；重社交，会导致赚钱有限，也干不过真正的社交平台。

(3) 网红、KOL等垂直领域的个人导购将会持续火热。得人气者得天下，无论是过去还是现在，最后的市场赢家最终还是属于专业选手。而网络越发达，资质优秀者的影响力越大，未来专业为网红、KOL等导购供货的市场会非常火热。以前是阿里巴巴或者等厂家联系自己，现在有阿里这样的微供市场，这类专门为导购供货的微供市场会越做越大。而用户会更愿意选择一个有保障、有便捷式代发、有平台监管的市场。个人导购也可以自主选择自己想代销的产品，获得收入。

(4) 中心化的平台微商会成为小众的纯电商。中心化的平台微商模式比较复杂，除非找到新出口，不然最后都会成为小众的纯电商。从普通导购角度来说，多级分销风险很大，毕竟平台说变就变，最典型的案例是雅芳。雅芳曾是直销公司中最受人欢迎的品牌之一，全盛时期在全球拥有超过 600 万名销售代表。然而以 2008 年"贿赂门"为分水岭，这家公司的命运彻底由盛转衰，现在，雅芳的门店已经难觅踪迹。

第三节　商圈设定与拓展

商圈是指以店铺所在地点为中心，沿着一定的方向和距离扩展，那些优先选择到该店来消费的顾客所分布的地区范围，换而言之就是店铺顾客所在的地理范围。

一、商圈的构成及类型

(一)商圈的构成

店铺的销售活动范围通常都有一定的地理界限，即有相对稳定的商圈。不同的店铺由于经营商品、交通因素、地理位置、经营规模等方面的不同，其商圈规模、商圈形态存在很大差别。即使是同一个店铺，在不同时间也可能会因为不同因素的影响而导致商圈发生变化。如原商圈内出现了竞争，吸引了一部分顾客，商圈规模时大时小，商圈形态则表现为各种不规则的多角形。为便于分析，通常是以店铺设定地点为圆心，以周围一定距离为半径所划定的范围作为商圈的设定，由主要商圈、次要商圈及边缘商圈三部分组成，如图 3-4 所示。

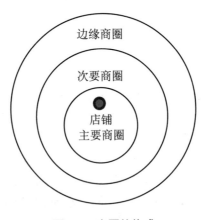

图 3-4　商圈的构成

主要商圈是指最接近商店并拥有高密度顾客群的区域，一般包含店铺顾客总数的 55%～70%，是最靠近店铺的区域。主要商圈内顾客的平均购货额最高，很少同其他同类商店的商圈发生重叠。次要商圈一般包含店铺顾客群的 15%～25%，是位于主要区外围的商圈，顾客较为分散。边缘商圈包含其余部分的顾客，这类顾客往往是分散的、次要的，不超过总顾客数的10%。日用品商店吸引不了边缘区的顾客，只有选购品商店才能吸引他们。

(二)商圈的类型

从商业区域间相互关系的角度来看，商圈的类型可以分为互补性商圈、竞争性商圈和独立性商圈。

1. 互补性商圈

商圈与商圈之间，由于地域分布不同和市场特色、市场定位不同，也会产生互补前提下的效益叠加现象。商圈之间的互补性主要表现在主要商圈层的地域独占性上。在经济全球化日益发展的今天，资源和生产要素在全球范围内流动，次要商圈层和边缘商圈层都发生了深刻的变化，他们的范围将变得更加不规则和不确定，单纯的内向型经济循环必然束缚现代商圈的发展。因此加强商圈之间的合作可以为商圈带来互利双赢的机会，扩大整个城市的商业辐射功能。

2. 竞争性商圈

每个商圈都有自己的商圈层，相邻的商圈之间必然存在着次要商圈层和边缘商圈层的交叉重合现象。信息化时代，地域上不相邻的两个商圈也可能会在网上进行商业的竞争和交锋，这些都是竞争性的表现。对于竞争性商圈，政府应该积极引导，支持它们在一个合理的范围内进行竞争，而不是无节制地进行恶性竞争，导致两败俱伤。

3. 独立性商圈

两个商圈可能由于种种原因相互没有什么影响，一种原因是两个商圈分布的都是某一类特定商品的经营网点，这些商品属性并无多少关联，导致商圈彼此相互独立。例如，服装市场形成的商圈与家用电器市场形成的商圈之间影响力就很微弱。除了空间绝对距离外，交通状况也可能导致商圈之间并无关联，许多自然和人为的地理障碍，如山脉、河流、桥梁、铁路等会截断商圈的界限，使空间相邻的商圈相互独立。当然，商圈之间绝对没有关联是不可能的，只是这种关联性相对于商圈本身的空间扩散性来讲很微弱而已。

二、影响商圈需求的因素

好的地区和商圈是那些能为零售商带来最高需求或销售额的地区。为评估一特定地区市场或商圈的总需求，需考虑商务环境、同一地区其他商家的竞争等因素。具体包括以下几方面。

(一)店铺规模

店铺规模越大，其市场吸引力越强，从而越有利于扩大其销售商圈。这是因为店铺规模大，可以为顾客提供品种更齐全的选择性商品，服务项目也将随之增多，吸引顾客的范围也就越大。当然，店铺的规模与其商圈的范围并不一定成比例增长，因为吸引商圈范围的大小还会受许多其他因素的影响。

(二)经营商品的种类

对于经营居民日常生活所需的饰品和日用品的店铺,一般商圈较小,这些商品购买频率高,顾客为购买此类商品,常为求方便而就近购买。而经营珠宝首饰类商品的店铺,由于客户购买此类商品时需要精心挑选和比较,因而店铺的商圈范围相对要大一些。

(三)店铺经营水平及信誉

一个经营水平高、信誉好的店铺,由于具有较高的知名度和信誉度,可以吸引许多慕名而来的顾客,因而可以扩大自己的商圈。即使两家规模相同,且坐落在同一个地区、街道的店铺,由于经营水平的不同,其吸引力也可能相差很大。

(四)促销策略

商圈规模可通过广告宣传、推销方法、服务方式、公共关系等各种促销手段赢得顾客,如采用优惠酬宾、有奖销售、礼品券以及各种顾客俱乐部等方式都可能扩大商圈的边际范围。

(五)家庭与人口因素

店铺所处外部的人口密度、收入水平、职业构成、性别、年龄结构、家庭构成、生活习惯、消费水平以及流动人口数量与构成等,对于店铺商圈的构成,也具有决定性的意义。

(六)竞争对手的位置

竞争对手的位置对商圈大小也有影响。如果两家具有竞争性质的店铺,即使具有一定距离,而潜在的顾客又居住其间,则两家店铺的商圈都会缩小;相反,如果同行业店铺相邻而设,由于零售业的"群体竞争效应",顾客会因有更多的选择机会而被吸引过来,则商圈可能因竞争而扩大。

(七)交通状况

交通地理条件也影响着商圈的大小,交通条件便利,会扩大商圈范围;反之则会缩小商圈范围。很多地理上的障碍,如收费桥梁、隧道、河流、铁路以及城市交通管理设施等,通常都会影响到商圈的规模。

三、传统商圈划定方法

商圈划定方法对已开店铺和新开店铺有所不同。对于已开店铺,通过抽样调查记录、售后服务登记、顾客意见征询等途径收集有关顾客居住地点资料,从资料统计中即可掌握店铺客流量的大小,其中哪些是固定消费群,哪些是流动顾客,根据固定消费者住址,在地图上标明,即可分析出商店的核心商圈、次级商圈和边缘商圈。

对于新开店铺,划定商圈主要依据当地市场的销售潜力,运用趋势分析,包括有关部门提供的城市规划、人口分布、住宅建设、公路建设、公共交通等方面的资料,预测未来的发展变化趋势。还可以用各种调查方法,收集有关客流和购物距离等资料进行类比和综合分析,大体测出新建商店的商圈。常见的商圈划分方法主要有以下几种。

(一)雷利法则

雷利法则是美国学者威廉·J. 雷利(W. J. Reilly)利用三年时间调查了美国 150 个城市商圈后，于 1931 年根据牛顿力学的万有引力理论提出的用以预测商圈规模的"零售引力法则"，总结出都市人口与零售引力的相互关系。雷利法则以万有引力为核心，用城市人口取代物体质量，用城市之间的距离取代物体之间的距离，认为两个城市从其间某一点吸引顾客的能力与两城市的人口成正比，与两城市至该点的距离的平方成反比，如公式(3-1)所示。

$$\frac{B_a}{B_b} = \frac{P_a}{P_b} \times \left(\frac{D_b}{D_a}\right)^2 \tag{3-1}$$

式中：B_a——城市 A 对 A、B 城市中间某地 C 处顾客的吸引力；

B_b——城市 B 对 C 处顾客的吸引力；

P_a——城市 A 的人口；

P_b——城市 B 的人口；

D_a——城市 A 与 C 处的距离；

D_b——城市 B 与 C 处的距离。

雷利法则证实了城市人口越多、规模越大、商业越发达，当地供应的商品和服务在数量、品种、方式方面就会有较大的发展，必然吸引更多的顾客去该地区购买商品，接受商业服务，对顾客购买的吸引力就越大。具有零售中心机能的两个城镇对位于其中间的某一城镇的零售交易的吸引力与两城镇的距离平方成反比，这是由于顾客消费还要考虑购物成本，距离越远购物成本越高，所以吸引力开始减弱。

应注意的是，雷利法则的提出是基于以下几个假设。

(1) 零售交易的吸引力可以用零售额或者购物人数来衡量。

(2) 各地具有相同的价格水平。

(3) 各地之间的交通条件相同。

(4) 各地所提供的商品其顾客价值相同。即指各地提供的商品在质量、服务、促销策略等方面无差异。

因此，雷利法则的局限性体现为只考虑距离，未考虑其他交通状况(如不同交通工具、交通障碍等)，若以顾客前往商店所花费的交通时间来衡量会更适合；顾客的"认知距离"会受购物经验的影响，如品牌、服务态度、设施等，通常会使顾客愿意走更远的路；因消费水准的不同，人口数有时并不具代表性，如果以销售额来判断则更能反映其吸引力。

"雷利法则"是最原始、最基本的商圈理论法则，以后的众多法则均源于该法则关于零售吸引力的思想。这个法则对研究城市商圈的贡献体现为如果企业无法在投资地获得更为详尽的资料，只能通过官方资料大概了解该地人口和地理情况，那么就可以利用雷利法则对该地进行初步的吸引力判断。雷利法则运算方法简单，数据获得容易，是企业在决策早期经常使用的方法。

(二)康弗斯法则

1943—1948 年间，美国伊利诺大学的经济学者康弗斯(P. D. Converse)依据雷利法则，进一步研究两个都市的行商势力范围，找出两都市之间的商圈均衡点，即在两个城镇之间设立一个中介点，顾客在此中介点可能前往任何一个城镇购买，两个城镇商店对中介点居民的吸引力完全相同,这一地点到两商店的距离即是两商店吸引顾客的地理区域,其计算公式如(3-2)所示。

$$D_{AB} = \frac{d}{1+\sqrt{P_B/P_A}} \tag{3-2}$$

式中,D_{AB}——A 城镇商圈的范围(以从 A 往 B 方向到中介点的里程衡量);

P_A——A 城镇的人口;

P_B——B 城镇的人口;

d——城镇 A 到 B 的里程距离。

假设:A 城镇人口 9 万人,B 城镇人口 1 万人,A 城镇距 B 城镇 20km。则根据公式(3-2)可以计算出 A、B 城镇商圈的范围如下。

$$D_{AB} = \frac{20}{1+\sqrt{1/9}} = 15(km)$$

$$D_{AB} = \frac{20}{1+\sqrt{9/1}} = 5(km)$$

则中介点与 A、B 两个城镇的相对位置如图 3-5 所示。

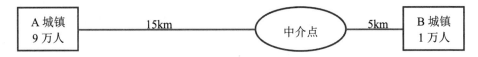

图 3-5 中介点位置图

计算结果表明,A 城镇吸引与中介点距离为 15km 以内的顾客,B 城镇吸引与中介点距离为 5km 以内的顾客。即中介点往 A 城镇这边的居民主要在 A 城镇购物,中介点往 B 城镇这边的居民主要在 B 城镇购物。这一结果为零售商划定 A 城镇和 B 城镇中商店的商圈范围提供了依据。

如果有各自独立的 A、B、C、D 四个城镇,每个城镇人数以及 A 城镇到其他城镇之间的距离已知,可以利用公式(3-2)计算出 A 城镇与其他三个城镇之间的中介点,将三个中介点连接起来,就可以得出 A 城镇大致的商圈范围。在此商圈内的消费者通常都愿意到 A 城镇购物,如图 3-6 所示。

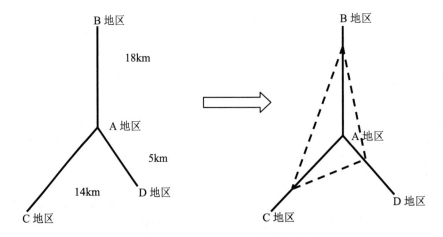

图 3-6 A 地区大致的商圈范围

康弗斯法则同样也遵循雷利法则的三个假设条件，在实际运用中也有一定的局限性：该方法也只有在交通条件和购物环境相同的情况下才能成立；只考虑了两地的里程距离，没有考虑实际的行程距离；城市人口的规模并不能完全反映城市的实际吸引力；只适用于出售日常用品的商店，不适用于出售挑选性强的高档消费品商店；如果考虑广告的影响和顾客的忠诚度影响，也会削弱该法则的有效性。

(三)赫夫法则

赫夫法则是美国加利福尼亚大学经济学者戴维·赫夫(D. L. Huff)教授于1963年提出的关于预测城市区域内商圈规模的模型。赫夫法则依然是引用万有引力原理，提出了购物场所各种条件对消费者的引力和消费者去购物场所感觉到的各种阻力决定了商圈规模大小的规律。与其他模型的区别在于，赫夫法则的模型中考虑到了各种条件产生的概率情况。

赫夫认为，从事购物行为的消费者对商店的心理认同是影响商店商圈大小的根本原因，商店商圈的大小规模与消费者是否选择该商店进行购物有关。通常而言，消费者更愿意去具有消费吸引力的商店购物，这些有吸引力的商场通常卖场面积大，商品可选择性强，商品品牌知名度高，促销活动具有更大的吸引力。相反，如果前往该店的距离较远，交通系统不够通畅，消费者就会比较犹豫。根据这一认识，赫夫提出其关于商店商圈规模大小的论点：即商店商圈规模大小与购物场所对消费者的吸引力成正比，与消费者去消费场所感觉的时间距离阻力成反比。商店购物场所各种因素的吸引力越大，则该商店的商圈规模也就越大；消费者从出发地到该商业场所的时间越长，则该商店商圈的规模也就越小。

赫夫从消费者的立场出发，认为消费者前往某一商业设施消费的概率取决于该商业设施的营业面积、规模实力和时间三个主要要素：商业设施的营业面积大小反映了该商店商品的丰富性；商业设施的规模实力反映了该商店的品牌质量、促销活动和信誉等；从居住地到该商业设施的时间长短反映了顾客到目的地的方便性。同时，赫夫模型中还考虑到不同地区商业设备、不同性质商品的利用概率，其计算如公式(3-3)所示。

$$P_{ij} = \frac{S_j / T_{ij}^\lambda}{\sum_{j=1}^{n} S_j / T_{ij}^\lambda} \tag{3-3}$$

其中，P_{ij}——i地区的消费者在j商业区(或商店)购物的概率；

S_j——j商店的规模(营业面积)或j商业区内某类商品总营业面积；

T_{ij}——i地区的消费者到j商业区的时间距离或空间距离；

λ——消费者对时间距离或空间距离的敏感性参数，通常取$\lambda=2$；

n——相互竞争的商店数量；

S_j / T_{ij}^λ——j商业区(商店)对i地区消费者的吸引力。

赫夫法则运用的前提假设如下所述。

(1) 消费者光顾卖场的概率会因卖场面积而变化，卖场面积同时代表商品的齐全度及用途的多样化。

(2) 消费者会因购物动机而走进卖场。

(3) 消费者到某一卖场购物的概率受其他竞争店的影响。竞争店越多，概率越小。

赫夫模型是国外在对商圈规模调查时经常使用的一种方法，主要依据卖场引力和距离阻力这两个要素来进行分析，运用赫夫模型能求出从居住地去特定商业设施的出行概率，预测商业设施的销售额、商业设施的集客能力，从而得知商圈结构及竞争关系会发生怎样的变化。此外，在调查大型零售店对周边商业集聚的影响力时也经常使用这一模型。

赫夫法则的最大特点是更接近于实际，它将过去以都市为单位的商圈理论具体到以商店街、百货店、超级市场为单位，综合考虑人口、距离、面积规模等多种因素，将各个商圈地带间的引力强弱、购物比率发展成为概率模型的理论。赫夫模型不仅是从经验推导出来的，而且表达了消费者空间行为理论的抽象化。考虑了所有潜在购物区域或期待的消费者数，这个模型考虑了营业网点的面积、顾客的购物时间、顾客对距离的敏感程度等因素，经统计可得出消费者对不同距离到目标店购物的概率。

当然，赫夫法则也有其局限性。模型中通常用到卖场的时间距离作为阻力因素，而用卖场的面积来代替卖场的吸引力，但如果仅用卖场的面积来代替卖场吸引力，那相同面积的百货店、超市、商业街就具有相同的魅力，显然过于武断。模型中确定敏感性参数 λ 的值比较麻烦。如果取实际值，需花费相当多的时间和费用通过市场调查才能计算得出；由于不同地区的商业情况和消费文化各有不同，其敏感性参数也会不同，如果取固定值，则又难以正确反映实际情况。

(四)实验法

实验法是通过观察或访问方式，对潜在顾客进行直接调查，收集资料，进行分析，然后依次划定商圈的一种有效方法。具体有以下几种类型。

(1) 实地调查。访问前往邻近其他店铺购买商品的顾客，了解顾客住址及其所购产品，以此推断店铺的商圈范围。这是唯一的面对面交谈方法，成功访问的百分比很大，还可能借此对商圈内的顾客情况进行进一步了解分析，但需耗费过多的人力与时间。

(2) 电话访问。通过电话了解顾客住址和购买情况。这种方法获取资料快，调查成本低，但易打扰被调查者，可能会造成调查对象的反感而不易获得合作；且近年来由于电话诈骗案的频繁播报，被调查者可能不会轻易透露其居住地址等信息。

(3) 邮寄问卷。通过邮寄方式询问潜在顾客，用返回的资料推断开设店铺的地理区域，划定商圈。这种方法价格低廉，可广泛了解受询者的分布情况，不受时间和空间限制。缺点是回收率低，可能只有10%的回函，且花费时间较长。为克服这些缺点，可随之附上赠品来诱导回信，如奖券、优惠折扣等。

(4) 提供服务。向顾客提供信用购买、售后服务时，获得顾客住址及工作地点资料。这种方法资料取得容易，但有一定的局限性，主要适用于出售挑选性强的耐用消费品，由于我国信用购买不太普遍，故采用此方法有一定困难。

四、商圈理论的创新

传统商圈理论多建立在封闭式区域内，有一定的合理性。但随着社会的发展、技术的进步、信息的传播以及交通条件的改善，商圈理论也要创新。现代商圈理论认为，大型百货商场、大型超市、仓储式商店、专门店、专卖店等业态的商圈远不是以居民居住的距离来决定的，而是取决于这些业态经营所产生的诱惑力、服务水平所形成的内聚力以及业态特点所形成的特色经营的辐射力。

(一)聚焦理论

商圈的大小取决于商业业态和功能的集聚程度。商业功能越多，可以为消费者提供的消费空间越大，也能吸引更多的消费者来这里购买，不仅对当地居民产生内聚力，减少购买力外流，同时，也吸引周围的购买力，产生"盆地效应"，增强辐射力，扩大商圈范围。而功能越少，消费越单一，就使消费者的购物成本(包括购物支出、购物时间、寻租成本)更高，它的商圈就越小。

集聚包含两个方面的内容：一是功能的集聚，如商业广场、商业环岛，社区商业中心所形成的商圈，完全是由功能的多少决定商圈的大小。市级商业中心商圈之所以大于区级商业中心或社区商业中心，完全取决于它所集聚的商业功能和合理配套。二是同业种的集聚，如商业一条街、专业市场，完全是同类商品的集聚。这种集聚标志着同类商品的品牌、规格、款式和花色的集聚，质量和功能的对比，形成均衡价格。消费者在这里不仅可以任意挑选，还可以货比三家，节省购物时间，以合适的价格买到合适的商品。同类商店、同类商品集聚越多，其商圈越大。

(二)规模理论

商圈的大小还取决于它的经营规模，集聚理论受到规模理论的制约和影响，集聚所产生的规模效应不是越多就越大，任何事物都要有度的限制。不管是单位企业规模，还是集聚所产生的群体规模，都要以现实的购买力来支撑。特别是要以基础商圈(包括最佳的步行购物距离、骑车距离和不换乘的公共交通距离所能集聚的人口和购买力)为基础，加上购买力可能产生的流进和流出相抵来预测销售总量，除以保本销售额，就可以得出相对规模的参照数。

(三)层次理论

单一业态形成单一商圈，而多业态、多商业功能的集聚可以形成多层次的商圈。如一般生活必需品，人们都愿意就近购买，这就会形成基本商圈，而多业态集聚各有其消费对象和购物群体，百货店的商圈不同于专门店，超市的供应范围有别于专业店，而这些店在一个地区的集聚就能构成该地区商圈的多层次。不仅要计算基本商圈的购买力水平，还要研究对次要商圈、边缘商圈的吸纳能力。

(四)碰撞理论

商业企业(包括单位和群体)所形成的商圈不是以等距离计算的，它的辐射面往往由于受到外在的阻力而改变。如受到铁路和河流阻隔，商圈可能呈现半圆形或扇形，特别是周围地区的同一业态、同一商业功能所形成的辐射力两者之间就会产生相互碰撞和抵触现象，一方面可能导致中间地带购买力分流，以就近购买为标准，泾渭分明，分别计算；另一方面可能产生交叉购买、相互渗透现象。特别是网点比较密集的城区，商圈难以以单一业态、单一商业设施计算，往往形成你中有我、我中有你的商圈。

(五)开放性理论

传统的商圈基本上都是封闭式的，特别是在计划经济条件下，实行划片定点，按行政区划规定供应范围，主要生活品是封闭式供应。而在市场经济条件下，人们的消费是自主、自由的,不仅存在着消费主体的流动性和多向选择,而且存在着由业态不同的特点所产生的不同吸引力,它们形成了相互交叉、重叠、多向的购买力集群,使商圈产生变异,出现块状、带状和点状的模块,向多样化发展。

五、新型商圈的形成与融合

传统商圈面临的挑战主要来自三个方面:一是随着新型城镇化的快速推进,一些过去自发形成的老商圈物业条件逐渐老化,在环境上需要提档升级。二是区域内其他商圈对传统商圈形成了分流。三是电商时代,终端消费者发生了很大变化。新一代年轻消费者天然就是"电商动物",如何适应他们的消费理念和消费方式,是传统商圈必须思考的问题。

传统商圈依然具有难以替代的优势,其竞争力来自"体验经济"。人是社会性动物,实体店的体验式消费环境,可以满足人们对家庭和社会交往的需求。互联网、大数据、人工智能等是在给传统商圈锦上添花,为传统商圈的发展插上了翅膀。重重压力之下,传统商圈转型的思路必须随着环境的变化进行适时的调整。新的商业形式的优势一是体现在便利性,二是体现在更多的实惠性,如价格优势等。新技术时代,传统商圈要更好地与新技术融合,探索服务新模式,让消费者获得更便利和更好的消费体验。

(一)网络商圈

网络商圈是一种基于互联网的商脉网络,即大批商业活动的主体,包括买卖双方、政府监管、平台内容商等,通过互联网建立联系,产生信任并结成商业伙伴或联盟。

网络商圈已经成为新经济模式下的新热点,各行各业的从业者可以通过各类网络,例如即时通信工具、博客论坛、网络电话、邮件等,在电子商务平台上进行交流,在分享经验、洽谈贸易的同时,缔结良好的伙伴关系,消除信息不对称现象。无数商机在沟通中孕育而生,这正是网络商圈的价值所在,网络经济由此将不断发展增长。网络商圈是一种社会分工下的必然产物,是一种人类进入信息时代的产物,是人类情商的体现。

(二)智慧商圈

智慧商圈是基于 O2O 商业模式,通过构建智慧商圈平台数据库,应用信息技术、云计算技术、物联网技术、人工智能技术将实体商圈和虚拟商圈连接,给商家以及顾客带来更为方便的服务,比如数据分析服务、用户管理服务、个性化推荐服务、商品管理服务等。

智慧商圈可以理解为第五代商圈,是信息技术在传统市场深入发展的结果,期间经历了第一代市场网页、第二代市场主站、第三代 B2C 商圈和第四代三维商圈的发展。以互联网、大数据和云计算为基础,通过技术创新型的技术应用,让智慧商圈的商家快速感知消费者需求并及时作出响应和服务;同时消费者也可通过这个商圈平台在生活需求的各个方面获得实惠和便利。

智慧商业的实质,就是以信息技术为支撑,创新人类商业模式及管理手段,从而提高社会整体效能。智慧商圈未来的发展,一方面,伴随着消费升级和智慧零售相结合,消费需求端将有更新的体验,供给端的效率也将得到有效提升;另一方面,科技的应用在整个消费升级过程中将会变得更加普遍。高效的信息数据收集处理能有效赋能品牌商会员数字化,打通从广场到品牌门店精准的导流渠道,并可基于场景的精准流量分发数据解决方案,打通线上、线下一体化交易,精准赋能品牌商家,提升品牌商家精准进店流量的高效转化。通过数字化技术赋能,运用科技力量为消费者创造更好的消费体验。未来商圈将依托庞大的线下平台资源和海量用户、数据信息对消费者和消费趋势进行精准分析,利用科技力量协助平台商户提升产品和服务质量。

(三)虚拟商圈

虚拟商圈是相对于现实商圈而言的,可定义为电子商务企业在互联网空间吸引消费者形成的商业范围,它由在互联网空间购买商业企业的产品和服务的网络用户构成。虚拟商圈的主体是企业的网站,它们在虚拟的互联网空间通过分配获得的 IP 建立起来,通过门户网站和搜索引擎向互联网空间扩散,理论上讲任何具备上网能力的人都处于虚拟商圈的影响范围之内。作为商业活动必不可少的商流、物流、信息流等,商流活动在虚拟商圈中也呈现出与现实商圈中截然不同的特性。虚拟商圈的商流活动摆脱了现实商圈中必然受到的时间空间限制而变得更加自由,实现了商流的全天候转移;虚拟商圈物流速度大大提升,对于纯数字化商品,如软件、音乐、电子书等可以实现线上物流;虚拟商圈提高了信息流传播的速度和效率,还改变了信息流的传播方式,实现了信息流的双向对流,人工智能等技术的飞速发展,使虚拟商圈信息流呈现出智能化的趋势。

此外,虚拟商圈还表现出以下特点:①范围广阔性。在虚拟商圈中,坐落于世界各个角落成千上万大大小小的店铺在电子商务交易平台上汇集,并以交易平台为中心,借助互联网络拓展其影响,使虚拟商圈的扩展速度远远快于传统商圈。②相互渗透性。虚拟商圈不论大小,相距多远,彼此之间都相互渗透,你中有我、我中有你,任何网络终端的消费者都有可能成为任何一个虚拟商圈的客户。③运作虚拟性。虚拟商圈中的交易显得十分简便,所有交易过程足不出户就可以完成。

(四)未来商圈:更懂消费者的需求

在数据时代和智慧经济的背景下,政府与线下商圈应该开放思维,主动拥抱移动互联网的新技术、新业态和新模式,推动传统产业的转型发展。通过模式创新,引领和带动经济转型与发展。未来商圈的研究应该是对顾客深入分析基础上的更懂消费者需求的商圈。例如,武林商圈与阿里巴巴达成战略合作协议,计划将商圈内的商户与阿里巴巴的电子商务平台结合,探索移动互联网时代商圈运营的新模式。普通消费者在逛武林商圈时,只需要一部智能手机,所有信息就可尽在掌握。通过手机即可打车、订餐、购物、逛街吃饭和看电影。不同业态的交叉营销也能给消费者带来更多优惠,比如在看完电影后,可获得餐饮的优惠券,或者在吃完饭之后,获得 KTV 等休闲娱乐商户的优惠券。而且,所有的消费均可通过手机支付,整合了移动电商、移动支付和大数据平台,为武林商圈提供了一站式的整体解决方案。

本章小结

(1)环境对商务企业成长的影响是巨大的。首先应正视经济全球化和区域经济一体化已经成为不可阻挡的重要发展趋势,这对企业从事商务活动有着有利或不利的影响,是不容忽视的大环境。

(2) 环境分析是通过对企业采取各种方法，对自身所处的内外环境进行充分认识和评价，以便发现市场机会和威胁，确定企业自身的优势和劣势，从而为商务战略选择提供指导。

(3) 本章从政治法律、经济、社会文化和科学技术等几个方面，分析了企业的宏观商务环境，之后通过五力模型阐述了商务企业如何进行行业环境分析。技术因素对商业的变革的影响非常深远，各种新技术的出现为商业模式营造创造了新的机遇，如5G技术、人工智能、区块链技术、虚拟现实技术、大数据与智能供应系统等已在商业中广泛应用。

(4) 商务环境不断出现新的影响因素，催生了在技术、需求等条件下的新的商务运作环境。信息化、网络化及知识管理的发展，带来的电子商务的发展，已成为企业的重要环境因素；移动商务也逐渐成为商务交易中的主要方式，给人们的生活带来了巨大变化；物联网实现万物互联，已被应用到商务活动的各个领域；协同创新的思想用于商务管理中，产生了协同商务，通过合作协同提高了商务效率；社交商务也是重要的商务形式，改变了传统商圈的分析模式。这些环境的改变具有自身的优势，是不容忽视的。

(5) 对零售企业而言，商圈分析具有重要的意义。它有助于企业确定适宜的设址地点、制定市场开拓目标，以及有效地进行市场竞争。本章界定了商圈的构成及主要类型，分析了影响商圈的主要因素，介绍了几种传统的商圈划定方法，如雷利法则、康弗斯法则、赫夫法则以及实验法等。对商圈理论进行了介绍，以期能对商圈分析提供一定的思路和借鉴。并结合传统商圈的转型，提出了网络商圈、智慧商圈、虚拟商圈及未来商圈的概念。

本章案例

从商业生态的发展看商业模式创新

商业模式创新的"DARE视角"模型

如何将战略关注的焦点概况为"如何竞争"，商业模式的主旨可以简化为"如何合作"。与竞争不同，合作也有自身的思考视角和运作的逻辑规律。商业模式是利益相关方的交易结构，也是关于商业合作智慧的研究和总结。当企业关注所在的生态系统时，就能发现合作过程中存在的机会和痛点，进而通过设计新的合作方式帮助企业创造更多的价值。在企业与生态系统演化同时加速的时代背景下，商业模式的迭代升级已经成为企业甩开竞争对手、获得突破性增长的核心能力。

那么如何才能洞察商业模式迭代创新的机会呢？我们发现，创新机遇源自视角的转变：当企业以不同的视角来分析与生态系统的关系时，可以归纳出商业模式的四种路径。如表3-2所示。

表3-2 不同视角的四种商业模式

	设界 (Define enterprise boundary)	补缺 (Add new role)	重构 (Restructure business logic)	觅新 (Explore outside opportunity)
视角	企业与生态系统的互动关系	生态系统的高度	生态系统的价值创造逻辑	现有生态系统之外

续表

	设界 (Define enterprise boundary)	补缺 (Add new role)	重构 (Restructure business logic)	觅新 (Explore outside opportunity)
定义	企业不断设计自己的边界,在生态系统中扮演哪些角色、能够带来企业与生态系统价值的最大化	针对现有生态系统运行时的痛点或机会点,通过新增一个业务活动的角色,使得整个生态系统的效率都得到质的提升	通过认知升级或新技术,改变生态的价值创造逻辑,以截然不同的成本结构、盈利来源和现金流结构,完成价值创造到价值捕获的闭环	不断尝试拓展生态系统的空间边界,探索新的合作机会或发展趋势
企业特质	合作的智慧、格局	商业生态的敏锐洞察	认知升级、变革勇气	开放、好奇
典型案例	高通、特斯拉	VISA 国际	台积电、爱彼迎	幸福西饼

商业模式是以商业生态为主体展开的设计,所以只有当视角转向生态系统时,才能看到模式创新的机遇。从本质上讲,商业模式的创新也要遵循商业生态发展趋势的规律,我们发现,商业生态系统通常有三种发展趋势。

趋势一: 商业生态系统整体的复杂程度不断上升。一方面,生态系统内的分工越来越细致、专业,业务环节、转换层次增多,企业依此方向思考的商业模式创新是"设界",而且要适时调整企业的边界,理想情形是最终围绕收益最丰厚的业务活动领域深挖护城河。另一方面,生态系统中不断涌现出新的角色,甚至有些角色在生态系统初期都不存在,与之匹配的商业模式创新方向是"补缺"。一个典型案例是,当保险业生态发展到成熟阶段,就有政府监管机构、行业协会组织、再保险机构、专业的保险咨询中介等新角色介入。

趋势二: 商业生态系统的价值创造效率日益提高。随着各种商业生态系统角色的成长、彼此间配合的提升,搭建新型商业模式逐渐有了可能。可以说,商业模式的"重构"就是商业生态系统持续进化的里程碑。例如对餐饮业而言,当核心食材供应链、加工流程、组织管理、品牌运作、融资等环节实现标准化运作并能对外输出时,加盟模式就变成一个可落地的新商业模式。而新、老商业模式之间的竞争实质比拼的就是价值创造效率。

趋势三: 商业生态系统的空间外延逐步打开。当现有的价值空间趋于饱和时,商业生态系统成长的原始冲动就开始跨出边界,追求打开价值空间上限。"觅新"为主的商业模式创新也不断增多。

一旦我们掌握了商业生态系统的发展趋势,以及商业模式创新的方向特征,我们就可以快速地作出判断,对一种具体的商业生态以哪种趋势为主导,模式的创新方向的重点将是什么了然于胸;反之,我们通过归纳某个领域中商业模式的特点,也能大致了解商业生态系统的发展现状。从商业生态系统的视角出发,就能发现商业模式创新的规律,也将让我们对商业演变的预测能力大大增强。

商业模式是从企业所处的生态系统发现机遇,这是一种新视角和新思维。商业模式创新的意义就在于为企业在技术创新、战略创新和管理创新之外，开创一条新的增长道路。

(资料来源：魏炜，张振广，汪鹏. 生态系统下的商业模式创新[J]. 哈佛商业评论，2019(10): 116-121.)

讨论题

1. 环境的改变对零售企业商业模式的选择产生了什么影响？
2. 从商业生态的发展趋势看商业模式的创新能为哪些行业的发展带来商业机会？

思考题

1. 如何看待商务环境因素对企业经营、商圈拓展等方面产生的影响？
2. 为什么要分析国际商务环境的变化及带来的影响？
3. 进行商务活动应关注哪些主要环境因素？
4. 商业企业应如何适应移动电商的发展要求？商业模式有何改变？
5. 商务环境分析对制定商务战略有何作用？
6. 商圈分析包括哪些内容？三个商圈层次的顾客有何不同？
7. 商圈分析方法中雷利法则和赫夫法则各有何意义，又有何不足？
8. 请想象一下未来商圈的研究应更多关注哪些因素？对企业有何意义？
9. 请结合实例谈一谈智慧商圈的特点及应用。

第四章 现代商务信息与商机管理

【学习要点及目标】

- 了解商务信息的价值及其对商务决策的重要性。
- 重点掌握商务信息的特征及来源。
- 熟悉商务信息系统的构成。
- 了解并思考大数据对商务活动的影响。
- 了解商业机会及其特征,理解开发商业机会的动机,掌握有效识别商务机会的方法。
- 了解商业机会分析的重要性及分析流程,掌握商业机会分析、选择及价值评估的一般思路。
- 了解商业计划书的作用以及商业创意的内涵及来源。
- 掌握商业计划书的撰写要求、演示过程及商业逻辑。

【核心概念】

商务信息 商务数据 商业机会 商机分析 商机管理 商务信息系统 大数据 商务智能 商业计划书

【引导案例】

商业中用户生成内容的数据

今天,随着数字经济的发展,人们注意到互联网上有关数字内容创建或生成、分发和访问越来越多地嵌入到人们的社会经济生活中。

按照国际经济合作与发展组织(Organization for Economic Cooperation and Development, OECD)的说法,随着更具用户参与性的网络的兴起,互联网对社会治理和公民生活的影响已经达到了拐点(OECD, 2006a, b)。"用户"利用新的基于互联网的应用程序,并通过"用户生成内容"来表达自己诉求的新用户习惯,使内容的"生成和消费"已经成为中心话题,并在数字经济中扮演更积极和协作的角色。更积极的用户、消费者和以用户为中心的创新,被认为对经济的影响越来越大。这些新形式的用户生成和分发正在催生新的商业模式,给内容访问带来挑战,并开始绕过传统媒介,与现有媒体和其他行业交叉并行,为数字经济的发展创造出新的机会。

用户生成内容(user-generated content, UGC),或者称为用户创建内容(user-created content, UCC),是用户在社交媒体和维基等在线平台上发布的任何形式的内容,如图像、视频、文本和音频(Berthon et al., 2015)。"用户生成内容"这个术语及其所指的概念在2005年前后就已经出现,进入学术主流,并在网络出版与新媒体内容制作界广泛使用。与此同时,研究者越来越多地使用用户生成内容的数据来作为研究数据来源。例如,国内的研究者常常利用电子商务平台用户的短评、长评和点赞等数据来研究网络口碑的传播。

以电影《流浪地球》为例。2019年2月5日(春节),《流浪地球》正式在全国所有影院上映,这部热门电影立即得到广大电影爱好者的大量好评,在2019年2月短短一个月时间内,共有142.9961万用户参与了豆瓣电影平台发起的评论活动(包括长评、短评和点赞),其中短评557432篇,长评21465篇。总体评分7.9分,其中5星级评分占32.7%,4星级评分占38.0%,3星级评分占22.2%,2星级评分占4.7%,1星级评分占2.4%。从用户生成的评论和用户评分数据看,这些评论和评分的维度(属性)达到成百上千,是典型的高维数据。

(资料来源:彭毫. 认识用户生成内容的数据特征,选择更好的研究办法[J]. 南开管理评论 微信公众号 2020-05-08 整理所得。)

【案例导学】

数字经济时代,数据已成为商业竞争的主要武器。用户是上帝,决定了企业的市场规模、盈利空间,其产生的数据信息自然是商家进行分析、预测及决策的重中之重。获得更多真实有效的信息和数据,对商家来说就意味着获得了更多的潜在财富,提前获得了商业机遇意味着在竞争中抢占了先机、抓住了商业机会,能够更加精准地提供个性化服务,拥有更多的顾客;对于消费者来说,意味着能够获得更多有关商家以及物品的信息,可以更加迅速准确地获得自己所需要的商品或者服务,能够货比三家,选择最适合自己的商品。

第一节　商务信息与数据

一、商务信息的价值

信息(Information)是关于客观事实的可传播的消息,是经过加工后并对客观世界产生影响的数据。商务信息是指与商务活动有关的各种信息的集合,是各种商务活动之间相互联系、相互作用的描述和反映。在商务活动中,信息通常指的是商业消息、情报、数据、密码、知识等。

随着信息技术的集成化和信息网络化的不断发展,商务信息化程度不断提高。商业系统不仅在内部形成网络,可以信息共享,使企业组织整体高效运营。而且,还与外部网络沟通,形成互联网络。商务信息网络的发展,使企业面临着知识化、数字化、虚拟化、网络化、敏捷化、全球化的变革,企业的竞争力日益与信息化程度密切相关。信息技术、信息系统和信息作为一种资源已不再仅仅支撑企业战略,而且还有助于决定企业战略,信息战略已成为企业战略不可分割的一部分;竞争优势也不再仅限于成本、差异性和目标集聚三种形式,信息形成的独特优势已逐渐成为企业竞争的优先级竞争优势。

具体说来,商务信息对商务活动有以下几方面的重要作用。

(一)为决策或修订决策提供客观依据

现代商务活动的重点在于决策,信息是一切经营决策的前提,也是商务管理活动的组成部分。任何一家企业都必须在对市场情况有充分了解的基础上才能有针对性地制定或修订决策。人们常常羡慕某些成功的企业家善于把握商机,殊不知料事如神般的"天赋"却来源于科学的市场调查。信息客观存在,掌握了信息,你就会拥有识别机遇的眼光。如日本一位企业家所说，正确的决策是 90%的情报加 10%的感觉。的确，在商务管理过程中，针对某些问题进行决策或修订策略，如产品策略、定价策略、分销策略、广告和推广策略等时，通常需要了解多方面的情况和考虑多方面的问题，而这些问题都需要通过实际市场调查，在拥有充分信息的基础上才能作为制定商务决策或修订策略的客观依据。否则，就很容易成为脱离实际的盲目的决策。

(二)有助于商务管理创新

由于全球化市场的形成、竞争的驱动、科学技术迅猛发展使新技术、新产品及新的经营形式、新的商业创意及新的管理经验等层出不穷。通过有效的信息传播渠道，新事物很容易进入流通领域，有助于人们及时了解世界各国的经济动态和有关商务信息，为管理者和有关决策人员提供最新的国内外商务情报，学习和借鉴其先进经验，以便更好更快地应用于本国本企业，改变相应的落后的管理模式，进而帮助商业企业提高业务管理水平，提高洞察和把握商机的能力。

(三)增强企业的竞争能力

当市场由"卖方市场"转变为以消费者为导向的"买方市场"时，市场竞争愈演愈烈，市场的情况也在不断发生变化。总的来说，影响企业竞争能力的因素可归结为以下两类：一是"可控制因素"，如产品、价格、分销、广告和推广策略等；二是"不可控制因素"，如国际国内环境所包括的有关政治、经济、文化、地理条件、竞争对手在国际国内的分支机构以及竞争对手的竞争策略等。这两类因素是互相联系、互相影响的关系，而且在不断发生变化。企业需要及时调整可控制因素，去适应不可控制因素的变化情况，只有如此才能应付国际国内市场的竞争。而各种因素的变化都需要对信息进行综合分析和判断，才能有针对性地采取措施，才能更好地预测未来市场的变化情况，参与竞争，维持持续竞争力。

除此之外，信息的价值还体现在多个方面，如能发掘商业机会，选择目标市场，有助于确定营销组合，扩大广告效应，能为市场预测提供科学的依据，也能成为改善经营管理的重要工具。

二、信息来源

(一)信息的获得

1. 一手数据的采集

一手数据也称为原始数据，原始数据是指通过访谈、询问、问卷、测定等方式直截了当获得的数据，通过收集一手数据可以解决待定问题。一手数据的优点主要有：①可以回答二手数据不能回答的具体问题；②信息更加及时和可信；③是公司自己收集的，是属于公司的，所以便于保密。

当企业决定需要收集第一手资料时，可供采用的方法主要有访问调查法、观察法和实验法等。

(1) 访问调查法，指通过询问或调查的方式向被调研者了解市场资料，常见的方法如表 4-1 所示。

表 4-1　访问调查法一览

方　法	描　述
入户访问	采用随机抽样方式抽取一定数量的家庭或单位，访问员到抽取出来的家庭或单位，直接与被访者接触。
拦截访问	调查者在某一特定的人群相对集中的公共场所现场拦截被调查者进行的访谈。
邮寄问卷调查	调查者将设计好的问卷通过邮寄的方式送达被调查者手中，请他们按要求和规定时间填写问卷并寄回调查者。
留置问卷调查	调研人员将调查问卷送到被调查者的手中，征得同意后对填写事项作出说明并与被调查者约定交反问卷的时间，再登门收取问卷。
电话调查	基本原理跟其他调查方法一样，但在操作上有其独立性。具体包括以下几个步骤：抽取样本户、选择受访者、选择替代样本。
网络调查	在互联网上针对调查问题进行调查设计、收集资料及分析咨询等活动。
深度访问法	事先不拟定问卷、访问提纲或访问的标准程序，由访者与受访者就某些问题自由交谈，从交谈中获取信息，用以揭示对某一问题的潜在动机、态度和情感的资料采集方法，它最适合用于探索性调查。
座谈法	采用小型座谈会的形式，挑选一组具有代表性的消费者或客户，在主持人的组织下，就某个专题进行讨论，从而获得对有关问题的深入了解。

随着科技的发展、技术的进步，市场调查中的数据采集方法也与以往有所不同，多样化的采集方法、遍布全国的采集网络和抽样系统、高标准的质量控制体系，已成为市场调查公司为客户提供有价值、准确、及时的商业信息和渠道信息的普遍要求。

除采用传统的各种调查方法外，还可广泛地应用观察法和试验法收集数据，实现访问或调查法难以实现的研究目标，更准确地获得有关消费者行为和心理的信息，针对高科技等复杂产品，将现代不同调研技术有机结合在一起，可以挖掘消费者的显性和隐性需求。

(2) 观察法，是指通过观察被调查者的活动取得市场资料的方法。在决定运用观察法进行调研后，要根据调研的目标和要求选择一种合适的观察方式。按照不同的标准，观察法通常有实验观察和非实验观察、结构观察和无结构观察、直接观察和间接观察、公开观察和非公开观察、人工观察和仪器观察。

(3) 实验法。是指将所要调查和解决的问题置于一定的市场条件之下进行小规模试验、收集市场资料、测定其整体实施效果的一种方法。实验法主要有试用法、试销法及展销法。

2. 二手数据的采集

任何一项商业项目数据分析的数据采集工作都应从二手数据的收集开始，主要原因是二手资料的成本相对较低。常用的外部数据采集渠道如表 4-2 所示。

二手数据的来源可以分为内部来源和外部来源。

内部的二手数据来自企业的日常运作。如销售数据、广告支出、存货记录、销售人员的工作报告、分销成本和价格等。在多数情况下，内部数据(如各项成本支出)对于项目收益预测中的成本预测十分重要。

外部数据是指来自企业外部的各种数据。外部数据具有多种不同的形式，其中由较权威的市场研究公司发布的连续性行业研究报告是很有参考价值的。为了能有效地利用外部数据，数据分析人员需要熟练地使用互联网工具，掌握网络搜索的技巧，否则会浪费很多时间和精力，而且可能会忽略很多相关的信息。

表 4-2　常用的二手数据采集渠道

历史销售数据的采集渠道	行业研究的数据采集
1. 企业内部的财务报表与统计报告	1. 公开发布的行业政策及法规
2. 来自经销商的数据信息	2. 公开发布的国家宏观经济调控情况及指数
3. 国家统计局和行业协会的信息	3. 行业专业出版物
4. 上市公司公布的报表	4. 国家统计局的各专业年鉴
5. 专业研究公司的调研报告	5. 大学、研究所、专业调研或咨询公司的数据库
	6. 竞争对手的公开信息

(二)数据分析

1. 数据的准备

数据的准备是把调研过程中采集到的数据转换为适合于汇总制表和数据分析的形式。通常，数据准备工作是一项较为费时、费力的工作，但对调查数据的最终质量和统计分析却有很大的影响。准备的整个过程既可自动完成，也可以手工完成。

2. 数据的分析

数据分析主要是运用统计分析技术对采集到的原始数据进行运算处理，并由此对研究总体进行定量的描述与推断，以揭示事物内部的数量关系与变化规律。数据分析虽然在数据采集之后，但对调查数据如何进行分析的计划早在设计调研方案时就形成了。在进行调研方案的设计时，就需要根据调研项目的性质、特点、所要实现的目标，预先设计好数据分析技术，制订好分析计划。统计分析的技术方法有许多种，在商务信息调研中常用到的有描述统计、参数统计、相关和回归分析、聚类分析、因子分析、判别分析、联合分析、多维偏好分析、多维尺度分析等。

三、商务信息化及商务信息系统的建立

(一)系统观念与信息化

系统观念，指管理主体自觉地运用系统理论和系统方法，对管理要素、管理组织、管理过程进行系统分析，旨在优化管理的整体功能，取得较好效果的观念。在系统观念的指导下，企业要获得良好的效果，还必须掌握系统思考的基本方法，从而增强系统思考的能力。

信息化管理，是指通过发挥信息技术和信息系统的特点，依据战略和绩效的要求，结合企业管理与业务实践，对业务与IT进行统筹管理，实现企业的价值创造。

商务信息化管理属于商务战略管理的范畴，对商务服务企业发展具有重要意义。具体来说，商务信息化管理主要指将企业的生产过程、物料移动、事务处理、现金流动、客户交互等业务过程数字化，通过各种信息系统网络加工生成新的信息资源，提供给各层次的管理人员用以洞悉、观察各类动态业务中的一切信息。以便作出有利于要素组合优化的决

策，使资源合理配置，使商务活动能适应瞬息万变的市场经济竞争环境，求得最大的经济效益。

商务信息化管理的精髓是信息集成，其核心要素是数据平台的建设和数据的深度挖掘，通过商务服务企业信息系统把设计、采购、生产、制造、财务、营销、经营、管理等各个环节集成起来，共享信息和资源。同时利用现代的技术手段来寻找自己的潜在客户，有效地支撑商务活动的决策系统。

(二)商务信息系统的构成

信息系统是一个人造系统，它由人、硬件、软件和数据资源组成，目的是及时正确地收集、加工、存储、传递和提供信息，实现组织中各项活动的管理、调节和控制。

按照处理信息的对象，信息系统一般包括下述两部分。

1. 作业信息系统

作业信息系统是指只处理组织的业务、控制生产过程和支持办公事务，并更新有关数据库的信息系统。具体又包含三种子系统。

(1) 业务处理系统。作用在于迅速、及时、正确地处理大量信息，提高管理工作的效率和水平。如：销售量统计、成本计算和库存记录等。

(2) 过程控制系统。指用计算机控制正在进行的商务过程。如：零售商通过电子数据交换连接系统，快速掌握各个卖场中某种商品的销售、存货和价格的数据。

(3) 办公自动化系统。以先进技术和自动化办公设备(如文字处理设备、电子邮件、轻印刷系统等)支持人的部分办公业务活动。这种系统较少涉及管理模型和管理方法。

2. 管理信息系统

商务管理信息系统是一个由人、计算机组成的能进行商务信息收集、传递、储存、加工、维护和使用的系统，它综合运用计算机技术、信息技术、管理技术和决策技术，与现代化的商务管理思想、方法和手段结合起来，能实测一个组织或一项商务活动的各种运行情况，利用过去的数据预测未来，从全局出发辅助进行决策，利用信息控制商务活动，帮助组织实现其商务管理的目标。

商务管理信息系统包括战略管理、实施管理、运行和维护管理三个层面。战略管理是商务信息化管理的龙头，信息化建设必须服从于企业的总体规划和战略。战略管理层面主要包括信息技术如何与商务服务企业的中长期规划和发展战略相适应、相融合；信息技术如何有效地保障企业的可持续发展；如何利用信息技术规划商务活动的各业务流程、提升企业的竞争力。实施管理是商务信息化管理的第二个层面，是指信息技术支持下的企业运作管理，即用信息技术支持商业企业实现现代化管理，提高企业运作效率和效益，最终提高市场的竞争力。运行和维护是商务信息化管理的第三个层面，是指对企业采用的信息技术建立的信息系统、获取到的信息资源，以及对企业信息化实施运作的过程进行计划、组织、控制、协调和指挥，以使企业在信息技术和信息资源上的投资能够收益最大化。

四、大数据时代与商务

网络上每一次搜索、网站上每一笔交易、每一笔输入都是数据，通过计算机做筛选、整理、分析，所得出的结果可不仅仅只是简单、客观的结论，更能用于帮助企业经营决策，收集起来的数据还可以被规划，引导开发更大的消费力量。现代社会迎来了大数据时代，人类产生的数据总量急剧增加，全球范围内服务器的数量、由企业数据中心直接管理的数据量、IT 专业人员的数量都增长非常迅速。这对社会经济的影响将比工业革命大 2~3 倍。许多权威人士认为这一数据大爆炸堪比新型石油，甚至是一种全新的资产类别。

传统的统计数据往往是通过数字来表达的，而在大数据时代，我们面临更多的是非结构化的数据，比如图像、文本、日志、百度的搜索数据等。这些数据都从微观层面反映了社会经济、人们日常生活行为的方方面面。如果人们能够把现有的这些数据都收集起来进行深入的分析和挖掘，就会发现这些数据当中隐藏的更深刻的规律和现象，就能更好地服务于商务决策和社会各方面的需求，大数据的真正价值就体现在这里。

提到商业信息，人们容易想到零售王国沃尔玛，沃尔玛曾经有一个经典的啤酒和尿布的案例，现在沃尔玛又有一个新的例子：东海岸——中海岸——西海岸，在美国，东海岸与中海岸时差两小时，东海岸的沃尔玛超市早上开门营业两小时之后，中海岸才开始营业，沃尔玛就会把东海岸当天这两小时的营业情况、相关数据传给中海岸，中海岸就会根据这个数据知道当天人们的购买喜好，决定货品怎么摆放，哪些货物摆放在一起会比较好，然后等中海岸的沃尔玛营业两小时之后，西海岸才开始营业，同样，把东海岸和中海岸的营业数据传到西海岸，这种方式给沃尔玛带来了很大的利润。此外，还有梅西百货的"实时定价机制"、沃尔玛的"Polaris 搜索引擎"、美国塔吉特超市的"怀孕预测指数"等一系列利用大数据分析手段而实现的零售营销创新。RFID 技术与物联网应用，物联网将现实世界数字化，应用范围十分广泛，这些都得益于大数据技术，互联网、社交网、移动网三网合一，使商务活动中的信息被深度挖掘分析，商务活动越来越精确和智能。

(一)大数据与传统数据的区别

大数据和传统数据的仓库实际上是群体和个体的差异。互联网数据完全瞄向个体，数据结构也精准于个体，而传统的数据面向经营指标、面向群体。例如，小明去了 100 次书店，以前要回答的问题是他第 101 次买不买书，即业绩和经营指标的问题；而现在，互联网最关心的是他第 101 次买什么书，需要将什么样的内容推荐给他。这不是一个概率问题，而是一个模糊的程度问题。

要量化这个程度，我们一定要基于个体，而不是基于群体的共性描述。传统定义上，更多关注的是一类人群，用同一类规则制订套餐给他们；而在互联网时代，要把每个人都精准刻画出来，进行精准匹配。有电商说他们要做到一百万用户要有一百万个商店，特别是在移动的小屏幕上，三次点击以后就会损失一个客户。所以差异化绝对不可能是对群体共性的描述，而完全是对个体差异的刻画。

关于大数据的深度分析，很重要的内容就是个性化的信息推荐。个性化的信息推荐不仅基于用户的相似性，还有大量比较深入的复杂模型。比如说，就用户看资讯而言，我们怎么样去判断一个用户点开一条八卦资讯后，是继续深挖八卦到死，还是转而浏览另外一则新闻。同样，有的用户登录淘宝只是逛逛而已，有些用户则是很明确地想要买一些东西，这就需要对用户的意图进行预测，这里面涉及一些比较难的机器学习技术。

我们现在生活在信息化的世界，未来会走向个性化。例如，耐克制作了一款鞋子，在这个鞋子里装上了传感器，然后穿上这个鞋子的人，一天大概走多少路，走路的状态比如着力点等相关情况的数据都会通过传感器传到耐克公司，耐克公司就会根据这些数据来给消费者量身定做鞋子。这样，未来的销售模式将会是个性化的。

(二)大数据的典型特征

"大数据"从字面来看，可能会让人觉得只是容量非常大的数据集合而已。但是，容量只不过是大数据特征的一个方面，如果只拘泥于数据量的话，就无法深入理解当前围绕大数据所进行的讨论。大数据的特征如下所述。

1. 容量大

也就是数据量吧，从大数据的定义来看，指用现有技术无法管理的数据量，从现状来看，基本上是指从几十 TB 到几 PB 这样的数量级。当然，随着技术的进步，这个数值也会不断变化。例如，在 5 年以后，也许只有几 EB 数量级的数据量才能够称得上是大数据了。

2. 种类多

除了传统的销售、库存等数据，现在企业所采集和分析的数据还包括像网站日志数据、呼叫中心通话记录、Twitter 和 Facebook 等社交媒体中的文本数据、智能手机中内置的 GPS(全球定位系统)所产生的位置信息、时刻生成的传感器数据，甚至还有图片和视频，数据的种类和几年前相比已经有了大幅度的增加。

其中，近年来爆发式增长的一些数据，如互联网上的文本数据、位置信息、传感器数据、视频等，用企业中主流的关系型数据库是很难存储的，它们都属于非结构化数据。当然，在这些种类的数据中，也有一些是过去就一直存在并保存下来的。

然而，和过去不同的是，这些大数据并非只是存储起来就够了，还需要对其进行分析，并从中获得有用的信息。以美国企业为代表的众多企业正在致力于这方面的研究。

监控摄像机的视频数据正是其中之一。近年来，超市、便利店等零售企业几乎都配备了监控摄像机，目的是防止盗窃和帮助抓捕盗窃嫌犯，但最近也出现了使用监控摄像机的视频数据来分析顾客购买行为的案例。

例如，美国大型折扣店 Family Dollar Stores，以及高级文具制造商万宝龙 (Montblanc)，都开始尝试利用监控摄像头对顾客在店内的行为进行分析。以万宝龙为例，它们过去都是凭经验和直觉来决定商品陈列的布局，但通过分析监控摄像机的数据，将最想卖出去的商品移动到最容易吸引顾客目光的位置，使销售额提高了 20%。

此外，美国移动运营商 T-Mobile 也在其全美 1000 家店中安装了带视频分析功能的监控摄像机，用以统计来店人数，还可以追踪顾客在店内的行动路线、在展台前停留的时间，甚至试用了哪一款手机、试用了多长时间等，对顾客在店内的购买行为进行分析。

3. 速度快

数据产生和更新的频率，也是衡量大数据的一个重要特征。例如，整个日本的便利店在 24 小时内产生的 POS (Point Of Sales) 数据，电商网站中由用户访问所产生的网站点击流数据，高峰时高达每秒 7000 条的 Twitter 推文，日本全国公路上安装的交通堵塞探测传感器和路面状况传感器(可检测结冰、积雪等路面状态)等，每天都在产生着庞大的数据。

五、大数据在商务领域的应用

(一)商务智能与大数据

商务智能是企业利用现代信息技术收集、管理和分析结构化和非结构化的商务数据和信息,创造和积累商务知识和见解,改善商务决策水平,采取有效的商务行动,完善各种商务流程,提升各方面商务绩效,增强综合竞争力的智慧和能力。

大数据以及海量的计算能力、人工智能技术等逐渐增强,开启了一个新的智能商务时代。下面从产品、市场、客户、行业这四个维度进行分析。

1. 产品从交易价值到使用价值

传统的产品大多追求的是交易价值。对于企业而言,最重要的是把产品卖出去,之后的维护修理都被视为成本。但是智能产品改变了这一状况,所有的产品都变成了服务。在智能商业时代,产品的使用才是价值创造和获取的开始。客户的持续使用意味着数据的持续输出,也意味着针对每个客户需求算法的迭代,这种参与使价值成为企业与客户共同创造的过程。

例如,通用电气公司是传统的工业巨头,制造涡轮机、飞机引擎、火车头以及医疗影像设备,但是现在它已经把自己变成了一个智能服务的平台,用 GE 的 CEO 杰夫·伊梅尔特(Jeffrey R. Immelt)的话来说,一辆火车头就是一个奔跑的数据中心,飞机引擎是飞行的数据中心,它们每天都会产生巨量的数据,这些数据可以反馈给客户,用于提升燃油效率,改善它们的环保能力。以飞机发动机为例,发动机上的各种传感器会收集发动机在空中飞行时的各种数据。这些数据传输到地面后,经过智能软件的系统分析,可以精确地检测发动机运行状况、预测故障、提示进行预先维修等,以提升飞行安全性以及发动机的使用寿命。而 GE 就成为在这背后进行智能分析与服务的平台。它不仅仅卖设备,还在设备的使用过程中创造价值,将一次性的交易价值转变为持续性的使用价值,每个航空服务公司都可和 GE 一起实现飞机发动机价值的最大化。

2. 市场从大众化到个性化

传统商务通过市场的细分,针对同质化人群的需求,提供标准化的产品和服务,最终需求的满足往往是"千人一面"的。而今天智能商务能够有效地实现产品标准化和体验个性化的完美组合,从而实现"千人千面"。

例如,"今日头条"从 2012 年 3 月创立,在短短的几年里迅速超过很多互联网门户的影响力,重要原因就是"今日头条"智能引擎下的精准推送,形成了一个最懂你的信息分发内容平台。它根据用户的特征、内容浏览轨迹和环境特征,匹配用户最可能感兴趣的内容特征。这背后是依靠大数据和智能化的推荐引擎,实现了"千人千面"的效果。

3. 客户关系从个体价值到群体价值

在"千人一面"标准化、规模化的逻辑下,我们特别关注客户的个体价值。"千人千面",并不意味着客户关系就是离散的。相反,智能商务提供了很多将客户的个体价值转变为群体价值的可能性。也就是说通过叠加客户关系,在云技术里实现客户集合的新价值创造。

例如,Nest 是一个智能恒温器品牌。通过记录用户的室内温度数据,同时连接家庭的空调、洗衣机、冰箱等家用电器，以及电价的动态变化，在充分了解用户使用习惯后，通过智能算法可以为每个家庭创建一个定制化、自动调整的能源管理方案，从而保证节能和成本效率，这才仅仅是个体家庭层面的价值。如果在同一区域内有上百万家庭都使用Nest，Nest在云端就能够动态地了解整个区域家庭能源使用的数据，从而和供电企业一起更加高效地实现对区域能源的共同管理。这就是将个体价值转变为群体价值的最终结果。

4. 行业从边界到跨界

行业同质化竞争的一个很重要的原因，是企业对行业边界的理解固化，关注相同的竞争要素，最终走向竞争的趋同。而智能商务构建了一个真正"以用户为中心"的模式。通过对用户动态数据的积累和计算，让企业更容易整合其他相关产品与服务，更加精准地满足每一个客户对多样化、便利性、及时性的需求。与此同时，行业的游戏规则被完全改变。

举一个智能冰箱的例子。过去作为白色家电的冰箱主要是价格、性能以及售后服务的竞争。智能冰箱不仅能够自动调整冰箱模式，让用户随时了解存储食物的保质保鲜状态和数量，始终让食物保持最佳状态。更重要的是根据这些数据以及用户的健康状况数据，智能冰箱可以有效地整合超市、药店、营养师等服务，精准高效地为用户的健康生活服务，其价值也远远超出了制冷保鲜的边界。

(二)移动电商与大数据

随着互联网络和信息技术的飞速发展，手机网民的数量正在逐年增加，越来越多的用户习惯在网上购物，消费者在网络上创造大量数据的同时，这些数据也蕴藏着巨大的商机。在"大数据"时代，如何在大数据环境中发现影响移动商务的相关因素并通过收集一定的数据进行分析已经成为企业在发展中成功的关键。在电子商务刚刚起步的时候，淘宝网、当当网等一些网站通过对海量数据的挖掘分析，获得了顾客的需求信息，从而可以为顾客提供个性化服务。在当当网订购产品，在下面会有相似的产品推荐以及淘宝网的产品个性定制化等功能，都大大地方便了消费者。在大数据环境下，企业的决策是越来越精确化和实时化，它从大量积累的数据中分析出过去企业很难发现的消费者需求，从而可以制订相应的营销计划，以期快速占领市场，减少网络运营者因为决策不准确而带来的投资浪费。移动电商具有的便捷性及客户身份信息的可认证性等特点，与大数据技术相结合，会对商务活动的各方面产生深远的影响。

第二节　获取商业机会

一、商业机会的概念及特征

所谓商业机会，是指客观存在于市场过程中，能够给企业及其他盈利性活动组织或个人提供销售(服务)对象，并带来盈利可能性的市场需求。由此可知，商业机会具有自身的特征，为我们进一步研究识别商业机会的方法提供了基本线索。其特征具体包括以下几点。

第一，客观性。商业机会是客观存在的，无论你是否发现，它都存在。

第二，与市场并存性。商业机会存在于市场之中，没有市场就没有商机。在石器时代，市场还没形成，当然也就不存在所谓的商业机会。

第三，销售或服务对象的可提供性。也就是说，能够提供销售或服务并不意味着把握住了商业机会，关键在于能让人乐意去买这些产品或享受这些服务。

第四，盈利的可能性。商业机会未必都能使企业盈利，能否盈利还受该组织或个人的执行力等一系列因素的影响。

第五，市场需求性。商业机会本质上是一种市场需求。市场需求是指顾客对某种商品或服务愿意而且能够购买的数量，受意愿和能力两方面因素的影响。

二、商业机会的类型

市场机会客观地存在，只要细心地观察分析就会发现有许多不同的商业机会。按不同的分类标准，有以下种类。

(一)潜在商业机会与显现商业机会

在市场上存在着明显的未被满足的需求为显现商业机会；而隐藏在现有某种需求后面的未被满足的需求为潜在商业机会。显现商业机会容易寻找和识别，利用机会的企业较多；潜在商业机会有一定的隐藏性，识别难度大，通常企业把握了这种机会，竞争对手少，机会利用效益较高。

(二)行业商业机会与边缘商业机会

出现在本企业经营领域内的商业机会为行业商业机会；出现在不同行业的交叉点、结合部的商业机会为边缘商业机会。通常企业对行业商业机会比较重视，而忽视行业与行业之间的"夹缝""真空地带"产生的未被满足的需求。但行业商业机会由于圈内竞争激烈，机会利用效益较低，而在"真空地带"产生的边缘商业机会，竞争不太激烈，机会利用的效果也较好。所以边缘商业机会是企业在行业外寻找商业机会比较理想的选择。如在医疗和饮食业结合部出现的"药膳餐馆"等。

(三)目前商业机会与未来商业机会

目前市场上存在的尚待满足的需求为目前商业机会；目前市场上还没有或仅表现为少数人的消费需求，但预测在未来某一时间内将出现的大量需求为未来商业机会。目前商业机会已经出现，故企业容易进行观察和把握，但对未来商业机会的认识和把握则要困难得多。这两种商业机会之间没有严格的界线，任何一个未来商业机会经过一定的时间、在一定的条件下，时机成熟后最终会变成目前商业机会。从营销角度看，企业应该提前预测未来商业机会，并积极做好准备，一旦未来商业机会变为目前商业机会时，就可将准备好的产品抢先推入市场，获得市场的主动权。

(四)全面商业机会与局部商业机会

在大范围内(如国际市场、全国市场)出现的未被满足的需求为全面商业机会；在某一地方、某一地区出现的未被满足的需求为局部商业机会。全面商业机会反映环境变化的一种普遍趋势，对参与市场经营的企业有普遍意义；局部商业机会代表某一特定市场的特殊变化趋势，往往只对进入该市场的企业有特殊意义。因此，企业在分析商业机会时，要注意将全面商业机会与局部商业机会区别开来,不能将全面商业机会误认为是特定环境中的局部商业机会。相反,也不能将局部商业机会误认为是具有普遍意义的全面商业机会。

(五)大类产品商业机会与项目产品商业机会

市场上对某一大类产品存在着的未满足需求为大类产品商业机会;市场上对某一大类产品中某些具体品种存在着的未满足需求为项目产品商业机会。大类产品商业机会显示着市场上对某一大类产品市场需求发展的一般趋势,而项目产品商业机会则表明社会上对某一大类产品市场需求的具体指向。了解前者对于企业规定任务,明确业务发展的总体方向,制订战略计划具有重要意义;了解后者对于企业明确怎么干来实现战略计划的要求,制订市场营销计划具有重要意义。

三、开发商业机会的动机

从企业角度来看,开展各种各样的商务活动,其具体动机多种多样。大致可归纳为三类战略动机。

(一)拓展市场

企业的市场需求主要由两个因素决定:一是顾客对企业的产品或者服务的购买愿望;二是顾客对该企业产品或者服务的购买能力。这两个因素结合起来就构成了企业的总体市场需求。因此,市场上的用户数量和购买力影响着市场容量的大小。显然,拓展更为广阔的国内外市场,企业就能够比在区域市场获得更多的消费者总量。因此,企业在开拓市场方面,重点应考虑购买力强的市场,通过开设分店或开设分支机构开发新的用户群体,获得更高的市场份额。如跨国公司不断向海外开拓自己的市场。

(二)获取资源

当今,越来越多的企业将它们的业务外包出去,如一些大型企业集团不断从国内市场寻找能适合自身的资本以及技术资源。为了获取更多的国内外市场资源也是企业开发商业机会进行商务活动的重要推动力。获取在原市场不具有的资源优势,能够使公司更具竞争力。其中包括人力资源成本,如早期美国一些企业在我国开设分厂,现在又向劳动力成本更为低廉的地区转移。有的公司通过开展新的商务活动来获得技术资源,如星巴克咖啡通过签订协议从德国市场上获得了独有的鲜咖啡咖啡因脱离技术,这一技术使星巴克咖啡的质量和特色更加突出。

(三)多元化经营

开发新的商业机会能够实现企业的多元化经营战略。对于一个国家或地区市场而言,其整体经济运行态势、行业经济的发展、市场需求变化趋势、竞争者状况总有自身的规律。对于一个公司来说,在一个市场上单一化经营,受到的约束往往比进行多元化经营大得多。也就是说,开发新的商业机会,能够从多种市场的角度调整其在不同市场的市场策略,从而获得更多的发展机遇。

四、捕捉商业机会的方法

了解了商业机会的概念及开发商机的重要性后,我们需要对如何识别商业机会有明确的方向。通过对识别商业机会方法的理论与实践的分析与总结,一般有以下七种捕捉商业机会的方法可供企业使用。

(一)市场细分法

市场细分法是指根据消费者在市场需求方面客观存在的差异,将市场中的所有消费者划分为若干具有相似需求特征的消费者群,并就此提供与其相适应的产品或服务的方法。消费者客观存在的这种差异可以是地理环境或地理位置的不同,可以是消费者年龄、性别、收入、教育程度或宗教信仰的不同,也可以是商品用途或购买行为的不同。

同样是汽油,但是由于南北气候的差异,这就要求企业提供给北方消费者的汽油要足够耐寒,不至于在气温零下几十度的冬季冻结;同样是牙刷,但是由于消费者牙齿发育程度的不同,这就要求企业有针对性地为儿童开发出相应的产品;同样是衣服,但是由于购买目的的不同,这就要求企业为那些致力于通过衣着表露自己尊贵身份的人提供具有较高身份附加值的服装。

(二)需求挖掘法

需求挖掘法是指通过分析消费者现有的消费情况,从而挖掘其可能存在的其他潜在消费需求的方法。这种潜在需求可以是因为现有的产品或服务不能够满足或者不能够完全满足其需求,也可能是因为现有的产品或服务而引发的一系列配套需求。

海尔集团通过市场调研发现,在刚步入社会的高校毕业生中有很多人都有意愿买台洗衣机,但是所有品牌的洗衣机在该群体中的销售状况并不理想。通过进一步分析发现其原因并不在于他们没有购买力,而在于这部分消费者大多还没有成家,每次要洗的衣服很少,并且大多住在狭小的出租房中,摆放洗衣机的空间有限。为此,海尔集团专门开发了体积较小的"小小神童"洗衣机,一举成功。另外,智能手机近年大行其道,一些精明的商家立即推出各种手机贴膜、挂饰、保护壳和清洁套装等。

(三)空白填补法

空白填补法是指利用市场上往往被人们所忽略的市场缝隙,从而发掘商业机会,开拓产品或服务市场的方法。这种市场缝隙可以是以前不被人们所发现或注意的,也可以是已经被人们所发现或注意但不屑去做的。

曾经很长一段时期,我国的饮料市场一直被可口可乐和百事可乐两大国际巨头垄断。这时,狭缝中求生存的旭日集团另辟蹊径,开发出更符合中国人饮食习惯的茶饮料,填补了市场空白,同时也在市场中站稳了脚跟。

美国食品研究机构把黄豆列为健康食品后,很多专注于尖端产品的美国机械制造企业都看到了这将是一个不错的商业机会,不过他们却不屑于去研究生产这种简单的加工机械,觉得这些产品赚钱太少。台湾厂商则立即抓住了这一商业机会,迅速推出了加工豆制品的相关产品。当这些简单的加工机械大举进入美国市场后,那些美国厂商也是追悔莫及。

(四)市场预测法

市场预测法是指通过对企业所处环境进行深入分析、认真调研，从而科学地预测产品或服务今后的发展方向，并提前进行产品或服务布局的方法。企业所处的环境包括企业内部环境和企业外部环境，其中外部环境涵盖政治、经济、文化、法律、人口、科技和资源等各个方面。

某便利超市经理通过天气预报得知四季干旱少雨的当地将在来年春季迎来长时间的降雨，毅然决定将当地一家苦于往外打发的十万把积压雨伞买了过来。第二年春天，预测应验，那十万把雨伞一销而空，该超市为此大赚其利。

改革开放初期，国家逐步放开各领域的限制，商品房开发也逐步升温。冯仑、王功权、易小迪和潘石屹等"万通六君子"根据国外的发展经验，成功地预测了房地产将是未来中国的一大支柱性产业，成为中国大陆进行房地产开发的第一批商人，并大获成功。

(五)危机转化法

所谓危机转化法，是指利用企业或社会危机给现实带来的冲击，审时度势地把握其中的商业机会，化危机为商机的方法。危机固然会对企业或社会产生一定的不利影响，不过危机和商机就像一对孪生兄弟，总是相伴相生。简言之，有危机的地方就会有商机。

康泰克含PPA(苯丙醇胺)的事件至今仍为人们津津乐道。当年，在国内感冒药市场占据40%市场份额的康泰克被检测出含有PPA，给市场带来一片恐慌。不过，在公司的积极运作下，仅用九个多月的时间便推出了新康泰克，消除了市场疑虑，并在一年内取得了四亿元的销售额，顺利地将康泰克的危机转变为新康泰克的商机。

随着史上最严新交规的实施，给社会带来不少冲击，很多老司机甚至直言自己一夜之间不会开车了。其中开车不能打电话，否则扣分并罚款的条款也令很多司机直呼不适应。不过，在这场驾车危机的背后，却给销售蓝牙耳机的商人们带来了巨大的商机。据淘宝指数显示，在新交规实施的第一周内，"蓝牙耳机"的搜索指数环比增长43.1%，与同期相比暴增315.7%，销量更是供不应求。

(六)技术创新法

技术创新法是指通过发明创造、技术创新等方式，开发出更能满足消费者需求的产品或服务的方法。科学技术是第一生产力，对于企业来说，其更是孕育着无限商机。这就要求企业要善于发现实现需求的新动向，不断开发出符合市场需求的新产品。

目前风靡全球的苹果手机之所以能够持续获得消费者的青睐，一个很重要的原因就在于其在技术方面几乎做到无可挑剔，一直引领着智能手机的技术潮流。它将众多数码产品的功能融入到一部小小的手机当中，满足了消费者照相机、摄像机、功能手机和笔记本计算机等功能需求，开创了智能手机的新时代，也使企业获得了巨大的商业成功。

(七)无中生有法

无中生有法是指利用人们相信或乐于相信一些虚假或原本不存在事物的心理，因势利导地提供相应的产品或服务的方法。这种方法的关键在于把握好消费者的心理，使他们乐于购买那些并不能达到预期目的的产品或服务。该产品或服务的价值在于满足消费者的心理需求。

西方的圣诞节进入我国后，人们都很乐意在平安夜花上几元或者十几元钱买一个苹果，为此，不少商家大发其财。这是为什么呢？原因就在于他们相信或乐于相信平安夜吃个苹果可以保佑自己来年平平安安，而商家们成功地利用了消费者的这种心理。

玛雅人的世界末日预言和名为"2012"的电影让很多人都调侃要花钱买一张诺亚方舟的船票。当大家只是一笑而过时，一名山东张姓男子敏锐地抓住该商业机会，在天猫上卖起了"末日船票"，两个月大赚60多万元。

可见，识别商业机会的途径是多种多样的，在商务实践中，要善于从小事中发现、善于分析供需关系、善于发现环境中的变化因素，也可借助商务活动的基本规律及原理，寻求商业机会，注重培养对商机的敏感性和把握能力。虽然从理论上说机会是无限的，但具体到每一个企业而言，对机会还需要一个甄别、分析和选择的过程。

第三节　商业机会分析和选择

一、商业机会分析的重要性

有效地寻找和识别商业机会是获得发展的第一步，但商业机会的价值如何，需借助商业机会的分析得知。因此，商业机会分析对于企业制定竞争战略、避免环境威胁具有重要意义。表现为以下几点。

首先，商业机会分析是商务活动的始发点。商业活动各环节紧密结合在一起，通过市场调查与预测获取相关信息，寻求到企业发展的契机，然后就需要对这个机会进行深入分析，这是进一步作出商务决策、制订竞争战略的基础。否则，缺乏分析的商业机会，商务决策是盲目的，商务活动是低效的。

其次，商业机会分析是制定商务决策和战略的依据。商务活动的内容、规模主要取决于市场需求，市场需求又取决于消费者偏好和货币投向。商业机会分析就是要找出适应企业发展的机会点，比如新产品的开发和商业机会分析的关系更为密切，商机分析为它提出了开发方向，指明潜在的发展趋势，从而使产品研发以市场需求为导向进行。

二、商业机会分析的流程

(一)寻找商业机会

发现商业机会、提出新观点的可能有各种人员。企业内部各个部门是一大来源，但更为广泛的来源在企业外部，如中间商，专业咨询机构、教学和科研机构，政府部门，特别是消费者，他们的意见直接反映着市场需求的变化倾向。因此，企业必须注意和各方面保持密切的联系，经常倾听他们的意见，并对这些意见进行归纳和分析，以期发现新的商业机会。在这方面经常采取的方法有下述几种。

(1) 询问调查法。即通过上门询问或采取问卷调查的方式来收集意见和建议，作为分析的依据，从中寻找和发现商业机会。

(2) 德尔菲法。即通过轮番征求专家意见来从中寻找和发现商业机会。

(3) 召开座谈会。如召开消费者座谈会、企业内部人员座谈会、销售人员座谈会、专家座谈会等，收集意见和建议。

(4) 课题招标法。即将某些方面的环境变化趋势对企业发展的影响，以课题的形式进行招标或承包，由中标的科研机构或承包的专门小组(或人员)在一定期限内拿出他们的分析报告，从中寻找和发现商业机会。

(5) 头脑风暴法。即将有关人员召集在一起，不给任何限制，对任何人提出的意见，哪怕其意见异想天开，也不能批评。通过这种方法，收集那些从常规渠道或常规方法中得不到的意见，从中寻找和发现有价值的商业机会。

(二)识别商业机会

1．对企业自身经营范围的准确界定

不管是经营单一产品的企业，还是同时经营多种产品的企业，首要的任务应该是确定自己的业务范围，即明确自己希望服务的顾客类别以及满足这些顾客的哪些具体需求，在此基础上，进一步确定通过哪些方法和手段来满足这些需求以及为顾客提供价值满足的程度。对这一系列问题的清晰回答，实质上就是对企业经营范围的界定。需要注意的是，企业在进行战略调整时，经营范围的变化应保持一定的连贯性。这方面做得比较成功的有"波司登集团"，"波司登"在从一个手工作坊式企业成长到中国防寒服第一品牌的过程中，在其每一次战略调整时，总是围绕"民牌战略"展开，始终遵循"以民为本，服务大众"的宗旨以工薪阶层为其服务对象。羽绒服系列为其经营产品，质优价廉为其服务宗旨，经营范围的界定始终是十分明确的。

2．产品—市场分析

在明确界定企业的经营范围之后，就可以把对市场机会选择的范围缩小到与其经营范围相关的领域。即把相关产品的产品属性与消费者的需求特征罗列出来，通过对目标市场进行细分，然后比较现有产品或服务已经满足的消费者需求，寻找未被满足的消费者需求，从而确定企业在经营范围之内的商业机会。此时，比较有效的方法就是进行产品—市场分析，产品—市场分析矩阵可以用作识别商业机会的工具。如图 4-1 所示，在四个象限中可以采取的不同商务战略，分别为：市场开发策略，即开发一个新市场的过程；产品开发策略，即企业为了保持市场活力、扩大市场份额，持续不断地开发新产品，一般可通过挖掘顾客需求、挖掘产品功能、开发边缘产品或利用别人的优势开发等；市场渗透策略，是一种立足于现有产品，充分开发其市场潜力的企业发展战略；差异化策略则包含了产品差异化、服务差异化、渠道差异化和人员差异化。

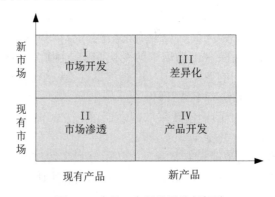

图 4-1　产品—市场发展分析矩阵

三、商业机会价值分析

商业机会的价值具有差异性，不同的商业机会可以为商务组织或自然人带来不同的利益，为了在千变万化的环境中，找出对本企业最有价值的商业机会、最适合本企业利用的机会，企业需要对商业机会进行具体分析和评估。

(一)商业机会价值的影响因素

决定商业机会价值大小的因素主要有两个，即吸引力和可行性。

1. 商业机会的吸引力

商业机会对企业的吸引力是企业利用该机会可能创造的最大效益。它包括市场需求规模、利润率和发展潜力。

(1) 市场需求规模，指商业机会当前提供的待满足的市场需求总量的大小，此机会产生的市场能否拥有足够的消费者、形成较大的规模，企业可能达到的最大市场份额等可通过产品销售数量或销售余额来表示。

(2) 利润率，指商业机会提供的市场需求中，单位需求量当前可以为企业带来的最大利益(主要指经济利益)。它与市场需求规模一起决定了企业利用此次机会可创造的最高利益。

(3) 发展潜力，指商业机会为企业提供的市场需求规模、利润率的发展趋势及速度情况，即使企业此次面临的机会所提供的市场规模很小利润也不高，但其市场规模或企业的市场份额有迅速增大的趋势，则该机会仍对企业具有相当大的吸引力。

2. 商业机会的可行性

只有吸引力的市场机会并不一定是企业实际发展良机。具有很大吸引力的市场机会必须同时具有较强的可行性才是企业高价值的商业机会。商业机会可行性的决定因素有以下几点。

(1) 开发此机会企业所具备的条件。商业机会只有适合企业的经营目标、经营规模与资源状况才能有较大的可能性。如一个具有很大吸引力的饮料产品的需求市场出现对主营为非饮料食品的企业来说，可行性就不如饮料企业的可行性大。

(2) 利用此机会企业所拥有的优势。一个吸引力很大的市场机会，竞争一定相当激烈，通过分析本企业与竞争对手的情况，可以弄清楚企业对利用此机会的可能性有多大、在哪些方面更具有优势。

(3) 把握此机会企业将受到的影响。这里所讲的影响是外部环境因素的影响，每一个外部环境因素的变化都可能使市场机会的可行性发生很大的变化。例如：某企业发现市面上紧缺某种产品，该企业又拥有生产该产品的工艺技术和经营规模上的优势，而且会因此获得可观的利润。但了解到环保组织已经把该产品使用后的废弃物列为造成该地区污染的因素之一，政府将通过的一项政策可能会使该产品原材料价格上涨，因而使该商业机会对企业的可行性大大降低。

(二)商业机会的价值评估

1. 商业机会价值评估矩阵

根据吸引力和可行性两个影响商业机会价值的因素，可以通过商机价值评估矩阵对其进行分析，如图4-2所示。

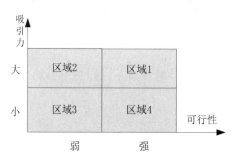

图4-2 商业机会价值评估矩阵

区域 1 为吸引力、可行性最佳的商业机会。即该类商业机会的价值最大。通常，此类商业机会既稀缺又不稳定。因此，商务活动组织者要及时、准确地分析现有哪些商业机会进入或退出了该区域。

区域 2 为吸引力大、可行性弱的商业机会。一般来说，该类商业机会的价值不会很大。但是，商务活动组织者应时刻注意决定其可行性大小的内、外环境因素的变动情况，并做好可能利用该商业机会的准备。

区域 3 为吸引力、可行性皆差的商业机会。该类商业机会的价值最低，又不大可能直接跃居到区域 1 中，但可能在极特殊情况下，该区域的商机可行性、吸引力突然同时大幅增加。

区域 4 为吸引力小、可行性大的商业机会。即该类商业机会的风险较低，获利能力也较小，通常稳定型、实力薄弱的商务活动组织者会以它作为其常规活动的主要目标。

2. 商业机会价值评估指标

商业机会在寻找与识别时要投入一定量的时间和资金以及其他资源，这是一种广义的投资。因此，商业机会价值评估要以资金成本为标准，采用净现值(NPV)和内含报酬率(IRR)两个指标作为评估标准。净现值是未来现金流入量限制于投资现值间的差额，其计算公式如式(4-1)所示。

$$\mathrm{NPV} = \sum_{t=0}^{n} \frac{\mathrm{NCF}_t}{(1-K)^t} \tag{4-1}$$

式中：K——折现率(最低投资报酬率)；

NCF_t——t 年的现金净流量；

n——项目的有效期；

NPV——未来现金流入量现值与投资额现值之间的差额，也即净现值。

运用净现值法评价项目的经济可行性时，首先要根据预测资料确定经营期限内的现金流出量与现金流入量 NCF_t，其次要根据企业的资金成本或最低投资报酬率利用本公式计算出净现值 NPV，并据此对项目作出评价。当 NPV≥0 时，说明该项目的投资收益率大于或等于资金成本，是经济上可行的方案；多个方案比较时，净现值 NPV 越大的方案越好。

内含报酬率，又称内部收益率，是投资项目以现值为基础计算的真实收益率。内含报酬率不能直接计算，而是通过净现值的计算公式，找到能使投资项目的现金流量净现值为0的折现率，也即 $\sum_{t=0}^{n} \frac{NCF_t}{(1-K)^t} = 0$ 时的 K 值。采用内含报酬率评价投资项目，首先仍需要预测各年的现金净流量和企业资金成本等，然后按公式 $\sum_{t=0}^{n} \frac{NCF_t}{(1-K)^t} = 0$ 逐次测试能使项目现金流量净现值为0的 K 值，最后将 K 值与资金成本对比，对项目作出评价。如果 K 大于等于资金成本，方案可取；多方案比较时，K 值较大者为佳。

四、商业机会选择过程

企业在寻找商业机会及对商业机会进行分析后，必须与企业条件结合起来思考，考虑商业机会是否符合企业发展目标，是否与企业资源匹配等，通过优选，找到符合自身发展并能发挥其竞争优势的商业机会。选择商业机会的过程可以借助营销中的"STP"战略，即遵循市场细分、目标市场和市场定位的三部曲，从而逐步明确要选定的商业机会。

(一)步骤一：市场细分

市场细分(Market Segmentation)，指通过市场调研，依据消费者的需要和欲望、购买行为和购买习惯等方面的差异，把某一产品的市场整体划分为若干消费者群的市场分类过程。每一个细分市场都是具有类似需求倾向的消费者构成的群体。有效的市场细分是深度挖掘和满足顾客需求的有力工具，市场就像海绵里的水，只要合理细分，总会发现新的商业机会。通过一定的细分标准将市场分割为几个差异化较大的子市场，然后可以根据每个子市场的特点和诉求，分别设计不同的商业模式。市场细分对商业创新的意义，就在于能够针对不同需求的各子市场分别设计不同的商业经营形式。如果人为地将消费需求划归为一，并试图用单一的商业模式满足所有的顾客需求，这样的商业经营模式必然是低效的。

市场细分必须满足可衡量性、可进入性、可盈利性和稳定性的要求。为了确保市场细分的有效性，应该了解和掌握细分市场的程序。

1. 确定市场范围

任何一个企业都有其自身的任务和目标，并以此作为企业制定生产经营和市场开拓战略的依据。一旦进入一个行业，便要考虑可能产品的市场范围的选择问题。产品市场范围的确定是以市场的需求为标准，一旦市场需求发生了变化，整个产品的市场范围也要做相应的调整。

2. 列举和分析潜在顾客的基本要求

产品的市场范围确定后，可以将市场范围内的潜在顾客分为若干个专题小组，了解他们的动机、态度、行为等，从而比较全面地列出影响产品市场需求和顾客购买行为的各项因素，作为以后进行深入分析研究的基本资料和依据。

顾客的不同需求是细分市场的基础。因此，企业在列举潜在顾客的基本需求后，可向不同的顾客进行抽样调查来进一步收集有关信息，并用因素分析法对资料进行分析，确定出相关性很大的因素，然后划分出一些差异最大的细分市场。再根据潜在顾客不同的状态、行为、人口变量、心理变量和一般消费习惯等进一步细分。

3. 初步确定细分市场

市场细分是按照一定标准进行的。这里所说的标准，是指使顾客产生需求差异的影响因素。一般市场的细分标准可以概括为地理因素、人口统计因素、心理因素和行为因素四个方面，每个方面又包括一系列的细分变量，如表4-3所示。

表4-3 市场细分标准及变量一览表

细分标准	细分变量	特 点
地理因素	地理位置、城镇大小、地形、地貌、气候、交通状况、人口密集度等。	比较易于辨别和分析，以其作为细分市场的依据，往往可以使细分结果比较准确可靠，即具有较强的有效性。
人口统计因素	年龄、性别、职业、收入、民族、宗教、教育、家庭人口、家庭生命周期等。	顾客在人口统计方面的不同与需求差异性之间的因果关系十分明显，是研究需求时常用的细分方法。
心理因素	生活方式、性格、购买动机、态度、社会阶层、个性等。	可能会在实际操作过程中遇到如细分因素比较模糊、子市场的价值难以衡量等问题，但心理特征明确，每个子市场的价值得到比较准确的评价，会直接影响消费者的购买行为。
行为因素	购买时间、购买数量、购买频率、购买习惯(品牌忠诚度)以及对服务、价格、渠道、广告的敏感程度等。	这是最直观的细分标准，是反映企业经营效果的主要要素，有很强的操作性。

对市场细分时，通常不是单独使用一个细分标准，而是采用几个细分标准，这就使市场细分组合中任何一个标准的变动，都可能形成一个新的子市场。因此，在实践中，要综合利用各种变量来辨认目标市场，在对市场进行细分时，必须进行认真的市场调查，掌握准确的市场细分标准，决不能主观臆断。对细分市场的初步确定是指为细分市场暂时命名，即在分析了潜在顾客的不同需求，进行了市场细分并剔除各细分市场上潜在顾客的共同需求后，各细分市场上剩下的需求各不相同。

4. 进一步分析各细分市场的特点并测量其大小

上述工作完成后，企业还需进一步对各细分市场顾客的需求及其行为特点做深入的分析与考察，确定已掌握了各细分市场的哪些特点，还需要对哪些特点作进一步分析研究，从而决定是否需要再分或重新合并。这一步是对以上几步的重新认识和必要的调整，以形成细分市场的雏形。

细分出来的市场必须大到足以使企业实现它的利润目标，这时细分市场对企业来说才是有用的。因此，还要将经过以上步骤划分出的各细分市场与人口变量结合起来加以分析，测量出每个细分市场上潜在顾客的数量，他们的购买力和产品的使用频率，从而掌握各细分市场的市场潜量。

(二)步骤二：选择目标市场

目标市场是企业选择要进入的细分市场。企业选择的目标市场要满足以下基本条件，即成本最小、能力匹配和风险最低。

在一般情况下，企业应确定产品成本较低的细分市场为目标市场。必须考虑本企业的人力、财力以及技术力量和经营管理水平是否与预开发的目标市场的需求潜能相匹配，企业有无实力满足或逐步满足消费者的需要。

企业选择的目标市场，应该能够给企业带来可观的经济效益。这一市场应有足够的销售数量，如果只有消费欲望而不能形成实际的购买力，那么这一细分市场不应被选为目标市场。即使经过评估确实有经济效益的细分市场，企业也应对各个细分市场进行比较评估，以收益最大化为原则来确定经济效益最好的细分市场为目标市场。

选定目标市场的过程大致如下所述。

1. 初选

企业在选择目标市场时，可以采用排除法进行初选。但是，初步筛选要力求避免两个错误：一是忽视为企业主要产品提供良好前景的市场，漏掉巨大的市场机会；二是在前景不好的市场花费太多的调研时间。初选工作必须做到全面、经济、快捷、所需数据资料尽可能地从大量公开发行的资料中取得。

2. 消费者(用户)分析

在进行初步筛选之前，经营者应该首先建立起针对消费者或用户的主要候选产品的消费形象，该形象包含着个人或集团性的、现有或潜在的消费者所需要的产品特性。

3. 需求量估计

估算市场需求有很多方法，大致有比较各地消费水平现状的横向分析法、比较各地消费水平变化的动态分析法、具体分析消费需求决定因素的要素分析法。分析的目标是那些总体来说"供不应求"的市场。对市场容量的估计，应尽可能采用已有的统计资料，确定预期的目标市场。

4. 市场的选择与确定

目标市场初选的结果可能有三种。企业通过评估细分市场，最终可以作出以下选择。

(1) 集中企业的优势力量进入其中的一个细分市场，以取得市场上的优势地位，即集中性目标市场策略。

(2) 企业选择若干细分市场，并制定不同的营销战略，即差异化目标市场策略。

(3) 决定不再细分，作为整体来开发，即无差异目标市场策略。

(4) 通过市场细分，企业没有发现一个子市场是可行的，从而放弃该市场。

对于三种目标市场策略进行比较，如表4-4所示。

因为是初步的选择，故范围应尽可能广泛，只有当某个国家或地区的市场确实不具备进入的可能性时才能放弃，以避免错过大好机会。对初选的目标市场，还应该进行更深入的调查，明确每个可能的目标市场的容量和本企业在这个市场上的销售前景，以便作出正确的决策。

表 4-4 目标市场策略比较

目标市场策略	企业资源	市场同质性	产品同质性	产品生命周期	竞争者策略	竞争者数目
无差异性策略	多	高	高	投入期	无差异	少
差异性策略	多	低	低	成长、成熟期	差异	多
集中性策略	少	低	低	衰退期	无差异	多

在初步筛选过程中采取的取舍决策原则可表述如下:如果若干个细分市场的市场容量大于某特定的临界值,那么,这些细分市场就可作为初步的目标细分市场。其数字表达式为:$s_{ij}>d$,即产品 j 在细分市场 i 内的市场容量大于某特定的临界值 d。这时 i 市场就是选取的细分市场。

5. 评估细分市场

经过初步筛选后的市场数目已经较少,对这些市场,要进行更精确的评估。在评价不同的细分市场时,一家企业必须分析以下三个因素,即细分市场的规模和发展、细分市场结构的吸引力、企业的经营目标与资源。

(三)步骤三:市场定位阶段

企业市场定位的全过程可以通过以下三大步骤来完成,即确认本企业潜在的竞争优势、准确地选择相对竞争优势和明确地展现其独特的竞争优势。

1. 确认本企业潜在竞争优势

在确认本企业潜在竞争优势时,企业所要做的关键工作便是明确以下三大问题:一是竞争对手的产品定位如何;二是目标市场上足够数量的顾客欲望得到满足程度如何以及确实还有什么需求欲望;三是针对竞争者的市场定位和潜在客户的真正需要的利益要求,企业应该和能够做什么。具体明确了上述三个问题,企业就可从中把握和确定自己的潜在竞争优势何在。

2. 准确地选择相对竞争优势

相对竞争优势是指企业能够胜过竞争者的现有的或潜在的能力。准确地选择相对竞争优势就是将一个企业各方面实力与竞争者的实力相比较的过程。比较的指标应是一个完整的体系,只有这样才能准确地选择相对竞争优势。

3. 明确地展现独特的竞争优势

企业在这一步骤中的主要任务是通过一系列宣传促销活动,使其独特的竞争优势准确传播给潜在顾客,并在顾客心目中留下深刻印象。企业要顺利完成这一任务,必须做好三个方面的工作:首先,应使目标顾客了解、认同、喜欢和偏爱本企业的市场定位,在顾客心目中建立与该定位相一致的形象;其次,企业应通过一切努力来强化其在目标顾客心中的形象,保持对目标顾客的了解,稳定目标顾客的态度和加深与目标顾客的感情,以巩固与市场相一致的形象;最后,及时矫正与市场定位不一致的形象。

五、商业机会的判断

对商业机会进行判断,即检验商业机会是否与企业相匹配,是否能转变为企业机会。主要有四个内容。

(一)检验与企业要素的匹配

企业各方面要素包括要采用的营销渠道、营销沟通方式以及与企业定位和产品定位的一致性等方面的内容。如果存在商业机会的产品或服务需要的营销渠道、沟通方式与企业现有产品或服务的营销渠道和沟道方式越相似,则说明相互之间越匹配;如果存在商业机会的产品或服务与企业的形象定位、经营宗旨、产品定位等越一致,则说明相互之间越匹配。当然,存在商业机会的产品或服务与企业要素完全匹配的现象较少,此时需要综合考虑企业的发展战略和经营战略,如果与企业的发展战略和经营战略一致,则即使与要素不是很匹配,也可以考虑把这种商业机会转化为企业机会,否则,只有放弃这种机会。

(二)进行 SWOT 分析

"SWOT"分析即对企业自身的优劣势及外部的机会威胁进行综合分析,这是进行商业机会判断的重要过程。通过客观评价企业与存在着的商业机会相关的各种因素,面对存在着的机会,如果企业的劣势与来自外部的威胁是不可克服的和致命的,则这样的机会不能成为企业的机会,否则就可以转化为企业的机会。

(三)市场容量的预测

一种产品或一项服务,如果没有足够的市场容量,可以说肯定是没有商业机会的。但一般而言,市场容量又并不是一个确定的值,它受到两方面因素的影响。一个是企业自身的因素,比如企业的营销力度越大,营销活动越科学、越合理,则市场容量也会越大,这方面的因素是企业可控的;另一个是企业外部的因素,比如消费者的购买能力、政府的有关规定等,这方面的因素是企业不可控制的。所以,在预测市场容量时,应考虑下述两个变量。

(1) 愿意并有能力购买的潜在消费者数量(Q)。
(2) 与企业进行生产、经营所发生的各项费用、成本相对应的会计期间内潜在消费者的购买次数(B)。

市场规模等于上述两个变量的乘积。可表示为下式:

$$市场容量(M)=Q\times B \tag{4-2}$$

通过市场容量的预测,如果市场容量足够大,使企业能盈利,对企业而言则显然是一个机会,否则只有放弃。

(四)检验与企业能力的匹配

企业能力主要指产品或服务的设计与开发能力、工艺与技术能力、生产与制造能力、营销能力等,这是把商业机会理论上的可能性转化为企业机会的实际可能性的关键一步。如果这些能力都具备,则表明企业有能力为潜在消费者提供满意的产品或服务。

通过这几方面的判断，可以大致得出哪些商业机会可以转化为企业机会，哪些不能，需要慎重对待。

总之，企业寻找、发现、分析和评价商业机会的过程，就是通过调查研究、收集信息、分析预测等工作，结合自身条件从环境机会中选择能够与本企业的战略计划相衔接，并能有效地促使其实现的过程。

第四节　商业计划书

一、商业创意的内涵与来源

(一)商业创意的内涵

商业创意，简单说就是可以实现商业价值的创意。它的诞生通常由企业或者相关机构推动，通过内部孵化或者外部获取，最终用于实现商业价值。

我们通常讲的创意，简单可以称之为创新的思维或想法，是一种独特的思维方式、想法甚至理论，一种独到的、与众不同的观点或者独特视角，它与普通、平庸是对立的。但它们的目的如果不是为了实现商业价值而产生，那么就不是商业创意。商业创意的目的非常明确清晰——为了实现商业价值而产生的创意。商业价值不同于市场价值，商业价值是指事物在生产、消费、交易中的经济价值，通常以货币为单位来表示和测量。商业创意作为一种创新，通过两方面的特征体现出来：一是决策情景的不确定性；二是行为结果的不确定性。实际上，这种不确定性普遍存在于社会生活之中，是社会发展客观性的来源。

商业创意可以从五个方面加以展开：①以投入产出意图为基础，这是商业活动的特点，能够把商业创意与其他领域的创新区别开来；②以不确定性问题处理为内容，这是商业创意活动的特殊情景，能够把它与一般商业决策区别开来；③以直观经验判断为形式，这是商业创意的主观行为特征，能够把它和商业活动中的理性分析和选择区分开来；④以愿景和意志为动因，这是商业创意行为的动力界定，能够把它与仅以认识为依据的行动区分开来；⑤以企业的建立和运行为目标，这是商业创意的效果界定，能够把成功与不成功的商业创意区分开来。

(二)商业创意的来源

商业创意的来源有很多，不同学者也有不同的归纳，创意的主要来源有以下几方面。

1. 针对现有的产品与服务，重新设计改良

改进现有商业模式比创造一个全新的商业模式要容易。许多创业者可以从过去任职公司的经验中，发现大量的机会或是可以改进的缺失。包括掌握原来公司的资源或运营模式，或是发现未被满足的客户需要和作业程序。

2. 抓住新趋势潮流

当一项新技术或一个新兴的产业出现之际，必然能够提供许多大量的创业机会，引发创业热潮，同时产生连锁反应，例如个人计算机的出现，引发的如电子商务与互联网等大量的上下游相关产品与配套服务的创业机会。

3. 时机合适

有人将创意的产生归为机会的垂青，研究创意的专家认为没有平时的积累，是不可能产生创意的，这也就归功于创业者平时的感受与观察。例如：当旧金山形成淘金热时，无数人满怀希望奔向旧金山，而有人却看到"供应坚固耐用的帆布牛仔裤"的商机。

(三)商业创意的内容

1. 与市场机会相关的商业创意

所谓市场机会，指具有购买力而又未满足的需求。包括三重含义：机会的产生、发现和利用。机会的产生，来自市场参与者之间的知识分散性；机会的发现，与人们的经验能力和社会角色相关；机会的利用，需要处理一系列生产经营活动问题。由于面对消费需求提出某种满足方式并加以实施时，必须处理一系列不确定性问题，因此需要进行商业创意。

2. 与资源开发相关的商业创意

所谓资源，指有价值的存在物。资源价值不是来自实体，而是来自属性，与人们对于属性的效用认知相关，具有主观性。创业中的资源问题，主要是资源属性的效用开发和利用方式问题。如果能够发现资源的新属性，或者发现资源属性的新组合方式，从而带来经济效益，就有可能吸引他人投资。在此过程中，资源使用方式的创意、资源使用权的获取、资源配置方式的实现等，存在着大量的不确定性问题，需要进行商业创意。

3. 与产权契约相关的商业创意

所谓产权，指财产关系的界定。创业者进行机会利用和资源开发，都涉及人们之间的产权关系调整，包括吸引投资、进行分工、协调分配等。由于机会利用和资源开发的创意前景往往模糊和难以预期，既不能通过市场转让，也不能加以理性测量，只能以创立生产经营组织的方式加以实现，如何在投入产出不确定的前提下，合理地调整产权关系、防范机会主义、构建企业契约，需要创业者进行商业创意。

二、商业计划书的撰写

(一)商业计划书的定义和作用

一份可行的商业计划书可以将一个不错的商业创意转化成为一个成功企业。商业计划书是获取风险投资的敲门砖，也是一份全方位的公司计划，是对公司或拟建立公司进行宣传、分析和融资的文件。具体来说，商业计划书是为新项目、新技术、新创意寻找资金的工具和文件，其目的是使投资者了解公司的运行状况、市场地位和市场前景，吸引投资者把风险资金投入到公司中去。商业计划书也是一种申请风险投资的报告，与可行性研究报告有相同之处，但也存在差别。可行性研究报告局限在新建项目中，而商业计划书则不一定，它既可以是创业公司的新建项目计划书，也可以是现有公司的融资项目书；可行性研究报告只是商业计划的某一环节，论证项目的可行性，而商业计划书则是描绘资本运营的整个过程，它关注资本从投入到回收的各个环节。

商业计划书是指创业公司、企业或项目单位为了实现招商融资和其他发展目标，根据一定的格式和内容要求而撰写的一份向听众全面展示公司和项目目前状况、未来发展潜力的书面材料。在创业之初，一份完善的商业计划书不仅可以帮助创业者分析创业过程中的主要影响因素，还可以成为创业者在创业过程中的行动指南和风险监控手段。其作用主要表现在以下几方面。

1. 商业计划书是风险投资的敲门砖

风险投资者通常都是在审阅完商业计划书后，觉得有必要进一步了解创业项目时，才会与创业者见面。因为只有在前期深入了解创业项目的产品与服务、公司管理、营销计划、生产运营、财务计划和退出计划之后，风险投资者才能知道这份商业计划书是否符合他们的兴趣，从而决定是否有必要进一步协商和合作，避免浪费自己宝贵的时间。

2. 商业计划书为创业项目理清思路提供载体

在生存的压力下，创业公司往往没有时间和精力理清思路和探寻公司未来发展计划，这是不行的。一个需要生存下来的小公司比大公司更需要商业计划书，因为商业计划书可以从各个角度来坚持公司的业务和发展计划，使其可以"在纸上犯错误"，而不是在现实世界犯错误。

3. 商业计划书为创业项目后续实施和调整提供蓝本

随着公司不断发展，商业计划书是创业者评估和调整公司实际状况的一个工具与蓝本。例如，商业计划书中的财务计划可以作为后续计划的基础，用于监控预算执行和在未来实施调整。

(二)商业计划书的基本内容

商业计划书是创业者商业理念的书面表达，它将判明市场机会并给出创业公司的发展规划。它的阐述必须建立在一系列科学的假设基础上，并需要证明导致公司成功的假设是敏感和可信的。因此，撰写一份商业计划书是一项非常复杂的工作，必须按照科学的逻辑顺序对许多可变因素进行系统的思考和分析，并得到相应结论。在思路确定下来后，应当拟定一个详细且合理的提纲，最好是按照商业计划或业务体系进行规划。商业计划书的内容通常包括以下几方面。

1. 摘要

摘要是商业计划书最简练的概括，它要求撰写精炼有力，以结果为主，并能回答风险投资者心中的关键问题。作为商业计划书中最重要的一部分，摘要的撰写一般应放在商业计划书的主体完成后。

2. 公司介绍

在公司介绍中需要给出公司的基本轮廓和基本状况，它包括公司的历史、当前状况、战略发展和未来计划。如果是拟创业的公司，创业者可以模拟成立一个公司来进行具体介绍。

3. 产品和服务

产品(或服务)是商业计划书中最重要的组成部分，也是向风险投资者明晰产品的核心环节。它主要介绍公司产品的概念、性能及特性、主要产品、产品市场竞争力、产品研究和开发过程、发展新产品计划和成本分析、产品市场前景预测、产品研发团队、产品的品牌和专利等内容。

4. 行业与市场

这部分内容应该阐述公司外部行业和市场中的关键影响因素。行业分析主要介绍创业公司所归属产业领域的基本情况，以及公司在整个产业中的地位。市场分析主要介绍公司产品的市场情况，包括目标市场、市场竞争中的位置、竞争对手的情况、未来市场的发展趋势等。这一部分的撰写越详细越好，要以那些可信度高和已经证实的数据作为分析基础。

5. 营销计划

拥有了优质的产品和良好的市场机遇，还需要一个切实可行的营销计划来配合。营销计划应该以市场调研和产品与服务的价值为基础，制定产品、定价、促销、渠道的发展战略和实施计划。

6. 生产运营

产品的生产运营是企业需要关注的重点问题。在生产运营中需要解决的问题，包括厂址的选择与布局、生产工艺流程、产品的包装与储运等。此外，产品的质量检验也非常重要。如果是服务类产品，可以结合产品的特点介绍这一部分。

7. 公司管理

一个稳定团结的核心团队，可以帮助创业者渡过各种难关，是公司最宝贵的资源。很多潜在风险投资者把优秀的管理团队视为一份商业计划书获得成功的最关键因素。所以，有些商业计划书会直接把创业团队的介绍放在本部分。风险投资者通常会像那些最有可能成功运作企业的人进行投资，风险投资者将会仔细考察所投资公司的管理队伍。在这部分需要介绍公司的组织结构图、各部分的功能与职责范围、各部分的负责人及主要成员、外部支持专家、公司的报酬体系、公司的股东名单、董事会成员、股权分配等。

8. 财务计划

财务计划部分包括融资需求和财务预测报告。融资需求要说明实现公司发展过程中所需要的资金额度、时间表和用途。财务预测是公司发展的价值化表现，它必须与公司的历史业绩和发展趋势相一致，也应该与商业计划书中其他部分的讨论结果一致。此外，财务预测还应该考虑风险投资者需要的投资回报率、投资回收方式和股权计划。

9. 风险控制

在商业计划书中，创业者都会为项目制定出美好的未来规划，但是风险投资者都害怕面对一个存在着太多不确定因素的创业项目。因此，风险控制分析部分就应说明各种潜在风险，并向风险投资者阐述针对各类风险的规避措施。

10. 资本退出

在商业计划书中需要设计一种最优的资本退出方式，并且需要详细说明该退出方式的合理性。此外，如果公司在计划期内未完成风险资本退出计划，最好能给出次优方案，这样才能让每一个投资人都清晰地知道获利的时间和可选方案。

11. 附录

附录是商业计划书正文内容的有利补充和说明。在附录中可能出现的附件包括财务报表、主要合同资料、信誉证明、图片资料、分支机构列表、市场调研结果、主要创业者履历、技术信息、宣传资料、相关数据的测算和解释、相关获奖和专利证明、授权使用书等。

商业计划书的基本内容可以根据产品与服务的特点不同而改变，撰写者既可以按照上述逻辑阐述商业计划的实施过程，也可以根据产品与服务的特点拟定撰写逻辑，对基本内容进行合并、裁剪和扩充。

三、商业计划的演示与实践

(一)商业计划演示概述

1. 演示的功能

商业计划演示的过程，具体来说就是把静态的商业计划书内容制作成可视化文档，如PPT、视频等，通过演示者充满信息含量和感染力的展示，把复杂的问题变得通俗易懂，旨在增强交流、引起共鸣，给风险投资者留下深刻的印象，从而使其接受演示者的观点，并进入下一步的深入沟通和合作。演示也被称为路演(Road Show)，原指一切在马路上进行的演示活动。它是演示者向他人推荐创意、想法、观点的一种主要表达方式。公司或创业者为获取融资，经常使用演示这种表达方式向投资者进行推荐并与之沟通。目前，由于商业计划演示能在较短时间内传播大量信息，已成为创业者用来与风险投资者交流的主要工具。

商业计划书演示除了能用以吸引风险投资外，还具有许多其他功能。如梳理创业思路、产品发布、渠道招商、成交客户、凝聚人心、吸引人才、影响股东等。美国苹果公司联合创办人史蒂夫·乔布斯就是一位演示专家，他把商业计划演示运用到每次苹果新产品发布会中，通过一系列图片和简单文字引导大家认知新产品的来源、能解决什么"痛点"问题、具备哪些功能、实际运用效果等。此外，每位创业者和大学生都需要学会演示技巧，因为在未来创业和工作过程中，都有大量的演示机会要去推销和宣传自己的想法、创意和项目，这也是进行有效信息沟通的一种基本职业技能。

2. 演示的商业逻辑

从风险投资者对商业计划认知的角度来考虑，最简单的商业计划逻辑和风险投资者最想梳理清楚的三大问题是干什么、怎么干、如何撤，而商业计划就精确地回答了这三个问题。

从"干什么"的角度来说，这类问题解决的是让风险投资者对创业项目有一个初步认知和基本判断，比如创业项目解决什么人的什么"痛点"问题，采取什么解决方案，是否有投资价值等。这类问题可以说是商业逻辑中最重要的问题，它可以让风险投资者决定是否有兴趣与创业者进一步深入沟通。此外，"怎么干"可以调整，而"干什么"即项目的想法和创意是轻易不能改变的。如果"干什么"获得了风险投资者的肯定，那么我们就可以继续提出"怎么干"等一系列问题，包括产品、市场、团队等内容。最后，如果"干什么"和"怎么干"都没问题，那就要告诉风险投资者"如何撤"的问题，而这些问题涉及发展规划、财务和融资计划、资本退出方式等。

对于"干什么""怎么干""如何撤"这种基本商业演示逻辑，在实践中还需要进一步细化和深入挖掘。一般来说，对每一步的基本逻辑可以延伸出 12 个商业计划演示的逻辑点。商业计划演示的"3 大问题和 12 个逻辑点"，如表 4-5 所示。

表 4-5　商业计划演示的逻辑表

干什么 (确定方向)	怎么干 (商业模式与执行力)	如何撤 (融资与退出)
用户有什么"痛点"问题 多少人有这个"痛点"问题 他们急需解决这些问题吗 我们的解决方案是什么	产品介绍 商业模式 市场推广 竞争分析 团队介绍	发展规划与财务 融资与产出 资本退出

(二)演示过程设计与注意事项

1. 演示过程设计

整个商业计划演示包括一系列准备和演练过程。要想准备一次完美的商业计划演示，至少需要经历三个步骤，即理解内容与梳理逻辑、演示讲稿与演示 PPT、现场演示与沟通交流。

1) 理解内容与梳理逻辑

在商业计划演示很短的时间内，要阐述清楚几十页的商业计划书内容，这是一个比较困难的任务。如果演示者能够抓住风险投资者关注的核心内容，就能顺利解决这个问题。例如产品、市场、财务、团队等，都是风险投资者关注的核心问题。这就要求创业团队熟悉和理解商业计划书内容，针对一些关键问题将商业计划书的核心内容汇集起来，并按照一定逻辑有效地传递给风险投资者。

2) 演示讲稿与演示 PPT

在获取了核心内容和阐述逻辑后，可以开始准备制作讲稿和演示 PPT。在此步骤需要关注的问题包括：第一，关注演示对象。对演示对象需求的把握是演示的基础和起点。一般来说，演示对象包括企业家、风险投资者、各行业领域专家等，他们关注的重点都有所不同。企业家关注项目的可信性和实践性等；风险投资者关注投资的回报率和风险性等；行业领域专家会更多地考虑项目的竞争力和存活期。第二，撰写演示讲稿的必要性。许多人在演示时认为有了演示 PPT，按照其主要内容讲解就好，没有必要制作一份演示讲稿。按照专家的经验，如果没有一份核心内容讲稿，演示者就很难确定和固定每一页 PPT 要表达的核心内容，这会让他每次表达的内容前后不一致。当然，经过大量训练，演示者也可以抛开讲稿。第三，演示 PPT 需要保持内容精炼。演示 PPT 不需要放入大量的文字和图片，需要保持精炼、简单，演示 PPT 是用来为演示者服务的，而不是为演示者提供讲解读本。第四，演示过程需要精心设计。演示过程设计者要时刻把握风险投资者的接受信息习惯，不断体现创业项目的商业价值和社会价值，让风险投资者既能接受有效信息，又能享受商业计划演示全过程，激发风险投资者的投资欲望。

3) 现场演示与沟通交流

现场演示其实是上百次训练的重演，不要相信临场发挥和运气。在现场演示过程中，要多注意细节，体现出创业者最好的精神面貌，某些时候风险投资者的投资依据也许就是演示过程中演示者对某个细节的把握和创业者某种品质的体现。商业计划讲解完毕，整个演示尚未结束，沟通交流环节也属于商业计划演示的一部分，它是答疑解惑和展示创业者个人魅力的绝好机会。

2. 演示的注意事项

演示者要把握商业计划演示与普通演讲的区别，注意要关注三方面。

1) 站在"听"的角度设计演示内容

在创业项目推荐会和创业大赛中，许多创业者都喜欢站在自己的角度表达观点。如技术出身的创业者喜欢花大量的时间讲解技术原理和先进性，而市场出身的创业者喜欢把市场营销环节放大。没有真正考虑投资者真正想要和了解的是什么，此外，演示者要明白风险投资者几乎不可能都是演示项目所属领域的专家，某些专业问题也许对风险投资者来说并不感兴趣。比如在对项目产品的介绍中，创业者希望详细介绍产品的研发机理、设计思维等，但风投们可能更加关心产品的类型、功能和特点，以及如何解决消费者的需求。

2) 多从"钱"的角度设计演示方案

商业计划演示要多考虑风投们的利益和风险，所阐述的每个观点和主题必须连接风投的利益。否则，演示者说的都是正确的废话。比如，创业者非常关心融资后如何形成生产力、扩大营销队伍等，但是很少有人去证明回答这些投入如何获取回报、能获取多少回报，而这是风险投资者非常关心的问题。

3) 演示要简洁

由于演示时间比较短暂，如果创业者不能快速简洁地说清楚创业项目的商业思路，风险投资者会认为创业者还没完全吃透该创业项目，投资这个项目很危险。所以，商业计划演示必须删繁就简，惜字如金，让听者无需过多的思考，能快速听懂。

 本章小结

(1) 本章介绍了商务信息的重要性，商务信息化的涵义及商务信息系统的构成与整合，大数据时代的特征及对商务活动的影响；并重点分析了现代商务机会管理的内容和流程：商业机会的捕捉，商业机会的分析以及现代商业机会的选择；同时讲解了关于商业计划书的相关内容。

(2) 信息对于商务活动的重要作用体现在帮助商务活动者有效决策、促进商务创新及增强企业竞争力。信息的来源主要有一手资料、二手资料，通过对数据的处理和分析可以得到有价值的信息。了解商务信息化的背景及商务信息系统的建立。

(3) 大数据时代已经悄然来临，大数据技术对商务活动产生了深远的影响，使商务信息越发完善，商务活动更加精准，并引领整个商务活动进入商务智能时代，已广泛运用至移动电商领域。

(4) 商业机会是指客观存在于市场过程中，能给企业及其他盈利性活动组织或个人提供销售(服务)对象，并带来盈利可能性的市场需求。具有客观性、与市场并存性、盈利可能性及市场需求性等特点，同时商业机会的存在表现为多种类型。

(5) 在了解开发商业机会动机的基础上，详细罗列了识别商业机会的方法，包括市场细分法、需求挖掘法、空白填补法、市场预测法、危机转化法、技术创新法及无中生有法。

（6）商业机会的分析包括了寻找商业机会和识别商业机会两个阶段，同时要能对识别的商业机会价值进行分析，本章介绍了从商业机会可行性和商业机会吸引力两方面进行分析的商业机会价值评估矩阵。

（7）介绍了商业机会选择的一般程序及判断过程。选择的过程包括市场细分、目标市场和市场定位三部曲；而判断商业机会是否属于企业机会则需要 SWOT 分析、市场容量预测，检测与企业资源和能力的匹配性几部分工作。

（8）商业计划书是实现商业目标的重要环节。在商机分析的基础上了解商业计划书的撰写方法十分必要，理解商业创意的内涵，有助于开发创业机会，好的商业计划书能向投资者传递有益的信息。因此，要全面了解商业计划书撰写的内容及演示过程和注意事项。

本章案例

疫情之下的商业机会辨识

2020 年的新冠肺炎疫情作为一场全球性危机，导致正常的商业活动恢复处于难以预测的不确定之中，我们对疫情可能带来的冲击和挑战要继续保持高度的警惕，对疫情之中或者疫情之后所谓的机会和市场也要有足够清醒的认识。

一、正确区分疫情的非正常需求与非疫情的正常需求

疫情下的商业环境是一种非正常的商业环境，这是勿庸质疑的。但这不过是一种经营条件，而不是一场经营危机。因为商业是一种对环境的被动式适应，环境永远是商业必须遵循的条件和重视的因素。商业危机是自我的危机，而不是环境的危机、变化的危机。

商业的内在本质和底层运行逻辑决定了当外部环境和人们的生活方式改变时，我们的商业行为也必须跟着改变。疫情使人们都宅在了家里，我们的商业行为就只能围绕"宅"字来挖掘市场需求和消费潜力。

从长远来看，宅在家里是一种非常态，是不可持续的。疫情过后，人们最终还是要走出家门，回归正常的工作生活状态，我们就不能把眼光局限在这种非常态的市场环境和消费氛围之中。

当然，通过这种前所未有宅在家中的行为，我们或许会发现居家消费一些新的增长点，甚至是很大一片蓝海。疫情之中的需求只能是与疫情防控有关的需求，比如，疫情当中，我们讲得最多的就是无接触商业，但有些无接触是特殊时期采取的特殊手段，不是一种正常的商业行为。堂食作为餐饮行业最主要的消费方式和消费场景，疫情期间，餐饮行业取消了堂食，采取了外卖的消费方式，并取得了一定的收益，但这种收益比起堂食开放时不过是杯水车薪，称作是对堂食消费的损失弥补似乎更为合适。即使疫情过后，一些原来不送外卖的餐饮企业将外卖这一形式保留了下来，也不过是对堂食消费方式的补充和完善，而不是替代。

二、正确区分疫情的催化因素与非疫情的决定因素

有人认为非典在中国可以催生像阿里巴巴、腾讯那样的世界级互联网公司，这次同样也一定会有很多新的商业机会和商业模式涌现。但机会真的是疫情发生之后才有的吗？如果有的话，那华为的崛起因素又是什么？

事实上，17 年前以淘宝为代表的线上购物新兴电子商务模式的崛起并不是源于非典。

马云早在非典之前就对淘宝进行了布局。而且正是马云的提前布局，另起炉灶，才有了当年一员工因参加广交会感染非典，导致阿里巴巴全体员工都必须居家隔离，唯有淘宝团队在夜以继日地进行技术攻关和项目开发。可见，非典的发生与淘宝的诞生并不具有相关性，更不具有因果性，但对淘宝的诞生肯定有推动作用。

我们任何时候都不能把催化因素当成决定因素。一次疫情并不会给我们带来翻天覆地的机会，却常常可能让我们的企业、产品遭遇灭顶之灾，而真正起决定作用的只能是我们的产品经营力、组织管理力和趋势洞察力。

观察这次疫情对商业的影响，最重要的就是从发展变化的趋势出发，看疫情会催化催生哪些商业机会，从目前的情况看，有两个方面是我们可以给予重点关注的。

一个是健康管理服务，发展与健康有关的产业将是未来商业发展的巨大蓝海，特别是随着以大数据、人工智能为基础的个人健康码的推广使用，将彻底改变个人和家庭当前以体检为主的单维静态健康管理模式，并为营养指导、家庭医生、健康顾问等多维动态的健康管理服务拓展和深化提供机会。

另一个是个人卫生防护。这次疫情的发生给医疗用具和医疗物资生产企业带来了巨大的商机。可以预见，疫情过后，我们在疫情当中养成的一些个人卫生防护习惯也会被坚持下来，因此这些新的习惯又会成为医疗健康行业具有长期意义的发展壮大的机会，但这样的机会并不意味着对每个企业都是均等的，要抓住这样的机会关键还是企业要有自己的特点和优势。

三、商业机会的真伪从来不取决于变化，而取决于在变化之中的可持续性

任何新商业模式的形成和发展都是基于正常的市场需求，而不是非正常市场需求。就是这种市场需求一定要具有可持续性，它不会随外部环境的改变而改变，甚至取消。

每一种商业模式要解决的需求都是市场的可持续性需求，而不是偶发性、阶段性、例外性的需求。因为需求不可持续就意味着市场、商业模式不可持续。

疫情终将会过去，与疫情防控密切相关的需求也将成为过去。但疫情也定会留下某些需求成为我们新的商业机会。不是所有的东西都可以改变，如餐饮业的堂食消费。

判断一项疫情之中产生的市场需求有没有可持续性，标准有两个：一是看这种需求与市场原有的正常需求能不能共振；二是看这些变化之后的需求能不能固化成长期的需求趋势。即使是疫情中产生的需求，疫情过后也必须进行优化提高，比如由物业公司为业主代购物资的需求。

从长期趋势看，这次疫情主要还是推动线上商业模式的发展。但无论是在线培训、在线会议、在线办公，与线下面对面模式相比，沟通效果欠佳，管理难度增大也是事实，今后能不能通过VR、AR等技术手段，缩短与线下的体验差距，考验着今后线上商业模式发展的能力和水平。

这次疫情暴露出来的线上政务服务的短板则给未来商业服务对传统政务服务改造提升提供了无限的想象空间。虽然政务服务牵扯到政府层级设置、权力分配、信息保密等思想观念、法律制度上的障碍，但是政府部门流程不优，沟通不畅，机制不科学，管理碎片化，智能化水平低，必须依赖传统的上门办事见面申请审批等，都为未来商业介入创造了机会。如可以通过开发全国统一的线上办事政务通，实现所有政务事项线上办理，提高政府办事效率，降低政务办理成本。同时，将现有的行政许可、个人有关身份证件、资格证件全部电子化，并整合成一证信息全载，所有管理互通的电子集成证件，就可以推动政府管理服务创新和智能化，倒逼行政层级设置，行政资源配置优化，提高政府工作人员的业务素质和工作水平，并充分利用行政过程积淀的大数据资源，加强政府对社会的数据服务，激发

市场创新活力，实现国家、社会、市场与个人的良性互动，以期新的商业机会与蓝海的出现和形成。

(资料来源：根据网络资料——疫情影响下的商业真机会与伪问题，https://www.jianshu.com/p/f1d965619129 整理所得。)

讨论题

(1) 疫情对商务决策带来了哪些方面的影响？

(2) 对案例中提到的关于商机的观点，你是否认同？请说明你的观点。

(3) 你认为2020年疫情之后还有哪些发展机会？如何分析其商业机会？

 思考题

1. 简单阐述信息在商务活动中的重要性并说明商务信息的来源渠道有哪些？
2. 商务信息系统包括了哪些方面的内容？
3. 你对大数据了解多少？大数据对经济社会产生了哪些方面的影响？
4. 未来的商务智能需要哪些要素的支撑，如何改善商务决策水平？
5. 谈一谈你对商业机会特征、类型等的认识。
6. 如何选择和分析商业机会？常用的方法有哪些？
7. 如何更快地捕捉现代商业机会，应注意培养哪些方面的能力？
8. 商业机会的价值体现在哪些方面，在商务运作中的地位如何？
9. 商业创意的来源渠道有哪些？
10. 商业计划书包括哪些部分？在演示和实践环节应该注意哪些事项？

第五章　现代商务谈判管理

【学习要点及目标】

- 了解商务谈判的特征与种类。
- 掌握商务谈判的概念与价值评判。
- 了解商务谈判的基本理论。
- 掌握商务谈判的原则与流程。
- 了解不同国家的谈判风格。
- 掌握现代商务谈判的常用策略。

【核心概念】

商务谈判　价值评判　谈判特征　谈判原则　谈判策略　谈判风格

【引导案例】

巴菲特的超值代金券

许多年前的一天，股神沃伦·巴菲特和儿子霍华德一起来到纽约曼哈顿区一家有名的西餐厅吃饭。他们打算午饭后乘飞机返回公司总部。结账时，收银员递给霍华德一张价值100美元的代金券，告诉他下次来消费时只要金额超过400美元就可以使用。霍华德发现代金券的有效期只剩下一周了，而按照他和父亲的日程安排，一周之内是不会再回纽约了。因此，他叹息地说："哎，我们是用不着了，还是扔掉算了。"说着，霍华德朝一旁的垃圾箱走去。

沃伦急忙将儿子叫住，并嗔怪道："你打算把财富白白地丢掉吗？"霍华德被问得一头雾水："父亲，您为何如此说呢？我们就要回总部了，一周内也不会回来，留着它有什么用呢？"沃伦反问道："我们用不着，其他顾客也用不着吗？"霍华德顿时明白了父亲的意思。沃伦让霍华德跟着他，接连走到三家饭桌旁，并询问他们的消费金额是多少，他们看到是股神，既惊喜又感到困惑，但明白既然股神询问自有他的用意，因而就让服务员重新拿菜单核实价格，可金额都没有超过400美元的。沃伦问过第四桌负责理单之人后才被告知金额超过了400美元。沃伦对他说："我手上有张100美元的代金券，可以以50美元的低价转给你，可以吗？"出50美元可以省下50美元，这样一笔账，何乐而不为呢？对方欣然应允。

巴菲特的做法让一旁的儿子目瞪口呆。在去机场的路上，沃伦对霍华德说："很多宝贵的资源表面上看起来毫无价值，以至于被白白地浪费掉了。其实，只要放对了地方，它们就会发挥出应有的作用。"

(资料来源：张鹰，《今晚报》(世相大观)，2015.5.29，摘自《情感读本·生命篇》。)

【案例导学】

在经济社会，人与人之间、企业与企业之间的经济利益竞争并不是绝对的，也不是不可调和的。只要能够准确地认识和把握到对方的利益关切点，通过商谈与磋商的形式，让对方切实地发现并得到合理的利益，经济利益的竞争完全可以实现双赢。对此，学习和掌握现代商务谈判的知识，对于市场经济条件下经济利益的取得，具有显著的实践价值。

第一节　商务谈判概要

一、商务谈判的概念与价值评判

(一)商务谈判的概念

商务谈判是指在商务活动中，为了满足各自的经济利益需求，通过相互间的意向沟通、协议磋商而达成交易目的或实现交易目标的过程。商务谈判的实质就是双方经济利益的交换和切割。因此，如何更好地借助谈判来平衡彼此的经济利益，不仅是商务谈判工作的重心，也是谈判策略和技巧的灵活运用。

具体而言，现代商务谈判包含以下三个方面的要义：其一，商务谈判是协商过程。商务谈判是当事人为了满足各自需要和维持各自经济利益而进行的协商过程。也可以说，商务谈判是解决商务冲突、维持商业关系和建立合作架构的一种方式，是解决商务冲突的可行途径。其二，商务谈判是交际活动。商务谈判一般都建立在各自需要的基础之上，寻求通过谈判来建立与改善人们的社会关系。为此，不仅要重视协调在谈判中的重要作用，而且还需要选择恰当的谈判时间、地点。其三，商务谈判是造势举措。商务谈判实际上是针对特定经济利益进行的双方或多方博弈，为了获得己方在谈判中的优势地位，谈判者应该在冷静分析双方强弱态势之后，确定自己合适的谈判策略，在谈判桌上获得某种"强势"效果。

(二)商务谈判的价值评判

商务谈判以经济利益为目的，以价格问题为核心，但绝不能将获得最大的经济利益，尤其是最大的短期利益作为谈判成功的标准。评价商务谈判的成败，关键是要看谈判结束后各方面的结果是否对企业当前和未来有利。为此，谈判者必须善于从长远和全局的观点看问题，寻求交易各方长期、稳定的商业合作。具体而言，对于商务谈判的价值评判主要包括以下几个方面。

1. 谈判目标实现的程度

商务谈判是一种具有很强目的性的商务活动，满足自身需求是谈判者所要追求的基本目标，因此，商务谈判是否取得预期成果，取决于谈判者自身需求在多大程度上得到了满足。而不同商家的谈判目标往往并不相同，如卖方的主要目的是以理想的价格和支付条件销售一定数量的商品，或是与买方之间建立长期、稳定的合作关系；买方的主要目的则是以较为理想的价格和支付条件购买一定数量的商品，或是与特定卖方建立较为稳定的供货关系。

2. 谈判过程的成本大小

谈判效率是指谈判者通过谈判所取得的收益与所付出的成本之间的比率。其中，谈判成本包括三部分内容：一是为了达成协议所作出的让步之和，其数值等于该次谈判的预期收益与实际谈判收益的差值；二是为谈判而耗费的各种资源之和，其数值等于为进行该次谈判所付出的人力、物力、财力和时间的经济折算值之和；三是谈判的机会成本，即选择此次商务谈判所付出的实际成本状况。

3. 双方关系的改善状况

成功的商务谈判应当有助于维持和改善商家与谈判对手之间的关系。谈判之后与谈判对手之间的个人关系是否良好，将直接影响到以后的合作。当谈判者为满足现实的商业需要而同他人进行谈判时，就应该考虑到眼前与长远的关系。除非可以确认以后不再与该对手进行任何交易，否则，谈判者就不能忽视与对方建立长期合作关系的必要性。为此，在商务谈判过程中，必须维护良好的人际关系，着眼于长远的合作前景。

二、商务谈判的特征与种类

(一)商务谈判的基本特征

1. 谈判的对象广泛性

就一般情况而言，商品的交易活动不受时空的限制，卖家可以把商品出售给任何人，买家也可以自主选择任何一个交易对象，双方的选择范围都具有广泛性。无论是商品与服务的购买还是销售，交易过程中的谈判对象可能遍布全国甚至全世界，交易的范围十分广阔。此外，为了寻求理想的商机，商家应该设法接触尽可能多的交易对象，以求在交易中获得更好、更稳定的经济收益。

2. 谈判的经济利益性

与其他谈判有所不同，在商务谈判的整个过程中，当事人的谈判目标、战略、计划和策略，都是以实现交易的经济利益为出发点和归宿点的，离开了预期的经济利益，商务谈判就失去了存在的价值。因此，商务谈判是一种以经济利益为目的的谈判，谈判的导向是以经济利益驱动的。但应当指出的是在商务谈判中，对于情感利益和关系利益等精神利益方面的追求也是必不可少的。

3. 谈判的价格核心性

在以商品、服务交易为内容和以经济利益为目的的商务谈判中，谈判的核心议题必然是价格，价格是决定经济利益的核心要素。在谈判议题所涉及的商品种类、品质、数量、价格、包装、运输、交货时间、支付方式、保险、检验等条款中，最为重要的是价格，因为价格与其他交易要素均有着极其密切的关系。所以，把握好价格要素不仅关系到己方经济利益的实现，而且直接关系到商务谈判的成败。

4. 谈判的策略智慧性

众多的商业实践表明，商务谈判既是一门科学，也是一门艺术。为了赢得谈判的成功，商务谈判过程中总是要实施一定的谈判策略。但这些谈判策略应当表现出艺术性，通过谈判策略艺术性地运用，让对方心服口服地接受所提条款，绝不能依靠阴谋诡计与欺诈来赢得谈判。因此，谈判高手都非常注重谈判智慧的激发和运用，依靠自身的智慧、优雅的举止、大方的谈吐和不凡的气度来赢得谈判对手的尊重和谈判的成功。

5. 合同条款的严密性

商务谈判的结果表现为双方协商一致的协议或合同，这些具体的条款反映了各方的权利和义务。因此，合同条款的严密性和准确性是保障谈判者获得实际利益的重要前提。即使谈判者已经取得了谈判的成功，但如果在拟定合同条款时，没有严格地把握具体条款的完整性、严密性、准确性和合法性，在条款的措辞或表述方法上出现失误，以致在合同执行过程中留给对方某种把柄，仍会带来不必要的利益损失。

(二)商务谈判的种类

1. 双边谈判和多边谈判

按照参与方的数量，可以将商务谈判分为双边谈判和多边谈判。其中，双边谈判是指谈判主体只有两家，而没有第三方作为正式的利益主体参加的谈判。相对而言，双边谈判是商务谈判最常见的类型。多边谈判的主体由三方或三方以上构成，各方均以正式的利益主体身份参与谈判，只要有一个成员反对，商务谈判的结果就无法形成。随着现代经济的日益复杂化，经济活动所涉及的利益方越来越多，致使多边谈判也在不断地增加。

2. 大型谈判、小组谈判和个人谈判

按照参加谈判的人数，可以将商务谈判分为大型谈判、小组谈判和个人谈判。其中，大型谈判是指涉及内容较多、持续时间较长、参与人员众多的谈判。大型谈判往往要组建阵容强大的谈判班子，并配备顾问与智囊参与谈判工作；小组谈判是指各方均有数人同时参加谈判，谈判人员内部有适当的分工，取长补短；个人谈判是指谈判各方参加谈判的人数均为一人，即"一对一"式的谈判，通常适用于项目较小或比较次要的谈判。

3. 主场谈判、客场谈判和中立地谈判

按照谈判的所在地，可以将商务谈判分为主场谈判、客场谈判和中立地谈判。其中，主场谈判是指在自己一方所在地、由自己一方组织的谈判。主场谈判占有"地利"优势，谈判过程中能给主场方带来诸多便利。客场谈判是指在谈判对手所在地进行的谈判。对此，客居他乡的谈判人员会受到各种客观条件的限制。中立地谈判是指在谈判双方或各方以外的地点所安排的谈判。中立地谈判可以避免主、客场对谈判的某些不利影响，为谈判营造良好的环境与气氛。

4. 正式谈判和非正式谈判

按照参与谈判各方的身份和谈判的关切程度，可以将商务谈判分为正式谈判和非正式谈判。其中，正式谈判是指参加谈判的各方人员直接代表着某个利益集团，谈判者拥有最终的决定权。同时，对谈判的内容准备充分，对所涉及的内容持十分关切、积极的态度。非正式谈判则是一种接触性、试探性谈判，这种谈判不一定要求对谈判议题和内容有充分的准备，一般只是起到通报情况、解释立场、融通关系的作用。

5. 关系型谈判、立场型谈判和价值型谈判

按照谈判的态度与方法，可以将商务谈判分为关系型谈判、立场型谈判和价值型谈判。

其中，关系型谈判是指不把对方当成对头，而是当作朋友，谈判中所追求的是建立和维护良好的合作关系；立场型谈判是指将对方作为劲敌，强调谈判立场的坚定性，采取针锋相对的策略；价值型谈判是指按照共同接受的具有客观公正性的原则以及公平价值来取得协议，而不是简单地依靠具体问题的讨价还价。

三、商务谈判的主要作用

商务谈判是现代商家完成商品交易、实现经济目标的重要环节，其贯穿于商务活动的整个过程。无论是国内的商品、服务交易，还是跨国经济合作项目，都离不开商务谈判。因此，商务谈判在现代经济社会中扮演着越来越重要的角色，具有不可替代的作用。

(一)适应市场经济的要求

市场经济是一种平等经济，即参与市场活动的市场主体拥有平等的市场地位，通过等价交换的经济行为实现各自的经济利益。而等价交换要以双方具有完全平等的权利为前提条件，商品所有者在经济上是完全平等和独立的，商品交易是平等自由的交易，一方只有符合另一方的意志才能让渡自己的商品，占有他人的商品。商务谈判是市场经济条件下商家表现自己意志、实现经济利益的有效途径。

(二)强化市场主体之间的合作关系

经济社会越发展，分工越细，专业化程度越高，市场主体之间的联系与合作就越密切，也就越需要各种有效的沟通手段。同时，市场主体之间的交往与联系也必须在自愿互利的基础上实现等价交换、公平交易。因此，商务谈判理所当然地成为市场主体间经济联系的桥梁和纽带。通过商务谈判，市场主体可以获得生产要素，销售商品，磋商解决相互之间在生产经营过程中所涉及的利益问题，从而强化市场主体之间的联系。

(三)有助于商家获取市场信息

作为主要的经营资源，市场信息可以反映一定时期市场发展与变化的消息、情报和资料等。商务谈判是商家获取市场信息的重要途径。商家通过谈判前对对方资信、经营、产品、服务等状况的了解，以及谈判过程中对对方交易需求的把握，可以知晓某种商品的市场供求状况。同时，通过谈判中的相互磋商，可以使当事各方得到一些有益的启示，获得一些有价值的信息，从而提高经营决策的科学性。

(四)有利于企业形象的树立

所谓企业形象，简单地说就是某一企业在社会公众心目中的总体印象。现代企业良好形象的形成，既可以通过公共关系活动来实现，也有赖于商务谈判实现其目标。在商务谈判活动中，谈判者体现出企业的文化与精神，以及企业的商业信誉度。同时，谈判者的着装、举止、谈吐、语言也直接影响到对方对企业的形象认知。此外，谈判者所提问题是否合情合理、有礼有节，也直接关系到双方的真诚交往与长期合作。

(五)促进企业管理水平的提高

商务谈判是市场经济条件下企业管理活动的一项重要职能，科学地进行谈判活动可以提高企业的管理水平。通过谈判，可以发现和借鉴对方在业务管理方面的先进经验，分析和寻找本企业在经营与管理方面存在的问题，进而制定有效措施加以纠正。此外，商务谈判也是企业间的实力对比，表现为一种业务活动上的竞争和管理上的较量，这种竞争与较量十分有利于企业业务管理水平的提高。

四、商务谈判的原则与流程

(一)商务谈判的基本原则

商务谈判基本原则是指，在商务谈判过程中，谈判各方应当遵从的基本准则。在商务谈判之前协商和制定一定的谈判原则，有助于维护谈判各方的利益，提高商务谈判的效率和成功率。一般而言，商务谈判的基本原则主要包括下述各点。

1. 自愿原则

自愿原则是指具有独立行为能力的谈判各方均能够按照自己的意愿参加谈判并作出决策。在谈判过程中，谈判各方所作出的决定均基于自身的利益要求，而不是迫于外界的压力或他人的驱使。从商务谈判的效果看，只有在自愿的前提下，谈判各方才可能真正秉持合作的诚意，最终获得各方都满意的谈判结果。如果谈判是在某一方被迫的情况下所进行的，那么被强迫的一方必然会产生抵触心理，继而影响到整个谈判过程及其结果。

2. 客观原则

客观原则是指在商务谈判的过程中应当以客观事实为依据进行磋商和协调，而不受各方主观意志和情感因素的影响。在商业活动中，交易各方意见分歧和利益冲突是客观存在的，也是无法回避的。商务谈判的目的就是消除或者弱化彼此间的分歧，通过讨价还价，最终达成协议。这就需要谈判各方共同努力建立沟通与协商的客观基础，也就是寻找各方认为最公正、最权威的标准来解决争端。

3. 双赢原则

双赢原则是指谈判各方均能够考虑和照顾到对方的利益，从而使谈判各方对结果均比较满意。商务谈判能够进行的一个前提是各方都在追求共同的商业目标，即达成交易。商务谈判的目的是为了解决交易中的利益矛盾，但每一方利益焦点并不是完全对立的。谈判各方只有在追求自身利益的同时，也尊重对方的利益要求，立足于互利合作，才能实现各自的利益诉求，取得谈判的成功。

4. 和善原则

和善原则是指在商务谈判过程中面对矛盾和争议，应当以一种相互理解、信赖、尊重和友好的态度对待另一方，努力营造文明、愉快的谈判氛围。在商业活动中，和善既是为人之本，也是获利之道。坚持和善的谈判原则就意味着在谈判中对事不对人，能够充分地尊重对方的人格、立场和个性，不论己方处于谈判的优势还是劣势，都不能摆出粗鲁的态度，使用不文明的语言，以免破坏商务谈判的向好氛围。

5. 合法原则

合法原则是指商务谈判所涉及的各个方面必须符合有关法律、法规以及贸易惯例的要求。商务谈判合法的原则体现在三个方面：一是谈判主体的合法性，即参与谈判者均具有合法资格；二是谈判议题的合法性，即谈判的主题与内容具有合法性；三是谈判手段的合法性，即通过公开、公平、公正的手段达到谈判目的，而不能使用窃听、威胁、行贿等不正当手段来达到目的。

(二)商务谈判的一般流程

1. 准备阶段

谈判前的准备工作，其核心宗旨是努力做到知己知彼。这一阶段的主要工作包括自我评价的准备和对手资料的收集整理工作。此外，还要提前做好谈判场所、谈判桌以及谈判座次的安排。为此，应当正确了解和把握谈判者的座次礼仪规则。例如，如果双边谈判用的是长方形谈判桌，谈判时双方分别就坐于桌子长边的两侧。各方职位最高者应就坐于己方居中的位置；如果是国际商务谈判，职位排在第二位的人坐在最高职位者的右边，职位排在第三位的人坐在最高职位者的左边，其他谈判人员依次排列。

2. 开局阶段

在这一阶段，谈判各方分别进行自我介绍，同时说明参加此次谈判的想法和目的。对此，应当注意四点：一是要突出重点。即说话的内容要简明扼要，用尽可能少的语言表达出自己的主要诉求。二是要态度和蔼。即说话的态度要诚恳友善，表情要和蔼可亲，让对方能够感觉到己方的谈判诚意。三是措辞要委婉。即所使用的言辞要委婉、含蓄，不要使用硬性语言而引起对方的焦虑和愤怒。四是要关注对方。即当己方说话时，要注意观察对方对自己所说内容的反应，当对方说话时，要敏捷发现对方的目的、动机。

3. 交涉阶段

进入交涉阶段，谈判双方的对立、分歧、矛盾真正展开，对这一阶段将要遇到的困难、阻力和艰险，双方应当有足够的心理、思想准备。此时，谈判人员不仅要坚持己方的立场、目标和原则，为己方的利益点提出有说服力的依据，还要随时回答对方的质问，驳击对方不当的利益诉求，应对各种各样的谈判难题。从中外众多的商务谈判实践看，此阶段的工作是最为艰难的。然而，只要谈判人员准备充分，能够保持自信心，勇于接受挑战，不放弃任何商业机会，同时采取恰当的谈判策略与方法，谈判终将获得成功。

4. 协议阶段

从本质上看，现代商务谈判是双方通过不断调整各自的需要而相互接近，最终达成一致意见的过程。商务谈判是商务合作与冲突的对立统一。其中，合作性是通过谈判而达成协议对双方均有利；而冲突性是指为了己方在谈判中获得尽可能多的利益，双方必然会积极地讨价还价。因此，经过交涉阶段的激烈交锋，谈判双方将会适可而止并妥协退让，各自认为基本达到了自己的目的，可以握手言和，在协议书上签字了。在此阶段，整个谈判落下帷幕，谈判的整个流程宣告结束。

第二节　现代商务谈判理论

一、需要谈判理论

　　需要谈判理论是目前最具代表性的谈判理论之一，其最早是由美国谈判学会律师尼尔伦伯格提出的。尼尔伦伯格认为谈判之所以会进行是因为要满足人们的某种或几种需要，人的需要、动机和人的主观作用是谈判的核心，需要和对需要的满足是谈判的共同基础。需要谈判理论认为，需要是谈判产生的基础和动因，如果不存在尚未满足的需要，人们就不会进行谈判。促成谈判的前提是谈判双方要谋求得到某些利益，否则，一方就会对另一方的要求充耳不闻，双方也就不会有任何讨价还价的谈判发生。无论个人、组织、团体、企业或国家，只要进行谈判，必定是建立在双方各有所需而又有望得以实现的基础之上的。动机是行动的直接原因，而动机背后隐藏着的动力是需要。需要是人的一切行动的原动力，是人的客观需求在头脑中的一种反映。

　　由于需要和对需要的满足是一切谈判的共同基础和动力，为此，需要谈判理论将谈判划分为三个层次，即个人与个人之间的谈判、大的组织之间的谈判、国家与国家之间的谈判。在此基础上，需要谈判理论将适合于不同需要的谈判方法分为六种类型：一是谈判者服从对方的需要；二是谈判者使对方服从其自身的需要；三是谈判者同时服从对方和自己的需要；四是谈判者违背自己的需要；五是谈判者损害对方的需要；六是谈判者同时损害对方和自己的需要。

　　尼尔伦伯格经过众多实践的摸索和理论上的研究，总结出贯彻应用"谈判需要模式"的十八种典型策略，即忍耐策略、出其不意策略、造成既成事实策略、不动声色地退却策略、假撤退策略、逆向行动策略、设立限制策略、假动作策略、合伙策略、联系策略、脱钩策略、纵横交错策略、散射策略、随机化策略、任意取例策略、意大利香肠策略、夹叉射击策略和代理人策略。总之，商务谈判中掌握发现需要的艺术至关重要，再好的理论，只有当它与实践完美结合之后，才能发挥出巨大的智慧能量，商务谈判的需要理论也需要在实践中逐步完善。

二、原则谈判理论

　　原则谈判理论最早是由美国哈佛大学谈判研究中心提出的，其基本观点是在双方利益难以调和的情况下，要想说服对方必须使用某些客观、公平的标准，使对方接受这个条件不会感到吃亏或屈辱，从而通过协商得到公平的解决方案。原则谈判理论吸取了软式谈判和硬式谈判之所长而避其极端，强调公正原则和公平价值，表现出以下特征：一是谈判中对人温和、对事强硬，把人与事分开；二是主张按照共同接受的具有客观公正性的原则和公平价值来取得协议，而不简单地依靠具体问题的讨价还价；三是谈判中开诚布公而不施诡计，追求利益而不失风度；四是努力寻找共同点、消除分歧，争取共同满意的谈判结果。原则谈判理论将谈判的关键概括为四个基本点：一是区别。即区别人与事，对事实强硬，对人要温和。二是利益。即谈判的重点是利益不应该是立场。三是选择。即在谈判之前，应该制定可供选择的方案。四是标准。即坚持谈判的结果必须依据某些客观标准。

原则式谈判方法为商务谈判建立了一个可以充分借鉴的框架，在具体应用中，可以分为如下三个阶段：第一阶段是分析阶段。这一阶段是谈判人员对谈判双方的情况进行分析，达到知己知彼的目的。此阶段的要点是尽可能利用各种有效的途径获取信息，然后对信息进行分析并对整体谈判形势作出判断。第二阶段是策划阶段。这一阶段是谈判者在分析谈判形势的基础上，作进一步的周密策划。此阶段要求谈判人员发挥创造性思维，策划如何实施谈判。第三阶段是讨论阶段。这一阶段是谈判双方就相关问题展开讨论与交流。此阶段的要点是要求谈判各方充分交流，努力达成协议。

原则式谈判是一种既注重理性又注重感情，既关心利益又关心关系的谈判风格，在谈判活动中的应用范围很广泛。实践证明，这种谈判风格达成的协议，在履行过程中比较顺利，毁约、索赔的现象也较少出现。当然，原则式谈判也有其应用范围：首先，它要求谈判双方能够仔细地在冲突性立场的背后努力寻求共同的利益；其次，谈判双方处于平等的地位，没有咄咄逼人的优势，也没有软弱无力的退让。

三、结构谈判理论

英国谈判学家马什通过对谈判结构与程序的研究，提出了一套比较完整的商务谈判的程序与策略的方法。马什认为谈判过程应划分为六个阶段，每一阶段的工作都必须强调其科学性。相对于其他谈判理论，马什的谈判结构模式具有相当强的实践操作性，因而具有很好的实践指导意义。

(1) 谈判计划准备阶段。准备是行动的基础，准备得越充分，谈判过程中占据主动的机会就越大。为此，谈判者应当就谈判的项目充分地进行研究，分析谈判双方的利益取舍领域，以及可能的矛盾交汇点。为了得出准确的结论，对项目交易价值的研究，应当更多地借助数学工具，进行精确地计算。

(2) 谈判开始阶段。谈判者在与对方正式接触之后，假定谈判的计划准备工作已经做好，并且根据谈判的计划已制订出谈判的初始方案，这时可以确认谈判已经开始。谈判开始阶段是谈判计划准备阶段的一种自然过渡。谈判开始后，谈判者可以依照本方的谈判方案向对方提出交易条件，或根据本方的谈判方案对于对方的交易条件作出相应的反应。

(3) 谈判过渡阶段。这是一个对后续谈判过程至关重要的阶段，谈判过渡阶段要解决几个问题：一是对谈判开始阶段的成果及教训进行回顾、总结；二是对下一步谈判的形势进行预测并确定出相应的对策；三是确定出中止谈判或继续谈判的原则。因此，这是一个在谈判中承上启下的关键阶段。

(4) 实质性谈判阶段。实质性谈判阶段是整个谈判过程的核心阶段，谈判各方在这之前所进行的初始接触，更多的是试探性的，是为开出交易条件做准备的。可以说，在实质性谈判阶段之前，各方的行为几乎都是姿态性的，并不是决定性的。只有进入到实质性谈判阶段以后，双方才正式地以决定性的方式来提出各自的谈判目标和要求。

(5) 交易明确阶段。当有如下问题出现时，谈判者可以认为是交易明确阶段已经开始形成的信号：一是谈判者开始用承诺性的语言阐明自己的立场；二是谈判一方开始就交易条件的讨论转移到对具体成交细节的层面，如询问交货期、售后服务方式、结算办法等；三是谈判者所提的建议越来越具体、明确。

(6) 谈判结束阶段。在谈判者认为谈判即将结束并将达成交易之前，应当最后对谈判的全过程进行一次总的回顾，以便于理清还有哪些问题需要得到解决。对已解决的问题在谈判形成结果之后，应着手根据交易记录安排协议的草拟与审定。对于这种回顾与总结，应当以最后可能达成的协议给谈判者带来的实际价值为依据。

四、博弈谈判理论

博弈谈判理论是现代商务谈判中常用的关键理论之一，其基础是博弈论。博弈论最早是由美国经济学家诺依曼于1937年提出。博弈论可以分为合作博弈理论和非合作博弈理论两类，前者主要研究人们达成合作协议时如何分配合作得到的收益，即收益分配问题，强调团体理性。后者则是研究人们在利益相互影响的局势中如何决策使自己的收益最大，即策略选择问题，强调个人理性。以博弈论为基础的谈判遵循以下程序：一是合理确定双方的风险值，对交易双方的交易内容进行评估确定；二是确定合作的剩余，对双方的合作剩余进行分配；三是交易双方互相谅解，达成双方都可接受的对剩余价值分配的合作协议。

商务谈判是有关双方或多方为了达到各自的目的，就涉及双方利益的标的物的交易条件，通过沟通和协商，争取达成各方都能接受的协议的过程。它具备博弈论运用的基本特征，即有参与者，有可供选择的策略集合以及参与各方的较量和结果。因此，博弈论在商务谈判中有着广泛的应用。从博弈论的视角分类，商务谈判可以分为零和博弈谈判和非零和博弈谈判。零和博弈谈判又称为对立型谈判，非零和博弈谈判又称为合作型谈判。零和博弈谈判和非零和博弈谈判所使用的战略战术是不同的。在零和博弈谈判中，谈判参与者的利益是对立的，谈判双方的利益之和是一个固定的数值，谈判双方通过谈判来分割这种固定利益。讨价还价的谈判通常都是零和博弈谈判。买方利益的增加建立在卖方利益降低的基础之上，卖方利益的增加建立在买方利益降低的基础之上；在非零和博弈中，交易各方的关系十分复杂，特别是当谈判有多个参与者时，谈判参与者之间的相互博弈关系是复杂多变的。

为了获得商务谈判的双赢效果，谈判者必须做到：第一，在谈判前要尽可能地准确掌握关于谈判本身以及对手更多的信息，尤其是要对对方预期价格进行合理估计；第二，谈判过程中要坚守立场，不能被对方的威胁等技巧所控制，要学会应对对手的各种谈判技巧；第三，在谈判过程中一方面要努力寻找可选择的潜在的谈判伙伴，努力使谈判朝着有利于自己方的方向进展，另一方面还要考虑到对手的形势，对对手可能发生的反应作出充分的估计。

五、社会交换谈判理论

社会交换谈判理论以美国社会学家霍曼斯提出的社会交换理论为基础。该理论揭示了以下四个基本观点：一是人们并不总是追求最大利益，他们只是想在交换关系中得到某些利益；二是人们在交换中并非常常从长远着想或进行理性计算；三是人们的交换物不仅仅是金钱，还有赞同、尊重、依从、爱、情感，以及其他紧缺的物质产品；四是所有的人类行为都是交换，但不是仅仅在市场中才有交换行为。

对于现代经济社会而言，商务谈判是不同的主体相互协作以满足各自需要的过程，所以可以用社会交换理论来解释，也就是说商务谈判是一种社会交换，需求是谈判的动因，交换是谈判的最终目的，而进行商务谈判是达到目的的手段，商务谈判成功的关键在于在满足对方需求的基础上最大程度地满足自己的需求。其中，交换的物品不仅包括经济资本，还包括其他类型的资本，资本的交换表现为同质资本的流动和异质资本的兑换。就社会交换的原则而言，社会交换与经济交换存在鲜明的区别，货币是经济交换中衡量一切价值的媒介，而在社会交换中，没有统一的衡量标准，报酬的价值具有相对性、模糊性。

社会交换谈判理论认为，谈判是人们为了改变相互关系而交流意见，为了取得一致而相互磋商的一种行为。因此，在谈判前拟定谈判方案和制定谈判目标是十分必要的，在制定谈判目标时，可制定最优期望目标、可接受目标和最低限度目标，使谈判目标具有较大的伸缩性，避免由于僵化、死板导致谈判破裂。商务谈判必须保证己方最基本的利益，并在此基础上争取更好的利益。此外，由于交换是一种以期待回报和换取回报为目的的行为，因此，在经济交换中，谈判者希望能够以最小的代价来获得最大的收益，谈判双方经过沟通与磋商，最终可接受的目标一般处于中间范围。

六、公平谈判理论

公平谈判理论的基础是公平理论，其最初是由美国心理学家亚当斯提出的。公平理论是研究人的动机和知觉关系的一种激励理论。公平理论认为人能否受到激励，不但受到他们得到了什么而定，还要受到他们所得与别人所得是否公平而定。这一理论的心理学依据，就是人的知觉对于人的动机的影响关系很大，一个人不仅关心自己所得所失，还关心与别人所得所失的关系，以相对付出和相对报酬全面衡量自己的得失。如果得失比例和他人相比大致相当时，就会心里平静，认为公平合理，从而心情舒畅；当对比结果比别人高时，则令其兴奋，形成最有效的激励。但有时过高会带来心虚，不安全感激增；当对比结果低于别人时，就会产生不安全感，心里不平静，甚至满腹怨气。

亚当斯的公平理论还给出了一个公平方程式，即 $Qp/Ip=Qo/Io$。其中，Qp 代表一个人对他所获报酬的感觉；Ip 代表一个人对他所做投入的感觉；Qo 代表这个人对某比较对象所获报酬的感觉；Io 代表这个人对比较对象所做投入的感觉。显然，方程式不等时，人们就会感到不公平。当人们感到不公平待遇时，在心里会产生苦恼，呈现紧张不安心理，导致行为动机下降，甚至出现逆反行为。个体为了消除不安，一般会出现以下一些行为：一是通过自我解释达到自我安慰，造成一种公平的假象，以消除不安心理；二是更换对比对象，以获得主观的公平；三是采取一定行为，改变自己或他人的得失状况；四是发泄怨气，制造矛盾；五是暂时忍耐或逃避。

基于公平思想，商务谈判理论得出以下两个基本结论：其一，在商务谈判中，必须寻找到一种双方都能接受的公平的标准。人们进行谈判就是要对合作利益公平分配的标准达成共识，只有按照这一标准来进行谈判，谈判结果对双方来讲才是公平的、可接受的。谈判成功后，人们之所以会对所获得的利益感到公平，关键在于参与分配的双方事先找到了一种共同认可的利益分配标准。其二，在商务谈判中，公平不是绝对的，它在很大程度上受人们主观感受的影响。比如，有时谈判一方作出了很小的让步，却觉得不公平；而有时一方作出了很大的牺牲，但却觉得很公平。这主要是由人们感觉上的相对公平感所造成的。为此，商家在谈判中不应盲目地追求所谓的绝对公平，而是应该寻找对双方都有利的感觉上的相对公平。

第三节　现代商务谈判常用策略

所谓商务谈判中的策略，是指谈判者为达到自己的目的，针对具体的谈判对手所采取的谈判方式与方法。其具体表现为参加商务谈判人员的行为方针和行为方式，它具有极强的灵活性。在谈判实践中，谈判策略在较大程度上体现了谈判者的个人素质和能力。在同样的法律、原则与规定制约下，善于使用策略的谈判者往往游刃有余、左右逢源，而不善于使用策略的谈判者则经常困难重重。因此，积极掌握和使用谈判策略对于商务谈判具有十分显著的实践价值。

一、谈判开局阶段的策略

商务谈判开局策略是谈判者为谋求谈判开局中的有利地位和实现对开局的控制而采取的行为方式和手段。由于谈判开局关系到整个谈判的方向和进程，谈判开局策略的选择，在商务谈判中极其重要。

(一)一致式开局策略

所谓一致式开局策略，是指在谈判开始时，为了使对方对自己产生好感，以"协商""肯定"的方式，创建或建立起对谈判"一致"的感觉，从而使谈判双方在愉快、友好的气氛中不断将谈判引向深入的一种开局策略。心理学的研究表明，人们通常会对那些与其想法一致的人产生好感，并愿意将自己的想法按照那些人的观点进行调整。这一心理学研究结论正是一致式开局策略的理论基础。

采用一致式开局策略，可以让双方在"我们的观念一致"的心理影响之下展开谈判，有利于商务谈判的顺利进行。运用一致式开局策略，应当注意的是用来征求意见的问题应是无关紧要的问题，即谈判对手对该问题的意见不会影响到己方的实质性利益。此外，在赞同对方观点或意见时，态度不要过于献媚，要让对方感觉到自己是出于尊重，而不是刻意奉承，以免给对方造成不诚实的印象。

一致式开局策略的实施可以从以下几个方面入手：其一，从轻松、愉快的话题开场。如谈一些个人生活方面的爱好、各自的成长经历等，在闲聊中双方传递出具有较强感染力的信息。其二，注意个人的形象。谈判者的衣着应当比较干净，修饰得比较得体。此外，谈判者的目光要坦诚、表情与手势要优雅、行为要符合礼仪要求。其三，以高效与轻松的谈判为目标。谈判的效率与气氛始于谈判之初，应当有准备地克服影响效率和气氛的因素。

(二)坦诚式开局策略

所谓坦诚式开局策略，是指以开诚布公的方式向谈判对手陈述己方的观点或意愿，以及对对方的期望，以求尽快打开谈判的局面。坦诚式开局策略是基于人们在交往上对开放、积极、坦诚和热情等态度的普遍性喜爱，可以增加相互之间的信任，减少和避免一些影响谈判的猜测，使谈判伊始便形成一种较为宽松的氛围，通常可以把谈判中的低调气氛和自然气氛引向高调气氛。

坦诚式开局策略比较适合双方有过商业往来，且关系较好、相互之间比较了解的情况，可以将一直以来的友好关系作为商务谈判的基础，有利于谈判快速奔向关键性内容，提高谈判的效率。一方面，在坦诚式开局中，由于彼此信任，往往不需要过多的客套及外交辞令，可以大幅度节约谈判的时间。从另一方面看，在谈判一开始就坦率地提出己方的想法和要求，反而更能使对方产生信任感。

采用坦诚式开局策略时，应当考虑多方面的因素，如自己的身份、双方的关系、谈判的形势等，不可以盲目实施。此外，这种开局策略常常用于谈判实力较弱的一方，当本方的谈判实力明显不如谈判对手，且为双方所共知时，坦率地说明己方的弱点，请对方在具体交易条款上加以考虑，则更加表明己方对谈判的真诚，同时也显示出己方对谈判的诚意和信心，有利于谈判的顺利推进。

(三)保留式开局策略

所谓保留式开局策略，是指在谈判开始时，对谈判对手所提出的关键性问题不做彻底、确切的回答，而是有意地加以保留，给对方造成神秘与未知感，以吸引对手自行进入谈判。从商业博弈角度看，保留式开局策略是基于步步为营的谈判理念，不想在谈判初始就让对方掌握己方的全部情况，进而制定出精准的博弈策略，而给己方预留出宽泛的进退空间，将谈判的主动权牢牢地掌握在自己手中。

保留式开局策略一般适用于低调气氛和自然气氛，而不适用于高调气氛。当谈判已经处于高调气氛状态，双方均以积极、坦诚的态度介绍情况、说明问题、阐述观点与意见、提出期望与要求时，谈判的一方再使用保留的策略，就等于有意破坏良好的谈判局面，无异于开倒车，把其他谈判气氛转变为低调气氛。商家如果不合时宜地使用保留开局策略，往往会丧失已经得到的良好谈判氛围，失去谈判的主动权。

使用保留式开局策略时，还应当注意不要违反商务谈判的道德原则，向对方传递的信息可以是模糊的，但不能是虚假的。以免给对方造成不诚恳、不诚实的印象，直接损害企业的正面形象，进而失去商业合作伙伴。为此，在商务谈判开局时也应以诚信为本，根据谈判的需要，艺术性地披露己方相关信息，做到有理有节、循序渐进。否则，将会使己方陷入难堪的谈判僵局之中。

(四)进攻式开局策略

所谓进攻式开局策略，是指通过语言或行为表达出己方强硬的立场，从而获得谈判对手应有的尊重，同时借此制造心理优势，以促使谈判向有利于自己的一方发展。此种开局策略可以扭转不利于己方的低调气氛，使谈判走向自然气氛或高调气氛。进攻式谈判策略一般是基于己方在某些方面的优势，在谈判开局阶段便给对方形成一种压力，以促使对方在接下来的谈判中作出更多的让步。

进攻式开局策略通常只在一种情况下使用，即发觉谈判对手正在居高临下、刻意制造低调气氛，这种低调气氛将对己方利益的争取十分不利。如果不能将这种气氛扭转过来，将直接损害己方的核心利益。对此，采取以攻为守的策略，可以捍卫己方的尊严和正当权益，使双方站在平等的地位上进行谈判。在使用进攻式开局策略时，应当见好就收，不要变本加厉，以免给对方以不友好的感觉。

应当特别注意的是进攻式开局策略一定要谨慎使用，必须注意有理、有利、有节。要切中问题的要害，对事不对人，既表现出己方自尊、自信和认真的态度，又不能过于咄咄逼人，使谈判气氛过于紧张。否则，在谈判的开局阶段就竭力显示己方的实力，使谈判一开局便处于剑拔弩张的气氛之中，对商务谈判的进一步发展极为不利。也可能使谈判陷入僵局，不利于己方预期目标的实现。

二、谈判报价阶段的策略

在商务谈判的过程中，谈判双方在结束了非实质性的交谈之后，就要将议题转到有关交易内容的正题方面，其中最主要的内容就是报价。商务谈判的报价不仅指商品价格方面的要求，还包括与价格有关的其他条件，包括商品的数量、质量、价格、包装、运输、保险、支付、仲裁等内容。其中，价格条件处于最主要的地位，是商务谈判的核心。

(一)价格起点策略

所谓价格起点策略，是指作为卖方，报价的起点要高，也就是"开最高的价"；作为买方，报价的起点要低，也就是"出最低的价"。由于商务谈判中的这种"开价要高，出价要低"的报价起点策略，往往会在谈判桌上震惊对方，因而被外国谈判专家称之为"空城计"，也被国人称之为"狮子大张口"。从博弈论角度看，商务谈判双方在提出各自的利益要求时，一般都含有策略性虚报的成分。

在价格起点策略中，最常见的一种模式是所谓吊筑高台，即卖方提出一个高于本方实际要求的起点价格来与对方讨价还价，最后再作出让步以达成协议价格。从商务谈判的实践来看，运用吊筑高台策略，能够使己方处于有利地位，有时甚至会收到意想不到的效果。需要注意的是，运用这种策略时，喊价要狠，让步要慢。谈判者凭借这种方法，一开始便可削弱对方的信心，同时还能考察对方在价格方面的立场。

另一种模式是抛放低球，即卖方先提出一个低于己方实际要求的起点价格以吸引对方，先去击败可能参与竞争的同类对手，然后再与谈判对手进行真正的谈判，通过一定的方式迫使对方让步，最终实现自己的谈判目标。从表面上看，抛放低球策略最初提出的价格是最低的，但它却可以在价格以外的其他方面提出最利于己方的条件。因此，谈判中的低价格并不意味着卖方放弃对高利益的追求。

(二)计算报价策略

所谓计算报价策略，是指通过商品价格的数据计算，将商品的初次报价化小，以提高对方的接受程度。在商务谈判中，如果己方一次性报出高价，对方可能难以接受。对此，己方可以从数量、时间、组件等角度，借助数学计算的方式，把原本一次性的报价，计算折合成较小数字的价格，以缓和价格对对方的心理刺激，使商务谈判得以延续。计算报价策略中最为常见的是除法报价策略和加法报价策略。

除法报价策略以商品的数量或使用时间等要素为除数，以商品的价格为被除数，得出一种在具体数字上看起来很低的价格，使买方对本来并不低的价格产生一种便宜、低廉的感觉。除法报价策略是基于买方对商品价格的敏感性，以及贪图较低价格的心理，将商品的价格通过数量、使用时间等相关因素进行"分摊"，以变小价格构成的单位，给人造成单价并不高的感觉，从而促成交易。

加法报价策略是把价格分成若干层次渐进提出，使若干层次报价加起来仍然等于一次性报出的高价，以免一次性报出的高价吓跑客户。采用加法报价策略，卖方大多依靠所出售的商品具有系列组合性与配套性。买方一旦买了组件一，便无法割舍组件二和组件三了。针对这一情形，作为买方，应当充分地考虑到商品的序列化特点，在谈判中及时发现卖方的加法报价企图，以避免在对方"步步为营"中"入圈"。

(三)对比报价策略

所谓对比报价策略，是指向对方抛出有利于己方的多个商家同类商品交易的报价单，设立一个价格参照系列，然后将所要交易的商品与这些商家同类商品在性能、质量、服务等方面进行有利于己方的比较，并以此作为要价的依据。价格谈判中，使用对比报价策略，可以增强报价的可信度和说服力，一般会收到较好的效果。价格对比之后所提出的要价，也容易被对方接受。

在商务谈判中，对比报价可以从多方面进行。既可以将本商品的价格与另一可比商品的价格进行对比，以突出具有相同使用价值的商品的不同价格；也可以将本商品及其各种附加功能的价格与可比商品无附加功能的价格进行对比，以突出具有不同使用价值商品的不同价格。无论从哪一方面进行对比，其核心都是为了让对方发现己方商品在使用价值方面的优势，以促使其购买己方商品。

买方对于对比报价策略的应对，可以采取以下方法：一是要求对方提供切实的证据，能够证实其所提供的其他商家的价格单具有真实性；二是要仔细查找报价单及其证据的漏洞，如性能、规格、型号、报价时间，以及其他交易条件的差异与不可比性，并以此作为突破对方价格参照屏障的切入点；三是己方也抛出有利于自己的另外一些商家的报价单，并进行相应的比较，以其人之道还治其人之身。

(四)数字"迷阵"策略

所谓数字"迷阵"策略，是指卖方抛出自己生产的商品成本构成计算表给买方，用以说明己方要价的合理性。通过在商品分类成本中增加"水分"，来加大商品的总成本，为己方的高出价提供证明或依据。运用这种报价策略可以为己方谋得较大利益，击退或阻止对方的攻势。数字"迷阵"策略是基于对方在商品成本构成与计算方法方面的知识欠缺，无法弄清该商品的真实生产成本，以成本数据的陷阱来迷惑对方，使对方无奈地接受己方的高报价。

此报价策略一般是在商品交易内容较多、成本构成复杂、成本计算方法无统一标准，或者对方在谈判中攻势太强的情况下使用。运用此策略时，成本计算方法要有利于己方，成本分类要细化，所列数据要规模化，成本的计算公式要尽可能复杂，将"水分"适度地掺入计算复杂的成本项目中。总之，就是要使对方难以核算清楚商品的总成本，难于发现成本中的"水分"，从而落入己方设计好的"陷阱"，接受己方的要价。

买方对于数字策略的应对，可以采取以下方法：一是尽可能弄清与所交易商品有关的成本计算的统一标准、规则与惯例，在必要时抛给对方，以揭穿其数字"陷阱"；二是选择几项分类成本进行仔细核算，发现其中所隐藏的问题，找出突破口，并借机大举发动攻势；三是寻找比较充分的理由，拒绝接受对方所抛出的商品成本构成计算表，以坚持己方原有的价格立场与要价。

三、谈判磋商阶段的策略

商务谈判的磋商阶段也可以说是讨价还价的阶段,它是商务谈判的核心环节,也是谈判过程中最紧张、最困难的阶段。因为磋商的过程及其结果决定着谈判双方所获得利益的大小,关系到双方各自需求的满足程度。为此,选择恰当的策略来进行这一阶段的谈判,具有十分重要的实践意义。

(一)优势条件下的谈判策略

优势条件下的谈判策略可分为以下几种。

(1) 先声夺人策略。这是指在谈判开局中借助己方所拥有的优势来掌握谈判的主动权。其基本做法是扬己所长,以求在心理上压倒对方。在中外商务谈判中,先声夺人策略是一种极为普遍的谈判策略,但如果运用不恰当,会给对方留下不良的印象,给谈判带来人为的副作用。

(2) 声东击西策略。这是指为达到某种目的或者出于某种需要,有意识地将磋商议题引到无关紧要的方面,转移对方的注意力,从而隐藏己方的关注点。声东击西策略的具体做法是在无关紧要的事情上纠缠不休,或在一般性问题上大做文章,在对方无警觉的情况下顺利实现己方的谈判意图。采用声东击西策略的关键是必须清楚地了解对方是否觉察到己方的动机,否则,这一磋商策略就不能给己方带来任何价值。

(3) 时间期限策略。这是指实力较强的一方向对方提出达成协议的时间期限,超过这一期限,提出者将退出谈判,以此给对方施加压力,促使对方尽快作出决策。时间期限策略是基于对方特别担心谈判破裂的心理,一旦谈判破裂,对方的经济损失最大。然而,商务谈判中时间期限策略的使用,也有可能使谈判破裂或陷入更为严重的僵局,所以要视情况而定,除非有较大把握或万不得已时才用,绝不可多用或滥用。

(4) 不开先例策略。这是指谈判中占有优势的一方为了坚持和实现自己所提出的交易条件,以没有先例为由来拒绝让步,促使对方就范并接受己方条件的一种强硬性策略。在谈判中,当双方发生争执时,直接拒绝是谈判人员所不愿采用的。为此,人们都力图既回绝对方又不驳面子、不伤感情,不开先例是一个两全其美的好办法,但必须注意对方是否有情报确切证明不开先例的属实性。

(二)劣势条件下的谈判策略

劣势条件下的谈判策略分为以下几种。

(1) 以柔克刚策略。这是指在谈判出现危局或对方坚持不做让步的情况下,采取软的手法来化解对方强硬的态度,以避免激烈的冲突,从而达到劣势制胜目的的一种策略。在谈判处于不利局面或弱势时,最好的策略就是设法避开对方的锋芒,以柔克刚。对此,多数情况下,谈判者对咄咄逼人的对手所提要求可暂不表示反对,而是以静制动、以逸待劳,以平和与柔缓的持久战磨其棱角,挫其锐气,伺机反守为攻。

(2) 难得糊涂策略。这是指在谈判中出现对己方不利的局面时,故作糊涂,并以此为掩护来麻痹对方的斗志,借以蒙混过关的策略。在谈判中,假装糊涂可以化解对手的步步紧逼,绕开对己方不利的条款,而将谈判话题引到有利于己方的交易条件。当对方发现你误解了他的意思时，往往会赶紧向你解释，会在不知不觉中受到你的话语影响，在潜移默化中接受你的要求。

(3) 身心疲惫策略。这是指通过马拉松式的持久谈判，逐渐消磨对方的锐气，使其身心疲惫，借此扭转己方在谈判中的不利地位和被动局面的一种策略。一般来说，谈判到了对手筋疲力尽、头昏脑涨之时，己方即可反守为攻，以理服人，摆出己方的观点，促使对方接受己方的交易条件。在商务谈判中，采用身心疲惫策略来对付锋芒毕露、咄咄逼人的谈判对手，效果十分显著。

(4) 吹毛求疵策略。这是指在谈判中针对对方的产品或相关问题，故意地再三挑剔，以降低对方的信心，继而逼迫对方作出让步的策略。在商务谈判中，如果能够灵活地运用此策略，可以为己方在谈判中充分地争取讨价还价的余地，进而获得现实利益。然而，使用吹毛求疵策略的关键点在于所提出的挑剔问题要恰到好处，千万不要引起对方的反感，认为己方缺少合作的诚意。

(三) 均势条件下的谈判策略

均势条件下的谈判策略有以下几种。

(1) 投石问路策略。这是指在谈判过程中，谈判者有意提出一些假设条件，通过对方的反应和回答，以琢磨和探测对方的意向，从而抓住有利时机达成交易的策略。此策略的目的是弄清对方的虚实，尽可能得到一些不易获得的资料，为后续谈判中的决策做好信息准备。此外，通过投石问路策略，还可以了解对方的商业习惯和动机，准确把握对方的要求和意向，以及可能成交的最低条件。

(2) 浑水摸鱼策略。这是指在谈判中故意搅乱正常的谈判次序，将许多问题一股脑地摊到桌面上，使人难以应付，借以达到使对方慌乱失误的目的。相关研究表明，当一个人面对一大堆难题，精神紧张的时候，就会表现出信心不足，甚至自暴自弃。为此，可以在谈判刚开始时就提出质量、数量、价格、包装、运输、支付和售后服务等一大堆问题，把问题搞复杂，使己方获得议价的机会。

(3) 红白脸面策略。这是指在谈判过程中，利用谈判者既想合作，又不愿与有恶感的对方谈判人员打交道的心理，以两个人分别扮演"红脸"和"白脸"的角色，诱导谈判对手妥协的一种策略。这里的"白脸"是指强硬派，在谈判中态度坚决，寸步不让；这里的"红脸"是指温和派，在谈判中态度温和，善于沟通和妥协。谈判中，"红脸"既拿"白脸"作武器来压制对方，又与"白脸"积极配合，尽力撮合双方合作，借以达成有利于己方的协议。

(4) 欲擒故纵策略。这是指谈判中一方虽然想促成某笔交易，却装出满不在乎的样子，将自己一方的急切心情掩盖起来，给对方以尽量照顾和满足对方需求的感觉，诱使对方急于谈判，主动让步，从而达到先"纵"后"擒"目的的策略。欲擒故纵策略是基于谁对谈判急于求成，谁就会在谈判中率先让步的原理，通过刺激对方的谈判需要，同时淡化己方的谈判需要，使对方处于交锋的被动地位。

四、谈判签约阶段的策略

商务谈判经过多回合的讨价还价、较量与让步，在商品与服务交易中的各项重要内容完全达成一致后,为了明确双方的权利与义务,同时也为后面的条款履行提供一个标准,得到法律的确认和保护,一般都要签订商务合同。因此,签约工作做得好坏直接关系到整个商务谈判是否取得了成功,它是全部商务谈判过程的重要组成部分和最后落脚点。

(1) 代绘蓝图策略。这是指通过为对方描述谈判达成后可能获得的效果,让对方看清将要获得的利益,以及与己方达成交易的好处,从而放弃最后议题的过高要价。这一策略的基本做法是帮助对方计算在已谈妥议题中所得到的利益,描绘最终与己方达成协议所带来的美好前景。运用这一策略时应当注意,对利益的计算要精细、分析要中肯,要能够使对方信服,不可以引起对方的疑虑。

(2) 最后让步策略。这是指谈判接近尾声,如仅有一两个非核心问题还未达成一致时,作出最后的、己方可以承受的利益让步,以促成协约的签署。让步是商务谈判中的普遍现象,可以说商务谈判过程就是一个双方不断让步的过程,因为交易应当是利益双赢的合作关系,没有让步的谈判无法达成协议,谈判各方的利益需要无法得到满足,商务谈判也就没有意义了。让步的实质就是谈判者用主动满足对方需要的方式来换取己方的需要。

(3) 场外交易策略。这是指谈判双方在谈判桌以外的某些场所,如宴会上、游玩场所等,在欢快的气氛中对谈判中的遗留问题作进一步协商,取得谅解和共识,从而促进和完成交易的策略。当谈判进入成交阶段,双方已经在绝大多数议题上取得了一致意见,只在某一两个非核心问题上存在分歧、相持不下而影响交易时,继续在谈判桌上往往难以达成协议,这时可以考虑采取场外交易的形式。

(4) 让步折中策略。这是指在双方条件差距之和中取中间条件作为双方共同让步或妥协的策略。在商务谈判接近尾声时,谈判双方经过多轮的磋商和相互让步,但仍然存在残留问题需要解决,而谈判时间已经消耗很多。为了尽快达成一致、实现交易,由一方提出一个比较简单易行的方案,即双方都以同样的幅度妥协退让,如果对方接受了此方案,此次商务谈判就可以宣告结束,实现协议的签署。

五、破解谈判僵局的策略

由于直接关系到各自的经济利益,商务谈判的过程往往非常曲折,同时,也难免会出现谈判僵局。谈判僵局是指商务谈判过程中,谈判双方对利益的期望或对问题的立场存在分歧,很难达成共识,而又都不愿作出妥协时,谈判进程就会出现停顿,造成谈判的僵化局面。对此,应当在保全对方面子的前提下,积极运用谈判策略去化解僵局,实现签约。

(1) 替代方案策略。这是指商务谈判中往往存在多种可以满足双方利益的方案,而谈判人员经常简单地采用某一方案,而当这一方案不能为双方同时接受时,谈判的僵局便会形成。对此,谈判双方完全可以重新选择其他交易方案。这种具有创新性的替代方案既要维护己方的利益,也要能够兼顾对方的利益要求。如果在谈判准备时期,就能思考对彼此有利的多个方案,那么破解谈判僵局就会更加快捷。

(2) 临时休会策略。这是指谈判人员为了控制、调节谈判的进程,缓和谈判的紧张气氛,打破谈判僵局而采取的一种措施。它不仅是谈判人员为了恢复体力的一种生理需求,也是谈判人员调节情绪、缓和谈判气氛、融洽双方关系的一种谈判策略。在商务谈判处于僵化局面时,双方都需要时间进行新的思索,休会可以使双方有机会冷静下来,进一步客观地分析形势、商量对策。

(3) 走马换将策略。这是指在商务谈判过程中,一方遇到关键性问题或与对方有无法解决的问题时,借口自己不能决定或者其他理由,转由他人继续进行谈判的策略。这里的"他人"是指具备谈判资格的领导、同事、合伙人或委托人等。运用这种策略的目的在于通过更换谈判主体,以侦察对手的虚实,消耗对手的精力,削弱对手的议价能力,为己方取得回旋余地,从而掌握谈判的主动权。

(4) 最后通牒策略。这是指谈判者为了消除对方的奢望与幻想,以最后通知的形式亮出己方最后的交易条件,如价格、交货期、付款方式、签约日期等,促使对方作出决断。应当注意的是如果决定使用最后通牒策略,己方必须做好最坏的打算,做好承受谈判破裂的心理准备。因为一旦对方不能接受己方的最后条件,就完全可能导致谈判的夭折。因此,在己方没有做好谈判破裂的心理准备之前,不能贸然使用这一策略。

第四节 各国商务谈判风格

一、跨文化谈判与谈判风格

跨文化是指具有两种或两种以上不同文化背景的群体之间的交互作用。跨文化谈判是一种属于不同文化思维形式、感情方式及行为方式的谈判方之间的谈判。一般而言,跨文化商务谈判指的是国际商务谈判。国际商务谈判是相对于国内商务谈判而言的,它是指跨越国界的当事人之间为实现一定的经济目标,明确相互的权利与义务关系而进行协商的行为。

谈判风格是谈判者在谈判过程中所表现的言谈举止、处事方式、习惯爱好等个人魅力和气度,谈判风格体现在谈判者谈判过程中的行为、举止和控制谈判进程的方法、手段上。由于文化背景不一样,不同国家、地区的谈判者具有不同的谈判风格并带有深深的文化烙印。文化不仅决定着谈判者的伦理道德规范,而且影响着谈判者的思维方式和个性行为,从而使不同文化背景的谈判者形成风格迥异的谈判风格。谈判风格对于谈判过程中谈判双方的交往方式、交往关系,甚至谈判结构都会产生直接的影响。影响国际商务谈判风格的主要因素有语言及非语言行为、风俗习惯、思维的差异(包括形象思维、抽象思维、综合思维、分析思维)、价值观(包括客观性、时间观念、竞争和平等性、人际交往)等。

在商务谈判过程中,谈判人员必须根据具体的谈判内容、谈判对手的谈判风格来采取有效的措施,克敌制胜,为所代表的企业和国家赢得利益。由于谈判对手来自不同的国家和地区,他们的谈判风格必然有差异。所以,在谈判前要对谈判对手进行研究,对其风格有一个初步的了解。尽管不少人认为交易所提供商品是否优质、技术是否先进或价格是否低廉决定了谈判的成败,但事实上,交易的成败往往在较大程度上取决于谈判的成功与否。商务谈判作为人际交往中的特殊形式,必然涉及不同地域、民族、社会文化的交流与接触,从而发生跨文化谈判。在跨文化谈判中,不同地域、民族、文化的差异会影响到谈判者的思维、谈判风格和行为,从而影响到整个谈判的进程。

二、日本人的谈判风格

日本人的谈判风格表现在以下几方面。

(1) 谈判关系的建立。日本人的谈判方式比较独特，被认为是"很难对付的谈判对象"或"圆桌武士"。日本人相信良好的人际关系会促进业务的往来和发展，因此，他们十分重视建立和维护人际关系。人际关系的建立及其信任程度，决定了与日本人建立商务关系的状况。此外，日本人相信一定形式的介绍有助于双方尽快建立业务关系。

(2) 谈判的决策程序。日本人有着强烈的团队生存与发展的愿望，日本企业的决策程序或步骤往往令谈判小组的每个成员感觉到自身参与的重要作用。其表现有两大特点：一是自下而上，上司批准；二是集体决策，所有决策必须征求全组人员的意见，任何决策只有在全组人员均认可后才能付诸实施。

(3) 工作的时间观念。在与日本商人的谈判过程中，想急于求成是不太现实的。日本商人对截止日期和时间有时根本不理不采。即便在对方的各种压力之下，他们仍然心平气和、沉着冷静。另外，要让日本商人在谈判中畅所欲言，必须花大量的时间来发展与他们的私人关系。如果能取得理想的预期效果，日本人可以反反复复、毫无怨言地与对方交谈。

(4) 信息沟通方式。日本商人注重"面子"，不喜欢在公共场合发生冲突，往往采用委婉、间接的交谈方式。虽然他们表达方式大都清晰明了，但某些听似肯定的回复，实际上是否定的回答，这种间接的沟通方式容易误导对方。一旦日本商人同意了一项提议，他们往往坚持自己的主张，很难改变他们的决定。

(5) 对合同的态度。日本商人往往有一套自己的标准和原则。他们认为，相互之间的信任关系在业务往来中最重要，不必明白无误地签订详细的合同。不过，这种观念也正在发生变化。即便有书面形式的合同，合同的内容也非常简短。在商业往来中，日本商人大量依赖于口头协议，书面协议仅仅是纠纷产生时的参考文件。

三、美国人的谈判风格

美国人的谈判风格体现在以下方面。

(1) 谈判关系的建立。在商务谈判过程中，美国人通常比较直接，不太重视谈判前个人之间关系的建立。如果在业务关系建立之前竭力与美国对手建立私人关系，反而可能引起他们的猜疑。他们会认为或许你的产品质量、技术水平存在问题才拉拢他们，反而会使他们在谈判过程中特别警惕和挑剔。

(2) 谈判的决策程序。美国人对角色的等级和协调的要求比较低，往往尊重个人的作用和个人在实际工作中的表现。在决策上常常是以个人或少数人为主，自上而下地进行，在决策中强调个人责任。美国人的自我表现欲望很强，谈判中乐意扮演"牛仔硬汉"或"英雄"的角色，表现出大权在握的自信模样。

(3) 谈判的时间观念。美国人的时间观念很强，办事要预约，并且十分准时，约会迟到的人会感到内疚、羞耻。谈判者一旦不能如期赴约，一定要致电通知对方，并为此道歉，否则将被视为无诚意和不可信赖。美国谈判者总是努力节约时间，不喜欢繁文缛节，希望省去礼节、闲聊，直接切入正题。

(4) 谈判的沟通方式。美国商人坦诚直率、真挚热情、健谈，积极发表自己的意见和看法。他们注重实际，对"是"与"非"有明确且理性的定义。当他们无法接受对方提出的条件时，就明白地告诉对方自己不能接受，而且从不含糊其辞，使对方心存希望。无论介绍还是提出建议，美国谈判者都乐于简明扼要，尽量提供准确数据。

(5) 对合同的态度。美国人非常重视契约,由于人口的高度流动性,使他们彼此之间无法建立稳固的持久关系,因而只能将不以人际关系为转移的契约,作为保障生存和利益的有效手段。美国人认为,双方谈判的结果一定要达成书面的法律文件,借以明确彼此的权利和义务,将达成书面协议视为谈判成功的关键一步。

四、俄罗斯人的谈判风格

俄罗斯人的谈判风格表现为以下方面。

(1) 谈判关系的建立。俄罗斯人热情好客,注重建立个人之间的关系,愿意与熟人做生意,他们的商业关系经常是建立在个人关系基础之上的。只有建立了个人关系,相互信任和忠诚,才会发展成为商业关系。没有个人关系,即使是一家优秀的外国公司进入俄罗斯市场,也很难维持其发展。

(2) 谈判的决策程序。俄罗斯社会生活的各个方面和各个层面都带有比较浓厚的集权特征。他们往往以谈判小组的形式出现,等级地位观念较重,责任常常不太明确具体。他们推崇集体成员的一致决策和决策过程的等级化。他们喜欢按计划办事,一旦对方的让步与其原定目标有差距,则难以达成协议。

(3) 谈判的时间观念。在俄罗斯,难以预料和不确定的因素较多,包括谈判中的时间和决策,行政部门的干预、交通和通信的落后等,使俄罗斯人办事比较拖拉。谈判时俄罗斯人不爱提出讨论提纲和详细过程安排,谈判节奏松弛、缓慢。不过,俄罗斯人比较遵守时间,在商务交往中,比较强调事先预约。

(4) 谈判的沟通方式。俄罗斯人喜欢非公开的交往,喜欢私人关系早于商业关系的沟通方式。一旦彼此熟悉,建立起友谊,俄罗斯人表现得非常豪爽、质朴、热情,他们健谈、灵活,乐于谈论自己的艺术、建筑、文学、戏剧、芭蕾等。俄罗斯人非常大方、豪爽,宴会上长时间不停地敬酒,见面和离开都要握手。

(5) 对合同的态度。俄罗斯人重视合同,一旦达成谈判协议,他们会按照协议的字面意义严格执行,同时,他们也很少接受对手变更合同条款的要求。在谈判中,他们对每个条款,尤其是技术细节十分重视,索要的信息也包罗万象,并要求在合同中明确标识各条款,特别是谈判项目中的技术内容和索赔条款。

五、英国人的谈判风格

英国人的谈判风格表现为以下方面。

(1) 谈判关系的建立。言行持重的英国人不轻易与对方建立个人关系。即使本国人,个人之间的交往也比较谨慎,很难一见如故。英国人特别尊重"个人天地",一般不在公共场合外露个人感情,也不会随意打听别人的事,未经介绍不轻易与陌生人交往,不轻易相信别人或依靠别人。

(2) 谈判的决策程序。英国商人比较看重秩序、纪律和责任,组织中的权力自上而下流动,等级性很强,决策多来自上层。比较重视个人能力,不喜欢分权和集体负责。在对外商务交往中,英国人的等级观念使他们比较注重对方的身份、经历、业绩、背景,而不像美国人那样更看重对手在谈判中的表现。

(3) 谈判的时间观念。英国人对时间的看法非常严谨,崇尚准时和守时,有按日程或计划办事的习惯和传统。在商务活动中，讲究效率，谈判大多进行得较紧凑，不拖沓。英国人比较注重个人修养，如果在谈判中很好地展示出讲求效率、遵守时间的修养，便会很快赢得他们的尊重，为谈判的顺利进行打下基础。

（4）谈判的沟通方式。英国人以绅士风度闻名世界，常常处变不惊、谈话轻描淡写。对他人和他物，英国人所能给的赞赏是"像英国式的"。他们喜欢以他们的文化遗产、喂养的宠物等作为谈论的话题，尽量避免讨论政治、宗教、皇家是非等。

（5）对合同的态度。英国人很重视合同的签订，喜欢仔细推敲合同的所有细节。一旦认为某个细节不妥，便拒绝签字，除非耐心说服，并提供有力的证明材料。英国商人一般比较守信用，履约率比较高，注意维护合同的严肃性。但国际上对英国商人比较一致的抱怨是他们有不大关心交货日期的习惯。

六、法国人的谈判风格

法国人的谈判风格表现为以下方面。

（1）谈判关系的建立。法国人乐观、开朗、热情、幽默，注重生活情趣，富有浓郁的人情味、爱国热情和浪漫情怀，非常重视相互信任的朋友关系，并以此影响生意。在商务交往中，法国人往往凭借着信赖和人际关系去进行，在未成为朋友之前，他们不会同对方进行大宗交易。

（2）谈判的决策程序。法国公司中家族企业较多，讲究产品特色，不轻易进行超越自己财力范围的投资。一般情况下，法国公司的组织结构较为单纯，自上而下的层次不多，比较重视个人力量，很少集体决策。法国商人大多专业性强，熟悉产品，知识面广，从事谈判也大多由个人承担责任，决策迅速。

（3）谈判的时间观念。对别人要求严格、对自己比较随便是法国人时间观的一大特点。如果你迟到，不论出于何种原因都会受到冷遇，但他们自己迟到却会找个借口了事。在法国社交场合，有个非正式的习惯，主宾越重要越得迟到。法国人工作时认真投入，讲究效率，休闲时痛快玩耍。

（4）谈判的沟通方式。法国商人大多十分健谈，富有感情，话题广泛，而且口若悬河，出口成章。在谈判开始时，他们喜欢聊一些社会新闻及文化方面的话题，以营造一种轻松友好的谈判气氛。法国商人总是在边聊边谈中慢慢转入正题，在谈判最后作决定阶段，才会一丝不苟地商谈生意。

（5）对合同的态度。法国人比较注重信用，一旦签约，会比较好地执行协议。在合同条款中，他们非常重视交货期和质量条款。在合同的文字方面，法国人往往坚持使用法语，以示其爱国热情。为此，与法国商人签订协议不得不使用两种文字，并且要说明两种文字的合同具有同等的效力。

七、德国人的谈判风格

德国人的谈判风格表现为以下方面

（1）谈判关系的建立。德国人沉稳、自信、好强、勤奋、严谨，对发展个人关系和商业关系都很严肃，不大重视在建立商务往来之前先融洽个人关系。他们十分注重礼节、穿戴、称呼等。要想得到德国伙伴的尊重和信任，着装必须严肃得体。在交谈中，应避免提及个人隐私、政治以及第二次世界大战等话题。

(2) 谈判的决策程序。在商务谈判中，德国人强调个人才能，个人意见和个人行动对商业活动有重大影响。各公司或企业纪律严明，秩序性强。决策大多自上而下作出，不习惯分权或集体负责。德国人总是强调自己方案的可行性，千方百计迫使对方让步，在谈判的决策过程中缺乏灵活性和妥协性。

(3) 谈判的时间观念。德国人办事富有计划性，注重工作效率，追求完美，无论公事还是私事，德国人都非常守时，在商业谈判和交往中忌讳迟到。对迟到者，德国人会毫不掩饰他们的不信任和厌恶，勤奋与敬业是德国企业主的美德。在欧洲，德国人的上班时间最长，八点以前上班，有时要晚上八点才下班。

(4) 谈判的沟通方式。尽管德国人比较保守，但他们办事雷厉风行，考虑事情周到细致，注重细枝末节，力争任何事都完美无缺。在谈判前，他们收集资料详细，准备十分周密。他们从不打无准备之仗。充分的准备使他们在谈判一开始便占据主动，谈判思维极有系统性、逻辑性。

(5) 对合同的态度。德国人具有"契约之民"的雅称，非常重视和尊重契约。在签订合同之前，他们会将每个细节都予以强调，明确双方的权利以及义务后才签字。这种严谨的谈判作风，使德国商人的履约率在欧洲最高。德国人会一丝不苟地按照合同办事，诚实可信。此外，德国人注重发展长久的贸易伙伴关系，求稳心理强，不喜欢做一锤子买卖。

八、阿拉伯人的谈判风格

阿拉伯人的谈判风格表现在以下方面。

(1) 谈判关系的建立。阿拉伯人以宗教划派，以部族为群。他们家庭观念较强，性情固执而保守，脾气也很倔强，重朋友义气，热情好客，但不轻易相信别人。他们喜欢做手势，以肢体语言表达思想。有较强的凝聚力，不喜欢他人用贬损或开玩笑的方式来谈论他们的信仰和习惯、嘲弄或漠视他们的风俗。

(2) 谈判的决策程序。阿拉伯人等级观念极强，企业领导人往往自视为战略家和总监，不愿处理日常的文书及其他琐事。阿拉伯人的决策由上层负责，但中下级谈判人员的意见或建议却能得到高度重视。许多富有的阿拉伯人实际业务经验很少，有的甚至对公司有关方面的运转情况一无所知，不得不依靠自己的助手和下级人员。

(3) 谈判的时间观念。阿拉伯人一般不太讲究时间观念，随意中断或拖延谈判进程，决策过程也较长。但阿拉伯人的决策时间，不能归结于他们拖拉和无效率。这种拖延也可能表明他们对对方的建议有不满之处，他们会暗示哪些地方令他们不满。在与阿拉伯人进行商务谈判之前，要做好多次谈判以及反复谈判的心理准备。

(4) 谈判的沟通方式。阿拉伯人不喜欢同人面对面地争吵，也不喜欢刚同人一见面就匆忙谈生意。他们认为，一见面就谈生意是不礼貌的，他们希望能花点儿时间同对方谈谈社会问题等。阿拉伯人不喜欢通过电话来谈生意，他们需要很长时间才能作出谈判的最终决策，处理事务较为悠闲，但极爱讨价还价。

(5) 对合同的态度。在阿拉伯人看来，信誉是最重要的。谈生意的人必须首先赢得他们的好感和信任。对于商务合同的履行，定期重温、巩固和加深已有的良好关系非常重要。此外，阿拉伯人不欣赏抽象的情况说明，对此，在谈判中可以采用多种形式，采取数字、图形、文字和实际产品相结合的方式，形象地向他们说明有关情况。

九、拉美人的谈判风格

拉美人的谈判风格表现为以下方面。

(1) 谈判关系的建立。与同美国人谈判不一样,在同拉美人的谈判中,感情的因素显得很重要。要与拉美人做生意,最好先与他们交朋友。此外,大多数拉美国家,普遍存在代理制度。为此,寻找代理商、建立代理网络是至关重要的,如果在当地没有代理商,做生意就会寸步难行。

(2) 谈判的决策程序。拉美人总是根据谈判对手的气势、举止和神情来判定对方的工作能力以及在企业中所处的地位。一旦他们认定对方具有较强的工作能力和丰富的工作经验,并且是公司或团体中的重要人物时,就会肃然起敬,以后的谈判就会比较顺利。此外,大多数拉美国家存在代理制度,在当地做生意必须先寻找合适的代理商。

(3) 谈判的沟通方式。拉美人特别在意谈判对手,而不是谈判对手所在的公司或团体。在谈判中,拉美人不会轻易让步。他们不喜欢妥协,认为妥协意味着失败、放弃,他们坚信自己观点的正确性,要求对方全盘接受,个人人格至上。不过一般他们不愿直接阐明自己的观点,而是用迂回曲折的方式进行说明,同时坚持平等互利原则。

(4) 谈判的时间观念。拉美人是享乐主义者,他们一天工作的时间较短,休假又多。常常在谈判的关键时刻,他们要去休假,生意只好等休假后再继续。拉美人处事缓慢、时间利用率低。在谈判中,拉美人常常慢半拍。不过拉美人很重视朋友,一旦成为他们的知己,他们会优先考虑与对方合作,建议合作前先与之交朋友。

(5) 对交易合同的态度。拉美人不重视合同,常常在签约之后又要求修改,合同履约率不高,特别是不能如期付款。由于拉美国家经济发展不平衡,国内时常出现高通货膨胀率,所以在对其出口交易中,应力争用美元支付。在商务活动中,拉美人不遵守付款日期、无故迟延付款的情况时常发生。

各国谈判风格对比如表 5-1 所示。

表 5-1 谈判风格对比表

	日本人	美国人	俄罗斯人	英国人	法国人	德国人	阿拉伯人	拉美人
谈判关系的建立	喜欢私人接触	不重视个人关系,公事公办	注重个人关系,商业关系建立在个人关系之上	不轻易建立个人关系,商业活动与个人活动严格分开	重视朋友关系,依赖人际关系	不太重视在建立商业往来之前融洽个人关系	重视朋友关系,建立友谊,才有真正的商业谈判	重视私人关系,感情因素
决策程序	自下而上,上司批准;认同在先,集体决策	强调个人责任,先斩后奏;效率高	一致决策,等级化强,向领导汇报;效率低	自上而下,等级观念强,注重个人能力;重视身份背景	重视个人力量,很少集体决策	自上而下决策;重视个人能力;秩序性强	等级观念强,注重小团体、个人利益,上层决策	责任感不强,信誉差

续表

	日本人	美国人	俄罗斯人	英国人	法国人	德国人	阿拉伯人	拉美人
时间观念	时间观念强；认同在先决策，决策过程慢	时间观念很强，效率高；节奏快；规划强	节奏松弛缓慢，但遵守时间	精准守时，按计划办事，谈判节奏快，效率高	对别人要求严格，对自己比较随便；工作投入，讲究效率	守时，上班时间最长	不讲究时间观念，随意中断拖延，决策时间长	时间观念弱，时间利用率低；享乐至上，处理事务节奏缓慢
沟通方式	重"面子"，交谈委婉，注重礼仪，观点很难被改变；有耐心	沟通直接，健谈，注重交际，简明扼要，立场鲜明	喜欢非公开交往，豪爽质朴	绅士风度，处变不惊，谈判稳健，简明扼要，固执，不容易改变观点；感情不外漏，表达谨慎	健谈，口若悬河，善于创造轻松友好的氛围，尊重传统文化	保守，雷厉风行，做事周到细致，谈判思维系统性逻辑性强，幽默	讲究信誉，待人忠诚，热情好客，交谈喜欢做手势，社交式沟通，气氛轻松	不愿直接阐明自己的观点；不会轻易让步，不喜欢妥协；富于男子气概，性格开朗直爽
对合同的态度	相互之间的信任在业务往来中最重要，不必明白无误地签订详细的合同	重视契约，法律观念强，认真仔细地订立合同	重视合同，对条款细节重视	重视合同，维护合同严肃性，喜欢仔细推敲合同的所有细节	注重信用，一旦签约，会比较好地执行协议，不太重视细节部分	非常重视和尊重契约，注重细节	重视信誉，不重视合同	不重视合同，不能按期履行合同
其他	善于做大蛋糕；注重统一；不喜欢对合同讨价还价；强调送礼	注重公平；注重对立；爱开玩笑，享受生活	喜欢讨价还价	注重对立；重视商品订单质量	以法语为合同语言；重视商品的质量美感	追求质量效率细节	当地代理商很重要；政治敏感地区，避免涉及政治和女性问题；极爱讨价还价	代理商，代理网络很重要；男尊女卑的习俗；外贸管制严格；强烈民族自尊心；政局不稳

 本章小结

(1) 概括出商务谈判的概念、价值评判、特征、种类、作用、原则、流程。

(2) 阐述了现代商务谈判的基本理论，主要包括：需求谈判理论、原则谈判理论、结构谈判理论、博弈谈判理论、社会交换谈判理论、公平谈判理论。

(3) 对现代商务谈判的常用策略进行了详细阐述。主要包括：谈判开局阶段的策略、谈判报价阶段的策略、谈判磋商阶段的策略、谈判签约阶段的策略、破解谈判僵局的策略等。

(4) 对各国商务谈判的风格进行了概括总结。详细列举了日本人、美国人、俄罗斯人、英国人、法国人、德国人、阿拉伯人、拉美人的谈判风格。

本章案例

从老美手中"抢"回1亿美元

2000年的一天，安阳玻壳厂的李留恩，突然得到一个惊人的喜讯：世界玻壳业的鼻祖——美国的康宁公司要出售玻壳工厂。谁买了，谁就是世界第一、行业龙头老大。李留恩不禁心动了。这个消息一经传出，世界上的同行们都没有闲着。不说别的，据说，有一家德国公司出价为6亿美元，而且邀请李留恩一起参与收购。李留恩对此一口回绝，他想自己收购。

这是一家位于美国大学城的公司，虽然亏损了几年，但拥有8条生产38英寸玻壳的生产线，对于李留恩来说无异于一块肥肉。他知道，无论哪家企业并购这家企业，都不是一两天的事儿，越想得到付出越大。到了2001年，李留恩心里有了底，索性等了下去。这一年10月，美国康宁公司分管玻壳的公司总裁，亲自到北京找到李留恩，说："过去，我们没有合作，这次，我们想把设备转让给你们。"说到这里，还有一个插曲，当年，李留恩花大力气建厂时，由于没有经验，他想到康宁公司的生产线看一看，结果，人家连车间的门都没让他进。李留恩想了一个办法，让一个日本朋友带他进去。两天后，东窗事发，这个日本朋友被康宁公司开除，让他欠了日本朋友一个很大的人情。这次，康宁公司负责玻壳业务的总裁提起旧事，大家心照不宣，谁也不愿意说破。鉴于是第一次谈合作，比较冷淡。他的借口是自己恐怕没有这个能力。转过头，他把问题抛给对方，到底一个什么价格才合适？现在，那边公司的工作状况如何？康宁公司负责玻壳业务的总裁马上说："你可以去看，价格问题好商量。"

美国的总裁果然痛快。当时，他向德国方面出价2.5亿美元，如果给李留恩，只要1.5亿元，价格不能再降。为了显示诚意，李留恩亲自去了一趟美国，对方给了李留恩专机接送的高规格待遇。但是，回国以后，李留恩绝口不提收购的事情。美国康宁公司挺不住了，总裁又从美国飞来，找到李留恩。此时，胸有成竹的李留恩并不着急，只是说："我的实力不够，没那么多钱，这是第一。第二，我买了消化不了，将来也影响你们的形象。你们最好选择印度，或者是日本。如果德国想要，你可以跟他们谈一谈。"说到这里，谁都明白，李留恩想的是什么，他用了中国传统兵法中的重要一招：欲擒故纵。

美国方面很是主动，李留恩提出，再去考察一趟，对方满口答应。这一次，李留恩要动真格了。他带了八九个人去美国，大家一看，眼花缭乱，越看越眼红。几个人都对李留恩说："咱要了吧？"如果将其买下，世界第一就实现了。李留恩赶紧打压，越想要，越要装作冷静。于是，安玻一行人员到美国详细考察了一番，不明就里的康宁公司又抛出新的诱惑，有一条崭新生产线还没用，一并算为1.5亿美元，这就等于白送。李留恩笑了笑，没有直接表态，只说了一句："我想去洛杉矶看一下病。"于是，美国方面用专机把李留恩送到洛杉矶。还没等到一天的时间，美国方面沉不住气了，又派人赶过来，让李留恩拿出一个基本意见。这时，李留恩才说话了："你们这么急，到底为什么呢？"嘴上这么说，从内心讲，李留恩非常想要这家企业。其实，李留恩也明白，自己这么做是在走钢丝。他早就知道，韩国的三星正在广东建一个同等规模的玻壳厂，大概投资3亿美元，这个机会要是被人家抢去，煮熟的鸭子很可能就会飞。

看着火候差不多了，李留恩开始亮底牌。他说："我不敢说话啊，因为底牌要说了，怕把你吓跑。这是1.5亿美元的盘子，我不好还价。"对方说："朋友嘛，你有啥不可以谈嘛。""没有问题，你谈吧。""我有一条，我抛出的盘子不能还价。"美国方面心里没有底，研究半天，非叫李留恩先说。"叫我说，我就说，第一个条件是不还价，第二个条件，咱们永远是朋友，咱们都保密，你也对外保密，我也对外保密，好像没这件事。我们出5000万美元，是我们研究决定的，这是底牌，没有任何上涨的余地，你们看怎么办吧。"美国方面一听就急了，说："1.5亿美元都是很低的价格，你给我们5000万美元，简直就是笑话。如果是1亿美元，我们还有一个讨论的基础。5000万美元让我们怎么说啊？"一听美国人这么说，李留恩迅速接上话茬："所以说，我伤了你们的心；基础是没了，到此拜拜，朋友、友情长在，生意到此为止。"

看到这里，很多人都为李留恩的这个计策叫好。看起来有点像在自由市场买韭菜，比拦腰一刀还狠。很多人都会这么想：人家会接受吗？6亿美元的开价，不到两年，就剩5000万美元，要知道，建一个新厂还要3亿美元呢。美国方面一看李留恩态度坚决，找了一个退路："这样吧，你是不是允许我们回去召开董事会，毕竟是这么大的一个工厂，也有这么多东西，我们需要商量一下。"李留恩马上说："跟董事会商量，按照法律程序，你们应该怎样进行，我无权干涉，这是第一。第二，可以坦率地讲，我也有新的任务，马上要去开会。我只能在这里再停一天的时间。"故事发展到现在，很多人已经明白，这叫步步紧逼，针针见血，最后通牒。李留恩凭什么敢这样呢？因为他料定，能够消化吸收康宁公司整套设备的只有安玻。

结果呢，李留恩如愿以偿，花了5000万美元，收购了9条先进的玻壳生产线，一下子达到8500万套，相当中国一年的用量。后来，有人说，5000万美元也没完全给美国方面，李留恩又少付了500万美元。当时的5000万美元，包括拆到中国的安装技术指导费500万美元，等美国专家来了，产品已经下线。技术指导费自然也免了。这就应了一句话，得技术者得天下。没技术的时候，要把理想记心头，有技术的时候，要潇洒走一回。

(资料来源：财富故事会特别节目组编写. 财富滋味[M]. 北京：中国城市出版社，2005.)

讨论题

1. 作为一种商业实践活动，商务谈判是否需要理论支持？
2. 在商务谈判过程中，必须坚持的谈判原则是什么？
3. 商务谈判的风格是怎么形成的？

思考题

1. 请简述现代商务谈判的价值评判内容。
2. 请简述现代商务谈判的基本作用。
3. 请简述商务谈判开局阶段的策略。
4. 请简述破解商务谈判僵局的策略。
5. 请简述商务谈判风格的主要表现。
6. 请简述跨文化商务谈判应当注意的问题。

第六章　现代有形商品贸易管理

【学习要点及目标】

- 了解传统和现代销售理念及主要销售模式。
- 掌握销售管理的概念与基本内容。
- 了解现代销售经理的基本职责。
- 掌握现代销售方式的基本含义和特点。
- 了解现代销售技术的基本构成。
- 掌握销售质量的评价考核方法。
- 掌握现代采购模式及采购决策的基本过程。
- 了解采购管理与采购的区别及采购管理的基本目标。
- 了解供应商选择与评价的基本方法与步骤。
- 掌握现代供应链条件下采购管理所具有的新特点。
- 了解物流管理的概要。
- 重点掌握传统物流方式及人们面对这几种物流方式时应做的选择。
- 了解商品储存控制与技术。
- 掌握电子商务下的物流过程。
- 掌握电子商务下的物流模式。
- 掌握电子商务下的物流管理。

【核心概念】

销售理念	销售方式	销售技术	销售质量	销售费用	销售利润	采购管理
采购模式	销售策略	采购决策	电子商务	物流管理	物流模式	物流过程
储存控制						

【引导案例】

格力模式的三大命门

格力摆脱了名目繁多的出场费,不再强行加入卖场新开店、低身贱卖,为他人做嫁衣的日子也一去不复返,一时间"格力模式"被众人津津乐道,"格力模式"到底有什么样的魔力?格力正在利用其制造业的强势品牌向商业强势品牌衍生,也许有一天就像计算机行业的DELL,我们很难把它简单地归纳为制造业品牌,一定意义上又好似一个商业品牌。但目前格力空调给我们的印象还只是制造业品牌,有些专卖店的运作还不够规范,很多内容还欠缺连锁复制的神韵,能否成功向商业强势品牌转变,就看格力能否冲开三大命门。

命门一:终端品牌塑造加强

格力电器董事长董明珠与国美交恶后曾经说过:"格力从来没有为退出国美感到过半点后悔。虽然一开始有很多人替我们担忧,认为我们会招死自己,但事实证明,格力2021年上半年实现销售额达 910 亿,这很大程度上要归功于格力电器遍及全国的几千家专卖店和专营店。"既然这些专卖店和专营店是格力与国美、苏宁对抗的资本,但是,格力却对这些店面缺乏深入的规划和分析,对非店面的推广有位专家就认为格力必须提高专卖店的品牌号召力。譬如买剃须刀,我只买吉列,其他的品牌一概不认,格力能否达到这种力量。"好空调,格力造",这种好不是随便让个明星在媒体上亮个相那么简单。中国工商银行倡导"你身边的银行",但事实上我们身边的银行一点都不方便,品牌表达和行为脱节,这只会使品牌形象受损。格力应该让"好空调,格力造"深入人心,成为让消费者真正举手称赞的好空调。

命门二:专卖店面管理升级

持续五年的空调渠道变革,让空调行业经历了一个品牌急剧催生和品牌迅速消亡的过程。空调品牌已从 400 家减少到 20 多家,大浪淘沙,竞争残酷,格力必须在专卖店管理上升级突破,因为,现在空调行业的比拼不仅包括资金、品牌、技术研发,还包括管理水平,是一种综合实力的较量。

格力在全国开店有 3000 多家门店,虽然店面形式比较统一,但是在服务水平上却是参差不齐,良莠并存。所以在上岗前必须进行人员的培训,对上岗人员严格把关,培训师们可以在销售技巧、方法等方面进行评估和把握,在着装要求、行为礼貌等方面也可以作要求,但难以监控。当然,这类事情也不难办——可以由店长来监控,确保给消费者良好的印象。同时,区域经理也可以随时监控和指导,使卖手们在实战中逐步达到优秀卖手的标准。

格力可以参考沃尔玛、家乐福等经营好的超市,根据专卖店的具体环境,慢慢将管理水平进行渗透,最后达到共同的提升。如今,大家都在谈管理,谈执行,各种培训满天飞,格力需要找到合适自己的培训体系。专卖店本来定位就比较高端,服务水平上不去,在很大程度上给顾客一种失落感,甚至怀疑是不是冒牌货,搬石头砸自己的脚,疼在心里。

命门三:售后服务与众不同

国美、苏宁这些大卖场产品丰富,一站购齐,一般地处市区黄金旺地,有虎踞龙盘之势,辐射能力强;格力空调专卖店产品专业,服务方便,一般处于住宅小区,有星星之火的味道,细腻贴心。空调早有"三分产品,七分安装"的讲法,维修、保养是必不可少的,专业化要求很高,只有专卖店才可大行其道,很难想象 TCL 电视专卖店会有存在的价值。

所以,像国美、苏宁这些大卖场,最后的售后服务还需要厂家来完成,而格力专卖店不同,可以开发一套精细的服务流程做到底,因此,格力在售后服务上完全可以比大卖场做得更好。

2019 年初,格力和美的两大空调厂家率先喊出了整机、主要零部件包修 6 年的口号。体现售后服务不是盲目的叫嚣,一张不能兑现的"空头支票"把客户当猴耍最终吃亏的还是厂家,对格力来说,应该把精力放在认真研究用户的需求,不断调整自己的服务内容和品质,使自身的特色售后服务成为消费者值得信赖的重要筹码。

(资料来源:格力模式的三大命门,知乎(zhihu.com))

【案例导学】

有形商品贸易管理,其关键环节在于商品销售。销售额的实现,不仅代表企业满足消费者需求的程度，也代表企业对社会的贡献程度，因此，企业必须不遗余力地突破销售端口。商品质量、价格、销售渠道、促销手段是实现销售的四大影响因素，格力销售模式中切入的三大命门，使格力空调走入千家万户，这才是为商正道。

第一节　现代销售管理

一、销售在企业中的基本作用

通过长期复杂而激烈的市场博弈，现代企业已经达成一个基本共识，即在充分竞争的市场经济条件下，企业的前途和命运取决于有效的销售，"销售创造价值"也已成为现代企业经营的理念。因为在企业的诸多经营活动中，生产、研发、管理等活动均是纯资源消耗性工作，只有销售给企业带来经济收入。一个企业的技术水平再高，产品与服务质量再好，如果其产品销售不出去，则企业的一切努力均是徒劳的。对于现代企业来说，销售具有以下基本作用。

第一，销售是企业营销战略的中心环节，其直接决定着企业的营销成败。随着市场经济的不断发展，企业的销售活动已不像以前那样只通过个人的能力就能完成，只有从市场营销战略的大视野出发，精心策划、精心组织、精心运作，将分散的个人活动变成有效的团队活动才能完成。因此，只有从企业营销战略出发，组建和培养一大批优秀的销售人才，通过有效的销售管理，才能实现企业的既定销售目标，进而实现企业的经营利润。

第二，销售是企业管理的中心内容，其直接决定着企业的经营效益。在买方市场条件下，企业的收入是通过销售环节来最终实现的，企业的营销战略必须通过一定规模的人员推销与有效的销售管理来落实。在企业的各项经营机制中，制造机制和财务机制的主要活动领域在企业内部，而销售机制的活动领域则在企业外部，直接面对外部的市场环境。因此，销售在企业中具有其他经营活动所不可替代的功能，可以说销售管理是现代企业经营管理的中心内容。

第三，销售是企业树立品牌形象的中心工作。在市场经济条件下，企业之间的竞争不仅更加残酷，而且更加深入化，原来那些依托商品品质、技术、价格、服务等单项要素竞争的方式，已经逐步转变为品牌形象的竞争，因为品牌形象汇集和浓缩了企业经营与管理的方方面面，是现代企业素质与能力的集中体现。企业的品牌形象实际上就是企业在广大消费者心中的美誉度，而销售环节则是企业接触顾客、影响顾客的最主要环节，是现代企业整体形象的"窗口"。

二、销售理念及其销售模式

销售理念是指企业对销售活动及其管理的基本指导思想。作为一种组织行为，企业的销售活动都是在一定的销售理念指导下有计划地进行的。伴随着人类市场活动的发展，企业的商品销售理念也处于不断的发展过程中，经历了从传统销售理念到现代销售理念的不同阶段。其中，生产理念、产品理念和推销理念被视为传统的销售理念；而市场营销理念和社会营销理念则被视为现代销售理念。

1. 传统销售理念及其销售模式

传统销售理念以企业和产品为中心，在这一理念的指导下，企业在销售工作中认为，产品是"卖出去的"，而不是"被买去的"。因此，企业的销售工作应当致力于产品的推销和广告活动，以求说服消费者来购买自己所经营的商品。为此，企业必须通过大量的推销专家和人员，进行广告宣传，甚至夸大产品的"好处"，诱使和迫使人们购买企业所提供的商品或服务。在传统销售理念的支配下，企业往往采取以下的产品(服务)销售模式。

(1) AIDA 模式。此模式是指一个成功的推销员必须把顾客的注意力吸引或者转移到产品上，使顾客对推销人员所推销的产品产生兴趣，这样顾客的购买欲望也就会随之而产生，然后再促使顾客采取购买行为。AIDA 模式实施可分为四个步骤，即唤起注意(attention)、引导兴趣(interest)、激发欲望(desire)和促成交易(action)。AIDA 模式是国际著名的推销模式，目前仍然在许多企业的业务员培训中作为教学模式被采用。

(2) DIPADA 模式。此模式的特点是紧紧抓住了顾客需求这个关键环节，使推销工作更能有的放矢，因而具有更强的针对性。DIPADA 模式六个推销步骤：第一步是准确发现(definition)顾客的愿望和需求；第二步是把顾客的需求与推销的产品紧密结合起来(identification)；第三步是证实(proof)所推销商品符合顾客的需要和愿望；第四步是促使顾客接受(acceptance)所推销的商品；第五步是刺激顾客的购买欲望(desire);第六步是促使顾客采取购买行动(action)。

(3) GEM 模式。在激烈的市场竞争中，有时企业的推销员会对自己及其推销的产品失去信心。因此，有必要重点培养推销员的自信心和能力，以提高企业的整体销售水平。GEM 模式是一种为培养业务员的自信心，提高其说服能力的销售模式。这一模式的要点是通过一系列的培训工作培养业务员的自信心，使其相信其所推销的产品(goods)、相信自己所在的企业(enterprise)、相信自己的能力(man)。

(4) FABE 模式。此模式是通过比较并为顾客提供依据进而促使顾客购买的过程，它一方面将企业产品和服务与顾客的利益很好地结合起来，另一方面又可以通过展示产品的优势，既可增强顾客的购买信心，又可增强业务员销售的自信心。FABE 模式的程序是首先介绍产品的特征(feature)，然后介绍产品的优点(advantage)，接着介绍顾客购买该产品所能得到的好处(benefit)，最后通过提供有效证据(evidence)促使顾客产生购买行为。

2. 现代销售理念及其销售模式

20 世纪 50 年代以后，随着市场上产品大幅度增加，以及消费者收入的大大提高，使市场的买方性质更加突出。在这样的供求形势下，消费者的选择性购买和苛刻要求，迫使商品经营者改变以往单纯以企业和产品为中心的思维方式，转而认真研究消费者的需求，正确选择目标市场，不断调整自己营销策略。由此，营销理念从以企业为中心转变为以顾客为中心，从而形成现代销售理念及其销售模式。现代销售模式的发展经历了以下三个阶段。

(1) 购销互动模式。此模式要求销售人员既要为企业销售产品，同时也要为顾客提供咨询与服务。一方面销售人员要尽可能地销售企业的产品和服务，提高企业产品的销售利润率；另一方面要为顾客当好参谋(商务顾问)，即销售人员要将售前、售中和售后所需的全部信息、资源以及活动协调起来，服务于顾客，在满足顾客需要的过程中充当一名协助者和咨询者，在创造双赢的过程中成为顾客长期的经营盟友。

(2) 购销组织联系模式。受市场竞争、科技发展和全球化的影响，企业的商务范围得到不断扩展，商品的采购和销售都不再以个人角色出现，而是以团队或小组的形式出现。适应这种市场变化，购销组织联系模式要求企业的销售职能要转变为充当买卖组织之间主要的联系纽带，使顾客知道销售人员身后的资源网络体系。而企业的销售人员也不再以个人的形式工作，要求他们组建特殊的销售团队，为顾客提供全面、多样的销售服务。

（3）关系销售模式。在经济复杂化和竞争激烈化的今天，买卖双方都渴望建立长期、稳定的商务关系。关系销售模式认为销售以服务和价值创造为基础，注重解决方案与长久关系之间的整合。为此，此模式要求企业销售人员访问顾客的目的不仅是达成一笔交易，而且还包括建立长期的关系，在销售过程中要发挥长期商业盟友的作用，通过保证顾客现在以及在双方关系持续的全过程中得到他们所期望的服务，努力缩小和消除客观存在的"关系沟通"。

三、销售管理的基本方法

1. 销售管理的含义

就一般意义而言，销售管理是对企业销售活动进行计划、组织、指挥、控制和核算，以实现企业经济目标的过程。在销售管理过程中，现代企业应当树立"销售创造价值"的理念，将管理活动紧紧围绕着企业价值实现的全过程来进行。为此，销售管理在企业管理中应当扮演"排头兵"角色，一方面努力扩大企业的销售收入，另一方面要通过协调其他经营活动与销售活动的关系，在分工合作的基础上实现企业的整体目标。

2. 销售管理的主要内容

销售管理是现代企业营销管理的重要组成部分，是企业伸向市场的"桥头堡"，也是企业日常经济活动的中心内容。一般来讲，现代企业的销售管理应当包括以下四个方面的内容。

（1）制订销售规划。其是指对企业一定时期销售活动的计划与安排。销售规划是在销售预测的基础上，设定企业的销售策略与目标，同时编制销售配额和销售预算。相对而言，销售规划是所有销售管理功能中最重要的功能，它包含了三项内容：一是制定销售策略。即确定企业具体的销售模式、销售渠道、价格政策、货款回收政策、销售部门设置等；二是制定销售目标。即确定具体目的、实施计划、资源分配计划，以及销售日程表等；三是制定销售行动方案。即以细化和量化的方式确定销售的具体工作程序与方法。

（2）设计销售组织。现代企业的销售人员不再是个体"作战"，而是结成团队来发挥整体效能。因此，销售管理的一项重要内容便是合理地设计销售组织，以配合销售目标的实现。要设计好销售组织，就必须根据企业的销售总任务，以及销售市场的竞争状态，兼顾当前销售工作与企业销售业务的发展趋势，从销售队伍建设的目标和战略入手，确定销售队伍的规模与结构，和销售人员的基本素质要求，同时选择适合本企业的销售报酬形式。

（3）指挥和协调销售活动。销售工作是由销售人员来完成的。为此，企业的销售经理要对销售人员的行为进行指导和协调，即将企业的营销理念与目标准确地传达给每一位销售人员，以便在思想上达成共识。在实际的销售工作中，也只有在销售人员明白自己的行动目的之后，才能更为有效地展开销售工作。作为销售经理，其不仅要能够领导销售人员沿着正确的方向前进，而且应当团结部属，身先士卒，能够激励员工将工作做得更好。

（4）评价和改进销售活动。为了实现企业的销售目标，销售经理必须时刻关注所属销售人员和业务的发展动向，制定各种考核标准，建立科学的评估与考核体系，通过评估与考核对整体销售业务进行控制。同时，销售经理还应当根据销售的实际情况对目标与计划进行必要的调整和修改，使销售目标与计划更加符合变化中的市场环境。通过评估与考核，提高销售人员的工作效率，达到控制企业产品销售和整体服务质量的目的。

3. 销售管理的基本程序

对企业销售组织来说，及时发现并满足市场需求，为顾客提供满意的服务，建立长久的业务关系，是销售管理的基本要求。为此，销售经理要运用现代销售管理理念，依据市场状况及企业目标，统筹规划，全面体现本企业的营销策略，实现企业的销售收入和市场占有率目标。一般而言，企业销售管理应当遵循以下基本程序。

第一项工作，有计划地进行市场调查。即通过市场调查来摸清本企业所在市场的基本情况，包括市场规模、市场结构、市场特征、市场发展趋势、市场竞争状况，以及市场占有率状况。

第二项工作，确定企业销售目标。即在摸清市场情况的基础上，结合本企业的资源优势与劣势，通过大量的业务数据测算与比较，最终确定本企业在一定时间区段的产品销售目标，作为各项工作的基本方向。

第三项工作，制订销售规划。即为了实现销售目标，销售组织对于所拥有的人力、资金、场所设施、车辆设备等资源进行计划性的安排与配置，对销售工作的过程、进度、重点，以及备选措施进行文本形式的筹划。

第四项工作，分配销售任务。即在销售规划的执行期，由各级销售管理人员，根据销售规划的内容与要求，为属下销售团队及个人确定销售目标、分配销售任务，同时制定销售活动的基本规则与激励政策。

第五项工作，指挥与协调销售活动。即在企业具体的销售活动中，依据销售规划，对销售环节的分工与配合，对销售过程的基本步骤，以及各单位、人员销售工作的进度进行必要的指挥、协调和控制，以确保销售规划的落实。

第六项工作，销售评价与改进。即一个销售周期完结之后，对销售业绩数据进行分门别类的收集、汇总和分析，在数据分析的基础上总结销售规划的实现程度，以及经验教训，对下一阶段的销售活动提出整改意见。

四、销售经理的基本职责

1. 销售经理的能力要求

按照美国销售领域行业协会的要求，在市场经济条件下，一名合格的销售经理应当具备以下几项能力。

(1) 分析能力。即能够准确分析有关情况和数据，解决所在部门的相关问题，同时根据市场情况制订出销售计划，对属下的销售人员实施有效的管理。

(2) 创新能力。由于市场的多变性，企业的销售经理无法按照一成不变的办法来管理企业，也无法照抄照搬他人的方法，因此，销售经理必须具有创新思维。

(3) 决策能力。面对外部环境与企业条件，对于本单位所要进行的工作，销售经理应当迅速作出判断，继而作出符合实际的决定，而绝不能优柔寡断。

(4) 应变能力。即对客观环境变化的适应能力,在销售活动中,意外的变化往往是不可避免的,企业的销售计划要能适应各种变化,不能"以不变应万变"。

(5) 领导能力。即销售经理要能够使别人信赖、尊重自己的决断,具有委派、指导和指挥别人工作的能力,能够在员工之间树立起自己的威信。

(6) 组织能力。对于企业的销售活动,销售经理要能够抓住关键问题,合理组织单位的各项资源,同时采取具体措施执行和完成组织的销售计划。

(7) 承担风险能力。现代企业经济活动的一个突出特点就是其风险性,有竞争必然有风险,商场上并不存在"常胜将军",承担风险是销售经理必要的能力。

2. 销售经理的基本职责

企业的销售经理为了完成本部门的销售目标,依据企业的整体营销规划,全面负责本部门的业务和人员管理。因此,无论是高层销售经理,还是基层一线的销售经理,都应当履行以下职责。

(1) 制定与实施销售战略。销售战略涉及销售策略、销售目标、销售计划和销售政策等核心问题。销售战略的制定一般包括以下内容:市场分析与销售预测、确定销售目标、制订销售计划、制定销售配额和销售预算以及确定销售策略。

(2) 管理销售人员。对销售人员的管理是销售经理的一项最重要的职责,其具体工作内容包括设计销售组织形式、招募与选聘销售人员、培训与使用销售人员、设计销售人员的薪酬方案和激励方案,以及陪同销售和协助营销等。

(3) 控制销售活动。为了销售计划的顺利实现,销售经理应当对属下的销售活动进行必要的控制,其工作主要包括划分销售区域、人员业绩的考察评估、销售渠道及客户的管理、回收货款、销售效益的分析与评估和制定各项规章制度。

五、现代销售方式

销售方式是指商品经营者实现商品与服务的价值,转移商品使用价值的形式和手段。销售方式的内涵包括两个方面,一是商品与服务的交易方式是商品所有者之间的买卖关系,二是商品交易方式反映了商品实体和服务依次进入消费领域的过程。

(一)批发销售与零售销售

1. 批发销售

1) 批发的含义

批发是指批发商从生产商或其他经营商手中采购商品,再将其提供给商业用户及其他业务用户,供其转卖、加工或使用的大宗商品买卖方式。

2) 批发的主要特点

第一,批量销售与批量作价。批发销售一般要求要达到一定的交易规模才进行,通常有最低交易量的规定,即所谓批发起点。因此,批发销售的对象是各类用户,而不是广泛而分散的消费者。

第二,商品不进入消费领域。批发交易的各类用户,尤其是商业用户和产业用户,它们购买商品的目的不是为了供自己最终消费,而是为了进一步转卖或加工产品所用。

第三，批发销售的范围较广。一方面，批发销售对象的来源非常广泛，包括"商业用户""产业用户"和"业务用户"三类主体；另一方面，批发销售的机构虽然数量不大，但服务的覆盖面积很大、交易范围很广。

第四，批发销售的专有性较强。为了适应和满足客户的专项产品需求，批发商必须备有充足的货源。所谓"充足"的货源，是指产品线的长度较长、深度较深，即产品品种多，花色、型号、款式等较为齐全，便于客户选择。

3) 批发的功能

第一，集散商品。批发商先把分散在各地的生产企业的产品收购集中起来，然后经过编配，再分别批发给各个零售商。这样既满足了生产部门单一品种大批量生产、大批量销售的需要，也满足了零售部门多品种、小批量的销售需要。

第二，调节供需。商品的生产与消费在时间上和空间上存在着不一致性，需要以批发环节为枢纽，根据消费者在不同时间、地点的具体要求，通过各类商品的吞吐来调节供求矛盾。

第三，商品整理。批发商在销售商品之前，往往要对从生产部门采购的商品进行挑选、分级、分装、改装、编配等活动，从而将品种齐全、数量适当的系列化商品及时提供给零售店铺，以提高流通效率。

第四，融通资金。批发商在进行批发交易时，以预购形式向生产部门购进商品，向生产部门提供再生产所需资金；也可以以赊购的方式向零售部门销售商品，从而使零售商不至于因资金短缺而不能及时进货。

第五，风险承担。批发商因集中购进了多品种、大批量的商品，承担了商品损耗、变质、过期滞销、货款拖欠、丢失、退换以及其他经营风险和商业风险，为广大零售商提供了风险"担保"。

2. 零售销售

1) 零售的含义

零售是指借助一定的设施条件将商品或服务销售给最终消费者的交易活动，是商品流通过程中的最后一道环节。商品只有通过零售，才能真正实现其价值和使用价值。

2) 零售的特点

第一，结束商品的流通过程。与批发交易的目的完全不同，零售交易的目的是向最终消费者提供商品或服务，消费者从零售商那里购买商品或服务是为了自己消费，而不是用于转卖或生产。

第二，销售过程伴随着服务。零售商品的标的物不仅有商品，还有服务，即在商品的销售过程中要为顾客提供售前、售中和售后服务，而且这些服务已成为商业领域一种重要的竞争手段。

第三，交易次数频繁。由于零售交易是一系列零星的买卖，交易对象是众多分散的单个消费者，这就决定了零售交易每笔交易数量不大，但交易次数频繁，重复性的交易活动较多。

第四，商品品种丰富。由于消费者在购买商品时，往往要"货比三家"，以求挑选到既称心如意又价廉物美的商品，这就要求零售商所提供的商品必须品种丰富，花色和规格齐全，以满足和吸引不同类型的消费者。

第五，借助商业设施。为了方便购买，零售商不仅要科学地设置销售网点，还应当对店址的选择、商品布局、店堂陈设、营业时间安排等诸多要素周密考虑，以吸引更多的消费者前来购买，以求扩大销售规模。

3) 零售的基本功能

第一，组合各类商品。消费者为了生活，需要各种各样的商品。对此，消费者不可能也没有必要到生产企业或批发商处购买，这就需要零售商备足各类商品，并对其加以分类、组合、展示，以满足消费者购买的需要。

第二，实现商品的价值。一方面，通过零售交易完成了商品转化为货币的过程，实现商品的最终价值；另一方面，通过零售交易使商品进入消费领域，商品的使用价值得以实现，成为现实的有用物品。

第三，提供多项服务。为了满足顾客的购买需求，零售商在售前、售中和售后过程中，需要提供诸如电话订购、邮寄目录、产品说明、送货、安装、保修等全过程服务，以及停车场、餐厅、休息室、游乐室等全方位服务。

第四，传递需求信息。零售商直接联系着消费者、接触市场，能够最敏锐、最及时地反映消费者的需求，以及供求和价格的变化，通过向生产企业和批发商传递需求信息，起到指导生产、引导消费的作用。

(二)现货交易、远期交易和期货交易

1. 现货交易

1) 现货交易的含义

现货交易是指买卖双方出自对实物商品的需求与销售实物商品的目的，根据商定的支付方式与交货方式，采取即时或较短时间内进行实物商品交收的一种交易方式。通常在现货交易中，随着商品所有权的转移，同时完成商品实体的交换与流通。因此，现货交易是商品运行的直接表现形式。

2) 现货交易的特点

第一，存在时间长。现货交易是一种最古老的交易方式，同时也是一种常新的交易方式。现货交易随着商品交换的产生而出现，随着商品经济的发展，其交易方式不断增多，被商家广泛采用。

第二，方便采用。由于现货交易没有特殊的限制，交易方式比较灵活、方便，表现出较大的随意性，任何交易都可以通过现货交易来完成，而且不受交易时间、交易地点的限制。

第三，交易时间短。现货交易通常是"一手交钱，一手交货"的买卖，能够即时成交，或者能够在短时间内完成商品的交收活动，它不仅可以节约交易时间，也可以节省交易费用。

第四，价格信号短促。由于现货交易是一种即时的或在短时间就能完成商品交易的交易方式，因此，买卖双方成交的价格只能反映当时的市场行情，不能代表未来市场价格的变动情况。

3) 现货交易的功能

第一，快速满足消费者的需要。现货交易是人们接触最多的一种交易方式，消费者获得自己所需要的各种商品，主要是直接通过各种销售的现货交易，尤其是零售形式来达到

的。所以，现货交易具有强大的生命力。

第二，作为其他交易形式的基础。现货交易是远期合同交易和期货交易产生与发展的基础，远期合同交易与期货交易的历史，都比现货交易短得多，都是在现货交易发展到一定阶段和基础上形成和发展起来的。

第三，具有较高的交易安全性。在商品经济社会，伴随着商品交易规模的不断扩大，商业欺诈现象也时常发生，给交易者造成经济损失。由于现货交易是一种即时的、面对面的交易，便于人们在交易过程中辨别欺诈行为，保证交易的安全性。

2. 远期交易

1) 远期交易的含义

远期交易也称为远期合同交易，是指买卖双方通过签订交易合同，约定在未来某一时期进行实物商品交收的一种交易方式。远期交易与现货交易的关系十分密切，二者具有相同的性质，即都是为了实物商品的最终交收。因此，远期交易与现货交易统称为"实物交易"。

2) 远期交易的特点

第一，以合同为交易规则。远期交易双方必须事先签订远期合同，在合同中明确所交易商品的品种、质量、数量、价格、运输方式、付款方式等一系列交易条件，在合同的执行期，买卖双方都必须按照该合同的条款办事。

第二，交货时间较长。出于多种原因，远期交易的买卖双方从达成交易到实物商品交收，通常要经过较长的一段时间，一般相差几个月甚至更长，也就是说，远期交易成交在先，交货在后。

第三，违约必须赔偿。对于远期交易，买卖双方往往要通过正式的磋商、谈判，最后达成统一的意见，然后签订合同。由于合同中明确了双方的违约责任，一方违约时，另一方可得到约定的赔偿，降低了交易的风险性。

第四，第三方监督。远期交易通常要求在规定的场所进行，双方交易要受到第三方监控，以使交易公开、公正与公平。远期交易发生争议时，将由第三方出面协调和解决买卖双方的矛盾。

3) 远期交易的功能

第一，稳定产销关系。远期合同交易的买卖双方通过磋商和谈判，签订远期交易合同，这实际上是一种预买预卖的合同，其对于买卖双方了解商品及其价格、筹措资金、筹划储运都十分有益，可以稳定供求之间的产销关系。

第二，防范市场的不确定性。远期交易可以弥补现货交易的不足，使人们获得负担商业风险的途径，在生产的产品尚未出来之前，买卖双方就将商品交易的有关数据敲定下来，有效地防范了商品市场的不确定性。

第三，有助于经营计划目标的实现。企业的经营计划是提前制订的，在执行过程中会发生"计划没有变化快"的问题，以至于计划难于适应已经变化了的市场，远期合同交易则很好地规避了市场风险，有助于计划目标的实现。

3. 期货交易

1) 期货交易的含义

期货交易是指买卖双方在交付一定保证金之后，在商品期货交易所进行的标准化合约的买卖。期货交易是一种"保证金交易",要求参与交易者必须首先在其所属的期货经纪公司开设帐户,存入一定数量的初始保证金,然后按照初始保证金的数量与每类商品期货保证金的要求开始期货交易,并随着每日交易结算价格的变动,每天计算交易者的盈亏状况,不断调整交易者的保证金数目。

2) 期货交易的特征

第一,交易依托标准化合约。期货合约也称期货,是商品交易所为期货交易制定的标准化合约,也是一种可以反复使用的标准化交易合约或合同。期货不是"货",期货交易的实质是"虚拟交易"。

第二,交易本质是买空卖空。期货交易可以先买后卖,也可以先卖后买,而且在交割期到来之前,可以进行多次的买卖,以获取期货合约买卖的价格差,实物交割在期货市场上的比例极小。因此,期货交易的本质是买空卖空。

第三,需要预交保证金。为了有效地控制期货交易的风险,现代期货市场已经建立了一整套的风险保障制度体系,其中之一就是保证金制度,规定期货交易者必须预先存入一定数量的初始保证金,然后按照要求进行期货交易。

第四,交易行为的规范化。期货交易必须在期货交易所内按照固定的交易程序与规则进行,具有极其严格的规范性。不论是期货交易所的会员单位,还是非会员单位,不论是自营,还是代理,交易都必须在期货交易所内完成。

3) 期货交易的功能

第一,价格发现。俗称价格导向,即期货可以确定市场上各种商品未来预期价格。期货交易的竞争反映了各个参与者对商品供求的分析,而竞争的结果,即期货交易中所确定的价格则正确地反映了某种商品的供求状况,成为合理价格。

第二,套期保值。所谓套期保值,是指期货市场中买进或卖出与现货市场相当,但交易方向相反的期货合约,以期在未来某一时间通过卖出或买进同等数量的期货合约而补偿因现货市场价格变动所带来的实际价格风险。

第三,提供"投机"机会。期货交易的商品价格确认基于对未来市场价格的预测,由于价格预测难免有误,因而期货交易具有较高的风险性,表现出较明显的投机色彩,为具有一定商品市场经验、敢于冒险的商家提供了"投机"机会。

(三)自主交易、信托交易和代理交易

1. 自主交易

自主交易也叫"买断经营"或"经营",交易者(经销商)是完全独立的流通当事人,对交易的商品拥有完全的所有权和自主经营权,独立承担经营风险和盈亏责任,是商业交易的原生形态。自主交易按照经营权是否具有排他性,可以分为独家经销、多头经销与总经销三种形式。这三种形式的共同点是厂商或进口商与经销商之间已经发生实际的买卖关系,商品所有权已发生转移,通过进销差价获得利润。在交易过程中,经销商通过自垫资金购买货源商品、自行销售、自负盈亏等方式,可以得到厂商或进口商在商品价格方面的优惠条件。对于独家经销、总经销而言,还可以享有某特定地区范围内对商品经销专营的权利。

2. 信托交易

信托是指信托人(受托人)接受他人委托,以自己的名义代他人(委托人)购销商品,并取

得报酬的交易行为。信托交易是指商业信托企业或个体商户从事的接受他人委托的购销或寄售等销售业务，并从中收取一定手续费的交易行为。信托交易是一种居间性交易方式，具有挖掘社会潜在物资、调剂余缺和降低商业风险的经营特点。与自主交易不同，商业信托交易方式的应用范围较为广泛，经营方式灵活多样。从经营品种看，有仓库积压商品、陈旧商品、社会挖潜商品、试销商品等；从经营方式看，涉及委托代销、委托寄售、自营业务和代理业务等；从经营形式看，有信托商店、贸易货栈、拍卖行、信托公司等。

3. 代理交易

代理是指代理人在代理权限内以被代理人(委托人)的名义进行民事活动，由此产生的权利和义务直接对被代理人(委托人)发生效力的经济行为。代理交易是指代理人即代理商接受制造商或销售商的委托，代理购买或销售商品，并根据购买额或销售额的数量，按比例提取佣金的一种交易方式。代理商一般不拥有商品的所有权，不承担任何市场风险，对商品价格、促销政策等一般也没有决定权。一般情况下，代理商只经营批发代理业务，而不从事零售代理。代理交易是一种内涵丰富的交易方式，它包括销售代理、采购代理、运输代理、仓储代理、广告代理等多种代理交易形式。

(四)现金交易、信用交易和票据交易

1. 现金交易

现金交易是指以直接支付现金而进行的商品交易。现金交易与现货交易有着密切的联系，它虽然是一种古老的交易方式，但又贯穿于商业产生后的整个历史过程中。在现金交易中，商品的价值运动、所有权转让与商品实体运动是同步完成的，这种商流与物流合一的运动方式是现金交易的本质特征。现金交易的功能在于保证商品流通与货币流通的相向运动。随着商品经济的不断发展，商品交易的规模日益增大，现金交易的风险与局限也日益明显，以致很多国家对企业间单笔交易的现金数量，通过一定的财务会计制度加以限制，致使现金交易主要存在于商品零售与小商品批发环节之中。

2. 信用交易

信用交易也叫商业信用交易，是指在商品经济条件下，不同所有者之间的商品与货币资金的借贷和预购、赊购等行为。在信用交易中，银行信用和商业信用是最直接的形式。其中，银行信用是商业银行为各类生产者与经营者提供货币资金，满足其资金不足的需要，从而加速资金周转，提高资金利润率的信用活动；商业信用则是不同市场主体或各类企业之间相互提供的与商品交换有关的信用，是采用商品形态提供的信用。商业信用产生于商业活动中，即在商业活动中往往会出现由买方或卖方提供商业信用来促成交易的行为，它通过改变付款形式来调节商品运动与货币运动所存在的时空差异，以达到扩大销售的目的。

3. 票据交易

票据是发票人自己承诺或委托付款人按指定日期无条件支付款项的一种凭证。票据具有广义和狭义之分。其中，狭义的票据仅指以支付一定货币金额为目的，可以转让和流通的债务凭证，也就是通常商业结算中的"三票交易"，即汇票、本票和支票；广义的票据是指一切为商品流通服务的凭证，其除了狭义的票据之外，还包括提单、保险单、发票等单据，以及商品的产地证、检验证等。票据交易是指以具有一定格式的书面债据为结算基础

的交易方式。在这种债据上一般要注明一定的金额,在一定时期内执票人可以向发票人或指定付款人支取款项。相对于其他交易方式,票据交易具有信用、结算、流通和自动清偿等特殊功能。

(五)拍卖交易和租赁经营

1. 拍卖交易

拍卖是指以公开竞价的方式,将特定的物品或财产权转让给最高应价者的买卖方式。拍卖是一种中介服务性质的交易方式,它是通过公开竞价的方式成交的,也是受法律严格规范的一种买卖活动。拍卖主要可分为一般拍卖和网上拍卖两大类。拍卖交易自古就有,在当代获得快速发展,并成为国际贸易中一种从事特殊商品买卖活动的交易方式。在拍卖现场,买者一旦发现自己感兴趣的物品,他就可以浏览当前的最高价,然后决定自己是否出这一最高价格。通过拍卖交易的商品大多是一些品种不宜标准化或在历史上有拍卖习惯的东西,如艺术品、古董、珠宝首饰等,其价值与价格一般缺乏统一的尺度。

2. 租赁经营

租赁是指出租人依据租赁签约的规定,在一定时间内把租赁物品租借给承租人,由承租人分期支付一定租赁费(租金)的融资与融物相结合的经济行为。租赁是一个历史范畴,具有传统租赁和现代租赁之别。其中,传统租赁是指租赁人以取得租赁物的使用价值为目的,而出租人则是为了获取一定的经济收入;而现代租赁是指出租人除了获得租赁物的使用价值以外,更重要的是将租赁变为一种通融资金的手段,它实际上是一种将金融与贸易相结合,由承租方、承租方、供货方以及商业银行共同参与进行的综合性经济活动。现代租赁的经营范围十分广泛,大到飞机、火箭、轮船,小到家庭用品和儿童玩具。

六、现代销售技术

(一)销售技术的含义

作为一种独特的行业,商业的产生具有悠久的历史。早在原始社会末期,人类部落的生产力有了一定的发展,产品有了一些剩余,在各部落之间就出现了最早的商品交换活动。随着人类社会的进一步发展和生产力的进一步提高,以手工业为代表的小商品生产出现,人们交换商品的种类和规模进一步增加,交换活动变得更加频繁,而生产者同时承担生产与产品销售的两种职能就显得很不方便。因此,就有一部分生产者离开了生产领域,不再从事生产活动,而是专门代别人销售商品,从事商品买卖活动。这部分人就成为最早的商人,并形成一个独立的行业,即商业。

商业出现后,商人们承担起商品流通的职能。商人通常先从生产者那里买进商品,然后经过存储、运输等环节,再把商品销售给顾客。商人从事商品流通活动需要支付成本,而要获得最大限度的利润,就必须尽可能降低流通的成本,提高流通的效率。为此,一些专门为适应流通需要的各种技术应运而生,并在商人们的实践中得到不断的发展。这种专门用于商品流通过程的各种技术,就是销售技术。

销售技术,又称商品流通技术,它是指在商品流通过程中为保存和增加商品的使用价值、增进商品流通的速度、提高商品流通的效率而采用的各种手段和方法的总称。

(二)销售技术的发展

1. 古代销售技术

早在原始社会的末期,在氏族部落之间就开始有了商品交换,但这种交换还仅仅是一种互通有无的交换,其发生的频率和交换的数量很小。到了奴隶社会,原始公有制瓦解,出现了家庭和私有制,人们之间的商品交换行为开始大量增加。因此,就出现了专门进行交换的场所——市场。据我国《周易·系辞下》记载:"日中为市,致天下之民,聚天下之货,交易而退,各得其所。"即神农氏发明了在中午的时候让周围的人们聚集在一起进行交换的方式。这种以物易物的市场是我国商业发展的起源和基础。

随着分工的深入和生产力的提高,交换的规模进一步扩大,这时,人们已经不再满足于在某一个固定的地点的交换,因而就出现了进行长途贩运的商旅。商人用骡马、舟车等运输工具,将货物从一地贩运到另一地,这也是最早的商品运输,并出现了最早的商品运输技术。当货物到达目的地后,在尚未销售出去之前,需要将货物暂时存放,因而在客栈里还设有堆栈,专门供商旅们存放货物,这也就是最早的商品储存,相应出现了最早的商品储存技术。在我国古代,将这种进行长途贩运的人称之为"商",而将固定在某一地开设店铺的人称之为"贾"。商贾之间形成了一定的分工,这也就是批发和零售分工的开始。专门进行零售的店铺为销售商品,设置了门面、柜台,对商品进行一定加工、分装,然后再进行销售,因而又出现了最早的销售技术。

当然,由于历史条件的限制,古代的销售技术还十分简陋,主要是依靠人力、畜力,通过手工劳动来完成商品流通过程。商业技术的落后在很大程度上限制了商品流通的发展,例如我国古代就有"千里不运草,百里不运粮"的说法,这是因为过高的流通费用已超出了商品本身的价值。这说明在当时的技术条件下,进入商品流通领域的商品种类十分有限,其流通范围也受到很大的限制。

2. 近代销售技术

到了近代,工业革命的兴起,极大地推动了生产力的发展。由于大机器生产的出现,形成了大规模的商品生产,要求商品流通的规模也要随之而扩大,与生产规模的扩大保持一致。因此,一些最新发明的技术被用于商品流通,以机械为动力的轮船代替了原来的帆船,汽车、火车代替了骡马,各种起重、搬运机械代替了人力。另外,随着电报、电话的发明,新的通信技术随即被商人们用于传递商品信息,从而大大降低了因信息缺乏而带来的商业风险。由于商业技术前所未有的突破,商品流通也出现了前所未有的发展,为工业化和城市化的发展奠定了基础。

销售技术的进步也推动了流通组织的变革,为适应城市化和大规模销售的要求,在法国出现了世界上第一家新型零售组织——百货商店,之后,百货商店逐渐代替了传统的杂货店,成为商品零售的主要形式。在百货商店内部,各种商业机械、设施和技术也被广泛应用,使其成本大大降低,商品周转速度大大提高。由此可见,商业技术的发展为现代流通组织的产生和发展提供了必要的技术支撑和条件。

3. 现代销售技术

20 世纪是人类历史上科学技术发展最为辉煌的时期,无论在数量还是在质量上,都大大超过了 19 世纪取得的成就,也远远超过去几千年的总和。20 世纪自然科学有四大成果:

一是相对论的提出；二是原子结构和基本粒子的发现与量子力学的创立；三是电子计算机的发明和控制论、信息论、系统论的创立；四是分子生物学，特别是核酸的分子结构和遗传密码的发现。前三项伟大发现导致了原子弹、氢弹爆炸，以及微电子、激光、计算机和超导等高新技术的兴起，第四项发现的成果已被广泛应用于医药、食品、化工、能源、农业和环保等领域。特别在 20 世纪末和 21 世纪初，随着微电子、光电子技术及纳米电子技术的进步，遥感技术(RS)、全球定位系统(GPRS)、宽频带高速数字综合网络、人工智能、多媒体技术和"虚拟现实"技术等信息科技前沿的进展，一个信息化的时代已经到来，将给 21 世纪的生产过程、流通过程以及经济、社会的发展带来难以估量的革命性变化。

20 世纪以来科学技术的发展，也带来了流通领域的技术革命，在原来机械化的基础上，借助于最新的科技成果，商品流通的过程进一步实现了自动化，如自动售货机的应用、自动化立体仓库的出现等，使商品流通的效率得到进一步的提高。特别是在 20 世纪 60 年代之后计算机技术的应用，将流通产业带入一个信息化的时代，各种与信息化有关的商业技术应运而生，如条形码技术、射频技术、数据库营销技术、网络销售技术等。

技术革命也引发了新的流通革命，从 19 世纪末超级市场的出现到 20 世纪连锁商业的发展，从现代物流中心的出现直至最近一个时期电子零售的产生，流通领域发生了一系列重大变化，而这些变化与现代商业技术，尤其是信息化技术的产生和发展有着密切的关系。可以预计在不远的将来，现代科技在流通领域的应用将有更多新的突破和发展，流通产业将全面进入信息化、网络化的时代。

(三)现代销售技术类型

由于商业活动的复杂性，销售技术的类型也是多种多样的。按照不同的划分方法，可以将销售技术划分为不同的类型。

1. 按照技术的适用性划分

(1) 通用技术。是指在商品流通中普遍应用的技术，如商品的检验技术、商品养护技术、商品条形码技术以及信息交换技术等。无论是在批发企业还是零售企业，也无论是在仓储企业还是在运输企业，都或多或少地需要应用这些技术，以更好地完成其在商品流通中所承担的职能。

(2) 专用技术。是指专门用于商品流通某一环节和职能的技术，如销售技术、包装技术、仓储技术和运输技术等，这一类技术有着很强的针对性，是专门为流通过程的某一环节或职能而发明的技术，以提高该环节或职能的劳动生产率和经营的效益。

2. 按照技术的先进性划分

(1) 传统技术。传统技术是伴随着商业的产生而产生，又伴随着商业的发展而发展的。早期的商业技术建立在手工劳动的基础上，直至工业革命之前，这种状况都没有发生根本性的改变，商业技术对商业劳动生产率的提高贡献很低。这种以收购劳动和简单机械为基础的商业技术，也就是传统商业技术。

(2) 现代技术。随着科学技术本身的不断进步，各种新技术被不断应用于商业领域，新的商业技术不断产生。销售技术的现代化首先从机械化、自动化开始，利用机械来代替手工劳动，使商业劳动的强度大大降低，劳动生产率大大提高。到了 20 世纪后半期，电子计算机技术得到了快速的发展，并被广泛应用于商业领域，带来了第二次商业技术的革命，销售技术又进一步向信息化、智能化迈进。

3. 按照技术的应用特性划分

(1) 商流技术。是指用于商品价值与使用价值转换过程的技术，主要是商品的采购和销售技术。

(2) 物流技术。是指服务于商品实体空间与时间转移过程的技术，主要有仓储、运输、包装、流通加工、配送等技术。

(3) 货币流技术。是指应用于货币流通的技术，如资金的结算、划拨以及收款、付款等方面的技术。

(4) 信息流技术。是指用于商品流通过程中信息的收集、传递以及处理方面的技术，包括通信技术、计算机网络技术等。

4. 按照技术的应用功能划分

(1) 标准化技术。标准化是现代社会化、专业化生产的一个重要特征，也是实现社会化、专业化生产的一个重要条件。随着社会分工的不断深入，商品流通过程的社会化、专业化程度也在不断提高，这就要求对商品流通过程实行标准化，标准化技术也因此成为商业技术的一个重要组成部分。目前，商业标准化技术主要有商品标准编码技术、商业设施与设备的标准技术、条形码技术等。这些技术的应用，又是其他现代商业技术(如自动化技术和信息化技术)应用的前提。

(2) 自动化技术。商业部门一直属于劳动密集型的行业，劳动强度大而劳动生产率低。自动化技术则是应用机械设备与自动控制技术来代替手工劳动和人工操作，从而大大减轻了商业劳动的强度，提高了劳动效率。自动化技术包括的范围很广，既有商流过程的自动售货技术，也有物流过程的自动仓储、分拣、输送技术等。随着各种新技术的应用，商品流通作业的自动化程度大大提高，而商品流通自动化的实现，又成为商业现代化的一个重要标志。

(3) 信息化技术。随着计算机信息网络技术的应用，社会经济进入了一个信息化的时代。信息化社会的一个重要特征，就是信息技术的广泛应用，包括在商品流通领域，各种信息网络技术也被应用于流通企业的经营与管理。而信息化技术的应用，则成为网络经济条件下现代商业技术发展的新的里程碑。信息化技术包括计算机技术、网络技术、数据传输技术以及数据的处理技术等。通过信息技术的应用，流通企业实现了生产与消费更加紧密的连接，促进了流通企业在供应链上的广泛协同，将商品流通技术的发展推进到一个新的高度和阶段。

(四)销售技术的基本作用

1. 维护商品的自然属性

从销售技术发展的历史来看，最早的商业技术主要是为了商品自然属性的维持，保持商品的使用价值。就商业活动的性质看，它增加商品的价值，但并不增加商品的使用价值，而且随着流通过程的延续，商品的使用价值还有可能因自然和人为的原因而减少。因此，商品自然属性的维持，也就成为商业技术的一项基本任务。为此，在商品流通的实践中，人们发明了各种维护商品使用价值的技术，以减少商品在仓储、运输过程以及销售过程中的损耗，保持商品原有的使用价值与价值，以确保商品流通功能的充分实现。

2. 克服商品购销的差异

产销分离的存在,既是商品流通存在的必要条件,同时也为商品流通的顺利进行设置了障碍。如果产销之间以及与此紧密联系的购销之间不能实现一致和均衡,就有可能导致流通过程的中断而使社会再生产无法继续进行。为了解决在产销分离的条件下所出现的矛盾,商业技术由单纯的商品维护和保管技术进一步发展为对产销、购销之间的联系与沟通的技术,以克服产销以及购销之间的差异给流通带来的不利影响,实现商品流通与市场供求的整体均衡。

3. 加速商品周转的速度

从宏观角度看,商品周转速度决定了商品流通速度,而商品流通速度决定了社会再生产的速度。因此,加快商品周转速度,对于加速经济的发展具有重要意义。从微观的角度看,商品周转速度决定了企业资金周转的速度和资金的利用率,是影响企业经营业绩和效益的一个重要方面。因此,无论从宏观上还是微观上,都要求流通企业及部门加速商品周转,许多有助于加速商品周转的商业技术也就应运而生。商品的周转速度既取决于商品的销售过程,也取决于商品物流过程,所以用以加速商品周转的技术既包括商流技术,也包括物流技术。尤其是现代物流技术的发展和应用,对于加速商品的流通过程,提高市场反应速度,发挥了重要的作用。

4. 提高商品流通的效率

一切科学技术的研究和应用,都是为了提高生产力。商业技术的发明与发展,其最终目的,同样也是为了提高商品流通的效率。从历史上看商业技术的发展和应用,对商品流通效率的提高起到非常重要的作用。特别是近一个世纪以来,销售技术的发展带动了流通组织和流通方式的根本性变革。促使了世界范围流通革命的兴起,商品流通的效率大大提高,流通产业也由原来从属于生产的地位上升为国民经济的主导产业,成为现代经济的核心部门和主导产业。这些历史性的变化,都与商业技术的进步有着密切的关系。销售技术的发展对推动流通产业的发展乃至整个国民经济的增长,发挥了不可替代的作用。

(五)现代销售技术的发展趋势

1. 销售服务的个性化

工业革命之后,为了适应大规模生产的需要,生产越来越标准化,企业为消费者提供的是标准化、单一化的产品,以降低生产的成本,提高企业的竞争力。然而,随着消费者自主意识的不断增强,对企业实现个性化服务的要求也越来越强烈。在这种情况下,企业必须改变以往以产量为中心的经营战略,而是把消费者的需求放在第一位,通过多样化的产品,满足不同消费者个性化的需求。

在流通领域,企业同样也必须满足消费者对商品购买的个性化要求,以不同的服务方式和内容来适应差异化的消费者需求,这就对商业技术的发展提出了新的要求。未来商业技术发展的一项重要内容,就是要为企业实行个性化的"一对一"服务提供技术支持。借助于现代商业技术的应用,使企业能够与每一位顾客进行有效的联系和沟通,实时地了解和掌握每一个顾客的详细资料和数据,并通过对客户有关数据的分析制定针对每一位顾客的服务方案和策略,使客户得到最适宜同时也是最满意的服务。

2. 市场响应的快速化

随着现代科学技术的发展和收入水平的提高，人们的消费内容变得极为丰富，需求变化速度也大大的提高。与以往相比，产品的寿命周期大大缩短。这样，在现代市场中速度已成为决定企业市场竞争力的关键，谁能够及时把握市场的变化，以最快的速度对市场需求的变化作出响应，谁就能在市场竞争中占据优势地位。

为此，各种有助于加速企业市场响应的技术将成为未来销售技术发展的又一个重点。加快市场响应速度既涉及生产与流通企业对市场变化的实时监控和把握，还涉及生产与流通企业之间的有效沟通和紧密配合。另外，缩短流通渠道，改造商业流程，加速商品物流过程，也成为对市场快速反应的重要环节。在此方面，商业技术将大有可为，尤其是信息技术在快速响应方面的应用，将成为未来销售技术发展的一个重要趋势。

3. 信息技术的集成化

从20世纪后半期开始，信息技术以前所未有的速度在发展。据测算，计算机每5～7年计算速度增加10倍，体积减少90%，价格下降90%；微电子芯片单位面积存储量每18个月增加1倍，成本基本不变；1975-1998年单根光纤带宽增加20万倍，成本指数从100下降到0.081。扩张信息的流通规模，加快信息的流通速度，创新信息的流通方式，发挥信息的带动和引领作用，是现代流通方式的核心特征。目前，信息技术已开始广泛地应用于批发、零售企业和商流、物流、资金流、信息流过程，并成为现代商品流通的核心技术。

从未来的发展看，信息技术的应用还将进一步地深入，渗透到商品流通的每一个环节和每一项职能。同时，信息技术的应用将呈现出集成化的趋势，即将各种单项信息技术有机地结合在一起，成为一个完整的系统和体系。同时，将信息技术与其他技术，如工程技术和机械技术等加以融合，使之在更高的层面上实现技术资源的整合和充分利用。因此，在各种单项技术基础上进行整合与集成的技术，将是未来销售技术研究的重要内容。

4. 新兴技术的普及化

从发展趋势看，未来的各种新兴技术将在商业活动领域具有更加广泛的应用。例如，二维条码将取代现在的普通条码，射频技术代替一般现在以扫描仪为主的信息采集技术，而无线网络和移动商务技术将进一步扩展电子商务活动的空间，商业智能技术研究的进展将使商业活动的自动化、智能化程度进一步提高。这些新技术的采用，将推动流通技术革命的继续深入，带来商品流通的进一步发展。

七、现代销售服务质量管理

(一)企业服务竞争力及其指标构成

1. 服务竞争力的含义

服务竞争力是指在竞争性市场中，一个服务企业所具有的能够持续地比其他企业更有效地提供服务产品，并获得盈利和自身发展的综合素质。服务竞争力的概念包含着以下四个要旨：第一，企业在市场竞争中所体现出的盈利能力是竞争力的本质；第二，服务竞争力是在开放的服务市场竞争中表现出来的；第三，服务竞争力是在竞争环境下企业与对手的对抗较量过程中显现出来的一种力量；第四，服务竞争力是服务企业系统所具有的整体实力。

2. 服务竞争力的基本特征

第一，在服务战略方面，要求企业在思维方式、管理理念、经营模式等方面适应服务市场的发展；第二，在人员方面，要求员工队伍的文化、知识、道德、技术、能力等方面的素质符合服务行业的发展状况；第三，在企业组织方面，要求内部资源的优化配置，分工合作的有条不紊，能够形成服务团队的合力；第四，在服务产品方面，要求所提供的服务能够满足不同消费者的需求，同时体现出服务产品的适用价值；第五，在硬件设施方面，要求服务设施、设备、场所等与所提供的服务产品及服务过程匹配，能够促进服务的交易。

3. 服务竞争力的指标构成

根据服务竞争力的八要素理论，服务竞争力的衡量指标主要分布在两个方面、八项内容：一是服务结构方面，主要包括传递系统(前台与后台、自动化等)、设施条件(规模、布局等)、地点状况(场所位置、场所特征等)和发展能力(服务能力、经济实力等)四项指标；二是服务管理要素方面，主要包括服务接触(服务文化、员工授权等)、服务质量(期望与感知、服务担保等)、员工管理(员工素质、团队管理等)和信息能力(竞争资料、数据收集等)四项指标。

(二)服务质量及其基本特征

1. 服务质量的含义

对于服务质量，国际标准化组织的 ISO8402 文件将实物产品或服务的质量解释为：满足和实现使用者需求的程度。我国国家标准 GB6583.1 将服务质量解释为满足规定或潜在要求(或需要)的特征和特征的总和。同时该标准附加强调以下几点：一是在合同条件下或根据法规要求作出明确规定，而在其他情况下对隐含的需要必须加以识别和确定；二是必须进行定期评审；三是应根据特定的准则将客户需要转化为特性，如合用性、可信性、安全性、经济性、美学性等；四是应采用恰当的形容词加以描述，如相对质量、质量水平、质量度量等。

2. 服务质量的特征

第一，互动性。即服务质量是所有参与服务产品生产和消费的相关人员或利益相关者，通过对所需利益的共享和体验，最终达成共识的结果。

第二，归属性。即服务质量是服务产品生产者根据目标客户实际需要，采用不同的生产方式和方法，将制成的服务产品及时而又完整无缺地递送给目标客户，通过客户享用和感知，以及最终产生的态度和行为，直接反映服务质量。

第三，满意性。即服务质量是客户对服务产品、服务内容、服务过程、服务结果的认知和感知，其实质是客户期望质量与实际感知之间的差距。

3. 服务质量问题的种类

一般而言，企业的商务服务质量主要有两种类型：一是总体质量。即对服务组织为客户提供的硬件服务质量和软件服务质量进行综合评估。以教育服务为例，总体质量中硬件服务质量涉及校园环境、图书馆规模、多媒体教室数、网络设施等；软件服务质量涉及办学理念和宗旨、校规和校训、教学方法和风格、学习氛围等；二是特定质量。即服务组织为客户所提供的特定服务产品的质量，其按照特定指标进行评估。以航空公司为例，其所提供的商务舱服务、票务服务等就属于特定质量的范畴。

(三)销售服务质量

1. 服务质量差距的表现状态

服务质量差距是指顾客的服务期望与他们对实际提供服务的感受之间的差距。根据日本质量管理大师赤尾洋二教授的 QFD 法(Quality Function Deployment，QFD，质量功能展开法)，服务质量差距的表现主要包括：一是训练。即服务人员的专业训练状况；二是态度。即服务人员对顾客所表现出的工作态度状况；三是能力。即服务人员在服务过程中所表现出的业务能力状况；四是信息。即服务过程中机构传输给顾客的服务信息量；五是设备。即服务机构提供给顾客的服务硬件环境状况。

2. 服务质量差距的种类

服务状况通常根据管理层、员工和顾客三方面的期望与感受之间的差距来考察，服务质量差距的种类包括：一是知识差距。即消费者对服务的期望与管理层感受到的消费者期望之间的差距；二是标准差距。即管理层感受到的消费者期望与服务提交所设定的质量规范之间的差距；三是提交差距。即为提交所设定的质量规范与所提交的实际服务质量之间的差距；四是沟通差距。即所提交的实际服务质量与企业在外部沟通中描述的服务质量之间的差距。

3. 服务质量差距模型

PZB(美国服务管理研究小组的三位学者：Parasuraman A, Zeithaml V and Berry L, PZB)于 1985 年提出了服务质量的差距模型，用框图的形式展现出服务质量要素与感知服务质量的关系。在这个模型中，他们将服务质量影响因素归纳为十个决定要素，即有形性、可靠性、响应性、能力、礼仪、可信度、安全、易接触、易沟通和对顾客的了解，后又进一步归为五类：一是可靠性。即可靠地、准确地履行服务承诺的能力；二是响应性。即及时地为客户提供服务的愿望；三是保证性。即服务人员具有的知识、能力与友好的态度；四是移情性。即对客户的关心和关怀，从客户的角度考虑问题；五是有形性。即服务的实体设施、人员、工具及其他与客户接触的有形物品。

4. 服务质量差距的弥合方法

其一，就管理者而言，弥合差距的方法是通过各种途径了解客户的期望，如市场调研、多与客户交流等；其二，就服务规范化而言，弥合差距的方法是建立正确的服务质量标准，加强员工与管理层间的协调；其三，就提高服务绩效而言，弥合差距的方法是在人员、技术、制度和机制等方面加强管理，营造良好的服务环境和氛围；其四，就提高诚信度而言，弥合差距的方法是尽量使承诺的服务与实际的服务效果匹配，既不过分宣传，也不有意隐瞒。

(四)企业服务质量的评价考核方法

1. 服务质量的评价原则

第一，应当将顾客的服务感知作为服务质量评价的核心，因为服务企业的基本职能就是满足顾客的服务需求;第二,应当将服务期望与服务绩效相比照,高质量的服务意味着与顾客所期望的标准一致;第三,服务质量评价应当包含服务结果(技术质量)与服务过程(功能质量)两个方面,前者表现为顾客在服务中的实际所得,后者表现为企业的服务传递方式,它们都是顾客在服务接触中所关注的内容。

2. 服务指标的完成度评估

服务指标的完成度可以分为三个层次,即企业服务指标完成度、单位服务指标完成度和人员个人服务指标完成度。但不论哪个层次,下列服务指标都是最基本的:一是服务销售额指标。即单位时间所要完成的销售额度;二是服务数量指标。即单位时间所要完成的服务交易次数指标;三是顾客满意度指标。即一定时期内顾客的表扬次数或投诉次数;四是服务费用指标。即单位服务量所支出的成本费用指标;五是服务增长指标。即同比状况下服务量与服务额的增长率指标。

3. 基于实际能力的服务质量评估指标

服务质量高低取决于客户对服务质量的期望和服务质量的感知的比较结果,服务企业实际能力对上述结果具有催化剂作用。基于服务企业实际能力的服务质量评价指标包括:一是可靠性指标。其反映服务企业可靠而又准确地履行服务承诺的能力;二是响应性指标。其反映服务企业迅速提供并满足客户服务需求的能力;三是保证性指标。其反映服务企业管理者和员工共同执行和完成服务承诺的能力;四是移情性指标。其反映服务企业站在客户立场上为客户着想,设身处地地为客户解决实际问题,对客户给予特别关怀与帮助的能力;五是有形性指标。其反映服务企业设施、设备、人员、文本资料等有形物件的支持和辅助能力。

4. 服务质量的评价考核方法(SERVQUAL)

SERVQUAL是一种被普遍使用的服务质量评价考核方法。此方法是建立在对客户期望服务质量和客户实际接受服务后对服务质量感知的基础上的一种客户感知服务质量的评价。SERVQUAL采用问卷调查的形式获得基本数据,服务质量是通过计算问卷中客户期望与客户感知之差得到的。该问卷调查设计有二十二个问题,分别描述服务质量的五个维度。表的设计分为两个部分,前半部分是客户对某类服务的服务期望,后半部分是客户对某个服务企业的感知。由此计算出两者之间的差异,并将其作为判断服务质量水平的依据。问卷采用7分制,7表示完全同意,1表示完全不同意。"+"表示对这些问题的评分是反向的,在数据分析时应转为正向得分。SERVQUAL量表包含五大要素、二十二个问题。

(1) 有形性。共有四个问题:其一,有现代化的服务设施;其二,服务设施具有吸引力;其三,员工有整洁的服装和外表;其四,企业的设施与他们所提供的服务匹配。

(2) 可靠性。共有五个问题:其一,企业向客户承诺的事情都能即时地完成;其二,客户遇到困难时,能表现出关心并提供帮助;其三,企业是可靠的;其四,能准时提供所承诺的服务;其五,正确记录相关的服务。

(3) 响应性。共有四个问题:其一,不能指望他们告诉客户提供服务的准确时间+;其二,期望他们提供及时的服务是不现实的+;其三,员工并不总是愿意帮助客户+;其四,员工因为太忙以至于无法立即提供服务,满足顾客的需求+。

(4) 保证性。共有四个问题:其一,员工是值得信赖的;其二,在从事交易时客户感到放心；其三，员工是有礼貌的；其四，员工可从企业得到适当的支持，以提供更好的服务。

(5) 移情性。共有五个问题：其一，企业不会针对不同的客户提供个别服务+；其二，员工不会给予客户个别的关怀+；其三，不能期望员工了解客户的需求+；其四，企业没有优先考虑客户的利益+；其五，企业提供的服务时间不能满足所有客户的需求+。

(五)销售服务蓝图及其设计方法

1. 服务蓝图的含义

服务蓝图(Blueprint)是一种有效描述服务提供过程的可视技术，其最初是由Shostack(1987)提出来的。通常情况下，服务蓝图可从以下几个方面展示出某种服务的提供过程：一是服务实施的基本过程；二是此项服务的主要接触点；三是顾客和员工的角色；四是此项服务中的可见要素。

对于现代企业的商务活动来说，服务蓝图涵盖了服务提供系统的全部处理过程，包括信息处理、顾客接触，同时强调了服务重要的步骤关键点。服务蓝图与其他流程图最为显著的区别是它包括了顾客，强调了顾客看待服务的视角，体现出以顾客为导向的流程特征。

2. 服务蓝图的基本作用

在服务蓝图设计过程中，服务组织应当重点思考以下问题：第一，销售服务过程是否合理？第二，谁来接待顾客？第三，何时接待顾客？第四，如何接待顾客？第五，我们需要怎样的销售服务频率？

对于一份已经设计完毕的服务蓝图，人们可以很容易地了解顾客对服务过程的观点，能够跟踪顾客的行为。服务蓝图应当有助于服务提供商解决以下问题：第一，顾客是怎样使服务产生的？第二，顾客可以有什么选择？第三，顾客是高度介入服务过程，还是只表现出有限的行为？第四，从顾客的角度看，什么是销售服务的有形展示？第五，销售服务过程是否与组织的战略和定位相一致？

3. 服务蓝图的主要构成与要素

服务蓝图通常包括顾客行为、前台员工行为、后台员工行为和支持过程等四个构成要素。其中，顾客行为包括顾客在购买、消费和评价服务的过程中所表现出来的行为、互动和选择等活动，例如住宿登记、接受食物、结账离开等。与顾客行为平行的是服务人员的行为，即那些顾客能看得见的前台员工行为，例如接待员进行住宿登记、服务员送来食物等。以及那些发生在幕后的支持前台员工工作的雇员行为，例如旅店登记系统的运行、厨房为顾客准备餐饮等。

4. 服务蓝图的设计原则与基本方法

服务蓝图设计的基本原则是必须让员工树立全局的理念，把服务视为不可分割的整体，并与"我要做什么"联系起来，在员工中强化以顾客为导向的理念。设计和开发服务蓝图一般包括以下六个步骤：第一步，识别服务过程。即对设计服务蓝图的意图进行分析；第二步，识别顾客的服务经历。即注意为某类特定的细分顾客群单独开发蓝图；第三步，从顾客角度描绘服务过程。其包括描绘顾客在购买、消费和评价服务中经历的选择和行为；第四步，描绘前台与后台员工的行为。即能够从图中分辨出哪些是可见的、哪些是幕后的员工行为；第五步，把顾客行为、服务人员行为与支持功能相连。即在蓝图的下端画出内部互动线，反映出员工行为和支持部门的联系；第六步，在每个顾客的行为步骤上方加上有形展示。即列示出顾客可以看到的事物，以及顾客在服务过程中的每一个步骤中所得到的有形物品。

八、销售费用与利润管理

(一)现代企业财务管理的基本内容

1. 企业财务管理的含义

企业财务是指在企业的经济活动中，伴随着商品流通而产生的资金运动及其所体现的经济关系。企业财务管理是指企业按照国家有关方针、政策的要求，依据资金运动规律，通过一定的核算形式，合理地组织企业在商品交易活动中的资金运动，以求取得较好的经济效益。从管理角度看，企业财务管理是一种利用价值形式对企业所进行的综合管理。

企业商务部门的基本任务是从事商品或服务的销售活动。为此，一方面要完成商品从原来所有者手中向新的所有者转移，从一个地方向另一个地方转移的商品实体运动过程；另一方面，随着商品实体的运动，商品价值的存在形式也会发生变化，企业还需要组织从货币到商品、再从商品到货币的资金运动。企业的资金运动是由商品流通引起的，又是商品流通顺利进行的条件。没有资金运动就没有商品流通。不仅如此，财务还体现着企业与政府之间的资金分配关系、企业与其他经济组织及顾客之间的商品买卖和劳务关系、企业与员工个人的利益分配关系。

此外，财务管理既反映企业经济活动的开始，又反映企业经济活动的终结，它贯穿于企业经济活动的全过程。因此，现代企业必须十分重视财务管理，做到经好商、理好财两者的有效结合，使企业更好地生存和发展。

2. 企业财务管理的主要任务

对于现代企业而言，财务管理的目的是开源节流，保证资金供应；增收节支，减少资金占用；加速资金周转，提高资金的使用效率和提高企业经济效益。为此，应当做好以下几个方面的工作。

(1) 利用计划手段，做好资金的筹集和供给。为了企业经济活动的正常进行，财务管理工作就需要根据商务计划的要求确定资金需要量，编制财务计划，并采取有效措施多方面筹集资金，保证商品购销活动所需的资金供应，同时还应当做到资金的合理利用，提高资金的使用效率。

(2) 加强经济核算，努力增收节支。资金不足是企业所存在的一个普遍性问题，要解决这一问题，除了采取有效方式，扩大资金来源渠道外，合理、充分利用所筹集的资金也是非常关键的。因此企业应当加强经济核算，讲究资金使用效果，合理调配人力、财力和物力资源，充分发挥资金和物资的效用。

(3) 贯彻物质利益原则，实现盈利的合理分配。盈利是企业开展业务经营最终成果的体现，是企业资金积累和扩大再生产的源泉，也是员工获得物质利益的来源。因此，企业的盈利分配必须体现各方面的经济关系，兼顾到国家、企业和员工的三者利益关系。

(4) 严格财务监督，认真执行财务制度。现代企业的商务活动需要大量的资金，而资金使用得是否合理，会直接影响到企业商品销售活动能否正常进行。因此，企业财务管理必须以国家财务制度和财经纪律为依据，对企业的销售人员和销售活动的各个环节进行严格的监督。

3. 现代企业财务管理的基本内容

(1) 资金管理。资金供应是企业从事商务活动的一个重要的前提条件，企业离开了资金就谈不上扩大商品销售、促进生产发展，以及满足不断增大的消费需要。资金管理的首要任务就是拓宽资金来源渠道，积极筹措资金，保证销售业务活动对资金的需要。

(2) 费用管理。销售费用是商品交易过程中所消耗的人力和物力的货币表现，是企业利润的一项重要支出。为此，企业一方面要为商品销售活动提供必要的费用保证；另一方面，又要严格核算和监督费用支出，并采取有效措施尽可能地节约销售费用开支。

(3) 利润管理。利润是企业经营成果的综合体现，加强企业利润管理应在分析利润变化趋势，制订目标利润规划，扩大收入来源，节约费用开支和提高利润水平上多下功夫，同时准确处理国家、企业和员工的三者利益关系，对企业利润的形成、分配进行有效的管理。

(二)商品销售费用管理

1. 销售费用的含义

现代企业在商品销售活动中，要消耗一定的物化劳动和活劳动，这些劳动消耗的货币表现就是企业的商品销售费用。一般而言，销售费用主要包括运杂费、保管费、包装费、商品损耗、利息、工资、临时人员工资、福利费、修理费、家具用具摊销、保险费等十多项。企业要强化销售费用管理，实现表现明确的销售费用的开支范围。凡是列入销售费用开支范围的项目，必须是企业开展销售工作所必需的。因此，明确企业销售费用的性质，正确划分商品销售费用的开支范围，是企业搞好销售费用管理的一个重要前提。

2. 销售费用的分类

(1) 劳动费用和流通费用。按照经济性质划分，商品销售费用可分为劳动费用和流通费用。其中，劳动费用是在流通领域内继续发生的，如商品的整理、挑选、运输、包装和保管等费用，这些劳动都属于生产性消耗，增加了商品的价值和使用价值；流通费用是由于商品在流通领域的形式转化而引起的，也称纯粹流通费用，如商品买卖、经营管理等方面的支出。

(2) 可变费用和不变费用。按照销售费用与商品销售量的关系程度来划分，商品销售费用可分为可变费用和不变费用。其中，可变费用与商品销售量的大小成正比，商品销售量增加，可变费用也随之增加，如运杂费、保管费、包装费、利息等；不变费用与商品销售量的大小没有直接关系，商品销售量增加，费用不一定增加，如基本工作、福利开支、折旧费、办公费等。

3. 销售费用管理的基本要求

(1) 在保证商品销售活动正常进行和不断提高服务质量的前提下，应力求节约费用开支。企业开展商品销售活动必然有费用开支，但开支的多少则有较大的差异。对此，企业必须坚持厉行节约的原则，处处精打细算，节省一切不必要的开支，力求以较小的劳动消耗取得较大的经济收益。

(2) 严格遵守财务制度规定，坚决执行费用开支范围和开支标准。企业应当严格按照规定的审批程序对费用开支情况进行审核,凡不属于销售费用的开支,不得列入销售费用核销。只有这样,才能使企业的销售费用开支做到真实、合理,企业的财务管理才能符合要求。

(3) 加强销售费用的正确计算,充分挖掘节约费用的潜力。企业要划清销售费用与非销售费用的界限、本企业销售费用与外单位销售费用的界限,维护销售费用计算的正确性。同时,挖掘节约销售费用开支的潜力,在保证正常支出的前提下,把销售费用开支降到最低限度。

(4) 实行专业管理与群众管理相结合,全面提高费用管理水平。企业销售人员长期处于业务的第一线,直接从事商品销售活动,经营活动中的物资和劳动节约都要通过他们去实现。因此,要吸收和鼓励广大销售人员参与企业的销售费用管理,充分听取群众的意见和建议,全面提高企业销售费用的管理水平。

4. 销售费用的管理方法

(1) 计划管理。即根据销售活动的实际需要,编制销售费用计划(包括总额和分项计划),按照核定的指标和定额掌握开支,并对销售费用计划的执行情况进行考核,对于考核中发现的问题应予以及时纠正和处理,以达到全面控制销售费用水平的目的。

(2) 分类管理。对于可变费用,销售费用的绝对额可以随着商品销售量的增加而增加,但不能突破销售费用率指标;对于不变费用,费用率和定额的确定要根据历史资料和实际情况以及员工部门对费用考核的要求,在调查研究和群众讨论的基础上具体制定。

(3) 分级管理。即根据企业内部组织的管理层次来管理销售费用。因为在规模较大的现代企业,其管理组织形式一般采取多级制。为此,企业的销售费用也可以依据统一领导、分级管理的原则,把一些适宜于实行费用定额的项目下放到基层管理;对于那些无法划清各级开支界限的项目,由企业综合部门集中管理。

(4) 分口管理。即根据"谁管钱,谁负责"的原则,把商品销售各环节发生的费用,划归有关部门分别管理,使各有关部门既用钱、又管钱,这样可以使企业的业务管理与费用管理更好地结合起来,同时也体现出现代企业责任与权利对等的基本原则。

(5) 预决算管理。即按照一定时期销售计划的需要,根据有关开支标准,分项目计算销售费用,编制费用预算,报有关部门批准后执行。同时,在商品销售过程中,根据预算对费用开支进行监督。到预算末期,再编制决算报表报送有关部门进行核销。

(三)商品销售利润管理

1. 销售利润的含义

销售利润是企业在销售环节实现的由经营者为社会创造的剩余产品价值的货币表现。销售利润具体表现为企业商品销售收入扣除销售费用和税金后的余额。从本质上看,销售利润是企业经营成果的综合反映,也是企业经济效益最主要的表现形式。

对于现代企业的经营者来说,销售利润是企业通过改善经营管理,扩大商品销售,节约劳动消耗而实现的。它即是国家财富积累的重要来源,也是企业扩大经营规模,改善员工生活,提高福利水平的重要条件。因此,现代企业必须强化销售利润管理,提高盈利水平,为可持续发展奠定经济基础。

2. 销售利润管理的基本要求

(1) 企业应当通过正当途径获得销售利润。即企业应当在公平竞争的条件下，加强自身的经营管理来取得盈利，而不能采取非法或不道德手段牟取利润。同时，企业还应当充分履行自己的社会责任，把经济效益与社会效益紧密地结合起来，做到经济效益服从社会效益。

(2) 依据财务制度正确计算销售利润。在销售环节的投入产出核算过程中，相关部门和人员应当严格执行国家的财务制度，以及本企业的财务规定，要正确地、真实地结转销售成本或进销差价，如实计算和分摊各项费用，并且按照规定上缴税金，不虚报、瞒报，更不弄虚作假，强调销售利润的真实性。

(3) 正确处理国家、企业和员工三者的经济关系。即应当做好企业与国家之间的利益分配，确保国家的财政收入；企业留利部分的分配要处理好长远利益与眼前利益、企业发展与员工福利之间的关系。对于员工的利益分配要做到同劳动贡献结合起来，贯彻按劳分配的原则。

3. 销售利润的分析法

(1) 量、本、利分析法。此方法是研究销售成本、销售数量、销售价格与销售利润之间变量关系的一种方法。量、本、利分析法的使用包括三个基本环节：第一环节是确定某种商品销售的盈亏平衡点，即保本点。商品销售量在这一点上不盈也不亏，也就是说，此时的销售收入正好等于销售成本，高于或低于这一点，企业就会发生盈利或亏损；第二环节是预测达到一定的商品销售量时所能获得的利润额；第三环节是预测为现实目标利润所需要的销售量和销售额。

(2) 贡献毛利分析法。此方法主要应用于企业短期的经济分析和决策中。由于在短期内，企业的销售能力不变，固定成本通常也不变，因而只需要对销售所创造的贡献毛利进行分析，并以此来确定最优的销售方案，这一方法被称为贡献毛利分析法。尽管单位贡献毛利是反映销售盈利能力的重要指标，但在企业决策分析时，绝不能以单位贡献毛利的大小作为选优的标准，而应当以各种商品所创造的贡献毛利总额为标准。

第二节 现代商品采购管理

采购活动是人类经济活动的基本环节，无论是生产领域还是流通领域，都离不开采购活动。采购活动已经成为当今企业获取利润的重要源泉。随着企业之间的竞争加剧，采购管理对企业越来越具有重要的战略价值。

一、商品采购与采购管理概述

(一) 商品采购及其管理的一般问题

1. 商品采购与采购管理的定义

商品采购，是指企业为了满足某种特定的需求，在充分了解市场行情的前提下，根据企业的经营能力，从购买、租赁、借贷、交换等各种途径，取得商品所有权或者使用权的经济活动过程。它包括两方面的内容，一方面采购人员必须主动地对用户需求作出反应，另一方面还要保持与供应商之间的互利关系。

采购管理，是指为保障企业物资供应而对采购活动进行计划、组织、协调和控制的管理过程。采购管理是企业管理系统的一个重要子系统，是企业战略管理的重要组成部分，一般由企业的中高层管理人员承担管理职责。企业采购管理的目的是保证供应，满足生产经营需要，既包括对采购活动的管理，也包括对采购人员和采购资金的管理等。一般情况下，有采购就必然有采购管理。但是，不同的采购活动，由于采购环境、采购数量、品种、规格的不同，管理过程的复杂程度也不同。

2. 商品采购与采购管理的特征

(1) 采购是一种经济活动。采购是企业经济活动的主要组成部分。既然是经济活动，就要遵循经济规律，追求经济效益。在整个采购活动过程中，一方面，通过采购获取了资源，保证了企业生产的顺利进行，这是采购的效益。另一方面，在采购过程中也会发生各种费用，这就是采购成本。科学采购就是要不断降低采购成本，以最少的成本去获取最大的效益，这是实现企业经济利益最大化的基本利润源泉。

(2) 采购是商流过程和物流过程的统一。采购就是将资源从市场的供应者手中转移到用户手中的过程。在这个过程中，一是要实现将资源的所有权从供应者手中转移到用户手中；二是要实现将资源的物质实体从供应者手中转移到用户手中。前者是个商流过程，主要通过商品交易、等价交换来实现；后者是个物流过程，主要通过运输、储存、包装、装卸、流通加工等手段来实现。采购过程实际上是这两个方面的完整结合，缺一不可。

(3) 采购是从资源市场获取资源的过程。采购对于生产和生活的意义在于它能提供生产和生活所必需但是尚缺乏的资源。这些资源，既包括生活资料，也包括生产资料；既包括物质资源(如原材料、设备、工具等)，也包括非物质资源(如信息、软件、技术、文化用品等)。资源市场由能够提供这些资源的供应商组成，从资源市场获取这些资源都是通过采购方式来进行的。采购的基本功能就是帮助人们从资源市场获取他们所需要的各种资源。

3. 商品采购与采购管理的重要性

1) 在成本控制中的重要性

采购成本是企业成本控制中的主体和核心部分，采购的成本太高，将会大大降低生产的经济效益，甚至导致亏损。因此，加强采购的组织与管理，对于节约资金、压缩存储成本和加快营运资本周转具有重要的作用。

2) 在企业经营中的重要性

物资供应是生产的前提条件，生产所需要的原材料、设备和工具都要由采购来提供。采购人员必须解决好采购中物资的适时和适量问题，如果采购工作运行的时点与把握的量度同企业其他环节的活动达到了高度的统一，则企业可能获得适度的利益。

3) 在企业销售中的重要性

虽然采购人员直接和资源市场打交道，但是资源市场和销售市场是交融混杂在一起的，都处在大市场之中。采购人员及时为企业提供各种各样的市场信息，可以使购进商品的品种、数量符合市场需要，才能实现商品销售经营业务的高质量、高效率、高效益，从而达到采购与销售的和谐统一。

(二)传统商品采购与现代商品采购的联系和区别

1. 传统采购的特点

传统采购的特点表现在以下四个方面：①传统采购过程信息是非对称的。在采购过程中，采购一方为了能够从多个竞争性供应商中选择一个最佳的供应商，往往会保留私有信息，而供应商也在和其他的供应商竞争中隐瞒自己的信息。②供需关系是短时期的合作关系。由于缺乏合作与协调，采购过程中相互抱怨和扯皮的事情比较多，很多时间消耗在解决日常问题上，没有更多的时间用来做长期预测的计划工作，导致采购过程中的不确定性。③对质量和交货期只能进行事后把关。采购方很难参与供应商的生产过程和有关质量控制过程，相互的工作是不透明的，因而需要通过各种有关标准如国际标准、国家标准等进行检查验收。这样导致采购部门对采购物品质量控制的难度增大。④响应用户需求能力迟钝。由于供应与采购双方在信息的沟通方面缺乏及时的信息反馈，在市场需求发生变化的情况下，采购一方也不能改变供应一方已有的订货合同，因此采购一方在需求减少时库存增加，而在需求增加时则出现缺货现象。并且重新订货需要增加谈判过程，因此供需之间对用户需求的响应没有同步进行，缺乏应对需求变化的能力。

2. 现代采购的特点

现代采购的特点表现在以下四个方面：①电子化订货。利用电话、传真、EDI、电子邮件等进行电子化订货。②基于需求的采购。与传统的基于库存的采购不同，采购并不是为了补充库存，而是为了直接满足需求。在供应链管理模式下，供应商的生产活动是以用户的采购订单来驱动的，由采购订单驱动供应商，供应商生产出来直接供应到需求点。这样可大大降低库存成本，提高物流的速度和库存周转率。③与供应商形成了战略协作伙伴关系，实现信息共享、资源共享、责任共担、利益共享。④实施小批量、多频次连续补充货物机制，向零库存进军。

3. 两者的区别与联系

传统的采购管理思想中买卖双方的关系是相互对立的，现代采购管理思想中买卖双方是合作伙伴关系。传统的采购管理思想认为供应商的数目越多越好，现代的采购管理思想认为越少越好。传统的采购是定期交货，现代的采购是及时交货。传统采购中先设计产品后质询价，现代采购是供应商参与商品设计。传统采购管理中信息交换是定期的，库存较大，现代采购管理的信息交换是及时的，库存较小。

现代采购不是取代传统采购，而是在传统采购的基础上，再提出一些新的要求。纵观采购发展的历史就是一个从传统采购走向现代采购的过程。传统采购一味追求最低的单价，简单地下单、催货，忽视与供应商的关系，越来越被时代所淘汰。从传统采购走向现代采购，是采购发展的必然趋势，这一点已得到了广泛认可。

(三)现代商品采购原则与方法

1. 现代商品采购的原则

1) 适当的价格

适当的价格是指在满足数量、质量和时间的前提下支付最合理的价格。价格是采购活动中的关注焦点，企业在采购中最关心的要点之一就是能节省多少采购资金。因此采购人员要时常了解行业的最新市场状况，尽可能多地获取相关资料。

2) 适当的质量

适当的质量是指采购物资的质量应该适当。质量是产品的生命，唯有质量合格的原材料、零部件，才能生产出合格的产品。因此，企业应推动供应商完善品质体系及改善、稳定物料品质，使各种采购物资的质量与性质相当，不能低于相应的质量标准。

3) 适当的时间

适当的时间是指采购时间不可过早，也不能延迟。企业已安排好的生产计划若因原材料未能如期到达则会引起企业内部混乱，产品不能按计划出货时，会引起客户强烈不满；若原材料提前太长时间采购放在仓库里，又会造成库存过多，大量占用采购资金。因此，采购人员要及时把握市场状况，根据采购模式不同，通过协同及监督促使供应商按预定时间交货。

4) 适当的数量

适当的数量是指采购的数量不宜太多或太少。批量采购虽有可能获得数量折扣，但会占用采购资金，太少又不能满足生产需要。因此应根据资金的周转率、储存成本、物料需求计划等综合计算出经济的采购量。

5) 适当的地点

适当的地点就是在适当的地方，选择适当的供应商进行采购。供应商的"群聚效应"，即在采购企业周边有其所需的大部分供应商，对企业长期发展有着不可估量的作用。这样不仅可以货比三家，了解市场行情，而且可以节省采购成本。企业在与距离较近的供应商的合作中往往容易取得主动权，所需运输费用较低，协调沟通方便，同时也有助于紧急订购时的时间安排。

2. 现代商品采购的方法

1) 招标采购

招标采购是指采购方作为招标方，事先提出采购的条件和要求，邀请众多企业参加投标，然后由采购方按照规定的程序和标准对投标人所提出的价格、质量、交货期限和该投标人的技术水平、财务状况等因素进行综合比较评价，确定其中最佳的投标人为中标人，并与其签订合同的过程。招标采购可分为公开招标和邀请招标两种方式。

2) 非招标采购

非招标采购是指除公开招标和邀请招标之外的其他采购方式。主要包括议价采购、询价采购和直接采购等方式。议价采购是指基于专利或特定条件，与个别供应商进行洽谈的采购。直接采购是指在特定的采购环境下，不进行竞争而直接签订合同的采购方式。询价采购是指采购组织向国内外有关供应商发出询价单让其报价，然后在报价的基础上进行比较并确定中标供应商的一种采购方式。

(四)现代商品采购管理的目标和内容

1. 现代商品采购管理的目标

1) 确保企业生产经营的物资需要

企业采购管理的首要目标就是要提供不间断的、充足的物资资料，以满足企业生产经营活动正常运行的物资需要。

2) 实现采购合理化

企业采购的合理化包括采购时间、采购物资总量与结构、采购地点、库存水平、采购服务、采购工作流程以及采购成本等方面的合理化。

3) 有效降低采购成本

任何一家企业,采购活动消耗的资金比例越大,采购活动的利润杠杆效应就越明显。因此,企业采购管理还应在确保采购质量、实现采购需求的同时努力降低采购总成本,包括优惠的采购价格和最低的采购管理费用。

4) 不断提升企业竞争能力

能够有效地控制采购活动过程,寻找并选择有竞争力的供应商结成高效率的供应链系统,提升和增强企业竞争力。

5) 积极改善企业内部和外部的工作关系

企业采购管理应有效地协调与供应商的关系,通过采购优质优价物资协调与客户的关系,通过合理采购协调与企业内部各个部门、各个环节的关系,不断提高企业的生产经营效率。

2. 现代商品采购管理的内容

1) 采购需求的管理

采购需求分析就是弄清楚企业需要采购一些什么品种、需要采购多少、什么时候需要什么品种、需要多少等问题。企业的采购部门应当掌握全企业的物资需求情况,制订物料需求计划,从而为制订出科学合理的采购订货计划做准备。

2) 市场和供应商的管理

市场是提供资源的外部环境。企业要根据所需求的物资品种,分析资源分布情况、质量情况、价格情况、交通运输情况等。良好的供应商是实现采购目标的基础,因此必须做好供应商的管理工作。

3) 采购组织的管理

采购管理组织是采购管理最基本的组成部分,企业为了做好复杂繁多的采购管理工作,需要有一个合理的管理机制和一个精干的管理组织机构,要有一些能干的管理人员和操作人员。

4) 采购业务的管理

采购业务的良好实施是实现采购目标的重要保证。具体采购业务主要包括采购计划的制订,采购计划的实施,采购的评估,采购的监控以及为建立科学、有效的采购系统,需要建立的一些基础设施。

(五)现代商品采购管理的方法

1. 全面分析供应环境

现代企业的生产经营活动日益受到环境的制约和影响,采购管理活动也不例外,既受到外部宏观环境和供应市场的制约,也受到企业内部部门间协调配合程度的影响。所以,企业要制定采购策略,首先必须全面、客观地分析供应环境的变化。而供应环境就是与企业采购管理活动有关的宏观环境因素、供应商所处行业环境因素以及企业内部微观环境因素等。

2. 构建采购战略体系

企业之间竞争的日趋激烈，不仅体现在参与竞争的企业越来越多，更重要的是竞争的程度越来越深。这种竞争程度上的变化既反映在多样化经营；又反映在企业运作中的高技术、高效率。在这一背景下，企业竞争将在理念竞争、管理竞争、创新竞争、服务竞争、人才竞争、资讯竞争、渠道竞争、科技竞争、顾客竞争等各个层面全方位展开。企业该如何根据自身特点，制订采购战略规划，适时、有效地开展采购工作，已成为企业谋求长远发展的重大课题。在战略规划中必须考虑到各种风险并制定相应的对策

3. 运用战略采购

战略采购是以最低总成本建立业务供给渠道的过程，是指按照规范的工作程序，通过各部门的相互协作与合作，在保证质量、服务的同时，降低采购的整体成本。它的一个核心问题就是"整体成本"，另有两个相关问题是"供应商"和"数据信息"。

战略采购作为整合公司和供应商战略目标和经营活动的纽带，包括四方面的内容，即供应商评价和选择、供应商发展、买方——卖方长期交易关系的建立和采购整合。前三个问题发生在采购部门和外部供应商群之间，统称采购实践；第四个问题发生在企业内部。

4. 制定相应的采购策略

企业所需采购的物品很多，如果采取相同的方法管理，就要考虑最复杂和最困难的管理问题，进而加大采购环节的管理成本。为了保证生产经营活动的顺利进行又要尽可能降低采购成本，所以应依据物品在企业中的重要性和对供应商的依赖性制定相应的策略。

二、现代商品采购运营管理

(一)现代商品采购流程设计

采购流程是采购管理中最重要的部分之一，是采购活动具体执行的标准。采购流程由于采购来源、采购方式、采购对象的不同会有一定的差异，因此采购流程的设计是十分重要的。企业规模越大，采购金额越多就越要重视采购流程设计。采购流程的设计适合采用闭环方法，即实施、监控、反馈、优化。一般采购流程包括采购计划、采购认证、采购订单和管理评价四个环节。

在采购流程设计中要注意以下事项：①采购流程的环节应该与采购物品的数量、种类和区域相匹配，流程的环节过多会增加作业内容和成本，降低工作效率；流程的环节过于简单，则会导致采购过程失去控制。②采购流程要保持其流畅性和一致性，避免同一采购文件在不同部门有不同的作业方式；避免同一采购文件签字部门太多，影响工作效率。③明确各项作业的任务、权力和责任，并明确核查办法；同时要注意弹性原则，防止偶然事件导致作业过程中发生摩擦、重复与混乱，如"紧急采购"等偶然事件。④采购流程的设计要体现民主决策的思想，采购流程的设计应该由计划、设计、工艺、认证、订单、质量管理等相关人员一起来研究决定。

(二)现代商品采购计划的制订

1. 采购计划目标的确定

采购计划是整个采购管理进行运作的第一步。采购计划制订得是否合理、完善，直接

关系到整个采购运作的成败。因此，一项合理、完善的采购计划应达到以下目的。

1) 确保商品的适时和连续供应

在企业生产活动中，生产所需的物料必须能够及时获得且能够满足需要，否则就会因物料供应不上或不足而导致生产中断。因此，采购计划的首要目标就是根据企业的生产计划、采购环境等估算物流需用时间，在恰当的时候进行采购，保证生产的连续进行。

2) 确保最经济存量的维持

能维持物料的适当供应，而不会出现供不应求的窘境，又不会存量过多而导致企业资源闲置、资金占用。物料控制的主要目标是物料数量与成本的控制。数量的控制是指物料的计划、订购、储存及领出等都以控制数量为主。而成本控制是对物料的采购成本加以有效利用，以期达到降低生产成本、提高企业经营利润的目的。

2. 采购对象的确定

1983年卡拉杰克(Kraljic Model)提出了采购对象分类模块。这种分类主要基于两类因素，一是采购对象对于企业的重要性，主要指该采购对象对企业的生产过程、产品质量、物料供应、企业成本等所产生的影响的大小，通常表现为这类对象占采购总价值高低；二是供应风险与机会，这里主要指供应商短期和长期的供应保障能力、供应商的数量、供应市场的竞争激烈程度等。

依据不同采购对象对于企业的重要性及供应的风险和机会，可以将企业的所有采购对象细分为战略采购品对象(也称为关键采购品)、瓶颈采购品对象，集中采购品对象(也称为杠杆采购品)和正常采购品对象(也称为日常采购品对象)，如图6-1所示。

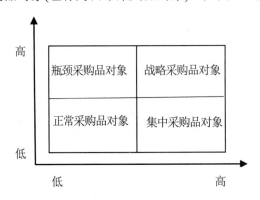

图6-1 基于供应风险与机会的采购对象细分

1) 战略采购品对象

战略采购品对象又称为关键采购品对象。是指占采购总价值的比例最高、对企业发展产生重大影响的，同时又只能依靠个别供应商或者供应难以确保的采购对象。这些采购对象可能是企业产品形成特色或者取得成本优势的基础，因而会对企业的赢利能力起到关键性的作用。

对于这类采购对象，最好的策略就是找到可靠的供应商并发展同他们的伙伴关系，通过双方的共同努力去改进产品质量、提高交货可靠性、降低成本，必要时，还要组织供应商在早期参与企业的产品开发。

2) 瓶颈采购品对象

瓶颈采购品对象以较高的采购风险和占企业采购总价值比例较低为特征。较高的采购风险决定了该类对象只能从少数几家供应商处获取。当产品的设计是基于某项新技术，或者产品依赖于某些紧缺的零部件时，就可能出现这种问题。某些技术含量不高，而当其供不应求而且它的缺货会对企业造成重大影响时，也可能面临这种问题。

瓶颈采购品的供应将一个重大的风险摆在了企业面前，但由于其占企业采购总价值的比例不高，对供应商来说也没有特别的吸引力。因此，对于这类采购对象，首先要让供应商确保供应，必要时甚至可以提高采购价格。其次要通过风险分析制订应急计划，同时还要与相应的供应商改善合作关系。

3) 集中采购品对象

集中采购品对象又称为杠杆采购品对象。这类采购对象以较低的风险和较高的采购价值比例，以及很容易从不同供应商处采购为特征。由于该类采购对象占较高的采购价值比例，使企业的采购对于供应商来说有较大的吸引力，由此能增加采购企业的讨价还价能力。

由于这类采购对象供应充足，通用性强，因此主要工作应放在降低采购成本，追求最低采购价格，同时保证质量和供应的可靠性上。一般情况下，这类采购对象不宜签订长期合同，且采购时要密切关注供应市场的价格走向与变化趋势。

4) 正常采购品对象

正常采购品对象又称为日常采购品对象。包括办公用品、维修备件及其他价值低、有大量供应商的采购对象。由于花费在这类采购对象身上的支出相当低，所以，不必为这些采购对象付出太多的精力。通常，每家企业都有大量的采购对象属于正常采购品对象，企业可以从众多的供应商中选择最为合适的那家。

由于这类采购对象涉及种类广泛，而采购支出相对较低，所以要采用程序化、规格化、系统化的工作作业方式，如提高标准化、通用化的程度以减少采购种类、减少供应商的数量；采用计算机系统、程序化作业，以减少开单、发单、跟单等工作时间，提高采购工作的准确性和效率。

3. 采购数量的确定

在对商品的采购量进行确定时，采购人员应当估计出一定时期内该商品可能的需求量。由于企业对采购商品的要求不断发生变化，实际需求量也会随着时间的变化而变化。影响采购数量确定的因素如下所述。

1) 生产计划

由销售预测和人为的判断，即可确定销售计划或目标。这种销售计划，是表明各种产品在不同时间的预期销售数量；而生产计划则依据销售数量，加上预期的期末存货减去期初存货来拟订。

2) 用料清单

生产计划只列出产品的数量，而无法直接知道某一产品需用哪些物料，以及数量多少，因此必须借助用料清单。用料清单是由研究发展部或产品设计部制成的，根据此清单可以精确计算制造某一种产品的用料需求数量，用料清单所列的耗用量(即通称的标准用量)与实际用量相互比较可以作为用料管制的依据。

3) 存量管制卡

若产品有存货，则生产数量不一定要等于销售数量。同理，若材料有库存数量，则材料采购数量也不一定要等于根据用料清单所计算的材料需用量。因此，必须建立物料的存量管制卡，以表明某一物料目前的库存状况，再依据用料需求数量，并考虑购料的作业时间和安全存量标准，计算出正确的采购数量，然后才能开具请购单，进行采购活动。

4．采购渠道的确定

1) 采购渠道选择

采购渠道指企业通过什么样的渠道，包括从什么地方、什么单位，用什么路线把商品购买回来。企业在选择采购渠道时，应从自己的生产经营范围、生产经营条件和生产经营特点出发，遵循少环节、省费用、多渠道、流向合理、效益最佳的原则进行选择。下述各点是可供企业选择的主要采购渠道。

(1) 国内工业品生产企业。包括国有工业企业，集体所有制工业企业，商办工业，股份制工业企业，乡镇工业企业，个体私营工厂、作坊，外商独资、中外合资、中外合作等工业企业，这些都是工业品采购的基本货源。

(2) 农副产品生产企业。包括农业生产集体经营企业、家庭承包经营户和规模经营户、国有农场等，这些是农、林、牧、副、渔产品的主要采购渠道。

(3) 批发企业。包括产地批发、中转地批发、销地批发企业，这些是零售企业销地批发的基本货源渠道。

(4) 批发市场。包括贸易中心、批发市场、期货交易所、贸易货栈、信托公司等，这些都是零售企业和销地批发企业的商品采购渠道。

(5) 国外进口。对那些国内不能或暂时不能生产或自产不足而又是必需的商品，可以从国外组织进口，以弥补国内市场供应之不足，满足国内市场的需要。

(6) 国家储备拨出和地方调剂商品。

2) 采购渠道的选择标准

在进行物资采购时，应对各渠道进行充分的了解，并结合企业自身的经营特点，对供应者进行对比分析和经济比较，从中选择市场采购渠道。

(1) 产品质量合适。产品质量是实现产品功能的保证。如果质量过低，则会影响生产和销路，影响企业信誉，所以在采购前，必须首先对产品的质量进行考察。但是如果产品的质量过高，或功能过于繁多，则会伴随着产品价格的提高，这往往是花费了一定的代价却购买了产品不必要的功能。所以产品的质量以合适为宜，而不是越高越好。

(2) 价格低。采购成本在很大程度上影响着企业的经济效益。如果产品无法以合适的价格采购，就会直接影响到企业的经营。产品价格偏高，则经营成本偏高，就会直接影响到企业的利润和产品的销路。产品价格过低，则可能使产品质量过低，这样就会减弱所经营产品的市场竞争能力。在此需要说明的是价格标准需结合其他标准，如运输条件、服务质量等因素一起进行综合评价。

(3) 费用省。选择采购单位时，要全面衡量订购费用、运输费用和储存费用等各项费用支出。有时某一项费用支出增加，会使某项费用支出减少，而使其他费用增加。因此，应以总费用支出最少作为评价标准。在产品质量、价格等条件合适的前提下，就地就近选择采购单位，对节省运输费用和储存费用有很大好处，也便于加强同供应单位的联系。

(4) 交付及时。供应单位能否按商定的交货期限或交货条件组织供货，会直接影响到企业经营活动的连续性，因此它也是选择采购单位的一个重要标准。交货及时、信誉高的供货单位，自然是采购单位选择的重点对象。交货的及时性一般用合同完成率表示。

(5) 服务好。企业在采购物资及选择供应单位时，还应比较供应单位所能提供的服务。例如，各种技术服务项目，方便采购者的措施，为采购者节省费用的措施等。

此外，对各个供应单位的生产能力，技术力量，成品储备能力，生产稳定性，管理水平等方面，也要进行比较，这样有助于在选择供应单位、掌握理想的采购渠道方面作出正确的决策。

(三)现代商品采购计划的实施

1. 供应商选择与管理

市场条件下总存在着许多供应商可供选择。对于采购企业来说，必须坚持一定的标准与流程对这些供应商进行筛选，从中选出符合自己期望的合作伙伴。供应商管理是为了建立一支稳定可靠的供应商队伍，为企业生产提供可靠的物资供应。

1) 供应商的选择

供应商选择就是从众多的候选供应商中，选择几家可以长期进行合作的供应商。供应商选择的步骤主要包括分析市场竞争环境、建立供应商选择目标、制定供应商评价选择标准、建立评价小组、供应商参与、选择供应商、实施采购合作关系等。

步骤1：分析市场竞争环境(需求、必要性)。

分析的目的在于找到针对哪些产品市场开发供应链采购合作关系最有效，必须知道现在的产品需求是什么，产品的类型和特征是什么，以确认用户的需求，确认是否建立采购合作关系的必要，如果已建立了采购合作关系，则应根据需求的变化确认采购合作关系变化的必要性，从而确认供应商选择的必要性。同时分析现有供应商的现状，分析、总结企业存在的问题。

步骤2：建立供应商选择目标。

企业必须清楚供应商评价选择程序如何实施，信息流程如何，谁负责，而且必须建立实质性、实际的目标。其中保证产品质量、降低成本是主要目标之一。

步骤3：建立供应商评价选择标准。

供应商评价选择的指标体系是企业对供应商进行选择的依据和标准。不同行业、企业、产品需求、不同环境下的供应商评价标准应是不一样的。但一般都涉及供应商的业绩、设备管理、人力资源开发、质量控制、价格、成本控制、技术开发、用户满意度、交货协议等可能影响供应链合作关系的方面。

步骤4：建立评价小组。

评价小组组员以来自采购、质量、生产、工程、财务等与采购合作关系密切的部门为主，组员必须有团队合作精神、具有一定的专业技能。评价小组必须同时得到制造商企业和供应商企业最高领导层的支持。

步骤5：供应商参与。

一旦企业决定实施供应商评价，评价小组必须与初步选定的供应商取得联系，以确认他们是否愿意与企业建立采购合作关系，是否有获得更高业绩水平的愿望。企业应尽可能早地让供应商参与到评价的设计过程中来。但由于企业的力量和资源有限，企业只能与少数的、关键的供应商保持紧密的合作，所以参与的供应商应尽量少。

步骤6：选择供应商。

选择供应商的一项主要工作是调查、收集有关供应商生产运作等全方面的信息。在收集供应商信息的基础上,就可以利用一定的工具和技术方法进行供应商的评价,并可根据供应商的评价结果,采用一定的技术方法来选择合适的供应商。如果选择成功,则可开始与供应商建立采购合作关系,如果没有合适的供应商可选,则返回步骤2重新开始评价选择。

步骤7:建立采购合作关系。

在建立采购合作关系的过程中,市场需求将不断发生变化,可以根据实际情况的需要及时修改供应商评价标准,或重新开始供应商评价选择。在重新选择供应商的时候,应给予旧供应商足够的时间适应这种变化。

2)供应商的管理

加强供应商管理主要包括建立供应商管理制度、加强与供应商的沟通、建立供应商激励机制以及防止供应商控制。

(1)建立供应商管理制度。建立良好的供应商管理制度能确保采购交付时间、质量、数量等采购指标的顺利实现。有效的供应商管理制度能增进采购双方的交流,建立起更有效的合作关系,并且有助于企业改进生产流程,进行更完善的供应商分析与选择。而供应商准入制度的建立,能够提高企业运作效率,其核心是确定供应商的资格要求,包括供应商的产品质量、产品价格、服务水平、技术条件、资信状况、生产能力等。这些因素不仅是供应商供货能力的反映,也是今后履行供货合同的重要保障。

(2)加强与供应商的沟通。第一,合理使用供应商。首先需要签订采购合同,即要求签订一份与供应商的正式合同。这份合同既是双方合作关系的开始,也是今后双方合作关系的规范。协议生效后,它就可成为直接约束双方的法律性文件,采购双方都必须遵守。其次需要建立良好的合作关系。在建立合作关系初期,采购部门应当与供应商协调,在业务衔接、作业规范等方面建立起一个合作框架,并在这个框架基础上开展采购工作。第二,建立供应商会见机制。为了规范企业与供应商之间的采购工作,企业应建立和完善供应商接待制度。首先,为保证采购人员日常工作的有效进行,企业可以专门设立接待供应商的时间;其次,为提高与供应商洽谈效率和规范采购人员的行为,接待地点一般应选在公司设立的供应商接待室;最后,要按照采购物资类别安排洽谈人员,同时规定洽谈内容应围绕采购计划及供应商管理的相关文件进行。第三,加强与供应商的信息沟通。建立并完善与供应商的信息交流与共享制度。可以采取以下几种措施:利用电子数据交换和互联网技术,进行快速的数据传输,增加双方业务的透明度和信息交流的有效性;加强与供应商就成本、作业计划、质量控制信息的交流与沟通;双方经常进行互访;让供应商参与有关产品开发设计以及经营业务等活动;建立任务小组解决共同关心的问题;与供应商建立一种团队型的工作小组,双方的有关人员共同解决供应过程中遇到的各种问题。

(3)建立供应商激励机制。采购方要想保持与供应商长期的供需合作伙伴关系,就应该建立一套有效的供应商激励与扶持机制,帮助供应商提升业绩,从而促进双方合作关系的发展。

设计供应商激励机制的原则是公平性、一致性。通过向供应商提供价格折扣和柔性合同,及采用赠送股权等方法,使供应商和采购企业分享成果,同时也使其从合作中体会到双赢机制的好处。主要包括价格激励、订单激励、淘汰激励、组织激励、信息激励、新产品或新技术的共同开发、商誉激励等七种供应商激励方式。

价格激励:高的价格能调动企业的积极性,不合理的低价会挫伤企业的积极性。供应链利润的合理分配有利于供应链企业间合作的稳定和顺畅运行。订单激励:采购方的多个订单会带来供应商间的竞争，这对供应商来说是一种激励。淘汰激励：对于优秀的供应商来讲，淘汰弱者能使其获得更大的业绩；而对于业绩较差者，为避免被淘汰的危险，更需要改进自身的绩效。组织激励：在一个较好的供应链环境下，企业之间的合作愉快，供应链的运作也畅通。与之保持长期稳定的合作关系是企业使用组织激励的主要措施。信息激励：在信息时代，信息对企业而言意味着生存。企业获得更多的信息意味着企业拥有更多的机会、更多的资源，从而获得激励。新产品或新技术的共同开发：它可以让供应商全面掌握新产品的开发信息，有利于新技术在供应链企业中的推广和开拓供应商的市场。商誉激励：商誉是一个企业的无形资产，反映了企业的社会地位，它主要来自供应链内其他企业的评价和在公众中的声誉。

(4) 防止供应商控制。当企业只有一家供应商或该供应商享有专利保护时会导致供应商控制采购价格，从而使采购方落入供应商的垄断供货控制中。面对这种情况，采购人员可根据所处的环境采取以下方法防止供应商控制。

第一，寻找其他供应商。独家供应一般有两种情况。一是供应商不止一家，但只向其中一家采购，这种情况可采用向多家供应商采购的方法规避风险；二是只有一家供应商，这就要开发新的供应商或替代品来控制供应商垄断。

第二，进行一次性采购。采购人员预计采购商品价格可能上涨时，根据相关的支出和库存情况，权衡将来价格上涨的幅度进行一次性采购，可避免供应商垄断。

第三，提高供应商的依赖性。通过多给供应商一些业务，提高供应商对采购方的依赖性。

第四，签订长期合同。当长期需要某种商品时，采购人员可以考虑与供应商订立长期合同，保证供应商持续供应和对其价格的控制，并采取措施预先确定商品的最大需求量以及需求增加的时机。

第五，控制采购成本。采购人员可以说服供应商在采购的非价格条件下作出让步来消除其垄断，而采购总成本中的每个因素(如送货的数量和次数、延长保修期、放宽付款条件等)都可能使供应商作出让步。

第六，与其他用户联合采购。与其他具有同样商品需求的公司联合采购，由一方代表所有采购商采购。

第七，让最终客户参与。采购人员与最终客户合作，让其了解只有一家资源的难处以及可替代产品的信息，摆脱垄断供应商的控制。

第八，全球采购。采购人员进行全球采购，得到更多供应商的竞价时，可以打破供应商的垄断。

2. 采购成本控制

采购成本是指企业采购过程中在购买、包装、运输、装卸、存储等环节上支出的费用的总和，包括购买价款、相关税费、运输费、装卸费、保险费及其他可归属于存货采购成本的费用。

控制采购成本对一个企业的经营业绩至关重要。采购成本下降不仅体现为企业现金流出的减少，而且直接体现为产品成本的下降、利润的增加，以及企业竞争力的增强。

企业采购成本控制的范围包括采购申请、计划、询价、谈判、合同签订、采购订单、物资入库、货款结算等采购作业的全过程。控制采购成本的主要途径包括以下几个方面。

1) 改善采购环境

改善采购环境的控制方法是把企业自身、企业所处的环境及其相互关系作为采购成本控制的重要因素。采购环境是采购工作者组织采购活动的存在条件,包括企业内部环境和企业外部环境。企业内部环境的改善可以促使采购部门同其他部门进行有效沟通、增强业务的透明度、优化采购决策过程、产生更好的激励效果,从而降低运营成本和材料的采购价格、减少废品数量、作出更优的决策。企业外部采购环境即采购和供应市场,尤其是日益动荡的全球供应市场越发凸显出对采购市场进行研究的重要性。通过采购市场研究,可以提前掌握采购商方面的关键信息,规避供应市场风险所引发的采购成本增加的不利因素,并能抓住降低采购成本的机会,增强企业采购成本的控制能力,实现企业的采购目标。

2) 建立严格的采购制度

建立严格的采购制度,不仅能规范企业的采购活动、提高效率、杜绝部门之间的推诿和纠纷,而且能预防采购人员的不良行为。采购制度应细化规定物料采购的申请、授权人的批准权限、物料采购的流程、相关部门(特别是财务部门)的责任和关系、各种材料采购的规定和方式、报价和价格审批等,明确对不合理或违规采购活动的惩戒处置程序和方式。

3) 加强采购价格管理

采购价格管理的控制方法主要有 7 种,即目标价格法、成本价格法、谈判价格法、招标采购价格法、集中采购价格法、价值分析价格法和期货采购价格法。企业采购部门应综合运用一种或几种价格策略,为企业争取到一个公平的采购价格,提高企业控制采购成本的能力。价格会经常随着季节、市场供求情况而变动,采购人员应注意价格变动的规律,把握好采购时机。

4) 确定合适的采购批量

采购部门应该及时了解物资库存信息、已订购未到达物资信息。在制订采购计划时,应在充分分析现有存货量、货源情况、订货所需时间、物资需求量、货物运输到达时间等因素的基础上,结合各种货物的安全存货量等,确定最合适的订货量及订货时点。当企业参照经济订货批量来订货时,可实现订货费用、储存费用等费用之和的最小化。

5) 估算供应商的产品/服务成本

全面控制采购成本不仅要靠企业内部挖掘潜力,而且还应延伸到对供应商的成本进行分析,如通过参观供应商的设施、要求供应商提供有关资料、估算供应商的成本、与供应商一起寻求降低大宗材料成本的途径等。只有这样,才能与供应商构建双赢的关系,达到控制采购成本的目的。采购部门在实施物资采购时,要严格执行财务部核定的物资采购最高限价。当出现以下情形时,应该对供应商成本价格进行分析:①新材料无采购经验时。②底价难以确认时。③无法确认供应商报价的合理性时。④供应商单一时。⑤采购金额巨大时。⑥为了提高议价效率时。

3. 采购谈判

采购谈判是现代商品采购实施过程中的重要环节,具有关键意义。成功的采购谈判将有利于企业降低成本,达成企业利润最大化。

1) 采购谈判的含义及特征

采购谈判是指在采购时与供应商进行的商务谈判。采购方想以理想的价格、商品质量和供应商服务条件来获取供应商的产品,而供应商则想以自己希望的价格和服务条件向购买方提供自己的商品，此时双方需要通过谈判来解决，这就是采购谈判。

采购谈判具有以下特征：①合作性与冲突性。采购谈判是建立在双方利益既有共同点，又有分歧点的基础上的，因此具有合作性与冲突性。但是这种合作性和冲突性是可以相互转化的。采购人员可以在事前将双方意见的共同点和分歧点分别列出，并按照其在谈判中的重要性分别赋予不同的权重和分数，从而预测谈判成功的概率。②经济利益中心性。在谈判过程中，谈判的中心是各自的经济利益，而价格在谈判中作为调节和分配经济利益的主要杠杆就会成为谈判的焦点。③原则性与可调整性。谈判双方在谈判过程中都有谈判的原则，在坚持彼此基本原则的基础上可以向对方作出一定让步和妥协。因此，原则性和可调整性是并存的。作为谈判人员，要从谈判中分析双方原则性的差距大小，并分析是否可以调整双方的这种差距，使谈判获得成功。

2）采购谈判的内容

采购谈判的内容包括产品条件谈判、价格条件谈判和其他条件谈判。

(1) 产品条件谈判。产品是采购的核心内容，因此采购谈判的首要谈判内容是围绕产品条件的谈判，具体包括产品品种、型号、规格、数量、质量标准、商标、外形、款式和包装等条件的谈判。

(2) 价格条件谈判。价格条件谈判是采购谈判的中心内容，是谈判双方最为关心的问题。价格条件谈判包括数量折扣、退货损失、市场价格波动风险、商品保险费用、售后服务费用、技术培训费用、安装费用等条件的谈判。

(3) 其他条件谈判。采购谈判还应进行包括交货时间、商品检验和索赔、付款方式、违约责任、货物保险和仲裁等其他条件的谈判。

3）采购谈判的程序

(1) 准备阶段。准备阶段的工作主要包括谈判资料的收集、谈判方案的制定和谈判的预演。

谈判资料的收集主要包括采购需求分析和市场调查。采购需求分析是根据生产和销售的情况，对生产中所需要的原材料、辅助材料、包装材料，以及各种商品在市场上的需求情况进行分析和预测，确定需采购的材料、商品的品种、规格、型号和数量。市场调查的主要内容包括产品供需情况、产品销售情况、竞争对手情况、谈判对手情况等。

谈判方案的制定主要包括确定谈判的目标；明确谈判的内容；谈判方式的选择；确定谈判日程、地点以及谈判人员的安排。

谈判预演可以使谈判人员获得实践经验，取得重大成果。在谈判预演中，不仅可以使谈判人员注意到那些原本被忽略或被轻视的重要问题，而且通过站在对方角度上进行思考，可以使己方在谈判策略设计方面显得更有针对性。通过谈判预演可以进一步完善谈判方案。

(2) 谈判阶段。谈判阶段主要包括摸底、询价、磋商和成交四个部分。

摸底：在正式谈判开始前，双方主要任务是相互摸底，希望知道对方的谈判目标底线，所以在这一阶段说话往往非常谨慎，通常以介绍自己的来意、谈判人员的情况、本企业的历史、产品的有关情况等为主，并倾听对方的意见和观察其反应。在这一阶段，价格这一敏感问题往往先不在谈话中涉及，而是在倾听对方意见之后，再做决定。

询价：价格是采购谈判的敏感问题，也是谈判的关键环节，在这一阶段要考虑的问题是谁先开价、如何开价、对方开价后如何还价等问题。

磋商：在进行询价后，谈判就进入了艰难的磋商阶段。谈判双方要针对对方的报价讨价还价。双方之间难免出现提问、解释、质疑、反击,甚至发生激烈的辩论和无声的冷场。因此,在磋商阶段仍然要把握好谈判节奏,想办法消除双方之间的分歧。磋商要求谈判人员既要自我约束,杜绝粗暴、任性、骄横的做法,又要尊重对方,礼貌待人。

成交:随着磋商的不断深入,谈判双方在越来越多的事项上达成共识,彼此在立场与利益等方面的差异逐步缩小,交易条件的最终确立已经成为共同的要求,此时采购谈判将进入成交阶段。在这个阶段,谈判人员应将意见进行归纳,起草成交协议文件,审核合同并签字。

(3) 谈判后管理阶段。主要包括谈判总结、关系维护、谈判资料的管理三项内容。

谈判总结:谈判结束后,不管是成功还是失败,都要对过去的谈判工作进行全面、系统的总结。

关系维护:合同签字并不意味着双方关系的了结,相反,它表明双方的关系进入了一个新的阶段。为了确保合同得到认真彻底的履行,以及考虑到双方今后的业务关系,应该安排专人负责同对方经常性地联系,双方谈判人员也应经常联系,使双方保持良好的关系。

谈判资料的管理:对谈判的资料,包括总结材料,应编制成客户档案,妥善保管。这样,在今后再与对方进行交易时,上述材料即可成为非常有用的参考资料。在保存资料的同时,还要特别注意资料的保密工作,特别是关于己方的谈判方针、策略和技巧方面的资料。

4) 采购谈判的策略

(1) 投石问路策略。所谓的投石问路策略,就是在采购谈判中,当买方对卖方的商业习惯或有关产品成本、价格等方面不太了解时,买方主动地提出各种问题,并引导对方做较全面的回答,然后从中获得有用的信息。这种策略一方面可以达到尊重对方的目的,使对方感觉到自己是谈判的主角和中心;另一方面又可以摸清对方的底细,争得主动。

(2) 避免争论策略。谈判人员在开谈之前,要明确自己的谈判意图,在思想上做必要的准备,以营造融洽、活跃的谈判气氛。然而谈判双方为了谋求各自的利益,必然会在一些问题上发生分歧,此时双方都要保持冷静,防止感情冲动,尽可能避免争论。因为争论不仅于事无补,还会使事情变得更糟,最好的方法是采取冷静地倾听对方的意见、婉转地提出不同意见、分歧产生之后谈判无法进行,应立即采取休会等方式进行协商。

(3) 情感沟通策略。如果与对方直接谈判的希望不大,就应该采取迂回的策略。所谓迂回策略,就是要先通过其他途径接近对方,彼此了解,联络感情。在沟通情感后,再进行谈判。人都是有感情的,满足情感和欲望是人的基本需要。因此,在谈判中利用感情因素去影响对方是一种可取的策略。

(4) 货比三家策略。在采购某种商品时,企业往往选择几个供应商进行比较分析,最后择优签订采购合同。这种现象在实际工作中非常常见,被称为货比三家策略。在运用此策略时,企业应注意选择实力相当的供应商进行比较,同时还应以平等的原则对待所选择的供应商,从而寻找企业的最佳合作伙伴。

(5) 声东击西策略。声东击西策略是指为达到某种目的,有意识地将洽谈的议题引导到无关紧要的问题上,转移对方的注意力,以求实现自己的谈判目标。具体做法是在无关紧要的事情上纠缠不休,或者在对自己不成问题的问题上大做文章,以分散对方对自己真正要解决的问题的注意力,从而在对方无警觉的前提下,顺利实现自己的谈判意图。

(6) 最后通牒策略。处于被动地位的谈判者总有希望谈判成功达成协议的心理。当谈判双方各持己见、争执不下时，处于主动地位的一方可以利用这一心理，提出解决问题的最后期限和解决条件。从心理学角度讲，人们对得到的东西并不珍惜，而对要失去本来在他看来并不重要的某种东西时，却一下子变得很有价值，在谈判中采用最后通牒策略就是借助人的这种心理定势来发挥作用。

谈判人员只要善于总结、观察，并理论结合实际，就能创造出更多更好的适合自身的谈判策略，并灵活将他们运用于采购谈判活动中。

4. 采购合同签订与履行

采购合同确认了供需双方之间的购销关系和权利与义务。合同依法订立后，双方必须严格执行。因此，采购人员在签订采购合同前，必须审查供应商的合同资格、资信及履约能力，按合同法的要求，逐条订立购货合同的各项必备条款。

采购合同在签订阶段主要应做好以下工作：①检查成交协议文本。应该对文本进行一次详细的检查，尤其是对关键的词、句子和数字的检查一定要仔细认真。一般应该采用统一的、经过公司法律顾问审定的标准格式文本，如合同书、订货单等。对大宗或成套项目交易，其最后文本一定要经过公司法律顾问的审核。②签字认可。经过检查审核之后，由谈判小组长或谈判人员签字并加盖公章，予以认可。③小额交易的处理。小额交易是直接进行交易，再检查确认，应主要做好货款的结算和产品的检查移交工作。

采购合同的履行主要包括按合同要求交付物资和按合同规定及时进行货款结算。

合同当事人应按合同规定的物资数量、计量方法和物资的质量等条款履行职责。采购方不得少要或不要物资，否则以中途退货论处。供应商如果不能按原定数量交货，则应负相应违约责任。凡是原装、原封、原标记都应完好无异常状况，包装内物资数量发生问题由供应商或分装者负责。供应商发货和实际验收的货物数量有差额的，不能超过有关规定或合同约定的减增量。

货款结算方式有多种，如有现金结算和非现金结算。非现金结算方式有信用证结算、汇款结算、托收承付结算和支票结算等。这些结算方式可以选择其一，一旦选定了某一种结算方式，就必须按此方式结算货款。如果采购方变更开户银行、账户名称和账号，应于合同规定的交货期限前 30 日通知供应商。若因采购方过错影响结算，采购方应承担逾期支付货款责任；若因供应商过错办理结算未果，则责任由供应商自负。采购方拒付货款应依中国人民银行《支付结算办法》的拒付规定办理。采购方无理拒付，按逾期付款处理。采购方对拒付货物，必须负责接收，妥善保管，不得动用。

三、现代商品采购及其管理的新趋势

(一)电子采购

1. 电子采购的含义

电子采购也称网上采购，是指利用信息通信技术，以网络为平台，与供应商之间建立联系，并获得某种特定产品或服务的活动。

电子采购最早兴起于美国，它的最初形式是一对一的电子数据交换系统 EDI，这种系统大幅度地提高了采购的效率。但早期的解决方案价格昂贵，耗费庞大，令中小供应商和买家望而却步。近年来，全方位综合电子采购平台出现并广泛地连接了买卖双方，买卖双方借此可以方便地进行电子采购活动。

2. 电子采购的优势

电子采购通过网络和计算机技术的应用，弥补了传统采购中的不足，使传统的采购业务运作方式发生了本质的变化，其优势包括以下几点。

(1) 节约成本。电子采购使供需双方可以直接接触，减少了中间不必要环节的参与。因此，原材料、零部件和其他商品的采购价格及各项服务费用等都有大幅度的降低。

(2) 提高效率。电子采购简化了传统采购的信息收集、认证、商务谈判、资金结算等工作。使采购流程自动化、一体化，采购人员能在很短时间内得到比以前更广泛、更全面、更准确的相关资料，能够降低采购的管理费用。而且，通过应用计算机技术重构企业的采购流程，能够提高采购效率、节省大量的时间成本和人力成本的开支。

(3) 增加采购的透明度。不同的企业，包括各个供应商都可以共享信息，不仅可以了解当时采购、竞标的详细信息，还可以查询以往交易活动的记录，这些记录包括中标、交货、履约等情况，帮助买方全面了解供应商，帮助卖方更清楚地把握市场需求及企业本身在交易活动中的成败得失，积累经验。电子采购对提高交易透明度，减少"暗箱操作"起了非常重要的作用。

(4) 有效加强供应商管理。在传统的采购模式中，供应商与需求企业之间是一种简单的买卖关系，因此无法解决一些涉及全局性、战略性的问题。而在电子采购模式中，供应与需求的关系从简单的买卖关系向双方建立战略协作伙伴关系转变。为了降低成本，采购商会请供应商共同设计改造生产流程，开展多种形式的技术合作，并要求供应商按照规定的时间、地点、质量、数量等将货物准时送到，降低采购商的库存成本；同时供应商更多从采购商的需求出发，帮助企业设计、生产价格低、质量好的材料。电子采购使供、需双方更好地成为利益共同体。

3. 电子采购模式

1) 卖方一对多模式

卖方一对多模式是指供应商以计算机网络作为销售渠道，发布商品的在线目录，采购商则通过浏览来获取所需商品的信息，作出采购决策，并发送订单、确定付款和交付方式。

在卖方一对多模式中，作为卖方的供应商为增加市场份额而开发自己的网站，允许买方浏览和采购自己的在线产品。买方登录卖方网站是免费的。对买方而言，这种模式的优点在于容易访问，并且不需要做任何投资；缺点在于难以跟踪和控制采购开支。

2) 买方一对多模式

买方一对多模式是指采购商在计算机网络上发布所需采购商品的信息，而供应商在采购商的网站上登录自己的商品信息，供采购商浏览并评估，双方通过采购商网站进行信息沟通来完成采购业务。

买方一对多模式由采购商建立、维护和更新产品目录，虽然花费较大，但采购商可以牢固地控制整个采购流程。这种模式可以限定目录中所需产品的种类和规格，甚至可以对不同的采购人员在采购不同产品时设定采购权限和数量限制。采购人员只需要通过一个界面就能了解所有潜在的供应商的产品信息，并能方便地进行对比和分析。由于供求双方通过采购商网站进行文档传递，所以采购商网站与采购商信息系统之间的无缝连接将使这些文档顺利地被系统后台识别并处理。因此采购商需要大量的资金投入和系统维护费用，这种采购模式更适合大规模企业的商品采购。

3) 第三方模式

第三方模式是指供应商和采购方通过第三方设立的电子采购平台办理采购业务的过程。在这种模式里，无论是供应商还是采购方都需要在电子采购平台发布自己提供或需要的产品信息，第三方机构则负责产品信息的归纳和整理，以便用户使用。

第三方采购模式有以下不同采购类型：①采购代理，其为企业提供了安全的网络采购场所，另外也提供诸如在线投标和实时拍卖等服务。②联盟采购，一组不同的企业把他们要采购的相似的商品在数量上累加，以增强集体购买力，这种系统通常由几家企业共同开发和维护。③中介市场，由专业的网络公司建立，用来匹配企业和多个供应商的在线交易。

4) 反向拍卖

反向拍卖又称为"拍购""拍买"或"逆向竞价"等，它的基本原理与拍卖一致，但价格走向却正好相反。拍卖是为卖方销售服务的，反向拍卖是为买方采购服务的。而且拍卖是以买卖底价为基础，在竞价过程中越拍越高，最后以最高竞价者获胜而告终。而反向拍卖采购则刚好相反，是通过集约化的竞价艺术，在延时竞标中获得远低于采购标底的实际成交价。

这就要求采用反向拍卖采购品必须具备以下特点：采购品为非独占性产品，产品具备三个以上的供货商；产品供大于求，处于买方市场；批量性采购，对中标者有足够吸引力；每一标采购金额一般不低于20万元，最大不超过中标供货商一个季度的供货量；采购条件(标准)确定的主动权在采购商。

4. 电子采购的步骤

(1) 进行采购分析与策划，对现有采购流程进行优化，制定出适宜网上交易的标准采购流程。

(2) 建立网站。这是进行电子采购的基础平台，要按照采购标准流程来组织页面。可以通过虚拟主机、主机托管、自建主机等方式来建立网站，特别是加入一些有实力的采购网站，通过他们的专业服务，可以享受到非常丰富的供求信息，起到事半功倍的作用。

(3) 采购单位通过互联网发布招标采购信息(发布招标书或招标公告)，详细说明对物料的要求，包括质量、数量、时间、地点，对供应商的资质要求等。也可以通过搜索引擎寻找供应商，主动向他们发送电子邮件，对所购物料进行询价，广泛收集报价信息。

(4) 供应商登录采购单位网站，进行网上资料填写和报价。

(5) 对供应商进行初步筛选，收集投标书或进行贸易洽谈。

(6) 网上评标，由程序按设定的标准进行自动选择或由评标小组进行分析评比选择。

(7) 在网上公布中标单位和价格，如有必要对供应商进行实地考察后签订采购合同。

(8) 采购实施。中标单位按采购订单通过运输交付货物，采购单位支付货款，处理有关善后事宜。按照供应链管理思想，供需双方需要进行战略合作，实现信息的共享。采购单位可以通过网络了解供应单位的物料质量及供应情况，供应单位可以随时掌握所供物料在采购单位中的库存情况及采购单位的生产变化需求，以便及时补货，实现准时化生产和采购。

(二)绿色采购

1. 绿色采购概述

绿色采购是指在项目采购管理中考虑环境因素,以利于再循环、再使用和资源节省。通过实施绿色采购,以源头控制的方式减少项目后期的治理成本,保护自然环境,保护资源,提高企业声誉和绩效。

2. 绿色采购的原则

1) 经济效益与环境效益兼顾

企业在采购活动中,应充分考虑环境效益,优先采购环境友好、节能低耗和易于资源综合利用的原材料、产品和服务,兼顾经济效益和环境效益。

2) 打造绿色供应链

企业应不断完善采购标准和制度,综合考虑产品设计、采购、生产、包装、物流、销售、服务、回收和再利用等多个环节的节能环保因素,与上下游企业共同践行环境保护、节能减排等社会责任,打造绿色供应链。

3) 企业主导与政府引导相结合

坚持市场化运作,以企业为主体,充分发挥企业的主导作用。政府通过制度改革、政策引导、信息公开和促进行业规范等方式,推进企业绿色采购。充分发挥行业协会的桥梁和纽带作用,强化行业自律。

3. 绿色采购的内容

1) 绿色信息的收集和管理

采购不仅是商品空间的转移,也包括相关信息的收集、整理、储存和利用。在绿色采购的大背景下,绿色信息收集和管理也是企业实施采购战略的依据。面对大量的绿色商机,企业应从市场需求出发,收集相关的绿色信息,并结合自身的情况,采取相应措施,深入研究信息的真实性和可行性。绿色信息的收集主要包括绿色消费信息、绿色科技信息、绿色资源和产品开发信息、绿色竞争信息、绿色市场规模信息等。

2) 供应商的选择

绿色采购在供应商的选择上,除了要考虑传统的选择标准之外,更注重的是供应商提供的产品是否具备环保认证。采购部门通过加强与供应商的合作,可以减少采购难以处理或对生态系统有害的材料,提高材料的再循环和再使用,控制材料和零部件的购买成本,降低末端环境治理正本,提高企业产品质量,获得权威认证的绿色产品,最终提高企业绩效。

3) 绿色运输

传统采购关注如何使运输费用最省,对于运输中的环保并不重视。绿色采购则需要关注如何实行绿色运输,采取一切可行的措施,大幅度减少对环境的污染。绿色运输是指以节约能源、减少废气排放为特征的运输。根据运输环节对环境影响的特点,绿色运输的关键原则是降低运输车辆在道路上的行驶总里程。围绕这一原则的绿色运输途径主要包括发展多式联运和共同配送、建立信息网络、选择环保型运输工具等。

4) 绿色包装

包装将直接影响到物流系统中的装卸、搬运、存储、运输等各个基本功能实现的效率和质量，关系到整个物流的服务水平、经济效益和社会效益。采购管理活动中涉及的运输、仓储、装卸搬运等环节都离不开包装，绿色包装会直接影响到采购过程。

5) 绿色仓储

仓储保管活动本身对周围环境也会产生重大影响，例如，因为货物保管、操作不当引起货品损坏、变质、泄露等而影响环境；另外，仓库布局不合理也会导致运输次数的增加，导致不合理的运输现象产生，从而污染环境。绿色仓储是在仓储环节为减轻储存货物对周围环境的污染及人员的辐射侵蚀，同时避免储存物品在储存过程中的损耗而采取的科学合理的仓储保管策略。

(三)跨境电商采购

1. 跨境电子商务的内涵

跨境电子商务(Cross-Border Electronic Commerce)是指分属不同关境的交易主体，通过电子商务平台达成交易，进行支付结算，并通过跨境物流送达商品、完成交易的一种国际商业活动。

跨境电子商务作为一个系统，主要由具有"云"属性的信息流、具有"虚拟金融"属性的资金流、具有物权属性的物流和具有"人"属性的主体四个基本要素构成。在跨境电子商务活动中，从事跨境电子商务的自然人、法人、组织、国家机构等都是跨境电子商务的主体，如各国消费者、生产者、制造商、供应商、分销商、代理商、平台商、金融机构、国家监管机构(如中国的海关，出入境检验检疫局、外汇管理局等)。其中，国家及其相关机构是决定性主体，它决定和约束着跨境电子商务其他主体的活动。

信息流是指在跨境电子商务活动中形成的信息的动态集合，在互联网云计算技术条件下，一般以"云"的形式进行信息的收集、传递、处理、储存、分析、利用和反馈。信息流是跨境电子商务的核心要素，也是跨境电子商务成功达成交易的重要引导性要素。

资金流是指商品实现其所有权从提供者向需求者的跨境转移而形成物权的动态集合，是商品达成交易后在运输、存储、包装、配送、搬运和加工等一些基本过程中形成的实物流。

物流是成功实现跨境电子商务交易的决定性要素。从商品交换流动的方向性分析，物流一般与商品的运动方向一致，从提供方向需求方流动；资金流与商品的运动方向相反，一般从需求方向提供方流动；信息流则是双向流动。跨境电子商务主体间的信息流、资金流和物流三者之间相互联系、相互作用，共同构成了跨境电子商务系统。

2. 跨境电商的采购形式

跨境电商企业的采购形式主要可以分为两类，一类是自主采购，另一类是外包采购。自主采购是由企业自主寻找供应商，完成采购流程，其中包括大型企业的独立网上采购和小企业通过第三方采购平台的采购。外包采购是企业将采购环节外包给第三方服务商来协助企业完成采购。

1) 自主采购

自主采购是由企业独立完成采购决策。在自主采购时，跨境电商企业首先需要在众多的品牌中选择合适的产品来进行采购,由于大部分跨境电商并不具备获得超级国际大牌授权的能力,因此选品变得尤为重要,既要选择非国际知名的品牌,还要保证有一定的市场潜力。跨境电商选品的策略主要包括选择国内有较大规模的品类、选择在国外有一定知名度的品牌以及选择与国内产品有较大差异化的产品。这三点可以使跨境电商企业从众多的海外品牌中挑选出合适的采购商品。

此外,由于企业的规模效应和采购产品等因素的不同,企业可能选择不同的平台来完成采购流程。大型企业由于拥有大量且稳定的订单,足以令企业获得规模经济的好处,因此独立进行零部件采购将会是一种不错的选择。而对于规模较小的企业来说,它们或没有稳定的需求,或订单规模较小。这都使它们没有足够的动机去独立进行电子采购,而是选择在第三方平台进行采购。虽然这样做会失去独立采购所带来的价格优势,但是可以更灵活地满足小规模企业不稳定的需求。

2) 外包采购

企业在进行外包决策时,首先应当考虑的是外包能否增加整体供应链的盈余。供应链盈余是指产品对顾客的价值与将产品提供给顾客的过程中所有供应链活动的总成本之间的差额。供应链盈余是整条供应链活动所产生的额外价值,是由供应链中的所有人员所共享的收益。因此,企业选择外包的前提是外包可以增加供应链盈余,且供应链中的每个企业所获得的利润应与其提升盈余的程度相关。

相较于自主采购企业,有些企业并没有独立完成采购决策的能力或自主进行采购将会明显增加企业运营成本。此时,企业会选择将采购外包给第三方供应链服务商以帮助其完成。将采购外包后,企业可以通过较低的成本得到第三方更为专业的服务,由此增加供应链盈余,同时得到更好的采购结果。第三方可以通过聚集多家企业的订单、库存或运输从而达到单个企业所不可能拥有的规模经济,从而提高供应链盈余,这是企业将采购外包的最重要的原因。

企业的采购外包可以分为在岸外包和离岸外包。在岸外包是指外包商与其外包供应商来自同一个国家,因而外包工作在国内完成。也就是说,中国企业如果在国内选择外包供应商,则属于在岸外包。相反,离岸外包指外包商与其供应商来自不同国家,外包工作跨国完成。大部分的离岸外包企业也都是为了通过跨国方式寻求更低的成本。

3. 跨境电商的采购流程

在跨境电子商务兴起之前,商品在传统国际贸易的方式下,主要通过一般贸易的方式进出口,而在跨境电子商务出现后,传统的进口方式已经不适用于新的商业模式。在跨境电子商务模式下,订单多频次、小批量、信息量大,使用传统的一般贸易方式进口,海关、商检等政府部门监管起来非常困难,电子商务企业在实际中运营过程也非常复杂。

在国家鼓励先行先试的政策下,逐步形成了直购进口与保税进口两种跨境电子商务进口方式。直购进口是指 B2C 进口电子商务在海外采购商品并存放于海外仓库,国内消费者在电子商务网站下单购买海外商品后,电子商务企业在海外进行订单处理、国际运输、清关以及国内派送的进口模式。保税进口是指进口电子商务在海外采购商品,并将商品批量运输到境内的跨境电子商务试点保税区,国内消费者在网上下单后,在保税区进行订单处理、清关以及国内派送的进口模式。两种模式都在 2014 年才开始出现,直购进口最早开始于 2014 年 3 月,在中国(杭州)跨境贸易电子商务产业园下城园区开始试点。同年 5 月,下沙园区开始开展保税进口业务。

1) 直购进口的流程

直购进口的业务流程类似于国内电子商务，其进口的业务流程与传统的快件或者邮政包裹的入境流程类似，不过具体操作与进口电子商务的要求有一些不同，目前仍有少量电子商务采用传统的商业快件或者邮政的方式进口，但是政府提倡、合法合规的直购进口方式才是主流。前期准备工作包括商品采购以及政府备案。商品采购方式多种多样，既可以是商家直接向供应商采购后将商品在海外仓库存放，也可以是供应商直接备货，有订单后由供应商直接发货。政府备案则包括电子商务企业备案以及商品备案。电子商务企业备案是为了取得进口电子商务企业的资质，商品备案是为了获得商品在境内销售的资格。直购进口的方式包括以下 5 个步骤：①下单购物，买家在网站上下单，并完成支付；②订单处理，卖家根据订单信息，在仓库对订单进行处理，包括分拣、打包等操作；③国际运输，将订单从境外运输到清关的口岸，主要以空运为主；④清关，商品到达国内口岸后，办理清关手续；⑤国内派送，清关完毕后将货物移交给国内快递公司进行派送，送至买家手中。如图 6-2 所示。

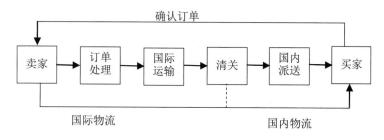

图 6-2 直购进口流程

2) 保税进口的流程

保税进口是一种全新的进口方式。前期准备工作与直购进口有相同之处，但是手续会相对复杂一些。前期准备工作主要是企业备案与商品备案。企业备案是获取跨境电子商务企业资格，商品备案是获得境内销售资格。与直购进口不同的是对不同类型的商品进驻保税区有着不同的要求，主要是检验检疫部门的有关规定。比如保健品需要相关的证明材料，包括相关的政府批文、原产地国家有关证明、境外出厂证明等。不同保税区对于准入的产品要求也不尽相同，目前全国尚未统一。比如有些保税区目前无法通过保税进口模式进口婴儿配方奶粉。因此，在此模式下，商品准入的限制比直邮进口模式要多，商家在选择此方式之前必须确认该产品是否符合保税区的有关要求。未来国家制定并完善全国统一的规范，各地区统一执行后，此项工作会更加规范清晰，便于电子商务企业操作。

在备案完成后，就是商品的境外采购。主要可分为 6 个步骤：①将境外商品从海外运输(通常为空运、海运两种运输方式)至保税区；②办理正常的通关手续后，商品进驻保税区仓库；③买家在网站上下单，并完成支付；④订单处理，卖家根据订单信息，在仓库对订单进行处理，包括分拣、打包等操作；⑤商品清关，在清关过程中，海关监管系统随机抽取一些包裹进行查验，在通过 X 光机时，海关会比对商品内容、数量等信息，检验检疫部门也会进行查验，经查验如果没有问题，包裹就会被放行；⑥国内派送，清关完毕后将货物移交给国内快递公司进行派送，送至买家手中。如图 6-3 所示。

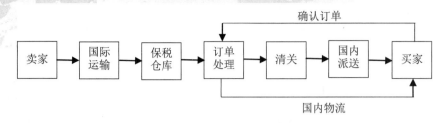

图 6-3 保税进口流程

(四)供应链采购

1. 供应链采购概述

供应链采购，是指供应链内部企业之间的采购，供应链内部的需求企业向供应商企业采购订货，供应商企业将货物供应给需求企业。按照供应链采购的原理，采购者只需把自己的需求规律信息即库存信息向供应商连续、及时地传递，由供应商根据用户的需求信息预测用户未来的需求量，并根据这个预测需求量制订自己的生产计划和送货计划，以便主动、及时、连续、小批量、多频次地向用户补充货物库存，保证采购者既满足需要又使总库存量最小。

供应链管理环境下，采购的地位发生了巨大的变化。在供应链上，企业既是需求者，又是供应者。处于供应链上的企业都是通过满足最终用户的需求而获得利润的。而采购处于企业与供应商的连接界面，它在供应链上的企业之间，为原材料、半成品和产成品的生产合作交流架起一座桥梁，沟通生产需求和物资供应的联系，是提高供应链上企业同步化运作效率的关键环节，同时也是与其他供应链竞争的重要途径和手段。

供应链环境下的采购模式，对于采购方来说，可以降低采购成本。在获得稳定且具有竞争力的价格的同时，提高产品质量和降低库存水平，还能取得更好的产品设计和对产品变化更快的反应速度；对于供应方来说，在保证有稳定的市场需求的同时，由于同采购方的长期合作伙伴关系，能更好地了解采购方的需求，改善产品生产流程，提高运作质量，降低生产成本，获得比传统模式下更高的利润。

2. 供应链采购的特点

1) 降低了供应商的数量

一方面，买方将供应商分层，尽可能将完整部件的生产甚至设计交给第一层的供应商，这样买方企业的零件设计总量可以大大减少，有利于缩短新产品的开发周期。另一方面，采购商只保持较少数目的供应商，一般一种物料只有一两个供应商，可以使供应商获得规模优势，采购商也从中获得价格优惠。

2) 采购管理订单驱动

在传统的采购模式中，采购管理的目的就是为了补充库存，采购部门不关心企业的生产过程，不了解生产的进度和产品需求的变化，采购管理缺乏主动性，弹性差。在供应链下的采购管理是订单驱动的，制造订单驱动采购订单，采购订单驱动供应订单，这种准时化的订单驱动模式使供应链系统能够及时反映顾客需求，从而降低了库存成本。

3) 买卖双方可建立长期合作的伙伴关系

买卖双方建立起一种长期合作的战略伙伴关系，简化合同手续以降低交易成本，根据市场分销，制定目标价格，共同分析成本，共享利润。买方还可以在技术、管理、质量以及人员等方面给供应商以支持，参与供应商的产品设计和质量控制过程，共同制定相关产品质量标准，调动供应商不断优化生产过程、提高产品质量的积极性。同步运营是供应链管理的一个重要组成部分，对于供应商来说，可以以更低廉的价格、更优质的产品来回报采购商。

4) 买卖双方信息共享

买卖双方均积极地向对方提供自己相关的技术、管理等方面的信息和经验，制订步调一致的生产计划、供货计划、战略计划等。

3. 供应链采购的管理实施

供应链采购管理的实施一般要做好以下一些基础建设工作。

1) 信息基础建设

为了实现供应链采购，要建立企业内部网、企业外部网，并且和互联网相连，还要开发管理信息系统，建立自己的电子商务网站，建设信息传输系统，还要进行标准化、信息化的基础建设。

2) 供应链系统的基础建设

要努力加强业务的联系，加强供应链企业的沟通，逐渐形成供应链各个企业的业务协调和紧密关系。要逐渐建设责任共担、利益共享机制。在条件成熟以后，及时地建成供应链、实行供应链管理操作。

3) 物流基础建设

包括供应链各个企业内部和企业之间的物流基础建设，如仓库布点、仓库管理、运输通道、运输工具、搬运工具、货箱设计、物流网络等，还包括一些物流技术，如条码系统、自动识别、计量技术、标准化技术等。

4) 采购基础建设

如供应商管理库存、连续补充货物、数据共享机制、自动订货机制、准时化采购机制、付款机制、效益评估和利益分配机制、安全机制等。通过所有这些基础建设，形成一定的规范，就能建立起一个完善的供应链系统，实现供应链采购。

第三节　现代物流管理

一、物流管理概要

(一)物流的形式概念与特征概念

物流一词译自英文 Physical distribution，简称"PD"。从物流字面上说，即物品的实体流动。物是指一切物质，如物资、物品、商品、原材料、零部件、半成品等。依据物品流动的区域，习惯上可将物流分为宏观物流和微观物流。

宏观物流是跨区域、跨环境的物品流动，如洲际、国际之间的物品流动；微观物流是同一地域、同一环境中的微观运动，如一个生产车间内部物料的流动。

1. 物流的形式概念

顾名思义，从物流的形式出发对物流进行的定义，便是物流的形式概念。它认为："物流是物品从供应地向接收地的实体流动过程。根据实际需要，将运输、储存、装卸、搬运、流通加工、配送、信息处理等基本功能实现有机的结合"——国家标准《物流术语》(GB/T 18354-2001)。这是从物流的外在形式(业务内容)上进行的表述。

2. 物流的特征概念

从特征上把握的物流概念，故称为"特征概念"。其核心定义是"物流是供应链流程的一部分，是为了满足消费者需求而对货物、服务及相关信息在起点与消费地之间高效率、高效益的正向与逆向流动和存储进行的计划、执行和控制的活动"。这一概念源自美国物流管理协会(2005年更名为美国供应链管理专业协会，CSCMP)1998年对物流的定义。

无论是形式概念还是特征概念，均揭示了物流的基本使命，即把正确的商品或服务在正确的时间，以良好的状态传送到正确的地点。

与物流相对应的概念是商流。商流指的是商品所有权的转移。二者之间的辩证关系是商流过程有可能导致物流，物流过程一般也会导致商流；商流和物流可以同时产生，也可以相互分离；二者的结合，使商品的使用价值和价值得到了彻底实现。

(二)物流的特征

建立特征概念的目的是为了洞察物流概念的内涵，把握物流的特征。物流的特征概念突出强调了物流的系统特征、产业特征、服务特征和理念特征。但需要指出的是物流概念中提出的四个基本特征是在"二战"以后物流业大发展的基础上逐步形成的，此前的物流业务并不具有这样的特征。

1. 系统特征

物流是在统筹考虑若干个物的流动环节及相应的业务活动后存在一定的节耗增效的效果而提出来的，这就是系统化的基本特征。具体来说，物流活动的系统化，包括内部物流功能的系统化和基于供应链的一体化。实际上，任何物流方面的理论或实践在实质上都不是物流活动本身，而是研究物流活动系统化可能产生的效果。

2. 产业特征

物流业是一个产业系统，应从产业发展的层面来统筹考虑物流业的发展。产业是由国民经济中具有同一性质、承担一定社会经济功能的生产或其他经济社会活动单元构成的，是具有相当规模和社会影响的组织结构体系。构成产业须有四个规定性，即同质规定性、规模规定性、职业化规定性和社会功能的规定性。

之所以说物流是一个产业，其原因分别如下所述。

第一，物流业具有产业的同质性。尽管物流作业的内容非常繁杂，技术经济特征各异，但它们都共同依托于物的流动过程并为物的流动过程服务，包括流动时间设计、流动空间设计、批量设计、运送、仓储、流通加工等，而且物流业是在共同的理念指导下统驭在系统之中的，各项业务之间、各环节之间存在着密切的内在联系，在共同努力下输出能提高物流过程效率与效益的、有机联系的服务体系，具有产业内在的关联性及类聚性特征。

第二，物流业具有规模规定性。即构成产业的企业数量及其产出量必须具有一定的规模。2021年11月3日天眼查数据显示：我国现有超150万家物流相关企业。从成立时间看，15%的物流企业成立在1年以内，75%的物流相关企业成立在近5年，10%的物流相关企业成立在5年以上。并形成了以中远、中铁、远成、中邮、德邦、中储股份、南方物流、宅急送、天地华宇、佳吉快运为代表的现代化物流公司。2021年，全年社会物流总额335.2万亿元，是"十三五"初期的1.5倍。按可比价格计算，同比增长9.2%，两年年均增长6.2%。

可见，我国物流企业不仅已具有相当的规模，而且其产值将在GDP中占有越来越多的份额，成为新的经济增长点。

第三，物流业具有职业化规定性。即社会中已经形成了专门从事这一产业活动的职业人员。中国物流人才教育工程于2001年正式启动，截至2021年，开设物流工程专业的本科院校已达130余家，开设物流管理专业的本科院校已达159家。同时，国内外培训机构开设的各种类型的培训、考试和认证工作已经全面展开，如英国皇家物流与运输学会(ILT)的"国际物流职业资格认证"、中国商业技师协会市场营销专业委员会"物流管理人员职业资格认证"等，且受训群体不断扩大。这些足见我国物流产业已经或正在走向职业化。

第四，物流业具有社会功能规定性。物流业的发展和实践雄辩地证明了物流不仅具有运输、仓储、包装、搬运装卸、流通加工、信息服务等物理性功能，更为重要的是物流业能够通过这些功能性活动创造产业增加值，拉动第三产业和国民经济的发展。相关分析指出，截止到2021年11月，物流业增加值占第三产业增加值的19.97%，已经成为拉动第三产业发展的稳定因素。

3. 服务特征

物流产业的主要行为方式是提供相关的服务，如运输服务、仓储服务、物流方案设计、工艺流程优化策划、信息服务、配送服务等。同时，物流企业还会涉及一定的工程技术作业，如流通加工工程(包括包装工程)、安装工程、专项技术服务工程等，但这些作业主要属于辅助性的，产品生产的主体加工过程不在其列。

总体上说，物流具有服务的特征，物流产业属于第三产业的范畴。

4. 理念特征

如果把具体的作业方式和内容比作产业构成的实体，那么理念则属于该产业的"魂"。只有"魂"与"体"的有机结合，才能构成具有生命力的产业系统。

理念是与发展逻辑相适应的观念或理性的、明智的观念，而指导物流产业发展的基本理念是整体优化。

所谓"优化"，其根本标志就是能够创造使各相关利益主体都能接受的利益增量。它包含两个层面的内涵：一是必要的利益增量；二是该利益增量在相关利益主体之间的合理分配。物流产业正是在这样的优化理念指导下逐步发展形成的。

所谓"整体"，是基于物流产业的层面来界定的，特指参与优化过程的相对独立的两个利益主体：一方是提供物流服务的供给企业，另一方是物流服务的需求企业。因此，物流产业只能在从时间、空间、工艺、技术等方面对物流过程进行统筹策划并提供实施保障的基础上，通过寻求各相关利益主体均可能获得可接受的利益增量来谋求自身的发展。

此外，理念特征的引入还表明物流的另一层含义，即研究物流的基础平台是在特定理念统驭下的物流产业体系，而不是物流作业本身。脱离这一体系来研究物流将失去其对现实发展的指导意义。例如，只有在物流体系下研究运输活动，才具有物流发展层面上的意义，如果把运输独立于物流体系之外进行专门的分析研究，这只能算运输业研究，而不属于物流业范畴。

(三) 物流的微观作用

物流的微观作用，概要地说，包括服务商流、保障生产和方便生活三项内容。

1. 服务商流

在商流活动中，商品所有权在购销合同签定并履行的过程中，便由供方可能转移到需方，但商品实体并没有因此而移动。除了非实物交割的期货交易，一般的商流都必须伴随相应的物流过程，即按照需方(购方)的需要将商品实体由供方(卖方)以适当方式、途径向需方转移。在这整个流通过程中，物流实际上是以商流的后继者和服务者的姿态出现的。没有物流的作用，一般情况下，商流活动都会退化为一纸空文。电子商务的发展需要物流的支持，就是这个道理。

2. 保障生产

从原材料的采购开始，便要求有相应的物流活动，将所采购的原材料运送到位。否则，整个生产过程便成了无米之炊。在生产的各工艺流程之间，也需要原材料、半成品的物流过程，实现生产的流动性。就整个生产过程而言，实际上就是系列化的物流活动的过程。合理化的物流，通过降低运输费用而降低成本，通过优化库存结构而减少资金占压，通过强化管理进而提高效率等方面的作用，使其可以有效地促进整个社会经济水平的提高。

3. 方便生活

实际上，生活的每一个环节，都有物流的存在。通过国际间的运输，可以让世界名牌出现在不同肤色的人身上；通过先进的储藏技术，可以让新鲜的果蔬在任何季节亮相；搬家公司周到的服务，可以让人们轻松地乔迁新居；多种形式的行李托运业务，可以让人们在旅途中享受舒适的服务，等等。

(四) 物流的宏观作用

物流对国民经济的增长，起到了基础性支撑作用。表现在：①保障国民经济的持续、稳定、健康发展；②促进国民经济各行业资源的配置；③推动了经济增长方式的转变；④促进区域经济发展；⑤推动物流业相关产业的快速发展。

物流对国民经济的细胞——企业的发展至关重要。表现在：①开发物流对于企业压缩资金占用和加快资金周转具有重大的现实意义。以我国为例，物流的潜力非常巨大。据统计，2019年底，列入国家统计局统计的37.3万家独立核算的工业企业的产成品库存为12万亿元人民币，占其全年产品销售收入的10.09%；如果再加上应收账款17.4万亿元，两项资金合计占用为产品销售收入的24.72%；同年这37.3万家企业流动资产周转次数仅为1.83次。②优化企业物资供应链，可以极大地节约企业的运输成本。从节约企业运输成本看，我国仍有20%的空间可以去努力。只要我们能够将现有运输成本再降低10%左右，我们的国民经济总体水平就能出现一次新的飞跃。

综上所述，大力推进现代物流产业，把彼此分割的环节连接起来，优化企业物资供应链，是国民经济发展的迫切需要。

(五)对传统运输方式的彻底变革——物流服务

相对于传统运输方式来说，物流服务专业化是一次革命性的突破。体现在下述几个方面。

1. 集成了多种运输方式

把传统运输方式下相互独立的海、陆、空的各种运输方式按照科学、合理的流程组织起来，从而使客户获得最佳的运输路线、最短的运输时间、最高的运输效率、最安全的运输保障和最低的运输成本，形成一种有效利用资源、保护环境的"绿色"服务体系。

2. 打破了运输环节独立于生产环节之外的行业界限

通过供应链的概念建立起对企业供产销全过程的计划和控制，从整体上完成最优化的生产体系设计和运营，在利用现代信息技术的基础上，实现对物流、资金流和信息流的有机统一，降低了社会生产总成本，使供应商、厂商、销售商、物流服务商及最终消费者实现皆赢的战略目标。

3. 突破了运输服务的中心是运力的观点

强调运输、服务的宗旨是客户第一，客户的需求决定了运输服务的内容和方式。在生产趋向小批量、多样化和消费者需求趋向多元化、个性化的情况下，物流服务提供商需要发展专业化、个性化的服务项目，在此背景下，运力已经不是制约物流业发展的瓶颈，相反，"个性化物流"已成必然的发展趋势。

4. 加强了运输流程管理和商业科技信息情报的开发

在各种运输要素中，物流更着眼于运输流程的管理和商业科技信息情报的开发，使传统的运输作业变得更加公开、透明，以快速适应生产的节奏和产品销售计划的变化。

二、传统运输方式及其选择

(一)运输定义及作用

运输是物品借助各种运输工具在空间上的移动或流动。运输是物流的主要职能之一。运输活动是物流业务的最重要的构成因素，它为货物创造空间效用，使其潜在的使用价值成为可以满足社会消费需要的现实使用价值。

(二)传统运输的主要方式

在我国目前的运输活动中，主要有铁路、公路、航空、水路、管道、联运等运输方式。

1. 铁路运输

铁路运输是指在铁路上以车辆编组成列车载运货物的一种运输方式，是现在最重要的货物运输方式之一。铁路是国民经济的大动脉，它与其他运输方式相比，具有以下主要特点。

(1) 准确性和连续性强。铁路运输几乎不受气候影响，一年四季可以不分昼夜地进行定期的、有规律的、准确的运转。

(2) 运速快。铁路货运速度每昼夜可达几百 km，一般货车可达 100 km/h 左右，远远高于海上运输。

(3) 运量大。一列货物列车一般能运送 3000～5000t 货物，远远高于航空运输和汽车运输。

(4) 安全。风险远比海上运输小。

(5) 成本低。铁路运输费用仅为汽车运输费用的几分之一到十几分之一；运输耗油约是汽车运输的 1/20。

(6) 初期投资大。铁路运输需要铺设轨道、建造桥梁和隧道，建路工程艰巨复杂；需要消耗大量钢材、木材；占用土地，其初期投资大大超过其他运输方式，路基、站场等建筑工程投资大。

(7) 作业时间长、不灵活。始发与终到作业时间长，不利于运距较短的运输业务；受轨道限制，灵活性较差，不能实现门到门直达运输。

2．公路运输

公路运输一般指汽车运输，具体而言是指一种使用汽车在公路上卸载货物的运输方式。其特点如下所述。

(1) 机动灵活。由于公路运输网一般比铁路、水路网的密度要大十几倍，分布面也广，因此公路运输车辆可以"无处不到、无时不有"。公路运输在时间方面的机动性也比较大，车辆可随时调度、装运，各环节之间的衔接时间较短。尤其是公路运输对客、货运量的多少具有很强的适应性，汽车的载重吨位有小(0.25～1t 左右)有大(200～300t 左右)，既可以单个车辆独立运输，也可以由若干车辆组成车队同时运输，这一点对抢险、救灾工作和军事运输具有特别重要的意义。

(2) 直达运输。由于汽车体积较小，中途一般也不需要换装，除了可沿分布较广的路网运行外，还可离开路网深入到工厂企业、农村田间、城市居民住宅等地，即可以把旅客和货物从始发地门口直接运送到目的地门口，实现"门到门"直达运输。这是其他运输方式望尘莫及的。

(3) 运速较快。在中、短途运输中，运送速度较快。在中、短途运输中，由于公路运输可以实现"门到门"直达运输，中途不需要倒运、转乘就可以直接将客货运达目的地。因此，与其他运输方式相比，其客、货在途时间较短，运送速度较快。

(4) 投资少、周转快。公路运输与铁、水、航运输方式相比，所需固定设施简单，车辆购置费用一般也比较低，因此，投资兴办容易，投资回收期短。据有关资料表明，在正常经营情况下，公路运输的投资每年可周转 1～3 次，而铁路运输则需要 3～4 年才能周转一次。

(5) 驾驶技术易学。相对火车司机或飞机驾驶员的培训要求来说，汽车驾驶技术比较容易掌握，对驾驶员的各方面素质要求相对也比较低。

(6) 运量小，成本高。目前，世界上最大的汽车是美国通用汽车公司生产的矿用自卸车，长 20 多 m，自重 610t，载重 350t 左右，但仍比火车、轮船少得多；由于汽车载重量小，行驶阻力比铁路大 9～14 倍，所消耗的燃料又是价格较高的液体汽油或柴油。因此，除了航空运输，就是汽车运输成本最高了。

(7) 运行持续性较差。在各种现代运输方式中，公路的平均运距是最短的，运行持续性较差。如我国 2019 年公路平均运距客运为 68.08 公里，货运为 173.59 公里；铁路客运为 401.81 公里，货运为 687.66 公里。

(8) 安全性较低，污染环境较大。据历史记载，自汽车诞生以来，已经吞吃掉 3000 多万人的生命，2021 年，中国各地共发生交通事故 450254 起，其中死亡 98738 人，受伤 469911 人，在过去三年中，交通事故死亡约 6 万多人。汽车所排出的尾气和引起的噪声也严重地威胁着人类的健康，是大城市环境污染的最大污染源之一。

3. 航空运输

航空运输是一种现代化的运输方式。航空运输虽然起步较晚，但发展异常迅速，特别是受到现代化企业管理者的青睐，原因之一就在于它具有许多其他运输方式所不能比拟的优越性。

(1) 速度快。"快"是航空运输的最大特点和优势。现代喷气式客机，巡航速度为 800~900km/h，比汽车、火车快 5~10 倍，比轮船快 20~30 倍。距离越长，航空运输所能节约的时间就越多。

(2) 机动性大。飞机在空中飞行，受航线条件限制的程度比汽车、火车、轮船要小得多。它可以将地面上任何距离的两个地方连接起来，可以定期或不定期飞行。尤其对灾区的救援和供应、边远地区的急救等紧急任务，航空运输已成为必不可少的手段。

(3) 舒适、安全。喷气式客机的巡航高度一般在 10000m 左右，飞行不受低气流的影响，平稳舒适。现代民航客机客舱宽畅、噪音小，机内有供膳、视听等设施，旅客乘坐的舒适程度较高。由于科学技术的进步和对民航客机适航性严格的要求，航空运输的安全性比以往已大大提高。

(4) 基本建设周期短、投资小。要发展航空运输，从设备条件上讲，只要添置飞机和修建机场即可。这与修建铁路和公路相比，一般说来建设周期短、占地少、投资省、收效快。据计算，在相距 1000km 的两个城市间建立交通线，若载客能力相同，修筑铁路的投资是开辟航线的 1.6 倍，开辟航线只需 2 年。

(5) 飞机机舱容积和载重量都比较小，运载成本和运价比地面运输高。

(6) 由于飞行受气象条件一定限制，影响其正常、准点性。

(7) 航空运输速度快的优点在短途运输中难以充分发挥。因此，航空运输比较适宜于 500km 以上的长途客运，以及时间性强的鲜活易腐和价值高的货物的中长途运输。

4. 水路运输

水路运输是利用船舶、排筏和其他浮运工具，在江、河、湖泊、人工水道以及海洋上运送旅客和货物的一种运输方式。它是我国综合运输体系中的重要组成部分，并且正日益显示出它的巨大作用。水路运输按其航行的区域，大体上可划分为远洋运输、沿海运输和内河运输三种形式。远洋运输通常是指除沿海运输以外所有的海上运输。沿海运输是指利用船舶在我国沿海区域各地之间的运输。内河运输是指利用船舶、排筏和其他浮运工具，在江、河、湖泊、水库及人工水道上从事的运输。水路运输具有下列特点。

(1) 航道便利。水运主要利用江、河、湖泊和海洋的"天然航道"来进行。水上航道四通八达，通航能力几乎不受限制，而且投资省。

(2) 运量大，成本低。水上运输可以利用天然的有利条件，实现大吨位，长距离的运输。

因此，水运运量大，成本低，非常适合于大宗货物的运输。

(3) 便于国际贸易。水路运输是开展国际贸易的主要方式，是发展经济和友好往来的主要交通工具。

(4) 受自然条件的限制与影响大。即受海洋与河流的地理分布及其地质、地貌、水文与气象等条件和因素的明显制约与影响。

(5) 航线受限。河流与海洋的地理分布有相当大的局限性，水运航线无法在广大陆地上任意延伸，因此对综合运输的依赖性较大。

5. 管道运输

管道运输是随着石油和天然气产量的增长而发展起来的，是借助管道运送气体、液体、流体的运输技术，目前已成为陆上油、气，颗粒煤运输的主要运输方式，近年来开始输送固体物料的管道(如输颗粒煤、输精矿管道)也有很大发展。其特点包括下述各点。

(1) 可以连续运输，不受气候影响，全天候，送达货物的可靠性高。

(2) 管道可以走捷径，运输距离短。

(3) 运输量大，国外一条直径 720mm 的输煤管道，一年即可输送煤炭 2000 万 t，几乎相当于一条单线铁路的单方向输送能力。

(4) 环境效益高，没有有害物质排放。

(5) 运输工程量小，占地少，管道运输只需要铺设管线，修建泵站，土石方工程量比修建铁路小得多。而且在平原地区大多埋在地下，不占农田。

(6) 能耗小，在各种运输方式中是最低的。

(7) 安全可靠，无污染，成本低。

(8) 可以实现封闭运输，损耗少。

(9) 专用性强。运输物品仅限于气体、液体、流体。

(10) 管道起输量与最高运输量间的幅度小，因此，在油田开发初期，采用管道运输有困难时，还要以公路、铁路、水陆运输作为过渡。

(11) 永远单向运输，机动灵活性差。

(12) 固定投资大。

6. 集装箱运输

集装箱运输是以集装箱作为运输单位进行货物运输的一种现代化运输方式。集装箱是 20 世纪 60 年代初出现的现代化运输方式，发展很快。尽管集装箱船在世界商船总吨位中仅占 3%，但却占杂货运量的 1/4，有些国家的货物装箱运输的比重已达 80%以上。集装箱就是把要运送的货物先装在统一规格的箱子里，然后将箱子放在船上或车上。集装箱越大，货运的成本越低，但是大型货物箱子不宜运送到小批量的供应点。因此，现在不少国家既有几十吨重的大型集装箱，也发展了一些小容量的集装箱。集装箱运输，特别是在海洋运输中具有许多特点。

(1) 运量大。事先把要运输的零散货物装在箱子里，便于机械化装卸，大大缩短了船只在港口停泊的时间和货物在仓库里存放的时间，加快了货物运送的速度，降低了运输费用；箱子规格统一，在同容积船上装的货物也多，增加了运输量。

(2) 减少破损。集装箱装卸，可以保证货运时完整无损，几乎可以完全消除物品的耗损量,大大减少损坏与赔偿。如平时运送玻璃板,损坏率高达 15%,采用集装箱运输,仅损坏 0.2~1%。

(3) 节约包装材料。散装运输和采取简单包装的包装材料多为一次性使用;而集装箱则可多次使用,并可减少装箱和拆箱费用。总之,集装箱化可以加快运输速度,降低运费,便于海陆联运。

(4) 包装费用高。一般来说,船舶公司只要求一个公司包一个箱,如果你的货物装不了一个箱,相对来说费用也就高了。另外,集装箱有重量的限制,如果超重,就要加收费用。

7. 联合运输

1) 定义

联合运输是综合性的运输组织方式,是指运输企业通过一次托运、一次结算、一票到底、全程负责的运输组织程序提供的两种以上运输方式或两程以上运输相衔接的全程运输服务以及产、供、运、销等各主体间的运输协作。联合运输简称"联运"。其特点是具有综合性、系统性、全程性、通用性。

2) 意义

联合运输的意义体现在下述诸方面。

第一,联合运输的普及程度和效率高低关系到现代物流系统的整体运作效率。

第二,联合运输从分工的角度提高了整个社会的生产效率,极大地促进了国民经济的发展。

第三,联合运输将增强整个运输过程的系统性,可以有效地整合运输系统的资源。

第四,联合运输企业可以提供"一揽子"的运输服务,初步具备了"第三方"物流经营人的特征,为第三方物流奠定了基础。

第五,联合运输应用多种信息技术,从而有力地推动了物流信息系统的建立和发展。

第六,联合运输的开展和普及,是发展现代物流的前提和基础。

3) 种类

第一,按照运输对象划分:货物联运、旅客联运。

第二,按照组织方式和体制划分:协作式和衔接式。

第三,按照货物运输批量大小和运输距离远近划分:大宗货物的干线联运、支线间联运。

第四,按照地理范围划分:国内联运、国际联运。

第五,按照交通方式划分:水陆联运、陆空联运、水陆空联运。

第六,按照交通工具划分:铁路——水路联运,铁路——公路联运,公路——水路联运,公路——航空联运和更为复杂的组合形式。

第七,按照联合运输的发展阶段、出现先后和先进程度划分:传统联运、集装箱联运、国际多式联运。

三、选择运输方式的影响因素

由于各种运输方式和运输工具各有特点,且不同特性的货物对运输的要求各异,所以要制定一个运输方式选择的标准异常困难。但是,根据物流运输的总目标,我们可以确定选择运输方式的影响因素。

一般来讲,选择运输方式主要应考虑以下因素:运输物品的性能;运速和路程;运输的可行性、一致性、可靠性;运输成本;市场需求的缓急程度等。

(一)商品性能

这是影响企业选择运输工具的最重要因素。一般来讲,粮食、煤炭等大宗货物适宜选择水路运输;水果、蔬菜、鲜花等鲜活商品,电子产品,宝石以及节令性商品等宜选择航空运输;石油、天然气、碎煤浆等适宜选择管道运输。

(二)运速和路程

运输速度的快慢、运输路程的远近决定了货物运送时间的长短。而在途运输货物犹如企业的库存商品会形成资金占用。一般来讲:批量大、价值低、运距长的商品适宜选择水路或铁路运输;批量小、价值高、运距长的商品适宜选择航空运输;批量小、距离近的商品适宜选择公路运输。

(三)运输的可行性

不同运输方式的运输可行性也有很大差异。由于公路运输网遍及全国各地,故公路运输最为可行;其次是铁路;水路运输与航空运输只有在港口城市与航空港所在地才可行;管道运输的局限性更为明显。

(四)运输的一致性

指在若干次装运中履行某一特定的运次所需的时间与原定时间或与前 N 次运输所需时间的一致性。它是运输可靠性的反映。近年来,托运方已把一致性看作是高质量运输的最重要特征。如果给定的一项运输服务第一次花费两天、第二次花费了 6 天,这种意想不到的变化就会对生产企业产生严重的影响。厂商一般首先要寻求实现运输的一致性,然后再提高交付速度。如果运输缺乏一致性,就需要安全地储备存货,以防预料不到的服务故障。运输一致性还会影响买卖双方承担的存货义务和有关风险。

(五)运输的可靠性

运输的可靠性是考察运输服务质量的重要指标。对运输服务质量来说,关键是要精确地衡量运输的可行性和一致性,这样才有可能确定总的运输服务质量是否达到所期望的服务标准。运输企业如要持续不断地满足顾客的期望,最基本的就是要承诺不断地提高服务质量。

(六)运输费用

企业开展商品运输工作必然要支出一定的财力、物力和人力,各种运输工具的运用都要企业支出一定的费用。因此,企业进行运输决策时,要受其经济实力以及运输费用的制约。如果企业经济实力较弱,就不可能使用运费高的运输工具,如航空运输;也不能自设一套运输机构来进行商品运输工作。

(七)市场需求的缓急程度

在某些情况下,市场需求的缓急程度也决定着企业应当选择何种运输工具。如市场急需的商品必须选择速度快的运输工具,如航空或汽车直达运输,以免贻误时机;反之则可选择成本较低而速度较慢的运输工具。

上述因素并非互相独立,而是紧密相连,共同决定了最终的运输方式的选择。

四、物流运输的合理化

(一)运输合理化的含义及作用

运输合理化,就是从物流系统的总体目标出发,按照货物流通规律,运用系统理论和系统工程原理和方法,合理利用各种运输方式,选择合理的运输路线和运输工具,以最短的路径、最少的环节、最快的速度和最少的劳动消耗,组织好货物的运输与配送。

由此可见,运输合理化的最主要表现是运输方式合理、运输路线合理、运输工具合理,如此才能达到运速快、运费低的目的,而实现运输合理化的关键是按照货物流通规律,运用系统理论和系统工程原理和方法。

运输合理化的重要作用体现为下述几点。

(1) 加速社会再生产进程。按照市场经济的基本要求,组织货物的合理运输,可以使物质产品迅速地从生产地向消费地转移,加速资金的周转,促进社会再生产过程的顺利进行,保持国民经济稳定、健康地发展。

(2) 有效节约运输费用。运输费用是构成物流费用(成本)的主要部分。物流过程的合理运输,就是通过运输方式、运输工具和运输路线的选择,进行运输方案的优化,实现运输合理化。运输合理化必然会达到缩短运输里程、提高运输工具运用效率,节约运输费用、降低物流成本的目的。

(3) 有效缩短运输时间、加快物流速度。合理组织运输活动,可缩短货物的在途时间,实现到货及时、降低库存商品的数量,加快物流速度的目标。

(4) 有效节约运力、节约能源。运输合理化解决了许多不合理的运输问题,从而节约了运力,提高了货物的通过能力;同时,由于货物运输的合理性,降低了运输中的能源消耗,提高了能源利用率。

(二)影响物流运输合理化的因素

追求运输的合理化、安全化、快速化是运输管理的最终目标。要实现运输"三化",必须考虑五种因素的影响,即运输距离、运输环节、运输工具、运输时间和运输费用。

(1) 运输距离。运输过程中,运输时间、运输费用等若干技术经济指标都与运输距离有直接的关系,运距长短是影响运输是否合理的一个最基本的因素,企业应尽可能就近运输,避免舍近求远。

(2) 运输环节。每增加一个运输环节,势必增加运输的附属活动,如装卸,包装等,各项技术经济指标也会因此发生变化。运输过程中,应尽量减少中间环节,争取直达运输。

(3) 运输工具。各种运输工具都有其优势,对运输工具进行优化选择,应最大限度地发挥各种运输工具的优势。要根据运输货物的性质、运价的高低、运输时间以及运输中的灭失与损坏的可能性选择运输工具。

(4) 运输时间。运输时间的缩短对整个流通时间的缩短具有决定性作用。为缩短运输时间，需加速运输工具的周转，充分发挥运力效能，提高运输线路的通过能力，减少货物运输环节，压缩待运期，使大批货物不要长期停留在运输过程中。

(5) 运输费用。运费在全部物流费用中占很大的比例，运费高低在很大程度上决定着整个物流系统的竞争能力。实际上，运费的相对高低，无论对货主还是对物流企业都是运输合理化的一个重要的标志。运费的高低也是各种合理化措施是否行之有效的最终判断依据之一。

(三)运输合理化的主要方法

(1) 分区产销平衡。分区产销平衡就是在组织物流活动时，对某些产品使其在一定的生产区域固定于一定的消费区内。实行这一办法对于加强产、供、运、销的计划性，消除过远运输、迂回运输、对流运输等不合理运输，充分利用地方资源，促进生产合理布局，节约运力，降低物流成本都有十分重要的意义。

(2) 直达运输。在组织运输的过程中，跨过商业、物资仓库或其他中间环节，把货物从运地直接一步到位运到销地或用户手中，减少中间环节。

(3) 提高"装载量"。这种办法可以最大限度地利用运载工具的装载吨位和装载容积，提高运输能力和车辆的运量。主要方法：①实行分单体运输；②组织轻重配装；③提高堆码技术；④合装整车，也叫"零扭"，拼装整车中转分运。

(4) 推进综合运输。大力发展综合运输体系，推广联合运输方式，可以增强运输生产能力，缓解交通运输紧张的状况。多年来，我国交通运输存在不平衡情况：有的线路运输压力过大，有些线路运力发挥不够，有的运输方式严重超负荷。而实现综合运输体系将改变这一不协调不平衡的状况，大幅度提高运输能力。推进综合运输的关键是按照各种运输方式的技术经济特征建立合理的运输结构。

(四)不合理运输形式

不合理运输是在现有条件下可以达到的运输水平而未达到，从而造成了运力浪费、运输时间增加、运费超支等问题的运输形式。目前我国存在的主要不合理运输形式有下述几种。

(1) 单程空驶。空车无货载行驶，可以说是不合理运输的最严重形式。在实际运输组织中，有时候必须调运空车，从管理上不能将其看成不合理运输。但是，因调运不当、货源计划不周，不采用运输社会化而形成的空驶，是不合理运输的表现。造成空驶的不合理运输主要有以下几种原因：①能利用社会化的运输体系而不利用，却依靠自备车送货提货，这往往出现单程重车、单程空驶的不合理运输；②由于工作失误或计划不周，造成货源不实，车辆空去空回，形成双程空驶；③由于车辆过分专用，无法搭运回程货，只能单程实车，单程回空周转。

(2) 对流运输。对流运输是指在同一线路上或平行线路上进行相对方向的运送，而与对方远程的全部或一部分发生重叠交错的运输。已经制定了合理流向图的产品，一般必须按合理流向的方向运输，如果与合理流向图指定的方向相反，也属对流运输。在判断对流运输时需注意，有的对流运输是不很明显的隐蔽对流，例如不同时间的相向运输，从发生运输的那个时间看，并无出现对流，所以要特别注意隐蔽的对流运输。

(3) 迂回运输。是舍近取远的一种运输。可以选取短距离运输，却选择较长路线进行运输的一种不合理形式。迂回运输有一定的复杂性，不能简单处之：只有当计划不周、地理不熟、组织不当而发生的迂回，才属于不合理运输；如果最短距离有交通阻塞、道路情况不好或对噪音、排气等有特殊限制而不能使用时发生的迂回，不能称为不合理运输。

(4) 重复运输。表现为两种形式：一是本来可以直接将货物运到目的地，但是在未达目的地时，在目的地之外的其他场所将货卸下后再重复装运，进而送达目的地；二是同品种货物在同一地点，一面运进，一面又向外运出。重复运输的最大毛病是增加了非必要的中间环节，从而延缓了商品流通速度，增加了运输费用和货损。

(5) 倒流运输。是指货物从销地或中转地向产地或起运地回流的一种运输现象。其不合理程度要甚于对流运输，其原因在于往返两程的运输都是不必要的，形成了双程的浪费。倒流运输也可以看成是隐蔽对流的一种特殊形式。

(6) 过远运输。是指调运物资舍近求远，近处有资源不调而从远处调，这就造成可采取近程运输而未采取，拉长了货物运距的浪费现象。过远运输占用运力时间长、运输工具周转慢、物资占压资金时间长、易出现货损，增加费用支出等弊端。

(7) 运力选择不当。未选择具有优势的运输工具而造成的不合理运输现象，常见有以下若干形式：①弃水走陆。在同时可以利用水运及陆运时，不利用成本较低的水运或水陆联运，而选择成本较高的铁路运输或汽车运输，使水运优势不能发挥。②铁路、大型船舶的过近运输。不是铁路及大型船舶的经济运行里程却利用这些运力进行运输的不合理做法。主要不合理之处在于火车及大型船舶起运及到达目的地的准备、装卸时间长，且机动灵活性不足，在过近距离中利用，发挥不了运速快的优势。相反，由于装卸时间长，反而会延长运输时间。另外，和小型运输设备比较，火车及大型船舶装卸难度大、费用也较高。③运具承载能力选择不当。不根据承运货物的数量和重量而盲目决定运输工具，造成过分超载而损坏车辆，或货物不满载而浪费运力的现象。尤其是"大马拉小车"现象发生较多。由于装货量小，单位货物运输成本必然增加。

(8) 托运方式选择不当。对于货主而言，本可以选择最好托运方式而未选择，造成运力浪费及费用支出加大的一种不合理运输。体现为应选择整车未选择，反而采取零担托运；应当直达而选择了中转运输；应当中转运输而选择了直达运输等。

上述的各种不合理运输形式，都是在特定条件下表现出来的。在进行判断时必须注意其不合理的前提条件，否则就容易出现判断的失误。例如，对商标不同、价格不同的同一种产品所发生的对流，不能绝对看成是不合理运输，因为其中存在着市场机制引导的竞争。如果强调因为表面的对流而不允许运输，就会起到保护落后、阻碍竞争甚至助长地区封锁的作用。

五、传统商品储存控制与技术

(一)商品储存的概念及必要性

储存是包含库存和储备在内的一种广泛的经济现象。在任何社会形态中，对于不论什么原因形成停滞的物资，也不论什么种类的物资，在没有进入生产加工、消费、运输等活动之前或在这些活动结束之后，总是要存放起来的，这就是储存。这种储存不一定在仓库中,也不一定是具备储备的各种要素,而是在任何位置,也有可能永远进入不了再生产和消费领域。但在一般情况下,储存、储备两个概念是不做区分的。

储存的必要性体现在商品生产与商品消费在时间上具有差异性;商品储存是商品经营的必要环节;在商品经营运输环节也必然存在商品储存;商品储存是市场信息的传感器。

(二)商品储存的作用

1. 整合物资

整合仓库接收的来自一系列制造工厂指定的送往某一特定地点的材料,然后把它们整合成单一的一票进行装运。装运整合是库存的一个经济利益点,通过这种安排,有可能实现最低的运输费率,并减少顾客收货站台发生拥堵的可能性。

2. 分类和交叉站台

分类作业接收来自制造商的顾客组合订货,并把他们装运到指定的顾客处。分类仓库或分类站可把组合订货分类分割成个别的订货,并安排当地的运输部门负责输送。

3. 加工或延期

仓库还可以通过承担加工或参与少量的制造活动,用来延期或者延迟生产。

4. 堆存

对商品的合理分类堆码,一方面利于商品的保存,一方面利于商品的合理出库,以多方面减少商品损耗。

综上,这种仓储服务的直接经济利益从属于这样一个事实,即对于所选择的业务来说储存是至关重要的。

(三)零库存及其意义

零库存是指物料(包括原材料、半成品和产成品等)在采购、生产、销售、配送等一个或几个经营环节中,不以仓库存储的形式存在,而全部处于周转的状态。

实现零库存,其效益显而易见,例如:库存占用资金的减少;优化应收和应付账款,加快资金周转;库存管理成本的降低;规避市场变化和产品升级换代而产生的降价、滞销的风险,等等。

(四)实现零库存的方式

零库存对某个具体企业、具体商店、车间而言,是在有充分社会储备保障前提下的一种特殊库存形式。实现零库存的方式主要有下述几种。

1. 委托保管方式

这种方式其核心内容是接受用户的委托,由受托方代存代管所有权属于用户的物资,从而使用户不再保有库存,甚至可不再保有保险储备库存,从而实现委托方零库存,受托方收取一定数量的代管费用。这种方式的实质是存货于受托方。这种零库存形式的优势在于受委托方利用其专业的优势,可以实现较高水平和较低费用的库存管理,用户不再设库,同时减去了仓库及库存管理的大量事务,集中力量于生产经营。但是,这种零库存方式主要是靠库存转移实现的，并不能使库存总量降低。

2. 协作分包方式

即美国的"SUB--CON"方式和日本的"下请"方式。它是制造企业的一种产业结构形式，这种结构形式的核心是以若干企业的柔性生产准时供应来使主企业的供应库存为零；同时主企业的集中销售库存使若干分包劳务及销售企业的销售库存为零。

在许多发达国家，制造企业都是以一家规模很大的主企业和数以千百计的小型分包企业组成一个金字塔形结构。主企业主要负责装配和产品开拓市场的指导，分包企业各自分包劳务、分包零部件制造、分包供应和分包销售。例如分包零部件制造的企业，可采取各种生产形式和库存调节形式，以保证按主企业的生产速率，按指定时间送货到主企业，从而使主企业不再设一级库存；也可通过配额、随供等形式，以主企业集中的产品库存满足各分包者的销售，使分包者实现零库存。

综上，通过协作分包的方式，主企业与分包者可以各自实现零库存。

3. 轮动方式

轮动方式也称同步方式，是在对系统进行周密设计的前提下，使各环节速率完全协调，从而根本取消甚至是工位之间暂时停滞的一种零库存、零储备形式。这种方式是在传送带式生产的基础上，进行更大规模延伸形成的一种使生产与材料供应同步进行，通过传送系统供应实现零库存的形式。

4. 准时供应系统

准时方式不是采用类似传送带式的轮动系统，而是依靠有效的衔接和计划达到工位之间、供应与生产之间的协调，从而实现零库存。如果说轮动方式主要靠"硬件"的话，那么准时供应系统则在很大程度上依靠"软件"。

5. 看板方式

看板方式是准时方式中一种简单有效的方式，也称"传票卡制度"或"卡片"制度，是日本丰田公司首先采用的。在企业的各工序之间，或在企业之间，或在生产企业与供应者之间，以固定格式的卡片为凭证，由下一环节根据自己的节奏，逆生产流程方向，向上一个环节指定供应，从而协调关系，做到准时同步。采用看板方式，有可能使供应库存实现零库存。

6. 水龙头方(即时供应)

这是一种像拧开自来水管的水龙头就可以取水而无需自己保有库存的零库存形式，它由日本索尼公司首先采用。这种方式经过一定时间的演进，已发展成即时供应制度，用户可以随时提出购入要求，采取需要多少就购入多少的方式，供货者以自己的库存和有效供应系统承担即时供应的责任，从而使用户实现零库存。适于这种供应形式实现零库存的物资，主要是工具及标准件。

7. 无库存储备

无库存的储备，是仍然保持储备，但不采取库存形式，以此达到零库存。有些国家将不易损失的铝这种战备物资作为隔音墙、路障等储备起来，以备万一，在仓库中不再保有库存就是一例。

8. 配送方式

这是综合运用上述若干方式采取配送制度保证供应从而使用户实现零库存。

(五)商品储存控制内容

企业更新储存观念、实行零库存是企业挖掘物流利润的重要举措。但零库存并不等于企业没有库存。尤其在无法实现零库存的情况下，必须重视商品储存的控制工作。商品储存控制的重点内容包括下述各项。

1. 数量合理

储存的合理数量，就是以保障生产、保障销售为基本原则，并符合经济核算的物资储存量。商品储量大小主要受生产的需求量、进货过程的需要、企业经营管理水平高低三种因素的影响。

2. 结构合理

储存结构，也称物资库存结构，是指在库存物资总量中各类物资所占的比例，以及各类物资中不同规格、不同型号之间储存数量的比例关系。物资储存的合理结构，就是使所存的物资在结构上，即在总量上、档次上、规格型号上能适应企业生产和销售的需要。

3. 时间合理

物资储存的合理时间，就是要使所储存的物资适应需要的不同时点。储存时间的确定，一般应考虑以下因素：在生产需要出现之前，就要形成物资储存；物资储存的循环，必须以物资的生产周期、进货周期和本企业产品生产周期为转移，使物资储存与物资的生产购进和物资消费衔接起来；物资储存时间的长短，要以物资的理化、生物特性和储存条件的允许为限度。

4. 空间合理

物资储存的合理空间，就是在物资供应过程中，按照需要，物资储存在各个环节、各个空间位置上的合理布局。确定合理的物资储存空间，必须遵循"利于生产、便于调运、安全可靠"的原则。根据不同地区、不同供货单位、不同物资的经营特点，在不同业务环节和不同地区合理安排物资储存。

(六)商品储存控制原则

(1) 保证质量。这是一切仓储管理活动的中心，各项作业必须制定操作标准并严格执行。
(2) 注重效率。提高设备利用率、提高劳动生产率、提高库存周转率。
(3) 确保安全。制定安全制度，杜绝因库存物自身、作业过程、人为疏忽大意等各种不安全因素造成的货品损耗。
(4) 讲求经济效益。以最少的人财物消耗，及时准确地完成最多的储存任务。

(七)储存控制的合理化标准

储存控制是对制造业或服务业经营全过程的各种物品、产成品以及其他资源进行管理和控制，使其储备保持在经济合理的水平上。

储存控制包含仓库区的管理及库存数额控制。仓库区的管理包括货品在仓库区域内的摆放方式、区域大小、区域的分布等规划；货品进出仓库的控制。货品进出仓库，除应遵循先进先出或后进先出的原则之外，还应当制定科学的进出货制度，确定好搬运工具、搬运方式、仓储区位置的调整和变动。

储存控制合理化的标准主要有下述几条。

(1) 质量标准，即要确保储存物不破损、不变质。

(2) 数量标准，即要确保储存物不积压，不短缺。

(3) 时间标准，即要确保储存物合理周转。

(4) 结构标准，即要确保储存物不同品种、不同规格、不同花色的储存数量的比例关系合理，尤其是相关性很强的各种物资之间的比例关系合理。

(5) 分布标准，即储存于不同地区的数量关系合理，并与当地的需求匹配。

(6) 费用标准，即仓租费、维护费、保管费、损失费、资金占用利息支出等应低于或等于同行业水平。

(八)商品储存控制技术

商品储存控制技术很多，主要有 ABC 分类法、经济订货批量模型法等。

1. ABC 分类法

1) 含义

这种分类法又称巴雷特分析法，就是把企业的物资按其成本金额大小划分为 A、B、C 三类，然后根据重要性分别对待。

A 类物资是指品种少、实物量少而价值高的物资，其成本金额约占 70%，而实物量不超过 20%；C 类物资是指品种多、实物量多而价值低的物资，其成本金额约占 10%，而实物量不低于 50%；B 类物资介于 A 类、C 类物资之间，其成本金额约占 20%，而实物量不超过 30%。当企业存货品种繁多、单价高低悬殊、存量多寡不一时，使用 ABC 分类法可以分清主次、抓住重点、区别对待，使存货控制更方便有效。通常情况下仅对 A 类物资进行最优批量控制。

2) ABC 分类管理步骤

第一，计算每一种存货在一定时间内(一般为 1 年)的资金占用额。

第二，计算每一种存货资金占用额占全部资金占用额的百分比，并按大小顺序排列，编制表格。

第三，根据事先规定的标准，将最重要的存货归为 A 类，此类存货的品种数量占全部存货总品种数的 10%左右，而资金占用额可达 70%左右；将一般存货归为 B 类，此类存货的品种数量占全部存货总品种数的 20%~30%，而资金占用额约占 15%~30%；将不重要的存货归为 C 类，此类存货的品种数量约占 50%左右，而资金占用额约占 10%左右。

第四，确定公司的存货控制原则：对 A 类商品——严格控制原则。由于 A 类存货品种数量少，公司完全有能力对 A 类存货进行重点管理和控制，实行最为严格的内部控制制度(比如说定期盘点的间隔期最短)，逐项计算各种存货的经济订货量与再订货点，将存货严格控制在定额之内，努力加速这类存货的周转；并经常检查有关计划和管理措施的执行情况，以便及时纠正各种偏差。只要能够控制好该存货，一般不会出现什么大问题。对 B 类商品——相对放宽控制原则。对 B 类存货，由于金额相对较小，而品种数量远多于 A 类存货，因此，不必像 A 类存货那样严格管理，可通过分类别的方式进行管理和控制；对 C 类商品——总额控制原则。至于 C 类存货管理可采用较为简化的方法，只要把握一个总金额就完全可以了，所以，对 C 类存货只要进行一般控制和管理，不必因此花费较多的管理费用。

2. 经济订货批量法

1) 含义

经济订货批量(EOQ)，即 Economic Order Quantity，是在保证企业需求的前提下，使订货成本和储存成本之和最为经济的一次订货量。它是固定订货批量模型的一种，可以用来确定企业一次订货(外购或自制)的数量。当企业按照经济订货批量来订货时，可实现订货成本和储存成本之和最小化。

订货批量概念是根据订货成本来平衡维持存货的成本。了解这种关系的关键是要记住，平均存货等于订货批量的一半。因此，订货批量越大，平均存货量就越大。相应地，每年的维持成本也越大。然而，订货批量越大，每一计划期需要的订货次数就越少。相应地，订货总成本也就越低。把订货批量公式化可以确定精确的数量，据此，对于给定的销售量，订货和维持存货的年度联合总成本是最低的。使订货成本和维持成本总计最低的点代表了总成本。

购进库存商品的经济订货批量，是指能够使一定时期购、存库存商品的相关总成本最低的每批订货数量。企业购、存库存商品的相关总成本包括购买成本、相关订货费用和相关储存成本之和。

2) 经济订货批量模型法

经济订货批量模型法是目前大多数企业最常采用的货物定购方式。该模型适用于整批间隔进货、不允许缺货的存储问题，即某种物资单位时间的需求量为 D，存储量以单位时间消耗数量 D 的速度逐渐下降，经过时间 T 后，存储量下降到零，此时开始定货并随即到货，库存量由零上升为最高库存量 Q，然后开始下一个存储周期，形成多周期存储模型。

所谓经济订货批量，就是一定条件下使总库存成本最小的经济订货批量。经济批量模型提供了一种简单有效的订货批量决策方法。

前提假设：第一，物料需求均衡，且一定时期的需求量已知；第二，物料补充瞬时完成；第三，物料单价为常数，即不存在价格折扣；第四，订货提前期确定，即不会发生缺货问题，意味着不考虑保险库存，缺货成本为零；第五，物料存储成本正比于物料的平均存储量；第六，订货成本不因订货量大小而变动，即每次订货成本为已知常数。

经济订货批量是由年库存成本公式求导得出的。年总库存成本 TC 的计算公式为：

$$TC = Q/2 \times H + D/Q \times S + D \times P$$

式中：Q——每次订货量；

H——单位物料的年存储成本，$H = I \times P$；

D——物料年需求量；

S——每次订货成本；

I——存储费率；

P——物料单价。

求导后，得出 EOQ=根号$(2 \times D \times S/H)$=根号$(2 \times D \times S/I \times P)$

六、电子商务条件下的物流过程

电子商务条件下的物流过程一般包括：包装、装卸搬运、流通加工、运输、存储、配送。

(一)包装

包装是电子商务物流的起点。

1. 包装的概念

包装是在物流过程中为保护产品、方便储运、促进销售，按一定的技术方法采用容器、材料及辅助物等将物品包封，并予以适当的装饰标志的工作总称。简言之，包装是包装物及包装操作的总称。

2. 包装在物流中的地位

在社会再生产过程中，包装处于生产过程的末尾和物流过程的开始，既是生产的终点，又是物流的起点，处于一种承上启下的地位。

在现代物流观念形成以前，包装被天经地义地看作是生产的终点，一直被定位是生产领域的活动。包装设计从生产终结的要求出发，因而不能满足流通的要求。当代对物流的研究认为：包装与物流的关系要比包装与生产的关系密切得多，作为物流起点的意义比作为生产终点的意义要大得多。因此，包装应纳入物流系统之中，这是现代物流的一个崭新观念。

3. 包装的功能

1) 防护功能

包装的防护功能有两方面的含义：一是防止被包装物在物流过程中受到质量和数量上的损失；二是防止危害性内装物对接触的人、生物和环境造成危害或污染。

2) 方便功能

包装的方便功能是指便于储运和装卸。经过适当包装的商品，其包装件的外形符合一定的规格，便于仓库存储的堆叠存放，从而提高仓库利用率和增加车船等运输工具的装载能力。其便利性体现为第一，包装能够较合理地利用物流空间；第二，整齐规整的包装件外形也便于运输搬运，为装卸活动提供方便，借以提高装卸作业效率；第三，包装件外表面的储运标志能方便商品的清点，减少货差，从而提高验收工作效率。

3) 促销功能

包装的促销功能是指包装通过诱导购买者产生购买动机，促成商品销售，加速商品流转。包装可使生产出来的产品商品化，能够与其所包装的物品一起创造价值。

综上，包装的三大基本功能彼此联系、相辅相成，它们通过包装融为一体，共同发挥作用。这三个功能是最基本的，但是不同用途的包装其功能的侧重点会有所不同。例如，销售包装侧重于包装促进销售的功能；而运输包装则强调包装的防护、方便功能。

4. 包装的分类

包装一般可分为商业包装和运输包装两种类型。

商业包装以促进销售为主要目的，其特点是外形美、有必要的装潢、包装单位适合于顾客的购买量及商店陈设的要求。在流通过程中，商品越接近顾客，越要求包装有促进销售的效果。

运输包装是指以强化输送、保护产品为目的的包装。运输包装的特点是在满足物流要求的基础上，使包装费用越低越好。

此外，按包装的保护技术还可将包装分为防潮包装、防锈包装、防虫包装、防腐包装、危险品包装等。

5. 包装的材料

包装材料有容器材料、内包装材料、辅助材料等，主要包括纸和纸板品；塑料制品；木制容器；金属容器；包装用辅助材料(黏合剂、黏合带、捆扎材料等)。

6. 包装合理化的标准

1) 轻薄短小化

由于包装只起保护作用，对产品使用价值没有任何意义。因此，在强度、寿命、成本相同的条件下，更轻、更薄、更短、更小的包装可以提高装卸搬运的效率。而且轻薄短小的包装一般价格比较便宜，如果是一次性包装也可以减少废弃包装材料的数量。

2) 单纯化

为了提高包装作业的效率，包装材料和规格应力求单纯化，即包装材料应安全、卫生、价廉；包装规格应适当，避免过度包装。

3) 集装单元化和标准化

包装的规格与集装箱关系密切，故应考虑包装规格与运输车辆、搬运机械的匹配，从系统的角度制定包装的尺寸标准。

4) 机械化

为了提高作业效率和包装的现代化水平，各种包装机械的开发和应用是永恒的主题，从而使得包装的机械化与现代化水平达到与时俱进的状态。

(二)装卸搬运

装卸搬运是电子商务物流的节点。

1. 装卸搬运的含义

装卸是指物品在指定地点以人力或机械装入或卸下运输设备。搬运是在同一场所内，对物品进行水平移动为主的物流作业。装卸搬运是指在同一地域范围内进行的、以改变物品的存放状态和空间位置为主要内容和目的的活动。具体来说，包括装上、卸下、移送、拣选、分类、堆垛、入库、出库等活动。装卸搬运活动频繁发生，作业繁多，是物品损坏的重要原因之一。

2. 装卸搬运作业的构成

1) 堆放拆垛作业

堆放(或装上、装入)作业是指把货物移动或举升到装运设备或固定设备的指定位置，再按所要求的状态放置的作业；而拆垛(卸下、卸出)作业则是其逆向作业。

2) 分拣配货作业

分拣是在堆垛作业前后或配送作业之前把货物按品种、出入先后、货流进行分类，再放到指定地点的作业。而配货则是把货物从所在的位置按品种、下一步作业种类、发货对象进行分类的作业。

3) 搬送、移送作业

搬送、移送是为了进行装卸、分拣、配送活动而发生的移动物资的作业，包括水平、垂直、斜行搬送，以及几种组合的搬送。

3. 装卸搬运合理化的原则

1) 消除无效搬运

提高搬运纯度，只搬运必要的物资。为此，要做到：第一，有些物资要去除杂质之后再搬运比较合理，以避免过度包装，减小无效负荷；第二，提高装载效率，充分发挥搬运设备的能力和装载空间；第三，中空的物件可以填装其他小物品再进行搬运；第四，减少倒搬次数。

2) 提高搬运活性

搬运活性是指物品放置时要有利于下次搬运。如装于容器内并垫放的物品比散于地面的物品易于搬运；在装上时要考虑便于卸下；在入库时要考虑便于出库，还要创造易于搬运的环境和使用易于搬运的包装。

3) 巧用重力的作用

应设法利用重力移动物品，如使物品在重力作用下在倾斜的轨道运输机上移动。这样一方面可以避免物品的损失，另一方面可以提高搬运效率。因此，在装卸搬运过程中，应尽量减少人体的上下运动，避免反复从地面搬起重物；避免人力抬运或搬送物品。

4) 合理利用机械

搬运机械大多在以下情况下使用：物品超重；运量大、耗费人力多、人力难以操作的物品；粉体或液体搬运的物料；速度太快或距离太长，人力不能胜任的物品；装卸作业高度差距太大，人力无法操作的物品。今后的发展方向是即使在人可以操作的场合，为了提高生产率、安全性、服务性和作业的适应性等，也应将人力操作转由机械来实现，人可以在更高级的工作中发挥作用。

5) 保持物流的均衡顺畅

物品的处理量波动大时会使搬运作业变得非常困难。但是搬运作业受运输等其他环节的制约，搬运节奏不能完全自主决定，搬运者必须综合考虑各方面因素的影响，使物流量尽量均衡，避免忙闲不均的现象。

6) 集装单元化原则

将零散的物体归整到统一格式的集装单元称为集装单元化。集装单元化可以达到以下目的：由于搬运单位变大，可以发挥机械的效能，提高作业效率，搬运方便，灵活性好；负载大小均匀，有利于实行作业的标准化；在作业过程中避免物品的损伤。

(三)流通加工

流通加工是电子商务的价值途径。

1. 流通加工的概念

在流通过程中辅助性的加工活动称为流通加工。流通与加工的概念本属于不同的范畴。加工是改变物质的形状和性质，形成一定产品的活动；而流通则是改变物质的空间状态与时间状态。流通加工则是为了弥补生产过程中的加工不足，更有效地满足用户或本企业的需求，使产需双方更好地衔接，将这些加工活动放在物流过程中完成，而成为物流的一个组成部分。流通加工是生产加工在流通领域中的延伸。

2. 流通加工在物流中的地位

1) 完善流通

流通加工虽不是物流的主要功能要素，但对物流起着补充、完善、提高、增强的作用，其对提高物流水平，促进流通向现代化发展具有重要的补充作用。

2) 增加利润源

流通加工是一种低投入、高产出的加工方式，往往以简单加工解决问题。实践证明，有的流通加工通过改变装潢可使商品档次跃升而充分实现其价值，有的流通加工能将产品利用率提高20%～50%，这是提高生产率的一般方法所难以达到的。

3) 是国民经济中是重要的加工形式

在整个国民经济的组织和运行方面，流通加工是其中一种重要的加工形态，对推动国民经济的发展、完善国民经济的产业结构和生产分工有一定的积极意义。

3. 流通加工的作用

1) 提高原材料利用率

利用流通加工将生产厂直接运来的简单规格产品，按照使用部门的要求进行集中加工。例如，将钢板进行剪板、切裁；钢筋或圆钢裁制成毛坯；木材加工成各种长度及大小的方板等。集中加工可以优材优用、小材大用、合理套裁，可以获得很好的技术经济效果。例如，北京、济南、丹东等城市对平板玻璃进行流通加工(集中裁制、开片供应)，使玻璃的利用率从60%提高到85%～95%。

2) 进行初级加工，方便用户

对于用量小或临时产生需要的单位，因缺乏高效率初级加工能力，依靠流通加工可使这些使用单位省去进行初级加工的投资、设备及人力，从而搞活供应，方便用户。目前发展较快的初级加工有将水泥加工成生混凝土、将原木或板方材加工成门窗；冷拉钢筋，冲制异型零件、钢板预处理、整形、打孔等。

3) 提高加工效率及设备利用率

物流企业建起集中加工点后，可以采用效率高、技术先进、加工量大的专门机具和设备，提高加工效率，并加强宣传力度，以广招货源。

4. 流通加工合理化

流通加工合理化的含义是为避免各种不合理的流通加工，使流通加工具有高度存在价值的最优配置过程。

1) 流通加工不合理的若干形式

各种不合理的流通加工都会产生抵消效益的负效应。目前流通加工形式不合理有如下诸种表现。

(1) 流通加工地点设置不合理。

流通加工地点设置(即布局状况)是整个流通加工是否有效的重要因素。一般而言，为衔接单品种大批量生产与多样化需求，流通加工地设置在需求地区才能发挥大批量的干线运输与多品种末端配送的物流优势。如果将流通加工地设置在生产地区，其不合理之处，第一，多样化需求要求的产品多品种、小批量由产地向需求地的长距离运输会出现不合理；第二，在生产地增加了一个加工环节，同时增加了近距离运输、装卸、储存等一系列物流活动。

(2) 流通加工方式选择不当。

流通加工方式包括流通加工对象、流通加工工艺、流通加工技术、流通加工程度等。确定流通加工方式实际上是确定生产加工的合理分工。分工不合理，本来应由生产加工完成的，却错误地由流通加工完成；本来应由流通加工完成的，却错误地由生产过程完成，这些都会造成不合理的加工现象。

(3) 流通加工作用不大，形成多余环节。

有的流通加工过于简单，或对生产者和消费者作用都不大，甚至有时流通加工的盲目性，同样未能解决品种、规格、质量、包装等问题，相反却增加了不必要的工作环节。

(4) 流通加工成本过高，效益不好。

流通加工之所以具有生命力，重要优势之一是有较高的投入产出比。如果流通加工成本过高，则不能实现以较低投入实现较高使用价值的目标。除了一些必需的、政策的要求(即亏损也要进行的加工)之外，都是不合理的。

2) 流通加工合理化的途径

实现流通加工合理化主要应考虑以下五个结合。

(1) 加工和配送相结合。

这是将流通加工设置在配送点，一方面按配送的需要进行加工，另一方面该加工又是配送业务流程分货、拣货、配货中的一环。加工后的产品可直接进行配货作业。

一个加工的中间环节，可使流通加工有别于独立生产，从而使流通加工与中转流通巧妙地结合在一起。同时，由于配送之前加工，可使配送服务水平大大提高。加工和配送结合是当前对流通加工合理选择的重要形式，在煤炭、水泥等产品的流通中已表现出较大的优势。

(2) 加工和配套相结合。

在对配套要求较高的流通中，小配套的主体往往来自各个生产单位。但是，完全配套有时无法全部依靠现有的生产单位。进行适当的流通加工可以有效地促成配套，从而大大强化流通的桥梁与纽带作用。

(3) 加工和合理运输相结合。

流通加工能有效衔接干线运输与支线运输，促进两种运输形式的合理化。支线运输转干线运输或干线运输转支线运输必须设置停顿环节，而利用流通加工不是进行一般的支转干或干转支运输，而是按支线或支线运输合理的要求进行适当加工，从而大大提高了运输及运输转载水平。

(4) 加工和合理商流相结合。

通过加工有效地促进销售，使商流合理化，也是流通加工合理化的努力方向之一。加工和配送的结合,通过加工提高配送水平,强化销售,是加工与合理商流相结合的一个成功例证。此外,通过改变包装加工工艺,可以形成方便的购买量,通过组装加工可以解除用户在使用前组装、调试的难处,从而有效地促进商流的发展。

(5) 加工和节约相结合。

节约能源、设备、人力、耗费是流通加工合理化重要的考虑因素,也是目前我国设置流通加工,考虑其合理化的普遍形式。

(四)运输

运输是电子商务物流的动脉。

1. 运输的概念及作用

运输是载运和输送人和物,改变人和物的空间位置的过程。运输的基本方式有六种,即公路、铁路、水路、航空、管道、联合运输。物流中的运输是指通过运输手段使货物在物流节点之间流动,实现交易目标。

运输是物流系统的一项重要功能,包括生产领域的运输和流通领域的运输。运输的作用体现在以下三个方面。

1) 运输是物流的主要功能要素之一

根据物流的概念,物流是"物"的物理性运动,这种运动改变了物的时空状态。而运输承担了改变空间状态的主要任务。运输是改变空间状态的主要手段,运输再配以搬运、配送等活动就能圆满完成改变空间状态的全部任务。

2) 运输是社会物质生产的必要条件

运输是社会物质生产的必要条件,体现为运输是生产过程在流通领域的继续;运输是连接产销、沟通城乡的纽带;运输是保证市场供应,满足生产建设、实现社会生产目标的基本条件;运输能够创造"空间效用"。

3) 运输是"第三利润源"的主要源泉

运输是"第三利润源"的主要源泉,原因是:①运输是运动中的活动,要靠大量的动力消耗才能实现,而运输又承担着大跨度空间转移的任务,所以活动的时间长、距离长、消耗大。消耗的绝对数量大,节约的潜力也就大;②运费在全部物流费用中占最高的比例,一般综合分析计算社会物流费用,运输费在其中接近50%,有些产品的运输费高于生产费,所以节约的潜力很大;③由于运输的里程大,运输总量巨大,通过体制改革和运输合理化可大大缩短运输 t/km 数,从而获得比较大的节约效果。

2. 运输方式及其特点、运输合理化(详见本章第三节二、三、四)

(五)存储

存储是电子商务物流不可替代的环节。

货物存储在物流系统中是一个相对传统、完善的环节,也是在整个生产流通过程中,任何领域都客观存在的,不能为其他物流环节所替代的环节。其主要功能可分为调节供需、保管、配送、提供信息、陈列展示。有关存储的其他内容,详见本章第三节(传统商品储存控制与技术)。

(六)配送

配送是电子商务物流过程中的末端环节。

1. 物流配送中心含义

电子商务条件下的物流配送中心是指从事货物配备(集货、加工、分货、拣货、配货)和送货,以高水平实现销售或供应的现代流通设施。

2. 物流配送中心类型

(1) 按运营主体不同分类,可分为以制造商为主体的配送中心、以批发商为主体的配送中心、以零售商为主体的配送中心、以仓储运输业者为主体的配送中心。

(2) 按配送范围不同分类,可分为城市配送中心、区域配送中心。

(3) 按功能不同分类,可分为专业配送中心、柔性配送中心、供应配送中心、销售配送中心、储存型配送中心、流通型配送中心、加工型配送中心。

(4) 按运作模式不同分类,可分为集货型配送中心、散货型配送中心、混合型配送中心。

3. 电子商务条件下物流配送中心的特点

在电子商务时代,信息化、现代化、社会化的新型物流配送中心具有物流配送反应快速化、目标系统化、经营市场化、管理法制化、组织网络化、服务系列化、作业规范化、流程自动化、手段现代化、功能集成化等十大特征。

4. 电子商务条件下物流配送中心的功能

电子商务条件下物流配送中心的功能有集货功能、储存功能、分拣与理货功能、配货与分放功能、流通加工功能、倒装与分装功能、装卸搬运功能、送货功能、信息处理功能。

5. 电子商务条件下物流配送中心的作业流程

(1) 集货。包括货物采购、接收、验货和收货等具体内容。

(2) 储存。供应商存放在配送中心准备随时满足顾客订货需要的库存。

(3) 分拣、配货、分放。分拣是对确定需要配送的货物种类和数量进行挑选,其方式可采用自动化分拣设备和手工方式。配货有摘果式和播种式。分放往往是对已经分拣并配备好的货物由于不能立即发送,而需要集中在配装区或发货区等待统一发货。

(4) 配装。为提高装货车厢容积和运输效率,配送中心把统一送货路线上不同客户的货物组合、配装在同一载货车上,以降低送货成本、避免交通拥堵。

(5) 送货。配送中心利用自备运输工具或借助社会专业运输力量完成送货任务,有的按照固定时间和路线进行,有的不受时间和路线的限制,机动灵活地完成送货任务。

(七)电子商务物流作业系统

1. 传统物流作业系统

传统物流作业包括运输、仓储、装卸搬运、配送、流通加工、物流信息、客户服务等环节,其作业内容包括运输作业、装卸搬运作业、仓储作业、配送作业、物流信息作业、客户服务作业。

2. 电子商务物流作业系统的构成

电子商务物流作业系统主要包括下述几项。

(1) 订单管理。包括接收订单、整理数据、订单确认、交易处理(包括信用卡结算赊欠业务处理)等。

(2) 仓储与分拨。主要从事分拣和存货清单管理。

(3) 运输与交付。确认运输需求、设计运输路线、运输作业实施等。

(4) 退货管理。承担货物的修复、重新包装等业务。

(5) 客户服务。主要负责对顾客的电话、传真、电子邮件的回复以及货物的安装和维修等工作。

(6) 数据管理与分析。对于顾客提交的订单,电子商务物流系统能对相关数据进行分析,产生深度分析报告。

3. 电子商务物流作业流程

物流作业流程与商流、信息流、资金流的作业流程有关,也与商务形式(普通商务、电子商务)有关。电子商务物流作业流程与普通商务一样,目的都是将用户所订货物送到用户手中,基本业务是一样的,包括进货、检验、分拣、储存、拣选、包装、分类、组配、装车、送货等。这两种模式的不同点在于电子商务的每个订单都要送货上门,而有形店铺销售则无需上门。

七、电子商务条件下的物流模式

(一)第三方物流

1. 第三方物流的概念

第三方物流(Third Party Logistics,3PL 或 TPL)是指生产经营者为集中精力搞好主业,把原来属于自己处理的物流业务,以合同的方式承包给专业物流服务企业,同时通过信息系统与物流服务企业保持密切联系,以达到对物流全程的管理与控制的一种物流运作与管理方式。因此第三方物流也被称为合同物流。而从事第三方物流的企业在委托方物流需求的推动下,可从简单的存储、运输等单项活动转为提供全面的物流服务,其中包括物流活动的组织、协调和管理、设计最优物流方案、物流全程的信息收集和管理等。目前第三方物流概念已广泛地被西方流通行业所接受。

2. 第三方物流的特征

1) 以现代电子信息技术为依托

第三方物流要有信息技术基础设施的提供和支持。信息技术实现了数据的快速、准确的传递,提高了仓库管理、装卸运输、采购、订货、配货发运、订单处理的自动化水平。第三方物流提供商投资建立的信息网络,其信息资源与客户企业共享,通过与客户信息系统对接,形成以供应链为基础的高效、便捷的信息平台,从而提高了整个供应链的竞争力。常用的支撑第三方物流的信息技术有 WMS(仓库管理)、EDI(电子交换系统)和条形码等技术。

2) 提供个性化的物流服务

随着经济的发展，市场需求呈现出个性化和多样化的发展趋势，导致物流外包者对服务需求的专业个性化趋势更加明显。第三方物流提供商为了提供满意的客户服务，必须根据客户的产品要求、运输要求、仓储要求和包装要求等进行一体化、专业化的设计，重新整合物流服务过程，帮助企业提高经营效率和客户满意度，同时降低运营成本。

3) 要求与客户企业建立长期的战略联盟关系

当今市场经济复杂多变，竞争越来越激烈，许多企业通过建立联盟来获得竞争优势，使企业形成规模化经营、降低运作成本，通过共享彼此的网络，提高客户服务能力，从而增强企业的竞争力。第三方物流企业为客户提供的不仅是一次性的运输或配送服务，而且是一种具有长期契约性质的综合物流服务，其最终职能是保证客户物流体系的高效运作和不断优化的供应链管理。从本质上来说，物流联盟就是通过"双赢"使整体的系统产生更高的效率。

4) 以利益一体化为企业的利润基础

第三方物流企业的利润来源与客户利益一致。第三方物流企业的利润来源不是运费、仓储费用等直接收入，而是与客户一起在物流领域创造的新价值。从本质上讲，第三方物流企业的利润来源于现代物流管理科学推广所产生的新价值，也就是我们经常提到的"第三利润源泉"。

(二)第四方物流

1. 第四方物流定义

现在学术界比较认同的是埃森哲公司约翰·加托纳所给的定义，"第四方物流提供商是一个供应链的集成商，它对公司内部和具有互补性质的服务商所拥有的不同资源、能力和技术进行整合和管理，并提供一整套供应链解决方案"。

第四方物流的主要作用是对制造企业或分销企业的供应链进行监控，在客户、物流和信息供应商之间充当唯一的"联系人"。第四方物流的关键在于为顾客提供最佳的增值服务，即提供迅速、高效、低成本和个性化的服务。发展第四方物流需要平衡第三方物流的能力、技术和贸易管理等，但也需要增强本身营运的自主性。

2. 第四方物流特征

1) 提供一整套完善的供应链解决方案

第四方物流集成了管理咨询和第三方物流的能力，可以提供一个综合性供应链的解决方案，以有效地适应客户多样化和复杂性的要求，集中所有资源为客户解决问题。这样不仅能够降低实时操作的成本和改变传统外包中的资产转换方式，还可通过优秀的第三方物流、技术专家和管理顾问之间的联盟，为客户提供最佳的供应链解决方案，而这种方案仅通过上述联盟中的其中一方是很难提供的。

2) 通过对整个供应链产生影响的能力来增加价值

第四方物流能够为整条供应链的客户带来利益。第四方物流充分利用了一批服务提供商的能力，使整个物流系统的流程更加合理，效率更高，从而将产生的利益在供应链的各个环节之间进行平衡，使每个环节的企业客户都能受益。第四方物流服务供应商不仅能够提供一个全方位的供应链解决方案并关注供应链管理的各个方面，而且能够提供持续更新和优化的技术方案,同时又能满足客户的独特需求。

3) 大幅度降低单位运输成本

由于拥有强大的购买力和货物配载能力,第四方物流企业可以从运输公司或者其他物流服务商那里得到比他的客户更为低廉的运输报价,可以从运输商那里大批量购买运输力,然后集中配载众多客户的货物,大幅度降低单位运输成本。

(三)电子物流

1. 概念

电子物流(E-Logistics)也可称为物流电子化或物流信息化,它是指利用电子化的技术(尤其是利用互联网技术)来进行物流全过程的协调、控制和管理,实现从网络前端到最终客户端的所有中间过程的服务,其最显著的特点是各种软件技术与物流服务的融合应用。

2. 特点

1) 电子物流信息系统是前端服务与后端服务的集成

电子物流前端服务包括咨询服务(确认客户需求)、网站设计与管理、客户集成方案实施等。电子物流后端服务包括六类主要业务,即订单管理、仓储与分拨、运输与交付、退货管理、客户服务、数据管理与分析。当顾客通过互联网下订单后,需要物流系统能够迅速查询库存清单、查看存货情况,而这些信息又需要反馈给顾客。在整个过程中,订单管理系统需要与仓储系统、库存管理系统密切地协同工作。

2) 电子物流可实现物流运营的信息化、自动化、网络化、智能化

物流信息化表现为物流信息的商品化。具体体现为物流信息收集的自动化、物流信息处理的电子化和计算机化、物流信息传递的标准化和实时化、物流信息存储的数字化等。信息化是一切技术运用于物流系统的基础,没有物流的信息化,任何先进的技术设备都不可能应用于物流领域。

物流自动化的基础是信息化,核心是机电一体化,外在表现是物流活动的程序化处理。物流自动化的效果是省人、省力,另外还可以扩大物流作业能力、提高劳动生产率、减少物流作业的差错等。物流自动化的设施非常多,如条码技术、射频自动识别系统、货物自动分拣与自动存取系统、自动导向车及货物自动跟踪系统等。

物流网络化是物流配送系统的计算机信息网络,包括物流配送中心与供应商或制造商的联系要通过计算机网络,另外与下游顾客之间的联系也要通过计算机网络通信,比如物流配送中心向供应商提出订单这个过程,就可以使用计算机通信方式,借助于增值网上的电子订货系统和电子数据交换技术来自动实现,物流配送中心通过计算机网络收集下游客户订单的过程也可以自动完成。

物流智能化是物流自动化、信息化的一种高层次应用,物流作业过程大量的运筹和决策,如库存水平的确定、运输(搬运)路径的选择、自动导向车的运行轨迹和作业控制、自动分拣机的运行、物流配送中心经营管理的决策支持等问题都需要借助于大量的支持才能解决。在物流自动化的进程中,物流智能化是不可回避的技术难题。

3. 电子物流服务的组成部分

电子物流服务由订单管理、仓储、运输、客户服务四部分组成,各部分均以组织结构、

运营方式和专业技术为依托。

1) 订单管理

此项业务包括接收订单、整理数据、确认订单、处理交易等。

2) 仓储

虚拟存货管理系统可以帮助客户通过网络有效地管理存货流量，还可以对货物进行监控，及时、准确地获取仓库的湿度、温度等信息。电子物流的其他功能，如电子施封、自动质量检测系统等，都有助于提高仓储管理的整体效率。

3) 运输

电子物流系统需要通过网上数据录入系统(Online Documentation System)实现对运输的管理。通过将传统的海运提单、空运提单、运输发票、海关清单中的信息数字化，网上数据录入系统可以确保运输订单及时准确地从客户端传递到操作中心。在运输过程中，客户可以透过网络全程跟踪货物的运输情况，进而确保货物及时、准确地运送到指定地点。

4) 客户服务

客户服务包括售前和售后服务，同时包括对顾客的电话、传真、电子邮件的回复等，处理的内容包括存货信息、货物到达时间、退货信息及处理意见。目前很多电子物流提供商通过内部或者外部的呼叫中心对顾客提供客户关系管理服务。对于客户提交的订单，电子物流系统有能力对相关数据进行分析，并产生深度分析报告，这是向客户提供的一项增值服务。

(四)绿色物流

1. 含义、特征及意义

1) 含义

绿色物流是指在物流过程中消除物流对环境造成危害的同时，实现对物流环境的净化，使物流资源得到最充分的利用。它包括物流作业环节和物流管理全过程的绿色化。从物流作业环节来看，包括绿色运输、绿色包装、绿色流通加工等；从物流管理的过程来看，主要是从环境保护和节约资源的目标出发，改进物流体系，既要考虑正向物流环节的绿色化，又要考虑供应链上的逆向物流体系的绿色化。绿色物流的最终目标是可持续发展，实现该目标的准则是经济利益、社会利益和环境利益"三统一"。

2) 特征

第一，可持续性。绿色物流是生态型物流，其目的是减少资源消耗、降低废物排放，达到经济利益、社会利益、环境利益的统一。

第二，循环性。绿色物流重视正向、逆向物流的统一。正向物流指从资源开采到消费需求；逆向物流是一种包含产品退回、物料替代、产品再利用、废弃处理、再处理、维修与再制造的物流活动。绿色物流通过资源循环利用、能源转化来提高供应链整体绩效。

第三，共生性。绿色物流注重从环境保护与可持续发展的角度出发，求得环境与经济发展的共存。

第四，资源节约性。绿色物流不仅重视物流过程对环境的影响，而且强调对资源的节约。

3) 意义

绿色物流的意义在于利于社会经济可持续发展；最大限度降低经营成本；利于企业取

得新的竞争优势；利于全面满足人们不断提高的物质文化需求。

2. 企业绿色物流的管理措施

(1) 采用绿色包装。选用绿色包装材料；选用容易回收再生的材料；简化包装并进行适度包装。

(2) 选择绿色运输。开展共同配送；采取复合一贯式的运输方式(采取以集装箱作为连接工具的通用媒介，起到促进复合直达运输的作用)；大力发展第三方物流；开展绿色流通加工(专业集中加工、集中处理消费品加工中产生的边角废料)；实现绿色仓储(要求仓库布局合理)；降低废弃物物流。

(五)国际物流

1. 国际物流的含义

国际物流是指使在制品、半成品和制成品在国与国之间的流动和转移，也就是发生在不同国家之间的物流。国际物流是国内物流的延伸与扩展，是跨国界的、流通范围扩大的物的流通，又称国际大流通或者大物流。

广义的国际物流是指各种形式的物资在国与国之间的流入和流出，包括进出口商品、暂时进出口商品、转运物资、过境物资、捐赠物资、援助物资、加工装配所需物料部件以及退货等在国与国之间的流动；狭义的国际物流是指与另一国进出口贸易相关的物流活动，包括货物集运、分拨配送、货物包装、货物运输、申领许可文件、仓储、装卸、加工流通、报关、保险、单据等。

国际物流的总目标是为国际贸易和跨国经营服务，即选择最佳的方式与路径，以最低的费用和最小的风险，保质、保量、适时地将货物从某国的供方运到另一国的需方。作为国际货物价值链的基本环节，国际物流不仅是国际商务活动得以实现的保证，而且是为国际贸易带来新的价值增值，成为全球化背景下的"第三利润源泉"。

国际物流相对于国内物流而言，具有环境差异大、物流系统范围广、国际化的信息系统、标准化程度高等特点。

2. 国际物流的发展阶段

伴随着国际贸易和跨国经营的发展，国际物流的发展经历了下述三个阶段。

第一阶段，萌芽期。20世纪50年代至80年代初。这一阶段物流设施和技术得到了极大发展，建立了配送中心，广泛运用计算机进行管理，出现了立体无人仓库，一些国家建立了本国的物流标准化体系。物流系统的改善促进了国际贸易的发展，国际物流初露头角，但国际化的趋势还没有得到人们的重视。

第二阶段，成长期。20世纪80年代初至90年代初。这一阶段国际物流的突出特点是在物流量不断扩大的前提下出现了"精细物流"，物流的机械化、自动化水平有所提高。随着经济与技术的发展、国际经济往来的扩大，物流国际化问题开始成为世界性的共同问题，同时伴随着新时代人类需求观念的变化，国际物流着力于解决"小批量、高频度、多品种"的物流，基本覆盖了大量货物、集装箱货物等所有物流对象。

第三阶段，成熟期。20世纪90年代初至今。这一阶段国际物流得到各国政府和外贸部门的普遍重视。贸易伙伴遍布全球，必然要求物流国际化，即物流设施、物流技术、物流服务、货物运输、包装和流通加工的国际化。世界各国广泛开展国际物流方面理论和实践的研究探索，已经形成共识。

3. 国际物流系统

国际物流系统由商品的包装、储存、运输、检验、流通加工及其前后的整理、再包装和国际配送等子系统组成。其中，运输、储存子系统是物流系统的主要组成部分。

1) 运输子系统

国际货物运输是国际物流系统的核心，具有线路长、环节多、涉及面广、手续繁杂、风险性大、时间性强等特点。

2) 仓储子系统

国际贸易和跨国经营中的商品从生产厂或供应部门被集中运送到装运港口，有时必须临时存放一段时间，再装运出口，是一个集中和分散的过程。它主要是在各国的保税区和保税仓库进行的。因此，该系统主要涉及各国保税制度和保税仓库建设等方面的问题。

3) 商品检验子系统

通过商品检验，确定交货品质、数量和包装条件是否符合合同规定。如发现问题，可分清责任，向有关方面索赔。

4) 商品包装子系统

为提高包装系统的功能和效率，包装物料、容器应具备品种多、规格全、批量小、变化快、交货时间短、质量要求高等特点，以便扩大外贸出口和创汇能力。

5) 装卸搬运子系统

装卸搬运是短距离的物品移动，是储存与运输子系统的桥梁和纽带。

6) 信息子系统

国际物流信息子系统的主要功能是采集、处理和传递国际物流和商流的信息情报。主要内容包括进出口单证的作业过程、支付方式信息、客户资料信息、市场行情信息和供求信息等。

上述子系统相互联系、相互制约，左右着国际物流的发展方向。

4. 国际物流的发展方向

随着经济全球化和信息化的加快，跨国公司导致的本土化生产、全球采购与消费趋势的加强，促使国际物流产业出现了新的发展趋势，表现在下述几个方面。

1) 物流运作全球化

要满足全球化的物流服务需求，物流企业必须向集约化、协同化方向发展，形成规模效益。为此，要积极开展并购，争取更大的市场份额；整合物流能力，创造新的物流价值；建立物流园区，实现企业物流协同化发展。

2) 物流技术电子化

国外物流企业已经形成了以系统技术为核心，以信息技术、运输技术、配送技术、装卸搬运技术、自动化仓储技术、库存控制技术、包装技术等为支撑的现代化物流装备的技术格局。

电子物流进一步的发展方向是信息化——采用无线互联网技术、全球卫星定位系统(GPS)、地理信息系统(GIS)、射频标识技术(RF)、快速反应系统(QR)等；自动化——自动导引小车技术(AGV)、搬运机器人技术、自动分拣系统(ASS)等；智能化——电子数据交换(EDI)、电子识别和电子跟踪技术、智能运输系统(ITS)集成化——集信息化、机械化、自动化、智能化于一体。

3) 物流服务社会化

跨国企业越发重视通过外包物流环节来整合全球物流资源，降低供应链成本，增强企业核心竞争力。

4) 物流管理现代化

物流管理开始向高端发展，呈现出供应链整合管理的发展趋势，主要表现在精细物流、6西格玛物流、闭环物流等概念的发展。

精细物流强调同步操作环境、循环时间压缩、全过程的可视性、精确时点绩效、过程的一致性和无缺陷；6西格玛物流注重应用、结果和成功实施等要素，要求在满足客户主要的质量方面达到完美的服务；闭环物流主要应用在售后服务，包括零部件更换、废弃物的回收、召回有缺陷的产品、绿色产品的保鲜等方面。

5) 物流系统绿色化

其核心内容是对物流系统污染进行控制，建立工业和生活废料处理的物流系统。发达国家纷纷在污染发生源、交通量、交通流等三个方面拟定相关政策，形成倡导绿色物流的对策系统。

6) 物流人员专业化

物流企业的竞争最终是人才的竞争。发达国家已经形成或正在建立较为合理的物流人才教育培训体系，包括建立多层次的物流专业教育、全面开展物流在职教育、建立物流业的职业资格认证制度等，为社会培养物流专业人才和物流高级管理人才。

八、电子商务条件下的物流管理

(一)物流管理的含义

物流管理是指在社会再生产过程中，根据物资资料实体流动的规律，应用管理的基本原理和科学方法，对物流活动进行计划、组织、指挥、控制，使各项物流活动实现最佳协调和配合，从而降低物流成本并提高经济效益的过程。

电子商务条件下的物流管理，主要有以下优点：整合现有物流资源，提供集成化的物流服务；实现"一站式"无缝物流服务运营；有效实现全球化物流运营服务；完善综合化的物流管理体系。

(二)电子商务条件下物流管理的目标

电子商务条件下的物流管理应实现下述目标。

1. 高水平的企业管理

电子商务作为一种全新的流通模式和运作结构，要求达到科学和现代化的管理水平。只有制定合理的科学管理制度，运用现代化的管理方法和手段，才能确保物流配送中心基本功能和作用的发挥，从而保障相关企业和用户整体效益的实现。管理科学的发展为流通管理的现代化、科学化提供了条件，促进了流通产业的有序发展。同时要加强对市场的监管和调控力度,使之有序化和规范化。总之,一切以市场为导向,以管理为保障,以服务为中心,加快科技进步是电子商务物流的根本出路。

2. 高素质的人员配置

电子商务物流能否充分发挥各项功能和作用,完成应承担的任务,人才配置是关键。为此,电子商务物流配送中心的人才配置要求必须配备数量合理、具有一定专业知识和组织能力、结构合理的决策人员、管理人员、技术人员和操作人员,以确保电子商务物流中心的高效运转。电子商务物流的发展也需要大量的各种专业人才从事经营、管理、科研、仓储、配送、流通加工、通信设备和计算机系统维护、贸易等业务。因此,必须加大人才培养的投入,培养和引进大批掌握先进科技知识的人才,并为他们创造施展才华的机会;还应对现有职工进行有计划的培训,形成系统的学习科学知识的制度;在企业里引入竞争机制,构建能上能下的管理机制;要提高员工的科技创新意识,培养企业对知识的吸纳能力,促进物流产业的人力资源得到开发和利用,造就大批符合知识经济时代要求的物流配送人才,利用各种先进的科学技术和科学方法,促进物流配送产业向知识密集型方向发展。

3. 高水平的装备配置

新型物流配送中心面对着成千上万的供应厂商和消费者以及瞬息万变的市场,需要为众多用户配送商品并及时满足他们的不同需要,这就要求必须配备现代化装备和应用管理系统,具备必要的物质条件,尤其要重视计算机网络的运用。通过计算机网络可以广泛收集信息,及时进行分析比较,运用科学决策的模型,迅速作出正确的决策,这是解决系统化、复杂化和紧迫性等问题最有效的工具和手段。

(三)电子商务条件下物流管理的内容

1. 电子商务条件下物流目标的管理

明确电子商务的销售目标,确定物流、配送的服务目标和成本目标(可用指标衡量,如送货频率、反应时间、订货满足率和配送成本等)。

2. 电子商务条件下物流运作流程的管理

这种管理就是通过对可用的和配送资源进行正确评估以及市场的预测和定位,确定最佳的物流和配送运作流程,并在实践中不断地调整和优化。

3. 电子商务条件下物流运作形态的管理

一方面是对物流、配送系统形态的选择,如委托第三方物流、自己承担或者与其他物流企业合作;另一方面是对物流合作伙伴的评估、管理与控制。

4. 电子商务条件下物流资源的管理

准确地分析需求,合理配置资源。

5. 电子商务条件下客户服务的管理

这种管理包括对市场客户的需求预测、客户信息资源的收集与分析、物流配送系统的信息跟踪查询以及用户反馈信息等。

6. 电子商务条件下物流的成本管理

这种成本管理就是制定物流、配送系统的总成本控制指标以及对物流全过程的成本控制和管理等。

(1) 销售是指把企业生产和经营的产品或服务通过一定的渠道和形式出售给特定顾客的商务活动。对生产型企业而言，销售活动大多发生在与各种经销商的交易过程中；对商业企业非生产型企业而言，销售是向指最终消费者出售商品或服务。在供过于求、买方市场性质更加突出的形势下，消费者的选择性购买和苛刻要求，迫使商品经营者必须改变以往单纯以企业和产品为中心的思维方式，转而认真研究消费者的需求，正确选择目标市场，不断调整自己的营销策略。

(2) 销售方式是指商品经营者实现商品与服务的价值，转移商品使用价值的形式和手段。其中，批发是指批发商从生产商或其他经营商手中采购商品，再将其提供给商业用户及其他业务用户，供其转卖、加工或使用的大宗商品买卖方式。零售是指借助一定的设施条件将商品或服务销售给最终消费者的交易活动，是商品流通过程中的最后一道环节。商品只有通过零售，才能真正实现其价值和使用价值。对于现代商品流通来说，批发与零售都是不可或缺的必要环节。

(3) 现货交易是指买卖双方出自对实物商品的需求与销售实物商品的目的，根据商定的支付方式与交货方式，采取即时或较短时间内进行实物商品交收的一种交易方式。远期交易也称为远期合同交易，是指买卖双方通过签订交易合同，约定在未来某一时期进行实物商品交收的一种交易方式。远期交易与现货交易的关系十分密切，二者具有相同的性质，即都是为了实物商品的最终交收。而期货交易则是指买卖双方在交付一定保证金之后，在商品期货交易所进行的标准化合约的买卖。

(4) 销售技术是指在商品流通过程中为保存和增加商品的使用价值、加快商品流通的速度、提高商品流通的效率而采用的各种手段和方法的总称。早期的商业技术建立在手工劳动的基础上，而现代销售技术的现代化首先从机械化、自动化开始，利用机械来代替手工劳动，使商业劳动的强度大大降低，劳动生产率大大提高。到了20世纪后半期，电子计算机技术得到了快速发展，并被广泛应用于商业领域，带来了第二次商业技术的革命，销售技术又进一步向信息化、智能化迈进。

(5) 服务竞争力是指在竞争性市场中，一个服务企业所具有的能够持续地比其他企业更有效地提供服务产品，并获得盈利和自身发展的综合素质。服务质量是指满足和实现使用者需求的程度。我国国家标准 GB6583.1 将服务质量解释为"满足规定或潜在要求(或需要)的特征和特征的总和"。同时该标准附加强调以下几点：一是在合同条件或根据法规要求作出明确规定，而在其他情况下对隐含的需要必须加以识别和确定；二是必须进行定期评审；三是应根据特定的准则将客户需要转化为特性。

(6) 销售费用主要包括运杂费、保管费、包装费、商品损耗、利息、工资、临时人员工资、福利费、修理费、家具用具摊销、保险费等十多项。企业要强化销售费用管理，明确销售费用的开支范围。而销售利润是企业通过改善经营管理，扩大商品销售，节约劳动消耗而实现的。它既是国家财富积累的重要来源，也是企业扩大经营规模，改善员工生活，提高福利水平的重要条件。因此，现代企业必须强化销售利润管理，提高盈利水平，为可持续发展奠定经济基础。

(7) 首先阐述了商品采购及管理的定义、特征、重要性，然后分析了传统商品采购和现代商品采购的区别与联系，进而介绍了现代商品采购的原则与方法，现代商品采购管理的目标和内容，现代商品采购管理的方法。接下来从现代商品采购流程设计、现代商品采购计划的制订、现代商品采购计划的实施三个方面介绍了现代商品采购的运营管理。现代商品采购计划的实施主要包括供应商选择与管理、采购成本控制、采购谈判和采购合同签订与履行。最后对现代商品采购及其管理的趋势进行了介绍，主要包括电子采购、绿色采购、跨境电商采购、供应链下的采购。

(8) 介绍了两种物流管理的方式，一种是传统的物流管理方式，另一种是电子商务条件下的物流管理方式。传统的物流管理方式中介绍了传统运输的主要方式，传统的商品储存技术等。电子商务在本章里出现，主要讲解的是电子商务条件下的物流过程、电子商务条件下的物流模式以及电子商务条件下的物流管理。

 本章案例

海尔电子商务的运营模式、特点及运营战略

一、海尔的电子商务运营模式

海尔是我国企业全面应用电子商务的典型，网络技术不仅应用于客户服务，而且也充分应用于企业内部管理及海尔与其供销商之间的商务合作。海尔开展电子商务的基本策略是：一是建立一个有鲜明个性的垂直网站，以通过电子商务手段更进一步增强海尔在家电领域的竞争优势。海尔不依靠价格而依靠服务与创新来竞争，目前海尔提供的服务的主要内容就是通过网站为客户提供更多的便利与个性化服务方面的创新。二是通过电子商务技术优化供应链，外包本公司的部分制造业务，变推动销售的模式为拉动销售的模式，提高新经济下的企业的核心竞争力。

海尔开展电子商务的主要模式是：一是B2C的电子商务，实现了企业与消费者的零距离交流，这种交流全方位提升了企业的品牌价值；二是B2B的电子商务，完成了和供销商的高效合作，同时实现了销售商定制服务。

1. 对消费者的电子商务(B2C)

B2C 电子商务是海尔服务消费者的一个重要工具。海尔充分利用网络及电子化手段搜集、整理、分析用户需求信息，并利用网络良好的互动优势与顾客直接沟通，为此海尔设立了网上服务中心。用户可以通过网上服务中心或热线电话进行各种咨询、建议、或是登记、甚至投诉，而所有的信息都被录入到服务中心的信息库中。由于纳入计算机系统管理，大大提高了海尔服务人员的工作效率，同时为用户提供了极大的便利。

2. 对企业的电子商务(B2B)

海尔通过开展B2B电子商务促使外部供应链取代自己的部分制造业务，B2B电子商务不但实现了与供货商的高效合作，而且实现了订货商定制等服务。

二、海尔电子商务的运营特点

1. 开发专门页面

海尔集团以优质的服务闻名，所以在网站建设上也突出了这一点：时刻把客户的需求与利益放在第一位。在其网上商店中，除了常规的推荐产品，还有产品定制。"您的难题就是我们的开发课题！"，海尔是这么说的，也是这么做的，海尔以服务为本。企业的生命在于创新，海尔集团将以更新、更高、更好的产品满足广大顾客的要求。"只要是您能想到的，我们都能做到"，这是海尔的承诺。海尔透彻地理解互联网运作与成功的真谛：一切有为之举，均在融合之中。所以海尔会拿出专门的页面设置友情链接，这样的营销策略既显得主家超凡大度，也为这些网站做了标志广告，并可以方便访问者。

2. 做有鲜明个性和特点的网站

海尔电子商务最大的特点就是个性化。海尔在内部提出与客户之间是零距离，除了信息的接触，还允许用户可以根据个性化定制产品。而此前用户的选择余地是有限的。这种定制服务可以面向终端用户，也可以面向分销商。海尔的分销商，面对着更多的非网络用户，也最了解终端用户需要什么样的商品，与分销商之间零距离，让分销商代替客户来定制产品，B2B2C 的模式符合实际情况，也帮海尔培养了一大批海尔产品用户的设计师。

3. 搭建自己的物流采购平台

过去海尔与供应商的关系，是简单的买卖关系。作为供应商只能被动的"等订单，等付款"。海尔与供应商之间的联系基本只通过传真、电话的方式，自然无法保证准确及时的信息沟通。而现在通过与企业内部 ERP 紧密集成的 B2B 采购平台实现了海尔与供应商之间进行的协同商务，企业与供应商之间形成以采购订单为中心的战略合作伙伴关系，实现信息互动沟通，达到双赢的目标。目前电子商务采购平台有网上招投标，网上采购计划和采购订单的跟踪和执行，采购订单财务信息查询以及交互式的信息交流中心。意味着海尔的供应商已经可以在网上投标、查询采购计划、确认采购订单、跟踪订单状态、查询应收款情况，可以从网上银行接到海尔的货款，查询相关的通知，甚至还可以提出建议或投诉业务过程中的各种情况。这种种的功能，是海尔业务的管理向外延伸，也是供应商向海尔更靠近了一步，形成了紧密的协同商务的关系。

海尔在物流方面所做的探讨与成功，尤其是采用国际先进的协同电子商务系统进一步提升了海尔在新经济时代的核心竞争力，提高了海尔的国际竞争力，给国内其他企业带来了新的启示。

三、海尔电子商务运营战略

电子商务的发展是目前社会发展的一个导向，企业应用电子商务的目标主要体现在降低生产成本、提高效益，随着企业国际化程度的加强，各跨国企业纷纷把目标投向了开展电子商务。电子商务的开展并不是在短时间内任何企业都可以实现的，随着企业经济实力的加强，各跨国企业逐步在实施电子商务战略运营。电子商务战略的实施要素很多，其中关键的实施因素有物流、网络营销、信息管理等模型，它们是电子商务战略的核心，也是企业 IT 和业务的协作方式的关键。随着海尔的飞速发展，其品牌已经跻身世界品牌行列。为了对海尔的电子商务战略在最近几年有一个明确的了解，现将从以下四个方面来分析海尔的电子商务战略。

1. 海尔的物流

海尔的产业涉及家电、通讯、IT、家具、生物、软件物流、金融、旅游、房地产、电器等，如此之多产品类别依靠企业本身原有供应链资源难以进行管理。早在多年前，海尔集团将原来分散在 28 个产品事业部的采购、原材料仓储配送、成品仓储配送进行职能整合，成立独立运作的专业物流公司。从海尔物流发展的物流重组、供应链管理、物流产业化三个阶段来看，与国际物流发展的过程基本一致，但是海尔用短短的三年时间就实现了物流营业额超过 200 亿元。这一成绩的取得，在于海尔整合了全球配送资源网络，创造了海尔物流的增值目标。

2. 海尔的网络营销

网络营销作为电子商务战略的重要组成部分，在电子商务的开展过程中对于企业成本节约起着关键作用。影响网络营销的因素及模式多种多样，主要有 B2B 及 B2C 两种模式，海尔通过网上商城来开展网络营销，主要特点有以下几方面。

1) 采用先进的搜索引擎工具进行产品搜索

海尔的产品种类、数目比较庞大，在开展网络营销时，其站点能够根据产品性能和价格对产品进行分类，以提供给客户方便的产品搜索功能。打开海尔的网上商城，可以醒目地看到其搜索引擎的方式，比如按照产品分类有 27 类，价格、型号、关键字等提供给用户方便地查询符合用户满意的产品，这种方式大大改善了用户使用电子商务的方便性。目前企业在开展电子商务时把更多的眼光都集中在使用搜索引擎，海尔目前所使用的搜索引擎是全文索引和目录索引相结合的形式，从而改变了以前单一的网站产品浏览形式，使信息的浏览形式更具方便性、简洁性、全面性。

2) 采用会员制进行产品销售

按照电子商务的分类模式，海尔实施电子商务战略的主要销售模式为 B2B 及 B2C 两种模式(即其用户分为企业用户和个人用户)。在会员制销售模式中，会员在其站点选购产品后，系统会自动验证用户的会员类别和所在城市，根据会员的基本信息，海尔俱乐部和海尔销售分公司所在城市就会辨别该会员所享受的"俱乐部会员价"及其享受的其他优惠，这种方式大大方便了用户对产品的采购过程，也减少了用户对信息的依赖性，增强了企业供应链的紧密性。

3) 采用先进的支付模式

海尔的网上购物主要采取三种支付模式：在线支付、货到付款、银行电汇。在线支付的银行为招商银行、工商银行、建设银行三家，在线支付是通过国内各大银行的支付平台进行的，安全性是由银行方面保障的，当用户开始填写信用卡资料时，实际上已经离开海尔网上商城到达银行的支付平台。所以，您不必担心自己的信用卡资料会因经由海尔商城泄露。这就大大增强了用户在网上购物的安全性。货到付款是指用户先在网站上下订单，当海尔把您订购的产品送到收货地点，您查看并签收后支付货款。银行电汇是指与邮政汇款类似，指用户先在网上下订单并选择银行电汇的支付方式，然后去银行把货款划到海尔在网页上公布的银行账户，海尔收到款后发货。有了开展电子商务战略数据的完整性和安全性的保障，海尔的在线支付才得以得到用户的信赖，才可以顺利发展下去。

3. 海尔的信息管理机制

信息系统是一个企业顺利发展的主要保障，企业要想在国际竞争中立于不败之地，就必须利用现有的企业资源建立完善的信息系统构架。海尔已经给全球展示了海尔的企业信息平台，包括海尔的全球网站、子公司网站、产品搜索等功能，这些都给全球用户提供了多种信息交流的平台，为全球提供一个适时的海尔，确保了海尔在企业跨国运作及物流等方面在全国及全球的顺利运作,满足了客户的根本性需求。企业要重视人才培养和储备工作,目前影响整个企业信息系统构架实施的一个因素就是人才缺乏,整个企业信息化建设都必须以人才作为保证。

4. 海尔电子商务运营管理

海尔集团努力以信息化改造传统产业,积极实施对生产、销售、服务等关键环节的计算机管理,提出了海尔集团电子商务管理体系的构思和实施方案。该方案以建立公司电子商务管理体系为目标,利用计算机软硬件技术为手段,并借助Internet技术,融合国际先进的管理理念、经营方式和市场准则,将传统的内部经营管理转向供应商、企业内部、客户的资源综合优化的广义供应链管理,注重企业内外部数据、信息的有效积累和利用,形成和建立自己的多维知识库,以便进行有效的分析决策。方案最终逐步实现面向企业的市场、销售、服务的客户关系体系;面向配套企业的网上采购体系;全局优化的供应链管理体系;海尔集团产品电子交易平台;以财务管理为中心的ERP体系;网络化协同技术开发体系以及企业分析决策管理体系。

海尔的计算机网络和世界各地的供货商的计算机实现了联网,无论是供应化学原料的德国的巴斯夫公司、供应钢板的日本新日铁公司、韩国的浦项公司,还是国内的分供商,都可以随时从网上看到本企业在海尔供货的库存、付账情况,可以按照合同额,自动补料。海尔有很强的新产品开发能力,计算机网络起了重要支撑作用,比如世界最先进的网络联合接力设计在海尔已经得到使用。技术中心的杜光林介绍,海尔目前平均每天开发1～3个新产品,发明专利列全国十强。全集团投入生产的产品有10800种,计算机内还储存了大量超前技术和产品。现在,海尔每年投入新产品开发的费用占销售额的6%,有20多亿元。海尔在这方面花钱最痛快,使用的都是最好的计算机和开发软件,重要的是开发出受市场欢迎的产品。

(资料来源:海尔的电子商务模式,搜档网(sodocs.net))

讨论题

1. 试全面评价海尔集团采取的电子商务运营战略。
2. 依据本案例,结合其他信息,全面解读海尔的网络营销状况。
3. 如何界定海尔电子商务运营管理的基本内容?

思考题

1. 销售对现代企业有什么重要作用?
2. 简述现代销售模式思想基础与发展阶段。
3. 批发对于现代商品流通有什么基本功能?
4. 现代销售技术有哪些基本作用?
5. 简述服务质量评价考核的SERVQUAL法的基本内容。
6. 简述销售利润量、本、利分析法的基本内容。
7. 什么是采购管理?
8. 传统商品采购和现代商品采购有什么区别与联系?

9. 简述现代商品采购的原则。
10. 现代商品采购管理有哪些内容?
11. 供应商选择的步骤有哪些?
12. 供应商管理的内容有哪些?
13. 如何进行采购成本控制?
14. 现代商品采购发展的新趋势有哪些?
15. 传统的物流方式有哪些?
16. 电子商务条件下包括哪些物流过程?
17. 电子商务条件下有哪些物流模式。
18. 电子商务条件下物流管理的目标有哪些?
19. 简述国际物流的发展方向。

第七章　现代无形商品贸易管理

【学习要点及目标】

- 了解服务产品的含义与特点。
- 掌握国际服务贸易的四种方式。
- 了解知识财产与知识产权的基本含义。
- 掌握知识产权的五个特点。
- 了解商号与商标的基本含义。
- 掌握现代商业秘密的基本内容。

【核心概念】

服务产品　知识产权　商号　商标　商业秘密　专利权

【引导案例】

数据要素驱动商务创新

随着企业发展形态的演变，对高效率、低成本地满足用户动态变化的各种需求，数据成为企业越来越重要的一种战略资产和生产要素。数据要素对企业的颠覆性创新已经被苹果、微软、亚马逊、谷歌和脸书等美国前五大公司近年来的发展所证实。数据要素的应用使传统产业具有更大的扩展性、更广泛的市场范围和更快的战略行动，甚至还增加了外延产品且提升了服务绩效。

1. 数据驱动数字化创新战略的生成

数字化市场战略是运用数据加强对用户需求的采集、分析并进行弹性定制，以实现数据在信息系统、软硬件、自动化设备与人之间实时、自由有序流动，并通过数据、信息、知识、智慧的跃迁实现数据资源为企业的全面赋能，为企业产品研发、市场销售、经营管理等提供科学决策和精准执行。

数字化创新战略是一种趋势，如作为全球领先的技术企业，西门子公司也开始步入数字化的战略阶段，通过对以往不同行业解决方案的数据进行采集、汇总和分析，西门子的数字化企业解决方案针对具体行业的需求进行了优化，帮助客户缩短产品开发时间，同时提高生产流程的灵活性和效率。其中，Mind Sphere 是西门子基于云的开放式物联网操作系统。通过 Mind Sphere，企业可以实现产品、工厂、系统和设备之间的互联，并对物联网上创建的数据进行分析，以完成具有针对性的优化。此外，各企业还可以开发数字服务和新型业务模式，例如预测性维护或计次收费等。

2. 数据要素驱动创新生态系统的演化

创新生态系统的要素包括两个方面：一是数字平台，二是合作伙伴。数据要素在构建创新生态系统中发挥了重要作用，使平台足够"开放"和"独特"，吸引更多的企业向中心企业聚集，从而形成价值共创的创新生态系统。企业则通过改变生态系统中合作伙伴类型以及合作模式，驱动创新生态系统不断演化。

利用数据促进创新生态系统形成，可以加速颠覆性创新的产生，有名的硅谷即为典型案例。20世纪70年代以来，硅谷成为信息产业的风向标和动力引擎，成功地驾驭了从个人电脑、互联网、人工智能和基因编辑等多次技术浪潮。例如，Airbnb依靠信任与分享机制，通过大数据整合闲置房产资源，利用社交媒体平台开展营销，通过改进营销策略重建生态系统，颠覆实体酒店行业的运作模式。广告类的谷歌、脸书通过竞价方式提供定向广告内容，让整个广告业都进入到了算法驱动的时代，形成新型网络广告形式，颠覆了搜索和社交媒体的运营模式和游戏规则。硅谷不断通过数据要素在商业模式上进行创新，着重构建和塑造新颖且更加强大的企业创新生态系统，因此在许多领域依然能抢占创新先机实现产品、服务等颠覆性创新。

3. 数据要素驱动创新组织体系的重构

数据要素的本质是信息，显然提升了企业的数字化创新能力，也使用户的需求越来越多样化，需求变化越来越快，这对创新资源的分配形成了严峻的挑战。海尔的分布式创新体系包括面向未来技术的超前创新中心、纵横交互的产业线研发和创客小微研发体系。在追求前沿技术根本性突破和产品"颠覆性创新"长期发展的同时，利用已有成熟技术满足用户的短期需求，将技术资源进行合理的分层并匹配相应需求。其中的创客小微研发体系，小微团队发现用户需求后，由体系内的技术人员开发技术解决方案或者借助HOPE平台合作开发，然后根据用户反馈对产品进行渐进性创新，升级迭代并开拓新的目标市场。开放式创新平台是分布式创新组织体系不可或缺的关键构成部分，它能够帮助企业快速发现并匹配、整合全球创新资源，降低研发成本、提高创新效率。而这一平台也是基于数据要素本身的特性运行的。

(资料来源：刘海兵，王莉华. 数据要素如何驱动企业创新能力提升[J]. 清华管理评论，2021(11): 81-85.)

【案例导学】

数字化时代发展的必然会将数据视为一种新型要素，创造出不同的商业模式和商业价值。作为一种要素，数据不仅能够创造价值，而且还能够赋能其他要素或引发其他商品或服务环节的变化，发挥出更大的效用。因此，数据已经成为现代企业最有价值的部分，思考和发挥数据的作用对于商务创新就有举足轻重的作用。

第一节 服务贸易管理

一、服务产品及其特点

(一)服务产品的含义

服务产品是指通过使用一定的设备(工具)、知识(技能)和方法(手段)来满足顾客需求的一系列活动。就一般而言，服务产品具有以下三方面的内涵：一是服务产品的消费方，它可以确定和提出服务的要求，既是服务流程的起点，又是服务流程的终点；二是服务产品提供方，它可以提供特定的服务，用以满足服务产品消费方的需求；三是服务接触，即服务产品的提供者与服务产品的消费者必须通过特定的媒介来互交。

(二)服务产品的基本特点

随着现代社会经济的发展，以及物质财富的极大丰富，人们对服务的需求也开始快速增长，服务产品的种类也越来越多。相对于有形产品，服务产品有以下三个显著特点。

(1) 无形性。即服务无法通过人的感官或仪器进行检测或描述，这是该种服务产品的一个显著特征。服务产品无形性的主要表现是：①服务是一种行为或过程，人们无法触摸；②服务产品无法展示和沟通；③服务产品不涉及物品的所有权转移；④服务难以定价；⑤服务产品难以申请专利。

(2) 不可存储性。即不可能在有能力和资源的时候将服务活动完成并保留下来供日后使用。这是由服务产品存在生产与消费的同时性与顾客的参与性两个特点所决定的。所谓生产与消费的同时性，即服务产品的生产与消费需要同时进行，两者不能分开；所谓顾客的参与性，就是在服务产品的生产过程中，需要顾客部分或全部顾客参与其中。

(3) 异质性。即每次服务的构成要素及其品质都会表现出不同。服务产品的异质性是指每次服务的构成要素及其品质都会表现出各自不同，这是服务产品无法复制的原因。服务产品异质性的主要表现是：①服务产品的最终形成与不同的顾客有关；②服务产品的生产与顾客满意和员工的行为有关；③服务产品的质量受许多不可控因素的影响；④服务产品的生产难以按照计划进行；⑤服务产品难以进行规模化生产。

(三)服务产品的类别

(1) 生产性服务产品。即用于满足厂商生产需要的中间服务产品，其具有资本、技术和知识密集的特点。生产性服务产品主要包括交通、物流、批发、设计、技术咨询、信息服务、金融、保险、会计、法律、工程服务、广告等。

(2) 消费性服务产品。即用于满足个人需求的末端服务产品，它具有劳动力密集的特点。消费性服务产品主要包括娱乐休闲、零售、文化艺术、餐饮、住宿、房地产、医疗、教育、家政等。

(3) 公共性服务产品。即用于满足全社会公众需求的服务产品，它往往受到政府功能及财政收入的制约。公共性服务产品主要包括政府服务、公共服务、义务教育、社会福利、公立医院等。

(四)服务产品的传递方式

根据顾客与服务企业的交互形式，可以将服务产品的传递方式分为以下三种。

(1) 特定场所传递。一部分服务产品的生产需要在特定的场所(单一或多个)进行，这些服务场所对设施与环境都具有特定的要求，如百货店、剧院、理发店、公共汽车等。

(2) 上门服务传递。一部分服务产品的生产需要一名或多名服务人员到客户指定的场所进行，这些场所既有家庭，也有企业、机关等，如出租车、邮递、家电维修等。

(3) 远程交易传递。一部分服务产品的生产不需要生产者与消费者见面，可以异地进行，如电话、电视、信用卡等。

二、服务贸易及其范围

(一)服务贸易的含义

一般而言,国际服务是指一个国家的组织或个人为满足另一国消费者的需求而提供某种劳动并换取相应报酬的行为。国际服务贸易是指国家间的服务输入或输出的贸易形式。服务贸易一词最早源于关贸总协定(GATT)在20世纪70年代的贸易谈判决议。长期以来,服务贸易的概念就有广义和狭义之分。其中,狭义的服务贸易是指发生在国家之间、有形的、符合严格服务定义的直接服务输出与服务输入活动,特别是指附加在商品货物上的直接服务进出口活动;广义的服务贸易是指有形的劳动力的输出输入,以及服务提供者在没有实体接触情况下的交易活动,如卫星传送和传播、国际电信、信息咨询、教育卫生的国际交流、专利技术咨询服务等。

根据世界贸易组织乌拉圭回合谈判所达成的《服务贸易总协议》(GATS),国际服务贸易有以下四种方式。

(1) 跨境服务。即指从一成员国境内向另一成员国境内提供服务,并收取费用,如电信、计算机信息传递、国际资金划拨等。

(2) 境外消费。即指一成员国境内的组织与个人,以一定的方式向来自其他成员国的消费者提供服务,并以本国货币形式收取费用,如餐饮、旅店等。

(3) 商业存在。即指一成员国的服务提供商在另一成员国境内通过设立机构、组织形式提供服务,如在他国设立银行、保险公司等。

(4) 自然人流动。即指一成员国的服务商以自然人身份在另一成员国境内提供服务,如教师、医生在他国提供专业服务等。

(二)服务贸易的范围

当前,随着世界经济的发展和国际贸易的不断拓展,国际服务贸易的内容已经十分广泛,目前已经达到150多种,主要分布在以下20个领域:①国际运输(包括卫星发射服务);②跨国银行和国际性投(融)资机构的金融服务;③国际保险与再保险;④国际信息处理和传递;⑤国际咨询服务;⑥海外工程承包和劳务输出输入;⑦国际电信服务;⑧跨国广告和设计;⑨国际租赁;⑩售后维修、保养和技术指导;⑪国际视听服务;⑫国际会计师、律师的服务;⑬文教卫生的国际交往服务;⑭国际旅游;⑮跨国商业批发和零售服务;⑯专门技术和技能的跨国培训;⑰国际展览与国际会议的会务服务;⑱国际存储和包装服务;⑲跨国房地产建筑销售和物业管理服务;⑳官方与民间的新闻、广播、影视服务等。

三、企业服务贸易管理过程

相对于商品贸易,企业服务贸易的管理更加复杂,要求更高,专业性更强。为了对服务贸易实施科学、有效的管理,现代企业应当在管理理念、管理制度和管理方法上进行转变,以适应服务贸易发展的需要。就一般而言,现代企业服务贸易管理的过程包括以下环节。

(一)设立专门的服务贸易管理岗位或部门

服务贸易是一种新型的贸易形式，面对的是不同的消费市场，具有新的内容和要求，需要新的知识和技能。现代企业为了能够有效地进行服务贸易，就必须设立专门的服务贸易管理岗位或部门，选择具有特定素质与能力的人员，系统地学习服务贸易相关知识，专项性地开展服务贸易活动。

(二)研究国内外服务贸易的市场状况

企业为了有效地开展服务贸易活动，就必须先搞清楚国内外服务贸易的市场状况，包括市场规模、市场结构、市场价值、市场机会，以及当前市场的竞争状况等信息，真正做到"知己知彼"，并在此基础上，总结和分析本企业服务产品的优势和劣势，精准地选择本企业服务产品的目标市场。

(三)研究服务贸易的相关法律、法规

近些年来，随着服务产品需求的快速增加，服务产品的生产企业越来越多，导致服务产品的市场竞争日益激烈，尤其在国际服务产品市场上，不仅供需两旺，而且贸易事端频出，法律纠纷不断。为此，我国服务贸易企业必须强化经营中的法律意识，系统地研究服务贸易的相关法律、法规，进而自觉地做到依法依规经营。

(四)聘请专业律师为服务贸易提供法律支持

现代经济是法治经济，规避与解决法律问题是现代企业管理的一项重要内容。企业在服务贸易的过程中，尤其在跨国服务贸易的活动中，总要遇到这样或那样的法律问题。对此，应当聘请专业律师作为企业的法律顾问，依靠专业律师的专业知识，防范和处理企业在服务贸易活动中的法律问题，以避免或减少企业的经济损失。

(五)对本企业的服务产品展开营销活动

同商品贸易一样，服务贸易也需要市场营销。为了扩大产品的市场，扩大销售范围，实施规模化经营，现代企业必须强化营销管理，组织营销队伍，通过科学化、系统化的营销活动，将本企业服务产品的相关信息，特别是服务产品的特点与优势，快速地传播给目标市场的消费群体，不断拓展新的市场。

(六)有计划地进行服务产品的交易

服务产品的交易是企业服务贸易管理的核心，是企业获得预期经济收益的中心环节，企业必须高度重视这一阶段的工作。其工作步骤为先与买方进行商业谈判、签订购销合同，然后进行服务产品的交易，实现产品的交付和价款的结算，最后提供服务产品的售后服务。服务产品的交易是一项专业性较强的工作，应当选择业务能力较强的人员来完成。

(七)进一步完善和创新服务产品

与商品贸易相同，服务贸易也是一项循环往复的活动。一次服务贸易完成后，企业应当注意收集自己服务产品的使用情况的信息，及时发现本企业服务产品所存在的不足，将这些信息传递给相关的部门和人员，以求进一步完善和创新服务产品。为了适应顾客不断提高的消费要求，企业必须要做到产品和服务上的与时俱进，在创新中求发展。

第二节 知识产权贸易管理

一、知识产权的含义和特征

(一)知识财产的含义

人们通常所说的财产,是指金钱、股份、债权、土地、建筑物、家具、贵金属等具有经济价值的实物。而知识财产则是指从人类知识活动中所产生的具有特定经济价值的成果,既包括发明、专利、创意等创造性成果,也包括识别自己的商品和他人商品的营业标识商标等具有价值的知识信息。知识财产属于无形财产,与有形财产不同,知识财产以无形物为对象,体现为人类的智能活动成果,其表现形式是"具有价值含量的知识信息"。

(二)知识产权的含义

知识产权是指人们依法对应用于商品生产和流通中的创造发明和显著标记等,在一定地区和期限内享有的专有权。根据《成立世界知识产权组织公约》的规定,知识产权的保护对象包括以下几类:一是文学艺术和科学作品;二是艺术家的表演、录音和广播的演出作品;三是在人类一切活动领域内的发明和科学发现;四是商标、服务标记、商号名称(牌号)和外形设计;五是工业、科学、文学或艺术领域内的知识活动等。

(三)知识产权的基本特征

在商品经济条件下,作为新型的财产形式,相对于有形财产,知识产权具有以下几方面的基本特征。

(1) 非物质性。非物质性是指知识产权的性质特征。知识产权的客体为知识产品,即人类在科学、技术、文化等意识形态领域中所创造的精神产品,它是非物质的,但可以通过有形物体体现出来,具有一定的价值和使用价值。知识产权的这一基本特点决定了智力成果一旦公布于众,很容易被他人侵害,故特别需要法律加以保护。

(2) 法律确认性。法律确认性是指知识产权的法律资格认定。一项知识产权要获得法律保护的经济利益,必须首先取得一国法律的确认,也就是认可其有用性和独创性。作为人类智力成果的专利、商标等知识产权,要取得一国法律的确认和保护,就必须履行特定的法律程序或经国家主管机关依法审批,从而获得国家法律保护的资质。

(3) 专有性。专有性是指知识产权的归属确定。知识产权为智力成果的权利主体所专有,除权利人同意或法律特许外,任何人都不能擅自使用该智力成果。由于智力成果的创造过程往往比较复杂和困难,为了调动人们进行创造性劳动的积极性,并鼓励人们将其创造的智力成果公布于众,使其发挥更大的社会价值,法律赋予知识产权的权利人以垄断权。

(4) 地域性。地域性是指知识产权的空间限定。对此,一个国家的专利法、商标法等所保护的知识产权,除在一定情况下适用国际公约以外,只在该国范围内有效,对其他国家不发生法律效力,即不发生域外效力。某一知识产品如果想在一国取得法律保护,就必须按照该国的法律规定履行必要的程序,经批准后获得知识产品的专有权。

(5) 时间性。时间性是指知识产权的时间限制。也就是说知识产权的保护是有一定期限的，一旦超过法定的保护期限，该项智力成果就成为全社会的共同财富，任何人都可以无偿使用。例如各国专利权、商标专用权的有效保护期制度。与知识产权不同，有形物质财产权利则不受时间的限制，它总是伴随物质财产本身的存在而存在。

二、企业主要的知识产权

(一)商号权

1. 商号、商号权的含义

商号，又称厂商名称、字号和企业名称，是指企业进行工商经营活动时用于标识自己并区别于他人的标志。作为生产经营者的营业标志，商号在营业活动中起着与其他经营主体相区别的核心作用，具有显著性和可识别性，同时也有着表彰和维系商业信誉的作用，体现着特定企业的商业信誉和服务质量。随着经济社会的发展，商号在经济生活中的作用日益明显，它已经成为现代企业不可或缺的一种无形资产，并成为企业开展生产竞争的工具。为此，多数国家开始以法律的形式对商号进行保护。

商号权或称厂商名称权，是指企业对自己使用或注册的营业区别标志依法享有的专用权。此项权利的法律意义是当他人使用相同或类似名称时，权利人可以要求其停止使用，以避免在市场上发生混同，在遭受他人侵权而造成损失时，权利人可以要求对方赔偿损失。在现代经济社会，商号权具备识别经营主体的功能，与特定经营主体的人格相联系，是现代企业形象的重要载体。同时，商号权具有财产权的一般特征，它不仅可以长期使用，还可以被转让和继承，是企业一项可以获得直接或者间接经济收益的财产。

2. 商号权的主要内容

(1) 商号的设定权。即商业主体在法律规定的范围内可以自由地决定其商号。由于商号是商业主体人格的外在表现，商业主体可以按照自己的意愿选取名称，只要商号名称不影响到社会公众的利益，别人无权对其进行干预。

(2) 商号的专用权。即经营主体对其商号享有排他性使用的权利，其他任何人不得干涉和非法使用。商号专用权的使用，可以使经营主体向广大的消费者开展别具特色的商业服务，增强顾客的忠诚度。

(3) 商号的转让权。由于商号具有一定的财产权属性，因而它可以成为转让的对象。在我国，企业法人、个体工商户、个人合伙均可以依法转让自己的名称，同时取得相应的经济利益。

3. 商号的使用价值

(1) 可以提高商标的知名度。现代企业的一种普遍做法是将商标与商号统一化，在这种情况下，商标与商号互相作用，可使企业的知名度双倍提高，消费者再无须去研究某一商标归属于哪家商号，便利了人们的记忆。

(2) 可以提高企业的商誉。作为社会公众对商业主体积极的评价之一，商誉源于多种因素，但以企业名誉、荣誉为内容的商誉总是与特定的商号联系在一起，商誉形成的基本表现形式就是企业的商号，商号有助于提高企业的商誉。

(3) 可以增强企业的顾客忠诚度。商号是企业在整体上表现自己经营管理独特性的唯一方式，顾客只能通过商号名称来区别不同的经营主体，长期的商号名称为代表的企业服务，可以提高企业的顾客忠诚度。

(4) 可以提高企业的文化色彩。一般来说，古今中外的企业都非常注重商号的文化含量，总是通过商号名称向公众展示自己的价值标准和价值追求，那些刻意设计的商号名称能够提高企业在公众心目中的文化色彩。

(5) 可以提高企业的经济价值。对于现代企业来说，商号一经确立，便会长期使用，商号在其使用过程中会产生价值的积累效应，其时间越久，价值就越高，企业的价值总是依托于商号名称在市场上的使用时间。

(二)商标权

1. 商标、商标权的含义

商标亦即人们通常所说的牌子，它是商品生产者或经营者用以标明自己所生产或销售的商品(服务)以与其他同类商品和服务加以区别的标记。这种标记一般用文字、图形或者文字和图形的组合来表示，并置于商品表面或商品包装上以及服务场所、服务说明书上。

商标权是指经国家商标局核准注册的商标，获得国家法律的确认和保护，商标注册人对该商标依法享有专有使用的权利。作为现代经济社会最普遍的知识产权，商标权的核心是商标的专用权。此外，商标权还包括商标续展权、商标转让权、商标许可权等。

2. 商标的类别

(1) 按照商标构成要素的不同，可以将商标分为文字商标、图形商标和组合商标。其中，文字商标是纯文字组成的商标，可以使用汉字、汉语拼音，也可以使用外国文字；图形商标是由具体的或抽象的图形构成的商标；组合商标则是以文字和图形共同构成的商标。

(2) 按照商标使用者的不同，可以将商标分为商品商标和服务商标。其中，商品商标是商品生产者或销售者直接使用在商品上的标志；而服务商标是服务性行业使用在自己向消费者提供的服务上的标志，它主要出现在服务场所和所提供服务的说明书上。

(3) 按照商品使用目的的不同，可以将商标分为联合商标、防御商标、集体商标、证明商标等。其中，联合商标是指同一商标所有人在同一种或同类商品上注册的若干近似商标；防御商标是指驰名商标或已为公众熟知的商标所有人在不同类别的商品或服务上注册的若干相同商标；集体商标是指由工商业团体、协会或者其他集体组织的成员所使用的商标，用来表明商品的经营或服务属于同一组织；证明商标是指由对某种商品或服务具有检测和监督能力的组织所控制，而由他人使用在商品或服务上，用以证明该商品或服务的原产地、原料、制造方法、质量、精确度或其他特定品质的商标。

3. 商标在交易中的作用

(1) 区别商品的不同生产者、经营者和商业服务的不同提供者。在交易过程中和交易之后，顾客通过商标可以了解商品的来源和服务处所，这对于树立企业信誉，维护企业正当的经济利益，追究商品生产者、经营者和商业服务者的产品或服务责任具有重要的意义。

(2) 促使商品生产者、经营者和商业服务提供者保证和提高产品及服务质量。在市场经济条件下，商品和服务质量是商标信誉的基础，高信誉的商标可以为消费和服务对象提供安全感。因此，商标在保证和提高产品质量和服务质量方面具有十分重要的作用。

(3) 便于商品和服务的广告宣传。商标是连接消费者与生产经营者和商业服务者的纽带，它可以引导消费者选择商品、选择服务提供者。商家利用商标做广告，可以使顾客产生好感，进而消费特定产品和接受特定服务。信誉好的商标往往通过消费者的主动介绍而广为人知，同样起到了广告的作用。

(三)商业秘密权

1. 商业秘密、商业秘密权的含义

商业秘密是指不为公众所知悉，能为权利人带来经济利益，具有实用性并经权利人采取保密措施的技术信息和经营信息。对此，1979年颁布的《美国统一商业秘密法》作出如下详解："商业秘密是指这样的信息，它包括配方、式样、汇编、程序、设计、方法、技术或工艺等。第一，这种信息将独立导致实际的或潜在的经济价值；第二，这种信息持有人尽了合理的努力去维持它的保密性。"一般而言，商业秘密包括经营秘密、管理秘密和技术秘密三方面的内容，是一种在经济领域广泛存在的知识产权。

商业秘密权是指商业秘密的合法控制人采取保密措施，依法对其经营信息和技术信息享有的专有使用权。商业秘密权也是一种产权，商业秘密的权利人与有形财产所有权人一样，依法享有占有、使用、收益和处分的权利，即有权对商业秘密进行控制与管理，防止他人采取不正当手段获取和使用；有权依法使用自己的商业秘密，而不受他人干涉；有权通过自己使用或者许可他人使用以至转让所有权，从而取得相应的经济利益；有权处分自己的商业秘密，包括放弃占有、无偿公开、赠与或转让等。

2. 商业秘密的基本特征

(1) 商业秘密的经济性。即商业秘密具有现实的或者潜在的经济价值。权利人之所以要对商业秘密进行保护，其根本原因就在于它能给权利人带来经济利益，即在生产、经营、管理中加以利用，就可以降低成本、增加产量、提高质量，从而增强其市场竞争力，获得较好的经济收益。即它是与工商业活动有关的经营信息和技术信息，但不涉及国家机密、个人隐私以及已取得知识产权保护的信息。

(2) 商业秘密的未公开性。即该信息不为公众所知悉，此处的"公众"并非指一切人，而是指权利人特指的信息防范群体。此外，商业秘密并不要求绝对保密，只要信息不为通常涉及该类信息的同行中的人们所普遍了解或容易获得，该信息即被视为秘密信息。

(3) 商业秘密的实用性。即商业秘密能够在生产经营中具体地应用，并能给权利人带来经济利益，包括现实的或潜在的经济利益和竞争优势。因此，商业秘密具有的经济价值除了权利人自我实施所带来的经济利益之外，主要表现为两个方面：一是许可价值，二是竞争优势。

(4) 商业秘密的保密性。即权利人根据信息的不同类别或特点，对其采取了进行控制和保护的合理步骤，商业秘密如失去这一本质属性，将无存在价值可言。因此，权利人开发该秘密信息总要花费一定的时间、精力和金钱，该信息对于权利人及权利人的竞争对手都具有明显的经济价值。

3. 商业秘密的类别

(1) 技术秘密。技术秘密也称专有技术，亦即未公开的技术信息，是指与产品生产和制

造有关的秘密信息，如技术诀窍、生产方案、工艺流程、设计图纸、化学配方、技术情报，以及新技术和替代技术的预测、专利动向等方面的知识和经验。技术秘密可以是专利技术的补充，也可以是独立存在的一整套技术，它更多地体现在工业、农业、交通及科研等领域。

(2) 经营秘密。经营秘密亦即未公开的经营情报和信息，是指与企业的经营活动有关的秘密信息，如经营战略、原材料价格、产销策略、货源情报、客户名单、标底及标书内容，以及投资计划、设备购置计划、企业资信情况、企业的资料汇编等信息。经营秘密更多地体现在经营性行业之中。

(3) 管理秘密。管理秘密亦即未公开的内部管理信息，是指与企业的管理活动有关的秘密信息，如企业的管理模式、管理方法、经验、公关、协作以及内部分权制衡的制约机制等有机运转的技巧。管理秘密体现在各行业、各部门之中，具有广泛的适用性。

(四)专利权

1. 专利、专利权的含义

专利是指符合专利条件的发明创造或者具有专利性的发明创造。一般而言，专利具有以下含义：其一，在某些情况下，可以将"专利"视为专利权的简称；其二，在另外一些情况下，以"专利"表示记载发明创造的文献，即"专利文献"的简称；其三，是指经国务院专利行政部门依照法定程序进行审查、认定为符合专利条件的发明创造。

专利权是指国家专利主管机关依法授予专利的申请人或其权力继承人在一定时期内实施其发明创造的独占权。即在专利的有效期内，拥有专利权的专利权人不仅自己有权制造、使用、许诺销售、销售、出口该发明创造，而且有权许可他人制造、使用、许诺销售、销售、出口该发明创造，并取得使用费。他人未经专利人的许可，又无法律上的依据，擅自制造、使用、许诺销售、销售、出口被授予专利权产品的行为，便构成侵犯专利权的违法行为。专利权人有权申请专利主管机关和司法机关制止侵权行为并依法追究侵权人的法律责任。

2. 专利权的类别

(1) 发明。发明是指对产品、方法或者其改进所提出的新的技术方案。发明又可分为产品发明和方法发明两大类。其中，产品发明包括制造品的发明、材料物品的发明、具有特定用途物品的发明等；方法发明包括制造产品方法的发明、使用产品方法的发明、测量方法的发明和通信方法的发明等。

(2) 实用新型。这类专利在一些国家被称为小发明，是指对产品的形状、构造或者其结合所提出的适于实用的新的技术方案。与发明相比，实用新型仅限于具有一定价值的物品发明，对产品的创造性要求较低，其审查批准程序也比发明专利更简便、快捷。

(3) 外观设计。外观设计是指对产品的形状、图案或者其结合以及色彩与形状、图案的结合所做出的富有美感并适用于工业应用的新设计。其中，形状是指设计可以是平面的或立体的，即所占的空间形状；图案是指作为装饰而加于产品表面的花色图样、线条等；色彩则是指产品表面所用的颜色。

3. 专利交易的作用

(1) 有利于调动人们发明创造的积极性。通过专利产品的市场交易，能够使已获得专利权的知识产品的经济价值得以实现，也使专利发明人的创造性劳动获得一种必要的回报，从而调动人们发明创造的积极性，激励人们投身于各种创造性经济活动中。

(2) 促进技术的商品化，繁荣技术市场。通过专利技术的交易，可以加速先进技术信息的交流，促进专利技术作为商品进行流通和有偿转让，这既可以使专利人得到一定的经济利益，也可以进一步促进先进技术的广泛应用，产生更大的社会经济价值。

(3) 有利于开展和加强国家间技术贸易和国际合作。在国际经济交往中，无论是技术合作还是技术的进出口，都不可避免地会遇到专利问题，尤其是技术的进出口主要涉及专利技术贸易。如果没有专利制度保护新的发明创造，就会出现各方利益难以保障的问题。

(五)著作权

1. 作品、著作权的含义

作品是指关于文学、艺术和科学领域内的具有独创性并能以某种有形形式复制的智力创作成果。而作为法律保护对象的作品需要具备以下要件：第一，必须具备独创性(或称原创性)，即作品必须是作者自己创作的成果，而不是抄袭他人的；第二，必须具有表达性，即作品应表达作者的某种思想和情感，能够让读者体会出作者要表达的意思，从而成为传达信息的工具；第三，必须能以有形形式加以复制，即作品必须以某种特定的形式表现出来，而这种形式能够被复制，能够被人们的感官所感知，从而实现其社会价值。

著作权是指作者及其他著作权人对文学、艺术、科学作品等依法享有的专利权利。著作权是基于作品而产生的。著作权属于知识产权，其保护对象是智力作品。它既有知识产权最基本的专有性、时间性、地域性等特征，又有以下两方面独有的特征：第一，权利主动产生，即著作权基于作品的创作而产生，著作权的获得无须经过任何部门的审批，作品一经完成就自动产生权利；第二，著作权突出对人身权的保护，即著作权中的人身权，包括人身权、修改权、保护作品完整权，这些人身权没有保护期限，永远归作者享有，不能随作品进入公有领域而丧失，且不能被继承。

2. 著作权作品的类别

(1) 文字作品。文字作品是指以文字、数字、符号等创作的作品，主要包括以文字形式表现的小说、诗词、散文、论文等作品；以数字表现的某一时期工农业生产发展和国民收入比较表、统计表等；以符号表示的盲文读物；综合运用文字、数字和符号表现的各种作品。

(2) 口述作品。口述作品又称口头作品，是指即兴的演说、授课、法庭辩论等以口头语言创作，以及用口头方式表达的致辞、歌唱、编讲故事等未以任何物质载体固定的作品。这类作品与文字作品的不同之处，在于作者的思想、感情不是通过文字形式来表达，而是通过口头形式来叙述。

(3) 民间文学艺术作品。民间文学艺术作品是指由某社会群体(如民族、区域、国家)在长期的历史过程中创作出来并世代相传、集体使用的歌谣、音乐、戏剧、故事、舞蹈、建筑、主体艺术、装饰艺术、素材或风格。民间文学艺术具有集体性、区域性和延续性的特点，在特定区域由全体成员代代相传，共同使用。

(4) 音乐、戏剧、曲艺、舞蹈、杂技艺术作品。其中，音乐作品是指以乐谱形式或未以乐谱形式表现的能够演唱或演奏的带词或不带词的作品；戏剧作品是指将人的连续动作同人的说唱表白有机地编排在一起,在舞台上通过表演来反映事物变化过程的作品;曲艺作品是指以相声、快书、大鼓、评书、弹词、评话为主要形式表演的作品;舞蹈作品是指通过人体连续的动作、姿势、表情等表现思想情感的作品;杂技作品是指杂技、魔术、马戏等通过形体动作和技巧表现的作品。

(5) 美术、建筑作品。美术作品是指绘画、书法、雕刻等以线条、色彩和其他方式构成的有审美意义的书面或者立体的造型艺术作品。其中,绘画是指用笔、刀等工具,以及墨、颜料等物质材料,在纸、木板、纺织物或墙壁等平面上,通过构图、造型、色彩等表现的可视形象;书法一般是指用毛笔书写内容的艺术;雕刻是指用雕、刻、塑三种方法所制作出的各种具有实体的形象;而建筑作品则是指以建筑物或者构筑物形式表现的有审美意义的作品。

(6) 摄影作品。摄影作品是指借助器械在感光材料上或者其他介质上记录客观物体形象的艺术作品,如人物照片、风景照片等。此外,艺术摄影照片也可以列入美术作品的范畴。然而,著作权并非保护所有摄影作品,书刊、翻拍文件等因不具备独创性因而不受著作权法保护。

(7) 电影作品、以类似制作电影方法创作的作品。其中,电影是指摄制在一定的物质上,由一系列有伴音或无伴音的画面组成,并且借助适当装置放映、播放的作品。电影作品是指为了便于放映而连续摄制在感光胶片上,或配有声音的连续图片影像作品。以类似制作电影方法创作的作品主要指电视和录像作品。

(8) 工程设计图、产品设计图、地图、示意图等图形作品和模型作品。其中,工程设计图是指利用各种线条绘制的,用以说明将要制作的工程实物的基本结构和造型的平面图案;产品设计图是指用各种线条绘制的,用以说明将要生产的产品的造型及结构的平面图案;地图是指运用制图原理来表示地面自然现象和社会现象的图形;示意图是指为了说明内容较复杂的事物原理或具体轮廓绘成的缩略图。

(9) 计算机软件。计算机软件是指计算机程序及其有关文档。其中,计算机程序是指为了得到某种结果而可以由计算机等具有信息处理能力的装置执行的代码化指令序列;文档是指用来描述程序的内容、组成、设计、功能规格、开发情况、测试结果及使用方法的文字资料和图表等。

(10) 集成电路布图设计。集成电路布图设计是指集成电路中至少有一个是有源元件的两个以上元件和部分或者全部互连线路的三维配置,或者为制造集成电路而准备的上述三维装置。它解决的是如何在传导材料上以几何图形方式排列和连接以制造集成电路的电子元件,从而实现集成电路功能的问题。

3. 著作权在交易中的作用

(1) 鼓励作者的创作积极性。正确处理著作权人和作品使用者之间的关系,有利于鼓励作者的创作积极性,同时也有利于文化、艺术、科学作品的传播,并强化对侵权行为的打击力度。

(2) 正确处理对内对外的关系。对外国人的作品,按照我国缔结或者参加的国际条约承担国际义务,给予保护。对我国公民的作品,从基本国情出发,借鉴国际上著作权保护制度的新发展,提高保护水平。

(3) 有利于繁荣文化产品市场。对于社会公众来说,著作是一种创造,它可以提升人们的文化素质与精神境界。著作权所具有的经济价值，能够激励具有创作能力的人员，使他们创作出更多文化作品，从而繁荣文化产品的市场。

(六)地理标志权

1．地理标志、地理标志权的含义

根据世界贸易组织《知识产权协定》的规定，地理标志是指识别货物原产自一缔约方境内或境内某一地区或地方的标志，货物的特定质量、声誉或其他特性实质性地取决于其地理原产地。而原产地名称是指一个国家、地区或地方的地理名称，用于指示一项产品来源于该地，其质量或特征完全或主要取决于地理环境，包括自然和人文因素。原产地名称便于相关国家、地区发挥自己在生产经营方面的独到之处，是经济活动中推介地区优势、促进生产发展的一种有效手段，也是特定国家、地区的一项无形经济资源。

地理标志权是指在特定范围的若干经营者使用特定货源标记或原产地名称的权利。从本质上看，地理标志权也是一种无形财产权，其客体具有财产内容。与其他无形资产所不同的是，它不可以为某一个体所专有，而完全归属于该地区或地方的相关所有生产经营者。《保护工业产权巴黎公约》是最早保护货源标记或原产地名称的国际性公约。该公约要求各成员国对于直接或者间接使用虚假的货源标记或原产地名称的行为采取相应的制裁措施，即在进口时扣押商品，或由该国国民采取诉讼等救济手段。

2．地理标志的基本特征

(1) 地理标志的非个体独占性。即地理标志权是一种共有权，其意味着货源标记或原产地名称不允许由个人独立注册，否则就会剥夺该地域内其他生产经营者的使用权。此外，在盗用、冒用货源标记或原产地名称的行为发生时，任一权利人均可提起诉讼。

(2) 地理标志的永久性。即地理标志权是一项永久性的财产权利，并没有使用期限的限制。与商标权、商业秘密权等知识产权不同，货源标记或原产地名称总是与某类生产者相联系，某一地理标志权一经获准，便可以长期使用、长期获利，是一种无法定消灭事由的永续性权利。

(3) 地理标志的不可转让性。即地理标志权虽具有财产意义，但使用标记的任何生产经营者都不得转让或许可使用。如果允许货源标记或原产地名称转让使用，就会造成商品地域来源的混乱，扰乱社会经济秩序，从而也就丧失了地理标志的原有功能与作用。

3．地理标志的类别

(1) 货源标记。货源标记也称作产地标记，是指任何用于标识产品或服务来源于某个国家、某个地区或某个特定地点的标记，通常与产品质量和特定品质无必然关系，仅仅用来表示商品或服务来自某一国家或地区。一般情况下，使用这种标记的主要目的只是向消费者说明有关产品的出产地。

(2) 原产地名称。原产地名称是指一个国家、地区或地方的地理名称，用于指示一项产品来源于该地，其质量或特征完全或主要取决于地理环境，包括自然和人文因素。原产地名称便于相关国家、地区发挥自己在生产经营方面的独特优势，是经济活动中推介地区优势、促进生产发展的一种有效手段。

(七)植物新品种权

1. 植物新品种、植物新品种权的含义

根据《国际植物新品种保护公约》，植物新品种是指经过人工培育的或者对发现的野生植物予以开发，具备新颖性、特异性、一致性和稳定性并有适当命名的植物品种。植物新品种的产生，来源于人们对植物的人工培育或对野生植物的开发。植物新品种的培育，可以提高农作物和林业的质量，减少因病虫灾害所造成的损失，对于促进国民经济的健康发展和社会稳定具有重要的意义。因此，许多国家都制定了保护植物新品种的法律，赋予植物新品种的培育者以排他(独占)权以保证其先前的投入获得合理回报。

植物新品种权是指完成育种的单位或个人对其授权品种所享有的排他性占有权利，主要包括：①生产权，即权利人生产授权品种繁殖材料的专有权；②销售权，即权利人有权禁止未经许可销售该授权品种繁殖材料的行为；③使用权，即权利人有权禁止他人未经许可将该品种的繁殖材料为了商业目的重复使用于另一品种的繁殖材料；④名称标记权，即权利人享有的在自己授权品种包装上标明品种权标记的权利；⑤许可与转让权，即权利人对于授权品种有权许可或转让其他单位或个人加以实施；⑥追偿权，即权利人对于非法生产或者销售授权品种的繁殖材料的单位和个人，依法享有追偿的权利。

2. 植物新品种的基本特征

(1) 新颖性。这是指植物新品种在申请日前该品种繁殖材料未被销售，或者经育种者许可在中国境内销售该品种繁殖材料未超过 1 年，在中国境外销售藤本植物、林木、果树和观赏树木品种繁殖材料未超过 6 年，销售其他植物品种繁殖材料未超过 4 年。

(2) 特异性。这是指申请品种权的植物新品种应当明显区别于在递交申请以前已知的植物品种，即要求新品种在诸如植株高矮、花的颜色、叶片宽窄、株型等一个或几个方面明显区别于已知品种，或者在品质、抗性上与已知品种相比较差异显著。

(3) 一致性。这是指申请品种权的植物新品种应当属于国家植物品种保护名录中列举的植物的属或者种。同时，植物新品种经过繁殖，除可以遇见的变异外，其相关的特征或特性保持一致，能够以独特的植物种类产生有别于其他种类的物品使用价值。

(4) 稳定性。这是指申请品种权的植物新品种经过反复繁殖后或者在特定繁殖周期结束时，其相关的特征或者特性保持不变。此外，授予品种权的植物新品种应当具备适当的名称，并与相同或者相近的植物属或者种中已知品种的名称相区别，以便于人们的识别和区分。

3. 植物新品种的类别

(1) 职务性新品种。即执行本单位的任务或者主要是利用本单位的物质条件所完成的职务新品种。由职务育种所产生的植物新品种权利属于该单位。

(2) 非职务性新品种。对于非职务性育种，该植物新品种的申请权和所有权属于完成育种工作的个人。

(3) 委托、合作性新品种。对于委托或者合作性育种，品种权的归属由当事人在相关的合同中约定；没有合同约定的，品种权属于受委托完成或者共同完成育种的单位或者个人。

三、知识产权转让

(一)知识产权转让的含义

知识产权转让是指知识产权的持有人将其知识产权的一部分或全部移交给受让人所有的法律行为。企业知识产权的转让通常以买卖、互易、赠与等方式进行。

对于知识产权而言,无论是单独转让还是一并转让,均须签订知识产权的转让合同,合同应采用书面形式。除双方当事人签订合同外,转让人和受让人应当向知识产权管理部门提交转让申请书,转让知识产权的申请手续一般由受让人办理,知识产权管理部门核准申请后,将予以公告,受让人自公告之日起享有该知识产权。

(二)知识产权转让的特征

(1) 知识产权的主体发生变更。与知识产权的许可使用不同,转让知识产权的法律后果是转让人丧失所转让的财产权利,不再是此部分权利的知识产权人。与此同时,受让人取得所转让的知识财产权,成为这部分权利的新的知识产权人。也就是说,对于转让的知识产权而言,其主体已经由转让人变更为受让人。

(2) 知识产权的转让不同于原件物权的转让。知识产权转让的标的是无形的知识财产权,并非是知识原件的物权。如果转让行为涉及知识原件的使用,在使用完毕以后,知识产权受让人应当将知识的原件返还给知识产权的转让人。

(3) 转让的权利内容可作多种选择。对于转让知识财产权而言,知识产权人可以选择将其全部知识财产权或知识财产权中的某一种或某几种进行转让,也可以选择将其知识财产权转让给一方或分别转让给多方。

(三)《与贸易有关的知识产权协定》的基本原则

《与贸易有关的知识产权协定》(TRIPS),简称《知识产权协定》,是世界贸易组织(WTO)管辖的一项多边贸易协定,共包括 7 个部分 73 条内容。其中,知识产权的范围涵盖了著作权与邻接权、商标权、地理标志权、工业品外观设计权、专利权、集成电路布线图设计权,以及未透露的信息专有权等 7 项内容。《知识产权协定》将知识产权纳入世界贸易总体框架之下进行高标准保护,不仅规定了知识产权的实体内容,对知识产权的获得和维持条件也作出了详尽的规定。此外,该协定还规定了最低保护标准,为发展中国家作出了过渡安排。《知识产权协定》确立了以下 6 项基本原则。

(1) 国民待遇原则。即在实现所有 WTO 成员平等待遇的基础上,WTO 成员的商品或服务进入另一成员领土后,应当享受与该国的商品或服务相同的待遇。这一原则一般通过国内立法和国际公约加以确认,为各国立法和实践所普遍承认和接受。

(2) 最惠国待遇原则。即一个成员给予其他任一成员之国民的任何利益、优惠、特权或豁免均应立即和无条件地给予其他任何成员之国民待遇。在这一原则之下,任何一个成员,只要它曾经给予任何有关知识产权保护的任何利益,对此,其他成员均可无条件享受。

(3) 权利用尽原则。即经权利人或经其委托将其享有权利的知识产品,或相关的国际条约保护的智力劳动成果合法处分,如销售、转让以后,权利人就该产品所享有的已被其处分的权利即告穷竭。

(4) 防止滥用权利原则。即成员国可以采取适当措施防止知识产权的权利人滥用权利，或凭借不正当手段限制贸易，或对国际间技术转让产生不利影响。对此，各成员国可以在其国内立法中具体说明在许可证贸易中，哪些情况下构成对知识产权的滥用，从而可能限制竞争。

(5) 最低保护标准原则。即《知识产权协定》设定了保护知识产权的最低保护标准，各成员应当确定履行《知识产权协定》特别规定的义务，对于超过本协定标准的保护，各成员国可以、但没有义务在其法律中实施比本协定要求更广泛的保护。

(6) 透明度原则。即各成员国在对贸易管理方面要增强透明度，要公布有普遍适用性质的法律法规、贸易协定、司法裁判及行政决定，除非有关信息和资料的披露有损于法律的实施、公共利益或当事人正当的商业利益。

(四)知识产权转让合同的基本内容

(1) 知识产品的名称。转让知识产权，首先应当明确所要转让的是哪一项知识产品的权利。

(2) 转让的权利种类、地域范围。权利种类是指知识财产权的各项具体权能，合同中未明确转让的权利，受让人不得使用。地域范围是指知识产权转让后允许使用的地理范围。

(3) 转让的价金。价金的数额应当由转让人与受让人协商确定，或者双方委托专门机构评估确定，并在知识产权的转让合同中列明。

(4) 交付转让价金的日期和方式。知识产权转让合同中应当写明，受让方在何日支付价金，是一次性支付还是分期付款。

(5) 违约责任。合同订立后，转让人和受让人都应当按照合同的规定履行义务，当一方或多方当事人未按约定履行义务时，应根据违约责任条款承担相应的法律责任。

(6) 双方认为需要约定的其他内容。转让人和受让人还可以约定纠纷解决办法，只要是双方都同意在合同中加以约定的，都可以写入合同。

第三节　信息技术贸易管理

一、信息贸易的含义与内容

信息是客观世界各种事物运动状态和特征的反映。信息作为劳动产品，有其使用价值和价值。信息的使用价值是抽象的，表现为通过信息的使用使企业创造出比信息价值更大的经济效益。信息的价值表现为信息工作者根据贸易经营管理的要求进行收集、加工、处理、传递、贮存信息等活动所凝结的人类劳动。

信息贸易是指客体为信息产品和信息服务、手段是信息技术的贸易活动。一方面，信息贸易指的是与信息产品和信息服务有关的一切贸易形式和活动；另一方面，信息贸易指的是以现代信息技术(如因特网，商务网等)为传递媒介而从事的贸易活动。因此，概括地说，客体是信息产品和信息服务，手段是信息技术的贸易活动就是信息贸易。

人类社会已经处在信息时代，获得信息的准确与否、全面与否、及时与否，关系到现代企业的生存与发展。一般而言，信息贸易基本内容包括两个方面：一是信息产品贸易。

其特指办公机器及自动数据处理设备、电信设备、半导体和微电子器件等在内的资本、知识和信息密集型产品贸易。主要包括计算机、通信设备、文化信息设备等信息技术的硬件贸易和相应的软件贸易，以及其他信息产品贸易，如宣传品(广告)、电影、电视、录像、书籍杂志和报纸等产品的贸易。二是信息服务贸易。其又可分为有形信息服务贸易和无形信息服务贸易。其中，有形信息服务贸易指软件服务、部分高级技术服务贸易、音像娱乐制品服务贸易、其他知识产权产品服务贸易等；无形信息服务贸易包括金融信息等商业信息服务贸易、电信(网络)服务、咨询服务贸易、技术维护、培训与教育服务贸易等。

二、信息贸易的特征

信息贸易理论认为，信息也是现代经济社会所必需的一种生产要素，是一种可以进行交换的无形资源和软件要素。相对于其他贸易，信息贸易具有下述各种特点。

(一)交易对象的特殊化

信息贸易的交易对象是一种特殊产品，即知识产品。知识产品的购买者必须使其"物化"才能发挥效用，且该效用的发挥不仅取决于信息商品本身，更取决于使用者的主观条件。此外，信息的磨损完全是无形磨损，受时间影响较大，虽然同一信息商品可多次出售，但出售次数多少影响贸易价格的高低。最后，由于信息生产的不重复性在全社会范围内没有统一的标准，信息价格往往由个别劳动时间所决定。

(二)交易收益的高利性

信息贸易的客体是现代信息产品和信息服务，这两者都是由高速发展的现代信息技术支撑的，其技术含量明显高于其他的传统贸易，信息产品所蕴含的高价值量，决定了信息贸易收益的高利性，使信息贸易企业可以以较低的生产成本获得较高的收入，这也是近年来信息贸易快速发展的一个首要原因。另外，现代信息贸易所使用的电子化手段也是企业经济效率得以提高的一个重要因素。

(三)交易主体的虚拟化

近些年来，不断完善的网络技术正在信息贸易中得到广泛应用，使建立在信息网络基础上的企业组织—虚拟公司逐渐发展成为一种新的贸易主体，它们通过各种网络，运用通信技术可以做到信息共享，使各个企业形成平等合作的互利关系，参与合作的各方跨越了空间界限，可以从足够的备选中精选出合作伙伴，保证了合作各方资源配置具有较强的竞争力，成为信息贸易主体中新的主力军。

(四)交易手段的电子化

在信息贸易中，买方可以利用因特网或其他商务网寻找自己满意的商品和商家，卖方则可在网络上进行宣传，寻找贸易伙伴和贸易机会。然后，买卖双方在网络上就贸易细节进行谈判，以电子文件的形式签订贸易合同，并利用电子数据交换(EDI) 按照商定的协议将商业文件标准化和格式化，在贸易伙伴的计算机网络系统之间进行数据交换和自动处理，可以完全替代纸张单证。此外，一些电子商务网上银行系统还可以在网络上实现电子取付款。

(五)贸易规则的国际化

1997年3月16日,世贸组织43个成员国达成《信息技术协议》,同意在2000年以前取消对信息科技产品(包括半导体,印刷电路及网络设备等)的关税。此外,1997年2月7日,包括世贸组织最重要的成员国在内的55个谈判方就基础电信服务市场的相互开放,最终达成了《基础电信协议》。《基础电信协议》《信息技术协议》及世贸组织批准的不对因特网贸易征税等,促进了信息贸易在全球范围的交易制度与规则的建设。

三、技术贸易的含义与特征

(一)技术贸易的含义

技术贸易是指企业、经济组织或个人,按照约定的商业条件,将技术向另一个企业、经济组织或个人进行转让或许可的行为。

技术贸易中的"技术"是指对技巧、工具、机器和材料的研究成果,既包括制造某种产品所需要的技术,也为包括制造某种产品而使另一些产品运转所需要的技术,还包括制造产品所提供的技术型服务。随着科学技术的发展,技术贸易的内容也在不断扩展,例如电子计算机软件也已成为技术贸易的重要内容。

(二)技术贸易的交易对象

(1) 工业产权。指人们依法对应用于商品生产和流通中的创造发明和显著标记等智力成果,在一定地区和期限内享有专有权。其主要包括发明、实用新型、外观设计、商标、服务标记、厂商名称、货源标记等。

(2) 著作权。指著作人格权和著作财产权。其中,著作人格权包括公开发表权、姓名表示权和著作人名誉权;著作财产权是一种无形的财产权,包括重制权、公开口述权、公开播送权、公开上映权、改做权、散布权和出租权等。

(3) 专有技术。指先进、实用但未申请专利的技术秘密,包括设计图纸、配方、数据格式以及技术人员的经验和知识等。这些技术秘密虽然不属于知识产权,不受法律保护,但它也是技术贸易的重要内容之一,其转让合同中规定了受让方需承担的保密义务。

(三)技术贸易的特征

(1) 技术贸易是使用权的转让。技术的交易是技术使用权的转让,而不是技术所有权的转让。当一方把一项技术转让给另一方时,这家企业对该项技术仍然拥有使用权,不仅自己可以继续使用该项技术,而且还可以再向别的企业转让。

(2) 技术价值的非消耗性。与商品在使用过程中的价值消耗不同,技术在使用过程中,其原有价值一般会保持不变,长期性地发挥作用。而且,有些技术在使用中可能更加完善,甚至发展出新的技术,使原有技术产生增值效应。

(3) 交易过程的复杂性。一般情况下,商品交易都是实物移交,交易的过程比较简单。而技术贸易是传授技术知识、经验和技艺,交易过程复杂而漫长。此外,技术贸易往往涉及很多特殊的问题,如工业产权保护、技术风险、技术定价等。

(4) 成交受到多方面的制约。与商品贸易不同,技术贸易涉及技术评审、转让方式、法律约束、贸易限制、合同期限和政府的管制等多方面的问题，其中任何一方面的问题得不到解决，意向中的技术贸易就无法成交。

四、技术贸易方式

(一)合资经营

合资经营是指两个或两个以上的法人共同创办一个新企业，各方共同投资经营、分享利润、共担风险的一种经营形式。一般来说，一方提供机器设备、专利技术、专有技术等先进的技术手段，另一方则根据自身情况提供厂房、土地、劳动力和资金等入股。

(二)合作生产

合作生产是指一项产品或者一项工程项目，由双方或多方各自承担其中某些部分或者部件的生产来共同完成全部项目的一种合作方式。合作生产所采用的技术可以由一方提供，另一方就可以在合作生产的过程中达到技术引进的目的。

(三)许可证贸易

许可证贸易是指技术转让方和技术引进方就某项技术转移问题进行商业性磋商，然后，双方就磋商结果达成协议。按照协议规定，技术引进方使用技术转让方所拥有的技术，生产和销售利用这种技术所制造的产品，必须按协议规定返还技术转让方一定的费用。

(四)成套设备交易

成套设备交易是指企业购买生产某种产品或系列产品的全套设备，在设备引进的同时引进技术，其主要内容通常包括工艺技术、工程设计、成套设备，甚至还包括厂房、生产、管理、产品销售和培训技术人员等多项事务。

(五)技术咨询服务

技术咨询服务是指技术引进方就引进项目的可行性研究，引进技术方案的设计，引进技术方案的经济效能，引进技术方案的审核等问题委托专业技术咨询机构进行专项或系列项目的审核，以求所引进的技术能够发挥最大的价值。

(六)设备租赁

设备租赁是指由租赁公司按用户承租人的要求垫付资金，向设备制造商购买设备，租给用户使用。用户一方面必须定期向租赁公司支付租金，另一方面，又必须与设备制造商签订技术合同，就相关技术指导、人员培训和设备维修等获得必要的支持。

(七)补偿贸易

补偿贸易是指买方在信贷的基础上，从其他商家购买机器、设备、技术，以及某些原材料，双方约定在一定期限内用产品或劳务等分期抵付设备、技术的价款及利息的贸易方式。从本质上讲，补偿贸易是一种特殊的易货贸易。

五、国际技术贸易

国际技术贸易是指一个国家的企业、经济组织或个人，按照约定的商业条件，将技术向另一个国家的企业、经济组织或个人进行转让或许可的行为。由于国际技术贸易具有复杂性和多样性，国际上对于技术贸易的具体方式，并没有形成一致的观点。根据我国现行的法律、法规，国际技术贸易可以分为以下几个方面。

(一)工业产权或非工业产权转让

工业产权主要包括专利权和商标权，是指涉及发明专利权、实用新型专利权、外观设计专利权以及商标权的转让或许可。而非工业产权的转让或许可，是指涉及提供或传授未公开过，未取得工业产权法保护的制作某种产品或者应用某种工艺、工艺流程、配方、质量控制等方面的技术知识，或者属于技术秘密性质的经营信息的使用权许可及使用权转让。

(二)技术服务和技术咨询

技术服务和技术咨询是指技术的提供方利用其技术为购买方提供技术服务，以解决特定的技术问题和课题，并取得一定经济报酬的一种国际技术贸易方式。在现代国际经济领域，技术问题或者课题的范围十分广泛，包括项目可行性研究、工程设计、招标任务书的拟定与审核、工程项目的监督指导、企业技术改造、生产工艺和产品的改进、产品质量控制以及企业管理等。

(三)工程项目的承包

工程项目承包是指承包人承担某项工程的全部技术工作和工程的实施，并按时、按质、按量完成工程与技术转让。对此，发包人应当提供施工的必要条件，按时验收工程，并支付承包价款，其中包括技术的使用费。工程承包是一种综合性的国际经济合作方式，也是国际劳务合作的一种形式，其中包含了大量的技术转让内容。

(四)对外技术协助

在技术转让过程中，供应方承担传授技术的义务，但有一些技术知识和经验难以用书面形式表达出来，需要通过现场示范等方式来传授，以使接受方能够真正掌握该项技术，并且生产出双方所约定的合格产品。一般而言，对外技术协助主要包括人员培训、特定技术指导、特定技术服务等方式。

(五)合作设计与合作生产

合作设计与合作生产是指不同国家的企业之间根据所签协议，在产品的设计、生产、销售上采取联合行动。通过这种合作，由技术实力较强的一方将有关的产品设计、生产和销售知识传授给技术实力较弱的一方。同时，将其拥有的工业产权或非工业产权技术教会技术实力较弱的一方。因此，合作过程也就是技术转让的过程。

(六)合作或合资经营

合作或合资经营是指由外国合作者向东道国提供资金、技术和设备，包括专利和专有技术，东道国合作者提供土地、厂房以及劳务等，共同经营企业，称为合作经营。东道国合资者一般以厂房、土地、原材料等入股，外国合资者一般以技术、机器设备入股称为合资经营。合作或合资经营是发展中国家获得先进技术的一种重要方式。

本章小结

（1）服务产品是指通过使用一定的设备(工具)、知识(技能)和方法(手段)来满足顾客需求的一系列活动。服务产品具有以下特点：一是无形性，即服务无法通过人的感官或仪器进行检测或描述，这是服务产品的一个显著特征；二是不可存储性，即不可能在有能力和资源的时候将服务活动完成并保留下来供日后使用；三是异质性，即每次服务的构成要素及其品质都会表现出不同。

（2）国际服务贸易是指国家间的服务输入或输出的贸易形式。国际服务贸易有以下四种方式：其一，跨境服务，指从一成员国境内向另一成员国境内提供服务，并收取费用；其二，境外消费，指一成员国境内的组织与个人，以一定的方式向来自其他成员国的消费者提供服务，并以本国货币形式收取费用；其三，商业存在，指一成员国的服务提供商在另一成员国境内通过设立机构、组织形式提供服务；其四，自然人流动，指一成员国的服务商以自然人身份在另一成员国境内提供服务。

（3）知识财产属于无形财产，与有形财产不同，知识财产以无形物为对象，体现为人类的智能活动成果。而知识产权是指人们依法对应用于商品生产和流通中的创造发明和显著标记等，在一定地区和期限内享有的专有权。相对于有形财产，知识产权具有以下基本特征：其一，非物质性，指知识产权的性质特征；其二，法律确认性，指知识产权的法律资格认定；其三，专有性，指知识产权的归属确定；其四，地域性，指知识产权的空间限定；其五，时间性，指知识产权的时间限制。

（4）商号是企业进行工商经营活动时用于标识自己并区别于他人的标志。作为生产经营者的营业标志，商号在营业活动中起着与其他经营主体相区别的核心作用，具有显著性和可识别性，同时也具有表彰和维系商业信誉的作用，体现着特定企业的商业信誉和服务质量。而商标是商品生产者或经营者用以标明自己所生产或销售的商品(服务)以与其他同类商品和服务加以区别的标记。这种标记一般用文字、图形或者文字和图形的组合来表示，并置于商品表面或商品包装上以及服务场所、服务说明书上。

（5）商业秘密是指不为公众所知悉，能为权利人带来经济利益，具有实用性并经权利人采取保密措施的技术信息和经营信息。现代商业秘密主要包括以下三项：一是技术秘密，也称专有技术，亦即未公开的技术信息，是指与产品生产和制造有关的秘密信息；二是经营秘密，即未公开的经营情报和信息，是指与企业的经营活动有关的秘密信息；三是管理秘密，即未公开的内部管理信息，是指与企业的管理活动有关的秘密信息。

（6）专利是指符合专利条件的发明创造或者具有专利性的发明创造。专利权共有三个类别。一是发明，指对产品、方法或者其改进所提出的新的技术方案。发明又可分为产品发明和方法发明两大类。二是实用新型，此类专利在一些国家被称为小发明，是指对产品的形状、构造或者其结合所提出的适于实用的新的技术方案。与发明相比，实用新型仅限于具有一定价值的物品发明。三是外观设计，是指对产品的形状、图案或者其结合以及色彩与形状、图案的结合所进行的富有美感并适用于工业应用的新设计。

本章案例

曹德旺的"四品四度"品牌塑造法

我是一个企业家,我今天讲我的一些体会。我爸当年做生意,我跟他做小生意,他每天吃饭的时候把他做生意的感想告诉我。小时候我爸就跟我讲了,中国的文字是象形字,"口"这个字是没有简写的,对位置比你高的,你千万不要去赞扬、奉承人家,这个对人品会有影响;对位置比你低的,你认为不满意的,认为做错的事情也不要轻易表态,因为你不是最高水平,你的讲话也会影响到你的声誉。后来我做企业想到我爸讲的这些故事,品牌是什么,品牌第一是人品,品是三个口,三口是三人成众,三个口就是众口,你去做让他们来评判叫人品,人品是这样做出来的。那么你必须坚持,企业要去塑造信誉度、美誉度,做任何事情应该值得人家圈点和评判,做品牌的第一品是"人品"。

第二品是产品的"品",也就是企业的战略定位问题。你准备投资,投资什么,什么决定未来你去投资这个产品呢,你这个产品的服务对象是谁,到底要卖给谁,你对你服务的对象、对这个群体了解有多少,他的爱好是什么,他的特性是什么,做这些产品自身的能力和各方面的评价能够不能够适应你所想要的东西,最后是由谁来做,怎么做,在什么时候做,这些就是战略定位的问题。你在做之前应该认真地研究这些问题,把这些问题提出来,以保证有效地解决问题。从我的角度来讲,产品是关键。

第三品是品位的"品",这涉及品牌形象问题,这个问题强调塑造企业和个人在社会的诚信度、信誉度、美誉度。员工也是我们的客户,怎么样留住员工?企业的发展愿景,员工的个人发展愿景,价值观和文化。什么叫文化?中国文化的核心就是人,企业虽然不是员工的,但是他有份儿。我们为北京的临时工治病花了100多万元,在我们工厂生病的员工必须送医院,送医院就不惜代价,治好为止,这样做不单单是一点钱的问题,这样形成一种文化、价值的认同,你应该给他们解除头上这把剑,什么时候掉下来,集团都可以帮你解决。我们做生意要做诚信,真正做到童叟无欺,真正让员工体会到跟我在一起的价值,受社会尊重。我们在各地的企业员工出去做生意也不会被人家欺负,因为我们企业是纳税大户,这巩固了品牌地位。我认为品位对做企业品牌来说是很关键的。

第四品是品质的"品",产品质量。产品质量没有最高,只有更高,就是质量稳定,你不要一下子跳上去,一下子再跌下来,跟过山车一样。我做的是汽车玻璃,质量稳定不是老板高压手段能解决的。这个体系控制用什么来保证?体系的建立很简单,选你所做的,做你所选的,必须要有非常严格的纪律性,这样可以归纳成一句话:企业的品质,产品的品质反映企业综合的素质,(反映)企业从上到下一个班子的素质。质量管理是一个系统工程,比如我今天来到工厂门口,保安是管治安的,问你是干什么的,车子停旁边去。我是上帝,你今天这样对待我,再多说几句就吵起来了,这一单生意就怪这个保安身上。我们整个企业的员工从上到下有系统的培训,而且每一个都对品质有一定的管理。这四个"品"连在一起,再加上一个符号,就是品牌,从人品、产品、品位跟品质,这就是我对品牌的认识。

我现在退休了,回顾总结一生,我很自豪,在现有的政策环境下把企业做得很强大,变成国际知名品牌。怎么做呢,用什么运作这个事情呢?我把"四度"作为自己的行为指南,用在自己企业品牌塑造上。

第一度是持戒。要遵守法律法规,个人要戒贪、戒嗔。我不赌钱,我要学会有为以后

263

还要知道有所为有所不为。我向我的员工承诺,让所有的中国人用上我的玻璃,不管是达官显贵,还是平民百姓。这一片玻璃能够代表着中国人的形象,洋人做到了,我们也应该做到,没有理由说客观问题,今天做到了,我们就本着这个理念来做。福耀的管理制度非常严格,我跟我员工讲,我不想你犯错误,我的管理制度是相互制衡的,你顺手把东西拿走,我开除你,损失一员大将;不开除你,破坏了我的规章制度。因此我们要求管理层在管理制度上必须严谨,把话说死,在持戒里面要控制别人。

第二度是忍辱。我不怕吃亏,做什么事情你不批准我做,我也无所谓,能够有这种心态应对。很多股东指责说,股票价格老保不住,你的公司股票没有故事。我说我们保持沉静在那里做,不应该给他们题材让他们去炒。做生意还要精益求精,我们要持续创新,要有自己的制造能力,如果不会做设备,就没有这么强的竞争力。

第三度是淡泊名利。我在全国的工厂已经建好的厂房、写字楼,加起来有七八百万 m^2,我向社会、向我股东承诺,我只做汽车玻璃。我是省政协委员,历任省委书记、省长都是我很好的朋友,我认为那个是荣誉,我没有功。我当了24年政协委员,每年他们让我去开会,我想这个事情不是重要的,还有更重要的事情要去做,什么都要就是包袱。开会这个最头疼的事情我不会参加,做什么事,可不可以做,怎么做,我随遇而安,不会计较。

第四度是智慧。智慧跟聪明有差别,通过现象来判断未来。我2007年有一篇文章叫《一叶知秋》,我很早就判断出金融危机了,如何判断的呢?我每天早上上班坐在汽车上听收音机新闻,从国际贸易摩擦的不断上升,从中央政府决定实施环保、交通等的法规,从央行说人民币汇率浮动,我们就进行测算,我们福耀做了多少,其他企业做了多少,《劳动法》的影响有多少,交通法的影响有多少。那个时候我每个月都会关心当地的企业,每个月都会有企业蒸发掉,政府也出台很多政策来控制,跑掉一家企业,政府就要赔工人的工资,我们通过这些现象去测算未来经济的发展。2007年,我们把各子公司的总经理调回来,采取了四个措施:第一,清理在建项目,已经开工正在建设的抓紧完工;第二,促进现金回流,那个时候我们现金流负债率达到67%,提出来要两年的时间把负债率降下来,因为调整负债率,现金净回流有利于负债下降;第三,根据目前的测算,危机来的时候福耀不应该让政府救,我们要自救,因此我们展开了一场自救运动,具体是关掉现在预期会亏损的企业,因此我在2008年中国经济最火的时候关掉四条生产线,损失了十几亿元。很多人不理解,他们说这个动作太大,我说十几亿元亏得起,等你开始亏的时候就亏不起了。生产工人从上到下展开一场提高产品质量的运动,通过这些努力我们福耀品牌建立起来了。我们去年净资产收益率达到35%,位居中国第一名,所有上市公司我排第一位。

(资料来源:根据曹德旺2012年4月26日晚在北京大学光华管理学院的主题演讲《你可以是菩萨:企业道与菩萨法》整理。)

讨论题

1. 为什么说做品牌的第一品是"人品"?
2. 在企业商务活动中"持戒"的基本含义是什么?
3. 企业家如何才能使知识转变为智慧?

第七章 现代无形商品贸易管理

 **思考题**

1. 服务产品的含义与基本特点是什么?
2. 简述商标的类别。
3. 简述商业秘密的基本特征。
4. 专利与专利权的基本含义是什么?
5. 简述著作权作品及其主要类别。
6. 地理标志的基本特征有哪些?

第八章　现代客户关系管理

【学习要点及目标】

- 了解客户关系管理的产生和发展。
- 掌握客户关系管理的内涵。
- 熟悉客户识别的内容与步骤。
- 了解客户开发的策略。
- 了解客户信息收集的重要性。
- 掌握客户信息收集的方法及客户信息管理的方法。
- 掌握客户分级管理的方法，了解客户分级管理的适用范围。
- 掌握客户沟通管理的主要内容。
- 了解客户体验的内涵，了解客户体验的模式。
- 了解客户满意的影响因素，掌握提高客户满意度的策略。
- 了解客户满意度和客户忠诚度的关系。
- 了解影响客户忠诚度的因素，掌握培养客户忠诚的方法。
- 了解客户流失的原因。
- 掌握挽回流失客户的方法。
- 熟悉客户关系管理项目实施的原则。
- 了解客户关系管理项目实施的步骤。

【核心概念】

客户关系管理　客户识别　客户选择　客户开发　客户体验　客户满意度
客户忠诚度　客户流失　客户关系管理项目

【引导案例】

宝洁与沃尔玛的合作实现了双赢

宝洁公司是美国最大的日用洗涤、护肤品制造公司，沃尔玛曾经要求宝洁公司降低商品价格，否则就不再销售其产品，宝洁公司却认为没有自己的产品，沃尔玛会经营不下去。沃尔玛的采购主管回答说："那你们就等着瞧好了，我会把高露洁的产品摆在你们产品的旁边，而且每样都比你们的便宜一点，看最后是谁撑不下去。"最后，两家公司的高层主管经过会晤，就建立一个全新的供应商与零售商关系达成了协议，提出双方的主要目标和关注焦点始终是不断改进工作，提供良好的服务和丰富优质的商品，保证客户满意。

此后，宝洁公司安排了一个战略性客户管理小组与沃尔玛公司总部的人员一起工作，双方签订了长期合约。宝洁公司还向沃尔玛公司透露了各类产品的成本价，保证沃尔玛公司有稳定的货源，并享受尽可能低的价格。双方还共同讨论了运用计算机交换每日信息的方法，宝洁公司每天将各类产品的价格信息和货源信息通过计算机传给沃尔玛公司，而沃尔玛公司每天也通过计算机把连锁店的销售和存货信息传给宝洁公司。

宝洁公司与沃尔玛公司的这种合作关系，一方面让宝洁公司可以更加高效地管理存货，因而节约了300亿美元左右的资金，而且毛利增加了约11%；另一方面，这种合作关系也使沃尔玛公司能够自行调整各商店的商品构成，做到价格低廉、种类丰富，从而使客户受益。

(资料来源：苏朝晖. 客户关系管理——理念、技术与策略[M]. 3版. 北京：机械工业出版社，2019.)

【案例导学】

在信息技术快速发展和日益激烈的市场竞争环境下，消费者的需求层次、内容和具体要求都发生了相应的变化。企业作为产品及服务的提供者，应该不断地更新管理理念，转向以客户为中心，采用最新的技术成果，在实现客户价值的同时，赢得企业的生存与发展。而良好的客户关系管理是企业获得长久竞争优势的根本。

第一节 客户关系管理概述

一、客户关系管理的产生及含义

(一)客户关系管理的产生

客户关系管理的真正兴起始于20世纪90年代初。随着客户关系时代的来临和顾客导向理念的推广，越来越多的企业已重新定义自己的客户，开始把了解顾客需求、发展客户关系作为企业经营的根本所在。客户关系管理的兴起与环境的变化密不可分，主要受以下因素的驱动。

1. 需求的变化

首选是消费者需求的变化。随着经济的发展、科技的进步、产品的不断推陈出新，消费者的思维方式、生活方式和行为方式不断发生变化，因而消费者的需求和购买方式也不断发生变化。一方面随着人们生活水平的提高，消费者越来越注重心灵上的充实和满足，对商品的需求已超出了对价格和质量、形象和品牌的考虑，对于无形的价值如售后服务、销售人员的态度好坏等提出了要求。只凭产品本身已无法完全满足客户满意的要求。因此，企业的经营策略必须从"以产品为中心"向"以客户中心"转移。

另一方面，企业内部管理的需求。尽管企业在信息化方面做了大量的工作，取得了很大的经济效益；但在与客户有关的企业经营活动中还存在很多问题：①客户信息分散。企业内部客户的信息分散在各个模块当中。每个人只负责客户管理的很小一块，通过这些零散的信息无法对客户有全面的了解，各部门难以在统一的信息基础上面对客户。这样就导致了企业内部很多重复的、内耗式的无效劳动。②信息不准确导致营销活动效率低下。由于企业内部没有一个专门针对客户信息的采集、存储、处理和输出并能及时更新的客户数据库，客户信息的准确性和完整性得不到保证，营销人员针对客户的营销活动的成功率也自然要大打折扣。③一般性事务耗时太多。销售人员的时间管理和潜在客户管理等往往还处于原始状态，其花费在事务管理上的时间很多，而真正花费在销售上的时间则很有限，这就需要有专门的软件来帮助其提升工作效率，以减少内部资源的浪费。

2. 技术的推动

客户关系管理刚刚兴起时，由于维系管理、培养客户关系的难度很大、成本过高而难以实施，导致客户关系管理仅停留在理论层次上，在商业实践中并不多见。而近年信息技术、网络应用的飞速发展，推动了客户关系管理的发展。

首先，可以提高对客户资料的收集和利用能力。多个技术领域的结合，如数据仓库技术、知识发现技术、数据挖掘技术和其他互补技术等，使企业可以从大量繁杂的顾客数据中找出有用的信息，分析顾客特征和偏好，预测顾客需求和行为，从而积累丰富的顾客知识，并据此采取相应的措施来满足客户的需求，从而很好地发展客户关系。

其次，可以提高对客户的服务能力。技术进步增强了生产的柔性，使制造商和服务企业能够定制化地设计产品和服务，满足单个客户而不是群体客户的需求。通过信息技术的应用，将客户引入企业的设计与生产的活动中，增强对客户需求的把握能力，有效地增强客户的价值感知。

最后，可以拓宽客户与企业的沟通渠道。现在，客户与供应商之间有着多种沟通方式，如电话、传真、E-mail、网页、邮件等。企业要选择不同渠道去迎合不同的顾客群体。可以更加方便、及时地向客户提供个性化的服务。以最大程度地实现顾客沟通，为企业带来经济效益。

3. 竞争的加剧

在高速发展和竞争激烈的市场上，产品的生命周期已大大缩短，新产品层出不穷，单纯依靠产品已经不足以使一个企业获得更大的竞争优势，而客户资源却发挥着突出的作用。因此，许多企业开始将客户关系管理作为一项长期的战略任务，以寻求新的差异化竞争优势。

要想提高客户为企业带来的价值，一般有三条途径：一是开发潜在新顾客；二是优化现有顾客的价值；三是挽留有价值的顾客。大量研究表明，在上述三条途径中，企业在开发新顾客时所付出的成本最高，挽留有价值的顾客所付出的成本最低，同时，忠诚的顾客购买的产品数量较多，而且对价格不会太敏感。因此，企业不仅要持续地寻找新顾客，还要花精力去发展与他们的关系，培养他们对本企业的忠诚度。因此，客户关系管理已成为企业竞争优势的必然选择。

(二)客户关系管理的含义

1. 客户的定义

客户是指同你进行交易的个人或企业组织。客户包括现有客户，即过去或者正在和你进行交易的客户；也包括潜在客户，即今后有可能建立交易关系的客户。此外，还可能包括代理商、分销商、提供商等一些合作伙伴。

2. 客户关系管理的含义

关于客户关系管理的定义，有着很多不同的表述。

最早提出客户关系管理概念的 IT 系统项目论证与决策权威机构 Gartner Group 认为：所谓客户关系管理就是为企业提供全方位的管理视角，赋予企业更完善的客户交流能力，最大化客户的收益率。

Hurwitz Group 认为：客户关系管理的焦点是自动化并改善与销售、市场营销、客户服务和支持等领域的客户关系有关的商业流程。客户关系管理既是一套原则制度，也是一套软件和技术。

NCR(the National Cash Register Corporation)认为，客户关系管理是企业的一种机制，即企业通过与客户不断地互动，提供信息以及同客户作交流，以便了解客户并影响客户的行为，进而留住客户，不断增加企业的利润。

IBM 认为客户关系管理包括企业识别、挑选、获取、发展和保持客户的整个商业过程。并把客户关系管理分为关系管理、流程管理和接入管理三类。

这些定义从不同的角度阐述了客户关系管理的内涵。归纳起来，客户关系管理有三层含义。①客户关系管理是一种以客户为中心的管理理念。客户关系管理是将企业的客户作为最重要的企业资源，通过深入的客户分析和完善的客户服务来满足客户的个性化需求，提高客户满意度和忠诚度，保证客户价值的实现。客户关系管理应贯穿于企业的每个经营环节和经营部门，使企业所有的经营活动都以客户为中心，围绕客户展开。客户关系管理涉及战略、流程、组织和技术等各方面的变革，因此客户关系管理首先是对传统管理理念的一种革新。②客户关系管理是一个系统的管理过程。客户关系管理的目的是企业根据客户分类进行重组，满足不同价值客户的需求，提高客户忠诚度和保有率，实现客户价值持续贡献，从而全面提升企业盈利能力。它始于对顾客行为与特性的深入分析，以取得对顾客及其偏好、愿望和需求的完整认识，然后应用这些知识去制定营销战略、编制营销计划和发起营销活动。客户关系管理将看待客户的视角从独立分散的各个部门提升到了企业层面，各个部门负责与客户的具体交互，但向客户负责的是整个企业。因此要对整个环节进行有效的评估和控制。③客户关系管理是由信息技术、软硬件系统集成的应用解决方案的总和。客户关系管理是将客户管理的理念通过信息技术的手段集成在软件上面，实现销售、营销以及客户服务流程的自动化。它通过向企业的销售、市场和客户服务的专业人员提供全面的、个性化的客户数据，强化其跟踪服务、信息分析的能力，帮助他们与客户之间建立和维护良好的关系，为客户提供更优质的服务。因此会极大地提高企业客户关系管理的效率和效果，企业与顾客之间的沟通、顾客知识的挖掘、经营管理活动的自动化等都会因此而发生翻天覆地的变化。

二、客户关系管理的内容与作用

(一)客户关系管理的主要内容

客户关系管理的发展无论从理论还是从应用情况来看，都是为解决问题而存在的。从管理的主要内容上看，客户关系管理是围绕着企业关于客户的各类活动而开展的。客户关系管理的内容主要包括以下几个方面：①如何建立客户关系，也就是对客户的认识、选择、开发。②如何维护客户关系，包括对客户信息的掌握，对客户的分级，与客户进行互动与沟通，对客户满意度进行分析，并想办法实现客户的忠诚。③如何挽回客户关系。在客户关系破裂的情况下，如何恢复客户关系，如何挽回已流失的客户。④如何有效实施客户关系管理项目，并借助现代化技术工具来辅助客户关系管理。

(二)客户关系管理的作用

客户关系管理是一种新型的商务模式,是一个不断加强与客户交流,不断了解客户需求,不断对产品及服务进行改进和提高以满足客户需求的连续过程。客户关系管理系统的建立意味着企业在市场竞争、销售及支持、客户服务等方面形成动态协调的全新关系实体,从而实现企业客户资源的最优化管理。这种新型管理机制的变革集中体现在市场营销、销售实现、客户服务和决策分析等与客户关系有关的重要业务领域。具体来说,系统的客户关系管理具有以下作用。

1. 提高企业的盈利能力

首先,实施客户关系管理可以降低企业的经营成本。有资料表明,企业开发一个新客户的成本是维系一个老客户成本的 5~7 倍。哈佛商学院曾经对整个生命周期内服务于客户的成本和收益进行了分析,并得出结论:对于每个行业来说,在早期为赢得新客户所付出的高成本并不会因客户关系而盈利,但是随着服务老客户成本的下降及老客户购买额的上升,这些客户关系带来了巨大收益。

其次,实施客户关系管理可以增加销售收入。客户关系管理通过采集和分析客户的各种信息,掌握客户的真正需求,把销售、营销和客户服务整合到一起,使整个企业协同起来满足客户的需要,从而为客户提供更快捷、更周到的服务,以吸引和保持更多的客户,进而增加销售额,缩短销售周期,增加企业市场利润,提升企业的竞争能力。

2. 为生产和研发提供决策支持

客户关系管理的成功在于数据仓库的建立和数据挖掘。企业通过客户关系管理软件所收集的资料了解企业客户,发现具有普遍意义的客户需求。再合理分析客户的个性需求,从而挖掘具有市场需求而企业未提供的产品品种、产品功能以及高附加值的深加工信息。通过对原料供应、社区环保、金融贸易政策等各项资源的收集分析,结合盈利模型测算,为企业确定产品品种、产品功能及性能、产品产量等提供决策支持。

3. 为财务金融策略提供决策支持

企业通过中介机构和其他途径获得客户的信用状况,通过对本企业客户关系管理系统的检验和修正,反馈出企业对不同客户提供不同财务政策的决定。企业销售人员据此就可在与客户的前期洽谈、合同签订、货款回收等过程中采取合理的对策。

4. 为客户技术支持服务提供支持

客户关系管理使企业有了一种基于电子商务的面向客户的前端工具。企业通过客户关系管理,借助通信、互联网等手段,利用本企业的资源及销售商、服务商等合作伙伴的共享资源,可以为已有客户提供个性化的技术解答、现场服务、产品修理等支持和服务,优化其工作流程,确保客户要求的实现。

5. 为适时调整内部管理提供依据

企业的客户关系管理系统是企业整个内部管理体系的重要组成部分。企业通过客户关系管理系统的反馈信息,可以检验企业已有内部管理体系的科学性和合理性,以便及时调整内部管理的各项政策制度。

6. 优化企业的业务流程

客户关系管理的成功实施必须通过对业务流程的重新设计，使之更趋合理化，从而更有效地管理客户关系并降低企业经营管理成本。

三、客户关系管理的原则

(一)尊重客户的原则

真正尊重客户，围绕客户开展工作是客户管理的基石，没有这个前提，有效管理客户只能是空谈。

(二)长久合作意识原则

在客户管理工作中，一定要有长远眼光，不能只考虑一时一事的利益。因为客户稳定是销售稳定的前提，客户群的稳定对于销售政策的连贯性和市场维护都是必不可少的。稳定客户给企业带来的收益远远大于经常变动的客户。

(三)注重客户价值的原则

客户关系管理的核心就是价值管理。推销人员通过技术、信息、经验、知识或社会交往与客户建立亲密的关系，这些重要的关系能给客户带来超越核心产品的利益，从而强化和稳定合作关系，给客户带来产品之外的客户价值，给企业带来稳定的利润。

(四)注重双向沟通的原则

实施双向沟通就是及时把企业的最新产品、服务或促销政策让客户知道，同时了解客户的最新需求和想法等相关信息，一般可以通过推销人员访问的形式。这样，就为直接了解客户的满意度提供了可能，能够直接检验客户的满意度。

(五)整体思维的原则

客户关系管理不只是单纯为了推销产品，而是在了解客户的基础上向客户提供一揽子的解决方案，目的是建立长期的战略合作伙伴关系。所以必须具有整体思维，用产品包装、技术服务、产品或服务的使用介绍、信息服务、社会联络等全方位的体系强化与客户的关系，推动客户与企业之间联系的稳定性和长久性。

第二节 客户关系建立

随着企业之间的竞争日趋激烈，客户需求呈现出多样化、复杂化、个性化等趋势。客户的选择影响着企业的未来和命运，任何企业要想在激烈的市场竞争中求得生存和发展，就要设法吸引客户，并尽力与其建立长期的、良好的关系，达到长期、稳定发展的目的。

一、客户识别与选择

(一)客户的识别

1. 客户识别的内涵

客户识别就是在确定好目标市场的前提下,通过一系列技术手段,根据大量客户的个性特征、购买记录等建立客户数据库,识别出对企业有意义的客户,作为企业客户关系管理的实施对象,从而为企业成功实施客户关系管理提供保障。由于目标市场客户的个性特征各不相同,不同客户与企业建立并发展客户关系的倾向也各不相同,因此他们对企业的重要性是不同的。

2. 客户识别的内容

1) 识别潜在客户

潜在客户是指存在于消费者中间,可能需要产品或接受服务的人。也可以理解为潜在客户是经营性组织机构的产品或服务的可能购买者。

2) 识别有价值的客户

有价值的关系型客户可分为三类:给公司带来最大利润的客户;带来可观利润并且有可能成为最大利润来源的客户;现在能够带来利润,但正在失去价值的客户。

3) 识别客户的需求

"需要"是我们生活中不可缺少的东西,"需求"则是我们想要得到满足的方面。过去人们往往认为必须满足客户的需要,但在今天竞争的社会里,满足需要是不够的——为了留住客户,我们应该让他们感到愉悦,因此我们必须了解他们的需求,找出满足客户需求的方法。

3. 客户识别的步骤

客户识别是企业判断是否进行以及如何进行客户获取、客户保持、关系终止活动的根本依据。客户识别可以分为客户定位、客户分类、客户调整和客户发展几个步骤。如图8-1所示。

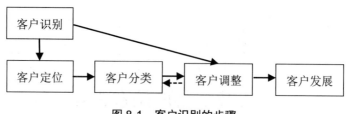

图8-1　客户识别的步骤

1) 客户的定位

要准确定位客户,必须知道企业和客户之间的关系是什么性质,还必须对客户进行差异性分析。不同客户的差异性主要表现为对企业贡献价值和产品需求两方面的不同。对客户进行差异性分析可以辨识客户的种类,详细需求和价值取向,使企业清楚地知道其利润形成所主要依赖的经营业务范围,客户对企业的依赖动力以及客户的分布情况。

2) 客户的动态调整

市场环境是瞬息万变的，所以必须用动态的、发展的眼光看待客户。随着企业核心业务的变化，有可能过去的客户已经流失，而过去的竞争对手已变为今天的核心客户。所以，寻找客户是一项长期的工作，它会一直伴随着企业生产经营的全过程，并根据企业的发展不断更新补充企业的核心客户。

3) 客户分类

在进行客户识别与调整后，下一步就是客户分类工作。因为不同的客户有不同的特征，由于在一定范围内所存在的共同点而形成差异较大的不同群体，企业可以据此来进行客户群的划分，这也正是企业选择客户、获取客户以及关系终止策略过程中的必要步骤。

4) 客户发展

对不同的客户进行分类之后，更好地了解当前客户的价值并采取相应的客户维系政策将变成工作的重心。企业需要采取合适成本的具有针对性的营销方案来发展客户，从而降低成本、增加企业活动的效用。如果企业对所有的用户采取相同的维系政策，既不利于激励客户更多地消费，还有可能导致高价值客户的不满。

(二)客户的选择

1. 客户选择的影响因素

1) 企业定位

企业定位直接决定了客户选择的方式，企业采取的发展战略、营销策略等，对客户有很大的影响。企业在发展过程中其定位也在发展变化，在选择客户上也应相应进行战略调整。例如，一个企业在由小到大、由弱变强的发展过程中，客户群体也会同步发展变化、一些小客户会被逐渐淘汰。

2) 产品性质

企业的产品由于其性质、用途等方面的不同，其客户也是不同的。例如工业品、消费品、快速消费品等产品性质，其面对的客户也是不同的。因此，在客户选择中需要区别开来。

3) 细分市场

不同企业有不同的细分市场，对待不同细分市场有不同的策略和发展标准。因此，在客户选择上要根据其所在的细分市场来进行客户选择。在不同的市场上，消费者有不同的需求、习惯等，因此在选择客户上是不同的。

4) 竞争因素

竞争对手的营销策略和方式，会影响到本企业的客户选择。特别是竞争激烈的行业，竞争对手因素已成为决定企业进行客户选择的主要考虑因素。例如，一些家电企业在三级以下的市场上选择经销商时，往往排斥竞争品牌，要求他们的经销商只经营自己的品牌。

5) 渠道策略

不同的营销渠道需要不同的客户。例如分销的客户与直销的客户是完全不同的。

6) 成本与企业资源

选择不同的客户、需要不同的资源配置。如果资源不够．会影响对客户的管理；而如果成本过高，则会影响企业的收益。

7) 社会、经济、文化环境及人员素质因素等

根据不同的社会、经济、文化环境，企业应选择相应的客户，这与企业的营销环境是密切相关的。而企业营销人员和管理人员本身的素质，也会影响到所选择的客户。

2. 客户选择的策略

1) 不是所有的购买者都是企业的目标客户

由于不同客户需求的差异以及企业自身资源的有限性，每个企业能够有效服务的客户类别和数量是有限的。市场中只有一部分客户能成为企业产品或服务的实际购买者，其余则是非客户。在那些不愿购买或没有购买能力的非客户身上浪费时间、精力和金钱等资源将有损企业利益。相反，如果企业准确选择属于自己的客户，就可以避免花费在非客户上的成本，从而减少企业资源的浪费。

2) 不是所有的客户都能给企业带来收益

传统观念认为所有客户都同等重要，因而盲目扩大客户的数量，而忽视了客户的质量。事实上，客户存在着差异，不是每个客户都能为企业带来收益和真正的价值。一般来说，优质客户带来高价值，普通客户带来低价值，劣质客户带来负价值。选择正确的客户能增强企业的盈利能力，客户的稳定是企业销售稳定的前提。客户的每一次变动对企业来说都意味着风险和费用，这就要求企业在选择客户时一定要慎重。

3) 正确选择客户是成功开发客户的前提

企业如果选错了客户，则开发客户的难度将会加大，开发成本也会随之增高，开发成功后维持客户关系的难度也就比较大。另一方面，客户也会不乐意为企业买单。例如，一些小企业忽视了对自身的定位，没有采取更适合自身发展的战略，而盲目采取进攻战略，与大企业争夺大客户，最终导致被动、尴尬的局面，既失去了小客户，又没能力为大客户提供相应的服务，遭到小客户的抛弃，也未能留住大客户，结果是两手空空。相反，企业如果经过认真选择，选准了目标客户，那么开发客户、实现客户忠诚的可能性就很大，只有选准了目标客户，开发客户和维护客户的成本才会最低。

4) 正确选择客户有助于企业的准确定位

不同的客户群是有差异的，企业如果未能精准选择客户，就不能为确定的目标客户提供适当的产品或服务。此外，形形色色的客户共存于同一家企业，也可能会造成企业定位混乱，从而导致客户对企业形象产生模糊不清的印象。

总之，不是所有的购买者都是企业的目标客户，不是所有的客户都能给企业带来收益。正确选择客户是成功开发客户的前提，而对客户不加选择可能造成企业定位模糊不清、混乱，也不利于树立鲜明的企业形象。因此，企业应对客户关系加以认真选择。

二、客户的开发

(一)营销导向的客户开发

营销导向的客户开发就是企业通过适当的产品或服务、适当的价格、适当的分销渠道和适当的促销手段来吸引目标客户和潜在客户，而将其开发为现实客户的过程。营销导向策略的特点是企业靠本身的特色来吸引客户。营销导向的开发策略是客户开发策略的最高境界，也是获得客户的理想途径。

1. 有吸引力的产品或服务

有吸引力的产品或服务是指企业提供给客户的产品或服务非常有吸引力，能够很好地满足客户需要。不仅包括产品或服务的功能效用、质量、还包括特色、品牌、包装、服务以及相关的承诺与保证。

(1) 功能效果：吸引客户最基本的立足点，功能越强、功效越大的产品或服务对客户的吸引力越大。

(2) 质量：质量优异的产品或服务是最受客户的青睐的，质量在吸引客户上起到很大的作用。

(3) 特色：越有特色的产品或服务是越容易通过不同的营销方式吸引更多的客户。

(4) 品牌：品牌是用来识别某一商品或者服务的，对客户来说品牌就是一种保证和一种承诺。

(5) 包装：包装是客户对产品的第一印象，好的包装可以吸引客户的视线，发掘更多潜在客户并激发客户的购买欲望。

(6) 服务：服务对于产品来说是很重要的，优质的服务可以提升客户的购买欲望，也会使客户对产品的信心大增，企业提供的服务越完备，产品的附加价值就越大。

(7) 承诺与保证：购买产品对于客户而言总会存在风险，而企业的承诺与保证是对客户的负责，卖方的承诺与保证就是一种保险，这种方法是有利于吸引客户的。

2. 有吸引力的价格或收费

价格是企业出售产品或提供服务所追求的经济回报。价格对客户而言，是一种牺牲。价格既可能表达企业对客户的关系，也可能令客户产生企业利欲熏心的感觉。企业要想与客户建立关系，就应当恰当地定价或收费。

客户购买产品或服务时都有一个期望的价格，当市场价格高于期望价格时，就会有很多客户放弃购买这种产品或者减少购买。而当市场价格低于期望价格时，客户又可能产生怀疑，担心"便宜没好货"。可见定价也是一门艺术。一般企业的定价策略有以下几种。

(1) 低价策略(折扣定价)。企业用较低的价格来吸引客户的购买，是一种销售手段，也是一种为品牌打广告的方式。

(2) 高价策略(声望定价)。企业利用有些客户以价格高低来判断产品质量的心理，尤其是该产品能影响他们的形象、健康和威望时。

(3) 心理定价。以消费者对数字的敏感程度和不同的联想而采取的定价技巧，一般可分为吉利数字定价、整数定价、零头定价。

(4) 差别定价：指对不同领域的人有不同的定价，一般可分为客户差别定价、消费时间差别定价、消费量差别定价。

(5) 招徕定价。这是利用部分客户求廉的心理，将某种产品降低价格来吸引顾客的一种方式。

(6) 组合定价。先为一种产品的销售定低价，以此来吸引客户的购买，然后通过客户以相对高价或正常价购买同系列的其他"互补"产品来获利。

(7) 关联定价。是一种相互的互惠互利的，企业对其关联企业的客户的消费实行的优惠价。

(8) 结果定价。产品或者服务的价格取决于客户使用或消费产品的效果，企业可以根据客户的使用效果或者服务效果来定价。

3. 有吸引力的购买渠道

为了达到吸引客户、同意建立客户关系的目的，企业还应当提供便利的渠道或者途径，让客户很容易、方便地购买到企业的产品或服务。

(1) 产品或服务的购买途径要方便客户。提供产品或服务的渠道是否方便客户，甚至是否有足够的停车位，是否有便利的公共交通路线，这些因素决定了客户获得服务的时间成本、体力以及货币成本，是客户决定选择哪一家企业产品或服务的重要参考指标。

(2) 要通过技术手段提高产品或服务的可获得性和便利性。信息技术和自动化技术的不断普及，可以大大提高购买或销售的可获得性。

4. 有吸引力的促销方案

促销方案是指企业利用各种适当的信息载体，将企业及产品的信息传递给关系客户，并与关系客户进行沟通的传播活动，旨在引起客户的注意，刺激客户的购买欲望和兴趣，促使其从行动上尽快与企业建立联系。主要的促销方式有下述几种。

(1) 广告。广告是一种大众传播的形式，它可以大范围地进行信息传播和造势，起到提高产品或服务的知名度，吸引客户和激发客户购买欲望的作用。

(2) 公共关系。简称"PR"，是指企业采用各种交际技巧、公关宣传、公共赞助等形式来加强与社会公众沟通的一种活动，其目的是树立或维护企业良好的形象，促进企业的发展。

(3) 销售促进。是企业利用短期诱因，刺激客户购买的促销活动，一般手段有免费试用、免费服务、奖金或礼品、优惠券等。

(二)推销导向的客户开发

推销导向的开发是企业在自己的产品、价格、分销渠道和促销手段没有明显特色或者缺乏吸引力的情况下，通过人员推销的形式，引导或者劝说客户购买，从而将目标客户开发为现实客户的过程。推销导向的开发策略，首先要能够寻找到目标客户，其次是要想办法说服目标客户采取购买行动。

不同客户的学识、修养、个性、习惯、兴趣及信仰不同，自然对各种人、事、物的反应及感受有相当大的差异，因此，必须区别对待不同类型的客户，才能事半功倍。

1. 理智型客户

这类客户是最成熟的客户，有理性，不冲动，客观明智，考虑问题周详，决策审慎。对待这类客户，要坦诚地介绍产品的有关情况，耐心解答疑点，并尽可能提供有关证据，不能投机取巧。

2. 冲动型客户

这类客户易冲动，情绪不稳定，易反悔。对待这类客户应该大力推销产品的特色和实惠的价格，吸引客户的注意力并引起他们的购买欲望，促其尽快购买。

3. 顽固型客户

这类客户不愿意轻易改变原有的消费习惯，不愿意接受新产品。对这类客户，不要试图在短时间内改变,要有足够的耐心,并要善于利用有利的资料和数据来说服对方。

4. 好斗型客户

这类客户争强好胜,征服欲强,喜欢将自己的想法强加于人。对待这类客户切不可意气用事,为贪图一时痛快而与客户发生争执;相反,适当做些让步,也许会使事情比想象中容易。

5. 孤芳自赏型客户

这类客户喜欢表现自己,突出自己。讲他熟悉并且感兴趣的话题,向他请教,为他提供发表高见的机会,鼓励客户多说话。

6. 优柔寡断型客户

这类客户缺乏决策能力,没主见。对待这类客户,应首先以忠诚、专业的态度取得他们的信任。主动、热情、耐心地做参谋,帮助他们作出购买决策。

7. 多疑型客户

这类客户疑心重重,不相信别人、不相信产品、不相信服务。对待这类客户,应使用专业数据、专家评论、专业服务等让他们产生信任感。

8. 盛气凌人型客户

这类客户常摆出一副趾高气扬的样子,自以为是。对待这类客户应该不卑不亢,成为他们的倾听者,鼓励对方畅所欲言,同时结合适当的激将法找到突破口。

9. 斤斤计较型客户

这类客户爱讨价还价,贪图小便宜。对待这类客户,在报价时应适当提高价格,让客户有讨价还价的余地。另外,可使用赠送小礼物的方式,让客户觉得占了便宜。

10. 沉默寡言型客户

这类客户性格内向,沉默寡言,尤其会与陌生人保持相当的距离。对待这类客户应主动热情地向其介绍情况,吸引客户的注意力,并投其所好,耐心引导。

第三节　客户关系维护

一、客户信息管理

通过各种途径收集客户信息资料,建立统一共享的客户资料库,不断更新、完善客户档案资料,便于把销售、市场和客户服务连接起来。同时,对于提高营销效率、扩大市场占有率、与交易伙伴建立长期稳定的业务联系,具有重要意义。

(一)客户信息的重要性

(1) 客户信息是企业决策的基础。

如果企业对客户的信息掌握不全、不准,判断就会产生失误,决策就会产生偏差,而如果企业无法制定出正确的经营战略和策略,就可能失去好不容易建立起来的客户关系。所以,企业必须全面、准确、及时地掌握客户的信息。

(2) 客户信息是客户分级的依据。

企业只有收集全面的客户信息,才能根据客户带给企业价值的大小和贡献的不同,对客户进行分级管理。例如,美国联邦快递公司根据客户的基本信息和历史交易信息来判断每位客户的赢利能力,把客户分为"好""不好""坏"三种,并且为三种不同价值的客户提供不同的服务。

(3) 客户信息是客户沟通的指南。

随着市场竞争的日趋激烈,拥有准确、完整的客户数据,既有利于了解客户、接近客户、说服客户,也有利于与客户的沟通。如果企业能够掌握详尽的客户信息,就可以根据每个客户的不同特点,有针对性地实施营销活动,如发函、打电话或上门拜访,从而避免大规模的高额广告投入,使企业的营销成本降到最低点而成功率达到最高点。

(4) 客户信息是客户满意的基础。

如果企业能够掌握详尽的客户信息,就可以在把握客户需求特征和行为爱好的基础上,有针对性地为客户提供个性化的产品或服务,满足客户的特殊需要,从而提高他们的满意度,这对于保持良好的客户关系,实现客户忠诚将起到重要作用。

(二)客户信息收集渠道

1. 直接渠道

直接渠道是指通过客户与企业的各种直接接触机会收集客户的数据。包括企业的调研、从客户购买前的咨询开始到售后服务,以及处理投诉或退换产品等环节,都是直接收集客户信息的渠道。对客户的服务过程是企业深入了解客户、联系客户、收集客户信息的最佳时机。在服务过程中,客户通常能够直接并且毫无避讳地讲述自己对产品的看法和期望,对服务的评价和要求,对竞争对手的认识,以及其他客户的意愿和销售机会,其信息量之大,准确性之高是在其他条件下难以实现的。另外,也有很多企业通过展会、交易会等途径来获取客户数据。具体包括:①在市场调查中获得客户信息;②在营销活动中获取客户信息;③在服务过程中获取客户信息;④在终端收集客户信息;⑤通过博览会、展销会、洽谈会等获取客户信息;⑥从网站和呼叫中心收集客户信息;⑦从客户投诉中收集客户信息。

2. 间接渠道

1) 数据公司

数据公司专门收集、整合和分析各类客户的数据和客户属性,尤其是专门从事某一领域数据研究的公司,可以为企业提供大量的客户数据分析,帮助企业精准预测和构建用户特征。

2) 专业调查公司

在消费品行业、服务行业及其他一些行业中,有许多专注于产品调查的公司。这些公司通过长期的积累和合作,通常具有大量的客户数据。

3) 消费者研究公司

这类组织往往分析并构建复杂的客户消费行为特征数据,这类数据可以通过购买获取。

4) 杂志和报纸

一些全国或区域性的杂志和报纸媒体也保有大量的客服订阅信息及调查信息。

5) 政府机构

官方人口普查数据，结合政府资助的调查和消费者研究信息都有助于丰富客户数据列表。政府的行政机关和研究机构往往也有大量的客户数据。

6) 其他渠道

从战略合作伙伴或者老客户，以及行业协会、商会等渠道也可以获取相关的客户信息，还可以与同行业的不具有竞争关系的企业交换客户信息。

总之，客户信息的获取途径很多，在具体运用时要根据实际情况灵活选择，有时，可以把不同的途径结合在一起综合使用。但是企业必须对客户负责，对客户的信息严格保密。

(三)客户信息的内容

1. 个人客户信息

个人客户信息主要包括基本信息、心理与态度信息和行为信息。

基本信息主要涉及个人客户的基本情况，一般包括三个方面：①关于个人客户自身的基本信息；②关于个人客户家庭的信息；③关于个人客户事业的信息。

心理与态度信息主要是关注个人客户购买产品或服务的动机是什么，客户有哪些性格特征，客户喜欢什么样的生活方式等。主要包括：①关于个人客户购买动机的信息；②关于个人客户个性的信息；③关于个人客户生活方式的信息；④关于个人客户信念和态度的信息。

行为信息主要涉及个人客户的购买频率、种类、金额、途径等。在不同的行业中，企业所需要记录的个人行为信息存在很大差异。

2. 企业客户信息

企业客户信息主要包括基本信息、业务状况、交易状况、主要负责人信息等。

基本信息具体包括企业客户的名称、地址、电话、创立时间、所在行业、规模等信息，同时也包括企业客户的经营理念、销售或者服务区域、形象以及声誉等。

业务状况主要关注企业客户目前的能力以及未来的发展趋势，涉及销售能力、销售业绩、发展潜力与优势、存在的问题等。

交易状况主要关注企业与企业客户在过去交易过程中的经历，这些信息涉及交易条件、企业客户的信用等级、企业与客户关系的紧密程度、企业客户的合作意愿等。

主要负责人信息主要是指企业客户高层管理者、采购经理等人员的信息。包括姓名、年龄、学历、能力素质、个性特点、兴趣爱好、家庭情况等。

(四)客户信息的管理

1. 集中管理

企业客户资料通常分散在业务人员手中或是分散在企业各个部门。如果分散在业务人员手中，可能导致业务人员离开企业后，客户及业务也随之离去，给企业造成重大损失。如果分散在各个部门，可能会引出部门之间、部门与整个企业之间平衡利益关系的问题。

因此，企业要对客户信息进行集中管理。集中管理客户信息需要企业领导高度重视，采用先进的办公平台系统。企业可以进行统一授信，全面跟踪，及时解决可能出现的问题。在集中管理模式下，企业仍然需要加强信息管理部门工作人员的职业道德教育，使其意识到客户信息是企业的特殊资产，也是企业商业秘密的重要组成部分。

2. 动态管理

动态管理就是要对客户信息进行不断更新。一方面是因为客户本身的情况是不断变化的，另一方面是方便企业随着客户的财务、经营、人事变动情况，定期调整对客户的授信额度。长期累计客户信息对企业的发展非常关键，因为企业可以通过完整的历史记录预测客户的发展趋势，更好地对客户的发展潜力进行分析。此外，积累历史数据是进行统计分析的基础，可以提供相对准确的预测数据。

3. 分类管理

对客户信息进行恰当的分类，主要是基于客户对企业的重要性和客户信息管理费用来考虑的。一方面，企业客户规模大小不一，对企业销售额的贡献程度不同；另一方面，进行客户信息管理也要考虑成本效益问题，尽量使有限资源发挥最大的经济效用。

此外，在客户信息管理中，重点不仅要放在现有客户上，还应更多地关注未来客户或潜在客户，为企业选择新客户、开拓新市场提供资料；企业还要利用客户信息做更多的分析，以灵活的方式及时、全面地提供给销售人员和有关人员；企业信息管理应该制定相应的管理制度，明确人员职责和责任。

二、客户分级管理

客户分级管理是根据客户对于企业的贡献率大小等指标进行多角度衡量，并按一定比例进行加权处理后，对客户进行的分类、分级别管理。

(一)客户分级管理的意义

尽管每个客户的重要性不容低估，但是由于不同的客户为企业创造的实际价值不同，而企业的资源又有限，因此把企业资源平均分配给每个客户的做法既不经济也不切合实际。客户信息分级管理可以根据客户的不同价值有效分配企业资源、可以根据客户的不同需求增强客户服务水平，企业只有对客户进行分级管理，才能强化与高价值客户的关系，降低为低价值客户服务的成本，才能更好地在实现客户利益最大化的同时，实现企业利润的最大化。

(二)客户分级的方法

1. 一般分级方法

(1) 按客户关系价值细分。根据客户对企业贡献价值的大小进行细分。如按照财务价值细分，可以分为高、中、低价值客户；按照影响力价值细分，可以区分为忠诚客户、重要客户、基础客户。

(2) 按客户利益细分。客户之所以消费是因为能从中获益。因此，可以根据客户在购买过程中对不同利益的追求进行细分。如交易型客户追求价格的低廉，而关系型客户则追求高级服务的享受。

(3) 按产品和服务要素细分。客户对企业产品和服务中不同要素的看法及反应存在差异，可以利用这种差异进行市场细分。此时要考虑如下三个问题：第一，是否存在拥有同种服务要求的客户群体？第二，企业能否使自己的产品差异化？第三，是否所有的产品都需要同一水平的服务？

(4) 按人口和社会经济因素细分。这是一种比较传统的细分方法。这里的人口因素包括年龄、性别、家庭人数、生命周期等，社会经济因素则是指收入、教育、所处行业、社会阶层和宗教种族。

(5) 按心理因素细分。客户进行产品或服务的消费时，影响其购买行为的心理因素有很多，如生活态度、生活方式、个性和消费习惯等，这些也都可以作为客户细分的依据。

(6) 按促销反应细分。不同的客户对于诸如广告、销售推广、室内演示和展览等促销活动的反应是各不相同的，因此可以根据客户对促销活动的反应进行客户细分。

(7) 基于某一细分要素的交叉细分。这是为个性化的客户获得和客户保留而使用的技术，锁定一种要素(如年龄或行业)后观察其他要素变化而引起的客户需求变化。

2. 金字塔分级方法

根据不同的客户给企业创造的利润和价值，按照由小到大的顺序排起来就可以得到一个"客户金字塔"模型。金字塔模型的顶部是给企业创造利润和价值最大的关键客户，底部是给企业创造利润和价值最小的小客户，中部是普通客户，如图 8-2 示。

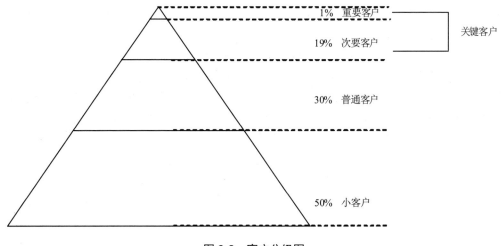

图 8-2　客户分级图

1) 关键客户

关键客户是企业的核心客户，一般占企业客户总数的 20%，企业 80%的利润靠关键客户的贡献，是企业的重点保护对象。关键客户由重要客户和次要客户构成。

关键客户中的绝大部分是次要客户，一般占客户总数的 19%。这些次要客户也许是企业产品或服务的大量使用者，也许是中度使用者，但是他们通常对价格的敏感度比较高，为了降低风险他们会同时与多家同类型的企业保持长期关系。

位于客户金字塔中最顶层大约 1%的客户是重要客户，是能够给企业带来最大价值的客户。重要客户为企业创造了长期的绝大部分利润，通常对价格不敏感，乐意试用新产品，还帮助企业介绍客户，不但有很高的当前价值，而且在未来的增量销售、交叉销售方面都有很大的增值潜力。

2) 普通客户

普通客户的数量较大，一般占客户总数的 30%。但普通客户的购买力、忠诚度，能够为企业带来的价值却远远比不上关键客户，所以通常企业没有精力也不必特殊对待。

3) 小客户

小客户是客户金字塔中最底层的客户。小客户的购买量不多，忠诚度也很低，偶尔购买还经常提出苛刻的服务要求，消耗企业的资源；小客户有时还是问题客户，会向他人抱怨，破坏企业的形象。

(三) 客户分级管理的方法

1. 集中优势资源服务于关键客户

为了进一步提高企业的盈利水平，根据帕累托定律，要为 20%的关键客户花费 80%的努力。为此，企业应该保证足够的投入，集中优势"兵力"，优先配置最多、最好的资源，加大对关键客户的服务力度。

(1) 充分利用各种方法和途径与关键客户沟通，密切双方的关系。可以有计划地拜访关键客户，经常性地征求关键客户的意见，及时有效地处理关键客户的抱怨或投诉。

(2) 采取倾斜政策加强对关键客户的营销工作，并提供"优质、优先、优惠"的个性化服务，从而提高关键客户的满意度和忠诚度。例如，专门定制的服务，以及针对性、个性化、一对一、精细化的服务，甚至可以邀请关键客户参与企业产品或服务的研发和决策，从而更好地满足关键客户的需要；准确预测关键客户的需求，把服务想到他们的前面，领先一步为他们提供能为其带来最大效益的全套方案，持续不断地向他们提供超预期的价值，给关键客户更多的惊喜；增加给关键客户的财务利益，为他们提供优惠的价格和折扣，以及为关键客户提供灵活的支付条件和安全便利的支付方式，适当放宽付款时间限制，甚至允许关键客户一定期限的赊账，目的是奖励关键客户的忠诚，提高其流失成本。

(3) 可以成立为关键客户服务的专门机构，实行 VIP 制，创建 VIP 客户服务通道。一方面，协调技术、生产、企划、销售、运输等部门，根据关键客户的不同要求，设计不同的产品和服务方案，更好地为关键客户服务，这对拓展和巩固企业与关键客户的关系，提高关键客户的忠诚度，可以起到很好的作用；另一方面，为企业高层提供准确的关键客户信息，包括获取关键客户相关人员的个人资料，千方百计地保持关键客户，绝不能让他们转向竞争对手。

2. 通过提升级别和控制成本的方法，区别对待普通客户和小客户

(1) 对于有升级潜力的普通客户和小客户，企业要制订周密、可行的升级计划，通过创造、引领等一系列努力，帮助其成长，增加其对企业的需求，提高他们对企业利润的贡献度。

为此，企业可以设计鼓励普通客户消费的项目，如常客奖励计划，或者对一次性或累计购买达到一定标准的客户给予相应级别的奖励，或者让其参加相应级别的抽奖活动等，以鼓励普通客户购买更多的产品或服务。企业还可以根据普通客户的需要扩充相关的产品线，或者为普通客户提供"一条龙"服务，以充分满足他们的潜在需求，这样就可以增加普通客户的购买量，提升他们的层级，使企业进一步获利。

(2) 针对没有升级潜力的普通客户和小客户，可以通过减少服务或提高服务价格的方法降低成本。

企业可以采取"维持"战略，在人力、财力、物力等方面，不增加投入，以降低交易成本。一方面，可以适当限制为此类客户提供的服务内容和范围，不提供任何附加服务，压缩、减少为他们服务的时间。另一方面，还可以运用更经济、更省钱的方式提供服务，如从原来面对面的直接销售方式转为电话销售或由经销商销售，这样不仅保证了销售收入，也减少了成本，提高了利润水平。

(四)客户分级管理的适用范围

1. 企业的服务资源少

企业为所有客户提供相同水平的服务，就很可能是在使用有限的资源为自己最无法盈利的客户提供过多的服务，而最好的客户却无法获得他们需要的服务水平，如果企业只有有限的资源，管理人员就必须考虑本企业服务资源的合理分配问题。

2. 客户对服务的需求差异大

在高科技或信息技术等行业里，客户的职位与他们对服务的要求有很大的差异。某电话公司把企业客户划分为三种类型：第一类客户是经验丰富的信息主管，他们希望亲自安装通信系统，只需极少支持服务；第二类客户是大型企业的中层管理人员，他们希望购买复杂的通信系统，需要电话公司提供大量咨询服务，以便确定最好的配置；第三类客户是小型企业的总经理，他们需要容易理解的、性能良好的通信系统与基本维修保养服务。这三类决策者有着完全不同的要求，电话公司向他们收取相同的价格，为他们提供相同的服务，不仅无法充分地满足他们的需要，而且会浪费大量费用。

3. 客户优质优价的意识强

支付不同的价格，这是客户分级管理成功的一个非常重要的条件。客户对速递服务类别和投递速度有不同的要求，速递服务公司就应设置对应的邮包类别和投递速度，并向客户收取不同费用，客户也愿意为不同的服务支付不同的价格。

4. 不同客户对客户价值的理解差别大

客户对客户价值的理解通常有四类：第一类认为价值就是价格低廉；第二类认为价值就是客户对产品和服务的一切要求；第三类认为价值就是质量和价格之比；第四类认为价值就是客户的得失之比。客户在购买决策过程中，不仅会考虑货币代价(价格)，而且会考虑非货币代价(时间、精力、方便程度、心理代价等)。如果本企业的客户对客户价值的含义有不同的理解，企业就可根据客户对客户价值的不同期望，为各类客户设计不同的服务，以便提高经济收益。例如，采用第一类定义的客户很可能是铁质客户，他们愿意接受较少的服务，以便支付较低的价格。

5. 企业不同类别的客户可分隔性强

就是根据客户分级管理的需要，不同等级的客户自然而然会选择适合自己的零售业态，这样在不同的商店里非常方便地开展分级服务。还有就是证券公司，散户一般在一楼的大厅，大户一般设在楼上，楼上楼下自然就把客户分隔开了。但是，如果不同等级的客户不能分隔开来，较低层次的客户看到企业为其他客户提供更好的服务，就必然会产生不满情绪，除非企业有明显的理由为客户提供差异化服务，否则企业应尽力不让客户知道其他层。

6. 差异化服务激励客户提升层次的效果大

当较低层次的客户看到较高层次的客户得到更好的服务时，如果能激发较低层次的客户对更好服务的追求或者较高层次的客户在较低层次的客户面前享受到更好的服务时，较高层次的客户内心会产生一种优越感，那么企业面对这样的客户开展分级管理是比较有效的。例如，经济舱的乘客看到头等舱乘客能得到更好的服务，他们知道头等舱乘客是支付较高票价的乘客或是民航公司常客俱乐部成员，为了得到更好的服务，有些乘客就可能每次都乘某个民航公司的飞机。

三、客户沟通管理

(一)客户沟通管理的含义

客户沟通管理指的是当企业与客户接触时(可以通过面对面、电话、网络、电子邮件或传真等不同接触方式)，如何向客户提供最佳、最适合的服务或支援(如投诉问题的及时处理、快速为客户进行信息介绍服务、后勤支援业务、客户关怀问候、客户异议处理等)，并将接触过程中的互动信息记录下来(例如，联系记录交办事项、与相关部门和人员进行及时联系、布置后续作业等)，它是企业进行客户关系管理时面对的重要任务。在客户服务中，很多时候，虽然看起来客服人员在和客户沟通，实际上并没有真正理解对方的意思，从而引起客户的不满与抱怨。客户服务人员必须不断完善自己的沟通技巧。

(二)客户沟通管理的内容

为了确保客户沟通的有效性，企业开展客户沟通管理必须遵循规范的客户沟通管理的工作流程，把握好工作流程过程中的每一个关节点，有效开展客户沟通管理。

1. 确定沟通对象

企业面临的客户包含多种类型，这些不同类型的客户各自具有不同的需求。例如，按照客户是组织还是个人，可以划分为组织客户与个人客户。同样是购买计算机，组织客户购买计算机，希望获得更好的安装、配送以及售后服务，对价格并不是很敏感；相反，个人客户则更多期望在保证一定质量的前提下有更低的价格。根据客户关系生命周期的不同发展阶段，客户对企业具有不同的期望，这既包括客户对企业的基本要求，同时也包括更高的潜在需求。

可见，这些不同类型的客户各自具有不同的需求和行为特征，因此，企业需要确定同哪些客户沟通，因为这将在很大程度上决定企业沟通内容的设计、费用、沟通渠道的选择等。

2. 确定沟通目标

在明确沟通对象之后，企业就需要考虑与客户沟通的目标。一般而言，企业与客户沟通的目标包括如下两个方面。

1) 加深与现有客户的联系

企业与现有客户的联系包括两个方面，一个是经济联系，主要是客户从企业采购商品或者服务的金额以及数量；另一个是情感联系，主要体现为客户对企业的信任和企业对客户的关怀。在设定沟通目标时，上述两个方面并不冲突，企业可以期望客户不仅增加采购量，同时也增进相互间的感情。当然，也可以只关注其中的某一个方面。

2) 吸引潜在的客户

潜在客户包括两部分，一部分是同一市场中所有企业面临的未来可能的购买者，另一部分则是企业竞争对手的客户。吸引潜在客户意味着企业希望扩大自身的客户群体。相比较而言，吸引竞争对手的客户更为艰难，因为这需要企业付出更多的努力。

3. 设计沟通内容

企业与客户之间的沟通涉及产品或者服务信息、情感、建议等方面。在企业确定沟通内容时，需要考虑如下三个问题：①主题。企业首先需要弄清楚目标客户有哪些要求？他们希望获得什么样的信息？企业必须在弄清楚沟通目标客户需求的基础上再设计相应的主题。②结构。在内容结构方面，需要关注的是：第一，最重要的信息是放在最后还是最前。如果放在开始，优势是让客户在第一时间明白，留下深刻的印象，但有可能会造成虎头蛇尾。如果放在最后，可以起到总结的作用，但有可能被客户忽略。第二，企业是否需要在沟通的时候，就告知客户关于产品或者服务的结论。如果告知客户，优势在于让客户清晰地知道产品的特点，劣势在于可能会引起客户的反感。因此，目前许多企业都认为不应当告诉客户结论，而是通过沟通的内容，让客户自己判断，这样可以增强客户对企业的信任。③格式。企业需要为客户沟通设计适宜的格式。在设计格式时，需要考虑不同沟通渠道的特点。如果是利用印刷广告或者商品目录的方式，则需要注意使用的纸张、标题、图片等，以便于引起人们的注意。如果是通过广播，则需要注意词语、背景音乐以及人的声音。如果企业采用派遣员工与客户直接面对面接触的方式，就需要注意沟通的时间、地点，员工需要注意穿着、神态、语气以及措辞等。

4. 确定沟通预算

企业可以根据沟通目标来确定预算。首先，将沟通目标进行细分，确定具体的目标；其次，分析实现这一目标所需要完成的任务；最后，估计完成这些任务所花费的成本。这样能够让企业知道所花费的费用与取得成果之间的关系。

5. 确定沟通渠道

选择沟通渠道要注意三个问题：①客户期望的渠道。如果企业选择的渠道并不符合客户的预期，那么当企业选择这些渠道时，就会遇到客户的抵制，无法实现预期的目标。②不同渠道的优劣势。企业需要综合考虑客户需求、沟通目标和渠道特征来确定选择哪些渠道进行沟通。③注意不同类型渠道的组合使用。

6. 确定沟通时间与频率

企业要从客户的需要出发，确定什么时间与客户沟通，间隔多长时间与客户沟通。例如，有些企业通过电视广告与客户沟通时，并没有考虑到客户的期望，而是希望借助高密度的广告来迅速加深客户对企业产品的认知。这种方式尽管能够让客户加深对企业产品的熟悉程度，但同时也会降低客户对企业产品的良好印象。在考虑客户需求的同时，也需要顾及企业的沟通目标。在综合考虑的基础上，确定合适的时间与频率。

7. 评估沟通效果

当企业完成一个阶段的客户沟通任务之后，就需要对客户沟通的结果进行评价。主要回答以下三个问题：①沟通是否实现了既定的目标？②在与客户的沟通过程中，哪些方面需要改进？③在与客户的沟通过程中，发现了哪些新问题？

四、客户体验管理

(一)客户体验的内涵

客户体验管理是近年来出现的一种崭新的客户管理方法和技术。根据伯尔尼 H. 施密特(Bernd H. Schmitt)在《客户体验管理》一书中的定义，客户体验管理(Customer Experience Management,CEM)是"战略性地管理客户对产品或公司全面体验的过程"。

客户体验管理是以提高客户整体体验为出发点，注重与客户的每一次接触，通过协调整合售前、售中和售后等各个阶段及各种客户接触点，或接触渠道，有目的地、无缝隙地为客户传递目标信息，创造匹配品牌承诺的正面感觉，以实现良性沟通，进而创造差异化的客户体验，实现客户的忠诚，强化感知价值，从而增加企业收入与资产价值。通过对客户体验加以有效把握和管理，可以提高客户对公司的满意度和忠诚度，并最终提升公司价值。

所谓体验，就是企业以服务为舞台、以商品为道具所进行的令消费者难忘的活动。产品、服务对消费者来说是外在的，体验是内在的，存在于个人心中，是个人在形体、情绪、知识上参与的所得。客户体验是客户根据自己与企业的沟通产生的印象和感觉。厂商客户对厂商的印象和感觉是从他开始接触到其广告、宣传品或是第一次访问该公司产生的。此后，从接触到厂商的销售、产品，到使用厂商的产品、接受其服务，这种体验得到了延续。因此，客户体验是一个整体的过程，一次理想的客户体验必定是由一系列舒适、欣赏、赞叹、回味等心理过程组成，它带给客户以获得价值的强烈心理感受；它由一系列附加于产品或服务之上的事件所组成，鲜明地突出了产品或服务的全新价值；它强化了厂商的专业化形象，促使客户重复购买或提高客户对厂商的认可。一个企业如果试图使其客户获得理想的客户体验，势必要在产品、服务、人员以及过程管理等方面有上佳的表现，这就是实施客户体验管理的结果。

(二)客户体验模式

客户体验是一种新的营销方式，可以分为虚拟和真实两种类型。通过将消费者感官、情感等感性因素，以及知识、智力等理性因素，直接反射到语言中，从而对体验进行直观的描述。体验式营销通常不是自发的，需要企业进行诱发。经过多年的发展，体验式营销模式变得多种多样，根据商品的不同，为客户提供特定的体验形势，利用新奇等特点，吸引客户的注意力。

1. 客户的感官体验

感官体验是指利用客户的感觉影响他们的行为，包括视觉、听觉、触觉、味觉与嗅觉。

感官体验最大的价值在于建立接触关系、创造体验机会，而接触与体验的本质是信息传达，客户则由信息价值作出判断并作出有利于自身的购买决策。

2. 客户的情感体验

消费活动是一种满足需要的活动，它是通过商品的实体购买和使用来实现的。消费者在选购使用商品的过程中，对于符合心意，满足实际需要的产品和服务会产生积极的情绪和情感，它能增强消费者的购买欲望，促使购买行为的发生。因此情感的影响力、心灵的感召力正是营销人员可以利用的因素。因此需要寻找消费活动中导致消费者情感变化的因素，掌握消费态度形成规律并在营销活动中采取有效的心理方法，激发消费者积极的情感。

3. 客户的思考体验

思考体验是思想(或梦想)方式的体验，是以创意的方式引起客户的惊奇、兴趣，对问题集中或分散的思考，为客户创造认知和解决问题的体验。如何引起客户内心深处的梦想意境和商品产生一定的联系，是营销人员在销售产品，讲解产品功能或价值点时的重点。随着科技的发展和社会分工的细化，消费者对自己想购买的商品或服务是处于一种相对盲区的。因此在罗列产品的理性数据背后，一定要加注一大串形容词，使之能够唤起客户的想象或者假象，这样才能更好地帮助客户理解产品或服务的区别与差异。

4. 客户的行动体验

行动营销的目标是影响身体的有形体验、生活形态与沟通。行动营销通过增加他们的身体体验，指出做事的替代方法、替代的生活形态与沟通，丰富客户的生活。而客户生活形态的改变可能是激发或自发的，也有可能是由偶像角色引起的。

(三)客户体验管理的策略

1. 领导层的积极持久的支持

在客户体验管理中领导团队非常重要。客户体验是一个自上而下的系统工程，领导团队的作用尤为重要，应制定清晰的客户体验战略规划，在执行过程中给予下属以政策和资金的支持。

2. 确保跨职能团队的所有权

品牌和客户体验的归属必须是高层管理者。每个职能团队都应该发挥其作用，但是要取得成功，必须相互协调优化资源、预算的使用和分配，从而创造出一种企业级的品牌交付战略。

3. 专注于最重要的战略性客户

通常我们将选择收集客户信息来定义承诺内容和设计新的体验作为我们工作的起点。而很多企业在做客户调研和收集大量数据的同时却很少知道谁是他们最有利可图的客户。事实上企业大部分利润来自小部分具有代表性的客户，这些客户是改善工作的焦点。

4. 通过体验找出客户真正在乎的价值

客户体验的一个重要特征就是做到为目标客户带来价值的差异化。能够找到为企业带来最大利润的客户,但是是否知道客户重视的是什么?推动他们重复购买或推荐意向的第三和第四重要特质是什么?因此企业必须通过客户体验了解客户的特征和偏好,确保可以用他们喜好的方式进行沟通。

5. 体验要与品牌相符

给客户提供的服务体验要支持企业自身的价值定位。因此要为员工提供"品牌化"培训,要以连续、有意识、有价值、差异化的方式为人们带去品牌的价值。将品牌故事生动地展现在员工面前是进行客户体验的一个至关重要的部分。

五、客户满意与客户忠诚管理

(一)客户满意管理

1. 客户满意的内涵

菲利普·科特勒认为:"满意与否取决于个人通过对产品的可感知效果与他的期望值相比较后所形成的愉悦或失望的感觉状态。"亨利·阿赛尔认为:"客户满意取决于商品的实际消费效果和消费者预期的对比,当商品的实际效果达到消费者的预期时,就导致了满意,否则,就会导致客户不满意。"

由此可见,客户满意是一种心理活动,是客户的需求被满足后形成的愉悦感或状态,是客户的主观感受。当客户的感知没有达到期望时,客户就会不满、失望;当感知与期望一致时,客户是满意的;当感知超出期望时,客户就感到"物超所值",就会很满意。

顾客满意包括产品满意、服务满意和社会满意三个层次。①"产品满意"是指企业产品带给顾客的满足状态,包括产品的内在质量、价格、设计、包装、时效等方面的满意。产品的质量满意是构成顾客满意的基础因素。②"服务满意"是指产品售前、售中、售后以及产品生命周期的不同阶段采取的服务措施令顾客满意。这主要是在服务过程的每一个环节上都能设身处地地为顾客着想,做到有利于顾客、方便顾客。③"社会满意"是指顾客在对企业产品和服务的消费过程中所体验到的对社会利益的维护,主要指顾客整体社会满意,它要求企业的经营活动要有利于社会文明进步。

2. 客户满意度的衡量

(1) 客户保持率。客户保持率是一定时期内客户总数中留下来的客户所占的比重,它反映了企业使客户持续满意的能力以及企业在市场中的竞争能力。当客户满意度调查反映企业的客户满意得分上升,而客户保持率却下降时,表明虽然企业的服务水平并未下降,但竞争对手却以高于自己的速度提高了服务水平,从而抢走了自己的客户,自己应当以更快的速度提升服务水平,减小这种损失。

(2) 客户流失率。一般而言,客户流失率越高,表明客户的满意度越低,客户流失率越低,其满意度越高。

(3) 客户回头率。又称为重复消费率或重复购买率,是指企业的客户中再次购买的客户数量占总客户数量的比重。客户回头率越高说明客户的总体满意度越高。

(4) 投诉率。客户的投诉是不满意的具体表现,投诉率是指客户在购买或者消费了某企业或某品牌的产品或服务之后所产生的投诉的比例,客户投诉率越高,表明客户越不满意。

但是，这里的投诉率不仅指客户直接表现出来的显性投诉，还包括存在于客户心底未予倾诉的隐性投诉。

(5) 美誉度。美誉度是客户对企业的认可和赞赏的程度。对企业持积极肯定态度的客户，一般对企业提供的产品服务满意。其满意的态度，或直接来源于过去的交易事项或由其他满意者口耳相传而建立。以美誉度为测试指标，可以知道企业在客户心目中的认可程度。

(6) 市场占有率。企业的销售量或销售额在市场同类产品中所占的比例越高，说明市场对企业产品的满意度和认可度越高。

3. 提高客户满意度的有效途径

要真正使客户对所购商品和服务满意，期待客户能够在未来继续购买，企业必须切实可行地制定和实施如下关键策略。

1) 树立"以客为尊"的经营理念

"以客为尊"的企业经营理念是客户满意最基本的动力，是引导企业决策、实施企业行为的思想源泉。麦当劳、IBM、海尔和联想等中外企业成功的因素就是它们始终重视客户，千方百计让客户满意，其整体价值观念就是"客户至上"。

2) 树立企业良好的市场形象

企业形象是企业被公众感知后形成的综合印象。产品和服务是构成企业形象的主要因素，还有一些因素不是客户直接需要的但却影响着客户的购买行为，如企业的购物环境、服务态度、承诺保证、品牌知名度和号召力等。这就要求企业应该做到：①理念满意，即企业的经营理念带给客户的心理满足状态。其基本要素包括客户对企业的经营宗旨、质量方针、企业精神、企业文化、服务承诺以及价值观念的满意程度等。②行为满意，即企业的全部运行状况带给顾客的心理满足状态。行为满意包括行为机制满意、行为规则满意和行为模式满意等。③视听满意，即企业具有可视性和可听性的外在形象带给顾客的心理满足状态。视听满意包括企业名称、产品名称、品牌标志、企业口号、广告语、服务承诺、企业的形象、员工的形象、员工的举止、礼貌用语及企业的硬件环境等给人的视觉和听觉带来的美感和满意度。

3) 开发令客户满意的产品

产品价值是客户购买的总价值中最主要的部分，是总价值构成中比重最大的因素。客户的购买行为首先是冲着商品来的，冲着商品的实用性和满意程度来的，也就是冲着商品的价值来的。这就要求企业的全部经营活动都要以满足客户的需要为出发点，把客户需求作为企业开发产品的源头。因此，企业必须熟悉客户，了解客户，要调查客户现实和潜在的需求，分析客户购买的动机和行为、能力、水平，研究客户的消费传统和习惯、兴趣、爱好。只有这样，企业才能科学地顺应客户的需求走向，确定产品的开发方向。

4) 提供客户满意的服务

热情、真诚为客户着想的服务能带来客户的满意，所以企业要从不断完善服务系统、以方便客户为原则、用产品特有的魅力和一切为客户着想的体贴等方面去感动客户。售中和售后服务是商家接近客户最直接的途径，它比通过发布市场调查问卷来倾听消费者呼声的方法更加有效。在现代社会环境下，客户也绝对不会满足于产品本身有限的使用价值，还希望企业提供更便利的销售服务，如方便漂亮的包装，良好的购物环境，热情的服务态度，文明的服务语言和服务行为，信息全面的广告、咨询，快捷的运输服务，以及使用中的维修保养等，服务越完善，企业就越受欢迎，客户的满意度也就越高。

5) 科学地倾听客户意见

现代企业实施客户满意战略必须建立一套客户满意分析处理系统，用科学的方法和手段检测客户对企业产品和服务的满意程度，及时反馈给企业管理层，为企业不断改进工作、及时地满足客户的需要服务。目前，很多国际著名企业都试图利用先进的传播系统来缩短与消费者之间的距离。一些企业建立了客户之声计划，收集反映客户的想法、需求的数据，包括投诉、评论、意见和观点等。

6) 加强客户沟通与客户关怀

企业要完善沟通组织、人员、制度，保证渠道畅通、反应快速。企业要定期开展客户关怀活动，特别当客户刚刚购买产品，或到了产品使用年限，或使用环境发生变化时，厂家的及时感谢、提醒、咨询和征求意见往往能获得客户非常满意的效果。

为了加强与客户的沟通，企业要建立客户数据库。客户数据库是进行客户服务、客户关怀、客户调查的基本要求。要努力使客户数据库从无到有，逐步完整、全面。否则，客户满意无从谈起。企业还要尽可能收集日常与客户间的联络信息，了解客户关系中的哪个环节出现了问题，找出问题的根源并系统地依据事实进行解决。

7) 控制客户的期望值

客户满意与客户期望值的高低有关。提高客户满意度的关键是企业必须按自己的实际能力，有效地控制客户对产品或服务的期望值。营销人员应该控制客户的期望值，尽可能准确地描述产品或服务，不要夸大产品的性能、质量与服务，否则只能吊起客户的胃口，效果适得其反。由于客户的期望值可能还会变化，在描述产品或服务内容后，还要描述与竞争对手的比较，市场需求的变化，必要时介绍产品的不适用条件，让客户有心理准备，达到控制客户期望值的目的。如果为了得到客户而误导客户，玩文字游戏，赋予客户过高的期望、过大的想象空间，麻烦一定随之而来。如果客户期望比较客观，企业的工作成果能超越客户的期望，客户会非常满意，为企业说好话，为企业介绍生意。

除此之外，企业还可以把提高客户满意度纳入企业战略范畴。由于客户满意影响产品销售，并最终影响企业获利能力，因此应纳入战略管理。企业要把客户满意度作为一项长期工作，从组织、制度、程序上予以保证。企业还应该经常进行客户满意度调查。由于市场环境经常发生变化，如技术进步、竞争对手变化等，经常性的客户满意度调查有助于企业及时发现问题，采取相应对策，避免客户满意度大幅度下滑。

(二)客户忠诚管理

1. 客户忠诚的内涵

客户忠诚是指客户对企业产品或服务的依赖和认可、坚持长期购买和使用该企业产品或服务所表现出的在思想和情感上的一种高度信任和忠诚的程度，体现为客户购买行为的连续性。

客户忠诚主要通过客户的情感忠诚、行为忠城和意识忠诚表现出来。其中，情感忠诚表现为客户对企业的理念、行为和视觉形象的高度认同和满意；行为忠诚表现为客户再次消费时对企业的产品和服务的重复购买行为；意识忠诚则表现为客户对企业的产品和服务的未来消费意向。

2. 客户满意度与客户忠诚度的关系

客户满意度是客户对企业产品或服务的满意程度,是一种感觉状态;而客户忠诚度则是客户重复地选择某一品牌进行消费,是一种持续重复的状态。但客户满意不是客户忠诚的重要条件,客户满意了,并不一定代表客户会忠诚。满意度与忠诚度又彼此独立,一般的满意度对客户忠诚度意义不大,想要让客户保持较高的较稳定的忠诚,就必须想办法转满意为很满意,非常满意甚至完全满意,这样才能更大程度地增加客户对企业的忠诚。

满意度衡量的是客户的期望和感受,而忠诚度反映客户未来的购买行动和购买意向。客户满意调查反映了客户对过去购买经历的意见和想法,只能反映过去的行为,不能作为未来行为的可靠预测。忠诚度调查却可以预测客户最想买什么产品,什么时候买,这些购买可以产生多少销售收入。

客户的满意度和他们的实际购买行为之间不一定有直接的联系,满意的客户不一定能保证他们始终会对企业忠诚,产生重复购买的行为。但是顾客满意度是导致重复购买的最重要的因素,当满意达到某一高度,会引起忠诚度的大幅度提高。顾客忠诚度的获得必须有一个最低的顾客满意度水平,在这个满意度水平线下,忠诚度将明显下降。

3. 影响客户忠诚的因素

1) 客户满意

让客户感到满意是形成客户忠诚的重要一环。客户消费过程是一个客户与企业相互交换的过程,客户付出金钱、时间、精力,以期从企业那里得到他们的所需。然后,客户根据感受到的需求的满足程度形成对企业的态度,满意或者不满意。很多情况下,客户的这种态度恰恰决定了他们是否继续选择该企业的产品。如果客户感到不满意,他们可能就会选择其他企业的产品,因此客户满意度是建立客户忠诚度的基础。

2) 企业品牌

品牌是用以识别某个销售者或某群消费者的产品和服务,并使之与竞争对手的产品和服务区别开来的商业名称及其标志,通常由文字、标记、符号、图案和颜色等要素组合构成。品牌代表着销售者对交付给购买者的产品特征、利益和服务的一贯性的承诺。久负盛名的品牌即优良品质的保证,因此企业品牌有助于促进产品销售,树立企业形象,也是影响顾客忠诚度的主要因素。

3) 内在价值

内在价值包括质量优良、服务优质、价格优惠。产品质量和服务质量在很大程度上决定了顾客的忠诚程度,只有过硬的产品质量和服务质量才能真正吸引到顾客。同时,经济利益上的风险永远是客户所关注的。企业应该根据客户的期望提供合理的价格。在市场经济条件下,产品极度丰富,可供消费者选择的余地很大,消费者更多地综合考虑产品的内在价值,因此,内在价值大的产品和服务,更容易赢得客户的忠诚。

4) 替代品吸引力

市场竞争已经演变到白热化的程度,企业拥有了越来越多的竞争对手,竞争对手们生产相似的产品,提供相似的服务,产品严重同质化。当竞争性选择吸引力减少时,顾客满意与顾客忠诚之间的转移关系将会减弱。也就是说,替代者吸引力越小,顾客忠诚度越高。

4. 培养客户忠诚的策略

1) 建立顾客数据库

为提高顾客忠诚度而建立的数据库应具备以下特征：①一个动态的、整合的顾客管理和查询系统；②一个忠诚顾客识别系统；③一个顾客流失显示系统；④一个顾客购买行为参考系统。

企业运用顾客数据库，可以使每一个服务人员在为顾客提供产品和服务的时候，明确顾客的偏好和习惯购买行为，从而提供更具针对性的个性化服务。

建立和管理顾客数据库本身只是一种手段，而不是目的。企业的目的是将顾客资料转变为有效的营销决策支持信息和顾客知识，进而转化为竞争优势。企业只有与核心顾客建立关系，企业稀缺的营销资源才会得到最有效的配置和利用，从而明显地提高企业的获利能力。

2) 超越顾客期望，提高顾客满意度

顾客的期望是指顾客希望企业提供的产品和服务能满足其需要的水平，达到了这一期望，顾客就会感到满意，否则，顾客就会不满。所谓超越顾客期望，是指企业不仅能够达到顾客的期望，而且还能提供更完美、更关心顾客的产品和服务，超过顾客预期的要求，使之得到意想不到的，甚至感到惊喜的服务和好处，获得更高层次上的满足，从而对企业产生一种情感上的满意，发展成稳定的忠诚顾客群。

3) 正确对待顾客投诉

要与顾客建立长期的相互信任的伙伴关系，就要善于处理顾客投诉。有些企业的员工在顾客投诉时常常表现出不耐烦、不欢迎，甚至流露出一种反感的态度，其实这是一种非常危险的做法，往往会使企业丧失宝贵的顾客资源。

4) 提高顾客转换成本

一般来说，顾客转换品牌或转换卖主会面临一系列有形或无形的转换成本。对单个顾客而言，转换购买对象需要花费时间和精力重新寻找、了解和接触新产品，放弃原产品所能享受的折扣优惠，改变使用习惯，同时还可能面临一些经济、社会或精神上的风险；对机构购买者，更换使用另一种产品设备则意味着人员再培训和产品重置成本。提高转换成本就是要研究顾客的转换成本，并采取有效措施人为增加其转换成本，以减少顾客退出，保证顾客对本企业产品或服务的重复购买。

5) 提高内部服务质量，重视员工忠诚的培养

哈佛商学院的教授认为，顾客保持率与员工保持率二者是相互促进的关系。这是因为企业为顾客提供的产品和服务都是由内部员工完成的，他们的行为及行为结果是顾客评价服务质量的直接依据。一个忠诚的员工会主动关心顾客，热心为顾客提供服务，并为顾客问题得到解决感到高兴。因此，企业在培养顾客忠诚的过程中，除了作好外部市场营销工作外，还要重视内部员工的管理，努力提高员工的满意度和忠诚度。

6) 加强退出管理，减少顾客流失

退出，指顾客不再购买企业的产品或服务，终止与企业的业务关系。正确的做法是及时做好顾客的退出管理工作，认真分析顾客退出的原因，总结经验吸取教训，利用这些信息改进产品和服务，最终与这些顾客重新建立起正常的业务关系。分析顾客退出的原因，是一项非常复杂的工作。顾客退出可能是单一因素引起的，也可能是多种因素共同作用的结果。

第四节 客户关系恢复

一、客户流失原因

(一)客户流失的概念

客户流失是指客户不再购买企业的产品或服务,终止与企业的业务关系。客户流失可以是与企业发生一次交易关系的新客户的流失,也可以是与企业长期发生交易关系的老客户的流失;可以是中间客户(代理商、经销商、批发商和零售商)流失,也可以是最终客户流失。通常情况下,老客户的流失率小于新客户的流失率;中间客户的流失率小于最终客户的流失率;老年人客户的流失率小于青年人客户的流失率;男性客户的流失率小于女性客户的流失率。一般来说,客户不满意会直接导致客户的流失,流失的可能性与不满意程度成正相关关系。然而,满意的客户,仍然会有流失现象的发生。

(二)客户流失的原因

客户流失的原因是多种多样的,就目前的一般情况而言,导致客户流失的主要原因来自企业本身和客户两个方面。

1. 企业原因

(1) 产品或服务缺陷导致客户流失。企业产品设计缺陷、产品质量不稳定、交货不及时、缺少服务网点、售后服务滞后、投诉处理效率低、服务态度恶劣等缺陷是导致客户流失的根本原因。产品或服务缺陷还包括产品或服务不能及时适应客户需求的改变和期望值的变化。

(2) 企业诚信问题导致客户流失。客户最担心和没有诚信的企业合作,如果企业不能兑现对客户的承诺,出现诚信问题,客户通常会选择离开。企业的业务人员为了获得销售机会随意承诺,是导致企业出现诚信问题的一个重要原因。

(3) 客户管理疏忽导致客户流失。有些企业过分关注大客户,对中小客户采取不闻不问的态度,使中小客户产生心理不平衡从而流失。缺少与客户的及时沟通、不能维持与客户的"情感"、不能给客户以应有的尊重等客户管理方面的疏忽,也是导致客户流失的重要原因。

(4) 企业形象问题导致客户流失。客户对企业的产品形象、服务形象、员工形象、企业的生活与生产环境形象、企业标识、企业精神、企业文化、企业信誉、企业社会责任的不满也会导致客户流失。

(5) 企业人员流动导致客户流失。企业人员特别是高级营销管理人员的离职变动很容易带来相应客户群的流失。这些离职人员长期与客户接触,非常了解并能恰当把握客户的需要,与客户关系良好,一旦离职,就极易将客户带走。

2. 客户原因

(1) 竞争者的吸引导致客户流失。一些有价值的客户始终是企业间相互竞争的重点。竞争者会通过产品创新和服务创新吸引客户,或者向客户提供特殊利益引诱客户,从而导致客户流失。

(2) 社会因素导致客户流失。社会因素包括社会政治、经济、法律、科技、教育、文化等方面的政策，对客户购买心理与购买行为产生某种影响都可能导致客户流失。

(3) 客观原因导致的客户流失。这种流失是一些客户和企业都无法控制的因素所造成的。这些因素有很多，如客户的搬迁、死亡、企业客户的破产等，还有战争、季节、时令、自然灾害等因素都可能造成客户流失。对客户流失的分析除了原因分析之外，还应该包括对流失客户的价值分析以及对流失客户的明确细分，只有这样才能使客户流失管理触及目标对象，获得良好的流失管理效果。

二、客户流失挽回

(一)流失客户挽回的意义

所谓流失客户的挽回，是恢复和重建与已流失的客户之间的关系，主要针对那些曾经是企业客户，因某种原因而终止与企业关系的客户。

首先，流失的客户熟悉企业的产品和服务，开发这类客户不需要再去花人力、物力和财力宣传产品、展示品牌、示范使用，同开发新客户相比较，可以减少费用。其次，通过与流失客户的接触，往往可以了解本企业产品与服务的问题所在，对改进产品和提高服务水平有立竿见影的效果。最后，企业把流失的客户挽回，能增强企业对客户的认知，为开发客户和维持客户关系树立坚强的信心。

(二)流失客户的挽回措施

在客户流失前，企业要极力防范，而当客户关系破裂，客户流失已成事实后，企业要采取挽救措施，竭力挽留有价值的流失客户，最大限度地争取与这些客户"重归于好"。

1. 调查原因、缓解不满

如果企业弄清客户流失的原因，就可以采取必要的措施，避免其他客户的再流失。因此，企业首先要在第一时间积极地与流失客户联系，访问流失客户，诚恳地表示歉意，缓解他们的不满。其次，要了解流失的原因，弄清问题究竟出在哪里，虚心听取他们的意见、看法和要求，让他们感受企业的关心，给他们提供反映问题的机会。

2. "对症下药"，争取挽回

"对症下药"就是企业要根据客户流失的原因制定相应的对策，尽力争取及早挽回流失客户。如针对价格敏感型客户的流失，应在定价策略上参照竞争对手的定价策略，甚至采取略低于竞争对手的定价，这样流失掉的客户也自然而然会自己跑回来；针对喜新厌旧型的客户的流失，应该在产品、广告、促销上面多一些创新，从而将流失客户吸引回来。

3. 分门别类、区别对待

在资源有限的情况下，企业应该根据客户的重要性来分配投入挽回客户的资源，要对不同级别的流失客户采取不同态度，挽回的重点应该是那些最能盈利的流失客户。

(1) 对那些对企业有重要价值的客户，企业需要深入分析客户流失的原因。若是由于企业的原因而导致重要客户流失，则需要针对流失原因，尽力弥补，以期能够重新赢回客户。

(2) 对那些低价值客户，则需要分析是哪些原因造成了客户的流失。企业主动放弃的低价值客户，则不需要挽回；而对那些由于企业产品质量、服务等原因而流失的客户，企业则应分析原因，努力提高产品和服务质量，重新赢回客户。

(3) 对那些无法给企业带来高价值、又是由于客户的原因而离开的客户，应采取基本放弃的策略。因为即使企业努力挽回与这些客户的关系，这些客户也无法为企业带来丰厚的回报。

(4) 对那些因为欺诈而离开的客户，企业应当终止和这些客户的关系。这些客户不仅不能给企业带来价值，还会占用企业资源，对企业有百害而无一利。

三、客户流失防范策略

一般而言，企业在防止客户流失方面可以采用下述七种方法。

(一)实施全面质量管理，做好质量营销

关系营销的中心内容就是最大限度地达成客户满意，为客户创造最大价值。而提供高质量的产品和服务是企业创造价值和达成客户满意的前提。所以说质量是根、品牌是叶，根深才能叶茂。只有为客户提供高质量的产品和服务，企业才能与客户建立持久真诚的关系。而实施全面质量管理，能有效地控制影响质量的各个环节、各种因素，是企业提供优质产品和服务的关键。

(二)树立"客户至上"的服务意识

对于任何行业、任何经营销售者来说，树立"客户至上"的服务意识是建立与顾客长期合作的前提，它是企业服务于客户的最基本动力。客户是企业的"衣食父母"，没有客户的经营销售就谈不上是完整的销售行为。因此，必须从意识和制度上要求企业全体营销服务人员，树立正确的服务意识。

(三)强化与客户的沟通

沟通是人与人之间、人与群体之间思想与感情的传递和反馈的过程，沟通的目的是努力使思想达成一致和感情通畅。只有加强与客户间的沟通，企业才能了解客户的真实需求，了解客户对企业产品质量和服务质量的看法，了解客户对企业有哪些意见，妥善解决客户的投诉和抱怨。强化与客户的沟通，首先要及时将企业经营战略与策略的变化信息传递给客户，便于客户顺利开展工作。其次，企业应充分向老客户描绘企业发展的美好愿景，增强客户的经营信心，形成一种长期合作的伙伴关系。最后，企业在与客户交易中遇到冲突时，应及时与客户沟通，及时解决问题，在适当时候还可以选择放弃自己利益而保全客户利益的策略，只有这样才能在很大程度上增加客户对企业的信任。

(四)做好创新

企业的产品一旦不能根据市场变化作出调整与创新，就会落后于同类产品和市场，而客户意见是企业创新的源泉。很多企业都要求其管理人员去聆听客户服务区域的电话交流或收集客户返回的信息。通过倾听，他们可以得到有效的信息，并可据此进行创新，促进企业更好地发展，为客户创造更多的经营价值。当然，企业的管理人员还要能正确识别客

户的要求，正确地传达给产品设计者，以最快的速度生产出最符合客户要求的产品，满足客户的需求。

(五)善于倾听客户的意见和建议

客户与企业间是一种平等的交易关系，在双方获利的同时，企业只有尊重客户，认真对待客户提出的各种意见及建议，并真正重视起来，才能得到有效地改进。在客户提出建议时，要认真坐下来倾听，扮好听众的角色，有必要的话，甚至拿出笔记本将其要求记录下来，要让客户觉得自己得到了重视，自己的意见得到了重视。当然，光听还不够，客服人员还应及时调查客户的反映是否属实，迅速将解决方法及结果反馈给客户，并提请其监督，这样才能培养客户对企业的忠诚度，防止客户流失。

第五节 客户关系管理项目的实施

实施客户关系管理(CRM)项目是企业启动系统性客户关系管理实践的重要步骤，具有比较明显的时间性。客户关系管理项目实施也不仅仅是指软件项目实施，软件只是客户关系管理项目的一个重要组成部分，还包括企业业务流程优化、组织重构、知识培训等工作。

一、客户关系管理项目实施的目标与原则

(一)客户关系管理项目实施的目标

客户关系管理项目实施必须有明确的远景规划和近期的实现目标。一般而言，客户关系管理项目实施的目标，应根据企业的内外部环境及其各自商业策略的不同而有所不同，但以下的三个通用目标对大多数的企业而言还是比较适用的。

1. 识别潜在客户，提供个性化服务，开拓新市场

客户关系管理系统能够帮助企业完善目标客户的基本信息，通过数据挖掘对客户的数量、构成、消费偏好、购买动机等进行不同角度的透视和分析，使企业能够多方位地把握客户，全面了解客户情况；通过对客户历史资料的分析，CRM还可以帮助企业识别出潜在的客户群，提高客户对市场营销活动的响应率，使企业做到心中有数。CRM实施还可以使企业通过新的业务模式(电话、网络)扩大经营活动范围，把握新的市场机会。例如，呼叫中心是进行交叉销售和向上销售的理想场所，客户呼叫"呼叫中心"后，销售人员可以在客户挂机之前推断出要销售的产品类型，知道客户以往的交易习惯，增强销售成效。

2. 提高组织效率，减少企业运行成本

提高企业服务客户的效率主要有两个途径：一是商业过程流程化，向员工提供合适的工具，提高员工效率；另外，尽可能多地收集客户资料也有助于提高员工的工作效率。二是借助于技术应用，为客户提供自助服务的机会。通过客户关系管理系统的信息技术，企业可以提高业务处理流程的自动化程度，实现企业范围内的信息共享，提升员工工作能力，并能有效地减少培训需求，使企业内部高效运转。减少运行成本是指企业通过实施客户关系管理项目能减少企业为维持正常运行所消耗的办公资源、人员工资、福利以及相关开支。

客户关系管理所实现的销售、营销和服务自动化不仅提高了工作效率、改善了服务质量，同时也降低了企业的运行成本。

3. 提高客户满意度和忠诚度，留住有价值的客户

一个实施良好的客户关系管理项目，可以通过为客户服务人员提供完整的客户数据及产品/服务知识库来提高客户服务的效率和质量，通过为客户提供多种沟通渠道等方式与客户保持良好的沟通关系，所有这些都可以有效地提高客户的满意度。长期的客户满意将为企业带来客户忠诚，有助于保证企业长期战略利益的实现与提高。

明确客户关系管理项目实施的目标对企业成功实施客户关系管理是很重要的。如果企业对客户关系管理项目实施目标理解模糊，没有达成共识，甚至只是为了实施客户关系管理系统而实施，就会导致客户关系管理实施目标产生偏差，这必将大幅增加客户关系管理项目实施失败的风险。另外客户关系管理项目是一项复杂的系统工程，必须根据企业目前的实际需求和实施能力，确定分阶段的实施目标。如果没有阶段性的目标，极有可能导致客户关系管理项目实施的过程更加漫长而曲折，进而导致项目失败。

(二)客户关系管理项目实施的原则

客户关系管理项目实施是涉及企业经营管理变革的复杂工程。应该从两个层面进行考虑：第一，从管理层面来看，企业需要运用客户关系管理中所体现出的思想，推行管理机制、管理模式和业务流程的变革；第二，从技术层面上看，企业应用客户关系管理系统，来实现新的管理模式和管理方法。这两个层面相辅相成，相互作用。管理模式和管理方法的变革是客户关系管理系统发挥作用的基础，而客户关系管理系统则是支撑管理模式和管理方法变革的利器。一个企业如果真想让客户关系管理落到实处，就必须从这两个层面进行变革创新，二者缺一不可。

中国客户关系管理研究首席顾问王广宇在总结多个行业的应用经验后，归纳提出了客户关系管理的实施规则：1+5 循环。

"1"是指一个基本原则，即从业务流程重构开始，企业实施客户关系管理，首先要注重组织再造与业务流程重构。企业寻找客户关系管理解决方案，必须先去研究现有的营销、销售、服务模式和策略，审视企业业务流程，发现不足，并对流程进行优化。在项目开展之初，不应该把大部分注意力放在技术上，要根据业务中存在的问题来选择合适的技术，而不是通过调整流程去适应技术。只有通过改革和流程再造，才能整合内部资源，建立适应客户战略职能完整、交流通畅、运行高效的组织机构，也才能建立以挖掘客户需求和满足为中心的新业务流程，从而加强客户沟通，提高营销和产品销售(服务)的整体质量。

"5"是指五种重要方法，即战略重视、长期规划、开放运作、系统集成和全程推广。

1. 战略重视

客户关系管理项目实施是一项极为复杂的系统工程，将涉及整体规划、创意、技术集成、内容管理等多方面工作。因此，实施客户关系管理项目要获得企业高层管理者从发展战略上的支持。项目管理者应当有充分的决策权，从总体上把握建设进度，提供所需的财力、物力、人力资源，并推动项目实施。

2. 长期规划

在自身发展战略框架内进行客户关系管理项目规划，制订出一个较为长远并能分阶段

实施的远景规划,这是非常重要的。企业应该从一些需求迫切的领域着手,稳步推进,不要过分期望毕其功于一役,否则可能给企业带来难以承受的巨大冲击。企业可以先开发实施局部的应用系统,在特定部门或区域内进行小规模试验和推广。通过阶段性的质量测试和效果评估,并加以改进,再逐步增加功能,向更多部门部署。

3. 开放运作

企业实施客户关系管理项目应当遵循专业化、开放式的运作原则。即使一些拥有比较强大的研发能力和智囊机构的大企业,也难以独自进行客户关系管理项目实施的分析、研究、规划和开发。

企业应该以开放运作的心态,与有较成熟产品和实施经验的专业解决方案提供商进行深入合作,或聘请专业咨询公司从整体上提出客户关系管理解决方案并协助实施。这将提高客户关系管理项目的实施进度和成功概率。

4. 系统集成

企业不仅要投入资源推进客户关系管理项目的实施和改进,还要特别注重实现与现有业务信息系统的集成。对于信息化整体水平较高的企业而言,一是要实现对客户接触点的集成,确保与客户的沟通是无缝、统一和高效的;二是要实现对工作流的集成,为跨部门的工作提供支持;三是要实现与 ERP、SCM、财务、人事、统计等应用系统的集成;四是要注重客户关系管理自身功能的集成,强化支持网络应用的能力。

5. 全程推广

注重在实施全过程中推广客户关系管理的理念和方法是确保客户关系管理项目实施成功的重要措施。如果企业管理层对项目的看法不统一,各业务职能部门对客户关系管理实施的意义和方法不了解,有较强的抵触心理,或最终用户缺乏必要的应用知识,那么客户关系管理项目实施的最终效果可能会很不理想。因此,为了保证客户关系管理实施和改进效果,要加强员工培训和对最终用户的支持,使他们能成功地运用这一系统并以此来对待企业的客户。

客户关系管理项目的实施可能会促使企业进行战略调整、流程优化和技术革新。在客户关系管理项目实施过程中,必须把握与企业经营管理相互适应的总体原则,特别是在流程优化方面。流程优化能否成功,将直接关系到客户关系管理项目实施的成败。有两种比较常见的问题需要进行符合客户关系管理战略目标的流程优化和再设计:一是企业内部的流程没有形成明确化、规范化的步骤及文档,企业运作主要通过惯例和领导直接指导的方式进行;二是企业内部已经具备规范的流程,但是整个流程是围绕着产品和内部管理设计的,忽略了如何使客户感到更亲切、让客户更方便以及给客户更好的感受等。

二、客户关系管理项目小组的组建

(一)项目小组的构成

在规定的时限和投资强度下,企业为了保证实施的 CRM 项目能够达到预期的性能指标,必须对有限的资源进行有效管理、分配以及对项目的进程进行计划、调度、监视和控制,而这就要求企业首先要建立一支高效的 CRM 实施管理团队。该团队的任务就是对 CRM

项目进行全面的规划和控制，不断根据实施过程中出现的问题进行适当的调整，制定分阶段、分步骤的系统模块实施细化方案，并以高效的运作来保证实施项目的顺利进行，最终达到预定的量化实施标准。一个 CRM 项目的实施会涉及企业、软件供应商，有时还有咨询机构。因此 CRM 项目团队的成员除了公司的员工外，还有软件供应商的专员，也有可能邀请资深的 CRM 实施专家。

整个项目由项目指导委员会统筹协调，由项目经理负责领导业务组、技术组和培训组进行具体实施，由项目监督组对项目的实施过程和实施结果进行检察和监督。

1. 项目指导委员会

项目指导委员会是 CRM 项目的最高决策机构，一般由企业的高层领导(例如，总经理、营销经理、IT 经理)、软件商代表以及实施顾问组成。指导委员会负责确定项目的总体目标、范围、投入资源，对项目实施的计划等进行审核和批准，并进行关系的协调。

2. 项目经理

项目经理是 CRM 项目具体实施的负责人，是日常项目活动的主协调员。项目经理必须在规定的时间内，制订项目的实施计划，合理调配各种项目活动的资源(包括人、财、物)，对项目阶段性的产出进行评估，并根据评估结果对项目的计划作出相应调整。项目经理统管各个项目职能小组，向项目指导委员会负责，受项目监督组的监督。

3. 业务组

业务组是 CRM 项目实施团队与最终用户之间的联络人，为业务需求和技术的最终磨合提供业务层面上的支持。其小组成员主要来自企业的三大业务领域的负责人和专家，包括营销、市场和客户服务，也可以是来自外部的第三方咨询机构的人员。业务组必须对营销、销售和客户服务领域的运作流程进行深入分析，并且根据企业的实际情况对企业的各种业务瓶颈进行诊断，最后根据诊断结果撰写出业务需求表。业务组对业务部门的项目实施负责。

4. 技术组

技术组由信息技术人员组成，负责提供企业现行系统技术的资料，进行系统的开发与配置、硬件和网络结构的设计和系统的部署，从技术的角度帮助规划和确认项目的实施方案、处理流程。根据在项目实施中所扮演的角色的不同，技术组又可以细分为系统开发和配置小组、技术架构小组和系统部署小组。

5. 培训组

作为项目实施的一项重要任务，用户培训组负责 CRM 系统使用的各类培训。培训组负责各类教材的开发，按项目要求开展各种培训工作，将培训贯穿于整个项目的实施过程。企业导入客户关系管理，与其说是引入一套系统，不如说是为企业导入一种思想。所以，培训组需要准备两种培训计划。一种是转变观念的"洗脑"培训，另一种是软件技术操作层面的培训。在培训过程中，可让员工介入并观察工作流程的设置，并通过他们的配合实现整个系统的效益最大化。在考虑培训时，要注意尽量减少培训活动对正常工作的影响。利用晚上或周末进行培训是一个很好的安排，可以减少工作干扰。建议用户培训工作可以提早开始，以免拖到项目后期手忙脚乱。

6. 项目监督组

项目监督组是对项目经理领导下的业务组进行必要考察和监督的职能机构。它的组成可以从员工中选出代表，或者选择员工内部具有较大影响力的人。它直接向项目委员会报告，便于委员会对项目实施工作提出必要的修改意见。

项目人员如何组织和配合以使项目得以成功实施，取决于项目本身的规模。以上的CRM实施团队的组织结构比较适合于中大型企业的CRM项目。对于小型的CRM软件项目或者企业规模较小的，一个小组可以兼具多种功能。就像任何项目一样，项目人员认真细致、充分沟通与合作精神是项目成功实施的首要前提。

(二)项目经理的职责和能力要求

1. 项目经理的主要职责

项目经理的主要职责包括下述各项。
(1) 协调企业与软件商和咨询商之间的关系。
(2) 确保项目成员对企业的目标和期望有一致的理解。
(3) 为项目实施的范围、目标、预算提供建议。
(4) 制订详细的项目实施计划。
(5) 管理项目资源，使资源发挥最大的效用。
(6) 为项目职能组分配任务和资源。
(7) 指导、组织和监督各职能组的工作。
(8) 组织开展调查分析工作，为流程的优化提供建议。
(9) 密切关注项目中出现的重大问题，确保问题得到及时解决。
(10) 规划系统的原形，制定系统集成测试、转化和切换的策略。
(11) 对项目作出阶段性评估，并及时向指导委员会汇报项目的进展情况。
(12) 制订教育培训计划，组织和开展对相关人员进行CRM的培训。

2. 项目经理的能力要求

项目经理扮演着业务和技术两大块黏合剂的角色，在CRM项目管理中起着非常重要的作用，是一个项目全面管理的核心和焦点。因此，对CRM项目经理的要求，除了必须具备基本的项目执行能力外，对CRM的主要业务领域(营销、服务和销售)必须具备相应的知识，并且具备良好的学习和沟通能力。任何一种能力的欠缺都会给项目带来影响，甚至导致项目的失败。

具体而言，对CRM项目经理的能力要求包括个性因素、管理技能和技术技能。

1) 个性因素

项目经理个性方面的素质通常体现在他与组织中其他人的交往过程中所表现出来的理解力和行为方式上。优秀的项目经理能够有效了解项目中其他人的需求和动机，并具有良好的沟通能力。CRM项目实施过程本身就是一个项目了解、互相学习的过程。这就首先需要项目经理来营造一种虚心向别人学习的氛围。在个性因素中，还有一个很重要的问题，就是项目经理要能够转变观念，积极灵活地解决项目实施过程中所遇到的新问题。

2) 管理技能

管理技能首先要求项目经理把项目作为一个整体来看待，认识到 CRM 项目各部分之间的相互联系和制约以及单个项目与母体组织之间的关系。只有对总体企业战略和 CRM 项目有敏锐的洞察力，项目经理才能制定出明确的目标和合理的计划。由于以往 CRM 项目的成功率不容乐观，因此对项目经理的管理技能提出了更高的要求。

3) 技术技能

由于 CRM 是新兴的管理思想和管理方法，而且成功的案例还不是很多，也就意味着可以借鉴的成功经验不是很多。这对于项目经理是一种很大的挑战。因此，在领导项目团队推进项目的过程中，CRM 项目经理除了要根据自身的 CRM 技术技能作出判断外，更需要经常共同讨论，互相学习，共同解决从未遇见过的问题。

三、客户关系管理项目实施的步骤

CRM 项目可能是一个融营销、销售、服务等为一体的整体解决方案，也可能仅仅是单个流程的解决方案；可能是企业级解决方案，也可能是部门级解决方案。因此，如何实施的情况比较复杂。就具体的实施细节而言，并没有一种适合所有情况的实施方法。除了与实施规模有关外，实施方法还会因为企业所认可的开发生命周期、员工的技能、IT 标准的不同而不同。不同行业、不同企业、不同的解决方案提供商的实施方法和步骤都会有一些差异。美国的吉尔·戴奇(Jill Dyche)在《CRM 手册》(CRM Handbook)中提出企业成功的 CRM 实施流程包括六个步骤。

(一)业务规划

CRM 业务规划是实施的核心步骤，也是开始步骤。在这个步骤中，最关键的活动是定义 CRM 活动的整体目标，并将其细化为相应的具体需求。这个步骤还包括评定那些与客户有交互作用的部门的角色。为使客户处于企业业务流程的中心，可能需要改变部门的机制与职责，形成新的工作流程。

在业务规划中，企业级 CRM 可能需要将企业的 CRM 战略具体化，并将其文档化，确定战略框架下每一部分的项目与活动。部门级 CRM 的业务规划就是要界定好部门 CRM 的功能及其与其他部门的接口。

无论是企业级的 CRM 还是部门级的 CRM，这个环节的阶段性成果应该包括一份以战略文件或业务规划形式细化的 CRM 目标的文档材料。这份文档材料对于能否获得企业高层对 CRM 项目的认可和支持是非常重要的，同时对需求驱动的 CRM 应用也是非常有价值的，并在 CRM 项目部署之后用于衡量项目的实施效果。

(二)结构与设计

规划 CRM 的结构与设计是一个满足 CRM 项目需求的过程。这个步骤将确认 CRM 产品所支持的企业流程。它列举了特定的"需要执行"和"怎样执行"的功能，为企业提供了一条有关 CRM 在组织和不同技术层面上发挥作用的新思路。在这个步骤中，需要考虑每个业务会产生一个或多个的数据需求，需要定义好这些数据的来源与格式，同时还要做好不同部门之间的数据一致性。保持数据定义的统一性和兼容性是很重要的。

(三)技术选择

CRM 的技术选择工作可能像挑选开架商品一样简单，也可能很复杂，需要对不同的系统集成商和 ASP 服务提供商进行综合评价。这个步骤的复杂程度与前面各步骤的效果有很大关系。如果在结构与设计期间已经取得一致意见，明确了 CRM 对现有系统以及新功能的需求，那么完全可以根据现有的 IT 环境对各种备选的 CRM 系统进行分类和排序。

软件系统提供商对其产品都会有夸大之处。最好的办法是分解企业的需求，然后要求系统提供商依据企业的需求清单，展示他们如何满足企业需求。

(四)开发

开发工作包括根据特定的产品特征构建和定制 CRM 系统。但是，CRM 开发工作并不仅是指程序员编写代码，更多地还包括用所选择的 CRM 系统来集成业务流程。此时，企业需要将选择好的 CRM 技术集成到这些业务流程中，这就是集成业务流程的含义。实现流程集成要确保业务流程已经通过用户测试。企业不仅要实现业务流程的运作，还要通过技术手段进一步"精炼"业务流程，即充分利用技术来改善"以客户为中心"的企业业务流程。在这个步骤中，容易发生的问题是让业务流程适应 CRM 产品的特性，从而引起流程变动，这样会削弱流程的原有功能，偏离最优。

(五)交付

交付使用意味着将对企业 IT 基础设施进行调整，将所需求的 CRM 系统分派给企业用户。在 CRM 系统交付时，必须对用户进行深入的培训，通过在线或网络帮助手段，或使用用户向导、工作助手和其他文档，激励用户最大限度地利用新的 CRM 功能。在销售人员开始使用新的 SFA 与客户接触时，或者客服人员在试图明白新的功能之前，只有接受培训，才能清楚如何使用新的功能，如何接受新的工作方式。只有经过培训，才能最大限度地利用系统带来的好处。通常，面向客户的员工在获得新的客户知识之后，会带来与客户交流方式的变化，创造更多沟通机会。

(六)评价

评价是 CRM 项目实施的最后步骤，评价就是根据 CRM 所要实现的功能来评价 CRM 的实施效果。许多公司忽视了持续评价 CRM 工作，认为 CRM 系统交付之后，就意味着 CRM 项目实施结束。但是，如果没有评价这个步骤，企业将无法准确地知道 CRM 项目实施是否成功。一种测试 CRM 成功的方式就是检验 CRM 能够解决企业现有问题的程度。如果在制订 CRM 业务规划时就已经设立了成功的标准，就可以通过将实际结果与这些标准进行比较，确定项目成功的程度，并逐步补充和完善标准。

四、客户关系管理项目实施成功的影响因素

(一)高层领导的支持

每个成功的 CRM 项目都有一个行政上的项目支持者，他们的职位一般是销售副总、总经理、营销副总、董事长或合伙人，他们的主要任务是确保本公司或本部门在竞争日趋激烈的市场上能有效地参与竞争。

高层领导应从总体上把握所实施的项目，扫除前进道路上的障碍，确保项目能顺利开展。高层领导的作用主要体现在三个方面：①为改造计划设定明确的目标，如提高销售收入 20%、提高利润 1%、减少销售周期 1/3、加快产品的升级换代速度 1 倍等；②推动项目向前发展为项目组提供人、财、物等各类资源的支持；③确保企业上下认识到 CRM 项目对于企业生存和发展的重要性，并在项目出现问题时激励员工解决该问题。

如果缺少高层领导的支持，前期的研究、规划、一些小流程的重新设计也许会完成，但出现重大改进的可能性很低。CRM 更多的是关于营销、销售和服务的优化，而不仅仅是营销、销售和服务的自动化。尤其是当 CRM 涉及跨部门业务时，高层领导的支持就更为关键。

(二)专注于业务流程

有一些项目小组一开始就把注意力放在技术上，这是一种错误选择。技术只是促进因素，它本身不是解决方案。因此，好的项目小组开展工作后的第一件事就是花时间去研究现有的营销、销售和服务策略，并找出改进方法。

为了发现现有流程的问题，项目小组应该事先分析公司是怎样营销、销售和服务的，客户在何种情况下、什么时候会购买产品。首先，要对营销、销售和服务部门的人员进行访谈，了解他们做些什么、为了做好工作需要哪些信息。其次，应了解用户认为存在的问题，如难以获得产品专家的支持、难以获得最近或即时的信息、难以给出没有错误的产品配置等。

项目小组应该对客户购买产品的过程进行了解和研究，如客户如何对各种产品进行评估、选择厂商、评估产品价格，并对流程进行审视，找出是哪些环节阻碍了潜在客户购买产品，如对客户要求的回复速度过慢、给出的建议不完全、售后服务不良等。

找出了流程中的问题后，分析其原因，如为什么在发现潜在客户、向其提供服务之间要用很多天的时间？为什么企业内部终止一个自定义码要花一个星期的时间？为什么销售人员不能获得关键的客户支持数据？还要分析这些问题继续存在所造成的损害。

通过这些工作，项目小组不难发现要解决的问题，而且可以在项目实施后，把彼时的状况与这时的状况相比较，看是否有所改观。

(三)技术的灵活运用

在成功的 CRM 项目中，技术选择往往与要改善的特定问题紧密相关。选择的标准应该是根据业务流程中存在的问题来选择合适的技术，而不是调整流程来适应技术要求。在选择技术时要重视其灵活性和可扩展性，以满足未来的扩展需要。因为企业要把企业内的所有用户集中到一个系统中，使每个员工都能得到完成工作所需的客户信息，所以项目初期选择的技术要比初期所需要的技术复杂，这样才能满足未来成长的需要。

(四)组织良好的团队

CRM 的实施团队应该在四个方面有较强的能力。①企业业务流程的重组。因为 CRM 并不是能使企业在每个业务环节上都提高效益，而是使得在某几个环节上获得显著的提高。这需要企业对其流程的关键部分自愿进行改造，需要小组中有对企业现状不满意的人，研究企业的流程为什么是这样的，并在合适的时间和合适的地方对流程进行改变。②系统的客户化。不论企业选择了哪种解决方案，一定程度的客户化工作经常是需要的。作为一个新兴的市场,大部分 CRM 产品都应用了最新的技术。应该根据企业的工作流程对 CRM 工具进行修改,这对获得最终用户的接受是很关键的,并且需要对系统的设计技术很熟悉的人加入 CRM 的实施团队。系统的集成化因素也很重要,特别对那些打算支持移动用户的企业更是如此。③是对 IT 部门的要求,如网络大小的合理设计、对用户桌面工具的提供和支持、数据同步化策略等。④实施 CRM 系统需要用户改变工作方式,这需要实施小组具有改变管理方式的技能,并且企业能够提供支持。这两点对于帮助用户适应和接受新的业务流程是很重要的。

对这四个方面进行评估后,如果发现某一个环节比较薄弱,就应该从别的部门、咨询公司等寻找新的人员加入小组,充实这一方面的力量,从而保证小组能实施复杂的 CRM 项目。

(五)系统的整合

系统各个部分的集成对 CRM 的成功也很重要。CRM 有效性的获得有一个过程,它们依次是终端用户有效性的提高,团队有效性的提高,企业有效性的提高,企业间有效性的提高。

为了获得用户对项目的支持,CRM 小组首先要解决终端用户问题,初始重点是营销、销售和服务流程所存在的问题。如果用户对计算机不熟悉,CRM 项目小组首先要提高用户个人的效率,使用户对计算机和网络熟悉起来。在 CRM 项目整合提高的过程中,关键在于准确地评估企业当前状况、所处位置,然后以此为出发点,一步一步地开始建设。

本章小结

(1) 首先重点介绍了客户关系管理的产生及其含义。客户关系管理的兴起与环境的变化密不可分,消费者需求的变化和企业内部管理的需求以及技术的推动和竞争的加剧是客户关系管理产生与发展的主要驱动力。客户关系的内涵包括三个方面:第一,客户关系管理是一种以客户为中心的管理理念;第二,客户关系管理是一个系统的管理过程;客户关系管理是由信息技术、软硬件系统集成的应用解决方案的总和。同时介绍了客户关系管理的内容、作用以及原则。

(2) 任何企业要想吸引客户,首先要通过客户识别与选择以及客户的开发与客户建立良好的关系。首先介绍了客户识别的内涵、内容以及步骤,接着介绍了客户选择的影响因素及策略,最后从营销导向的客户开发和推销导向的客户开发两个方面介绍了客户开发的具体策略。

(3) 客户关系的维护主要包括客户信息管理、客户分级管理、客户沟通管理、客户体验管理、客户满意与客户忠诚管理五个方面。

客户信息对于实施客户关系管理具有重要的意义。主要介绍了客户信息收集的渠道、客户信息包含的内容以及客户信息管理的主要方法。

客户分级管理是根据客户对企业的贡献率大小等指标进行多角度衡量,并按一定的比例进行加权处理后,对客户进行的分类、分级别管理。主要介绍了客户分级的方法、管理的方法、客户分级管理的适用范围。

客户沟通管理主要包括确定沟通对象、确定沟通目标、设计沟通内容、确定沟通预算、确定沟通渠道、确定沟通时间与频率、评估沟通效果等内容。

客户体验作为近年来兴起的一种新的客户管理方法和技术，首先阐述了客户体验的内涵、介绍了客户体验的模式，最后介绍了客户体验管理的策略。

客户满意与客户忠诚管理是客户关系维护的重要内容之一。介绍了客户满意的内涵和度量以及提高客户满意度的途径；阐述了客户忠诚的内涵、客户满意度与客户忠诚度的关系、影响客户忠诚的因素、培养客户忠诚的策略。

(4) 首先介绍了客户流失的概念，分析了客户流失的原因，总结了流失客户挽回的措施，最后提出了客户流失防范的策略。

(5) 客户关系管理项目的实施是企业启动系统性客户关系管理实践的重要步骤。首先阐述了客户关系管理项目实施的目标与原则，其次介绍了客户关系管理项目小组的构成以及项目经理的职责和能力要求，接着介绍了客户关系管理项目实施的步骤，最后总结了客户关系管理项目实施成功的影响因素。

本章案例

华为的客户关系管理

华为30年的成长与增长，持续而稳健，营销体系作为企业的核心职能体系，在华为的战略演绎中发挥着举足轻重的作用。华为"以客户为中心"的价值理念，发韧于踏实真诚服务客户的营销实战，致力于构建战略性客户关系，核心在于动态地、理性地选择目标客户，有组织有计划地深耕客户关系，最终形成了战略性的客户关系策略与管理的完整流程和规范运作。

一、科学选择客户

华为在早期营销中就非常注重前期的市场调研，根据客户的规模与增长将其由高到低分为四类，根据类别配置资源的比例分别是 4∶3∶2∶1，阶段性的梯度聚焦重要客户，既考虑具有市场影响力的区域性大客户，又兼顾支撑销售量的中小客户。

随着华为的成长，选择客户的方式方法更加系统与科学，华为从自身的周期性战略定位和主航道方向出发，按时间延续、综合价值两大维度对客户进行系统性算命，具体包括行业算命、经营分析、运营评估、组织洞察与管理解读等多个层面，这些层面同样分为四类客户，根据类别配置资源的比例却是 7∶3∶0∶0(或是 8∶2∶0∶0)，前两类重点客户，华为称之为 S 类战略客户和 A 类伙伴型客户。A 类是金牛型客户，在持续性的时间轴上能给公司带来稳定的现金流，但从长远看，持续增长空间有限；S 类是具有较大未来发展空间的高潜质明星型客户，具有成为行业性或区域性领军企业的基因与特质，这类客户与华为具有相互引导或驱动的能力，深度合作则能长期共赢，是华为发展战略的支点。

二、聚焦客户痛点

选定战略客户后，就要舍得把有限的资源聚焦起来，运用压强原则及重兵突破的战法，满怀激情与真诚，与战略客户建立信任关系。

任总认为，强化客户关系的关键在于找到客户需求的关键点，即痛点。聚焦客户痛点，才能真正打动客户，但痛点往往藏于客户需求体系的最深处，如何才能挖掘出来呢？主要反映在以下两个方面。

(1) 客户最在乎生意的持续增长，这是客户最核心的痛点。华为战略的关系营销从一开始就创造条件，建立双方高层定期会晤机制，共同探讨双方未来战略实现，将商务与技术交流提升至经营与管理层面，帮助客户提升格局，扩展视野，看到自己的未来，进而认同华为的整体经营与运营方案，与客户在战略上同频共振，助力客户经营上的升级与跨越。

(2) 帮助客户应对困难和危险，这是客户最深层次的痛点。目前华为在全球170多个国家和地区设有服务机构，当客户遇到问题，华为总能以最快的速度、第一时间赶到现场，解决问题。四川汶川地震、日本福岛核事故、印度尼西亚的海啸和地震、中东和非洲的乱局……救灾最需要通信保障，华为的员工不顾生命危险，纷纷请缨前往现场抢修基站。在2011年的日本福岛核泄漏事故中，华为加派人手前往现场，一天之内协助客户抢通300多个基站。客户异常惊讶，备受感动。任正非说："其实华为的成功很简单，没有什么复杂的道理，我们就是要真诚地为客户服务。你真诚地对客户，客户才会心甘情愿地掏钱买你的产品。"

三、深化客户关系

华为战略客户关系的建立与深化一般要经过三个阶段：一是赢得客户对华为的感性认知，通过展览会、参观企业、初次合作，客户对华为留下了良好印象，建立了初步关系；二是华为不断通过创新服务，提升客户赢利能力，结成利益共同体；三是双方在战略层面深度合作，高层定期交流，凝聚共识，同舟共济，联合研发与制造，优势互补，共创辉煌。

华为在空间维上，对客户进行全面渗透服务温情，实施"普遍客户关系"策略；在时间维上，持续在战略客户身上投放资源，实现持续高效增长。

建立普遍客户关系是对所有部门的要求，国内外每一位客户经理、产品经理每周要与客户保持不少于5次的沟通，还要注意提高有效沟通的质量，要建立与客户普遍沟通的制度，加强考核，通过奖惩机制强化与客户的沟通。在开拓国际市场时，华为员工对于运营商的普通测试人员、工程师、总监、总裁等，都坚持普遍客户原则，全方位接触和沟通，既让客户感受到尊重，又加强了华为产品、服务、企业文化的认知。

全方位、持续地与战略客户沟通，才能及时、准确地发现客户的痛点，才能基于客户需求持续创新，以领先的产品和服务为客户持续创造价值，这是维护战略客户关系的关键，也是华为获得持续增长的主要原因。

四、规范客户管理

华为把客户关系管理概括为"一五一工程"，即打造一支营销队伍，采用5种方式，包括参观样板点、展览会、技术交流、管理和经营研究、参观公司等，建立一个资料库。华为设立营销管理委员会，下设的客户关系管理部专门负责研究、评估并督促客户关系的建立和改善，率先将关系营销从利用关系、喝酒、回扣、降价等手段，发展为帮助运营商发展业务，创建与有实力、有价值的战略客户和伙伴客户的新型关系，在实践的摸索中，逐步系统化、科学化、标准化、规范化、流程化。

企业在发展过程中，需要持续选择战略客户。华为以10年为战略周期来分析和创建客户关系，以年度为单位进行关系评价和动态调整。每年年底时，都要对比分析客户关系，评估年初的预期与实际结果之间的差距，如有偏离，要分析是什么原因导致，是否能被接受，是否需要调整，是否有新崛起的，是否有衰落的，客户的业务和战略是否有调整，客户是否有新的可选择的战略伙伴，与客户的关系是增强了还是减弱了，客户的满意度方面出现什么问题等。通过客户的反馈确定下一年度改进客户关系的方向，并将客户的意见以及提高客户满意度列入年度工作规划中的十大重点任务中。

对每个战略客户，经过3~5年的努力，就会形成相对完善的客户档案和供应商档案。客户档案客观地记录客户的基本情况，展现客户发展前景，对华为的价值关系等，是华为把自己当客户，来反观对象企业，以此研判双方的合作前景。供应商档案记录的是客户的多家供应商的基本情况，是把华为当作客户的供应商之一，掌握客户对华为及其他供应商即竞争对手的评价，明确与竞争对手的竞争态势。

(资料来源：吴越舟. 华为战略的客户关系营销与管理[J]. 销售与市场(营销版)，2019(01))

讨论题

1. 华为是如何实施客户关系管理的？
2. 华为是如何提高维护客户关系的？
3. 华为客户关系管理经验对其他企业有哪些借鉴？

思考题

1. 简述客户关系管理产生的背景。
2. 简述关系管理的内涵和主要内容。
3. 简述客户识别的内容。
4. 什么是营销导向的客户开发？
5. 什么是推销导向的客户开发？
6. 简述如何进行客户信息管理。
7. 简述客户分级管理的方法。
8. 简述客户沟通管理的主要内容。
9. 阐述客户体验的内涵。
10. 影响客户满意的因素有哪些？
11. 培养客户忠诚的策略有哪些？
12. 客户流失的原因有哪些？
13. 怎样挽回流失客户？
14. 客户关系管理项目实施成功的影响因素有哪些？

第九章　现代电子商务管理

【学习要点及目标】

- 重点掌握电子商务的基本原理及其基础设施。
- 了解并能够列举成功的电子商务案例，学会从案例中分析要点。
- 了解电子采购。
- 掌握电子营销的方式及其过程。
- 掌握电子商务的分析与设计。
- 了解电子商务的实施与维护。

【核心概念】

电子商务　电子采购　电子营销　电子商务案例

【引导案例】

> 搜索引擎(search engine)是指根据一定的策略、运用特定的计算机程序搜集互联网上的信息，在对信息进行组织和处理后，将处理后的信息显示给用户，是为用户提供检索服务的系统。搜索引擎包括全文索引、目录索引、元搜索引擎、垂直搜索引擎、集合式搜索引擎、门户搜索引擎与免费链接列表等。百度和谷歌等是搜索引擎的代表。
>
> (资料来源：http://baike.sogou.com/v7039752.htmfromTitle-2017-3-7.)

【案例导学】

搜索引擎已经成为电子营销的重要工具之一。它告诉我们：利用搜索引擎可以收集互联网上的所有信息，并在对信息进行组织和处理后，显示给用户。其中各种引擎纷繁，功能各异，为日后从事电子商务活动提供了有力工具。

第一节　电子商务的基本原理

一、电子商务定义

从狭义上讲，电子商务(Electronic Commerce，EC)是指通过使用互联网等电子工具(这些工具包括电报、电话、广播、电视、传真、计算机、计算机网络、移动通信等)在全球范围内进行的商务贸易活动，是以计算机网络为基础所进行的各种商务活动，是商品和服务的提供者、广告商、消费者、中介商等有关各方行为的总和。人们一般理解的电子商务是指狭义上的电子商务。

从广义上讲，电子商务一词源自 Electronic Business，就是通过电子手段进行的商业事务活动。通过使用互联网等电子工具，使公司内部、供应商、客户和合作伙伴之间，利用电子设施共享商业信息,实现企业间业务流程的电子化,配合企业内部的电子化生产管理系统,提高企业的生产、库存、流通和资金等各个环节的效率。

二、电子商务特征

从电子商务的含义及发展历程可以看出电子商务具有下述各种基本特征。

(一)普遍性

电子商务作为一种新型交易方式,将生产企业、流通企业以及消费者和政府带入了一个网络经济、数字化生存的新天地。

(二)方便性

在电子商务环境中,人们不再受地域的限制,客户能以非常简捷的方式完成过去较为繁杂的商业活动。如通过网络银行能够全天候地存取账户资金、查询信息等,同时使企业对客户的服务质量得以大大提高。在电子商务活动中,有大量的人脉资源开发和沟通,从业时间灵活。

(三)整体性

电子商务能够规范事务处理的工作流程,将人工操作和电子信息处理集成为一个不可分割的整体,这样不仅能提高人力和物力的利用率,也可以提高系统运行的严密性。

(四)安全性

在电子商务中,安全性是一个至关重要的核心问题,它要求网络能提供一种端到端的安全解决方案,如加密机制、签名机制、安全管理、存取控制、防火墙、防病毒保护等,这与传统的商务活动有着很大的不同。

(五)协调性

商业活动本身是一种协调过程,它需要客户与公司内部、生产商、批发商、零售商间的协调。在电子商务环境中,它更要求银行、配送中心、通信部门、技术服务等多个部门的通力协作,电子商务的全过程往往是一气呵成的。

(六)集成性

电子商务以计算机网络为主线,对商务活动的各种功能进行了高度的集成,同时也对参加商务活动的商务主体各方进行了高度的集成,两种高度的集成性使电子商务进一步提高了效率。

三、电子商务关联对象

电子商务的形成与交易离不开以下三方面的关系。

(一)交易平台

第三方电子商务平台(以下简称第三方交易平台)是指在电子商务活动中为交易双方或

多方提供交易撮合及相关服务的信息网络系统。在此平台中，存在着平台经营者和站内经营者两个层面的经营主体；此平台的核心功能是服务。

(二)平台经营者

第三方交易平台经营者(以下简称平台经营者)是指在工商行政管理部门登记注册并领取营业执照，从事第三方交易平台运营并为交易双方提供服务的自然人、法人和其他组织。

(三)站内经营者

第三方交易平台站内经营者(以下简称站内经营者)是指在电子商务交易平台上从事交易及有关服务活动的自然人、法人和其他组织。

四、电子商务的应用范围

电子商务涵盖的范围很广，一般可分为企业对企业(Business-to-Business，即 B2B)，企业对消费者(Business-to-Consumer，即 B2C)，个人对消费者(Consumer-to-Consumer，即 C2C)，企业对政府(Business-to-Government)，线上对线下(Online To Offline)等五种模式，其中主要的有企业对企业(Business-to-Business)，企业对消费者(Business-to-Consumer)两种模式。2013年以来消费者对企业(Consumer-to-Business，即 C2B)模式也开始兴起，这是电子商务的未来。随着国内 Internet 使用人数的增加，利用 Internet 进行网络购物并以银行卡付款的消费方式已日渐流行，市场份额也在迅速增长，电子商务网站也层出不穷。

五、电子商务的功能

电子商务可提供网上交易和管理等全过程的服务，因此，它具有广告宣传、咨询洽谈、网上订购、网上支付、电子账户、服务传递、意见征询、交易管理等八大功能。

(一)广告宣传

电子商务可凭借企业的 Web 服务器和客户的浏览，在 Internet 上发布各类商业信息。客户可借助网上的检索工具(Search)迅速地找到所需商品信息，而商家可利用网上主页(Home Page)和电子邮件(E-mail)在全球范围内做广告宣传。与以往的各类广告相比，网上的广告成本最为低廉，而给顾客的信息量却最为丰富。

(二)咨询洽谈

电子商务可借助非实时的电子邮件(E-mail)、新闻组(News Group)和实时的讨论组(Chat)来了解市场和商品信息、洽谈交易事务，如有进一步的需求，还可用网上的白板会议功能(Whiteboard Conference)来交流即时的图形信息。网上的咨询和洽谈能超越人们面对面洽谈的限制、提供多种方便的异地交谈形式。

(三)网上订购

电子商务可借助 Web 中的邮件交互传送实现网上的订购。网上的订购通常都是在产品介绍的页面上提供十分友好的订购提示信息和订购交互格式框。当客户填完订购单后，通常系统会回复确认信息单来保证订购信息的收悉。订购信息也可采用加密的方式使客户和商家的商业信息不被泄露。

(四)网上支付

电子商务要成为一个完整的过程，网上支付是重要的环节。客户和商家之间可采用信用卡账号实施支付。在网上直接采用电子支付手段将可省略交易中很多人员的开销。网上支付将需要更为可靠的信息传输安全性控制以防止欺骗、窃听、冒用等非法行为。

(五)电子账户

网上的支付必须电子金融来支持，即银行或信用卡公司及保险公司等金融单位要为金融活动提供网上操作服务。而电子账户管理是其基本的组成部分，信用卡号或银行账号都是电子账户的一种标志，其可信度需配以必要的技术措施来保证，如数字凭证、数字签名、加密等手段的应用，都提供了电子账户操作的安全性。

(六)服务传递

对于已付了款的客户应将其订购的货物尽快地传递到他们的手中。而有些货物在本地，有些货物在异地，电子商务将能在网络中进行物流的调配。最适合在网上直接传递的货物是信息产品，如软件、电子读物、信息服务等，它能直接从电子仓库中将货物发送到用户端。

(七)意见征询

电子商务可以十分方便地采用网页上的"选择""填空"等格式文件来收集用户对销售服务的反馈意见，以此使企业的市场运营形成一个封闭的回路。客户的反馈意见不仅能提高售后服务水平，还能使企业获得改进产品、发现市场的商业机会。

(八)交易管理

整个交易的管理将涉及人、财、物多个方面，也涉及企业和企业、企业和客户及企业内部等各方面的协调和管理。因此，交易管理是涉及商务活动全过程的管理。电子商务的发展，将会提供一种良好的交易管理的网络环境及多种多样的应用服务系统。这样，就能保障电子商务获得更广泛的应用。

六、电子商务的类型

按照商业活动的运行方式，电子商务可以分为完全电子商务和非完全电子商务。

按照商务活动的内容，电子商务主要包括间接电子商务(有形货物的电子订货和付款，任何需要利用传统渠道如邮政服务和商业快递车送货)和直接电子商务(无形货物和服务，如某些计算机软件、娱乐产品的联机订购、付款和交付，或者是全球规模的信息服务)。

按照开展电子交易的范围，电子商务可以分为区域化电子商务、远程国内电子商务、全球电子商务。

按照使用网络的类型，电子商务可以分为基于专门增值网络(EDI)的电子商务、基于互联网的电子商务、基于 Intranet 的电子商务。

按照交易对象，电子商务可以分为企业对企业的电子商务(B2B)、企业对消费者的电子商务(B2C)、企业对政府的电子商务(B2G)、消费者对政府的电子商务(C2G)、消费者对消费者的电子商务(C2C)，企业、消费者、代理商三者相互转化的电子商务(ABC)，以消费者为中心的全新商业模式(C2B2S)。

1. C2B2S

C2B2S(Customer to Business-Share)模式是C2B模式的进一步延伸，该模式很好地解决了C2B模式中客户发布需求产品初期无法聚集庞大的客户群体而致使与邀约的商家交易失败的难题。全国首家采用该模式的平台是晴天乐客。

2. B2B

B2B(Business to Business)电子商务，即企业与企业之间通过互联网进行产品、服务及信息的交换。通俗的说法是指进行电子商务交易的供需双方都是商家(或企业、公司)，它们使用了Internet的技术或各种商务网络平台，完成商务交易的过程。这些过程包括发布供求信息，订货及确认订货，支付过程，票据的签发、传送和接收，确定配送方案并监控配送过程等。

3. B2C

B2C(Business to Customer)模式是中国最早产生的电子商务模式，以8848网上商城正式运营为标志，如今的B2C电子商务网站非常多，比较大型的有天猫商城、京东商城等。

4. C2C

C2C(Consumer to Consumer)同B2B、B2C一样，都是电子商务的模式之一。不同的是C2C是用户对用户的模式，C2C商务平台就是通过为买卖双方提供一个在线交易平台，使卖方可以主动提供商品上网拍卖，而买方可以自行选择商品进行竞价。

5. B2M

B2M(Business to Manager)相对于B2B、B2C、C2C的电子商务模式而言，是一种全新的电子商务模式。而这种电子商务相对于以上三种有着本质的不同，其根本的区别在于目标客户群的性质不同，前三者的目标客户群都是作为一种消费者的身份出现，而B2M所针对的客户群是该企业或者该产品的销售者或者为其工作者，而不是最终消费者。

6. B2G

B2G(Business to Government)模式是企业与政府管理部门之间的电子商务，如政府采购、海关报税的平台，国税局和地税局报税的平台等。

7. M2C

M2C(Manager to Consumer)是针对于B2M的电子商务模式而出现的延伸概念。在B2M模式中，企业通过网络平台发布该企业的产品或者服务，职业经理人通过网络获取该企业的产品或者服务信息，并且为该企业提供产品、销售或者提供企业服务，企业通过经理人的服务达到销售产品或者获得服务的目的。

8. O2O

O2O(Online to Offline)是新兴起的一种电子商务商业模式,即将线下商务的机会与互联网结合在一起,让互联网成为线下交易的前台。这样线下服务就可以从线上揽客,消费者可以在线上来筛选服务,还有成交可以在线结算,很快达到规模。该模式最重要的特点是推广效果可查,每笔交易可跟踪。

9. C2B

C2B(Customer to Business)也是一种电子商务模式,即消费者对企业(Customer to Business)。最先由美国流行起来的消费者对企业(C2B)模式也许是一个值得关注的尝试。C2B模式的核心是通过聚合分散分布但数量庞大的用户形成一个强大的采购集团,以此来改变B2C模式中用户一对一出价的弱势地位,使之享受到以大批发商的价格买单件商品的优惠价格。

C2B 先有消费者需求产生而后有企业生产,即先有消费者提出需求,后有生产企业按需求组织生产。通常情况为消费者根据自身需求定制产品和价格,或主动参与产品设计、生产和定价,产品、价格等彰显消费者的个性化需求,生产企业进行定制化生产。

10. B2B2C

所谓 B2B2C(Business To Business To Customers)是一种新的网络通信销售方式。第一个B指广义的卖方(即成品、半成品、材料提供商等),第二个 B 指交易平台,即提供卖方与买方的联系平台,同时提供优质的附加服务,C 即指买方。卖方不仅仅是公司,可以包括个人,即一种逻辑上的买卖关系中的卖方。

11. B2T

国际通称 B2T(Business To Team),是继 B2B、B2C、C2C 后的又一电子商务模式,即一个团队向商家采购,或称为团购。如今,网络的普及让团购成为很多中国人参与的消费革命。网络消费已成为一种新的消费方式。所谓网络团购,就是互不认识的消费者,借助互联网的"网聚人的力量"来聚集资金,加大与商家的谈判能力,以求得最优的价格。尽管网络团购的出现只有短短两年多的时间,却已经成为在网民中流行的一种新消费方式。据了解,网络团购的主力军是年龄 25 岁到 35 岁的年轻群体,在北京、上海、深圳等大城市十分普遍。

七、电子商务的运营模式

(一)综合商城

商城,谓之城,自然城中会有许多店。商城一楼可能是一级品牌,然后二楼是女士服饰,三楼男士服饰,四楼运动装饰,五楼手机数码,六楼特价……将 N 个品牌专卖店装进去,这就是商城。而网络上的淘宝商城也是这种形式,它有庞大的购物群体、有稳定的网站平台、有完备的支付体系、有诚信安全体系(尽管仍然有很多不足),促进了卖家进驻卖东西,买家进去买东西。如同传统商城一样,淘宝自己是不卖东西的,它只是提供了完备的销售配套服务。而线上的商城,在人气足够、产品丰富、物流便捷的条件下,其成本优势非常明显；24 小时的不夜城，无区域限制，更丰富的产品等优势，体现着网上综合商城将成为交易市场的一个非常重要的角色。

(二)百货商店

商店，谓之店，说明卖家只有一个；而百货，即是满足日常消费需求的丰富产品线。这种商店配备自有仓库，以满足更快的物流配送和客户服务的要求。

(三)垂直商店

垂直商店，服务于某些特定的人群或某种特定的需求，可以提供有关这个领域需求的全面及更专业的服务。

(四)复合品牌店

复合品牌店，是指拥有某一品牌的厂商，线下建有实体店，线上也拥有独立的销售渠道，从而实现多渠道销售的商业形式。

(五)轻型品牌店

轻型品牌店，是指专注于品牌的建立和推广。品牌商基于品牌定位，加强产品设计，专心形成自己品牌的产品标准，通过信息化应用，配合日益成熟的互联网销售平台，寻找最好的原材料提供商、最好的生产厂商，以及高效益的有效推广渠道。

(六)服务型网店

易美是一家网上冲印公司。比如，小王结婚了，跟老婆去了欧洲度蜜月，拍了好多相片，可是，还没回到家，亲戚朋友们都拿到了小王通过易美网上冲印好的相片，相片有的是嵌在骨瓷杯上，有的按自己的意愿，装订了漂亮的相框，正放在爸爸妈妈的房间。

"亦得代购，购遍全球"。亦得可以帮你到全世界各地去购买你想要的产品，并以收取适量的服务费赢利。

服务型的网店越来越多，都是为了满足人们不同的个性需求，甚至帮你排队买电影票，都有人交易，以后更多服务形式的网店会层出不穷。

(七)衔接通道型

M2E 是英文 Manufacturers to E-commerce(厂商与电子商务)的缩写，是建立在电子商务基础上的一种新型行业，是一种以节省厂商销售成本和帮助中小企业供应链资源整合的运作模式。在 2007 年美国电商峰会上由知名经济学家提出，广州点动信息科技有限公司是国内企业在这方面的代表。

(八)导购引擎型

网友们可以通过导购引擎将自己对产品的体验、点评分享给网友，网友通过分享，会产生相应的购买动机，故导购引擎作为 B2C 的上游商将给商家们带去客户。该种模式的典范是爱比网，它已成为电商有效的流量采购平台，为高品质 B2C 商家们有效地降低了营销成本。

(九)社交

社交电子商务(Social Commerce)，是电子商务的一种新的衍生模式。其典型的形式是博客、微博；其核心是借助社交媒介、网络媒介的传播途径，通过社交互动、用户自生内容等手段来辅助商品的购买和销售行为。在 Web 2.0 时代，越来越多的内容和行为是由终端用户来产生和主导的，比如博客、微博。一般可以分为两类：一类是专注于商品信息的，主要是通过用户在社交平台上分享个人购物体验、在社交圈推荐商品的应用；另一类是专注于商品销售，即通过社交平台，让终端用户直接介入到商品的销售过程中。

(十)ABC 模式

ABC 模式是由代理商(Agents)、商家(Business)和消费者(Consumer)共同搭建的集生产、经营、消费为一体的电子商务平台，它是新型电子商务模式的一种，被誉为继 B2B 模式、B2C 模式、淘宝 C2C 模式、N2C 模式之后电子商务界的第五大模式。

(十一)团购模式

团购(Group Purchase)就是团体线上购物，指认识或不认识的消费者联合起来，加大与商家的谈判筹码，取得最优价格的一种购物方式。因为团购，商家可以给出低于零售价格的团购折扣和单独购买得不到的优质服务。团购作为一种新兴的电子商务模式，通过消费者自行组团、专业团购网、商家组织团购等形式，提升用户与商家的议价能力，并极大程度地获得商品让利，引起消费者及业内厂商，甚至资本市场的关注。团购的商品价格更为优惠，尽管团购还不是主流消费模式，但它所具有的影响力已逐渐显露出来。团购的主要方式是网络团购。

(十二)线上线下

线上订购、线下消费是 O2O 的主要模式，是指消费者在线上订购商品，再到线下实体店进行消费的购物模式。这种商务模式能够吸引更多热衷于实体店购物的消费者，传统网购的以次充好、图片与实物不符等虚假信息的缺点在这里都将彻底消失。传统的 O2O 核心是在线支付，而现在的线上线下，是将 O2O 经过改良，把在线支付变成线下体验后再付款，消除了消费者对网购诸多方面不信任的心理。消费者可以从网上众多商家提供的商品里面挑选最合适的商品，再到线下实体店亲自体验，这一购物过程，不仅放心有保障，而且也是一种快乐的享受过程。

(十三)其他模式

电子商务的范围波及人们的生活、工作、学习及消费等众多领域，其服务和管理也涉及政府、工商、金融及用户等诸多方面。Internet 逐渐渗透到每个人的生活中，而各种业务在网络上的相继展开，也在不断地推动着电子商务这一新兴领域的昌盛和繁荣。电子商务可应用于小到家庭理财、个人购物，大至企业经营、国际贸易等诸多方面。具体地说，其内容大致可以分为三个方面，即企业间的商务活动、企业内的业务运作和个人网上服务。

八、电子商务的盈利模式

电子商务盈利模式主要有网上目录盈利模式、数字内容盈利模式、广告支持盈利模式、广告—订阅混合盈利模式、交易费用盈利模式、服务费用盈利模式、线上销售盈利模式。

(一)网上目录盈利模式

起源于邮购模式或商品目录模式,将邮寄目录的模式扩展到网上,用网站的信息来替代商品目录的分发,此模式即称为网上目录盈利模式。该模式常应用于以下商品和商业形式:计算机与家电、图书与音像制品、奢侈品、服装零售店、鲜花与礼品店、折扣店等。该盈利模式的关键是合适的产品、全面的产品目录分类、方便的订购流程、满足客户消费体验、完善的售货服务。

(二)数字内容盈利模式

数字内容产业中并存着多种盈利模式。据诺达咨询最新发布的《创意产业系列——数字内容商业模式评估与创新设计报告2011》中的研究成果,以下7种为主要的盈利模式。

1. 内容、版权盈利模式

内容、版权盈利模式是指在数字内容产业中,主要依靠所生产的数字内容产品对外版权收费和内容产品使用收费的盈利模式。主要表现为数字内容,如视频、音频、电子文字、图片的版权使用以及以数字化内容组合而成产品的对外销售服务模式。例如电子书、影视节目等。这种模式是数字内容产业最根本也是最原始的盈利模式。

2. 内容、版权+业务运营盈利模式

内容、版权+业务运营盈利模式与内容、版权盈利模式的不同之处,体现为产业主体单位是否参与后续数字内容业务的运营。具有数字内容资源的产业主体可以参与后续产业环节的运营以提高收益。目前,许多内容生产制作产业主体包含了产业链的多个环节或者与后续产业链环节主体单位合作,这是目前具有数字内容资源大型企业普遍存在的形式。

3. 功能性收费盈利模式

功能性收费盈利模式是指在数字内容产业中,以内容功能性收费为主的盈利模式。主要表现为一定数字内容、视频、音频、电子文字、图片、一定时间段内使用的单次收费模式。

4. 功能性收费+内容收费盈利模式

功能性收费+内容收费盈利模式指在数字内容产业中,以内容功能性收费为主、内容收费为辅的盈利模式。主要表现为一定数字内容、视频、音频、电子文字、图片在一定时间段内使用的单次收费模式,额外数字内容需求可以按照次数、流量等方式计费盈利。

5. 功能性收费+延伸品收费盈利模式

功能性收费+延伸品收费盈利模式指在数字内容产业中,以内容功能性收费和相关内容延伸品收费盈利的模式。主要表现为一些数字内容产品服务的功能性收费,其延伸产品按不同形式收费,功能性收费和延伸品收费比重不同、产业不同。

6. 内容+广告收费盈利模式

内容+广告收费盈利模式主要指相关产业主体向广告主收取广告制作和播出费用的盈

利模式。一般来说广告收费与内容收费是并行的,也有特殊情况下的内容免费、仅靠广告收费实现盈利的模式。

7. 完全免费模式

完全免费主要指政府部门或部分社会非营利性团体为社会提供信息而采用的模式,以及企业商家为推广产品服务而采取的营销手段。

这7种模式对数字内容产业的发展具有不同的意义,也各自存在一些问题。

(三)广告支持盈利模式

广告支持的盈利模式(advertising-supported revenue model),主要依靠网站广告获得收入。以广告为主营收入的网站类型有门户网站、搜索引擎、报业出版商、分类广告网站、短视频网站、社区网站等。

比如美国电视网络常采用的一种模式,提供带广告信息的免费节目,广告收入用于支持电视网络的运营和降低节目制作成本。

(四)广告—订阅混合盈利模式

广告—订阅混合盈利模式的核心是为数众多的杂志订阅者支付费用并接受一定的广告信息。

(五)交易费用盈利模式

交易费用盈利模式即企业通过支持一次交易活动来收取费用,费用根据所处理交易的数量或规模来定。

网站作为新的中介形式,可以对交易相关信息进行整理和过滤,帮助交易双方完成网上交易,包括旅行服务、汽车销售、证券交易、在线订票、在线银行、拍卖等。

该模式成功的关键因素包括完善的交易平台;专业的服务支持;安全、便捷的在线支付系统。

目前常见的11种网站运营模式,即属于该模式的体现:在线广告;彩铃彩信下载、短信发送等电信增值形式;产品交易型网站;提供独特的资源,为会员提供服务而获得收益;网络游戏运营,虚拟装备和道具买卖;搜索竞拍、产品招商、分类网址和信息整合,付费推荐和抽成盈利;广告中介;企业信息化服务;通过融资;建立会员数据库,为企业提供精准营销服务;建立网络产品,通过销售产品服务来获得收益。

(六)服务费用盈利模式

即按照服务本身的价值收费。如各种网上游戏、在线电影、网上咨询(如法律、理财服务等)、医疗诊断、远程教育、系统支持服务(域名、空间等)、电子邮箱服务、会员服务以及各种增值服务等。该模式成功的关键因素是专业的服务。

(七)线上销售盈利模式

即在线交易的盈利模式。该模式利用网络商务平台的作用,将支持交易,收取费用作为收入来源。代表性的公司有阿里巴巴、淘宝网及易趣等。前者是B2B,后两者是C2C。

通过支持企业或消费者的在线贸易、并对各企业和个人用户进行信用评级，该类网站提供了一个很好的商务平台。以阿里巴巴为例，作为全球最大的网上贸易市场，阿里巴巴在一定程度上推动了中国商业信用的建立，并对广大的中小企业在激烈的国际竞争中立足发挥了一定的支持作用。

九、建站模式

第一种是在基于平台的网上商城开店，适合于二手或闲置物品。

第二种是进驻大型网上商城，像实体店铺进驻商场一样。

第三种是独立网店。可根据喜好选择自己喜欢的店铺风格、可自行设定商品分类及商品管理规则，可自行添加各种支付方式，可按照自己的要求给予用户最好的网上购物体验。功能支持是三种模式中最全面的，服务支持也是最专业的，但费用是三种模式中最低的。支持这种模式的主流软件有一些是免费的，只收主机托管(空间、带宽及域名支持等)费用就可开起专业的网店。

第二节　电子商务的基础设施

基础设施包括的是服务器等硬件和支撑业务系统的软件，还包括其他外部设施，如第三方物流等软件支持。

一、互联网

(一)定义与构成

互联网是连接全球计算机的实体网络，包含网络服务器设施及它们之间的连接，连接用于客户个人计算机与网络服务器间控制及传输信息。因此，互联网是一个大型的客户端/服务系统。

互联网诞生于20世纪60年代末，主要用于军事和学术的合作领域，当时的目的是要建立一个相互连接的、可靠的网络，以达到即使其中的一些连接中断了，整个网络仍然能够继续有效运转的目的。这个目的通过在传输过程中把用户信息和数据分解成为若干个数据包，然后经过不同的路由器进行传递而实现。

大多数互联网服务内容对接入互联网的企业或者个人用户是开放的。但是，很多电子商务应用可能会涉及一些公司的敏感信息，这要求对于使用这些信息的个人或者第三方进行限制。如果这些信息仅限于公司内部使用，那么公司使用的这个网络就是内联网。如果使用者除了公司内部的员工还包括公司的供应商、合作伙伴等外部组织(这些外部组织是公司指定的特定外部组织而不是所有的外部组织)，那么公司使用的网络就是外联网。内联网和外联网相互对立，但同时有共存点：内联网有时候也可以放宽限制并视为外联网。

(二)内联网与外联网

1. 内联网

内联网被广泛应用于卖方电子商务市场，它的应用有利于形成一个有效的营销网络。

除此之外，内联网还有利于支持供应链管理。内联网通常可能具备以下优势。

(1) 降低产品生命周期——由于不同公司产品发展的信息和营销渠道都是相互联系的，并且日趋合理，这有利于加快产品的销售速度。

(2) 通过较高的生产率可以降低企业的生产成本。

(3) 可以通过远程化的方法面向全国或全球发布信息。

内联网不仅仅用于发布信息，现在很多网络浏览器也为曾经传统上独立使用的软件程序的商业应用提供了接入平台，这就有利于降低企业管理和维护信息管理的总费用。由于基于网络浏览器的内联网不需要对终端是个人的计算机进行系统配置，所以信息系统的维护费用更低，并且更容易进行软件升级，相比给每个用户重新进行软件配置而言，所面临的问题更少。比如，Chrysler 公司应用内联网来提高其 40 000 名员工的效率，以简化信息获取成本，从而降低总成本。内联网的应用范围包括项目团队组织管理工具、人力资源自助服务、财务建模工具、建造项目跟踪系统等。

2．外联网

尽管从用户的角度来看，外联网听起来很复杂，但其应用其实很简明易懂。比如说你在互联网上购买一本书或者是一张 CD，在购买的过程中，只要你注册了用户名和密码，那么你就可使用外联网。这是顾客服务型外联网，它同样也可为企业用户提供上网服务。如果你访问专门为公司提供财务服务的 Ifazone 公司的外联网，再打开公司的网站后，你会发现主页上只有三个按钮，即进入、注册和演示。由于有 90%的业务正依赖于它所提供的资源，因此在该公司的决策制定方面起着举足轻重的作用。任何出于信息和数据共享目的与其他网络连接的是内联网。两个内联网出于通信和交易的目的联系起来，就建立了外联网。外联网能带来的好处表现在以下几个方面。

(1) 在安全的环境下共享信息。公司可以通过外联网实现与其合作伙伴之间的信息共享。

(2) 节约成本。通过外联网可以使经营管理变得更有效。比如 Merisel 公司是一个计算机硬件销售商，通过外联网节约了近 70%的订单处理成本。成本节约来自员工人数的减少、信息处理成本的降低和纸质文件使用的减少。

(3) 订货和发货系统。也称为"电子整合效用"。外联网可以把销售商的销货系统和供应商的供货系统相连接，以保证商品存货水平。这意味着可以减少一些由于缺货或者储存过多导致的销售损失或高额成本。

(4) 顾客服务。前面提及的外联网充分体现了外联网有利于提高公司的服务质量和服务水平。此外，供应商和代理商也可以找到他们需要的价格信息或广告材料。

3．防火墙

防火墙指的是一个由软件和硬件设备组合而成、在内部网和外部网之间、专用网与公共网之间的界面上构造的保护屏障。是一种获取安全性方法的形象说法，它是一种计算机硬件和软件的结合，使 Internet 与 Intranet 之间建立起一个安全网关(Security Gateway)，从而保护内部网免受非法用户的侵入。防火墙主要由服务访问规则、验证工具、包过滤和应用网关四个部分组成，防火墙就是一个位于计算机和它所连接的网络之间的软件或硬件。该计算机流入流出的所有网络通信和数据包均要经过此防火墙。

在网络中，所谓"防火墙"，是指一种将内部网和公众访问网(如 Internet)分开的方法，它实际上是一种隔离技术。防火墙是在两个网络通信时执行的一种访问控制尺度，它能允许你"同意"的人和数据进入你的网络，同时将你"不同意"的人和数据拒之门外，最大限度地阻止网络中的黑客来访问你的网络。换句话说，如果不通过防火墙，公司内部的人就无法访问 Internet，Internet 上的人也无法和公司内部的人进行通信。

(三)万维网

1. 定义

WWW 是 World Wide Web 的缩写，中文称为"万维网""环球网"等，常简称为 Web。Web 又可细分为 Web 客户端和 Web 服务器程序。

WWW 是一个以 Internet 为基础的计算机网络，它允许用户在一台计算机通过 Internet 存取另一台计算机上的信息。从技术角度上说，环球信息网是 Internet 上那些支持 WWW 协议和超文本传输协议 HTTP(Hyper Text Transport Protocol)的客户机与服务器的集合，透过它可以存取世界各地的超媒体文件，内容包括文字、图形、声音、动画、资料库以及各式各样的软件。

万维网是无数个网络站点和网页的集合，它们在一起构成了因特网最主要的部分(因特网也包括电子邮件、Usenet 以及新闻组)。它实际上是多媒体的集合，是由超级链接连接而成的。

2. 硬件组成

1) 客户机

客户机(浏览器)是一个需要某些内容的程序，而服务器则是提供某些内容的程序。一个客户机可以向许多不同的服务器请求。一个服务器也可以向多个不同的客户机提供服务。通常情况下，一个客户机可以启动与某个服务器的对话。服务器通常是等待客户机请求的一个自动程序。客户机通常是作为某个用户请求或类似于用户的每个程序提出的请求而运行的。协议是客户机请求服务器和服务器如何应答请求的各种方法的定义。WWW 客户机又可称为浏览器。

通常的环球信息网上的客户机主要包括 IE、Firefox、Safia、Opera、Chrome 等。

在 Web 中，客户机的任务是帮助你制作一个请求(通常在单击某个链接点时启动)；将你的请求发送给某个服务器；通过对直接图像适当解码，呈交 HTML 文档和传递各种文件给相应的"观察器"(Viewer)，把请求所得的结果报告给你。

一个观察器是一个可被 WWW 客户机调用而呈现特定类型文件的程序。当一份声音文件被你的 WWW 客户机查阅并下载时，它只能用某些程序(例如 Windows 下的媒体播放器)来"观察"。通常 WWW 客户机不仅限于向 Web 服务器发出请求，还可以向其他服务器(例如 Gopher、FTP、News、Mail)发出请求。

2) 服务器

服务器具有以下功能：接受请求；请求的合法性检查，包括安全性屏蔽；针对请求获取并制作数据，包括 Java 脚本和程序、CGI 脚本和程序、为文件设置适当的 MIME 类型来对数据进行前期处理和后期处理；审核信息的有效性；把信息发送给提出请求的客户机。

如果服务器不在 80 号端口，而在其他端口 (例如 8080) 等待用户连接，此时 WWW 将失败，客户端需要更改连接的端口。

另外，有些机构的网关具有网址过滤功能以禁止访问某些网站。此时可以尝试用代理服务器去访问被禁止的网站。

3. Web 2.0

1) 含义

Web 2.0 是相对 Web1.0(2003 年以前的互联网模式)的新的一类互联网应用的统称,是一次从核心内容到外部应用的革命。由 Web 1.0 单纯通过网络浏览器浏览 HTML 网页模式向内容更丰富、联系性更强、工具性更强的 Web 2.0 互联网模式的发展,已经成为互联网新的发展趋势。

Web 1.0 到 Web 2.0 的转变,具体地说,从模式上是单纯的"读"向"写"和"共同建设"发展;由被动地接收互联网信息向主动创造互联网信息迈进;从基本构成单元上,是由"网页"向"发表/记录的信息"发展;从工具上,是由互联网浏览器向各类浏览器、RSS 阅读器等内容发展;运行机制上,由"Client Server"向"Web Services"转变;作者由程序员等专业人士向全部普通用户发展;应用上由初级的"滑稽"应用向全面大量应用发展。

2) 主要特点

(1) 用户参与网站内容制造。与 Web 1.0 网站单项信息发布的模式不同,Web 2.0 网站的内容通常是用户发布的,用户既是网站内容的浏览者也是网站内容的制造者,这也就意味着 Web 2.0 网站为用户提供了更多参与的机会,例如博客网站和 Wiki 就是典型的基于用户创造内容的指导思想,而 Tag 技术(用户设置标签)将传统网站中的信息分类工作直接交给用户来完成。

(2) Web 2.0 更加注重交互性。不仅用户在发布内容的过程中可以实现与网络服务器之间的交互,而且也实现了同一网站不同用户之间的交互,以及不同网站之间信息的交互。

(3) 符合 Web 标准的网站设计。Web 标准是国际上正在推广的网站标准,通常所说的 Web 标准一般是指网站建设采用基于 XHTML 语言的网站设计语言。实际上,Web 标准并不是某一标准,而是一系列标准的集合。Web 标准中典型的应用模式是"CSS+XHTML",该模式摒弃了 HTML4.0 中的表格定位方式,其优点之一是网站设计代码规范,并且减少了大量代码,减少了网络带宽资源浪费,加快了网站访问速度。更重要的一点是符合 Web 标准的网站对于用户和搜索引擎更加友好。

(4) Web 2.0 网站与 Web 1.0 没有绝对的界限。Web 2.0 技术可以成为 Web 1.0 网站的工具,一些在 Web 2.0 概念之前诞生的网站本身也具有 Web 2.0 特性,例如 B2B 电子商务网站的免费信息发布和网络社区类网站的内容也来源于用户。

(5) Web 2.0 的核心不是技术而在于指导思想。Web 2.0 有一些典型的技术,但技术是为了达到某种目的所采取的手段。Web 2.0 技术本身不是 Web 2.0 网站的核心,重要的在于典型的 Web 2.0 技术体现了具有 Web 2.0 特征的应用模式。因此,与其说 Web 2.0 是互联网技术的创新,不如说是互联网应用指导思想的革命。

(6) Web 2.0 是互联网的一次理念和思想体系的升级换代,由自上而下少数资源控制者集中控制主导的互联网体系,转变为自下而上地由广大用户集体智慧和力量主导的互联网体系。

(7) Web 2.0 体现交互,可读可写,体现出的特征是各种微博、相册,用户参与性更强。

3) Web 2.0 主要相关技术

(1) Blog——博客/网志。Blog 的全名应该是 Web log,后来缩写为 Blog。Blog 是一个易于使用的网站,您可以在其中迅速发布想法、与他人交流以及从事其他活动。所有这一切都是免费的。

(2) RSS——聚合内容。RSS 是站点用来和其他站点之间共享内容的一种简易技术(也叫聚合内容)。最初源自浏览器"新闻频道"的技术，通常被用于新闻和其他按顺序排列的网站，例如 Blog。

(3) Wiki——百科全书。Wiki——一种多人协作的写作工具。Wiki 站点可以有多人(甚至任何访问者)维护，每个人都可以发表自己的意见，或者对共同的主题进行扩展或者探讨。

(4) Wiki——超文本系统。这种超文本系统支持面向社群的协作式写作，同时也包括一组支持这种写作的辅助工具。有人认为，Wiki 系统属于一种人类知识网格系统，我们可以在 Web 的基础上对 Wiki 文本进行浏览、创建、更改，而且创建、更改、发布的代价远比 HTML 文本小；同时 Wiki 系统还支持面向社群的协作式写作，为协作式写作提供了必要帮助；最后，Wiki 的写作者自然构成了一个社群，Wiki 系统为这个社群提供简单的交流工具。与其他超文本系统相比，Wiki 有使用方便及开放的特点，所以 Wiki 系统可以帮助我们在一个社群内共享某领域的知识。

4．电子邮件

电子邮件(Electronic mail，简称 E-mail，标志：@，也被大家昵称为"伊妹儿")，又称电子信箱、电子邮政，它是一种用电子手段提供信息交换的通信方式，是 Internet 应用最广的服务，通过网络的电子邮件系统，用户可以用非常低廉的价格(不管发送到哪里，都只需负担电话费和网费即可)，以非常快速的方式(几秒钟之内可以发送到世界上任何你指定的目的地)，与世界上任何一个角落的网络用户联系，这些电子邮件可以是文字、图像、声音等。同时，用户可以得到大量免费的新闻、专题邮件，并实现轻松的信息搜索。

(四)互联网语音信息传递(VoIP)

VoIP 是一个相对较新的应用，它可以用于在网络上传递语音信息，换句话说，人们可以通过 VoIP 实现在互联网上打电话。查阅互联网协议中 IP 标准的内容可知，IP 协议是利用一个单一的网络把一台计算机连接到它所需要交流的任何一台计算机的协议，连接实现的信息传递包括文本数据、声音和多媒体信息。VoIP 之所以越来越受到消费者的青睐，主要是因为它极大地降低了人们打电话的成本。管理和经营 VoIP 系统的成本仅相当于同样规模的传统电信系统管理费用的一半。从更长远来看，它还可以用于一些主要的大型电信公司。用 IP 网络取代现存的电信网络，除了降低管理成本以外，VoIP 还能带来以下几方面的益处：简便的点击拨号——用户仅需点击计算机屏幕上的号码或者图标即可完成拨号任务；来电转接和与其他地点的人举行电话会议；集成的短信息服务——电子邮件、语音邮件和传真等信息都可以集中到一个单一的收件箱中；成本控制——审查和查询不同企业的通信操作成本变得更加便捷。

公司要实施 VoIP，管理者将面临以下选择。①点对点。最有名的点对点实施方案是由 Skype 公司(2005 年被 eBay 公司收购)推出的，即提供免费的电话拨打和电话会议服务。这项功能是通过一个"电话软件"来实现的。其中一项被称为 SkypeOut 的服务可以通过网络向固定电话和手机用户拨打电话。相对电话而言减少了通话成本，但它只适用各种小型企业。对于大型公司而言，只适用于一些经常出差的员工。②托管服务。这个应用相当于来自 ASP(应用程序服务供应商)的服务。这里很多公司可以共同使用基于互联网的一个中心系统来提供服务，卓有成效地降低应用成本。但有些公司认为这种做法可能会导致公司现有电信资源闲置。③完全替代原来所有的电话网络。这可能会导致重建成本偏高，并且这种投资可能在短期内很难看到收益。但是对于新设立的公司而言，这种投资通常来说是最有效率的。④通过使用 VoIP 系统来更新现有的电话网络。这是现在很多公司乐于采用的最好的方式。

二、互联网标准

互联网标准定义了互联网的核心。互联网是一个全球信息系统，它可把全世界的计算机通过唯一的 IP 地址连接起来；通过使用 TCP/IP 的协议或其扩展协议实现了信息在世界范围内的传播；基于以上描述的为公众和个人提供高标准服务的通信技术架构。

(一)TCP/IP

TCP/IP 是 Transmission Control Protocol/Internet Protocol 的简写，中译名为传输控制协议/因特网互联协议，又名网络通信协议，是 Internet 最基本的协议、Internet 国际互联网络的基础，由网络层的 IP 协议和传输层的 TCP 协议组成。TCP/IP 定义了电子设备如何连入因特网，以及数据如何在它们之间传输的标准。协议采用了四层的层级结构，每一层都呼叫它的下一层所提供的协议来完成自己的需求。简而言之：TCP 负责发现传输的问题，一有问题就发出信号，要求重新传输，直到所有数据安全正确地传输到目的地，而 IP 是给因特网的每一台计算机规定一个地址。

(二)HTTP

HTTP 是 Hyper Text Transfer Protocol 的缩写，中译名为超文本传输协议，是用于从 WWW 服务器传输超文本到本地浏览器的传送协议。它可以使浏览器更加高效，使网络传输减少。它不仅可以保证计算机正确快速地传输超文本文档，还可以确定传输文档中的哪一部分，以及哪部分内容首先显示(如文本先于图形)等。

HTTP 是一个应用层协议，由请求和响应构成，是一个标准的客户端服务器模型。

(三)统一资源定位器

统一资源定位器又称统一资源定位符(Uniform Resource Locator，URL)，以下简称URL。URL 方案集，包含如何访问 Internet 上的资源的明确指令，是用于完整地描述 Internet 上网页和其他资源的地址的一种标识方法。

URL 是统一的，因为它们采用相同的基本语法，无论寻找哪种特定类型的资源(网页、新闻组)或描述通过哪种机制获取该资源。

对于 Intranet 服务器或万维网服务器上的目标文件，可以使用"统一资源定位符(URL)"地址(该地址以"http://"开始)。Web 服务器使用"超文本传输协议(HTTP)"，一种"幕后"的 Internet 信息传输协议。

(四)域名

域名(Domain Name)，是由一串用点分隔的名字组成的 Internet 上某一台计算机或计算机组的名称，用于在数据传输时标识计算机的电子方位(有时也指地理位置，地理上的域名，指代有行政自主权的一个地方区域)。域名的目的是便于记忆和沟通的一组服务器的地址(网站、电子邮件、FTP 等)。

以一个常见的域名为例说明，Baidu 网址是由三部分组成的，标号"Baidu"是这个域名的主体，而最后的标号"com"则是该域名的后缀，代表的这是一个 com 国际域名，是顶级域名。而前面的 www.是网络名，为 www 的域名。

DNS 规定，域名中的标号都由英文字母和数字组成，每一个标号不超过 63 个字符，也不区分大小写字母。标号中除连字符(-)外不能使用其他标点符号。级别最低的域名写在最左边，而级别最高的域名写在最右边。由多个标号组成的完整域名总共不超过 255 个字符。

一些国家也纷纷开发使用由本民族语言构成的域名，如德语、法语等。中国也开始使用中文域名，但可以预计的是，在中国国内今后相当长的时期内，以英语为基础的域名(即英文域名)仍然是主流。

(五)网站和数据交换标准

网站的网页通常由文本、图像和多媒体等信息形式组成，这些被称为网站内容。文本、图像和多媒体等信息存在不同的标准。网站内容决定一切，因为网站内容决定着用户在网站上的经历，并直接决定他以后是否还会再次登录这个网站。

1. 超级文本标记语言

超级文本标记语言(英文缩写：HTML)是为"网页创建和其他可在网页浏览器中看到的信息"设计的一种标记语言。网页的本质就是超级文本标记语言，通过结合使用其他的 Web 技术(如：脚本语言、公共网关接口、组件等)，可以创造出功能强大的网页。因而，超级文本标记语言是万维网(WWW)编程的基础，也就是说万维网是建立在超文本基础之上的。超级文本标记语言之所以称为超文本标记语言，是因为文本中包含了所谓"超级链接"点。

超级文本标记语言文档制作不是很复杂，但功能强大，支持不同数据格式的文件嵌入，这也是万维网(WWW)盛行的原因之一，其主要特点如下所述。

(1) 简易性。超级文本标记语言版本升级采用超级方式，从而更加灵活方便。

(2) 可扩展性。超级文本标记语言的广泛应用带来了加强功能，增加标识符等要求，超级文本标记语言采取子类元素的方式，为系统扩展带来保证。

(3) 平台无关性。虽然个人计算机大行其道，但使用 MAC 等其他机器的大有人在，超级文本标记语言可以使用在广泛的平台上，这也是万维网(WWW)盛行的另一个原因。

2. 可扩展标记语言

可扩展标记语言(Extensible Markup Language, XML)是用于标记电子文件使其具有结构性的标记语言，可以用来标记数据、定义数据类型，是一种允许用户对自己的标记语言进行定义的源语言。XML 是标准通用标记语言(SGML)的子集，非常适合 Web 传输。XML 提供统一的方法来描述和交换独立于应用程序或供应商的结构化数据。其格式特性如下所述。

(1) XML 与 Access、Oracle 和 SQL Server 等数据库不同，数据库提供了更强有力的数据存储和分析能力，例如，数据索引、排序、查找、相关一致性等，XML 仅仅是存储数据。事实上 XML 与其他数据表现形式最大的不同是它极其简单，这是一个看上去有点琐细的优点，但正是这点使 XML 显得与众不同。

(2) XML 与 HTML 的设计区别是 XML 被设计为传输和存储数据，其焦点是数据的内容。而 HTML 被设计用来显示数据，其焦点是数据的外观。HTML 旨在显示信息，而 XML 旨在传输信息。

(3) XML 和 HTML 的语法区别。HTML 的标记不是全部都需要成对出现，XML 则要求所有的标记必须成对出现；HTML 标记不区分大小写，XML 则必须区分大小写。

可扩展的标记语言 XML(Extensible Markup Language)是一种元标记语言，即定义了用于定义其他特定领域有关语义的、结构化的标记语言，这些标记语言可以将文档分成许多部件并对这些部件加以标识。XML 文档定义方式有 DTD(Document Type Definition)和 XML Schema 两种。DTD 定义了文档的整体结构以及文档的语法，应用广泛并有丰富工具支持。XML Schema 用于定义管理信息等更强大、更丰富的特征。XML 能够更精确地声明内容，方便跨越多种平台的更有意义的搜索结果。它提供了一种描述结构数据的格式，简化了网络中数据交换和表示，使代码、数据和表示分离，并作为数据交换的标准格式，因此它常被称为智能数据文档。

三、电子商务基础设施结构

(一)电子商务系统层次

在电子商务系统中，系统用户执行某项操作时体现为各个层次之间的配合。比如，一个员工想要提前申请一个假期，他可以打开用于人力资源管理的应用程序，然后选择假期申请功能。在完成假期表单填写以后，该应用程序会把假期请求信息存入系统，并把它传送到企业管理者和人力资源管理部门等待批准。要进入假期申请应用程序界面，员工必须使用一个类似于 Microsoft 互联网浏览器的软件，使用类似于 Windows XP 或者 Apple Osx 的操作系统，这些程序将会通过网络连接或者说是传输层来传送员工的假期请求。信息会存储在 Web 服务器的存储器内或长久保存在存储介质中。然后记录员工假期请求信息的网页或者其他查看工具将会把信息显示出来。通过图 10-1 可以更详细地理解电子商务系统层。

图 10-1　电子商务系统层

在这五个层次里，Ⅰ层可以是 CRM、供应链管理、数据挖掘、内容管理系统等；Ⅱ层可以是网络浏览器，服务器软件和标准，网络软件和数据库管理系统；Ⅲ层是物理网络和传输标准等；Ⅳ层是网络服务器永久性磁介质存储，或光电备份，或内存，或临时存储等。Ⅴ层是内联网、外联网和互联网 Web 内容，客户数据，交易数据，其他点击数据等。

如图 10-1 所示的结构与其他一些作者所描述的电子商务或者信息系统的基础设施结构体系是类似的，只是不同层次之间的逻辑关系存在着差异。Zwass 认为互联网框架由以下三部分构成：①基础设施。包括软件、硬件和通信设备；②服务。主要是指软件基础服务，比如搜索引擎、电子货币和安全系统；③产品和服务。主要指电子商务公司的门户网站。

Kampas (2000) 把互联网框架称为"信息系统功能链"，并认为它由以下五个组成部分：①物理存储。即内存和硬盘部分；②处理过程。即信息处理器的运算和逻辑处理过程；③基础设施。这主要是指互联网系统的用户接口和外部接口，也包括由连接设备组成的整个网络；④应用程序。主要指应用程序把数据转化为信息的过程；⑤智能，是指互联网系统的逻辑能力能够把信息转化为人们所用的知识。

(二)电子商务基础设施结构

基于电子商务的系统层次，可以将电子商务的基础设施结构确定为：硬件、系统软件和应用软件。

(1) 硬件和系统软件，是指硬件以及前面述及的网络设施，具体包括客户机、服务器、网络服务以及系统软件。

在客户端方面，管理决策可能涉及采用何种浏览器软件和插件。

有代表性的系统软件是：操作系统(DOS、Windows、UNIX、OS/2)；语言处理系统(汇编语言汇编器、C 语言编译、连接器等)；数据库系统(FoxPro、Access、Oracle、MySQL、Sybase、DB2 和 Informix)；辅助系统(主要是编辑程序、调试程序、装备和连接程序等)等。

在系统软件方面，主要是对整个企业组织实施标准化管理。标准化管理有利于减少用于企业管理系统支持和维护的费用，同时能够有效地降低采购价格。

(2) 应用软件。应用软件主要是为员工、客户和商业合作伙伴服务的各种应用软件，如各种办公软件、图片处理软件、通信软件、解压缩软件、视频软件等。

第三节 电 子 采 购

一、电子采购的含义及特点

电子采购是由采购方发起的在 Internet 上创建专业供应商网络的基于 Web 方式的一种采购行为，是一种不见面的网上交易，如网上采购、网上招标、网上竞标、网上谈判等。

电子采购能够使企业通过网络，寻找管理合格的供货商和物品，随时了解市场行情和库存情况，编制销售计划，在线采购所需的物品，并对采购订单和采购的物品进行在途管理、台账管理和库存管理，实现采购的自动统计分析。

因此，电子采购比一般的电子商务和一般性的采购在本质上有了更多的概念延伸，它不仅仅是指完成采购行为，而且是指利用信息和网络技术对采购全程的各个环节进行管理，有效地整合企业的资源，帮助供求双方降低成本，提高企业的核心竞争力。电子采购使企业不再采用人工办法购买和销售它们的产品,在这一全新的商业模式下,随着买主和卖主通过电子网络而连接,商业交易开始变得具有无缝性。

实施电子采购,不仅方便、快捷,而且交易成本低,信息公开透明。

二、电子采购方式

实现电子采购的方式有两种,即使用 EDI(电子数据交换)的电子采购和使用 Internet 的电子采购。电子采购门户站点对购买简单商品最为有效,它可以让供应商创建和维护其产品的在线目录,其他公司也可以从这些目录中搜索商品,下订单以及当场确定付款和装运选择。在试图购买那些必须定制的产品时,常常需要人力判断以及人与人之间的协商:首先,要整理叫作 RFP(建议请求)的信息包,其中包括某一商品的技术规格和供应要求;其次,必须找到能够满足该请求的供应商。为了节省时间和资金,只需要与有资格的供应商联络,这样花费的精力最少。促使这一过程自动化的一种方式就是使用 EDT 网络,它能够让供应商和买主交换采购信息。

三、电子采购优势

电子采购这一全新的商业模式,通过电子网络而将买主和卖主连接在一起,商业交易开始变得具有无缝性,其自身的优势如下所述。

1. 提高采购效率,缩短采购周期

采购方企业通过电子采购交易平台进行竞价采购,可以根据采购方企业的要求自由设定交易时间和交易方式,大大地缩短采购周期。

2. 节约大量的采购成本

采用传统方式生成一份订单所需要的平均费用为 150 美元,使用基于 Web 的电子采购解决方案则可以将这一费用减少到 30 美元。企业通过竞价采购商品的价格平均降幅为 10%左右,最高时可达到 40%。

3. 优化采购流程

采购流程的电子化不是用计算机和网络技术简单替换原有的方式方法,而是要依据更科学的方法重新设计采购流程,在这个过程中,可以摒弃传统采购模式中不适应社会生产发展的落后因素。

4. 减少过量的安全库存

世界著名的家电行业跨国企业海尔集团在实施电子采购后,采购成本大幅降低,仓储面积减少一半,降低库存资金约 7 亿元,库存资金周转日期从 30 天降低到了 12 天以下。

5. 信息共享

不同企业,包括各个供应商都可以共享信息,不但可以了解当时采购、竞标的详细信息,还可以查询以往交易活动的记录,这些记录包括中标、交货、履约等情况,帮助买方全面了解供应商,帮助卖方更清楚地把握市场需求及企业本身在交易活动中的成败得失,积累经验。还能使供求双方之间的信息更加透明。

6. 电子采购能帮助采购方改善客户服务和客户满意度

通过改善的客户服务和客户满意度，可以促进供应链绩效，以及改善与供应商的关系。

7. 使供应商获益颇丰

对于供应商，电子采购可以更及时地掌握市场需求，降低销售成本，增进与采购商之间的关系，获得更多的贸易机会。

国内外无数企业实施电子采购的成功经验证明，电子采购在降低成本，提高商业效率方面，比在线零售、企业资源计划(ERP)更具潜力。电子采购的投资收益远远高于过去10年内已经在企业中占主导地位的任何商业革命，包括企业流程再造、策略性采购等。

四、电子采购平台

(一)协同招投标管理系统

协同招投标管理系统是一个协同的、集成的招标采购管理平台，使各种类型的用户(包括组织者、采购业主、投标商、审批机构等)都能在同一且个性化的信息门户中一起协同工作，摆脱时间和地域的限制。协同招投标管理系统，以招投标法为基础，融合了招投标在中国的实践经验，实现了整个招标过程的电子化管理和运作，可以在线实现招标、投标、开标、评标和决标等整个复杂的招标投标流程，使招标的理念和互联网技术完美结合，从时间上、价格上、质量上都全面突破传统的招投标方式，最大限度实现招标方的利益。协同招投标管理系统以自主开发的国内领先的工作流系统作为系统的核心，可以帮助客户快速高效地实现各种复杂的招标投标流程，包括各种内部审批流程。

(二)企业竞价采购平台

企业竞价采购平台是一个供应商之间以及供应商和采购商之间互不见面的网上竞价采购管理平台，使供应商可以远程参与竞价采购。竞价采购，又称反拍卖采购技术(RAT)，是由采购招标和网上竞价两部分有机结合在一起的采购方式。它用电子商务取代以往的谈判公关，帮助采购商最大限度地发现卖主，并引发供应商之间的竞争，大幅度降低采购成本，同时有力地变革了采购流程，是对企业具有跨时代意义的零风险采购辅助手段。在传统招标采购中，供应商总是在确保低价中标的同时尽量争取价格最高，并且由于比值、比价、招投标过程较长，供应商之间相互见面等因素，容易产生供应商之间价格同盟，因此不能在最大范围内挑起各投标方的反复竞价，从而使降价空间缩小，导致采购品降价不足；而RAT技术则是根据工业采购品的不同特点，由采购商制定产品质量标准、竞价规则，通过B2B的方式，使采购商得以更好地发现卖主，并挑起供应商竞争。成交价格可以是一个，也可以是一组，对供货方来说只有竞争价格是透明的，博弈阵容对其并不透明，从而很好地强化了降价竞争，使采购品价格大大降低。经过各个卖主之间一番激烈的降价竞争，一条降价曲线会自动输出，竞价结果客观、公开，不再需要人为的议标过程。

(三)电子目录采购系统

该系统是一套基于国内领先工作流技术的集办公自动化、产品目录管理、供应商管理以及电子采购于一体的综合解决方案。可以帮助客户快速高效地实现内部采购供应系统的任意商业运作流程及业务规则，搭建符合其自身需求的涵盖包括招标采购、竞价采购、商务谈判在内多种采购方式的在线采购平台，并能有效地管理供应商和产品目录。主要功能模块包括工作流引擎、可视化流程定义工具(WFVISIO)、流程监控工具(WFMONITOR)、流程节点定义、信息发布系统、视图定义、综合查询统计定义、文档自动生成、电子文档管理、组织结构管理、权限管理、供应商管理、专家管理、产品目录管理、在线投标、开标大厅、在线评标、竞价大厅、谈判大厅、合同管理、采购效果分析、项目任务管理、日志管理、在线编辑器等。

五、电子采购的实现

在电子采购过程中，从招标方发布招标信息到最后的双方签约，招标方主要工作是撰写标书并且生成 XML 格式的标书文件，然后再将招标书生成 XML 文件发送到系统，由系统将招标文件入库，招标方在标书发布后可以接收投标方的投标书，并且在开标后可以审阅投标书，在评标方评标后可以接收评标书，审阅评标书决定中标者，在决定中标者后给中标者发送订单；投标方的主要工作是查阅招标书，编辑投标书签名，将投标书生成 XML 文件、加密、发送给招标方，如果中标则接收订单；评标方主要工作是在开标后审阅投标文件，生成评标书，并且签名，生成 XML 文件，登录、查看信息、加密、发送给招标方。

基于上述分析，采用 XML 技术与 Java 技术相结合而构建的 Web 体系，并且在此基础上实现电子采购，利用 XML 的 Schema 定义标书的文档，采用 DOM 动态的在线生成 XML 格式的电子标书；在显示时使用 XSL 技术处理视图，将显示与内容分离。在评审评标书时，除了人工评审外，系统可自动对招标书 XML 文件内容进行分析，运算重组以及检索，利用 XML 可解析性，在评审中智能地判别筛选理想的候选对象。

第四节 电 子 营 销

一、电子营销的定义及特点

电子营销是指借助互联网，利用计算机通信技术、数字交互式媒体，以及现代通信技术来实现营销目标的一种营销方式。电子营销的特点是完全以客户为中心，互动性强、目标针对性强、客户准确性强、独具时空优势，传播范围广，还可以做到全方位展示，具有传统营销方式无可比拟的优势。因此，网络营销具有如下特征：市场的全球性、资源的整合性、明显的经济性和市场的冲击性。

电子营销概念的同义词有网上营销、互联网营销、在线营销、网络行销、口碑营销、网络事件营销、社会化媒体营销、微博营销等。

二、电子营销的优势

(1) 网络媒介具有传播范围广、速度快、无时间地域限制、无时间版面约束、内容详尽、多媒体传送、形象生动、双向交流、反馈迅速等特点，有利于提高企业营销信息传播的效率，增强企业营销信息传播的效果，降低企业营销信息传播的成本。

(2) 电子营销无店面租金成本，可实现产品直销功能，能帮助企业减轻库存压力，降低经营成本。

(3) 国际互联网覆盖全球市场，通过互联网企业可方便快捷地进入任何一国市场。尤其是世贸组织第二次部长会议决定在下次部长会议之前不对网络贸易征收关税，网络营销更为企业架起了一座通向国际市场的绿色桥梁。

三、电子营销步骤

第一步是将自己的企业全面快速地搬到互联网。企业在制定自己的网络营销方案的时候，首先要考虑到自己的网站属于营销型的网站。

第二步是通过多种网络营销工具和方法来推广和维护自己的企业网站。在互联网做的任何宣传和推广活动都必须以企业的网站为核心。

第三步是网站流量监控与管理。通常采用流量监控与分析系统和在线客服系统来实现。营销型网站需要一套功能齐全的在线客服系统，以此来帮助我们时时主动发出洽谈，能够及时将有效的流量(潜在客户或意向客户)转换为网上销售。

四、电子营销技巧

电子营销职能的实现需要通过一种或多种网络营销手段，常用的网络营销方法除了搜索引擎注册之外，还有关键词搜索、网络广告、TMTW 来电付费广告、交换链接、信息发布、整合营销、邮件列表、许可 E-mail 营销、个性化营销、会员制营销、病毒性营销等。

(一)交换链接

交换链接或称互惠链接，是具有一定互补优势的网站之间的简单合作形式，即分别在自己的网站上放置对方网站的 LOGO 或网站名称并设置对方网站的超级链接，使用户可以从合作网站中发现自己的网站，达到互相推广的目的。交换链接的作用主要体现在几个方面，即获得访问量、加深用户浏览时的印象、在搜索引擎排名中增加优势、通过合作网站的推荐增加访问者的可信度等。更重要的是，交换链接的意义已经超出了是否可以增加访问量，比直接效果更重要的在于业内的认知和认可。

(二)网络广告

几乎所有的网络营销活动都与品牌形象有关，在所有与品牌推广有关的网络营销手段中，网络广告的作用最为直接。标准标志广告(BANNER)曾经是网上广告的主流(虽然不是唯一形式)，进入 2001 年之后，网络广告领域兴起了一场轰轰烈烈的创新运动，新的广告形式不断出现，新型广告由于克服了标准条幅广告条承载信息量有限、交互性差等弱点，因此获得了相对比较高的点击率。

(三)信息发布

信息发布既是网络营销的基本职能，又是一种实用的操作手段，通过互联网，不仅可以浏览到大量商业信息，同时还可以自己发布信息。最重要的是可以将有价值的信息及时发布在自己的网站上，以充分发挥网站的功能，比如新产品信息、优惠促销信息等。

(四)许可 E-mail 营销

基于用户许可的 E-mail 营销比传统的推广方式或未经许可的 E-mail 营销具有明显的优势,比如可以减少广告对用户的滋扰、增加潜在客户定位的准确度、增强与客户的关系、提高品牌忠诚度等。开展 E-mail 营销的前提是拥有潜在用户的 E-mail 地址,这些地址可以由企业从用户、潜在用户资料中自行收集整理,也可以利用第三方的潜在用户资源。比如国内的 51mymail、拓鹏数据库营销均属于此类。

(五)邮件列表

邮件列表实际上也是一种 E-mail 营销形式,邮件列表也是基于用户许可的原则,用户自愿加入、自由退出,稍微不同的是 E-mail 营销可以直接向用户发送促销信息,而邮件列表是通过为用户提供有价值的信息,在邮件内容中加入适量促销信息,从而实现营销的目的。邮件列表的主要价值体现在四个方面,即作为公司产品或服务的促销工具、方便和用户交流、获得赞助或者出售广告空间、收费信息服务。邮件列表的表现形式很多,常见的有新闻邮件、各种电子刊物、新产品通知、优惠促销信息、重要事件提醒服务等。

(六)个性化营销

个性化营销的主要内容包括用户定制自己感兴趣的信息内容、选择自己喜欢的网页设计形式、根据自己的需要设置信息的接收方式和接收时间等。个性化服务在改善顾客关系、培养顾客忠诚以及增加网上销售方面具有明显的效果,据研究,为了获得某些个性化服务,在个人信息可以得到保护的前提下,用户才愿意提供有限的个人信息,这正是开展个性化营销的前提保证。

(七)会员制营销

会员制营销已经被证实为电子商务网站的有效营销手段,国外许多网上零售型网站都实施了会员制计划,几乎已经覆盖了所有行业。国内的会员制营销还处在发展初期,不过已经看出电子商务企业对此表现出的浓厚兴趣和旺盛的发展势头。

(八)网上商店

网上商店是建立在第三方提供的电子商务平台上、由商家自行经营的商店,如同在大型商场中租用场地开设商家的专卖店一样,是一种比较简单的电子商务形式。网上商店除了通过网络直接销售产品这一基本功能之外,还是一种有效的网络营销手段。从企业整体营销策略和顾客的角度考虑,网上商店的作用主要表现在两个方面:一方面,网上商店为企业扩展网上销售渠道提供了便利的条件;另一方面,建立在知名电子商务平台上的网上商店增加了顾客的信任度。从功能上来说,对不具备电子商务功能的企业网站也是一种有效的补充,对提升企业形象并直接增加销售具有良好效果,尤其是将企业网站与网上商店相结合,效果更为明显。

(九)病毒性营销

病毒性营销并非真的以传播病毒的方式开展营销,而是通过用户的口碑宣传网络,信息像病毒一样传播和扩散，利用快速复制的方式传向数以千计、数以百万计的受众。现在几乎所有的免费电子邮件提供商都采取的是类似的推广方法。

(十)来电付费

按接到客户有效电话的数量进行付费，英文"PayPerCall"，是近年在欧美国家出现的一种新的广告推广计费新模式，其策划不收费，展示不收费，点击不收费，只有广告主接到客户有效电话后才收取相应费用。也就是说，按来电付费，是一种真正意义上的按效果付费的模式。

(十一)网络视频营销

通过数码技术将产品营销现场实时视频图像信号和企业形象视频信号传输至 Internet 网上，客户只需上网登录该网站就能看到对公司产品和企业形象进行展示的电视现场直播，是"遥瞰网络监控发展科技有限公司"在网站建设和网站推广中、为加强浏览者对网站内容的可信性、可靠性而独家创造的。

(十二)论坛营销

论坛营销就是企业利用论坛这种网络交流平台，通过文字、图片、视频等方式发布企业的产品和服务信息，从而让目标客户更加深刻了解企业的产品和服务，最终达到企业宣传品牌、加深市场认知度目的的网络营销活动。

(十三)网络图片营销

我们时常会在 QQ 上接收到朋友发过来的有创意图片，在各大论坛上看到以图片为主线索的帖子，这些图片中多少也带有一些广告色彩，比如图片右下角带有网址等。这其实就是图片营销的一种方式，目前，国内的图片营销方式，千奇百怪。

(十四)博客营销

博客营销是通过博客网站或博客论坛接触博客作者和浏览者，利用博客作者个人的知识、兴趣和生活体验等传播商品信息的营销活动。

(十五)网络品牌营销

企业或个人或组织机构利用互联网为媒介，利用各种网络营销推广手段进行产品或者服务的推广，在消费者心目中树立良好的品牌形象，最终把企业的产品或服务推广出去满足消费者的需求，同时实现企业自身的价值就叫作网络品牌营销。

(十六)电子杂志营销

电子杂志营销是利用电子杂志为载体的一种营销方式，电子杂志是一种非常好的媒体表现形式，它兼具了平面与互联网两大特点，且融入了图像、文字、声音等，以动态结合的方式呈现给读者，是很受读者欢迎的一种阅读方式。

(十七)数据库营销

数据库营销就是企业通过收集和积累会员(用户或消费者)信息，经过分析筛选后有针对性地使用电子邮件、短信、电话、信件等方式进行客户深度挖掘与关系维护的一种营销方式。也可以说，数据库营销就是以与顾客建立一对一的互动沟通关系为目标，并依赖庞大的顾客信息库进行长期促销活动的一种全新的销售手段，是一套内容涵盖现有顾客和潜在顾客，可以随时更新的动态数据库管理系统。数据库营销的核心是数据挖掘。而网络营销中的数据库营销更多的是以互联网为平台进行营销活动。

(十八) IM 营销

IM 营销又叫即时通信营销，是企业通过即时工具 IM 帮助企业推广产品和品牌的一种营销方式，常用的主要有两种方式。第一种，网络在线交流。中小企业建立了网店或者企业网站时一般会有即时通信在线，这样潜在的客户如果对产品或者服务感兴趣自然会主动和在线的商家联系。第二种，广告。中小企业可以通过 IM 营销通信工具，发布一些产品信息、促销信息，或者可以通过图片发布一些网友喜闻乐见的表情，同时加上企业要宣传的标志。

(十九) SNS 营销

SNS 营销就是利用 SNS 网站的分享和共享功能，在六维理论的基础上实现的一种营销。通过病毒式传播的手段，让产品被更多的人知道。

(二十) 视频营销

视频营销指的是企业将各种视频短片以各种形式放到互联网上，达到一定宣传目的的营销手段。网络视频广告的形式类似于电视视频短片，平台却在互联网上。"视频"与"互联网"的结合，让这种创新营销形式具备了两者的优点。

(二十一) RSS 营销

RSS 营销是指利用 RSS 这一互联网工具传递营销信息的网络营销模式，RSS 营销的特点决定了其比其他邮件列表营销具有更多的优势，是对邮件列表的替代和补充，RSS 营销 RSS 的送达率几乎为 100%，完全杜绝未经许可发送垃圾邮件。

(二十二) 搜索引擎营销

搜索引擎营销(SEM)，是英文 Search Engine Marketing 的翻译，简称为 SEM，就是根据用户使用搜索引擎的方式，利用用户检索信息的机会尽可能将营销信息传递给目标用户。搜索引擎营销主要可分为两类：一是有价的，被称为竞价排名；二是无价的，被称为 SEO(搜索引擎优化)。

第五节　电子商务分析与设计

一、电子商务分析的含义及目的

电子商务分析主要是用来了解组织的业务以及用户对新系统的需求。典型的分析活动为了解现有流程，然后评价实施电子商务解决方案的途径。

提高工作效率和改善顾客服务水平的关键是向雇员和合作者传递高质量的信息或者实现流程中高质量的信息的互换，这便是电子商务分析的真正目的。

二、电子商务分析的内容

电子商务分析主要可分为过程模型分析和数据模型分析两种类型。

(一)过程模型分析

传统的过程模型分析方法使用既定的系统分析和设计方法，这些方法是方法论的一部分，例如结构化系统分析和设计方法，类似于数据流程图技术。

1. 流程图

一个简单的流程图是描述工作流程的连续作业的出发点，其中工作流程是电子商务流程的一部分。虽然流程图很简单，但因其能够被无技术背景的员工所理解，同时又能够识别流程的瓶颈和无效率的部分，所以它很有效。

2. 工作时间分析

工作时间分析是我们实施细节分析时运用到的一种分析工具，这种工具可以用来计算一个流程的整体效率。在进行这种分析前，首先需要计算完成流程中的所有作业所需的平均时间，再除以整个流程总的时间，从而得到效率。后者通常大于前者，因为各任务之间可能出现间断，例如表格的传输，等待外盘和内盘等都可导致任务的不连续。

3. 网络图

虽然数据流程图和流程图表可以表示作业和任务的发生次序，但是它们通常不能给流程次序一个十分严谨且正式的定义，然而流程次序是电子商务、工作流程或 ERP 系统的必备输入量。为达到能够定义次序的目的，必须使用网络图，即 GAN(整体化的作业网络)。这样的话，就需要代表人物的区间内加一个节点，精确定义任务完成后的选项。在网络图中最常见的情形是一项作业紧跟另一项作业,如顾客身份验证的随后作业就是信用核查。

4. 事件驱动流程链(EPC 模型)

EPC 是人们用来描绘经营事件和流程最常用的方法之一，这种方法因应用于企业管理再设计而广为人知。企业的管理再设计使用了 SAP R/3 ERP 这种产品(此产品全球销售额高达几亿美元)。其中，为支持这个系统，包含 800 多个标准的 EPC 被建立。它们在软件发行之前可以清晰地阐述经营者所要表达的经营规章之意。

5. 验证一个新过程模型

不管用哪种方法对流程进行定义，都要核实流程的定义是否可行。

(二)数据模型分析

数据库模型分析可分为三个阶段。

1. 实体识别

主体定义了广泛的数据源，例如人群、交易或产品的信息，具体的如顾客信息、雇员信息、销售订单信息和采购订单信息。每个设计实施时都会形成一张数据库表。

2. 实体属性识别

属性是对一个实体的任何一个个体的特征描述，因此实体有不同的属性。如客户实体有如下属性：姓名、电话以及电子邮箱地址。当实施设计时，每个属性将形成一个字段，将主体的一个个体的所有字段收集起来就形成了一条记录，如一个特定的用户就会形成一条记录。

3. 实体间的关系识别

实体间关系需要进行表间链接的字段识别。例如，我们需要知道哪位客户发出了购买指令以及对哪种产品发出了指令。

三、电子商务设计

(一)电子商务系统结构体系设计

设计电子商务系统的出发点是确保公司中存在一个以软硬件技术、应用和经营流程为表现形式的通用结构体系。

电子商务系统设计模仿了许多商务信息系统的客户服务器模型的设计风格，后者产生于20世纪90年代。对电子商务而言，其客户主要是雇员、供应商或者客户的台式PC。客户通过内联网、外联网或因特网连接到电子商务系统的后端服务器上。

在设计客户服务器系统时，一个重要的决策是如何在客户端与服务器间进行任务分配。这些任务包括向用户传递工作申请信息等。对于一个电子商务系统而言，这些任务出现的典型情形是：①数据存储：主要指数据在服务器上的存储；②问题处理。主要是服务器端的问题处理，尽管有时也指客户端的问题处理；③显示：主要指客户端功能；④应用逻辑。

典型的电子商务结构体系使用 3 层客户端——服务器模型。在此模型中，客户端用来显示应用逻辑，这是第一层。服务器上的经营规章分区是第二层。数据库服务器是第三层。由于大多数的数据处理是在服务上而不是在客户端执行的，所以客户端执行的程序数量小，有时又称客户端为"瘦客户端"。

尽管电子商务系统模型采用了一种相对简单的结构设计形式，但实际应用这一系统是比较复杂的。为满足不同的客户需求，不同的服务器被用来链接不同的应用逻辑和数据库存储，它们可能是分散的，也可能是链接的。典型的电子商务结构设计中每一种服务器及其功能如下。

(1) 网页服务器。管理客户的 HTTP 需求，并充当链接其他服务器的中介。返回或服务于网页。

(2) 商业服务器。它是应用逻辑的主要存储区，通过向其他服务器元件发出请求整合整个应用系统。

(3) 个性化服务器。提供一些特定内容或者商业服务器的部分功能。

(4) 支付商业服务器。管理支付系统并确保交易安全。

(5) 目录服务器。它是一种文档服务管理器，用来显示产品的详细信息和技术说明。

(6) CRM 服务器。存储客户合同上的所有信息。

(7) ERP 服务器。存储存货信息、存储客户支付信息、处理销售订单、存储历史记录、安排销售物流等。

很明显，不同元件的集成方法设计并不简单——一个完全集成化的电子商务系统的开发不可能一蹴而就！简化设计的最好方法是减少供应商的元件数量，以简化数据和应用集成。

(二)以用户为中心的网站设计

由于电子商务系统往往是面对客户或者是雇员的，所以人机互动在网络设计中的重要性可想而知。提到网站设计，Nigel Bevan 说：网站只有满足目标使用者的需求，才能满足提供网络的组织的需求。网站的发展应以用户为中心，以满足用户需求程度来评价网站设计的进步与否。

以用户为中心的设计不仅仅包括界面设计，不能误认为这种设计应把注意力放在人身上，其设计的重心应放在影响可用性的要素上，如用户界面、计算机、工作地点以及环境。设计的性质和用户群的变量是用户中心设计的起点。根据 Bevan(1999)，设计人员需要考虑的问题如下所述。

(1) 谁是最重要的用户？
(2) 他们进入网站的目的是什么？
(3) 他们访问网站的频率是多少？
(4) 他们有什么样的经历和经验？
(5) 他们来自哪个国家？
(6) 他们能读懂英语吗？
(7) 他们寻找哪种类型的信息？
(8) 他们想以何种方式使用信息？网上阅读、打印版还是下载？
(9) 他们使用什么类型的浏览器？网站链接的速度如何？
(10) 他们使用多大的显示屏？屏幕分辨率是多少？

第六节 电子商务实施与维护

一、电子商务实施与维护的动态性

一旦电子商务被应用或电子商务网站建立，可以说其维护阶段与传统商务应用的维护阶段相比更重要，因为一个成功的电子商务应用系统是动态的，一个动态的电子商务软件意味着其内容和服务随着环境的变化而持续不断地更新。当市场研究揭示出顾客认为网站存在的问题或者竞争者提供新的服务时，为保持竞争优势，相关部门需要快速地更新电子商务系统。

分析、设计、实施和维护之间的关系显然已经非常明了。很明显，在原型开发过程中，实施活动如测试和审核紧随分析和设计之后。这些活动在系统形成之前的最后实施阶段也很可能发生。虽然分析和设计活动、实施和维护活动在系统生命周期模型中习惯上被认为是独立的阶段。实际上，这些阶段在很大程度上存在着重叠现象，并作为开发原型的一部分同时发生。当需求分析完成后，设计和实施会同时发生并制作出情节图脚本和原型。原型法中每个阶段可能是 30 天或者 60 天，每个阶段结束后，一个新的原型将会诞生。网络应用如 Google 和 Microsoft 的开发是一个持续改进的过程，在模块生效之前，需要认真地对其测试，并对主要错误进行修正。

一旦系统建成，对其测试和审核也将开始。对负荷量和影响服务器的使用者活动的测试可能被认为是试运行测试的延伸。对于应用系统，持续不断地对它的内容和服务进行较小的更新升级是必要的。每一次更新都会涉及分析、设计和测试原型程序。开发并测试每 6 个月、12 个月或 18 个月(分析和设计的另一个全循环周期)进行一次重大更新。

二、建立电子商务系统的可选方案

1．预定开发

在预定开发下，开发人员可以借助于解决方案的计划从无到有建立应用程序。

2．现货供应

在打包实施下，组织从解决方案的供应商可以那里购得一个标准的系统，并把它安装到组织内的服务器和客户端上。或者使用免费或低成本的源码开放软件。网络设计工具如 Dream Weaver 就是现货供应打包实施的明显例证。

3．主机方案(打包)

主机方案使用标准系统，但该标准系统不是由公司内部管理，而是由第三方应用程序服务供应商管理，他们被称为"按需提供""网络服务"或"管理解决方案"。

4．定制开发

在定制开发下，应用系统或主机方案是根据公司的需要定制的。这种方案的具体做法是对从一个或几个供应商那里购得的部件进行整合。

这些可选方案已经被考核过了，组织普遍采用的方法是定制现货供应或主机方案，因为这两种方法在降低成本和减少开发时间的同时还充分考虑了组织的特殊需要。

三、选择解决方案的主要标准

在不考虑系统资源的前提下，用于选择解决方案的主要标准是相同的。

1．功能性

应用程序的特性，它主要描述了电子商务如何满足交易需要的能力。

2．易使用

每一个系统都要经过一段时间后才能被使用，但系统应当直观地减少学习如何使用它们的时间。一个结构完善的软件有利于系统很快地执行一般任务。

3．性能

即应用程序执行不同任务的速度。这可以通过使用者在完成个人职责后需要等待的时间来测量。它取决于计算机的功率，但也可能因应用程序的不同而不同。

4. 可测性

它是指系统适应新需求的能力，与性能有关。例如，随着公司的成长，一个 ERP 系统需要储存更多的顾客、供应商和生产商的详细资料。随着系统内部和外部使用者数量的不断增长，系统的工作量也会加大。

5. 兼容性和协同性

它是指一个应用程序与其他应用程序整合的难易程度。例如，系统有输入和输出设备吗？支持使用 XML 转移数据吗？

6. 延伸性

它是指通过增加来自原始或其他供应商的新模块来增加新功能的能力，与可测性和兼容性有关。

7. 稳定性和可靠性

所有应用程序都会存在错误，由于这些应用程序在首次引进时对其检测程度不同，使用时出现故障的次数也会不同。

8. 安全性

我们应对系统限制接近应用程序的能力进行评估。这对主机方案尤为重要。

9. 支持

来自软件买主的支持水平和支持成本会发生变化。在购买系统时存在这样的一种风险，即较小的公司可能停止交易，不再支持其产品。

四、内容管理与维护

(一)内容更新的频率和范围

组织需要不断地对电子商务系统的内容和服务进行更新。内容更新的不同类型能够被识别，每一个类型都需要一个识别方法。可以利用 Jorgenson 的错误分类法根据问题的类型决定一个电子商务站点的更新时间。可以看出，这种方法不同于应用于传统信息系统或分发给成千上万的顾客的打包软件的方法。例如，如果某个软件中存在拼写错误，那么需要花费大量的成本对其进行更新和再分配。在电子商务站点里，即使一个很小的拼写错误也能通过它在的网页、存储的数据库及内容管理系统被立即改正过来。因此，小的错误需要更正，因为它们会降低站点的可信性。

对于更多主要的错误，有必要尽快锁定问题，因为如果不改正这些错误，组织不仅不会从不能完成交易的顾客那里获得利润，也不能从因为不好的经历将来不打算使用这个站点的使用者那里获得利润。来自电子网页的数据表明，只有很少的电子商务系统具有持续的可用性。主要问题发生在电子商务软件和网络服务的硬件和软件上。有些系统的出错率高达 90%。据估计，一个每天运行 24 小时，一周运行 7 天的站点能够获得的收入是 10000000 英镑，如果其可用性降到 95%，在不考虑未来生产的顾客损失的前提下，直接的经济损失约为 500000 英镑。电子商务系统的模块方法和基于因素分析的方法能快速识别问题模块中的问题，然后尽快还原当前版本。

(二)维护程序和内容

为了有效地更新电子商务系统，组织有必要对改变的内容和服务有一个清醒的认识。正如前面章节介绍过的，需要根据改变的范围应用不同的程序。我们能识别两种类型的改变：第一，例行内容改变，如对站点文件的更新；第二，对站点结构、导航或服务所做的主要的改变。

1. 例行内容改变的过程

例行内容的改变过程应与所有为站点提供内容的职员进行沟通。他们的工作描述清楚地规定了他们的任务。制作站点更新的主要阶段包括设计、编写、测试和发行。

根据 Chaffey 等的观点，新副本维护过程中的任务如下所述。

(1) 编写。这个阶段涉及编写版本，如果有必要，可以同时设计副本的版面和相关的形象。

(2) 考核。在文件发行以前，有必要对副本进行一次独立的考核以检查副本中是否有错误。根据组织的大小，有必要由一个人或几个人来参与考核网页不同方面的质量，如公司形象、销售副本、商标和合法性。

(3) 修正。这个阶段很容易，主要包含对第二阶段的结果进行恰当的更新。

(4) 发行(测试环境)。发行阶段主要包括把修正过的副本放在网页上进一步考核。这一测试过程只能被公司内部人员看到。

(5) 测试。在完成网页制作后将其应用到万维网上，相关人员需要对网页的技术问题进行最后的测试，如网页是否能在不同的浏览器上被链接。

(6) 发行(现实环境)。一旦材料经过考核和测试，并且符合要求，它就会被发行到主要站点并被顾客使用。

这个过程存在的困难是在所有的这些阶段中都需要对质量进行控制。如果不同的人都参与这个过程，那么迅速、敏感的发行是不可能的。

2. 内容更新的频率

由于网络是一种动态媒介，所以顾客希望新信息直接放在站点上。如果资料是不正确的或者是"不新鲜的"，那么顾客就有可能不再访问这个站点。

当网页上的信息过时了，就需要对其进行更新。组织有必要使用一个设定的装置来启动这个更新程序。启动程序应当被开发利用，这样当价格发生改变、组织有必要使用一个设定的装置来启动这个更新程序。启动程序应当被开发利用，这样当价格发生改变、组织发行 RP 或产品被分类时，离线的宣传栏和目录就会相应地被更新，所有的改变也都会反映在站点上。如果组织不使用这种程序，其在线和离线的内容很容易不匹配。

作为定义站点更新程序和标准的一部分，一些公司可能想制定表明内容多久更新一次的指导条款。指导条款可能对内容更新的具体规定如下：①两天之内识别存在的错误；②每个月至少添加一条"新闻"条款；③当产品信息已经在网站上存在两个月后就要对其进行更新。

3. 主要改变的程序

站点的主要改变有改变菜单结构，给内容添加一个新部分或给使用者改变服务等。由于改变的不同，所需要的程序也不同。这样的改变需要一笔很大的投资。一般来说，组织的现存资金或投资能力是有限的，因此必须把这些主要改变的优先权先确定下来。为了实现这个目标，组织通常会设立一个指导委员会来确定是否执行这些改变。这些决策经常需要一个独立主席如电子商务管理者或者市场管理者来作出最后的决定。

4. 保持网站内容的"新鲜"性

保持新鲜的内容对站点的"黏性"是至关重要的。由于新鲜的内容不是偶然发生的，所以公司不得不考虑采用用于控制文件质量尤其是保持时新性的方法。运行良好的方法如下所述。

(1) 给特殊内容类型或个体站点分配责任。
(2) 把网站内容质量作为绩效评价的一部分。
(3) 识别能启动新内容发布的事件如新产品的发行、价格的改变或报刊的发行。
(4) 识别参与更新过程的人员的责任——谁规定，谁制作，谁考核，谁核对，谁发行。
(5) 通过网络分析或站点使用者的反馈检测内容的使用。
(6) 当内容过时时，发布内容种类表显示过时的内容。
(7) 审计和发行内容并显示哪些内容是新鲜的。

5. 管理全球性站点的内容

上面提到的与开发内容管理政策有关的问题对于一个有许多方针的大组织尤其是跨国公司来说是复杂的。中央集权化能产生规模经济，能使品牌价值在全国范围内或国际范围内传播并达成一致。但内容需要根据区域性进行本土化开发，且这一做法可能对中央指导方针有所影响。一些自治区需要从不同地区买进所需的产品或服务。对于一个具有国际水平的公司，以下内容有助于其实施内容管理。

(1) 技术平台。一个普通软件系统(CMS)会降低购买、更新和培训的成本。客户关系管理的普通软件和评估、检测系统的整合将是最有效率的。
(2) 系统构造。一个一致的构造会避免在每个国家"重复发明轮子"，并使不同国家进入 CMS 的职员、合作伙伴和顾客立即熟悉它。
(3) 程序/标准。关于销售、数据保护和法律因素的内容考核更新程序在前面部分已经描述过，备份和存档政策也需要被制定出来。

本章小结

本章重点讲解了现代电子商务管理中应有的步骤，主要是电子商务的基本原理，网站的建设、网络的维护等。

电子商务的核心内容是电子采购和电子营销。电子采购是由采购方发起的一种采购行为，是一种不见面的网上交易，如网上招标，网上竞标，网上谈判等。人们把企业之间在网络上进行的这种招标、竞价、谈判等活动定义为 B2B 电子商务，事实上，这也只是电子采购的一个组成部分。电子采购比一般的电子商务和一般性的采购在本质上有了更多的概念延伸，它不仅仅完成采购行为，而且还可以利用信息和网络技术对采购全程的各个环节进行管理，有效地整合企业的资源，帮助供求双方降低成本，提高企业的核心竞争力；电子营销是指借助互联网的手段，利用计算机通信技术、数字交互式媒体，以及现代通信技术来实现营销目标的一种营销方式。电子营销的特点是完全以客户为中心，互动性强、目标针对性强、客户准确性强、独具时空优势，传播范围广，还可以做到全方位展示，具有传统营销方式无可比拟的优势。

本章案例

家乐福超市数据库营销

1. 背景资料

法国"家乐福"公司是世界上著名的商业零售连锁企业，在全球拥有2700多家连锁店，年商业零售额达650多亿美元，位居世界500强第36位。家乐福超市于1995年入住上海市场，现已有门店12家。由于沃尔玛、欧尚等多家知名的大型零售卖场均已进驻上海，面对竞争强手如林的上海大型零售市场，如何树立起自己的一面旗帜，在卖场热潮中立于不败之地，这成为家乐福超市所要面对的问题。

上海市邮政公司市北邮政局下属的广中路邮局在这种背景下，以数据库营销为切入点，凭借自身实力与家乐福超市进行合作尝试，主动承担起它的广告宣传的重任。

2. 开发过程

1）捕捉信息　扩大宣传。

由于广中路邮局临靠市中心曲阳板块，家乐福超市曲阳店自然成为发展首选目标之一。家乐福超市曲阳店长期由两家民营配送公司进行各类档期产品促销广告和目录册的配送，存在数据名址范围狭窄，投送区域不够宽泛的缺点。

广中路邮局及时捕捉到该信息，立刻联想到通过数据库营销与曲阳门店进行首次合作尝试，首要的就是强化该客户对邮政商函数据库的认知度。全局上下立刻成立了项目营销公关组，以团队营销、方案营销组合方式进行上门推介，有条不紊地向曲阳门店经理宣传自己名址数据库的优势：这种数据库信息可以根据客户需求进行精细分类，并且可以根据地点划片选取数据，再通过投递人员，不断地修改完善全市个人及单位的名址信息，"家乐福"也可通过邮政名址信息数据库这一最佳途径发展及维护会员数据，进一步扩大产品的社会宣传力度。

但是，曲阳门店经理认为邮政数据库虽然可以带来良好的市场效益，然而相对于社会民营公司，邮政的有址直投成本较高，没有必要增加宣传成本，因此婉言谢绝了支局的推介方案。

2）精细服务　赢得市场。

"万事开头难"，项目组成员在上门营销多次碰壁后，毫不气馁，仍然与该门店相关负责人积极沟通。一次偶然的机会，该门店面临突发任务，有大量的高级会员需要在较短时限内办理护照，广中路邮局项目组得知这一消息后，立刻落实专人专项负责会员护照办理手续，精细服务，解决了用户的燃眉之急。

正是邮政积极、负责的工作态度感动了曲阳门店的相关负责人，经过半年的沟通与磨合,曲阳门店以2000份数据库商函作为尝试,决定与广中路邮局进行首次合作。

为了促成家乐福超市成为长期的合作伙伴,广中路邮局项目组指派专人协助进行选库,并在商函发布前,仔细筛选已选用的名址数据,并对商函的运作流程跟踪调查,努力提高妥投率。

3) 以点带面 复制营销。

通过首次数据库合作后,家乐福曲阳门店对数据库营销产生了浓厚的兴趣,肯定了数据库营销的优势。在各档期逐步增加数据商函的寄递量,经过长期的实践,中广路邮局对数据库营销有较深入的理解,在数据库营销体系中成为较成熟的客户之一。2021年,家乐福曲阳店寄递了5.6万份数据库商函,由于广中路邮局与家乐福曲阳店的成功合作以及邮政积极、认真的工作态度和精细的服务水平,逐步带动了家乐福武宁店、南方店的数据库商函业务,今年上半年,形成业务量累计达112.7万件,充分在该行业客户间复制营销。为发展函件业务开拓了一条重要渠道。

3. 关键环节

由于家乐福超市原各类档期的产品促销广告、目录均通过两家民营配送公司配送,这些民营配送价格低(无名址投送0.03元/份,有名址投送0.21元/份),投送效率高(当日下午收货,次日凌晨前投毕),妥投率高(具超市抽查反馈达90%),确实具有一定的市场竞争潜力。而邮政数据库商函的运作流程,虽然具有一定的优势,但价格、投递时限不能完全满足该客户的需求。

针对开发过程中的主要问题,广中路邮局通过各个环节的积极努力,终于得到了该客户的认可。具体环节如下所述。

(1) 发挥团队营销优势,合理分工,紧密协作,与家乐福超市积极沟通:以严谨、周密的方案让客户知心;以诚信、仔细的流程让客户放心;以积极、负责的工作态度让客户称心。

(2) 主动出击,配合、协助各门店抽查妥投情况。

(3) 仔细筛选数据库,努力提高妥投率。

(4) 对于批量大而集中的数据库商函,在收寄结束后,积极同投递局联系,缩短处理时限加快投送速度。

4. 营销成果

(1) 年初,第一家门店首月数据库下载仅一个档期,20000条数据涉及2个居民小区,形成业务收入8000元。

(2) 截至今年7月,项目组及责任营销员已经发展到了3家门店,每月平均每家门店3个档期,数据库下载每月22万条信息,形成业务收入近9万元。

(3) 目前尚在洽谈的门店有3家,其中有意向合作的有2家;除家乐福超市外,项目组借鉴家乐福超市的成功发展经验,与另一家大型超市进行洽谈,通过行业间客户复制营销,力求在数据库商函的发展上有一个新的突破。

(资料来源:https://wenku.baidu.com/view/a5182e1910a6f524ccbf85fl.html)

讨论题

1. 家乐福的数据营销带来了哪些显著的影响?

2. 大数据时代带给零售企业哪些方面的思考?

 思考题

1. 电子商务有哪些基本原理?
2. 电子商务有哪些基础设施?
3. 电子商务运营模式有哪些?
4. 电子采购是如何完成的?
5. 电子营销方法有哪些?其核心思想是什么?

第十章 现代国际商务管理

【学习要点及目标】

- 掌握国际商务的内涵及类型。
- 了解国际商务的产生、发展及当代背景。
- 了解进出口管理的相关政策。
- 掌握跨国公司的主要组织结构类型。
- 了解跨国公司组织文化的主要功能。
- 了解跨国公司的组织变革。
- 掌握国际市场营销、全球化供应链管理、国际人力资源管理、国际财务管理的主要内容。

【核心概念】

国际商务全球化组织结构　国际业务部结构　全球地区分部结构　全球产品分部结构　全球矩阵结构　组织文化　组织变革　国际营销管理　全球化供应链管理　国际人力资源管理　国际财务管理

【引导案例】

海尔，内外兼修的国际化之路

进军国际市场，海尔并不是一朝一夕的念头，而是在发展过程中的必然选择，是海尔在国内市场做大做强之后顺势而为的结果。海尔进军国际市场的主要目的不是为了创汇，而是为了创牌，创造出中国的世界名牌，这是时代赋予海尔的使命。

总的来说，海尔国际化的成功离不开海尔人的奋斗与创新，也离不开国际化品牌战略的制定与实施。海尔通过"先难后易"的出口，凭高质量让用户对海尔品牌达到"认知"的目的；通过"三位一体"实现扎根，最后通过"超前满足当地消费者的需求"，在当地实现融资融智，创造本土化的名牌。海尔的品牌经理徐志博也十分认可这一过程中海尔"内外兼修"的做法，所谓"内"，就是品牌在内部对员工素质的提高及国际化理念的坚持，而所谓"外"，就是品牌对外在产品策略和传播方面的本土化措施。

1. 坚定创牌信念，走出不同的国际化道路

海尔从1998年提出国际化战略开始，就一直坚持自主创牌，即使短期内得不到创汇利润，也坚持以自有品牌出口国际市场。不论是"先难后易"的战略还是"三步走"的措施，都是为了树立自己的品牌，一个能在国际市场上站稳脚跟的中国家电品牌。

可以说，品牌是企业探索国际化的方向盘，是企业在国际市场上的金名片。品牌展示出什么样的形象，通过什么渠道展示，如何展示得更好，都是国际社会评价品牌的影响因素，关系到品牌能否得到国际市场的认可，能否更顺利地推进国际化。因此，海尔不仅在海外市场积极创牌，而且还通过全球范围内的品牌整合，在不同主流市场拓展成为主流品牌。通过整合海尔、美国 GE Appliances、新西兰 Fisher & Paykel、卡萨帝、统帅、日本 AQUA 等品牌，海尔形成了"世界第一家电集群"，实现了从海尔单一品牌的全球化到多品牌全球化，以及由单一品牌覆盖全球市场，到多品牌协同满足全球市场不同需求的跃升。如今，在海尔的海外收入构成中，自主品牌占比接近 100%，在全球 160 个国家和地区均是自主品牌。

企业要想在国际市场上站稳脚跟，获得超额利润，就必须要做品牌。品牌的知名度、美誉度、忠诚度等都是企业国际化经营和长远发展的坚实基础。而如果想要成为不同国家的知名品牌，就只能是做大做强自己的企业，融入到当地的经济命脉中，成为当地发展不可或缺的驱动力量，这时，企业的国际化才算真正成功。

2. 创新人单合一，指导企业战略性变革

在海尔开拓国际市场的过程中，不得不提到"人单合一"，这种创新模式是支撑海尔披荆斩棘的重要手段。所谓"人单合一"就是让每一个人充分发挥自己的能力，实现自己的价值。这并不是一句空洞的口号，而是指导海尔战略规划、管理升级、产品研发的重要原则。

海尔认为企业的国际化关键在于人的国际化。为提高人员素质，海尔一方面整合全球人力资源，一方面加快培养自己的内部人才，同时聘用本土化的管理人员。这种"内抓市场链、外抓国际化"的举措，把外部市场竞争引入企业内部，使每个人都是一个市场，每个人都有一个市场，从而充分调动了员工的积极性，大大提高了工作效率。

除此之外，海尔还将"人单合一"的创新模式从中国市场逐渐复制到全球市场，海尔以国家为单位将海外公司划分为小微企业，小微自负盈亏，逐步向"人单合一双赢"模式追求的"按单聚散、用户付薪"过渡。此举激发了员工的热情和创造性，推动了组织平台化和生态化再造，变革了低效的管理研发运营模式，实现了与全球用户的真正零距离。如今，不仅是海尔品牌，新西兰 Fisher&Paykel、美国 GE Appliances、日本三洋白电也在被海尔并购后呈现出良好的发展势头，在这背后离不开"人单合一"模式"走出去"的功劳。

3. 保证产品质量，强化核心竞争力

1990 年，海尔第一次走出国门，首选的国家就是德国，然后是美国、俄罗斯、意大利、菲律宾等国家，而之所以选择先出口到发达国家，也是为了增加海尔产品的竞争能力，争取创出名牌，从而以高屋建瓴之势打开发展中国家的市场。这种"先难后易"的国际化战略对海尔而言无疑是有效的，但其实这个战略的实施是有一定前提的，那就是你的产品是否具备高端的品质和强劲的竞争力。

1998 年，海尔集团投入巨资建成质量监测中心，成为国内第一家具备国家级实验室资格的企业实验室，而且海尔的实验室也达到了世界领先水平，它可以模仿全世界各地最恶劣的环境条件对产品进行检测，并获得了六个认证机构的等效许可。在产品方面，海尔也全部通过全世界最严格的六种质量标准，受到国内外消费者及权威质量认证机构的高度认可。在质保体系方面，海尔是中国第一家通过 ISO9001 质保体系认证的家电企业，也是中国产品通过该项认证最多的家电企业，确保了海尔产品在世界各地畅销无阻。

在制定海外市场差异化的发展策略时，海尔创新性地提出"三步走"战略：即先以缝隙产品进入欧、美、日等传统家电强国的市场，并带动向发展中国家市场的快速布局；再通过满足当地用户主流需求的本土化产品进入当地市场的主流渠道，并最终实现中高端创新产品的市场引领。目前，海尔产品已销往海外100多个国家和地区，成功进入欧、美前十大家电连锁渠道，累计已售出数以亿计的差异化、高品质的家电产品。

4. 实现三位一体，满足本土消费需求

由于不同国家在经济发展水平、消费能力、文化教育等方面存在的差异，所以一个产品、一种服务、一项解决方案是不可能满足所有人的需求的，因此海尔提出了"三位一体"的本土化模式，即"设计、制造、营销"这三项本土化的举措，来满足本土消费者的多元需求。

可以说，实现国际化的关键，就是能不能做到利用当地的资本和人力资源，也就是做到融资、融智。其实海尔的国际化一直坚持着"先有市场后有工厂"的原则，在海外设厂之前，先要开发当地市场，使品牌出口达到在当地设厂的盈亏平衡点，然后再通过建设技术开发中心、生产基地和贸易公司等方式实现本土化营销，以此达到更好地融入全球市场的目的。

如今海尔已经在美国、德国、新西兰、日本、墨西哥、韩国等地建立了10个研发中心，打造了"10+N"研发体系，基本实现"需求在哪里研发就在哪里"；而通过海尔全球建立的24个工业园、108个制造中心、66个营销中心，海尔可以快速以本土化产品满足当地市场。不仅如此，海尔在海外拥有19个呼叫中心，有5600家网点、12000多名工程师，覆盖全球6大洲40个国家，支持27种语言32个产品大类，可以为全球用户提供7×24小时全天候服务，基本完成了"三位一体"的战略布局。

中国国家实力不断增强，为中国品牌进入国际市场奠定了坚实的基础，中国品牌在国际市场上大有可为。海尔的成功不可复制，但海尔开拓国际市场的经验却值得借鉴。

(资料来源：海尔，内外兼修的国际化之路，国际品牌观察网(c-gbi.com))

【案例导学】

企业国际化经营，相比在国内无疑增加了难度：产品研发、设计、生产、销售、维护均面临适需、竞争的强烈要求。本案例反映了海尔在国际化过程中，经营自己品牌的策略、推出"人单合一"的管理模式、设计有效的海外市场竞争策略等，为我国有实力的企业走出国门提供了有益经验。

第一节　国际商务概述

随着经济全球化的发展，企业都置身于国际商务环境，对于想走向世界的企业尤为如此，将面临着一系列新的挑战。因此，了解国际商务的内涵、类型以及国际商务的产生与发展，对于后续的国际商务管理活动的开展非常有价值。

一、国际商务的概念

(一)国际商务的内涵

美国学者科斯认为：国际商务包括跨越国界的任何形式的商业活动。几乎涵盖任何形式的经济资源——商品、服务(技术、劳务和运输等)和资本——的国际转移。

美国学者辛可塔认为：国际商务包括那些为了个人及组织的需求而进行的跨国界交易。这些交易可以表现为相互关联的不同形式，其基本形式有进出口贸易和对外直接投资，以及许可经营和管理合同。

英国学者塔戈特、德莫特认为：国际商务是跨越国界的商务活动，所有这些活动都可以发生在个人之间、公司之间以及其他公共与私人团体之间。国际商务的关键包括技术、政治、职能、竞争与环境影响，所有这些都会影响跨国公司战略。

加拿大学者鲁格曼和美国学者霍杰茨认为：国际商务是一门研究为满足组织及个人需求而进行的跨国界交易的学科。跨国界交易包括对外贸易和对外直接投资。

综上所述，国际商务是一种跨越国界的活动，是国家、企业和个人以经济利益为目的而进行的商业性经济活动，包括商品、劳务、资本、技术和信息等任何形式的经济资源的国际转移。

(二)国际商务的类型

国际商务活动是在一定历史条件下产生和发展起来的经营活动，随着社会经济与贸易的发展而有所不同。随着经济全球化的发展，国际商务的形式与内容越来越多样化，一些新型的国际商务活动不断涌现。一般而言，国际商务可分为以下三种类型。

1. 国际贸易

国际贸易包括国际货物贸易和国际服务贸易。国际货物贸易，即货物的进口和出口。货物进出口往往是企业从事国际商务活动的第一步。相对许可、投资等其他商务形式而言，货物贸易比较容易进行，风险也相对较小。国际服务贸易，是国际间出售或者购买服务的交易。以提供活劳动的形式满足他人需要并获取外汇收入。国际贸易服务包括：国际运输；国际旅游；跨国银行、国际融资公司及其他金融服务；国际保险和再保险；国际信息处理和传递、计算机及资料服务；国际咨询服务；建筑和工程承包等劳务输出；国际电讯服务；广告、设计、会计管理等项目服务；国际租赁；维修与保养、技术指导等售后服务；国际视听服务；教育、卫生、文化艺术的国际交流服务；商业批发与零售服务；其他官方国际服务等。

2. 国际投资

国际投资包括国际直接投资和国际间接投资两种类型。国际直接投资是为了实现持久利益而对本国之外的企业进行投资，并对国外企业的经营管理实施有效影响和控制的经济活动。国际间接投资是通过购买外国企业发行的股票和外国企业或政府发行的债券等有价证券，来获取利息或红利的投资行为。国际间接投资以取得一定的收益为目的，一般不存在对企业经营管理权的取得问题。

3. 国际技术许可和特许经营

国际技术许可和特许经营是指专利、商标、技术秘诀等无形资产的持有者根据协议向外国公司授予一定时间内的使用权利。在成功从事进出口贸易后，企业通常会进一步转向国际技术许可和特许经营。国际技术许可和特许经营不同于一般的国际贸易，许可方往往需要派自己的技术人员到国外帮助被许可方建立生产线，并使该公司能够生产出合格的新产品。

此外，国际商务活动还包括合作经营、合作生产、合作开发、国际工程承包及劳务合作、国际信贷及融资等类型。

二、国际商务的产生与发展

(一)国际商务的产生

国际商务是人类社会生产力发展到一定的阶段时才产生和发展起来的，它是一个历史范畴。国际商务的产生，一般需要具备以下条件：一是有可供交换的剩余产品；二是在各自为政的社会实体之间能够顺利进行商品的交换。

社会生产力的发展和社会分工的扩大，是国际贸易产生和发展的根本基础。因此，可以说，国际商务发端于国际贸易。从14世纪开始，欧洲各国商人怀着与物产丰富的东方进行贸易的想法，纷纷开展海上探险活动和殖民掠夺，进而产生国际贸易。通过国际贸易，我们能在国内商店随处看到外国生产的各种各样的产品。国际贸易充满了风险和刺激，更具有高额的利润。因此，国际贸易从其产生便具有强大的吸引力。

在原始社会早期，生产力水平极为低下，人类处于自然分工的状态。人们依靠共同的劳动来获取有限的生活资料，并且在氏族社会成员之间进行平均分配。这一时期没有剩余产品和私有制，也没有阶级和国家，因而也没有对外贸易。

在奴隶社会，自然经济占主导地位，其特点是自给自足。商品生产在整个经济生活中的比重很小，进入流通的商品更少，加上生产技术落后和交通运输条件的限制，国际贸易局限在很小的范围内。国际贸易在奴隶社会经济中不占有重要的地位，但是它促进了手工业的发展，在一定程度上推动了社会生产的进步。

在封建社会，社会生产力和对外贸易比奴隶社会有了较大的发展，尤其是在封建社会晚期，随着城市手工业的发展，商品经济和对外贸易迅速发展，商品种类明显增加，贸易范围不断扩大，也促进了各国之间的经济往来和文化技术的交流。这个时期，国际商务已经开始萌芽，但十分简单，主要依附于国际贸易。

随着资本主义生产方式的形成和发展，国际贸易获得了巨大的发展。在资本主义生产方式之下，国际贸易额急剧扩大，国际贸易活动遍及全球，贸易商品种类日渐增多，国际贸易越来越成为影响世界经济发展的一个重要因素。第二次世界大战前，国际商务活动如国际金融、运输、保险已经越来越频繁，资本输出已初具规模，这一时期的国际商务已相当普遍并达到初级发展阶段。

(二)国际商务的发展

第二次世界大战以后，随着经济的发展，生产的国际化打破了以往国际垂直分工的格局。产品生产，尤其是大型、高精尖产品的生产不再由一个国家单独完成，而是在国际上形成了一套完整的生产链条，使国际水平分工、产业内贸易成为主流。

世界经济以跨国公司为桥梁，将国际投资、国际生产和国际交换连成一体。因此，国际生产、投资、贸易已不再相对独立，而是被跨国公司纳入总体国际发展战略之中。一头是生产，在世界范围内选择最优的产品生产地，把原材料、劳动力、技术利用、资本配套、销售渠道等作为规划的重点；另一头是市场，在世界尽量大的市场范围内，使产品和服务满足消费者和客户需求，与其他产品进行市场竞争。企业战略和经营管理成为跨国公司形成优势的主要因素，全球化经营则成为主要内容。因此，国际商务被提到前所未有的高度。

随着世界经济的发展，国际商务活动已由最古老的形式——国际贸易，扩展为包括对外贸易、对外直接投资等多种方式，特别是第二次世界大战以后，国际商务的发展更加迅猛。其发展历程可以划分为以下三个阶段。

1. 贸易主导阶段

第二次世界大战后初期，各国市场的分割还比较严重，没有形成统一的世界市场，大多数企业都把经营活动局限在一个特定的国家范围内，国际市场只是作为国内市场的补充，企业主要以国内消费者为销售对象，同时少量企业在国际市场上销售与国内市场同类的产品，企业商务活动的主要形式是国际贸易。这一时期，发达国家开始重视国际市场，并根据不同国家的需要，组织国际商务活动，但是仍以贸易活动为主。

2. 投资主导阶段

20世纪70年代，日本、西欧的经济迅速发展，他们与美国一起开始进行大规模海外投资，把国内市场和国际市场作为一个整体看待，侧重于发现国际市场的机会，他们往往采取在东道国投资、生产和销售的形式。

3. 全球商务阶段

20世纪80年代以后，由于科学技术的迅速发展，各国市场的同质化趋势开始加重，全球对外的直接投资急剧增加。在这种情况下，国际商务进入全球商务阶段。在这一阶段，企业的商务活动已突破国家的界限，通过对技术、资源、资金、人才的国际比较，遵循资源配置最优化的原则，采取投资、生产、技术开发与合作等方式，生产出最适宜的产品去满足世界市场及各国消费者的需求。

三、企业商务国际化的驱动因素

(一)市场驱动力

随着国际化进程的加快，企业自身也成为国际性客户。管理者通常面对的压力是如何增加公司的产品销售和利润。当国内市场趋于成熟和饱和时，他们就会在国外寻找新的市场。当国外市场产品需求有限时，出口产品较为有利；当国外市场需求很大时，在国外投资兴建子公司进行生产和销售，这样既能满足扩大了的市场需求，也能节省运输费用和关税。

(二)技术驱动力

计算机与通信技术的发展促进了观点与信息的跨境传递，使消费者可以了解外国商品。得益于互联网及网络计算技术，小型公司可以参与全球竞争。不管买卖双方身处何地，信息都能快速传递。面对高度竞争的商业环境，创新是企业生存并持续发展的唯一途径。但目前许多企业，尤其是发展中国家的企业，仍然在低成本、低价格的层面竞争，缺乏创新技术和自主品牌，未能进入高利润的服务领域。越来越多的中国企业开始通过各种形式的国际商务活动主动学习先进的技术和管理经验，积极寻求与海外厂商的合作或直接选择海外兼并、收购来获取技术及其他资源，提高企业的国际竞争力。

(三)竞争驱动力

由于竞争持续加剧，为了保护本国市场不被竞争者入侵，跨国公司通常会进入竞争对手的本土市场以分散其注意力。许多公司不会进入单一国家的市场，因为这样的市场规模太小。他们往往选择相对较大的贸易联盟建立自己的办事机构。原材料是吸引企业经营活动扩张至海外的另一重要因素。为了确保原材料的持续供应，或者以有利的价格条件供应，有实力的企业开始在资源丰富的国家加大投资力度。

(四)成本驱动力

不论是通过出口还是在海外进行生产，"走出去"战略都可以帮助企业降低商品销售成本。出口能够刺激销售额不断增长，这不仅可以减少单位研发成本，还可以获得规模经济效益。国际商务使企业便于收集和掌握世界各地的信息，因此企业可以在全球范围内准确地选择生产成本较低的国家或地区进行生产，并充分利用某些国家为发展经济而采取的优惠政策。许多国家会为企业提供出口加工区，企业几乎不用纳税，对于进入该区加工后再出口的材料也会实施免税管理。

四、我国商务活动国际化的特征与趋势

(一)商务活动国际化的特征

随着第三次科技革命的迅猛发展，世界经济一体化的进程逐渐加快，国际商务活动开始呈现出下述各种特征：①生产活动国际化程度不断加强；②国际贸易对企业经营更加重要；③国际商务活动的需求环境逐渐趋同；④无形贸易在国际商务活动中的重要性凸显；⑤世界经济区域化、集团化。

(二)我国商务活动国际化的趋势

自1978年改革开放以来，我国企业开始与世界握手，逐渐进入国际市场，开始利用国际资源实现经济的高速发展。随着开放进程的逐渐深化，中国经济与世界经济的联系越来越密切，中国企业参与国际商务活动日趋频繁。随着国际环境越来越复杂化，我国商务活动在国际贸易、国际投资和国际经济合作方面将呈现出以下发展趋势。

1. 在国际贸易方面的商务活动

我国首先要通过完善贸易的产品结构，调整贸易方式和贸易政策，加强技术创新，大力提高技术密集型、资金密集型、知识密集型产品的生产和出口，提高参与国际贸易的核心竞争力，在国际分工中改善处在低端分工的现状，争取在中高端分工上获得一席之地，从而实现从贸易大国到贸易强国的转型。

国际产业转移的重点从制造业领域转向服务业领域。各国在国际贸易上的竞争和合作将更多地体现在服务贸易上。目前，我国的服务贸易远远落后于货物贸易，也远远落后于世界服务贸易的平均水平，在世界服务贸易格局中仍处于弱势地位。未来，我国服务贸易需加快发展，在扩大服务贸易规模的同时优化服务贸易结构，提高服务贸易在国际市场的竞争力。

随着互联网的快速发展，国际电子商务将成为我国国际贸易发展的趋势。国际电子商

务以其能简化贸易流程、改善物流系统、减少交易成本、获取更多贸易机会及调整经济结构等优势，极大地提高了生产力，改变了现有的贸易活动框架。国际电子商务将成为衡量各国国际贸易实力和竞争力的重要标志。

2. 在国际投资方面的商务活动

我国的对外直接投资从长期来看依然会保持增长趋势，我国企业会通过扩大对外投资建立起世界生产体系，全面提高中国经济的国际竞争力。未来国际投资将呈现以下趋势：①对外投资的地区分布更趋合理；②对外投资的行业以商业服务业为主，多元化发展；③对外投资的政策体系更完善；④中国将从对外直接投资的目的国转变成来源国。

3. 在国际经济合作方面的商务活动

我国国际经济合作的历程和战略，实现了从援外项目、劳务出口、技术合作等"点线面"的对外经济合作到"走出去"和"引进来"相结合、自贸区合作、自贸区建设的全方位国际经济合作的战略转变。未来以企业项目为主的国际经济合作会更多地发展起来，成为我国国际经济合作的重要基础。我国将保持与发达国家密切的经贸联系，深入与发展中国家的经济合作，支持推进自贸区和区域经济一体化进程，积极参与国际金融体系改革和全球经济治理工作。我国国际经济合作会保持高速发展，推进双边和多边关系稳定、健康发展。未来服务业的国际经济合作将会再上一个新台阶，中高端劳务合作将是我国对外劳务合作的发展趋势。

第二节　国际商务组织

由于国际商务组织的主体是跨国公司，因此以跨国公司为对象进行分析。

一、组织结构

组织结构是一种以企业经营战略为基础，以企业经营宗旨为导向，为实现企业战略目标而形成的企业内部的权利、责任、控制与协调关系的特定形式。

组织结构包含三个方面的内容：①把组织划分为各子单位；②协调各子单位的活动，使其保持一致并与组织目标一致；③配置决策权，明确报告关系。

(一)跨国公司的组织结构

1. 出口部

跨国公司对出口经营实施控制的最简单的方式是建立独立的出口部。设置独立的部门是支持和扩大国际销售所必需的。出口部负责所有产品的国际业务，出口部的管理者控制国际市场产品的定价与促销活动，负责处理与出口管理公司、国外分销商和国外客户之间的关系。因此，出口部人员须具备特定国家与产品的专业知识。

2. 母子公司结构

母子公司结构是指在国外设立自主权很高的子公司，国内母公司的组织结构不变，两者间保持松散联系的一种组织结构。国外子公司对母公司保持经营上的相对独立性，同时接受母公司经理的指令并向其报告。

3. 国际部结构

国际部是指当跨国公司的国外子公司达到一定数量和规模时所设立的、与其他国内事业部处于同等地位的、由企业副总经理负责并受企业总经理直接领导的、经营母国以外一切业务的国际部门。国际部通常直接负责母国以外各国子公司的经营管理，并涉及母公司的出口、许可证贸易和海外直接投资活动。

4. 全球性结构

全球性结构是一种在超国家范围内将公司划分为若干分部门的组织设计方法。此种结构不采用地区上的国内外二分法，而是根据全球范围的经营一体化要求，重新划分部门。全球性结构可分为全球性职能分部结构、全球性地区分部结构、全球性产品分部结构、全球性混合结构(矩阵结构)形式。

1) 全球性职能分部结构

全球性职能分部结构是欧洲跨国公司广为采用的一种传统的组织形式。这种结构是根据各种不同的职能，在母公司总部之下设立若干分部，各部分之间相互依存度较高，并由母公司总部协调相互间的关系，是一种决策权高度集中于母公司的组织形式。典型的职能分部结构是按照生产、销售、财务等职能分部来管理企业的全球业务。

2) 全球性地区分部结构

全球性地区分部结构是由事业部制衍生而来的。这种组织形式就是按照地区设立分部，总部掌握公司总的组织战略方向和财务控制权，地区分部拥有经营领导权并且是独立自治的实体。

全球性地区分部结构适于那些产品成熟、产品高度标准化、地理分布较广的企业和产品线较少、生产技术接近、市场条件相似的企业。当企业产品品种增多时，难以协调多种产品的生产经营活动；各地区容易增长地区本位主义，忽视全球战略，阻碍地区间的技术转移。

3) 全球性产品分部结构

全球性产品分部结构也是由事业部制衍生而来的。这种组织形式就是按照产品设立分部，每个产品分部承担在世界范围内生产和销售某种产品或服务的责任，总部通常集中控制价值链中的大部分职能。

全球性产品分部结构适于产品多样化程度高、生产技术要求高、市场范围广、技术研究与开发多、消费市场又较为分散且具有全球性生产经营活动经验的跨国公司。

4) 全球性矩阵结构

矩阵结构是一个具有高度适应性、能灵活应对市场变化的"方格"式组织管理形式，采用矩阵结构的大多数企业一般以产品与地区作为主线，或以业务和职能部门作为主线，或在一个矩阵结构中包含三条主线，如产品、地区、职能。

全球性矩阵结构的优势在于它能使人力、设备等资源在不同的产品及地区之间灵活分配，组织能够更好地适应不断变化的外界要求。但是由于下属接受两个主管的双重领导，有可能出现两个直接经理的命令发生冲突的情况。因此，员工必须与两个主管保持良好沟通。

5. 网络结构

网络型组织结构是依靠现代信息技术,以横向扁平型网络组织逐步取代"金字塔"型层级组织的全球性组织结构。网络结构的核心是追求在当地市场的快速反应能力,同时利用全球规模经济,寻找有特色的资源来整合地方优势。网络结构更在意行业关键性资源在全球的分布及优势的取得和发挥。组织的大部分职能从组织外购买,组织集中精力做最擅长的事情。

(二)跨国公司组织结构设计的影响因素

由于国际经营环境的复杂性,跨国公司本身的状况千差万别。跨国公司对组织结构的选择主要受以下因素影响。

1. 国际业务的规模

企业的国际业务规模常以企业国外产品销售额、产品销售种类和子公司数量等指标来表示。当企业国外子公司数量很少、业务量较小时,企业的经营重点是国内业务,因而适于采用出口部或自治子公司结构。当企业的国外业务在整个业务中占有重要地位时,企业就需要采用国际部或全球性组织结构。

2. 国家文化差异

对于同样规模、处于同样发展阶段、拥有同样技术水平但处于不同国家的跨国公司,选用的组织结构类型可能有所不同,原因在于不同的国家文化背景不同。有些国家的企业倾向于采用集权式的组织结构,而另一些国家的企业更愿意采用分权式的组织结构。例如,法国和德国的跨国公司与美国的跨国公司相比,通常更多地选择较少授权和集中管理组织结构。

3. 管理人员的质量和数量

采用全球性组织结构的企业对管理人员质量和数量的要求通常比采用自治子公司和国际部结构的高,因为全球性组织结构要求管理人员具有多国管理经验、全局观念和良好的协调能力。当一个企业缺乏合格的、足够的国际管理人才时,会严重阻碍跨国公司采用适当的组织结构类型。

此外,所在国的政治和法律、企业的历史等也是影响跨国公司选择组织结构类型的重要因素。跨国公司在作出组织结构类型选择决策时,需要根据各自所处的具体环境,综合分析各种影响因素,权衡采用各种组织结构类型的优缺点。

二、组织文化

(一)组织文化概述

组织文化是伴随着组织的出现而产生的。20世纪80年代,随着日本企业的崛起,美国的管理学者开始对日本企业管理实践进行总结和研究,并通过对美日两国的企业管理模式的比较,得出了一系列有关组织文化理论和实践的研究成果。

1. 组织文化的含义

任何组织都是在其自身所处的特殊环境条件下产生和发展起来的，在此期间形成了独特的历史传统、意识形态、价值取向和行为方式，这就是组织文化。组织文化是组织中全体成员共同接受和共同遵循的价值观念和行为准则。

2. 组织文化的特征

组织文化具有下述四种特征。

1) 独特性

每个组织都有其独特的组织文化，这是由不同的国家和民族、不同的地域、不同的成长背景以及不同的行业特点所形成的。

2) 系统性

任何组织文化都是由共享价值观、团队精神、行为规范等一系列相互依存、相互联系的要素构成的一个系统，从而推动着组织的长期发展。

3) 相对稳定性

组织文化是组织在长期的发展中逐渐积累而成的，具有较强的稳定性，不会因为组织结构的变化、战略的转移以及产品或服务的调整而变化。

4) 融合性

组织文化的形成，必然会受到所在国家的民族文化传统和价值体系的影响，因而与其他社会文化背景下产生的组织文化具有显著差异。但是在全球化背景下，组织文化在发展过程中，也要融合世界上最新的文明成果，形成历史性与时代性相统一的组织文化。

(二)组织文化的功能

组织文化会对组织运行和发展的方方面面产生影响。组织文化的功能具有双重性，既可以提高组织效能，增强组织成员行为的一致性，引导组织成长和进步，也可能具有负效用，束缚和限制组织的发展。

1. 组织文化的正功能

组织文化的正功能体现在下述几个方面。

1) 导向功能

组织文化使组织自动生成一套自我调控机制，以一种适应性文化引导着组织整体和组织每个成员的价值取向及行为取向，从而确保组织目标的实现。

2) 约束功能

组织文化的约束功能是组织中弥漫的组织文化氛围、群体行为准则和道德规范所形成的一种软约束，对组织中每个员工的思想、心理和行为具有约束和规范的作用，从而保持组织良好的秩序，更好地发展。

3) 激励功能

通过组织文化的塑造与引导，组织成员能够产生高昂的情绪和发奋进取的精神，从内心深处产生为组织拼搏奉献的精神，从而激发工作的积极性、主动性与创造性。

4) 辐射功能

组织文化一旦形成较为固定的模式，不仅会在组织内发挥作用，对本组织员工产生影响,而且会通过各种渠道对社会产生影响。良好的组织文化通过辐射功能,既可以树立组织在公众中的良好形象,又可以促进社会文化的发展。

5) 调适功能

组织文化可以帮助新进成员尽快适应组织,使自己的价值观和组织相匹配。在组织变革的时候,组织文化也可以帮助组织成员尽快适应变革后的局面,减少因变革带来的压力和不适应。

2. 组织文化的负功能

尽管组织文化存在上述种种正功能,但同时对组织也有潜在的负面作用。

1) 变革的障碍

组织文化是经过长期的建设形成的。当组织面对的环境比较稳定的时候,组织文化更加深入人心,易形成行为的一致性,但是当组织面临动态环境的时候,所形成的思维定势可能会成为一种束缚因素,阻碍组织的变革创新。

2) 多样化的障碍

组织成员由于种族、性别和道德观等的差异而形成了多样化的优势。但是强势文化的组织要求成员和组织的价值观一致,这就必然导致决策的单调性,削弱多样化带来的优势,从而阻碍组织的发展。

3) 并购的障碍

组织在进行兼并或收购决策时,不仅要考虑融资优势或产品协同性,还要考虑文化方面的兼容性。并购成功与否,在很大程度上取决于组织间的文化能否有效融合,否则有可能使整合的利益关系难以实现。

(三)跨国公司组织文化的创建和维持

1. 组织文化的来源

跨国公司的组织文化主要来源于以下四个方面:①创始人或重要的领导人。组织的创始人对组织的早期文化影响巨大。组织的创始人通过以下三种途径影响组织文化的形成:第一,创始人聘用与自己想法一致的人员;第二,创始人对成员的思维方式和感受方式进行社会化;第三,创始人把自己的行为作为榜样,鼓励成员认同这些价值观,并进一步内化为成员自己的想法和感受。②企业所在国的社会文化。美国企业具有较强的竞争文化,而日本企业具有较强的团体协作文化,这都是受所在国的社会文化影响。③企业历史。企业的历史对企业的价值观、组织文化有较强的影响。④成果卓越的决策。成果卓越的决策可以作为一种制度融入企业的组织文化。

2. 组织文化的维持

组织文化的维持体现在以下四个方面。

1) 强化认同

首先,利用组织中一切可以利用的媒体,广泛宣传组织文化的内容和精要,以创造浓厚的环境氛围。然后,通过培养和树立典型,使组织成员深刻理解和体会组织文化的实质。表彰和奖励那些行为符合公司核心价值观念的员工,为其他组织成员树立学习的标杆,以维持组织文化。

2) 社会化

企业可以通过正式的社会化方式，如开展目的明确的内部培训和教育，或者非正式的社会化方式，如来自领导和同事的建议，潜移默化地维持组织文化。

3) 沟通战略

很多具有强势文化的企业都很重视在陈述企业使命的时候加入自己的核心价值观，经常与员工进行沟通，并用这些价值观指导员工作出一些艰难的决定，这些沟通战略有助于企业保持组织文化。

4) 团队学习

团队学习一方面可以把组织文化转化为团队努力的动力，坚持组织的共同价值观；另一方面可以建立起整个组织一起学习的风气与标准，有助于维持组织文化。

三、组织变革

组织变革是组织发展过程中的一种经常性活动。组织成长实际上就是伴随着一系列的组织变革活动，也可以说，没有组织变革，就没有组织的成长和壮大。

(一)组织变革的动因与内容

1. 组织变革的动因

组织变革主要源于组织环境的变化，环境外力的作用应是组织变革的根本原因，在此基础上组织自身的成长需求也为组织变革提供了基础。

1) 组织外部动力

组织变革的外部动力主要包括：①经济的力量。世界经济一体化的发展趋势已成为影响组织生存的一种非常主要的外部环境变化。世界经济变得越来越相互依存，彼此影响，许多组织，特别是一些大型跨国组织，不得不改造组织，以适应这一环境的变化。②技术的发展。信息技术的发展使组织之间的交流更加迅速，信息的传递更加便捷，交易手段更加现代化，进而使组织之间的关系变得越来越紧密。这一系列的变化都迫使组织必须进行相应调整，从而创造出更大的成绩。③消费者。当今社会，消费者的需求越来越多样，变化越来越快，对服务的重视甚至超出产品的本身。这一系列的变化都表明组织生存空间在发生着前所未有的变化，它迫使组织不得不进行变革调整，以求更好的发展。④政府及其他社会利益代表。政府、行业协会等组织出台的新法规、新政策，会直接促使企业进行组织调整。

2) 组织内部动力

组织变革的内部动力主要包括：①组织战略的调整。企业战略调整和新战略目标的实现，都需要有与之相适应的组织结构。②管理条件的变化。管理现代化要求对组织要素和组织运行各环节进行合理规划，充分发挥人财物的作用，组织需要进行变革，适应管理条件的变化。③组织发展阶段的变化。企业处在不同的生命周期，需要有不同的组织结构与之相配套。④组织成员的变化。员工结构的改变，员工素质及理念的改变，人员数量、规模的增减等都会成为企业组织变革的内在动因。⑤组织内的冲突。组织内部的冲突会使人际关系变得更加复杂，对组织运行产生不好的影响，通过组织变革，理顺关系，有助于组织的有效运行。

2. 组织变革的内容

组织变革的内容主要包括以下几个方面。

1) 结构变革

结构变革是指组织总体设计或组织结构的基本组成部分的改变，包括权利关系、协调机制、集权程度、报酬制度、控制指挥等方面。

2) 技术变革

技术变革可以提高组织业务的工作效率和质量。不仅包括制造技术的变革，还包括管理技术的变革。

3) 产品与服务变革

产品与服务变革是指变革一个组织输出的产品或服务。新产品包括对现有产品的小调整或全新产品，开发新产品的目的通常是提高市场份额或开发新市场等。

4) 人员变革

人员变革是指通过改变员工的态度、期望、认知和行为进行改革。人是组织中最宝贵的资源，是实现组织所有变革的基础，此类变革侧重于改变人员及人际间工作关系。

5) 文化变革

组织文化是组织在发展过程中形成并为组织成员共同遵循的价值观念和行为规范的总和，具有相对稳定性，不容易改变；随着时间推移和环境变化，某种特定文化不再适合组织时，就必须进行变革。组织的文化变革主要发生于以下几种：一是重大危机的出现；二是领导职位易人；三是组织并购重组。但文化变革往往会经历很长时间，而且必须循序渐进地进行。

(二)组织变革的过程

组织变革需遵循一定的程序，以便科学有效地变革，从而实现组织变革的目标。库尔特·卢因(Kurt Lewin)把组织变革的过程归纳为解冻、变革、再冻结的连续过程。

1. 解冻

解冻的目的是明确变革的必要性，并让个人、群体乃至整个组织都能清楚地认识到这一点，进而产生必须变革的共识。这一过程强调快速与共识。为了让大家能够真正理解变革的必要性，管理人员要与职工一起收集现状不能令人满意的证据；与其他组织进行横向比较，发现自身的差距；聘请外部专家帮助论证变革的必要性；指出必须进行变革的形势和压力。

2. 变革

变革是向组织成员指明变革的方向和方法，形成新的态度和接受新的行为方式，实现行为转变，并通过认同和内部化加速变革的进程。在转变的过程中，要使组织成员认同变革者的价值观、态度和行为，并将其内化为自我的价值观和行为，往往需要由一个变革领导小组推动。这个小组最好由组织内部成员及外部聘请的咨询人员共同组成，由他们向职工解释变革的理由、日程安排、对组织和个人可能产生的影响等，鼓励职工参与变革计划的拟定和执行，就与变革有关的问题向职工提供咨询，随时出面解决变革过程中出现的新问题。

3. 再冻结

再冻结就是把变革后出现的新的现状稳固下来。在这个阶段，企业必须利用必要的强化手段将新的态度与行为固化下来，使变革处于稳定状态。为此，应系统地收集变革获得成功的客观证据，并把这些信息经常提供给变革的参与者，进而提高他们进行变革的信心。

(三)组织变革的阻力与策略

1. 变革的阻力

作为变革推动者的管理者，应当有动力去发动变革，以使组织的效率和效果得到改进。但是在变革的过程中往往会遇到公开的或者暗中的阻碍力量，这种阻碍力量主要来自个人层面和组织层面。

1) 个人层面

(1) 对自身利益的考虑：组织变革一般都会引起利益尤其是经济利益的调整。如果员工认为组织变革会对自己个人利益带来负面影响，就会抵制变革。

(2) 心理因素：变革会导致员工对未来产生不安全感和恐惧感，对前途的怀疑会使员工倾向于维持现状，追求稳定，因此会抵制变革。

(3) 对变革的误解：人们只注意倾听那些与他们现有观点相一致的言论，甚至对那些相反观点置之不理；如果员工误解了变革的目的与意义，就会很快失去参与变革的热情，甚至抵制变革。

2) 组织层面

在很多情况下，组织自身的因素也会成为制约变革的力量。

(1) 组织惯性：组织在业务活动、管理活动中都会形成一套相对固定、成熟的操作规程和管理体系，使各部分、各环节之间建立起密切协调的配合关系，而且不易改变。当组织面临变革时，这种组织惯性就会起维持稳定的反作用。

(2) 固有的组织文化：组织所固有的文化有时也会成为变革的阻碍因素，制约和延缓变革的进程。这是因为组织文化具有稳定性，形成过程不是一蹴而就的，而是在长期的发展过程中逐渐形成的，这样相对稳定的组织文化很可能成为组织变革的障碍。

(3) 管理层不积极参与：在组织变革中，管理层的积极参与与推动是关键因素。但管理者如果不重视组织变革，或本身观念陈旧，或对组织变革没有信心时，就会阻碍变革。

2. 组织变革的策略

一个组织的变革，只有在得到大多数员工赞同和支持的前提下才能进行，否则就会导致变革的失败。为保证组织变革的顺利进行，应积极采取措施，降低和消除阻碍变革的各种因素的影响，化解组织变革的阻力。

1) 教育与沟通

通过与员工们进行沟通，帮助他们了解变革的理由，会使阻力得到降低。这一策略假定，阻力的根源在于信息失真，或者是由不良的沟通造成的。如果员工们了解到全部的事实，澄清了他们的错误认识，那么其阻力就会自然减退。而这可以通过个别会谈、备忘录、小组讨论或报告会等取得。这一策略所需投入的时间和精力相对较多，特别是当变革触动到许多员工的切身利益时。

2) 参与

一个人要是参与了变革的决策,就不容易变为阻力。因此,在变革决定之前,需要将持反对意见的人吸收到决策过程中来。假如参与者能以其专长为决策作出有益的贡献,那么,他们的参与就能在降低阻力、取得支持的同时,提高变革决策的质量。不过,这一策略也有缺陷,即可能带来次等的决策,并耗费许多时间。

3) 促进与支持

变革推动者可以通过提供一系列支持性措施减少阻力。如果员工们对变革的恐惧和忧虑感很强,那么,提供员工心理咨询和治疗、新技能培训,以及短期的带薪休假等,可能有助于促进他们的调整。这一策略与其他策略一样,也是有缺陷的,其中之一便是消耗时间。另外,它的推动花费较大,且没有成功的把握。

4) 把握策略与时机

在组织变革前,应详细分析可能发生的各种问题,预先采取有针对性的防范措施,为组织变革营造最佳的变革环境与气氛。要善于捕捉变革的最佳时机,及时变革。在变革条件不成熟时急于变革或贻误了变革时机都可能导致变革的失败。

第三节　国际商务进出口管理

进出口一般被认为在传统国际贸易中处于核心地位。在国际贸易活动中,企业是活动主体,针对进出口的各种复杂业务,企业层面如何进行决策,是企业国际商务活动的重要内容。本节主要探讨进口保护政策、出口鼓励及其他政策、企业的进出口行为在国际商务中的体现、企业进出口战略及决策问题。

一、进出口在国际商务中的体现

通常,进出口被认为是企业之间的跨境贸易行为,即一个国家的企业把商品卖到了另一个国家的企业,并产生了货物的跨境交付行为和国际支付活动。传统的进出口更倾向于对货物买卖的达成和买卖过程的讨论。随着国际互联网的日益普及,在国际商务活动中,进出口活动越来越呈现多样化。企业可以通过传统渠道、网络渠道把产品卖到全球各地。因此,进出口不仅包括交易和流程,还包括与其相关的服务以及战略决策问题。

国际商务活动中,出口往往是很多企业选择进入国外市场的第一步。因为对于企业的国外市场而言,出口风险相对较小,成本较低,对国外市场需求和销售过程不需要了解太多。只要企业生产的产品在国外有需求,有订单,在生产和交易成本可以控制的前提下,企业通常都会尝试出口贸易。与此同时,进口也成为企业参与国际商务的方式之一。从成本和产品差异化的角度考虑,全球采购已成为越来越普遍的现象。在全球范围内从事进出口活动已经成为越来越多的企业的行为和战略。

二、进出口的一般动机

(一)进口的动机

1. 满足国内消费市场需求

随着国内市场的发展和成熟,消费者的消费呈现出多元化趋势。单靠国内生产的产品已很难满足消费者多元化的需求。不同国家和地区的产业特点与产品特点使多元化消费需求可以得到满足。市场因素是企业进口行为的主要驱动因素,及早准确判断国内市场的多元化消费趋势,以及获得国外供应商的配合是进口企业得以成长的关键。

2. 低成本全球采购

国际市场提供了一个范围很大的采购空间。随着运输方式的改进和关税的降低,企业纷纷把全球采购视为一种非常重要的企业经营战略。全球采购使得供货渠道和供应商增多,企业有更多和更好的选择。这些全球进口的产品和原材料可以弥补国内市场的不足。特别是加工制造行业,从全球采购原材料可以大大降低企业的成本,提升企业在国内市场的竞争力。即使很多出口企业,也在利用进口渠道获得更低的原材料,然后加工后出口,也就是从事进料加工业务。

3. 引进先进技术和设备

自从改革开放以来,中国的进出口贸易政策一直以引进先进技术、关键设备和零部件为主线。这一进口政策旨在通过引进先进技术、关键设备和零部件来提升中国企业自身的技术含量和技术水平。特别是中国在改革开放初期缺乏外汇,政府只能将有限的外汇用在关键的进口设备方面。中国的进出口贸易政策曾经使中国的企业在较短时间内获得了很大水平的提升。目前,进口与技术相关的关键设备和零部件仍然是企业进口的重要选择。

4. 获取资源和能源的渠道

尽管中国地大物博,国内自身的资源和能源不一定能够满足国内生产快速发展的需要。一些急需的资源和能源,例如铁矿石、石油等,都需要从国外进口。在全球布局,寻找资源和能源的供应来源是保障国内生产和制造的基本前提。在中国经济飞速发展的情况下,国内市场更需要资源和能源性的供给,进口是保障资源和能源供给非常重要的方式。从中国长期经济发展看,在全球范围内获得资源和能源是中国企业非常重要的长远战略。

(二)出口的动机

1. 追求利润和企业成长目标

出口是企业追求利润和企业成长的有效途径。国际市场差异大,为独特产品和领先技术提供了市场机会。如果企业能够利用出口渠道向进口国家的消费者充分展示自己产品的优势和领先技术,往往可以获得较高的利润,有利于企业快速成长。

2. 开拓市场

对于一些在市场上明显具有一定生命周期的产品,在国内市场,产品销售已经进入成熟期或者市场容量已经饱和,此时企业可以拓展出口市场。在产品的出口流程中,环节较多，企业面临着运输、仓储、各项手续的成本和费用的压力，如果企业能够改进和建立有效的国际供应链体系，将有助于获得规模经济效益。

3. 管理层驱动

出口市场存在很多不确定性，出口程序虽然复杂，但是有比较强的规范性。企业往往把出口当作一项重要的战略选择。企业对一个国家出口的成功模式可能被有效复制到另一个国家，从而使企业可以积累经营管理经验。另外，海外市场开拓的业绩和成功故事也会对国内市场产生正向影响，让企业在消费者和用户中树立全球品牌形象。因此，在企业存在国际市场订单的情况下，管理层都会尽量尝试出口。

4. 获得税收优惠

出口退税政策是各国政府普遍采取的鼓励出口的重要政策之一，获得类似这种税收优惠政策就成为很多企业经营出口的重要动因。这或许可以增加利润，或许可以通过调整定价来增强国际市场的竞争力。很多企业依靠这一退税政策维持自己的出口业绩。

三、进口保护政策

(一)关税

进口关税是一国政府通过海关向进口商品或服务征收的税赋。征收关税的具体形式有很多，有的是根据进口商品价值征收一定比例的关税，被称之为从价税；有的则是根据进口商品的实物数量征收一个给定数额的关税，被称之为从量税，从量税以货物的计量单位(重量、长度、面积、容量、数量等)作为征税标准，以每一计量单位应纳的关税金额作为税率。

征收进口关税，使外国商品不得自由进入国内市场，势必影响国内的价格、生产量和消费税。关税对本国经济影响的大小取决于该国国内的供给与需求状况，也取决于该国在国际市场上的地位。由事实可知，无论大国还是小国，不管本国有无能力影响国际市场价格，征收关税都会导致产品国内价格上升，从而导致生产增加，进口减少，消费缩减，但影响的程度则会因在国际市场上的地位不同而不同。

(二)非关税壁垒

各国在限制外国商品进口、保护本国市场方面，除了征收关税以外，还有许多非关税措施，其中最流行的非关税壁垒是进口配额。配额是对进口商品设置一定的限额，其目的与征收关税一样，是为了限制进口，保护国内的民族工业。但与关税不同的是，进口配额是直接的数量控制，而不是提高进口商品价格间接地减少进口。

配额的种类方式很多，有在全球范围内的配额，也有分国别的配额，有进口国单方面设置的，也有双方协议的。但不管什么方式，这种对进口商品数量的控制，都会对本国商品的价格、消费、生产以及整个社会经济的利益变动产生一定的影响。这种影响的大小不仅取决于进口国在国际市场上的地位，还取决于本国进口工业的市场结构。

除了进口配额外，还存在其他一些非关税壁垒。

1. 烦琐的海关手续

一些国家虽然名义上没有什么进口限制，但把进口的海关手续弄得非常烦琐复杂，即使不用审批，也要层层填表、盖章或故意拖延时间，降低过关效率。例如，有的国家进口新鲜农产品的海关手续非常复杂，时间很长，致使出口国担心有些新鲜农产品因时间过长出现腐烂而不敢再出口。

2. 国产化程度要求

许多国家提出产品的国产化程度要求，规定产品中一定比例的零部件必须使用国产货。发展中国家在汽车产业政策中经常会出现这种要求。例如，印尼曾经规定，根据国产化率对汽车中使用的进口汽车部件减税或免进口关税；对设备、商标及技术方面达到国产化规定标准的公司，可视为国产汽车，免除奢侈品税和进口零部件的关税。

3. 进出口的垄断经营

进出口垄断包括国家机关的直接经营和交由某些垄断组织的独家经营。垄断的范围既可以是全部商品也可以是部分商品。其保护作用不是通过政府贸易政策而是通过垄断组织的行为实现的。由于独家经营，垄断机构为了牟利，就可以通过控制进口量来提高进口商品在国内市场的价格，其结果是一方面减少了进口，另一方面刺激了国内生产。

4. 外汇管制和不合理的汇率

实行外汇管制，进口商和消费者不能自由兑换外汇，自然也就没有能力自由进口。另外，外汇管制往往伴随着不合理的汇率，所谓不合理的汇率，是指偏离实际价值比率的汇率。当官方汇率偏离市场汇率时，政府无力或不愿进行干预，民间又没有足够的能力来调整，从而使本国货币高估或低估。有时为了限制进口，政府故意让本国货币贬值从而使进口商品用本国货币购买时变得更贵。如果以此降低本国居民购买进口商品的能力，自然也就减少了进口。

四、出口鼓励及其他政策

(一)鼓励出口的贸易和产业政策

1. 出口补贴

为了刺激出口，政府往往制定一些鼓励出口的经济政策。最常见的做法是对出口进行补贴。补贴的方法，既可以是直接现金支付，也可以是间接降低出口商品的成本。

直接补贴包括价格补贴和收入补贴。政府按照商品出口的数量或价格给予某种补贴是一种价格补贴。另外，政府设立保证价格，保证支付出口产品国际市场和国内市场的差价也是一种价格补贴。收入补贴则包括对企业的出口亏损进行补偿等。例如，中国的外贸企业在改革之前都是国有国营的，出口的亏损也都由政府承担。间接补贴包括低息贷款、外销退税、免费或低费为本国出口产品提供服务等。

出口补贴的结果直接体现为：国内价格上涨，出口工业生产增加，国内消费减少，出口量增加。

2. 鼓励出口的其他政策

鼓励出口的其他政策包括以下几种。

1) 货币贬值

政府有时通过本国货币贬值来促进出口。一般来说，一国货币贬值可使本国产品用外币衡量的价格下降，从而会增加出口贸易量。然而，要通过本国货币贬值起到增加出口量并增加收益的作用，必须满足两个条件：首先，出口商品具有较大的价格弹性，即由于贬值带动的出口销售量增加幅度会大于本国货币的贬值幅度；其次，其他国家不采取任何报复性措施，否则货币贬值的效果会被其他国家以同样的措施所抵消。

2) 经济特区

一些国家或地区为了促进出口，在其领土上的部分经济区域内实行特殊政策。在这个区域内，政府通过降低地价、减免关税、放宽海关管制和外汇管制、提供各种服务等优惠方法，吸引外国商人发展转口贸易或鼓励和吸引外资，引进先进技术，发展加工制造业，以达到开拓出口货物、增加外汇收入、促进本国或本地区经济发展的目的。

目前，世界各国设置的经济特区可分为以下四种。

(1) 自由贸易区。

自由贸易区是划在关境以外的一个区域，对进出口商品全部或大部分免征关税，并且准许在港内或区域内进行商品的自由储存、展览、加工和制造等业务活动，以促进地区经济及本国对外贸易的发展。尽管自由贸易区本身是对进出口的双向鼓励，但多数国家在本国境内开设自由贸易区的目的是促进出口。

(2) 出口加工区。

出口加工区是一国专门为生产出口产品而开辟的加工制造区域，在此区域内，一些以出口为导向的经济活动会受到一系列政策工具的促进和鼓励，而这些政策工具通常不适用于其他经济活动和其他经济区域。加工区生产的产品全部或大部分供出口。

(3) 保税区。

保税区是海关所设置的或经海关批准注册的特定地区和仓库。外国商品存入这些保税区内，可以暂时不缴纳进口税。运入区内的商品可进行储存、改装、分类、混合、展览、加工和制造等。设置保税区主要是为了发展转口贸易，增加各类费用收入，并给予贸易商经营上的便利。保税区是中国借鉴国外自由贸易区、出口加工区的成功经验，并结合中国国情而创建的特殊经济区域，其主要功能与自由贸易区和出口加工区相似。

(4) 自由边境区。

自由边境区一般设在本国的一个省或几个省的边境地区，其目的和功能与自由贸易区相似，只是在规模上小一些。

(二)价格支持

所谓价格支持，是政府通过稳定价格来支持生产者的一种手段。为了稳定生产和保证生产者的收入，政府设立一个不由市场供应变动决定的"支持价格"或"保证价格"。如果市场价格高于保证价格，生产者可以根据市场需求卖出高价，自然不用政府操心。如果市场均衡价格下跌到低于这一保证价格时，生产者则从政府手中得到两种价格的差额，产品产量和生产者的收入都不会因价格的下跌而受到多大影响。

五、网络时代进出口管理的新趋势

现代信息技术和网络技术在两个路径上对进出口贸易产生一定的影响。一是针对线下国际贸易路径,即对传统的国际贸易产生影响;二是针对线上国际贸易产生影响。前者(所谓线下)指的是传统的实体市场,其进出口行为基本上是传统的国际贸易流程和交易方式,信息技术和网络技术对传统国际贸易与进出口所带来的变化所反映的贸易形态及方式,通常称其为无纸贸易。后者(所谓线上)指的是新兴的网络虚拟市场,其进口的行为基本上是通过网络达成交易的方式和业务流程,通常称其为在线国际贸易。

鉴于进出口活动涉及政府监管,针对互联网的发展给进出口带来的影响,国际组织(例如 WTO、联合国贸易与发展会议、APEC 等机构)都在大力推进贸易便利化,督促各个国家或经济体实施无纸贸易,消除贸易中的各种阻碍,减少交易成本。

与此同时,私人部门和商业机构也在不断创新商务模式,为中小企业开辟国际市场的途径和平台,特别是在中国近十几年崛起了一些新的外贸平台。

第四节　国际商务运营

一、国际市场营销

(一)国际市场营销概述

1. 国际市场营销的定义

国际市场营销与企业经营国际化相伴而生,是对为一个以上国家的消费者或用户提供商品和服务的过程进行分析、定位,并展开产品开发、生产、定价、分销、服务等相关活动,以满足用户需求,并实现自己的利润目标。

国际市场营销区别于一般的市场营销:国际市场营销是跨国界的,必须适应经济、文化等环境差异;国际市场营销要适应不同国家的市场,进行跨国的组织协调,最大限度发挥企业的优势;国际市场营销要进行包括企业战略、企业组织、企业产品、企业品牌等的全球化决策。

2. 国际市场营销的特点

国际市场营销由于面临环境的巨大差别,呈现出下述各种特点。

1) 复杂性

各国特定的社会文化、政治法律和技术、经济环境不同,使国际市场营销的复杂性远远大于国内不同地区的市场营销。社会文化不同表现为语言障碍、文化差异、风俗习惯、社会制度不同等,给国际市场营销带来市场调查不易、了解贸易对手困难、交易双方沟通障碍、交易接洽不便等诸多困难。

2) 风险更大

国际市场营销由于进行跨国界的交易活动,很多情况不易把握,其产生的风险一般有信用风险、汇兑风险、运输风险、政治风险、商业风险等,其风险远远大于国内市场营销的风险。

3) 竞争激烈性

进入国际市场的企业大都是各国实力强大的企业,由于各国的地理环境和风俗文化的差异,企业难以及时了解和掌握对手的情况,因此面临的竞争更为激烈。

3. 国际市场营销的任务

1) 评估国际营销环境

国际营销环境包括政治环境、经济环境、文化环境、科技环境等，所有环境的变化都有可能给企业的国际营销带来新的挑战和发展机会。所以，企业在进入国际市场之前，必须透彻地评估和了解国际市场。

2) 决定是否进入国际市场

并不是每个企业都有必要进入国际市场，也不是每个企业都有条件进入国际市场。企业应根据环境分析和自身的资源条件以及生产能力、营销能力和产品特点做出正确的选择。因此，企业必须进行充分的调研和分析，制定自己的国际营销目标和策略。

3) 决定所进入的市场

在决定进入国际市场后，进一步的决策应该是进入哪一个或哪些目标市场。在选择时要运用一些科学的分析方法，对目标市场进行评估和财务分析，估计目前的市场潜力和风险，预测成本、利润及未来的投资回报率等。

4) 决定如何进入国际市场

企业选择好了目标市场，如何进入有许多可选择的方式，如间接出口、直接出口、许可贸易、合资经营、直接投资等。企业必须综合考虑环境因素和自身的实际需要，做出适当的选择。

5) 决定营销组合

由于国际营销环境与国内营销环境不同，在作出国际营销组合决策时，除要以一般的市场营销组合为基础外，还要根据具体情况，在产品、价格、分销和促销等方面运用一些与国内营销不同的策略。

6) 决定营销组织形式，并进行计划和控制

营销战略的实现需要组织保证。因此，企业要设置合理的组织机构，并进行合理的计划、协调和控制，以实现企业的国际市场营销目标。

(二)国际目标市场选择

进行国际市场营销活动，必须通过市场细分来确定目标市场。选择国际市场，可以发现潜在市场，寻求国际购买者，发挥企业营销优势；可以把市场需求和企业优势结合起来，提高营销效率。

1. 国际市场细分标准

国际市场是一个庞大的、多变的市场，为了选择目标市场，首先要根据不同标准对各国消费者进行分类，即国际市场细分。国际市场细分，是指企业根据各国顾客的不同需求和不同的购买行为，将其划分为不同的购买者群。

1) 以经济标准细分国际市场

企业可以用多种经济指标作为标准，也可以仅用人均国民生产总值作为标准，将世界各国分为高收入国家、中等收入国家和低收入国家。企业使用经济标准细分世界市场时，尽量不要只用一个经济指标，而要参考多项经济指标。

2) 以地理标准细分国际市场

企业可以按照地理区域将国际市场分为欧洲、北美、东亚、西亚、非洲等市场。依据

地理标准划分国际市场，由于处于同一区域的国家具有相似的经济、文化、种族背景，因而便于企业设计国际营销策略与管理。但是，地理位置上的接近，不能保证各国市场各方面因素都类似。

2. 国际目标市场选择

细分市场后，企业同样要进行目标市场的选择。选择目标市场需要考虑的主要因素包括市场规模、相对优势、市场增长速度、国际营销费用、风险程度等。

市场规模直接影响着企业开展国际市场营销活动的效果和收益。要同竞争对手做比较，选择在产品质量、花色品种、企业实力等方面本企业都有优势的市场作为自己的目标市场。有的市场尽管规模小，但潜力巨大，其未来营销收益十分可观。在不同市场中每项交易所发生的运费、调查费、保险费、税收、劳动力成本及广告宣传费用等是不同的。选择目标市场时，要对收益和风险进行对比分析，选择与本企业风险承受能力相匹配的市场。

3. 国际目标市场进入方式的选择

当一个企业选择好国际目标市场后，就必须确定进入该市场的最佳方式。企业可选择的方式主要包括直接投资、合作经营和出口等。

(三)国际市场营销组合策略

1. 国际市场营销产品策略

国际市场营销产品策略，在产品的设计、包装、以及商标等方面，都必须符合特定国家和地区的社会文化以及消费者购买偏好。主要包括以下三种策略。

1) 产品延伸策略

产品延伸策略是一种对现有产品不加任何变动，直接延伸到实际市场的策略。这一策略的核心是在原有生产基础上的跨国界规模扩张，即在产品功能和外形的设计上、在包装广告上，保持原有产品的面貌，不增加任何产品研制和开发费用。

2) 产品适应策略

产品适应策略是对一种现有产品进行适当变动，以适应国际市场不同需求的策略。这一策略的核心是对原有产品进行适应性更改或部分更改，一方面保留原产品合理的部分，另一方面对某些部分做适当更改，以适应不同国家客户的具体需要。通常产品更改包括功能更改、外观更改、包装更改和品牌更改。

3) 产品创新策略

产品创新策略是一种全面开发设计新产品，以适应特定国际目标市场的策略。产品创新策略的核心是产品的创新性。即在产品功能、外观、包装、品牌上都针对目标市场进行新产品的开发。

2. 国际市场营销价格策略

定价决策在国际市场营销中占有重要地位。价格制定合理，产品销售顺利，国际企业就能获利，从而增强其竞争力。在国际市场上，定价也是一个棘手的问题。如果利用产品声誉或卖方市场的优势抬高价格，这种支配市场的垄断就会遭到批评；但如果将价格压得很低，则有倾销或逃税之嫌。因此，定价决策在经济上、政治上都比较敏感。

1) 全球标准价格

全球标准价格指商品在世界各地执行统一的价格。运用此定价政策时，企业忽视了这样的事实：①成本分配本身具有随意性；②不同国家的生产要素成本不同(如劳动、资本、原材料、管理等成本不同；或产品出口时涉及的装箱、装船、保险、关税、内地税、运输、销售等成本不同)；③销往国外市场的商品其边际成本可能较低(尤其是在研究和开发工作都以国内为主的情况下)；④企业在国外市场的竞争地位不同；⑤企业在不同的国外市场渗入的程度不同；⑥主要供应商或东道国政府实施价格管理。因此，在生活水平、人均收入和其他成本差异甚大的现实世界，全球标准价格是不现实的。实际上，绝大部分对外投资者都无法得到这种价格，除非在政府对价格干预甚少的垄断市场上或者是直接出口商，才有可能使用这种价格。

2) 双重价格

双重价格指跨国企业对某种商品制定两种不同的价格，即在国内市场是一种价格，在出口时是另一种价格。前者通常比后者高，这是因为后者的销售费用不再需要由企业来负担。从企业的观点来看，只要出口商品的价格高于产品的变动成本，压低售价会增加销售量，从而降低全部成本，这种低价出售在经济上就是合理的。因此，跨国企业只要使出口商品价格高于其生产的变动成本，且不至于影响以全部成本价格销售的国内市场或其他市场，同时在短期内又能承受，在这种情况下，企业就有可能将产品倾销到国外市场。日本公司广泛采用双重价格出口其产品，结果常常被各国指责为倾销。双重价格有时也称为边际成本价格。

3) 市场差别价格

市场差别价格是指根据目标市场实际情况而制定的价格。显然，目标市场不同，商品价格也不同。在这种情况下，跨国企业就会赋予其子公司相当大的自由度，使子公司能根据当地市场情况来制定价格。通常，母公司可以提供指导，规定价格的下限，允许子公司以此为基础加以浮动。这种定价方式允许企业考虑不同的要素成本、竞争环境以及政府在不同市场的干预程度，因此，这种定价策略在国际市场上是一种较现实的定价方法。

3. 国际市场营销渠道策略

国际市场营销企业的产品从本国转移到国外市场的最终消费者，形成国际市场营销渠道。由于各国市场环境不同，渠道安排错综复杂，因而存在多种国际市场营销渠道形式。企业可根据不同国度的市场状况，采取不同的渠道策略。

1) 窄渠道策略

窄渠道策略是指国际营销企业在国际市场上给予中间商一定时期内独家销售特定商品的权利，其中又包括独家包销和独家代理两种形式。独家包销是指企业将产品在国际市场销售，并承担经营风险。独家代理是指企业将产品委托国外中间商独家代理销售，产品所有权未发生改变，代理商只收取佣金但不承担经营风险。

2) 宽渠道策略

宽渠道策略是指国际营销企业在国际市场上的各个经营环节中选择较多的中间商来销售企业的产品。与窄渠道策略相反，宽渠道策略强调选择中间商的广泛性，要求在特定的目标市场上形成众多中间商销售特定产品的格局。

3) 短渠道策略

短渠道策略是指国际营销企业直接与国外零售店或产品用户交易。短渠道策略则是指尽可能越过中间环节，使流通环节在跨国界销售中减少到最少的层次。短渠道策略可以采取以下两种具体方式：第一，企业直接与大百货公司、超级市场、大连锁商店进行交易；第二，企业直接在国外建立直销机构进行销售。

4) 长渠道策略

长渠道策略是指国际营销企业选择两个或者两个以上环节的中间商来销售企业的产品。对于那些与广大消费者贴近的商品，企业往往选择多个环节的中间商将商品分散出去。

4. 国际市场营销促销策略

国际市场营销的促销有广告、人员推销、营业推广、公共关系等四种策略。

1) 广告

在国际市场营销活动中，广告效果对企业产品在当地国家的销售和企业形象至关重要。影响国际广告的因素有语言文字的差异、政府控制、教育水平差异和社会差异。国际市场营销应根据产品的性质和各国市场的特殊性，选择不同的广告媒体传播商品信息。

2) 人员推销

人员推销是国际营销中最有效的促销手段。人员推销有两大突出的优点：一是灵活性，它能及时捕捉、反馈国际市场信息，适时进行商品推销；二是直接性，通过面对面的洽谈，可以有效地激发消费者的购买欲望。在进行人员推销时，销售人才应首选在目标市场国家中能够驾驭两种特定语言的当地人。此外，企业可以选择母公司所在国家移居到目标市场的人才。

3) 营业推广

营业推广手段非常丰富，在不同的国家运用有时会受到法律或文化习俗方面的制约。

4) 公共关系

公共关系是一项长期性的促销活动，在与东道国的所有公共关系中，与政府的关系最重要。

二、全球化供应链管理

全球化供应链是经济全球化的必然产物，因而全球化供应链管理是企业实施全球化战略的必然要求。

(一)全球化供应链管理概述

1. 全球化供应链管理的含义

全球化供应链管理就是要求以全球化的观念，将供应链系统延伸至整个世界范围，在全面、迅速了解世界各地消费者需求偏好的同时，对其进行计划、协调、操作、控制和优化，在供应链中的核心企业与其供应商以及供应商的供应商、核心企业与其销售商乃至最终消费者之间，依靠现代网络信息技术支撑，实现供应链的一体化和快速反应运作，使物流、价值流和信息流的协调更加通畅，以满足全球消费者的需求。

2. 全球化供应链管理特征

全球化供应链管理范畴较宽，是一种综合性的、跨国跨企业集成化的管理模式，也是适应全球化环境下企业跨国经营的管理模式。全球化供应链管理具有如下所述三个特征。

1) 面向全球消费市场驱动的供应链运作

全球化供应链管理模式是以全球范围内的消费者来驱动供应链运作，以消费者满意为核心。企业的经营范围从国内市场扩展到全球市场，潜在消费者呈指数级增长，巨大的市场意味着巨大的发展机遇。不管消费者处于世界的哪一部分，他们的需求同等重要。全球化供应链管理的观点将消费者服务定位为公司的核心，而且从战略上采取消费者服务的思想，以消费者满意度作为自己的绩效标准，重视进行市场细分，针对不同消费者群体的不同需求提供多样化的产品和服务，并且注重降低成本和提高效率，以得到消费者对企业产品的认同，提升企业的业绩。

2) 全球的新型合作竞争理念

全球化供应链管理是从全球市场的角度对供应链全面协调性的合作式管理。它不仅要考虑核心企业内部的管理，而且更注重供应链中各个环节、各个企业之间资源的利用和合作，让各企业之间通过合作博弈，最终获得"双赢"效果。全球化供应链管理的合作竞争理念把供应链视为一个完整的系统，将每一个成员企业视为子系统，组成动态跨国联盟，彼此信任，互相合作，共同开拓市场，追求系统效益的最大化，最终分享节约的成本和创造的收益。

3) 以现代网络信息技术为支撑

全球化供应链管理是现代国际网络信息技术发展与跨国战略联盟思想发展的结晶。高度集成的网络信息系统是其运行的技术基础。ERP(企业资源计划)由 MRPⅡ(制造资源计划)发展而来。ERP 综合应用了多项网络信息产业的成果，集企业管理理念、业务流程、基础数据、企业资源、计算机软硬件于一体，通过信息流、物流、资金流的管理，把供应链上所有企业的制造场所、营销系统、财务系统紧密地结合在一起，以实现全球内多工厂、多地点的跨国经营运作，使企业超越了传统的供方驱动的生产模式，转向需方驱动生产模式运营，体现了完全按消费者需求制造的思想，通过信息和资源共享，实现以消费者满意为核心的战略。

(二)全球化供应链管理的基本内容

1. 需求和供给管理

首先，要根据市场和客户的各种商业信息，进行预测和需求分析，以清楚地了解和掌握市场动向，做到"心中有数"，从而合理地制订需求计划，配备所需的资源，然后对这些资源在充分考虑到"资源约束"的基础上制订供给计划，将手中的资源与所了解、掌握的资源进行匹配，以快速响应和满足这些需求。

一般情况下，需求管理还需要根据地区的需求预测与相应的产品，制订整体的促销战略与销售计划。为了实现供应链的一体化管理，需求管理在一定程度上应具有集中化的特征。同时需求分析可以是地区、产品或者地区与产品的组合，这些以地区为基础的分析可为需求管理提供更多的市场信息。与一般的供应链管理相比，此时的需求和供给管理分析要考虑更多的全球性因素，分析过程和制订计划的难度也会加大。同时由于这些因素的变化更加敏感，因而需要及时进行修正。

2. 新产品开发

由于产品的销售和使用是遍及全球的，因此在研发的开始，就必须为产品定位，使其具有国际化和能适应不同主打市场的特性,以满足地区客户的使用和消费需求;产品的设计还应具备便于修改的特性,以利于在不同地点进行生产。在设计的同时还需要注意两点:一是要考虑设计和生产地区供应商的资源,尽量选择那些同样具有海外业务的供应商,并把他们的技术、知识和能力融入自己的研发过程,缩短研发周期,共同推出适应市场和客户的好产品;二是研发的同时要考虑全球市场的产品投放和推广问题,进行相关的市场分析,制定推广战略,准备相应的技术文档,尽快将产品推向市场,并不断对新产品设计过程提出反馈意见。

3. 采购

互联网和电子商务技术的出现,为全球采购开辟了一个前所未有的空间,缩短了买卖双方的时间和空间的距离,为它们架起了一座快捷方便的信息交流桥梁,使买方能在全球内寻找更多的策略资源为己所用,将分散在各地的生产商进行协同运作,准确获得所需货物;卖方也同样可以通过网络与其客户实现协同运作,准时获得所需货物,及时了解和掌握客户的需求、供货和缺货信息,按时将货物递交到客户手中。

4. 生产

生产商对分布在不同地区的众多生产工厂进行统一集成和协调,使它们能作为一个整体来运作。首先,需要根据市场需求对供应链上过剩的和不足的生产能力进行战略性的调整和优化配置,以充分发挥其效益;其次,要根据订单情况为这些工厂的集中采购提供准确的需求信息;最后,在一个复杂的供应链上,各个工厂间可能互为供应方,必须使它们的业务能够紧密衔接,才能实现高效低耗的生产目标。这就必须运用全球化供应链管理协同的功能和工具,来对这些业务进行有效的扩展和管理。

5. 订单履行

订单履行包括配送、运输和对交货的监控以及交货过程中的例外事故处理。为了使各个地区的客户可以从全球供应链上方便地拿到所需产品,就像从本地供应链上订货一样,为了确保每一张订单、每一笔交易都能按时、按质、按量地输送到全球范围内的客户手中,必须利用全球化供应链的集中式订单履行方式,整合自己和外包服务的资源,与客户进行密切的交流和沟通,并对整个合同履行过程进行实时监控,及时处理例外事故,防止由于订单的履行不周全而引起丢失客户的现象。

(三)全球供应链管理的组织形式

1. 企业联盟

企业联盟是指特定的生产企业和特定的合作企业以长期的交易关系为基础所建立的契约关系,形成特定的联盟体系。企业联盟是在信息技术和物流技术的支持下,改变生产企业和零售企业之间的关系,更加高效地组织和管理供应链的运营模式。在供应链管理环境下,为了降低供应链总成本,降低库存水平,增强信息共享,改善相互之间的交流,保持战略伙伴相互之间操作的一贯性,产生更大的竞争优势,以实现供应链节点企业的财务状况、质量、产量、交货期、用户满意度和业绩的改善和提高,最终使商品适应消费者的需求并快速地通过供应链到达消费者,供应链中的企业可以通过建立企业联盟来协同工作。

供应链中企业联盟的参与者有生产企业、批发企业和零售企业。如果按照传统的结合分类，结合既可以是从上游到下游的"前向联盟"，也可以是从下游到上游的"后向联盟"。生产企业与批发企业和零售企业的联盟以及批发企业与零售企业的联盟可称为"前向联盟"；批发企业与生产企业以及零售企业与生产企业和批发企业的联盟可称为"后向联盟"。

2. 虚拟经营

虚拟经营是指企业在组织上突破有形的界限，借用外部资源进行整合运作。在这种模式下，企业可获得诸如生产、设计、营销等功能，但却不一定拥有与上述功能相对应的实体组织。企业在有限资源的条件下，为了取得竞争中的最大优势，可以仅保留企业中最关键的功能，而将其他功能虚拟化——通过各种方式借助外力进行整合弥补，其目的是在竞争中最大限度地利用企业有限的资源。许多公司通过分担成本、共享技术和核心竞争力，共同进入世界市场，解决他们单独不能解决的世界范围内的问题。企业通过虚拟经营，可以把自己的大部分力量投入到企业的核心能力培育上，而将企业并不擅长的或进行外包更合算的部分，通过虚拟企业加以实施，从而可以降低风险，减少资金投入，提高企业的市场竞争力。

虚拟经营的一个必要条件就是开发出一个信息系统来实现对虚拟企业内部分散的不同种类成员的协调和控制。虚拟组织虽然是一种组织管理的变革，但是它的产生所依赖的基础是网络技术的应用和发展。这样成员企业不受地域、行业等限制，参与的公司遍布全国、全球，结合的目的是节约交易成本，分享合作的优势竞争力。

三、国际人力资源管理

国际人力资源管理是随着企业国际化而出现的人力资源管理的新类型。越来越多的企业已经认识到，有效的国际人力资源管理是企业进行国际商务活动成功的重要影响因素之一，是企业全球经营战略目标顺利实现的基础。

(一)国际人力资源管理的定义及特点

关于国际人力资源管理的定义，迄今尚未形成定论。摩根(P.Morgam,1986)将国际人力资源管理定义为人力资源管理职能、员工类型和经营所在国之间的相互作用。约翰·B.库伦(John B. Cullen,2000)指出，将人力资源的功能应用于国际环境时，就变成了国际人力资源管理。

国际人力资源管理从事的是与一般人力资源管理相似的活动。但是一般人力资源管理只考虑一国范围内员工的问题，而国际人力资源管理是在全球范围内对人力资源进行管理，其特殊性主要表现为：①人力资源管理的内涵更丰富。跨国公司的员工来自不同的国家，由于各国制度或文化存在差异，因此国际人力资源管理活动必须打通各个不同国家、各个不同制度或文化背景下的人力资源管理之间的隔阂和分离，促进全球化条件下人力资源管理价值理念和操作技术的融合与促进，因此会对一般人力资源管理加以补充和丰富。②环境差异影响人力资源活动：各国政治、经济、法律、社会和文化环境的不同使跨国公司面临的环境更加不确定。不仅要考虑将公司战略与人力资源管理相结合，还要兼顾国家环境差异等因素，合理配置国际人力资源，最大限度地挖掘和利用国际人力资源潜能，实现企业管理综合效益最大化。

(二)国际人力资源的配备

在全球竞争的时代,人力资源的质量是企业获得全球竞争优势的关键制约因素。因此,国际人力资源的配备已成为国际人力资源管理的一项重要的职能与任务。企业配备人员的方式与公司参与全球化的程度有很大关系,大体上可以分为三种,即民族中心型、多中心型以及全球整合型。这三种方式常常不是独立使用,而是混合起来一起使用。

1. 民族中心型

民族中心型是指企业总部制定战略决策并从总部所在国选派本国人担任海外分公司的关键职位,海外分公司的自治权很少。

这种方式的优势在于:①外派人员长期接受总公司的技术与管理培训,具有海外业务当地管理者所不具备的技术与管理优势;②外派人员了解公司战略与政策,有利于企业国际商务活动的顺利开展;③以母国的良好形象进行运营,便于实施全球战略。

其劣势在于:①外派人员需要花时间了解当地文化、法律及商业习俗,在此时期业务能力难以发挥;②限制了所在国家人员的晋升机会,可能引起士气的下降;③对外派人员一般要给予较高的待遇;④除了支付较高的薪酬和提供各种各样的补助,公司还需要投入大量资金用于外派人员的培训和安置,这会提高人力资源成本。

2. 多中心型

多中心型是指国外分公司聘用东道国的人员进行管理。每个分公司都是一个独立的实体,具有一定的决策权。

其优势在于:①作为东道国当地人,他们对当地的文化、商业惯例了解更深入,便于与当地人打交道,也更容易了解当地雇员和消费者的需求;②不存在重置管理者家庭的高成本。

其劣势在于:①当地的管理者已习惯于本国的工作方法,有时难以适应总公司的要求,因此,母公司对分公司业务活动的控制与协调也比较困难;②分公司的经理很少有机会到国外获得国际经验,也无法晋升至分公司之外的更高层;③母国经理也只是很有限地获得国际经验,高级经理人员很少从事国际经营,长期下去将制约战略决策和资源分配。

3. 全球整合型

全球整合型是在整个组织中选择最适合的人员来担任关键职务而不考虑其国别。

其优势在于:可以帮助公司发展全球经理人,使公司可以很容易地消除国籍障碍,拥有全球性的视野和观点。

其劣势在于:由于培训和重新安置成本的增加,所带来的管理成本也是相对较高的。

(三)国际人力资源的培训

跨国公司无论全部使用总部的外派人员,还是大量雇用当地劳动力,都会面临大量的培训与开发工作。

1. 对东道国员工的培训

1) 岗前培训

岗前培训又称入职培训。它包括新员工上岗、老员工转到新的岗位、技术和管理人员在新的岗位上就职等情况。

对于新员工上岗，培训一般可分为两个阶段：一是组织上岗培训；二是部门上岗培训，又称工作现场培训。转岗培训的老员工、新提拔晋升的技术管理人员的培训相对于新员工培训来说，主要是进行适应工作岗位的相关知识、技能、特殊技术的培训。

2) 在岗培训

在岗培训是指接受训练既要参加培训同时又要完成现所在岗位的工作任务，即一边工作一边接受培训。这种培训在时间安排上有两种方式：一是利用周末接受培训，二是在平时工作日安排适当的时间让培训者接受培训。在岗培训的目的有时可能是针对目前岗位需要而进行，也有可能是开发组织员工的潜力，使之具有更强的职业能力，以适应组织发展的需要。

3) 脱产培训

脱产培训是指脱离现在岗位，集中一段时间进行培训，培训完以后回原公司工作的培训方式。脱产培训的方式有很多，包括到大学学习正规课程、到其他机构进行进修、到其他单位或者地区进行挂职锻炼、出国进修等，方式不同，受训的内容也有差异。

2. 对外派员工的培训

外派人员是指总公司任命的在东道国工作的母国公民和第三国国民，还包括在母公司工作的外国公民。外派培训主要是指那些跨国公司为了适应当地情况，对外派人员进行的培训。

目前外派员工培训的形式概括起来主要有三大类型，即所在国的现实培训、全球性心智模式培训、基于多媒体或互联网的培训。

1) 所在国的现实培训

所在国的现实培训是指当外派员工到达东道国后进行的跨文化培训，或者是针对外派人员所遇到的突发事件而进行的针对性培训。所在国的现实培训主要有两种基本方式：传统的集体培训与现实的个体培训。传统的集体培训方式是把到达东道国的外派人员聚集在一起，给他们提供比外派前培训更具体的、更复杂的关于东道国文化的深层次知识培训。现实个体培训主要通过多重方式实现对外派人员的辅导，比如可以通过确认外派人员的动机驱使以及发展需要，帮助他们树立明确的发展目标；可以通过鼓励外派人员检验他们在工作方面获得的新技术，帮助他们评估这些结果；也可以通过提高他们对潜在冲突的意识，如工作——家庭不平衡等，并解决这些冲突。

2) 全球性心智模式培训

全球性心智模式培训的根本目的在于拓展个体的思路，以便超越过去那种本地区的狭隘眼界，从而形成一个可以包容全世界的心理图式。具体有三种模式：第一，利用回派人员进行培训。回派人员是指在外派到期后，返回公司总部的管理者或员工。他们一般具有很宽阔的全球视野、丰富的海外市场经验和良好的外语能力，对于公司形成全球性心智模式具有重要指导作用。第二，实地培训。把被培训者置于本国亚文化圈，既可以保证学到当地人的行为方式，又不至于让宝贵的时间从工作中流失。第三，员工评价中心培训。主要运用跨文化角色扮演、案例研究、小组讨论和国际谈判模拟来测量候选人对不确定问题的容忍度、目标导向、交际能力和沟通能力，以此评估外派候选人的多文化胜任能力。

3) 基于多媒体或互联网的培训

随着科技的发展，网络和计算机的应用使人们在日常生活中学习更加方便、快捷，大量的教育软件被开发出来帮助人们提高学习的效果。与此同时，多媒体软件和基于因特网的培训也被应用到外派员工的培训中来，其主要方式包括两种：基于多媒体软件的培训和基于互联网的培训。

(四)国际人力资源的绩效管理

1. 影响国际人力资源绩效管理的因素

1) 多样化的员工来源

在跨国公司的员工组成中，既有母国员工，也有外派人员，还有本土人员。这些员工的初始就业契约、报酬和福利待遇、职业发展道路与机会、公司对其绩效期望有很大的不同。因此，需要对绩效评估的政策和程序进行相应调整以适应被评估者。评估体系的设计不应当只是收集业绩数据，还要注意激励员工进行职业技能的开发。

2) 时间和地理的分割

尽管更为便捷的通信和旅行方式的出现，使信息沟通变得更为便利和及时，但各个地区之间以及当地组织与母国总部之间在地理上的分割以及时间上的差别，对于员工绩效评估而言，仍然是一个重要的问题。由于缺乏大量的直接接触，因此，外派人员和当地员工与总部人员之间沟通的频率和强度如果过低的话，将无法使总部随时了解当地各方面的管理问题。

3) 企业的跨国战略

企业进入国际市场常常是出于战略方面的考虑，而不是由于特定跨国经营所带来的直接利润。了解新市场或挑战国际竞争对手的战略目标，可能会使一些子公司陷入亏损状态，相应地，这些子公司员工的绩效看起来也会显得比较糟糕。但实际上，这些子公司及其员工仍然在积极地服务于企业的总体目标。在这种情况下，如果单纯采用诸如投资收益率这样的财务指标，那么，对于这些子公司及其员工而言，显然是不够公正的。

4) 当地环境状况

各个地区的环境存在着巨大的差异。比如，当地的经济状况是影响员工绩效的一个重要外部因素，同时，也是企业所不能控制的因素。另外，在文化方面，各国员工在可接受的工作方式上差别也很大，诸如假期与休假的数量、期望工作的时间、当地工人期望获得的培训类型等因素，都会对国际企业的绩效评估体系产生直接影响。因此，良好的国际绩效评估体系必须充分考虑当地的外围环境状况，并适应与工作有关的当地文化期望而进行适当调整。

2. 国际企业人员绩效评估标准

1) 母国标准

在母国标准情况下，国际企业对于全球范围内的所有分支机构及其员工均应以母国公司的绩效评价标准为依据进行绩效评估。这种方式操作简便、成本较低，但缺陷也比较明显。一方面，各个分支机构在国际企业中的战略定位不同，其所处的实际环境也各不相同。因此，使用同一套评价标准与权变理论不符。另一方面，使用母国标准也可能使其他国家或地区的员工受到自己所不能控制的因素的负面印象，从而使自己的绩效评估面临着额外的风险。比如，在东道国货币急剧贬值，以及由于政府管辖造成恶性通货膨胀时，东道国公司就可能亏损，尤其是东道国货币必须兑换成母国货币时。这种情况下，在东道国公司工作的员工即使已尽了自身最大的努力，也可能由于绩效不佳而受到处罚。

2) 东道国标准

如果使用东道国标准，虽然能够避免母国标准下的额外风险，但一方面，为各个东道国设置独立的绩效评估标准费时费力；另一方面，也使国际企业在全球范围内的各个分支机构及其员工进行绩效控制和绩效比较变得非常困难。另外，使用东道国标准的前提条件是，对于当地员工的绩效评价指标和标准，必须基于国际企业对当地分支机构的战略目标定位。

3) 区域标准

区域标准能够在一定程度上综合母国标准和东道国标准的优点，一方面，使该区域得到较为有效的控制和比较；另一方面，也能使绩效评估成本保持在一个合理范围内，同时又能保持某一个地域之内文化和环境因素的特征。

4) 全球性标准

全球性标准需要适用于国际企业的任何一个分支机构，因而在开发的难度上是最大的，但如果能够开发成功，那么其效果是最好的。全球性标准面临的另外一个问题是本土适应性与国际化战略之间的冲突。一套标准的普适性提高，往往是以精确性下降为代价的。

(五)国际人力资源的薪酬管理

1. 国际薪酬主要构成

1) 基本工资

外派人员的基本工资是其整个薪酬计划、各种报酬和津贴的基础，跨国公司在制定基本工资时一方面应关注公司所在国当地的实际工资水平，同时还要关注国际市场的工资水平，使公司在国际环境中获得人力资源的竞争优势。

2) 外派奖金

外派奖金是为了激发员工外派的积极性，吸引员工愿意派驻国外所给驻外人员的奖励。一般以工资的百分比形式支付，通常为基本工资的5%～40%，并且随着任职岗位、实际情况、税收水平以及派遣时间的长短不同而会有所差异。

3) 国外工作津贴

跨国公司一般根据东道国的工作环境，对外派人员支付不同的津贴。一般有以下几种：①生活费津贴。由于外派人员在新的工作环境中不能很快改变自己原有的生活方式与习惯，相对母国的生活费用就比较昂贵，跨国公司在此情况下会给予外派人员一定的生活费津贴。②住房津贴。外派人员在国外租到与母国条件相同的住房，可能需要支付较高的房租，跨国公司一般也会给予一定津贴。津贴经常是根据估计的或实际的情况来支付。③艰苦条件津贴。跨国企业可能派遣管理技术人员到一些气候、经济、政治条件比较艰巨的国家或地区工作，外派人员因此会增加生活的负担，或者要承受有损于身体健康或受到人身攻击等风险。基于这种情况，跨国企业为了鼓励外派人员安心工作并且弥补他们的损失，会给予他们相应的艰苦工作条件津贴补助。④教育津贴。为外派人员的孩子提供的教育津贴也是国际薪酬政策的一个组成部分。这些津贴主要用来支付孩子学习的费用、往返的交通费用、入学费用等。⑤税收调节津贴。许多跨国公司的母国政府都与其跨国子公司的东道国政府签有双边居民税收协议。外派人员应该按照当地政府有关税收法律与条款报税和纳税。如果他们的总税赋超过在母国的纳税负担,跨国公司将通过税收调节津贴给予一次性补助。

2. 国际薪酬确定的方法

国际薪酬确定的方法有下面两种。

1) 现行费率法

在现行费率法下,国际任职的基本工资与东道国工资结构挂钩。跨国公司通常首先从当地的薪酬调查机构获得信息,然后决定是以东道国人员、相同国籍的外派人员,还是所有国家的外派人员为参考基准。如果在低工资国家使用现行费率法,还需要在基本工资和福利之外提供额外补贴。

现行费率法的优点在于能够使外派人员得到与当地人员平等的待遇,并且使来自不同国家的外派人员待遇平等。不足在于不同派遣地区的员工之间的收入有较大的差距,对于同一外派人员在不同的任职地点和任职期间存在较大差异,这对派遣工作和召回工作会带来一定的困难和阻力。

2) 资金平衡法

资金平衡法是使外派人员具有与母国公司相同的薪酬水平,并且通过经济奖励补偿不同派遣地之间的生活质量的差异,从而保证外派员工与总部所在国相同的生活水平。跨国公司总部的薪酬支付方式和福利政策是此方法的基础,跨国公司可以通过调节本国的薪酬计划来平衡工作所在国的额外支出,以增加财政激励的方式使薪酬计划更具有吸引力。因此,这是跨国公司最常用的薪酬体系。若因派遣到东道国造成的花费超过在母国的花费,企业和外派人员要共同支付这些费用,以确保达到与母国相同的购买力。

资金平衡法的主要优势在于使派往不同国家的驻外人员享受到与总部人员相同的待遇,降低了派遣和召回的难度,便于外派员工的理解和认同,并使员工之间有一种公平感。其不足之处在于它可使不同国籍的外派人员之间以及外派人员和当地员工之间的收入产生较大的差距,同时使派往经济发达地区的跨国公司在招聘当地员工时成为一种障碍。另外这种方法在管理和操作上也比较复杂。

四、国际财务管理

国际财务管理是现代财务管理的新领域,是现代财务管理在国际环境下的延伸和拓展。由于跨国公司面对的商务环境更加复杂多变,如果企业要想在世界市场上占有一席之地,必须运用国际财务管理手段,真正地站在国际视角上进行财务管理,以此解决传统财务管理方法无法解决的问题。

(一)国际财务管理的概念与特点

1. 国际财务管理的概念

国际财务管理以跨国企业作为财务管理的主体,按照国际惯例的有关条款,根据有关国家的具体规定,遵循公司理财的基本原则,针对企业资金收支特点,组织企业的财务活动和处理企业财务关系的一切管理工作的总称。

2. 国际财务管理的特点

国际财务管理相较于一般财务管理，具有以下几个主要特点。

(1) 国际财务管理环境的复杂性。跨国公司与国内企业的不同之处在于跨国公司的资金流动不是单一的本币，所涉足的资金市场也不仅仅是国内资金市场。因此，跨国公司的财务管理要复杂得多。跨国经营和财务活动会受外汇风险和政治风险的影响，资金在国家间转移时还会受到许多限制。由于各国税收的差异性，利润的合法转移，会计、金融外汇市场的操纵和利用，都是国际财务管理不同于国内企业财务管理的新特点。

(2) 国际财务管理内容的复杂性。国际财务管理从跨国企业的微观角度，研究以企业价值最大化为目标的资金运动过程中所涉及的管理和决策问题，包括外汇市场与外汇风险管理、国际投资等实际操作。跨国公司需要全方位、多层次地考察国际商务财务管理环境中的诸多因素对这些操作的实际影响，并将这些影响整合到各种管理方法和工具中，为了能够确认并开发国外市场的投资机会，还必须了解传统投资分析的利弊，制定进入与退出策略。同时，也需要考虑跨国经营所带来的资本成本的国际差异和随之而来的国际融资决策的复杂性等。

(3) 国际财务管理战略的整体性。跨国企业的价值源于其核心竞争力，核心竞争力是企业拥有的不容易被别人复制或模仿的优势资源。为保持企业的成长和价值，跨国企业必须要有能力将其核心竞争力体现在企业的新产品和新技术上。核心竞争力并非来自个别产品和技术，而是来自管理这些产品和技术的人和过程。核心竞争力投资是企业的关键性战略投资。一旦企业战略确定，企业的财务战略就需要根据企业战略配置财务资源，监控经营活动，有效管理风险，评价经营成果，保证企业战略的实现，这其中最关键的是财务系统对资源的整合能力和再配置效率。

(4) 国际财务管理风险的多样性。与国内企业比较，跨国经营面临更多更大的风险。跨国公司的财务风险主要包括经营风险和政治风险。经营风险包括汇率风险、利率风险、通货膨胀风险、经营管理风险和其他风险；政治风险包括政府变动风险、政策变动风险、法律变动风险和战争风险等。

(二)国际投资管理

直接对外投资因其能够提高盈利能力和增加股东财富，而成为一种重要的投资形式。国际商务投资管理主要包括国家风险管理、国际资本预算管理和国际证券投资组合管理三个方面的内容。

1. 国家风险管理

国家风险管理是指跨国公司在东道国的经营，会因为该国经济、社会和政治环境的改变，而对跨国公司的现金流量产生不利的影响。当公司准备在某国开展业务或已开展业务时，就必须评估国家风险，并采取相应的对策。跨国公司开展国际投资前的首要工作，就是对国家风险进行评估和检测，并做出有关收益风险的抉择。

国家风险一般可分为政治风险和环境风险。其中政治风险主要来自政治环境的变化，政治风险的一种极端表现形式是政府直接没收跨国公司在该子公司的全部财产。而跨国公司通常所遭遇的政治风险往往表现为因东道国法律政策调整以及东道国与母国外交关系的改变给跨国公司带来的各种不利影响。经济风险则是指由于东道国经济方面因素的变化对跨国公司开展国际投资产生的各种负面影响，如该国汇率、利率的波动，资本市场的发展程度等。跨国公司应对国家风险时，可以采取投资前管理和投资后管理的两步策略，最大限度地防范和化解国家风险。

2. 国际资本预算管理

跨国公司在进行国际直接投资时，要运用国际资本预算方法来评估投资项目。大多数国际直接投资耗资巨大，而且不易转让。所以，恰当运用国际资本预算，寻找确实有利可图的项目是一项重要的工作。一般的国际资本预算与国内资本预算有很多相似之处。然而，国际项目所处的环境比较特别，复杂的环境会影响到跨国公司对未来现金流量的计算和折现率的确定。

国内资本预算管理的常用方法有净现值法、内含报酬率法、现值指数法、回收期法和会计收益率法。其中，净现值法作为最恰当的决策标准而被广泛使用。在国际资本预算管理中，除了净现值法外，调整净现值法也是常被采用的管理方法。

3. 国际证券投资组合管理

证券投资组合管理是指根据投资者对证券投资的目的和要求，从经常收入和资本增值方面研究如何进行证券组合，制定相应的投资策略和计划并加以实施的过程。投资者建立并进而管理一个证券组合，牵涉许多基本问题。首先，它必须明确筹集大批资金进行证券投资，其目的或目标是什么。其次，既然是证券投资，投资者应该熟悉证券种类及他们的收益和风险情况，以便根据不同"组合"的目标选购不同证券。最后，证券市场变动频繁，在"组合"中所购的证券，不一定一直不变。投资者对"组合"必须根据现有证券构成的收益，经常加以核算和调整。

(三)国际融资管理

国际融资是指企业根据其生产经营活动对资金的需求数量，通过一定的途径，采取适当的融资方式，获取所需资金的一种行为。国际融资相对于国内融资而言，资金来源广，融资渠道多，融资方式也多种多样，但在融资过程中所受到的影响因素必然也会比国内多，这些既为企业提供了更多的机遇，也带来了更大的风险。

1. 国际融资来源

1) 跨国企业内部

跨国企业内部的资金融通是资金的重要来源。由于是内部融通，因此资金是从母公司流向子公司，或者从一部分子公司流向另一部分子公司。其形式主要有：①增股筹资，即母公司通过增加投资，购买子公司的股票，使资金流向子公司，同时也强化了对子公司的所有权和控制权；②母公司通过自有资金或银行贷款向子公司放款；③其他子公司向某个子公司放款；④企业内部转移；⑤转移价格机制；⑥通过母国有关政府机构或经济组织获得贸易信贷及各种专项基金。

2) 东道国

东道国也是补充资金的重要来源，如股票市场、债券市场、当地合作伙伴、当地银行、当地金融机构、东道国政府的开发机构、东道国政府的对外援助计划等。由于东道国经济状况和金融环境有很大差别，因此跨国企业利用当地资金来源的情形也不尽相同。在美国和加拿大，证券市场是最重要的资金来源；在德国和英国，银行是提供信贷和借款的主要机构；在日本，银行业和证券业的职能相分离，银行参与对公司的短期和长期贷款及贸易信贷。

3) 国际代理机构

跨国企业可以通过各种国际机构，如国际复兴开发银行、世界银行、国际开发协会、亚洲开发银行、进出口银行等筹集所需资金。

4) 第三国

向第三国银行借款或在第三国资本市场出售证券或债券，这也是跨国企业筹集资金的重要来源之一。这些来源地包括欧洲货币市场、欧洲美元市场、欧洲债券市场、外国银行以及其他金融机构等。

2. 国际融资战略

1) 融资成本最小化

尽可能使用政府的优惠补贴贷款；选择合适的融资货币和融资地点；利用公司在规避税收、外汇管制和其他限制条件方面的独特地位降低融资成本，这主要是通过跨国公司内部资金转移系统取得的。

2) 降低融资和经营风险

通过使用避免外汇风险的方法，降低公司的外汇风险；通过各种规避政治风险的技巧，减少各种政治风险；将产品预先出售给客户，减少销售的不确定性，同时用销售合同来获取融资；通过分散资金来源，为全球经营活动提供稳定的融资，并在预期需要时获取融资。

3) 建立最佳的资本结构

建立合理的全球范围内的最佳资本结构；为各子公司选择合适的资本结构；考虑母公司的担保和债务合并风险。

(四)国际现金管理

国际现金管理是跨国企业财务管理中的重要环节之一。现金管理的目的，其一是为了优化现金流动，具体表现为加速现金流入、货币兑换成本最小化、现金流量税负最小化；其二是为了剩余现金投资，实现投资收益最大化。

1. 现金管理的组织形式

现金管理有集中或分散两种组织形式可供选择。所谓集中方式，即将资金集中在中央现金库，中央现金库或设在母公司或设在能提供税收和其他优惠的某个国家，以便统一调度和使用资金。所谓分散方式，是由子公司保留和管理各自的流动资金，以供自己使用。

现金集中管理能有效控制流动资产的分配和投资。同时，大量集中的资金也能发挥财务杠杆作用，以取得较高的利息，或以较低风险获得所需资本。具体地说，现金集中管理的优点有：①公司能以较少量的现金开展经营活动；②由于流动资金减少，企业盈利能力提高，融资成本降低；③有利于母公司从整体立场出发发现问题和机会；④有利于以公司整体利益作为决策的依据；⑤由专门机构负责现金和证券的管理，有利于积累专门的知识和经验；⑥减少公司在某国的资产风险，当没收资产或限制资金转移的法规公布时，企业损失较小。

2. 跨国转移资金的方法

为了有效利用现金资源以及全球税负最小化，企业应该能够在全球范围内将资金从一个地方转移到另一个地方。下面具体介绍一些跨国转移流动资金的方法。

1) 股利返回

股利的支付是公司从国外子公司将资金转移到母公司的最常用方法。为了有效利用这一手段，跨国公司在制定股息政策时，需要综合考虑税收、外汇风险、汇兑限制、其他股东态度等。

2) 内部贷款

内部贷款有两种方式：一种方式是如果相关国家政策与法规对公司内部贷款没有限制，则母公司与子公司以及子公司之间可以直接贷款，主要是确定合适的贷款利息。另一种方式是为了追求比直接贷款更多的好处(某些国家规定支付给金融机构的利息比支付给外国母公司的利息所交的预提税率要低)，或者由于政府管制等其他原因，企业不愿意或者不方便直接由母公司向子公司贷款，便可以采用一些间接方式获得贷款，例如平行贷款和背对背贷款。

3) 转让定价

转让定价是指企业为实现总体经营战略目标，谋求企业整体利益最大化，而在公司内部各关联企业或子公司之间互相购销产品、提供劳务、转让无形资产和借贷资金时，确定的内部"交易"价格。转让定价可以加速企业内部的资金转移，也可以降低整个公司的税负。从而优化资金配置，调节利润水平。

制定转让价格的基本方法有以市场价格为基础的转让定价方法和以成本为基础的转让定价方法。以市场为基础的转让定价方法就是以转移产品时外部市场价格作为企业内部转让价格基础；以成本为基础的转让定价方法，是以供应企业的实际成本为基础，加上一种固定比率的毛利来确定的。

4) 特许权使用费、服务费和管理费

特许权使用费是指子公司为获取技术、专利或商标的使用权，而付给拥有技术、专利或商标的母公司或其他子公司的报酬，可以用每单位产品支付一定的金额或以全部毛销售收入的一定百分比计算。服务费是用于补偿由母公司或其他子公司供应给该子公司的专门服务的支出，一般按照服务的时间、服务的类型和等级确定支付费用的标准。管理费是企业在进行国际经营业务时所发生的一般行政管理费用中由子公司摊付的部分。

特许权使用费、服务费和管理费作为企业内部资金转移的方式，可以根据具体情况，调整费用的标准，以作为国际资金流动的额外渠道。但有些东道国为了避免企业逃避税收和转移资金，对这类费用的支付通常实施较严格的限制和监控。

 本章小结

(1) 国际商务是一种跨越国界的活动，是在不同国家之间进行商品、劳务、资本、技术和信息等资源的国际转移。国际商务活动主要包括国际贸易、国际投资、国际技术许可和特许经营等。国际商务的发展经历了贸易主导阶段、投资主导阶段和全球商务阶段。企业商务国际化的驱动因素主要有市场驱动、技术驱动、竞争驱动、成本驱动。随着国际商务活动呈现出新的特点，我国商务活动在国际贸易、国际投资和国际经济合作方面将呈现新的发展趋势。

(2) 国际商务组织的主体是跨国公司,以跨国公司为主体分析了其组织结构、组织文化和组织变革问题。跨国公司的组织结构类型主要有出口部结构、母子公司结构、国际部结构、全球性结构,国际业务规模、国家文化差异和管理人员的质量和数量会影响到跨国公司组织结构的设计。在了解组织文化的含义、特征、功能的基础上,可以从强化认同、社会化、沟通战略、团队学习四个方面维持跨国公司的组织文化。组织成长往往伴随着一系列的组织变革活动,了解组织变革的动因与内容、组织变革的过程、组织变革的阻力与策略,有助于组织变革的成功实施。

(3) 在国际商务进出口管理方面,阐述了进出口在国际商务中的体现以及进出口的动机。在进出口相关政策方面,既要有效规避各种进口保护政策带来的负面影响,涉及关税、非关税壁垒等,也需要积极利用各种出口鼓励及其他政策,推动国际企业的贸易活动,同时需要基于网络时代进出口管理的新趋势制定相关政策。

(4) 国际商务运营包括国际市场营销管理、全球制造与供应链管理、国际人力资源管理、国际财务管理四个方面。

本章案例

佰草集国际化市场的开拓

总部设在上海的上海家化联合股份有限公司(以下简称上海家化)是中国历史最悠久的日化企业之一,其主要品牌包括"佰草集""六神""美加净""高夫""启初"等,并于2001年成立上海佰草集化妆品有限公司,在上海股票交易所上市。作为中国第一个以中草药为原料走向世界的民族化妆品牌,佰草集诞生于1998年,是中国第一套具有完整意义的中草药高端个人护理品牌。目前佰草集的足迹已遍布中国各地,拥有超过1500多家门店、专柜。佰草集正在一步一步地探索着本土化妆品品牌进军国际市场的路径。

1. 试水香港市场

2001年7月,作为国际化的第一步尝试,佰草集投巨资试水香港市场,成立香港分公司,模仿内地市场选择自建销售渠道,在旺角和铜锣湾开设2家专卖店,从内地选派经验丰富的管理人员常驻香港。

但由于管理层认为的国际化只是停留在粗浅层面,只是简单地将包装和品牌翻译成英文,根本没有凸显中国元素。佰草集不仅没有寻求当地合作伙伴的帮助,而且不了解当地消费者需求,最终,销售业绩惨淡,不得不于2003年悄然退出香港市场。

为此,佰草集总结经验教训,调整销售策略,于2007年重回香港市场时,放弃"自我代理",在当年与香港大型护理超市——万宁连锁店合作,并在终端陈列中采用中国元素与当地消费者沟通,使销售业绩节节攀升。半年后,佰草集在香港的销售额就增长了10倍。这次成功开拓香港市场,为其进入欧洲市场积累了丰富的经验。随后,佰草集在香港市场的销售业绩一直表现出众。

2. 初进巴黎市场

佰草集正式进军国际市场,首选欧洲市场时尚之都巴黎。佰草集进军国际市场的契机是借助全球最大奢侈品品牌营销集团 LVMH 旗下的专营高档化妆品和香水的零售公司丝芙兰的渠道。丝芙兰于 2005 年首次进入中国市场时选择的合作伙伴是上海家化，而上海家化本想借助此契机将"佰草集"和"清妃"两个品牌渗透进丝芙兰的中国门店，但丝芙兰认为"佰草集"和"清妃"在法国消费者心目中名不见经传，拒绝了此要求。之后，尽管上海家化做了多方努力，但最终丝芙兰只同意具有独特中草药理念的佰草集进驻丝芙兰的中国门店。因此，佰草集成为唯一入住丝芙兰在上海开设的第一家分店的中国品牌。

随着佰草集在丝芙兰中国门店取得的成功，佰草集向丝芙兰提出让佰草集进驻法国门店，但丝芙兰对佰草集的要求一直采取敷衍的态度。经过两年多的沟通，佰草集不仅让丝芙兰看到了佰草集的实力和产品质量，而且明确提出了佰草集在丝芙兰产品线中的定位是补缺型品牌，此举让丝芙兰迅速转变此前消极的态度，双方择定于 2008 年 9 月正式在巴黎的丝芙兰香榭丽舍旗舰店上市。因此，佰草集也成为近代第一个登陆法国巴黎的民族护肤品牌。上市第一个月的销售额就超过了 100 万元人民币。2009 年，虽然全球经济萎靡，丝芙兰的销售额负增长 25%，而佰草集逆势而上，销售额增长了 200%，也是丝芙兰独家品牌中仅有的几个实现正增长的品牌之一。佰草集的明星产品太极泥更是在最受欢迎单品中排名位居首位。

3. 拓展欧洲市场

2008 年，佰草集借助丝芙兰优质的渠道资源，已经成功入驻法国境内 30 家丝芙兰主力门店，并在全法国 230 家丝芙兰门店分销其主打产品太极泥面膜。上市首月，太极泥面膜供不应求，销售额突破百万元人民币，在丝芙兰连锁店最受欢迎单品中位列前五。2009 年，佰草集在法国销售额突破 1000 万元，同时佰草集加快了国际化发展步伐，先后进入西班牙、荷兰、瑞典、波兰、意大利等国家，并以全新包装和形象，推行绿色时尚环保理念，全面提升品牌形象，佰草集在欧洲销售同比增长 60%。2013 年 5 月，佰草集借助德国最高端化妆品连锁巨头道格拉斯的销售渠道，进入被称为欧洲最大美容市场的德国市场，获得了当地消费者和专业人士的一致好评。2015 年 3 月，佰草集第一家海外品牌旗舰店在法国巴黎开业，这是佰草集品牌在海外发展版图上的又一重大里程碑。早在 2008 年，佰草集就已经通过严苛的欧盟认证，并成功进驻法国香榭丽舍丝芙兰旗舰店，开始在海外主流护肤品市场销售，随后佰草集的海外版图扩张至法国、德国、西班牙、荷兰、意大利等多个国家，并在强手如林的欧洲化妆品市场站稳脚跟，欧洲市场的销售额每年保持以 80%的速度高速增长，佰草集已成功跻身全球顶尖化妆品品牌之林。2015 年，佰草集首家海外旗舰店于巴黎核心商圈盛大揭幕。2017 年，佰草集海外分销门店数量已超过 500 家。

佰草集不仅是唯一走出国门的中国化妆品品牌，也在中国品牌国际化的道路上走出了一条亘古未有的创新之路。

（资料来源：杜志琴. 佰草集开拓国际市场的成功经验及启示[J]. 对外经贸实务，2017(10).）

讨论题

1. 佰草集开拓国际市场经历了哪些阶段？
2. 佰草集在开拓国际市场中，有哪些营销策略值得借鉴？
3. 佰草集的国际化战略为中国企业带来哪些启示？

 思考题

1. 简述什么是国际商务。
2. 简述国际商务活动的主要类型。
3. 国际商务活动的发展经历了那些阶段?
4. 跨国公司的组织结构类型有哪些?
5. 简述企业进出口的动机。
6. 国际营销的主要特点是什么?
7. 国际企业营销活动应如何应对经济全球化的挑战?
8. 简述全球化供应链管理的主要内容。
9. 阐述国际人力资源管理的人员配备的方法。
10. 阐述国际人力资源管理的薪酬管理的特点与方法。
11. 阐述国际财务管理的特点及目标。
12. 跨国公司常用的融资方式有哪些?

第十一章 现代商务冲突管理

【学习要点及目标】

- 重点掌握商务冲突的概念及其产生的原因。
- 了解和掌握商务冲突管理的基本原则和影响。
- 掌握现代商务冲突管理的管理策略和具体方式。

【核心概念】

商务冲突成因　商务冲突类型　冲突管理原则　冲突管理策略

【引导案例】

乐视手机售后被指患"拖延症" 乐视回应系供应链商务问题导致

近期有乐视手机用户向媒体反映称，其购买的乐视手机在保修期内遇到问题，送到官方指定的售后点进行维修时，手机的售后处理一再拖延时间，几乎患上了"拖延症"，令人不胜其烦。

据悉该消费者2016年5月购买了一台乐视2手机，用了半年左右时间，在升级系统时突然遇到黑屏、无法启动手机的问题。之后该用户于2016年11月将手机送至官方指定的售后点维修，在此后的一个月内，他多次与售后联系，均被告知无配件、没法修理。在维修客服屡次承诺48小时一定会给出一个解决方案，如此循环往复多次之后，用户的手机维修问题仍未得到很好的解决。

财经网科技就用户关心的手机售后维修问题联系了乐视手机公关部门，该部门工作人员与售后了解情况后表示，造成乐视手机用户售后时间过长的原因是供应链商务问题，该问题导致售后零配件库存不足，进而产生维修延期情况。目前，乐视正全力推进售后零配件采购工作，并已经取得实质性进展，售后维修分级处理工作正在积极推进中。

据财经网科技了解，这次乐视手机因为配件短缺造成维修周期过长并非个案，笔者在百度搜索中以"手机配件短缺用户维修难"为关键词进行搜索，结果显示因此类问题给用户造成不便的吐槽之声比比皆是，例如小米手机也因为配件短缺，造成消费者维修不便而遭人诟病。

由此可见，随着国内手机厂商出货量不断攀升，供应链问题不但表现在新机上市之时，同时也影响了售后服务。因此，手机厂商应本着对消费者负责的态度，保障供应链的良好运行，针对手机售后问题，做好维修配件储备，及时满足消费者的售后需求，这样才能赢得消费者对品牌的信赖。

(资料来源：乐视手机售后被指患"拖延症" 乐视回应系供应链商务问题导致，http://tech.caijing.com.cn/20170224/4238509.shtml)

【案例导学】

在商务活动中，由于各方利益的不同、看法和观点的不同以及社会文化背景的不同等，都会引发各种各样的商务冲突,可以说商务冲突无时不在、无所不在。因此,在商务管理中,不承认商务冲突或试图完全消除商务冲突的做法都是不妥当的,同时也是无法实现的。随着电子商务的发展,网络渠道与传统渠道之争日益白热化,以淘宝天猫为代表的电子商务渠道商对传统的大卖场、百货等实体渠道造成了极大的挑战。两种渠道之争已成为当下中国重要的商务冲突表现形式。我们只有正确认识商务冲突、掌握商务冲突的规律,才有可能解决企业的商务冲突问题,从而实现企业的经营目标。

第一节 商务冲突的形成与影响

在现代商务活动中,人们经常会由于认知、价值观、主观过错等方面的原因,彼此感觉到来自对方的某种抵触和差异而形成对立情绪,甚至发生对抗的言行,这就是商务冲突。商务冲突可以以多种形式而存在,一种形式是间接的,双方并没有直接的对抗和冲突,但是通过一些间接的行动所营造出的气氛使人们感觉到他们之间存在的对立的状态;另一种形式是发生商务关系的双方所产生的直接的对立和冲突。从广义的角度,商务冲突可以被定义为在商务活动过程中,由于某些商务关系难以协调而导致的矛盾激化和行为对抗,并且被参与商务活动的各方感知到的差异。

商务冲突在商务运作过程中是一种较为普遍的现象。它经常发生在不同交易主体之间,有时同一个公司内部的不同部门或公司集团内部的不同子公司之间也会产生商务冲突。在经济全球化时代,由于文化差异所带来的商务冲突经常出现在国际舞台上。随着市场经济的发展,中国企业的商务冲突已经由过去隐性、单一性冲突转化为显性、多样化、多层次的冲突,而且跨国商务冲突也变得非常普遍。面对企业越来越普遍的商务冲突现象,企业的商务冲突管理必须被高度重视和认真对待。只有通过有效的商务冲突管理,才能使企业更好地解决市场带来的商务冲突问题,掌握主动权。

一、商务冲突的成因

现代企业是一个开放的系统,它和社会中的其他组织、群体或个人有着千丝万缕的联系。企业组织和社会其他组织之间的这种相互影响关系不仅表现为相互间的适应和合作,有时也表现为相互间的对立和对抗,这种对立和对抗是引起商务冲突的最根本原因。商务冲突的形成经常不是一蹴而就的,其产生之前已经经历了一段时间的孕育期和萌芽期。企业之间商务冲突形成的具体原因较为复杂,有主观的原因,也有客观的原因;有的是由企业之间的某些关系不协调造成的,也有的是因外部环境因素的影响而引发的,而且各种因素之间的相互作用处在不断变化之中。企业商务冲突的具体原因一般可以概括为以下几个方面。

(一)认知偏差

认知是人们对事物的认识、了解和评价。由于人们的知识、经验、观念、态度各不相同,因而对于同一事物往往会有不同的认知。当这种差异导致人们之间自身利益或期望难以达成一致时,冲突就产生了。例如,人们在商务交往中由于种种原因会导致对于同一客体有完全不同的认知,因而就会签订一些有重大误解或显失公平的合同,从而引起关于合同效力的冲突。

(二)主观过错

由于故意或者过失而给对方造成利益上的损失,致使对方原来所期望的利益或目标不能实现而产生纠纷,这是商务活动中最为常见的冲突。例如,合同当事人一方由于追求自身的最大利益,或者由于疏忽大意而没有依约履行合同,致使对方生产或销售不能顺利进行,造成对方损失,由此引起的损害赔偿纠纷就是典型的商务活动冲突。这种故意不履行或过失不履行合同的过错行为就是发生冲突的根本原因。

(三)价值观扭曲

价值观是一个人对客观事物是非、善恶、好坏和重要性的评价。由于人们的活动宗旨(信仰)、伦理道德(包括商务伦理和商务道德)、处世哲学和经营哲学以及所追求的目标及目标体系不同,人们对同一事物的选择和取舍也不同。这一不同如果发生在同一商务活动中就必然会产生冲突。例如,某些企业采用傍名牌的手段,模仿名牌产品的产品名称或标识,这显然会引发相关的商务冲突。

(四)政府行为不当

政府行为是一种行政行为,是国家机关在其职权范围内依法对行政管理相对人实施的具有法律效力的行为。在商务活动中,作为行政相对人的企业和其他经济组织,总是处在国家机关,特别是工商管理机关、产品质量监督机关、税务机关、司法机关的管理监督之下,上述机关的不当行政行为也会导致企业和其他经济组织与政府机关之间发生冲突。2009 年,美国连锁超市巨头沃尔玛对刚完成收购的智利销售与服务集团(D&S)旗下提出要求,要求被其收购的超市不得再销售来自古巴等遭美国制裁的国家的产品。此举引起智利消费者组织强烈抗议,因为古巴的朗姆酒等产品在智利拥有大量消费者。但是根据美国政府对古巴进行经济封锁的法律,沃尔玛在海外控股的商户也不能破例。此外,伊朗、朝鲜、苏丹、委内瑞拉等国的产品也在被禁之列。此例说明政府的某些法律条令或政策规定潜在地会带来各种商务冲突。

(五)情势变迁或不可抗力

在商务活动中人们常常会碰到一些当事人很难控制的情况,例如,自然灾害的发生,如泥石流、地震、山洪等,或者社会政治局势的动荡,如战争、社会动乱或罢工等。这些变化一般被称为不可抗力。这是一类不能预见、不能避免,并且不能克服的环境或因素。当发生这种不可抗力时,往往会使当事人一方不能履行某些到期的商务合同,从而给另一方带来巨大的利益损失。由于不可抗力因而不能履行合同的一方是否应承担损害赔偿责任,若承担应承担多少,以及其所深受的灾害是否属于不可抗力,这些问题都会在当事人之间产生分歧,进而产生冲突。

除此以外,由于当事人所处的地理环境、社会地位和经营条件的不同,使其获取信息的真伪及范围也不同,这种信息上的偏差也会导致商务活动中的行为偏差,从而引起商务冲突。一些企业或组织在经济人观念的影响下,只强调自身利益最大化,忽视了其他主体的利益,这也是产生冲突的一种原因;中国市场经济体制改革的不彻底所表现出的部分行业政策倾斜、地方保护主义和严重的行政性垄断干预等问题，也使相关企业之间的商务冲突表现得更加复杂。

二、商务冲突的类型

在商务活动中，会发生多种冲突，它们主要表现在六个方面。

(一)合同履行中产生的冲突

由不履行合同或不完全履行合同发生的商务冲突是商务活动中最常见的商务冲突。合同履行中围绕合同的内容完成情况会产生许多纠纷和冲突，如标的物及其数量、质量、型号、规格；价格、定金；执行期限；付款日期、付款形式；赔偿金和违约金等。现实中，由于认知局限性、主观过错、不可抗力等因素都会引起此种冲突的发生。例如，虽然中国钢铁产量位居世界第一，但是铁矿石原料严重依赖国外进口。中国进口的铁矿石质量问题也一直存在。2010年山东日照钢铁与澳大利亚吉布森山铁矿公司间沸沸扬扬的违约事件，或多或少也与铁矿石质量问题有关。

(二)假冒侵权产生的冲突

假冒就是假冒商标罪的简称，它是指以营利或者以获取其他非法利益为目的，违反商标管理法规，假冒他人的有效注册商标，故意侵犯他人注册商标专用权、情节严重、危害很大的行为。假冒的表现形式有很多种类型。首先是假冒他人注册商标；其次是伪造、擅自制造他人注册商标或销售伪造、擅自制造注册商标标识；最后是销售明知是假冒注册商标的商品。

侵权是指商标侵权行为，一般是指他人在未经注册商标所有人许可的情况下，擅自使用某一注册商标，或者把注册商标的主要部分作为自己的商标或商标名称、装潢等，用在与注册商标人指定的相同或类似的商品上，从而导致商标混同和消费者的误认。具体表现为三种：一是未经注册商标所有人许可，在同一种商品或者类似商品上使用与其注册商标相同或近似的商标；二是擅自制造或销售他人注册商标标识；三是给他人注册商标专用权造成其他损害的行为(如销售侵犯他人商标权的商品)。不管假冒还是侵权，都是损害利益的行为。假冒与被假冒，侵权与被侵权，双方构成相互冲突的关系。

(三)为争夺技术权益引起的冲突

企业界为获取或垄断某种技术展开了激烈的争夺。他们猎取的目标有的是技术资料本身，有的是掌握技术资料的技术人员。有时部分企业采取挖墙脚的方法，通过高薪聘请的方式把对方企业中拥有核心技术信息的员工挖到自己企业中。但是如果该员工与原企业在之前已经签订了同业禁止协议，那么原企业就会与这家企业发生直接的商务冲突，前者一般会诉诸法律。例如，2005年7月20日，前微软全球副总裁李开复正式加盟Google，任Google全球副总裁、中国区总裁，掌管在华业务。由于李开复之前在微软身居要职，接触了大量的技术信息，因而围绕李开复跳槽事件，微软与Google进行了长达半年的法律诉讼。

(四)争夺原材料和销售渠道所引起的冲突

原材料是生产要素、工业的食粮；销售渠道是产品通向用户的途径：这一进一出，会对企业实现自身的竞争优势产生重要影响。因此在商界争夺原料和销售渠道的竞争一天也没停止过。为了争夺原料和渠道，商家使出浑身解数，进行着拼死的搏杀。世界三大铁矿石供应商：澳大利亚必和必拓公司、澳大利亚力拓集团和巴西淡水河谷公司，通过大规模兼并和收购，形成了三分天下的局面，掌控了世界铁矿石70%以上的海运量。包括中国在内的大多数钢铁企业，每年都需要与这三大巨头就铁矿石的价格进行谈判，但经常处于弱势地位，结果导致铁矿石采购价很高，影响了下游钢铁产品的盈利空间。再看渠道之争。2004年2月国美电器执行"空调大战"计划，通过大幅度降价的方法来提升顾客的注意力和品牌人气，但严重损害了格力电器的利益。因此，格力电器一方面与大中电器、苏宁电器等其他大型家电零售连锁企业开展深度合作，另一方面在自身渠道——"股份制区域性销售公司模式"上下足了工夫。

(五)广告活动中的冲突

广告活动中的冲突是商贸冲突的公开化。企业的利益发生冲突，各方往往会寻求多种解决途径，广告是其中最重要的手段之一。世界两大可乐从它们诞生那天起，为了争夺市场展开了激烈的广告战。2005年6月，可口可乐携手《魔兽世界》掀起红色旋风，百事可乐联盟《梦幻国度》刮起蓝色风暴……同一个行业的两个巨头，几乎在同一段时间不约而同地采用了网络游戏作为广告的主要载体，两巨头的最新广告甚至在同一个电视频道次第登场。"两可乐广告战"至今仍在继续。

(六)刑事犯罪所引起的冲突

刑事犯罪分子的犯罪行为，如投毒、放火、造谣等，可能对企业信誉和形象造成巨大的破坏。这样犯罪分子和企业之间就会形成对抗与冲突。企业设置不合理的规定，违法经营，侵犯消费者的权益，也会引起企业与消费者的冲突。三鹿集团前董事长田文华因为三鹿牌婴幼儿配方奶粉被发现含有三聚氰胺导致全国大量婴幼儿患肾结石，涉嫌生产、销售含有三聚氰胺的婴幼儿配方奶粉、液态奶制品，于2008年9月被免职、刑事拘留，后被判处无期徒刑。

三、电子商务环境下的商务冲突

电子商务的出现，构建起一种与传统营销渠道截然不同的全新渠道。基于互联网技术与信息技术，电子商务条件下的营销渠道改变了传统的消费方式及消费习惯和消费理念。在电子商务平台上，几乎所有商品都要比实体店的价格便宜，幅度少则10%~20%，多则过半。网店打出价格牌来吸引客户，同种商品销售网店为抢客流量会给予相同，甚至更低的折扣。越来越多的有心人在实体店感受实物，记下货号，然后在生产商或其他分销商的网店以较低的价格购买，常见的有在商场试衣服却到淘宝下单；到国美选电器却在京东下单……传统终端成为附属于电子商务的免费体验店，实体店提供售前服务，却没有任何收益。因而电子商务环境下的商务冲突主要表现为电商渠道与传统营销渠道之间的冲突。

(一)渠道冲突的含义

渠道冲突是指分销渠道成员之间因目标差异、领域差异、信息差异等原因而产生的争执、敌对、报复和决裂等行为。渠道冲突有别于一般的渠道竞争。竞争是一种间接的，不受个人情感因素影响的、以目标为中心的行为；而冲突的传统定义一般被描述为：故意伤害、设法阻挠以及其他类似于损害他人利益的敌对行为。冲突一般都是一种比较直接的、受主观情感因素影响的、以挫败对手为目标的行为。竞争和冲突之间最重要的区别就在于是否干预对方的活动。从本质上说，渠道冲突是经济利益冲突。渠道冲突表现出一种强大的推动力量，迫使企业管理者不断积极地检讨和提高其渠道管理水平。企业只有及时调解渠道冲突，才能达到与渠道成员双赢的目的。

(二)渠道冲突的类型

电商时代渠道之间的冲突主要包括水平渠道冲突、渠道间冲突、垂直渠道冲突等。

1. 水平渠道冲突

水平渠道冲突也称横向渠道冲突，是指存在于渠道同一层次成员之间的冲突，主要是分销商之间的冲突。在电子商务环境下，生产制造企业可以同时选择多个网络分销商进行产品销售，但是由于各网络分销商在销售时间和销售区域上没有限制，可以同时面对所有的网上用户，为了扩大销售，分销商之间极易引发价格战。2012年暑期，京东商城和苏宁电器之间的电商价格大战就充分证明了这类冲突的严重性。

2. 渠道间冲突

渠道间冲突也称为多渠道冲突或交叉冲突。电子商务环境下，这种冲突主要表现为网络营销与传统营销的冲突。网络营销是基于互联网技术和信息技术的新型分销渠道，拥有传统营销渠道所无法比拟的优势，这就决定了两种渠道共存时必然会产生矛盾与冲突。

首先，在价格方面的矛盾尤为突出。网络渠道由于没有实体经营的各项费用，因而在价格上的优势就变得明显起来，这造成同种商品在线上和线下的价格差异非常大，很多消费者在实体店选好了心仪的商品后再到网上进行购买，这严重影响了实体店的销售业绩，进而引发冲突的产生，这不但损害双方利益，甚至会破坏产品形象。其次，网络营销在地域界线上没有限制，这就为一些中间商窜货提供了方便，窜货一旦产生，就会破坏其他地区的传统营销渠道。

3. 垂直渠道冲突

垂直渠道冲突是指在同一渠道中，不同层次企业之间或者生产商和中间商之间的冲突，主要表现为价格冲突、服务冲突、促销冲突和交易方式冲突等。电子商务环境下，主要表现为零售商与制造商的冲突。在电子商务环境下，制造商通过网络渠道省去了大量的中间销售环节，因而能够将最终的产品销售价格降低，从而扩大产品的销售量，实现制造商利润最大化。尤其是在目前零售商对于终端的控制极为苛刻的条件下，制造商对零售企业名目繁多的"苛捐杂税"已经忍无可忍了，纷纷开始自建网络渠道或寻求可以合作的电子商务平台。这对传统的零售商来说是极大的挑战，况且目前制造商并未完全摆脱零售企业的控制，来自零售商的压力仍然存在，因此，冲突的发生在所难免。

四、商务冲突的影响

对商务冲突的后果可以从正反两个方面来理解。

(一)消极影响

商务冲突如不能正确处理,会损害企业之间的合作,影响组织目标的实现,带来物力和财力的损耗,有时甚至有损企业的声誉。商务冲突的危害性主要是由于处理不当所造成的严重后果,例如商务冲突后所产生的企业间的敌意和裂痕常常是以后双方相互报复的诱因,如此恶性循环将使企业间的商务关系陷入敌意的漩涡。

2004年,成都国美因发动价格战,单方面大幅降低格力空调的价格,降价幅度高达40%,此举使格力经销商产生了极大的混乱。同期格力认为国美擅自降低格力空调品牌价格,破坏了格力空调在市场中长期稳定、统一的价格体系,并有损其一线品牌的良好形象,要求国美立即中止低价销售行为。在交涉未果后,格力于2004年2月24日决定正式停止向国美供货。而国美也不甘示弱,由总部向全国各分公司发布"把格力清场、清库"的决定。该决定导致双方此前就存在的渠道争夺矛盾急剧恶化。由此,格力退出国美全国门店,转而致力于自建门店、渠道。

(二)积极影响

正如管理学者史蒂芬·罗宾斯所说,"冲突可以促使变化的产生,如果企业不改进产品或服务来满足变动中的客户需求,顺应竞争者的行动及科技发展,企业组织将日益不健全,并最终走向衰落。很多组织的失败是因为组织冲突太少,而非冲突太多。"因而企业需要利用商务冲突契机为自身服务。如果商务冲突处理得当,不但可以消除商务冲突双方的敌意,而且可以促使双方以理性的态度来解决问题。例如由于商务冲突,双方找出了分歧;经过讨论和学习消除了分歧,这样冲突双方相互在感情上就会更加接近,使企业之间合作关系更加密切。此外,商务冲突可以为组织的问题提供诊断信息,推动企业领导正视面临的问题,思考更加深刻、更加合理,促使企业的潜能迸发,为企业预防和处理以后的商务冲突积累经验。

电子商务时代,传统渠道和网络渠道之间必然会产生许多冲突。许多企业迎难而上开始探索"鼠标+砖块"的渠道模式,具体来说就是企业只在电子商务平台上介绍企业以及产品的信息以及履行促销职能,只在线接受订单,而将其配送交给其分销伙伴来完成,并借助零售商快速的物流配套设施来实现物流转移,并与其建立良好的伙伴关系。采用这种策略,有利于降低渠道冲突,能够快速地推动资金流、信息流的转移。

第二节 商务冲突管理的基本原则

一、商务冲突管理的重要性

(一)商务冲突管理是建立高质量工作环境的需要

冲突有建设性的,也有破坏性的。有些冲突解决得好,能转化为建设性的,解决不好则会变为破坏性的。同时有些冲突本身就是破坏性的,它会给正常的商务活动带来破坏性影响。两种类型的冲突都需要管理,只有对冲突进行有效管理,才能建立高质量的商务工作环境。

(二)商务冲突管理关系到工作效率和事业的成功

据肯尼思·托马斯和沃伦·施米特的调查,在他们了解的 280 名管理人员中,解决冲突居然占了 20% 的管理时间。如此重头的工作解决不好,就会严重干扰工作,影响工作效率。冲突管理和企业众多管理职能相比有十分重要的作用。格雷夫斯列举了 25 项指标,向管理者了解它们的重要性。管理者认为在 25 项指标中,处理冲突的效率与工作效率、事业成功的关系最大。

(三)商务冲突管理对企业的生存与发展至关重要

商务冲突涉及企业与政府、金融、税务、公安、社区、用户等多方面的关系。它关系到企业的外部环境,处理得好,企业就可以顺水顺风迅速发展;处理不好,就会使企业的千里大堤毁于蚁穴,一个环节的失控,就可使企业全线崩溃。这样的例子也屡见不鲜。在 1996 年惊爆的"八瓶三株喝死一个老汉的事件中",由于三株公司在处理企业与消费者的冲突中缺乏经验,应对不当,致使冲突升级。虽然最终三株公司打赢了官司,但给企业带来巨大损失。从当年 4 月下旬开始,三株的全国销售量急剧下降。月销售从数亿元一下子跌到不足 1000 万元。从 4 月到 7 月全面亏损,生产三株口服液的两个工厂全部停产。因此,如何有效地预防和消除商务冲突的不利因素,化不利为有利,是管理者应该重点关注的。

二、商务冲突管理的基本原则

商务管理者在处理企业商务冲突问题时,既需要相应的科学理论来指导,又需要依靠商务管理者的工作经验和管理艺术。

(一)兼顾双方利益,保持相互尊重

对于发生在企业之间的商务冲突,有时源于双方之间存在的认知偏差。这些认知偏差是很正常的,且往往含有正确的成分,但双方必须通过正确的方式解决问题,相互埋怨解决不了任何问题。作为企业管理者,应首先调整好心态,以客观公正的态度看待企业之间存在的问题,如果真正能够兼顾双方利益,保持相互尊重,畅通的沟通便会开始,这就意味着双方具有了消除商务冲突的基础。对于涉及公众利益的商务冲突,企业必须注意自身行为引起的公众反映,并按照公众需求予以调整,直至公众满意为止。只有这样,企业才能得到公众的信任和支持,从而拥有企业的长远利益。反之,为了追求企业短期利益,不惜损害公众利益,必然会失去公众的信任和支持,急功近利,致使企业的利益最终丧失殆尽,这是商务冲突管理之大忌。

(二)坚持公平竞争的原则

在平等的基础上,进行公平竞争,一视同仁,这样不论是竞争的胜利者或是失败者,甚至第三方都会心悦诚服,发生商务冲突的概率就会减少。创办蒙牛乳业的牛根生是从伊利出来的,是伊利的功臣,二号人物,当年因为郑俊怀所不容而被迫出走。老牛的成功仰仗于他的"散财理论"和他的那句"小胜靠智,大胜靠德"。蒙牛创业之初也曾经打出"为民族争气,向伊利学习""争创内蒙乳业第二品牌""千里草原腾起伊利集团、蒙牛乳业——我们为内蒙古喝彩"等谦虚、实事求是的广告,也因此获得了尊敬和业界口碑。

(三) 正确对待商务冲突

商务冲突爆发后，必须把冲突放到桌面上，使冲突的各种因素表面化，以便排除各种误传、误导、误会、误解，从众多矛盾中找出商务冲突的主要矛盾中的主要方面，再寻找解决的途径，运用恰当的方法，引导冲突双方自己判断是非曲直。

(四) 及时有效地解决商务冲突

对于重大的商务冲突，如不及时制止，可能就会蔓延与扩大，影响全局。这时，可借助权威的力量来解决，如请有关部门的专家学者或中介机构进行论证，对冲突问题可依据技术规定、有关条款、法规解决；对解决不了的问题可由经济仲裁部门裁定。

(五) 灵活协调与沟通相结合

商务冲突发生后，若企业双方都有强烈的利益要求因而固执己见，非常不利于矛盾的解决，如果此时搁置矛盾，从其他一致的观点入手，暂时将分歧搁置下来，商务冲突或许会逐步缓解以至在后续沟通的过程中被解决。

(六) 合理评估冲突管理绩效

冲突管理工作需要投入一定的人力和物力，会使企业经营增加一定的成本。因而需要合理评估冲突管理的绩效。不仅要看短期企业投入冲突管理中的相关费用，更要关注冲突应对的效果如何，具体包括冲突双方的分歧是否削减了，合作的关系是否得到了巩固，企业的市场绩效是否得到了进一步提升，企业的品牌形象是否得到了维护等。

总之，解决企业之间的商务冲突，必须坚持相关原则。做到有的放矢，在坚持原则的前提下灵活运用各种方式，根据企业各自的特点，因地制宜地提出具体解决思路。

第三节 商务冲突管理策略与具体方式

商务冲突管理是企业管理者一项十分重要的工作，同时也是一项政策性、操作性、艺术性很强的工作。做好这项工作可使商务冲突双方在磋商和谈判中互相了解、谅解、理解，进行多层面、多渠道的沟通协调，消除矛盾、解决分歧。商务冲突的形成往往涉及诸多具体问题，如合同、行政管理、广告等，但就其核心不外乎两大方面，一是利益，二是原则。如果冲突的性质属于利益之争，其调解的可能性较大；如果属于原则问题，其调解的可能性较小。所以在界定商务冲突性质的时候，要力求回避原则问题，即将其化解为原则上的认同和利益上的分歧，这样就会使陷入僵局的矛盾找到化解的机会与解决的途径。

一、商务冲突管理基本策略

(一) 树立正确的观念

我们要进行冲突管理，而不是简单地解决冲突。冲突管理与冲突解决之间存在许多区别。在假设前提方面，前者指冲突代表团体体系的正常部分，后者指冲突代表团体体系出了差错。在基本心态方面，前者意味着冲突是为了实现团体的奋斗目标，而后者指冲突的双方一定要分出胜负；在处理方式上，前者以理性态度寻找处理冲突的最佳途径，后者利用各种手段解除冲突；在处理态度上，前者开放自己，愿意改变立场，而后者封闭自己，压制他人。突破和超越本身意味着创新，创新是对冲突管理实践过程中的成功经验的总结和提高。

传统的商务管理理念认为：商务冲突是企业之间不可调和的矛盾，也是企业自身无法消除的矛盾，一旦发生商务冲突必给企业带来危害。而现代商务管理理念认为：企业之间的商务冲突不仅仅是对企业的合作产生消极的影响，还会为企业的合作产生积极的影响。通过商务冲突管理，保持合理的成分，消除和改变其中不科学的成分，可以促进合作。其中，有些冲突非常琐碎，不值得花很多时间去处理；有些冲突虽很重要但不是管理者力所能及的，不宜插手；有些冲突难度很大，要花很多时间和精力，未必有好的回报，管理者不要轻易介入。为做好冲突管理工作，必须鼓励进行建设性的冲突管理活动，鼓励对立，分别向冲突双方提供必要的信息，适当拖延解决冲突的时间，让冲突更加明朗化；而对于破坏性冲突，应帮助双方进行转化，使用权威或采取回避的方式去应对。

(二)做好沟通工作

沟通可以被广泛地定义为各利益主体之间对于有意义的、即时性的信息的正式与非正式的分享。沟通需要信息的交换，如价值、目标的分享等。其中对冲突双方代表人物的了解缺乏是沟通时的一个重要障碍，因而发生冲突时需要仔细研究冲突双方的代表人物，具体关注点包括是哪些人卷入了冲突，冲突双方的观点是什么，差异在哪里，双方真正感兴趣的是什么，代表人物的人格特点、价值观、经历和资源因素如何。只有深入研究冲突双方的代表人物，才能为下一步的沟通奠定坚实的基础。

有相当数量的商务冲突是因为缺乏有效的沟通而产生的。商务沟通渠道畅通了，冲突管理就具备了一个良好的环境，冲突数量将大大减少；当冲突发生时，冲突双方之间的沟通可以避免双方相互认识的偏差，是一种有效的管理冲突的方法。采取以下一些方法对于双方之间的沟通会更有效：①在解决商务冲突问题的初期，减少双方的直接碰撞；②缩短问题解决的间隔时间；③采用灵活的表述方式；④限制过激行为的应用；⑤聘请第三方调解人。

(三)分析冲突原因和根源

冲突不会凭空产生，它的发生往往基于一定的诱因。解决冲突对策的选择在很大程度上取决于对冲突发生原因的判断，因而管理者需要很好地了解冲突源。缺乏沟通在一定程度上会造成双方的冲突，但事实上可能存在更为根本的冲突原因，企业间的价值观差异、不同的决策目标和利益诉求等因素往往是冲突更为主要的根源。去粗取精、由表及里是分析冲突根源的根本法则。冲突可能是多种原因交叉作用的结果，如果是这样，还要进一步分析各种原因作用的强度。

从现实企业的销售渠道冲突来看，产生冲突的原因一般可归纳为角色不一致、观点差异、决策权分歧、沟通困难、期望差异、目标错位及渠道成员间存在的资源稀缺。渠道冲突原因主要为以下几点：①角色不一致。一个渠道成员的角色是指每一渠道成员都可接受的行为范围。当发生角色不一致时，一个渠道成员的行为就超出了由其他成员角色预期的可接受范围。②观点差异。观点差异是指一个渠道成员如何理解一种情景或如何对不同刺激作出反应。渠道成员也可能对同样的刺激作出不同的反应。③决策权分歧。决策权分歧是指渠道成员对他应当控制特定领域的交易的强烈感受。分歧发生在渠道成员对外在影响的范围不满意的时候。④沟通困难。沟通困难是指渠道成员间缓慢或不精确的信息传递。目前,退换货问题极易引起渠道成员间不愉快的发生。为了减少沟通困难,可通过信息网络实现信息共享。⑤期望差异。期望差异涉及一个渠道成员对于其他成员行为的预期。⑥目标错位。目标错位是指不同渠道成员的目标可能不一致。

(四)妥善地选择解决办法

面对冲突,通常采用的解决办法有五种:回避、迁就、强制、妥协、正视。当冲突无关紧要时,或当冲突双方情绪极为激动、需要时间恢复平静时,可采用回避策略;当维持和谐关系十分重要时,可采用迁就策略;当必须对重大事件或紧急事件进行迅速处理时,可采用强制策略,用行政命令方式牺牲某一方利益处理后,再慢慢做安抚工作。当冲突双方势均力敌、争执不下需采取权宜之计时,只好双方都作出一些让步,实现妥协;当事件十分重大,双方不可能妥协时,可采用双赢的解决策略,即经过开诚布公的谈判,走向对双方均有利的合作。

1. 回避或者撤出

回避或者撤出是指卷入冲突的人从冲突中撤出来,避免发生实际冲突或者潜在冲突。这种方法有时并不是一种积极的解决方法,它可能会使冲突积累起来,甚至后来逐步升级。

2. 竞争或者强制

这一策略的实质是"非赢即输",它认为在冲突中获胜要比"勉强"保持人际关系更为重要。这是一种积极解决冲突的方式。当然有时也可能出现一种极端的情形,如用权力进行强制处理,可能会导致团队成员的怨恨,恶化工作的氛围。

3. 缓和或调停

"求同存异"是这种策略的实质,即尽力在冲突中强调意见一致的方面,尽最大可能地忽视差异。尽管这一方式能够缓和冲突,避免一些矛盾,但它并不利于问题的解决。

4. 妥协

妥协是全部愿望无法实现时,退而求其次,使双方都各退一步的策略。这种策略也是化解冲突常用的一种方法。当一种冲突久拖不决时,往往为此所消耗的人力、物力会大大增加。为早日摆脱这种困境,采用"退一步海阔天空"的思维方式处理冲突,不失为一种上策。协商并寻求双方在一定程度上都满意的方法是这一策略的实质。这种方法的主要特征是寻求一种折中方案。尤其当两个方案势均力敌、难分优劣时,妥协也许是较为恰当的解决方式。但是,这种方法并非永远可行。

5. 正视

直接面对冲突是消除分歧、解决冲突的有效途径。通过这种方法,项目团队成员可以直接正视问题、面对冲突,共同探讨,采取解决问题的态度,使冲突得到解决。这种方法是一种积极的冲突解决方法,它既正视问题的结局,也重视团队成员之间的关系。以诚待人、形成民主的氛围是这种方法的关键。它要求成员花更多的时间去理解把握其他成员的观点和方案，要善于处理而不是压制自己的情绪和想法。

二、电商渠道与传统渠道冲突管理对策

电商时代，要针对电商渠道与传统渠道的冲突进行有效的管理，必须从产品、价格、经营模式等方面进行认真的思考与设计。

(一)实施产品差异化战略

即通过差异化产品销售模式，实现线上和线下渠道的区隔。企业可以将那些在网上销售的产品进行差异化设计和包装，避免消费者将其与传统渠道中的产品做直接的比较；或只在网上销售传统渠道中没有的产品；企业也可以将那些在实体店销售成本偏高，适合于网上销售的产品放在互联网上销售；企业还可以将市场重新细分，将网络分销的注意力集中在那部分愿意、喜欢或是习惯于网上购物的消费者身上。

(二)严格价格管理，平衡各渠道利益

渠道冲突的实质是利益冲突。价格是导致绝大多数渠道冲突产生的一个主要因素。所以企业应构建较为系统的产品价格体系，进行合理的价格管理，避免由于不同渠道间因为价格差异形成直接冲突。企业可以在网络上以不低于零售商的价格进行产品销售，也可以根据消费者的个性化需求实行定制生产，比如 Dell 公司专门针对中国市场设计了定制订购的主页，消费者根据需求可以自行选择不同的计算机配置，其价格也会相应显示出来。这样既为寻求网上低价格购物的客户提供了渠道，又不会损害传统渠道的利益。

(三)建立线上线下虚实结合的经营模式

即"线下体验"与"线上购物"无缝对接新渠道模式。连锁实体店经过多年的发展，拥有完善的服务体系及物流配送系统，这为发展电子商务尤其是 B2C 模式提供了保障。消费者只需在线支付货款并按要求填写个人信息，电子商务公司就可根据消费者信息指派就近连锁经营企业分店送货并进行相关售后服务。如果消费者无法进行网络支付，连锁店还可以代收货款。目前，在淘宝商城家装平台上，已经有家具、建材、卫浴、灯饰和家纺等类别的各大知名厂商进驻。除此之外，还有相当多的家具企业有意进入"线下体验"与"线上购物"无缝对接新渠道模式。而电子商务巨头则借助其互联网优势开始尝试"虚网整合实网"，布局家居线下卖场，提供"标准化、定制化"产品。

本章小结

(1) 商务冲突在商务运作过程中是一种较为普遍的现象。商务冲突可以被定义为在商务活动过程中，某些商务关系难以协调而导致的矛盾激化和行为对抗，并且被参与商务活动的各方感知到的差异。

(2) 企业商务冲突的具体原因可以概括为以下几个方面，即认知偏差、主观过错、价值观扭曲、政府行为不当、情势变迁或不可抗力。

(3) 商务冲突的传统类型包括合同履行中产生的冲突、假冒侵权产生的冲突、为争夺技

术权益引起的冲突、争夺原材料和销售渠道所引起的冲突、刑事犯罪所引起的冲突。电子商务环境下的商务冲突主要指渠道冲突,其主要包括水平渠道冲突、渠道间冲突、垂直渠道冲突等。

(4) 对商务冲突的后果可以从正反两个方面来理解,必须充分认识到商务冲突管理是建立高质量工作环境的需要,商务冲突管理关系到工作效率和事业的成败,商务冲突管理对企业的生存与发展至关重要。

(5) 商务冲突管理的基本原则是兼顾双方利益,保持相互尊重;坚持公平竞争的原则;灵活协调与沟通相结合;及时有效地解决商务冲突。有效进行商务冲突管理,必须树立正确的观念、做好沟通工作、分析冲突原因和根源、妥善地选择处理办法。针对电商渠道与传统渠道之间的冲突管理,必须从产品、价格、经营模式等方面进行认真的思考。

  本章案例

美团大众"新美大",饮食电影一条龙

2015年10月8日,大家还没有从国庆的热闹氛围中走出来,又爆出一则重磅新闻:美团和大众点评网联合发表声明,宣布达成战略合作,双方共同成立一家新公司。合并后的新公司将采用双CEO的架构,大众点评CEO张涛和美团CEO王兴在新公司拥有共同的话语权,共同担任联席CEO和联席董事长。

由于资本市场日趋严峻,美团最新一轮的融资进展不顺,现有资本的填充已经赶不上美团快马加鞭的发展速度了。同时在经历了和大众点评、百度糯米的各种烧钱大战之后,美团的亏损也在逐年增长,间接导致了其在融资过程中自身估值无法得到资本的认可。因此美团不得不退而求其次,降低估值选择与大众点评合并,以期待这场恶性竞争早日结束。对于大众点评而言,既有与凤敌美团之间的斗争,也有与携程、去哪儿等这类垂直电商的遭遇战,还有与百度、阿里等大平台之间的虎口夺食,缓慢的发展速度,直接导致了大众点评市场占有上的劣势。

生意场上,优胜劣汰,瞬息万变,慢节奏终将要被淘汰,加之新一轮融资面临的不顺,使得大众点评不得不改变策略,选择抱团取暖。美团和大众点评合并后,吃饭越来越容易,看电影越来越亲民,出行越来越便捷,可以说是吃喝玩乐一条龙,成功打造了涵盖O2O上下游的全产业链生态平台,开启了中国新经济服务业升级的大门。

然而合并后的美团和大众点评,虽然目前采用双CEO的模式,但是以王兴和张涛,一个细腻踏实,一个雷厉风行的性格来看,新公司未来在管理和统一运营方面,仍然有很大的不确定性,合并后的企业管理的任务依然任重而道远。

在行业壁垒未建立之前,"新美大"合并后远远不能高枕无忧,最大的竞争对手糯米背靠百度虎视眈眈,无数的细分领域都有可能单点突破,合并后的"新美大"仍然需要枕戈待旦,随时准备南征北战。在笔者看来,对于万亿级别的O2O市场,也许创业企业真正的竞争对手并不是同行,而是大众用户的消费习惯。如何在产品体验上真正打动消费用户,让线下商户经营效率得到明显改善,才应是企业应对资本寒冬的有效策略。

(资料来源:10个互联网企业并购案例(ahdhf.com))

讨论题

1. 美团与大众点评合并的深层背景与类型是什么?
2. "新美大"将会产生哪些商务冲突?分别如何化解?
3. 设计"新美大"应当采取的商业模式。

思考题

1. 什么是商务冲突?如何认识商务冲突发生的必然性?
2. 分析商务冲突产生的原因。
3. 商务冲突管理的基本原则是什么?如何灵活运用这些原则?
4. 什么是商务冲突管理?商务冲突管理应坚持什么原则?
5. 举例说明解决商务冲突的策略与方法。

第十二章　现代资本运营管理

【学习要点及目标】

- 了解资本的含义与特点。
- 掌握资本运营的含义、内容和模式。
- 了解风险投资的内涵。
- 了解风险投资运作的基本要素。
- 掌握风险投资运作的程序。
- 熟悉股票首次公开发行与上市的程序。
- 了解买壳上市与借壳上市的基本程序。
- 了解境外上市的主要途径。
- 掌握并购的含义和分类。
- 了解并购后整合的重要性和主要内容。
- 了解资本运营的风险和管理。

【核心概念】

资本运营风险　投资企业上市　企业并购

【引导案例】

吉利收购沃尔沃

浙江吉利控股集团始建于1986年，1997年进入汽车行业，总部位于中国浙江杭州，在中国、美国、英国、瑞典、比利时、白俄罗斯、马来西亚建有世界一流的现代化汽车整车和动力总成制造工厂，拥有各类销售网点超过4000家，产品销售及服务网络遍布世界各地。现资产总值约3300亿元，员工总数超过12万人，连续八年进入世界500强。

沃尔沃汽车公司创立于1927年，英文名为Volvo，又译为富豪，瑞典著名汽车品牌，北欧最大的汽车制造企业，也是瑞典最大的工业企业集团，世界20大汽车公司之一。该品牌的汽车是目前世界上最安全的汽车。1999年4月1日，福特汽车公司出资64.5亿美元正式收购沃尔沃轿车。

李书福对沃尔沃的兴趣始于2002年，当时吉利集团的业务发展刚步入正轨。在两年前的底特律车展期间，李书福就到福特公司和沃尔沃瑞典总部进行了考察。在他的观念里，收购一家世界级汽车品牌是中国民营车企在世界汽车版图中谋取一席之地的捷径。

2007年5月，吉利控股集团开始实施战略转型。用李书福的话说，这次转型"就是为收购沃尔沃做准备的"。那一年，福特遭遇百年历史上最大的亏损，沃尔沃自1999年被福特收购后，也一直处于亏损状态。李书福确信自己对全球汽车行业趋势的判断——全球汽车业将面临新的重组格局。根据他的研究，福特迟早会卖掉沃尔沃。

当福特发出出售沃尔沃的情况说明时，吉利在竞争对手仓促上阵的情况下迅速拿出了切实可行的方案,并最终打动了福特。2009年12月23日,吉利宣布已与福特就收购沃尔沃的所有重要商业条款达成一致。

吉利汽车已于2010年3月28日正式与福特汽车签约,成功收购沃尔沃汽车公司,获得沃尔沃轿车公司100%的股权以及相关资产(包括知识产权)。除了股权收购,该协议还涉及沃尔沃轿车、吉利集团和福特汽车三方之间在知识产权、零部件供应和研发方面达成的重要条款。这些协议充分保证了沃尔沃轿车的独立运营、继续执行既有的商业计划以及未来的可持续发展。吉利集团将保留沃尔沃轿车在瑞典和比利时现有的工厂,同时也将适时在中国建设新的工厂,使其生产更贴近中国市场。

作为此次交易的组成部分,吉利集团将继续保持沃尔沃与其员工、工会、供应商、经销商,特别是与用户建立的良好关系。交易完成后,沃尔沃轿车的总部仍然设在瑞典哥德堡,在新的董事会指导下,沃尔沃轿车的管理团队将全权负责沃尔沃轿车的日常运营,继续保持沃尔沃轿车在安全环保技术上的领先地位,拓展沃尔沃轿车作为顶级豪华品牌在全球100多个市场的业务,并推动沃尔沃轿车在高速增长的中国市场的发展。

2019年,沃尔沃全球销量突破70万辆,营业收入达到2741亿瑞典克朗(约合人民币1986亿元),营业利润为143亿瑞典克朗(约合人民币103.6亿元)。

(资料来源:新浪财经,http://finance.sina.com.cn)

【案例导学】

企业作为资本运营的主体,是资本生存、增值和获取收益的客观载体。而处于不同生命周期的企业,对资本的需求和运作也表现出多样化特点。资本运营是企业实现资本增值的重要手段,是企业发展壮大的重要途径。纵观当今世界500强企业的发展历程,资本运营都发挥了至关重要的作用。当前,我国有越来越多的企业将资本运营纳入企业的发展战略。资本运营不仅可以为生产经营提供服务,还在企业规模扩张、产品结构调整、资本结构优化、推动企业体制改革等方面具有促进作用。

第一节 资本运营概述

资本运营是在产品运营的基础上发展起来的,是企业经营管理的更高形态。任何一家企业,在成立的初始阶段,由于规模和实力等诸多方面的限制,都会把主要的业务范围定位于产品经营,并通过产品经营完成资本的原始积累。当企业经过一段较长时间的产品经营,完成了资本存量、管理存量和价值观存量三个方面的积累,具备了对更多资源的管理和控制能力后,为了实现迅速扩张和超常规增长,企业往往需要通过资本运营来凝聚自身发展所需的大量资源。另外,随着经济的发展和市场竞争的加剧,企业一方面要建立和巩固在传统市场上的优势地位,另一方面也需要进入新的市场。如果主要通过产品经营来达到上述目的,不仅会因为过程相当漫长而贻误市场时机,也可能因为缺乏适应新市场的人才和经验而加大失败的概率。因此,企业要实现对传统市场的控制和在新开辟的市场上占据较高的起点,客观上需要通过资本运营来获取和整合目标市场上的存量资源,迅速提高自身的竞争力。

一、资本的含义及特点

(一)资本的含义

资本是能够带来价值增值的价值,是资产的价值形态。资本通过不断运动,可参与到价值创造和增值的每一个过程和阶段中。因此,凡是能够带来未来增值收益,且可以用价值来衡量的每种资源和要素都可以定义为资本。

资本的含义包括四个层次:第一,资本具有能够创造价值增值的经济潜能。资本是以营利为目的的,资本最本质的功能就是能够带来未来收益。第二,资本是可以用货币衡量的价值。不管是资本的价值形态还是物质形态,都可以用货币价值来衡量。第三,资本作为一种生产要素,必须有明确的产权主体。只有明晰所有权,才能确定资产的权能归属,也才能把资产转换为资本。第四,资本必须按照市场规则进行运动。资本的价值增值只有在投资的动态行为中才能实现。

(二)资本的特点

1. 收益性

资本总是在运动中追求未来的收益,创造更多的价值和利润,这是资本本质的特性,也是资本运动的目的所在。对于资本来说,进行何种投资、采用何种方式经营都只是手段,手段必须服从收益最大化目的。

2. 流动性

资本增值是在资本的流动中实现的,而资本对于价值增值的追求决定了资本具有持续流动性。在资本流动中,资本从价值形态转换到实物形态,再从实物形态转换到价值形态;资本流动还意味着资本从一个所有者手中流动到下一个所有者手中,从一个地区流动到另一个地区,从一个产业流动到另一个产业,如此循环往复,周而复始。

3. 独立性与主体性

资本要求有明确的利益和产权界区,要求独立地进行投资,获取资本的投资收益。资本有明确的所有者,谁投资谁获益,表现为独立的利益主体。

4. 风险性

资本在价值增值的过程中,常常伴随着各种各样的风险。资本流动是在外部市场环境中完成的,而外部环境具有复杂性和变动性,如宏观政策的变动、经济运行的波动、技术进步的不确定性等,再加上资本主体对外部环境认知的有限性,常常使资本增值的未来收益率与期望值存在偏差,即风险。

二、资本运营的含义及特点

(一)资本运营的含义

资本运营的含义主要有狭义和广义两种。狭义的含义把资本运营看作一种外部交易战略的运营,即主要通过上市与非上市、兼并、收购与重组来迅速扩大企业规模,这也是资本运营的核心。广义的含义把一切可利用的资源都看作企业的资本,凡是有助于实现价值增值的筹划和管理资本的活动都属于资本运营。资本运营的广义界定不仅涵盖了企业外部的产权经营活动,还包括可以使资本获得最大增值的内部价值管理战略;不仅使资本运营存在于企业之间的横向资本交易,而且贯穿于企业投资、生产、流通和分配等纵向全过程。

综上所述,资本运营就是以追求资本价值增值和最大利润为目的,遵循市场规律和资本运动规律,利用资本市场,通过资本重组和产权交易等方式进行资本的有效流通和运作,以实现企业资源的优化配置和固有资本动态调整的一种有效的经营管理活动。

(二)资本运营的特点

1. 注重价值管理

资本运营要求将所有可以利用和支配的资源、生产要素都看作是可以经营的价值资本,用最少的资源、要素投入获得最大的收益,不仅考虑有形资本的投入产出,而且注意专利、技术、商标、商誉等无形资本的投入产出,全面考虑企业所有投入要素的价值、充分利用,挖掘各种要素的潜能。资本运营不仅重视生产经营过程中的实物供应、实物消耗、实物产品,更关心价值变动、价值平衡、价值形态的变换。

2. 注重资本流动性

资本运营理念认为,企业资本只有流动才能增值,资产闲置是资本最大的流失。因此,一方面,要求通过兼并、收购、租赁等形式进行产权重组,盘活沉淀、闲置、利用率低下的资本存量,使资本不断流动到报酬率高的产业和产品上,通过流动获得增值的契机。另一方面,要求缩短资本的流通过程。以实业资本为例,由货币资本到生产资本、由生产资本到商品资本,再由商品资本到货币资本的形态变化过程,其实质就是资本增值的准备、进行和实现过程。因此,要求加速资本的流通过程,避免资金、产品、半成品的积压。

3. 注重风险运营

资本运营总是与风险相伴,其风险性是客观存在的,而且风险发生的范围更广。由于环境的复杂性,资本运营过程中不仅有经济风险、经营风险、财务风险、技术风险、管理风险和行业风险,而且还有政策风险、社会文化风险等。随着环境的不断变化,这些风险也会随之变化。资本运营风险还存在传递性和波及效应,因此其更具破坏性。在资本运营过程中,必须采取各种方式合理有效地规避风险。

4. 注重开放经营

资本运营要求最大限度地支配和使用资本。因此,企业不仅要关注自身内部的资源,而且要关注外部资源。资本运营的开放性主要体现在对外部资源的获取和利用上,这使得资本运营不仅要突破地域概念、打破市场分割、跨越行业壁垒,而且需要面对不同企业、不同行业、不同地域甚至不同国家的竞争与合作。更广阔的活动空间与领域要求资本运营必须表现出比生产经营更大的开放性。

三、资本运营的内容与模式

(一)资本运营的内容

资本运营的内容极为丰富,可以从不同的角度来划分。

(1) 从资本的运动过程来划分,可以分为资本筹集、资本投资、资本流动和资本分配。资本筹集是为了开办企业或满足各项生产经营需要,从各种渠道筹集所需资本的过程。资本投资是将筹集到的资本投入使用和运营,使之转化为资产,以获得经济收益。资本流动是通过资本形态的转换来体现的,通过资本流动可以实现企业资本结构和投资结构的优化。资本分配包括对资本本身的分配和对资本增值部分的分配。

(2) 从资本运营的形式和内容来划分,可以将资本运营分为实业资本运营、金融资本运营、产权资本运营以及无形资本运营等。实业资本运营是指以实业为对象的资本运营活动。金融资本运营是指以金融商品为对象的资本运营活动。产权资本运营是指以产权为对象的资本运营活动。无形资本运营是指以无形资本为对象的资本运营活动。

(3) 从资本的运动状态来划分,可以分为存量资本运营和增量资本运营。存量资本运营指的是投入企业的资本形成资产后,以增值为目的而进行的经济活动。资产营运是资本得以增值的必要环节。企业还可通过兼并、联合、股份制、租赁、破产等产权转让方式促进存量资本的合理流动和优化配置。增量资本运营实质上是企业的投资行为。因此,增量资本运营是对企业的投资活动进行筹划和管理,包括投资方向的选择、投资结构的优化、筹资与投资决策、投资管理等。

(4) 从资本运营的方式来划分,可以分为外部交易型资本运营和内部运用型资本运营。外部交易型资本运营是通过资本市场对资本进行交易,实现资本增值,包括股票的发行与交易、企业产权交易以及企业部分资产买卖等。内部运用型资本运营是通过对资本使用价值的有效运用,实现资本增值,就是在生产经营过程中合理而有效地运用资本,不断地开发新产品,采用新技术,努力降低资本耗费,加速资本周转,提高资本效率和效益,增加资本积累。

(5) 从资本运营活动是否跨越本国国界来划分,可以分为国内资本运营和国际资本运营。国内资本运营是指资本运营活动只是在本国范围之内进行,即企业在本国筹集资本,资本在国内运用,设备和原材料在国内购买,产品在国内销售,收支在国内结算,利润在国内分配,与外国的企业、单位、个人不发生任何经济和财务关系。国际资本运营是指资本运营活动跨越本国国界,通过国际资本市场,从国外筹集资本,向境外投资,进行跨国并购,从国外进口设备、技术和原材料,向国外销售产品,从境外投资获得利润,与其他国家的企业、单位、个人发生经济和财务关系。

(二)资本运营的模式

1. 扩张型资本运营模式

扩张型资本运营是指在现有的资本结构下,通过内部积累、追加投资、吸纳外部资源(即兼并和收购)等方式,使企业实现资本规模的扩大。具体可分为纵向型资本运作、横向型资本运作和混合型资本运作。

2. 收缩型资本运营模式

收缩型资本运营是指企业为提高运行效率，将一部分与企业发展战略不相适应、发展潜力小、贡献小或者与企业核心业务不能协同发展的资产、子公司、部门或分支机构转移出去，进而缩减业务范围或资产规模的活动。收缩性资本运营从表面上看缩小了企业规模，似乎企业发展走入了劣势。其实不然，收缩性资本运营是扩张型资本运营的逆运营，这两种运营模式目的是一致的，都是为了实现企业价值最大化。具体可分为资产剥离、公司分立、分拆上市、股份回购等。

3. 治理型资本运营模式

治理型资本运营是以优化企业法人治理结构、降低代理成本为目的，进而实现资本增值的运营模式。包括杠杆收购、管理层收购、职工持股计划、经理股票期权和股份制等五种。

4. 资产重组运营模式

资产重组是指对企业的资产规模和结构进行重新组合和调整，以提高企业的运行效率和竞争力。狭义的资产重组就是对企业资产的重新组合和配置，重组方式有资产并购、资产置换、资产剥离出售、资产交换、资产托管、资产租赁等。广义的资产重组是指企业资产、负债、股权在企业内部及企业之间的调整交易、重新组合，以实现资源的优化配置，包括资产重组、债务重组和股权重组。资产重组既包括存量资产的重组，也包括增量资产的重组。

5. 租赁经营运营模式

租赁经营是指企业所有者将企业资产的使用权出租给承租人并收取租金的行为。租赁经营是一种更为彻底的两权分离经营模式，企业所有者与承租人(经营者)通过签订租赁经营合同实现企业经营管理权的转移。租赁经营合同的标的可以是企业的财产(如固定资产、流动资产等)，也可以是企业的商标权、专利权、版权等知识产权。租赁经营中出租方(即所有者)将企业生产资料的经营权、收益权和对员工的管理权都转移给承租方，同时在保证承租方经营自主权的前提下，有权监督承租方的生产经营活动。在租赁经营期内所产生的租赁资产增值部分全部或者部分由承租者享有。

租赁经营并不改变企业的所有权，实质上是在所有权和经营权分离的情况下实现企业资源的优化配置。对出租方而言，租赁经营有助于盘活企业存量资产，在不丧失所有权的前提下获取委托经营收益；对于承租方而言，租赁经营可以在筹资困难的情况下获得其他企业的资产经营权，而且能够通过有效的经营管理带来资产增值收益。

四、资本运营的意义

(一)可实现自身经营规模的扩大

资本运营要求最大限度地支配和使用资本，以较少的资本调动支配更多的社会资本。为此，企业不仅需合理地运用内部资源，通过企业内部资源的优化组合达到资本增值的目的，并且还应运用收购、参股、控股等方式，实行资本的外部扩张，以此将企业内部资源与外部资源结合起来进行优化配置,从而促使资本集中和生产规模扩张,并最终形成规模经济并获取规模经济效益。

(二)有利于企业产业结构的调整

随着市场经济的不断发展,企业的产业结构不断由低级向高级、由简单向复杂的方向转变,因此,企业所面临的市场环境将越来越具有极大的不确定性。为此,企业应以市场为导向,不断调整自身的产业结构,力争在不断变化的市场竞争中获取更多的生存发展机会,增加其市场影响力和控制力,而资本运营正好可以为企业借助市场高效率地调整优化产业结构指明方向。

(三)可优化企业资本结构

由于企业资本结构的构成主要由债务资本和权益资本两方面因素决定,因此这两者的构成比例也就决定了企业资本结构的合理性。虽然负债可为企业提供财务杠杆的有效作用,但过多的负债则会使企业陷入极高的财务风险漩涡之中。因此,企业应充分借助于资本运营,充分降低自身财务风险。

五、现代资本运营理论

产权理论的形成最早可以追溯到1937年科斯发表的《企业的性质》这篇论文,在1960年他又发表了另一篇《社会成本问题》论文,由此逐渐形成了一个新制度经济学派,并提出了产权、交易费用、代理成本等概念。该理论的出现加深了经济学家对企业的认识和研究,由此也促进了人们对资本运营问题的深入研究,以后信息经济学和博弈论的出现更是丰富了人们对企业的认识,形成了林林总总的资本运营理论。

(一)效率理论

效率理论的基本假定:承认兼并等资本运营活动对整个经济存在着潜在收益。并购活动能够给社会收益带来一种潜在的增量,而且对交易的参与者来说无疑能提高各自的效率。效率理论的基本逻辑顺序是效率差异→并购行为→提高个体效率→提高整个社会经济的效率。这一理论包含两个基本的要点:①公司并购活动的发生有利于改进管理层的经营业绩;②公司并购将获得某种形式的协同效应。

(二)价值低估理论

价值低估理论认为,当目标企业的市场价值由于某种原因未能反映出其真实价值或潜在价值时,其他企业可能将其并购。因此,价值低估理论预言,在技术变化日新月异及市场销售条件与股价不稳定的情况下,并购活动一定很频繁。

(三)信息与信号理论

在实际发生的企业并购活动中,被收购企业的股票价值几乎都要被抬高,只不过程度上不一致而已。对这个问题的解释就形成了所谓的信息与信号理论。

(四)委托代理理论

在现代企业组织中，企业的最终所有者与企业的实际管理者实际上已经分离。由于企业的管理者不拥有企业的全部产权，因此其无论是经营良好、还是经营不善，都会对企业所有者产生正的或负的外部效应。从经济学对人都是自私的这个假定出发，企业管理者更多地带给所有者的是负的外部效应，如何克服这种负的外部效应问题就引出了委托代理理论。

(五)税收节约理论

为了减少税收方面的支出，用对策论的语言来表述，就是通过企业并购活动而减少税收支出是在和财政部门进行"零和博弈"。

(六)市场垄断理论

从对社会经济有益的一面来看，并购带来的好处也许是规模经济和范围经济。从对社会经济不利的一面来看，并购活动有可能导致垄断。但是现在关于垄断也有人认为其有好的一面，或至少是不可避免的一面。因为垄断集中本身是竞争的产物。在现代经济中，由于竞争已从简单的价格竞争发展成为质量、技术、服务、产品类别等诸多方面立体的竞争。因此，即使是大公司之间也很难就垄断达成共识。此外，大公司和大企业在现代科技发展中的作用日益增大，这也是并购等资本运营活动对现代经济发展的贡献之一。

第二节 现代资本运营方式

一、风险投资

(一)风险投资的概念与特征

1. 风险投资的概念

风险投资又称创业投资，到目前为止关于风险投资的定义仍旧没有达成共识。

美国风险投资协会认为，风险投资是由职业金融家投入到新兴的、迅速发展的、有巨大竞争潜力的企业中的一种权益资本。

欧洲风险投资协会认为，风险投资是一种由专门的投资公司向具有巨大潜力的成长型、扩张型或重组型的未上市公司提供资金支持并辅以管理参与的投资行为。

国际经济合作和发展组织于1996年发表的《风险投资与创新》研究报告中指出，风险投资是一种向极具潜力的新建或中小企业提供股权资本的投资行为。

我国国家发改委、科技部、财政部等八个部委在2005年联合发布的《风险投资企业管理暂行办法》中，对风险投资作出如下界定：风险投资是指向创业企业进行股权投资，以期所投创业企业发育成熟或相对成熟以后主要通过股权转让获得资本增值收益的投资方式。其中创业企业是指在中华人民共和国境内注册设立的处于创建或重建过程中的成长型企业，但不包含已经在公开市场上市的企业。

综上所述，关于风险投资就是以创业或高成长企业为投资目标，进行股权投资，并通过提供创业管理服务参与所投资企业的创业过程，以促进科技成果尽快实现商品化，以获取企业创业成功后的高资本收益的一种资本运营方式。

2. 风险投资的特征

风险投资的特征有以下几点。

1) 高风险性

风险投资的高风险性是由风险投资对象所决定的。风险投资对象一般是新兴的、具有发展潜能和高成长性的初创期中小企业，这些企业本身就面临着巨大的技术风险、市场风险和管理风险，而且资产大多是无形资产，难以准确估价和抵押，变现能力较差。一旦经营失败，风险资本难以回收。这种投资行为的成功率也很低，因此风险投资是一种为追求高额回报主动承担高风险的投资行为。

2) 高收益性

风险投资是以高风险换取高收益的投资行为。风险投资对象是经过非常专业化的风险投资专家严格的程序筛选的。高风险性使这些企业很难通过正常渠道从银行融资。而高风险投资者看重的是这些企业的巨大竞争潜力和高成长性，通过对这些高科技成果商品化、产业化后，能够获取高于资本市场平均回报率的资本收益。

3) 长期性

风险投资属于长期权益资本，投资方式一般为股权投资。风险投资家的目的不是获得企业的所有权，而是使企业增长并获得收益。因此，随着创业企业的不断发展，其所需资金急剧增长，风险投资往往在企业发展的不同阶段陆续向企业增加资金。这一过程少则需要 3～5 年，多则需要 7～10 年。风险投资者获得了高额收益，就会退出企业以收回投资，寻求新的风险投资机会，进行风险资本的扩大再循环。

4) 高度参与管理

风险投资者在向高技术企业投入资金的同时，也会参与企业的经营与管理。风险投资者参与被投资企业的经营管理有助于提高创业成功率，减少风险投资中存在的信息不对称问题，对创业者进行有效的监督。这样，不仅可以减少风险投资的投资风险，还可以降低风险创业者创业失败的风险。

(二) 风险投资运作的基本要素

1. 风险资本

风险资本是由专业投资人提供的快速成长的并且具有升值潜力的新兴公司的一种资本。风险资本可以通过购买股权、提供贷款或者既买股权又提供贷款的方式进入这些企业。

2. 风险投资人

风险投资人大体可以分为以下四类。

1) 风险资本家

他们是向其他企业投资的企业家，与其他风险投资人一样，他们通过投资来获得利润。不同的是风险资本家所投出的资本全部归其自身所有，而不是受托管理的资本。

2) 风险投资公司

风险投资公司的种类很多，但是大部分公司通过风险投资基金进行投资，这些基金一般以有限合伙制为组织形式。

3) 产业附属投资公司

这类投资公司往往是一些金融性实业公司下属的独立风险投资机构，他们代表母公司的利益进行投资，主要将资金投向一些特定的行业。

4) 天使投资人

这类投资人通常投资非常年轻的公司以帮助这些公司迅速启动。在风险投资领域，天使投资人指的是企业家中的第一批投资人，这些人在公司产品和业务成型之前就会把资金投入进来。

3. 投资对象

风险投资对象是风险投资的接收者、需求者，主要是高新技术产业领域的创业企业。一个高质量的风险投资对象是风险投资成功的关键。

(三) 风险投资的运作过程

1. 建立风险投资基金和搜寻投资机会

风险投资以基金方式运作，由于风险投资承担风险企业的各种风险，因此风险投资建立后，为了最大限度地降低投资风险，风险投资公司需要搜寻一定数量的投资项目或企业，并进行非常严格的筛选和评审。投资机会的获取主要有三种途径：①企业家主动提出投资申请和制订相应商业计划；②通过银行、投资中介或者其他风险投资者获得；③由风险投资者通过洽谈会、展览会、学术会等各种机会主动寻找潜在的投资机会。

2. 筹集风险资金

国外风险投资者主要包括各种基金、投资银行及银行附属机构、保险公司、企业以及富有的家庭和个人等。我国的风险投资资金来源主要表现为政府资金在风险投资中占比较高，保险公司、证券公司和商业银行则由于政策原因尚未涉足风险投资基金的出资。

3. 识别和筛选有潜力的投资项目

风险投资机构根据收集到的项目计划书，对项目进行初次审查，包括创业家的基本素质、投资项目的市场前景、产品技术的可行性、公司管理水平等方面。通过认真、仔细和综合的考察和了解，筛选出真正具有发展潜力的项目。

4. 项目评价

即对选定项目的潜在收益与风险进行进一步的分析，还要进行尽职调查，以更加全面地了解风险企业。通过运用专业的方法对项目进行技术经济评价，如果评价结果可以接受，就进入下一步。

5. 谈判和达成投资协议

谈判中主要解决的问题包括风险投资家投资的数额和股权分配、风险投资的分段投资时间、企业组织结构和管理层职务安排、双方的权益和义务的界定等，最终达成投资协议。

6. 投资后管理

协议签订后，风险投资开始进入风险企业。投资生效以后，风险投资家在董事会中扮演咨询者的角色。风险投资家应和风险企业共同解决遇到的各种问题，包括建立风险企业的董事会和管理层、制定企业发展战略、确定企业的盈利模式、聘请外部专家、接受其他投资者的投资以及对企业进行监督和控制。

7. 风险资本撤出

退出风险企业是风险投资的最后阶段，是风险投资成功与否的关键。退出方式主要有公开上市、股份回购、并购推出和清算退出四种。其中公开上市的收益最高，但并不是每家企业都有这样的机会，风险投资会根据实际情况选择退出方式，以保证资金能够顺利循环运作。

二、企业上市

随着资本市场的发展，越来越多的企业开始把上市作为筹集发展资金、扩大知名度和影响力、提升管理水平的重要手段。因此企业上市已成为我国现代企业资本运营的主要方式之一。

(一)企业上市概述

1. 企业上市的含义

企业上市是指股份有限公司发行的股票经过证券管理部门批准，在证券交易所上市交易，实现公司的社会化。

在我国，股票的公开发行与上市往往是同步进行的，公司在申请发行的同时也会申请其获准发行的流通股在交易所上市交易。因此，首次直接上市与首次公开发行(Initial Public Offerings，简称IPO)紧密相关。

对中国境内企业而言，上市可分为中国企业在中国境内上市(上海、深圳证券交易所上市)、中国企业直接到境外证券交易所(比如纽约证券交易所、纳斯达克证券交易所、伦敦证券交易所、香港联合交易所等)上市以及中国企业间接通过在海外设立离岸公司并以该离岸公司的名义在境外证券交易所上市(红筹股)三种方式。

2. 企业上市的优缺点

1) 企业上市的有利方面

(1) 开辟融资渠道促进企业发展。企业上市具有融资量大、无到期日、不需归还、没有固定的股利负担、使用范围广等特点，有利于改善企业的资本结构、增加企业发展所需长期资本，减少还本付息的流动性困境。此外，上市还可以建立持续稳定的融资渠道和融资平台，便于将来通过发行债券、股权再融资或定向增发股票等实现持续融资。

(2) 有利于规范法人治理结构。企业在作出股票上市的战略选择时，需要重新审查其法人治理和内部控制制度。对于法人治理结构不合理的地方要进行改善，要通过股份制改组建立以股东大会、董事会、监事会为特征的公司组织机构体系，建立完善的公司治理结构。坚持严格的公司治理标准，按照内部规范和程序执行内部控制，将有助于提高企业的管理水平和企业价值。

(3) 提高企业的知名度和社会影响力。企业上市本身就是在向市场表明企业具有较强的竞争力和良好的发展前景。企业一旦成功上市，随着股票的不断交易，必然会扩大在广大投资者中的知名度和影响力。从而给企业带来更好的发展机遇，便于企业不断引入新的国内外战略投资者。

(4) 增强企业资产的流动性。股票上市可以为公司股票创造一个流动性较高的公开市场，使股票可以在市场上自由流通和转让。资产的高流动性可以为上市公司优化资源配置提供良好的条件，为公司通过增发配股等方式进行再融资提供更多的机会；为投资者或所有者提供实施退出战略、投资组合多样化和资产配置灵活性的选择；也可为外部投资者在公司经营不善时通过兼并收购等方式进行公司再造提供一条有效途径。

2) 企业上市的弊端

(1) 上市费用高。企业在上市过程中和上市之后的维护过程中，都需要很多成本投入，如股份制改造过程中的费用，聘请中介机构的费用，上市费用、法律顾问和审计师费用以及信息披露费用等。这些费用无疑会增加企业上市融资的成本，因此上市公司应对其进行合理测算和全面考虑。

(2) 稀释控制权。企业上市后，创始人与原始股东的持股比例会相对缩小，企业的部分控制权会转移给新股东，导致原有股东控制权的削弱。同时，上市公司通过建立法人治理机制，设置了董事会和监事会以及独立董事，此时董事会出于股东的利益考虑可能会改变管理层的原定战略方向，这样也会分散管理层的控制权。

(3) 面临的监管力度增大。为了保护投资者的利益，各国立法机构都制定了完备的法律法规对公司上市行为进行监管，并建立了一系列监管体制。企业上市一定要脚踏实地地创造实实在在的业绩，否则弄虚作假会引发调查和诉讼，甚至可能导致公司破产。

(4) 信息披露可能导致机密泄露。企业一旦上市，经营风险就由社会公众投资者共同承担。因此，企业上市后必须按照监管层的要求履行信息披露这一法定义务。上市公司必须及时、准确、完整地对外披露经营管理信息和财务会计数据，以便于投资者作出判断和决策。在信息披露过程中，不可避免地会将部分商业机密公之于众，容易让竞争对手了解公司的发展动态和重大决策并采取相应对策，对企业的经营和发展产生不利影响。

(二)首次公开发行及上市的程序

1. 筹备

公司股票发行与上市需要经过一个筹备期，筹备期的长短根据每个公司的具体情况而定。在筹备期内，拟上市公司需要聘请中介机构对其进行规范，主要包括：①聘请具有保荐资格的证券机构以及其他经有关部门认定的机构对其进行辅导；②聘请注册会计师对其近三年的业绩进行审计；③聘请资产评估师对公司资产进行评估，该评估报告可以作为公司溢价发行的依据；④聘请律师对其进行法律核查。

2. 申报

符合发行条件的股份有限公司可以向中国证券会申请IPO，申请的主要程序如下所述。

(1) 发行人董事会依法就本次股票发行的具体方案、本次募集资金使用的可行性及其他必须明确的事项作出决议，并提请股东大会批准。

(2) 发行人股东大会就本次发行股票作出决议。决议至少应当包括下列事项：本次发行股票的种类和数量，发行对象，价格区间或者定价方案；募集资金用途；发行前滚存利润的分配方案；决议的有效期；对董事会办理本次发行具体事宜的授权；其他必须明确的事项。

(3) 发行人按照中国证监会的有关规定制作申请文件，由保荐人保荐并向中国证监会申报。特定行业的发行人应当提供管理部门的相关意见。依照《证券法》规定聘请保荐人的，应当报送保荐人出具的发行保荐书。

(4) 在提交申请文件后，发行人应当预先披露相关申请文件。在发行人申请文件受理后、发行审核委员会审核前，发行人应当将招股书在中国证监会网站上预先披露。

3. 审核

中国证监会负责所有公开发行和上市审核，主要程序如下所述。

(1) 中国证监会收到申请文件后，必须在 5 个工作日内作出是否受理的决定。

(2) 中国证监会受理申请文件后，应由相关职能部门对发行人的申请文件进行初审。在初审过程中，将征求发行人注册地省级人民政府是否同意发行人发行股票的意见，并就发行人的募集资金投资项目是否符合国家产业政策和投资管理的规定征求国家发展和改革委员会的意见。

(3) 中国证监会依照法定条件对发行人的发行申请作出给予核准或者不予核准的决定，并出具相关文件。股票发行申请经核准后，发行人应自中国证监会核准发行之日起 6 个月内发行股票；超过 6 个月未发行的，核准文件失效，必须重新经中国证监会核准后方可发行。股票发行申请未获核准的，自中国证监会作出不予核准决定之日起 6 个月后，发行人可以再次提出股票发行申请。

4. 承销

发行人发行的股票一般由证券公司承销。承销是指证券公司依照协议包销或者代销发行人向社会公开发行的证券的行为。发行人有权自主选择承销的证券公司。承销业务主要有以下三种方式：①代销。是指承销商代理发售证券，到发售期结束后，将未出售证券全部退还给发行人的承销方式。②包销。是指在证券发行时，承销商以自己的资金购买计划发行的全部或部分证券，然后再向公众出售，承销期满时未销出部分仍由承销商自己持有的一种承销方式。证券包销又可分两种方式：一种是全额包销，一种是定额包销。全额包销是承销商承购发行的全部证券，并按合同约定支付给发行人证券的资金总额。定额包销是承销商承购发行人发行的部分证券。无论是全额包销，还是定额包销，发行人与承销商之间形成的关系都是证券买卖关系。在承销过程中未售出的证券，其所有权属于承销商。③承销团承销。是指两个以上的证券承销商共同接受发行人的委托向社会公开发售某一证券的承销方式。由两个以上的承销商临时组成的承销机构称为承销团。我国《证券法》规定，向社会公开发行的证券票面总值超过人民币 5000 万元的，应当由承销团承销。承销团应当由主承销与参与承销的证券公司组成。

5. 发行

股票发行如果采取溢价发行方式，其发行价格应由发行人与承销的证券公司协商确定。首次公开发行股票可以根据实际情况，采取向战略投资者配售、向参与网下配售的询价对象以及向参与网上发行的投资者配售等方式。

6. 挂牌上市

股票上市是指经核准同意股票在证券交易所挂牌交易。经中国证监会核准发行的股票发行结束后，发行人可向证券交易所申请其股票上市。发行人申请其首次公开发行的股票上市，应当由保荐人保荐。

(三)买壳上市

1. 买壳上市的含义

买壳上市又称"反向收购"，是指非上市公司购买一家上市公司一定比例的股权来获得上市的资格，然后注入自己的有关业务及资产，实现间接上市。

2. 买壳上市的优点

(1) 上市操作时间短。买壳上市大约需要 3~9 个月的时间，收购仍有股票交易的壳公司需要 3 个月，收购已停止股票交易的壳公司至恢复其股票市场交易需要 6~9 个月，而做首次公开发行上市一般所需时间为 1 年。

(2) 上市成功有保障。首次公开发行上市有时会因承销商认为市场环境不利而导致上市推迟，或由于上市价格太低而被迫放弃，那么前期上市费用如律师费、会计师费、印刷费等也将付之东流。买壳上市在运作过程中不受外界因素的影响，不需承销商的介入，只要找到合适的壳公司即可，操作得当，相对而言容易成功上市。

(3) 上市费用低。反向收购的费用要低于首次公开发行上市的费用，视壳公司的种类不同而定。

3. 买壳上市的模式

(1) 一般模式。主要包括：①买壳，非上市公司通过收购获得上市公司的控制权。②清壳，上市公司出售其部分或者全部资产。③注壳，上市公司收购非上市公司的全部或者部分资产。

(2) 置换模式。主要包括：①买壳，非上市公司通过收购获得上市公司的控制权。②资产置换(同时完成清壳和注壳)，非上市公司的资产与上市公司的资产进行置换。

(3) 定向发行模式。上市公司向非上市公司定向发行股份，非上市公司用资产支付购买股份的对价。

4. 买壳上市的程序

(1) 聘请财务顾问。如果企业对于资本运营不熟悉，在准备买壳上市时，一定要聘请专业素质较高且富有经验的财务顾问，以便为公司的买壳上市进行整体策划和组织实施，并由财务顾问协助公司聘请买壳上市所需的会计、评估、法律等方面的中介机构。

(2) 选择目标公司。在作出买壳上市的决策后，企业必须在财务顾问的指导下根据自身的资产、财务、经营、战略发展规划等方面的具体情况，初步确定目标公司的大致属性，然后对所物色的几家上市公司的行业属性、经营范围、股权结构、资产规模、财务状况、经营状况等诸多方面进行综合衡量，并经过初步沟通和谈判，筛选出最适合自身状况的壳公司。

(3) 考察评估论证。确定了目标公司后，尚需对其从财务状况、经营状况、股权结构等方面进行深入的调查分析，以获得较为完整、真实、准确的信息，并在此基础上对目标公司的价值进行综合评估论证，从而为整个买壳上市行为提供依据和支持。随后，需结合公司本身和目标公司的情况制定详细的重组方案，并对上市公司未来的经营管理活动进行分析预测。同时，也需对买壳上市进行最后的成本效益论证评估。

(4) 方案组织实施。在财务顾问的指导与协调及各类中介机构的协助下，买壳方应与目标公司的控股方签署系列相关的合同，并在履行相应的义务后进驻上市公司，改组董事会，视具体情况重组经营管理层。同时，应着手办理产权过户手续。随后，开始对上市公司的资产、负债、业务、人员等进行重组整合。

(四) 借壳上市

1. 借壳上市的定义

借壳上市是指上市公司的母公司(集团公司)通过将主要资产注入到上市的子公司中，以实现母公司的上市目标。

2. 借壳上市的模式

(1) 自有资金收购。上市公司以其自有资金向其控股股东非上市集团公司收购资产，从而实现集团公司的全部或部分非上市资产上市。这种方式适用于上市公司自身资金实力较强，而且拟上市的资产总额不大的情形。

(2) 定向发行。上市公司向其控股股东非上市集团公司定向发行股票，集团公司以其资产作为认购定向发行股票的对价。目前，该方法已被广泛采用，主要的优点：①置入的资产可以获得较大的净资产溢价；②上市公司不需要支付现金，容易被中小股东接受；③集团公司可以提高上市公司的控股比率。

(3) 定向发行+公开发行+收购。这种方式适用于实力较强的企业集团整体上市，便于集团实施统一管理，理顺集团产业链关系。

3. 借壳上市的程序

借壳上市的程序主要包括：①集团公司先剥离一块优质资产上市；②上市公司向其母公司定向增发股票作为支付对价，或通过上市公司增发大比例的配股筹集资金收购母公司资产，将集团公司的重点项目注入上市公司；③通过配股将集团公司的非重点项目注入上市公司，实现借壳上市。

(五) 境外上市

1. 境外上市概述

境外上市(overseas listing, OL)是指境内股份有限公司依据规定的程序向境外投资者发行股票，并在境外证券交易所公开上市。

企业境外上市的优势体现为可以提高股票的可销售性、增加股东数量、获得更好的交易信用、促进贷款融资、提高企业的声望等。

2. 境外上市的方式

1) 境外直接上市

境外直接上市，是指境内企业直接以自己的名义向境外的证券主管机构申请在其证券市场挂牌上市交易。如在香港上市的 H 股、新加坡上市的 S 股、美国纽约上市的 N 股。

境外直接上市通常应采取股票首次公开发行方式。这种模式的好处：①股票发行的范围更广；②股票能达到尽可能高的价格；③公司可以获得较高的声誉。这种模式的缺点：①上市所需时间较长。目前我国对申请境外上市的审批程序比较复杂，且门槛较高，境内企业要实现境外直接上市目标通常需要经过3～5年的时间。②上市难度大。国内法律与境外法律不同，对公司的管理、股票发行和交易的要求也不同。为此，境内企业需要投资银行、律师事务所、审计师事务所、评估师事务所等专业机构组成庞大的团队予以协助，探讨出能符合境内、外法规及交易要求的上市方案。

2) 境外间接上市

境外间接上市，是指境内企业通过涉及境内权益的境外公司在境外借壳上市，即境内企业不直接在境外发行股票挂牌上市，而是利用在境外注册公司的名义在境外上市，境外上市公司与境内企业的联系是通过资产或业务的注入、控股等方式来实现的，从而使境内企业达到境外上市的目的。境外间接上市主要有两种形式，即买壳上市和造壳上市。

(1) 买壳上市。买壳上市又称反向并购，是指境内企业以现金或交换股票的手段并购另一家已在境外证券市场挂牌上市公司(壳公司)的部分或全部股权，然后通过注入母公司资产的方式，达到母公司到境外上市的目的。

买壳上市的优点：第一，绕开严格的资本审批与外汇管制程序，境内企业可以不必经过境外投资登记和审批手续，仅需按照壳公司注册地和上市地法律要求进行企业改造、资产重组包装、审计，由上市地发行审核机构一次性审核通过，即可控制一家境外上市公司。第二，通过并购、注资、换股，境内企业股权为境外公司所控制，在法律上变更为外商投资企业，可以享受外商投资企业的优惠待遇。第三，境内企业股东可以通过境外上市公司实现所持股份的全流通，同时可按照壳公司注册地的法律简便办理有关股权的转让、抵押、增资、减资等系列资本运作，避免依照境内《公司法》和外商投资企业法律的规定履行关于资本变动的烦琐程序。第四，买壳上市适用于境外注册地法律和会计制度，更容易得到投资者的认可。

买壳上市的缺点：第一，境内企业需承担壳公司之前所隐藏的责任，因此需谨慎选择目标壳公司，选择不当可能会影响融资目标的实现。第二，买壳上市并不能实现直接融资，有赖于公司进一步的操作来完成。第三，买壳上市面临着法律、政策上的风险，境内企业需向中国证监会报材料备案，并遵守国内有关壳公司对境内资产的控股比例的规定，且面临双重征税的风险。

(2) 造壳上市。造壳上市又称红筹上市，是指境内企业以在百慕大群岛、开曼群岛、库克群岛等地新注册成立公司，由该境外公司以收购、股权置换等方式与境内公司建立控股关系，然后将该境外公司在境外交易所上市。

根据境内企业与境外公司关联方式的不同，造壳上市又可分为控股上市、附属上市、合资上市等形式。控股上市是指境内企业在境外注册公司，然后由该公司建立对境内企业的控股关系，再将该境外公司上市。附属上市是指境内企业在境外注册一家由其完全控制的附属机构，然后将境内资产或业务注入该境外附属机构，再将该附属机构上市。合资上市是指由境内企业的外方在境外的控股公司申请上市，从而达到境内企业上市的目的。

造壳上市的优点：第一，造壳上市是以境外未上市公司名义在当地交易所申请挂牌，可以避开境外直接上市中可能遇到的与居住国或拟上市地国法律相抵触的问题。第二，境内企业可以构造符合本公司意图的壳公司，降低上市的成本和风险。第三，壳公司多在百慕大、开曼或库克群岛等离岸地成立，有关法律对股权转让、认股权证及公司管理方面的要求都与国际接轨，对发起人、股东、管理层均比较有利，也较容易为国际投资者所接受。

造壳上市的缺点：第一，境内企业必须先在境外注册或并购公司，对境内企业的资金要求较高。第二，境内企业必须先在境外注册企业或并购满足要求的境外企业，然后建立境外控股企业，再按照境外上市要求改制境外企业并最终实现上市。与买壳上市相比，造壳上市所需时间较为漫长。

3) 其他境外上市方式

少数在境外已上市的企业在再次融资时往往采取可转换债券和存托凭证两种方式。

(1) 可转换债券。可转换债券是公司发行的一种债券，债券持有人在债券条款规定的未来某一时间内可以将这些债券转换成发行公司一定数量的普通股股票，发行公司以其信誉担保支付其债务，并以契约形式作为负债凭证。通过可转换债券进行境外上市，境内企业得以低成本在境外债券市场筹集资金，从而既降低了融资成本，又增加了财务控制机会。但可转换债券上市方式对境内企业的信用等级要求较高，一般境内企业达不到要求，而且境内企业在可转换债券转换成普通股时存在着股本扩张问题，必须由股东大会通过并进行工商变更登记，程序较为复杂。

(2) 存托凭证。存托凭证是一种以证书形式发行的可转让证券，依其发行范围可分为美国存托凭证和全球存托凭证两种。前者是一种代表拥有外国公司股权的可转让证明，可在美国证券市场以美元报价、交易。根据美国证券法，存托凭证可被看作美国境内证券，任何外国公司如想在美国融资或吸纳美国投资均可发行存托凭证。后者指在两个以上国家发行，代表一家国外公司的银行证书。这些股票由国际银行的国外分行持有，与境内股票一同交易，但通过不同银行分行在全球销售。通过买卖全球存托凭证，国际投资者可以间接投资该公司的股票。

三、企业并购

(一)并购的含义

企业并购是企业兼并(Merger)与收购(Acquisition)的统称。

兼并是指一家企业通过产权交易等方式依法取得另一家企业实际控制权的行为和过程。兼并通常指合并，包括吸收合并和新设合并。吸收合并是指两个以上的企业经过一定程度联合、合并后，其中一个保持其原有法人地位，继续存在，而其他企业不保留法人地位，宣布解散；新设合并是两个或两个以上企业经过协商，都放弃原有的法人地位，宣布解散，然后联合组成一个具有新的法人地位的企业。

收购是指一家企业以现金或股权等方式依法购买另一家企业的股权或资产，以取得该企业或资产实际控制权的行为和过程。

企业并购的实质是并购企业通过取得被并购企业的资产、股权或经营权，直接或间接地实现对被并购企业的支配与控制。换言之，企业并购是一种以转移企业所有权或控制权的方式达到资本扩张和业务控制的资本运营方式。

(二)并购的类型

1. 按并购双方所在行业分类

按并购双方所在行业分类可分为横向并购、纵向并购和混合并购。

(1) 横向并购。横向并购是指企业对提供同一种商品或服务的其他企业进行并购，实质上也是竞争对手之间的合并。它的结果会使资本在同一生产领域或部门集中，有利于扩大生产规模，减少竞争。横向并购的基本条件：并购企业需要并且有能力扩大自己产品的生产和销售，并购双方的产品及产品的生产和销售有相同或相似之处。

(2) 纵向并购。纵向并购是指企业对与其生产经营相关的原材料、零部件供应商、销售厂商等的并购，以形成纵向生产的一体化。纵向并购实质上是处于生产同一产品、不同生产阶段的企业间的并购，并购双方往往是原材料供应者和产成品购买者，所以对彼此的生产状况比较熟悉，有利于并购后的相互融合。

(3) 混合并购。混合并购是指既非竞争对手又非现实中潜在的客户或供应商企业间的并购。混合并购又有三种形态：产品扩张型并购，是相关产品市场上企业间的并购；市场扩张型并购，是一家企业为扩大其竞争优势而对它尚未渗透的地区生产同类产品的企业进行并购； 纯粹并购，是那些生产和经营彼此间毫无联系的产品或服务的若干企业的并购。混合并购的主要目的在于进行多元化经营，分散长期经营一个行业所带来的风险。

2. 按并购的出资方式分类

按并购的出资方式，可分为现金购买式并购、承担债务式并购、股权交易式并购和混合支付式。

(1) 现金购买式并购。现金购买式并购是指并购企业使用现金购买目标企业部分或全部资产或股权，从而实现对目标企业的控制。现金购买式并购的优点是交割时间短、手续简单，常受到卖方的欢迎。其缺点是现金筹集量大，收购方的现金压力大；卖方接受大量现金需要缴纳所得税，转让净收益将比协议收购对价减少。

(2) 承担债务式并购。承担债务式并购是指当目标企业在资不抵债但其产品还有发展前途的前提下，并购企业以承担被并购企业部分或全部债务为条件，取得被并购企业的资产所有权和控制权，从而实现对目标企业的并购。承担债务式并购的优点是交易不以价格为准，而是以债务和整体产权价值比而定，可以减少并购企业在并购时的现金支出。其缺点是有可能影响并购企业的资本结构。

(3) 股权交易式并购。股权交易式并购是指并购企业以本企业发行的股票换取目标企业的部分或全部资产或股权而实现的并购。股权交易式并购的优点是对并购企业而言无需支付大量现金，并购完成以后，目标企业变成并购企业的子公司。其缺点是如果资信机制不健全，并购方必须承担目标企业的或然债务和不确定负担，具有高风险性。

(4) 混合支付式并购。混合支付式并购是综合运用股票支付、现金支付、资产支付、承担债务式支付等各种支付方式的并购。由于单一支付方式具有不可避免的局限性，而把各种支付工具组合在一起，则能够分散风险，充分发挥各种支付手段的优势，适用于各种类型并购交易中双方的不同需求，但是要注意支付工具的搭配使用。

3. 按并购的行为方式分类

按并购的行为方式，可分为要约并购和协议并购。

(1) 要约并购。要约并购又称为公开并购或间接并购，是指并购企业不直接向目标企业提出并购要求，而是向目标企业所有股东发出公开并购要约以并购其全部或部分股权的并购行为。要约并购通常是在证券市场上公开并购目标企业流通股时使用的一种方式。由于并购要约事先不需要征求目标企业同意，只是并购企业的单方面意思表示，因此也被认为是一种敌意并购。

(2) 协议并购。协议并购又称为直接并购，是指并购企业不通过证券交易所，而是直接向目标企业提出并购要求，通过谈判、协商达成协议，并据以实现目标企业股权转移的并购方式，一般属于善意并购。

(三)并购的一般动因

并购作为资本运营的一种重要形式，其根本动因在于应对竞争压力，实现资本最大化的增值。并购的一般动因主要体现在以下几方面。

1．获取战略机会

并购就是要获取未来的发展机会。一般而言，被并购企业都具备一定的市场价值、要素资源和管理资源。因此，当企业决定进入或扩大在某一行业的经营时，一个重要的战略步骤就是并购行业内有价值的现存企业。通过并购，可以快速获得被并购企业的上述资源和优势，并直接获得在行业中的位置，以推动企业战略目标的实现。

2．追求利润

追求利润是企业从事生产经营和资本经营的最终目的。并购作为一种经营行为，其内在驱动力也是基于企业对利润的追求。并购可以帮助企业获得规模效应，降低单位产品的生产成本以及管理费用，降低交易成本，进而增强企业获取利润的能力。

3．发挥协同效应

两家企业通过并购实现总体效益大于两个独立企业的效益之和，即实现了并购的协同效应。并购完成后带来的协同效应，对原来的两企业的股东都是有利的。并购的协同效应主要体现在经营协同、管理协同和财务协同等方面。

4．获得上市资格

在我国，企业上市要经过严格的审批程序，而且要付出较高的成本，因此上市资格也成为一项重要的资源。某些并购并不是为了获得目标企业本身而是为了获得目标企业的上市资格。借壳上市和买壳上市就是为了获取"壳资源"，即目标企业的上市资格，进而进入资本市场筹集资金或进行其他资本运作。

(四)并购后整合

1．并购后整合的概念

企业并购是一个复杂的过程。并购完成后，如何实现并购的价值，是摆在并购企业面前的一大难题。并购本身并不创造价值，并购的真正价值来源于后期的整合工作。并购整合是指并购双方在并购战略意愿的指引和驱动下，通过采取一系列战略措施、手段和方法，对企业各种要素进行系统性融合和重构，并以此创造和增加企业价值的过程。

并购整合是一项复杂艰巨的任务。为了实现整合目标，并购企业需要加强对并购整合工作的管理。其主要内容包括：一是提前制订整合计划，在人才、资金、制度等各个方面做好储备，保证在开展整合工作时能够形成支撑。二是加强对整合工作的领导和组织。整合工作应当由并购企业的主要领导负责。并购企业应建立由经营管理、人力资源、财务会计、法律等专业人才组成的整合工作小组，负责并购整合所涉及的各项具体工作。三是认真做好整合工作的沟通协调，保证信息传递的准确性与及时性。并购整合工作小组应当明确专人负责信息的传达和反馈。四是加强对整合工作的有效控制，防范并购整合过程中可能突发的风险。并购整合领导小组应当做好与当地政府的沟通工作，以获得当地政府的支持。

2. 并购后整合的主要内容

1) 战略整合

如果被并购企业的战略不能与目标企业的战略相融合，那么两者之间很难发挥出战略的协同效应。只有在并购后对目标企业的战略进行整合，使其符合整个企业的发展战略，才能使并购方与目标企业相互配合，使目标企业发挥出比以前更大的效应，促进整个企业的发展。因此，并购以后，并购方要在综合分析目标企业的情况后，对目标企业进行战略调整，使目标企业的各种资源服从总体战略的相关安排，使整个企业中的各个业务单位之间形成一个相互联系、相互配合的战略体系。

2) 资产整合

并购后企业资产总量增加，能够增强偿债能力、降低财务风险，但同时也可能导致总资产收益率的下降。企业要根据生产经营规模和战略发展的需要，在保持生产体系完整和协调的前提下，剥离非核心业务，处理不良资产，重组优质资产，提高资产的运营质量和效率。

3) 人力资源整合

人力资源整合是依据战略与组织管理的调整，通过一定的方法、手段、措施来重新组合与调整来自双方企业的人力资源队伍，建立统一的人力资源政策和制度，防止由于企业并购引发人才流失、人事动荡等情形，并通过整合促使各成员的目标与企业的目标朝同一方向前进，从而提高组织绩效。

4) 财务整合

财务整合是指并购企业对目标企业的财务制度体系、会计核算体系统一管理和监控。在财务整合过程中，企业必须以成本管理、风险控制和财务管理流程的优化为主要内容，通过财务管理目标导向、财务管理制度体系、会计核算体系、现金流转内部控制等，力求使并购后的企业在经营活动上统一管理，在投资、融资活动上统一规划，达到创造更多新增价值的目的。

5) 组织结构整合

组织结构整合是指并购后的企业在组织机构和制度上进行必要的调整或重建，以实现企业的组织协同。整合的内容主要包括：企业各级生产经营部门的人员搭配、管理人员的结构；组织体系中上下沟通渠道的调整；组织中部门的增减、权责增减；各部门力量搭配的调整。通过整合使并购后的企业形成有序统一的组织结构及管理制度，尽快实现企业的稳定运营。

6) 文化整合

企业文化是企业在一定的历史环境下，在经营发展中形成的理想信念、价值体系与行为规范的总称。企业文化整合直接影响着并购的最终成败。由于企业文化方面的冲突很难通过规章制度和操作规程解决,就要求企业领导层要有较高的整合意识和整合能力,能够认清双方企业在文化方面的特质和差异性,并能够在整合实践中应用多种文化整合模式,有效化解文化整合中出现的各种冲突。

第三节　资本运营风险及管理

一、资本运营风险概述

(一)资本运营风险的含义

资本运营风险是指企业在资本运营过程中,由于内外部环境的复杂性和波动性以及资本运营主体认知能力的有限性,使资本运营的实际收益偏离预期目标而带来的企业未来损失的可能性和不确定性。资本运营是一项风险与收益并存的经济活动,资本运营风险存在于不同时期、不同环节和不同方式的资本运营过程中。在追求资本运营给企业带来的发展机遇和巨大利益的同时,必须正确、清楚地认识到企业资本运营风险的形成机理和可能产生的后果,以便更好地对风险进行分析和防范。

资本运营风险可能带来资本运营失败和资本运营活动不能实现预期目标两种后果。前者是指资本运营活动受主客观因素影响而中途终止,如企业的并购活动由于受到政府主管部门的制止或被并购企业反向并购而停止。后者是指资本运营活动虽然完成了,但并没有获得预期的收益效果,如企业兼并成功以后由于整合不力等原因没有带来企业整体业绩的提升。不管何种后果,资本运营风险的直接承担者都是资本运营的主体,即企业,但最终都会给资本所有者带来损失,不利于资本的保值增值。

(二)资本运营风险存在的原因

1. 环境自身的动态变化

在企业资本运营过程中,其外部环境可能在不知不觉中发生变化,而环境的变化是不以企业的意志为转移的,也是企业本身无法抗拒和逆转的。因此,环境本身的变化是企业资本运营风险产生的主要原因,企业在分析资本运营环境时一定要深入细致地考虑事物本身的内涵,把握一些关键、要害的因素,充分估计环境变化的因素,尽量将因环境自身变化而可能带来的损失降到最低。

2. 人们对环境认知的局限性

由于人类认识世界的主观能力是有限的,再加上方法体系的不精密,人们无法精确地认识、描述、预测客观环境。因此,在从事资本运营的活动中会不可避免地、或多或少地产生失误和偏差,从而诱发资本风险的产生。

(三)资本运营风险的特点

企业资本运营风险既具有一般经营风险的共性,又具有不同于生产经营风险的特性。

1. 客观性

客观性是指企业资本运营风险是客观存在的,是不以运营主体的意志为转移的。资本运营和其他一切企业经营活动一样,不可避免地会受到国内外政策层面和市场层面一系列因素变动的影响,不管企业是否承认、是否意识到,这种经营环境的影响都是客观存在的,而且分布在资本运营前的准备阶段、资本运营中的具体运作阶段及资本运营后的经营阶段。这就要求资本运营主体尤其是实际操作者必须具有风险意识,要从战略高度出发认识到风险的存在并积极应对,把风险控制在一个合理的、可接受的范围内。

2. 随机性

企业资本运营风险是随机产生的,这些风险什么时候会发生、以什么形式出现都带有极大的偶然性和不确定性,没有一定的规律可循。这种随机性源于市场瞬息万变带来的机遇和风险。

3. 动态性

影响企业资本运营的因素多种多样,如社会因素、经济因素、政治因素、科技文化因素等。资本运营的风险随着时间和环境的变化,在资本运营的不同时期、不同环节和不同条件下,风险发生的概率、规模、影响程度、波及范围都不尽相同。因此,企业资本运营活动中的风险具有动态变化的特征。

4. 耦合性

在资本运营过程中,各种风险之间的相互依赖和影响关系就是风险的耦合性。企业资本运营风险具体表现为多样化的个别基本风险和特殊风险。资本运营的基本风险之间、特殊风险之间、基本风险和特殊风险之间都存在风险的耦合性。同时企业的资本运营活动是一个连续的过程,每一个环节的风险状况都会影响到下一个环节的风险发生概率,具有连锁反应的特征。因此,企业需要制定更加科学和全面的风险防范措施,以降低和规避资本运营的耦合风险。

5. 可预测性

资本运营风险尽管是随机的和动态变化的,但这种风险也是可以识别和预测的。只要资本运营主体能够及时捕捉风险发生前的信息,就可以及时发现风险,并通过预测分析提早防范和规避风险。这就要求企业不断积累识别和防范风险的经验,制定相应的策略,适时对环境进行监控,一旦出现风险前兆立即采取措施,减少风险的干扰和影响。

6. 破坏性

企业资本运营活动涉及大量的人力、物力、财力,一旦发生风险对企业所造成的破坏将是巨大的,它不仅危及企业现有资本的安全性,而且还有可能影响企业的长期发展。因此,企业在资本运营过程中应采取一切有效措施将风险的破坏性降到最低。

二、资本运营风险类型

(一)资本运营的系统性风险

所谓系统性风险,是指由于全局性的共同因素引起的资本运营风险。系统性风险对所有的经济主体皆会产生影响。构成系统性风险的事件包括社会、经济、政治等各方面的事件，因为这些事件具有社会的全覆盖性，不会因为企业类型的不同而消失，因此，又被称为不可分散风险。

1. 社会风险

社会风险是指不同的国家和地区因为历史、地理、宗教、心理、文化等因素的差异而对外来资本产生的风险。社会风险的存在提醒所有的投资者在进入新市场之前都必须对目标市场进行详细的风俗人文调查，以免资本运营活动出现危机。

2. 政治风险

政治风险是指企业的资本运营行为因与所在地国家和地区法律、法规和政策、政令发生矛盾而引发的风险。政治风险的存在提示投资者必须考虑和重视在资本运营活动之前全面评估政治风险发生的可能性，调整自身的行为，规避风险的发生。

3. 经济风险

经济风险包括利率风险、汇率风险、购买力风险和市场风险四大类。

1) 利率风险

利率风险是指由于市场利率发生变动而对资本运营的收益率产生的风险。企业资本运营过程中涉及大量的资金筹措和投资拓展业务，不可避免地会受到金融市场利率变动的影响。因此，利率风险主要是由于市场利率上升，导致资本运营主体实际收益低于预期收益，或实际成本高于预期成本，从而使运营主体遭受损失的可能性。一般而言，长期资本运营的利率风险要高于短期资本运营的利率风险。

2) 汇率风险

汇率风险也称为外汇风险，是指企业在跨国资本运营中，由于汇率波动导致以外币计价或衡量的资产、收益和未来现金流价值下跌的可能性。资本运营中的汇率风险主要来自跨国交易和折算两个环节。企业在进出口贸易合同签订到结算过程中，国际债权债务未清偿之前，以及持有外汇头寸时发生汇率变动，都会带来外汇交易风险。企业在将资产负债表由外币折算成记账本位币时，由于汇率变动可能导致的账面损失就是外汇折算风险。此外，汇率变动可能引起资本输出或者输入，导致国内货币供求关系发生变化，进而影响资本价格及资本运营的收益。

3) 购买力风险

购买力风险也称为通货膨胀风险，是指由于发生非预期通货膨胀导致企业资本运营实际收益下降的风险。企业资本运营的名义收益包括真实收益和通货膨胀补偿两部分。当发生非预期的通货膨胀时，企业产品或服务的价格上涨率就会低于通货膨胀率，资本运营的实际收益与预期收益就会产生偏差，即实质收益的货币购买力达不到预期，严重时可能会带来资金链断裂的风险。此外，通货膨胀还会影响资本运营主体对目标企业进行资产价值评估的准确性。

4) 市场风险

市场风险主要是由经济运行周期的波动而产生的。当市场处于繁荣周期时，企业的资本运营就会顺畅，并取得较高绩效；当经济不景气时，企业的资本运营就会受到阻滞，绩效也会随之降低。此外，市场供求关系和价格变化也会引发市场风险。例如，当投资增加引起产品供过于求时，产品价格下降，经营收益下降；或当原材料、能源等供给紧张，在产品价格上涨的同时也会提高经营成本,导致企业利润下降。

(二)资本运营的非系统性风险

资本运营的非系统性风险是指由局部性事件引发的风险。非系统性风险是由单个事件对单个企业发生作用而引发的风险,它是可以分散的,因此,又被称为分散风险。它包括经营风险、违约风险、技术风险和财务风险四种。

1. 经营风险

经营风险是指由于经营状况的不确定性给企业资本运营带来的风险。经营状况的不确定性主要来自企业外部不可抗拒的突发事件、内部经营决策的失误和经营管理的不当。地震、台风、火灾、泥石流等自然灾害引起的不可抗拒事件会给企业经营活动带来巨大的损失,虽然是不可预测和不可预防的,但是企业必须提高保险防范意识,以便灾害来临时将损失降到最低。企业的决策人员和管理人员在经营管理过程中出现失误和经营管理不当都会导致企业的赢利水平下降,从而导致投资者的预期收益率下降。

2. 违约风险

违约风险是指企业在资本运营过程中由于各种原因未能遵守合同协议按期、足额履行债务而给对方造成损失的可能性。企业信用度的高低,直接影响着企业之间的贸易、投资等各相关业务的开展,决定着资本运营主体信用风险的大小。违约风险的产生会影响商业银行对该企业的评级,进而影响到该企业的贷款能力,对该企业的资金链安全会产生重大的负面影响。

3. 技术风险

技术风险是指技术变化给企业资本运营带来的风险。在知识经济和信息社会时代,新技术、新产业及新产品层出不穷。企业资本运营决策必须考虑技术因素,使资本流向高科技领域。企业资本运营必须有助于不断提高技术转移和商品化速度,有助于加强对新技术开发的判断,进而保持新技术的市场竞争力,最终提升资本运营的绩效。

4. 财务风险

财务风险是指企业在各项财务活动中由于各种难以预料和无法控制的因素,使企业在一定时期、一定范围内所获取的最终财务成果与预期的经营目标发生偏差,从而形成的使企业蒙受经济损失或丧失更大收益的可能性。财务风险又可分为定价风险、融资风险和支付风险。

三、资本运营风险管理

资本运营给企业带来发展机遇的同时,也蕴含着巨大的风险。这就需要企业充分考虑资本运营过程中的风险因素,根据风险产生的原因采取一定的风险管理方法,最大限度地避免或减轻因资本运营风险导致企业陷入困境的可能性。资本运营风险管理是由一系列行为构成的,主要包括明确目标、风险识别、风险分析、风险控制、风险管理效果评价和建立资本运营风险管理机制几个部分。

(一)明确资本运营风险管理目标

资本运营过程中会产生各种风险,对特定的资本运营行为而言,首先需要明确进行资本运营的主要目标是什么,抓住主要矛盾和矛盾的主要方面,根据主要目标来界定风险防范的范围,通过建立"目标——风险因子"关系,有针对性地建立风险管理目标系统。

(二)资本运营风险识别

风险识别是指根据风险管理目标要求,在了解和分析大量可靠的信息资料、认真研究内外部环境状况后,进而识别、判断企业资本运营过程中可能存在的风险及其性质。即判断风险发生可能性的大小、风险影响的范围、风险的强度、风险的类型、风险产生的原因和风险对资本运营的影响结果等。要提高风险的识别水平,应注重加强以下几个方面的工作。

1. 注意信息资料的质量

不管是判断风险还是预测风险强度,都必须以一定的信息资料为依据。要提高识别风险结果的精确度和可信度,就应该提高信息的质量,收集全面、可靠、及时、有效的信息资料。

2. 选择科学的技术方法

资本运营风险的复杂性决定了资本运营风险的识别具有较高的难度,需要运用相关的识别技术,才能获得预期效果。资本运营风险识别的技术和方法主要有头脑风暴法、德尔菲法、分段识别法和风险树识别法。

3. 重视资本运营主体的作用

风险识别离不开经营主体的分析判断。资本运营的组织者、决策者、执行者要学习先进、科学的理论,认真总结以往资本运营的经验教训,提高认识风险、预测风险的能力。

(三)资本运营风险分析

资本运营风险分析是在风险识别的基础上,对风险发生的概率和可能造成的损失严重程度进行估计。风险分析可分为定性分析和定量分析两大类。定量的风险分析方法主要是概率分析方法和蒙特卡罗模拟法。概率分析法是指通过对资本运营有影响的风险变量的调查分析,确定它们可能发生的状态及相应的概率,进而估计出风险的程度和发生风险的概率。蒙特卡罗模拟法是借助计算机进行随机模拟,以获得风险强度的近似值。

(四)资本运营风险控制

资本运营风险控制是指运营主体采用一系列的措施和手段,消除或减少资本运营风险事件发生的可能性,或减轻风险对企业造成的损害,使企业承受资本运营风险的成本降到最小。资本运营主体要灵活运用以下各种风险控制方法。

1. 风险回避

风险回避是企业在保证资本运营目标实现的基础上,选择风险较小的运营项目,甚至放弃风险项目,以避免特定风险的行为。风险回避可以完全阻止某一特定资本运营风险给企业带来的损失，是资本运营风险管理中最彻底的方法，也是最消极的方法。资本运营主体在放弃风险方案的同时，也就意味着放弃了潜在收益。因此，这种方法一般只在运营主体对风险极端厌恶，或者无力承受、减轻和用其他方法无法消除风险的情况下采用。

2. 风险转移

风险转移是指运营主体通过某种手段将资本运营风险及可能造成的损失的全部或者部分转移给他人的一种方法。主要包括合同转移、保险转移和利用风险交易工具转移。

1) 合同转移

合同转移即通过签订包含连带风险的经济合同，将风险及与风险有关的后果转移给有关方。例如签订联营合同转移投资风险、签订包销协议转移股票发行风险、签订担保协议转移债务风险、签订融资租赁合同转移标的风险等。

2) 保险转移

保险转移即通过订立保险合同，将风险转嫁给保险公司。企业购买财产保险就是将财产损失的风险转移给保险公司承担。保险转移是最常见的风险转移方式，但并不是所有的资本运营风险都能通过保险来转移。保险转移的前提是可保风险必须符合保险公司的承保条件。

3) 利用风险交易工具转移

利用风险交易工具转移风险，即利用期货、期权、对冲基金、远期保价、信用违约互换等工具来转移和规避信用风险。风险转移虽然不能完全消除风险，但是可以在一定程度上降低企业资本运营风险的损失程度，是应用范围较广、较有效的一种风险管理方式。

3. 风险分散

风险分散是指企业将自己承担的风险分散出去，以减轻资本运营的风险负担。资本运营风险分散主要有扩大投资主体范围、开展多种经营和投资多元化等方法。例如，当企业预投资风险较大的项目时，可以通过联营等方式与其他企业共同投资来分摊投资风险；企业可通过多种经营方式来规避某些行业或某些产品的经营风险；企业可将资金分配在回报率关联性较低的多种资产上，以达到降低整体投资风险又能保证一定收益的目的。

4. 风险隔离

风险隔离是指对某一可能导致风险发生的因素进行分离或复制，从而减少该风险可能带来的损失，使任何风险事故的发生不至于带来所有财产的损毁或灭失。在企业资本运营中，风险隔离主要是将发起人和发行人用以保证融资的特定资产与发起人和发行人的其他资产从法律上进行分离，确保隔离担保资产不受发起人和发行人经营恶化及其他债券人追偿的影响，并且在发起人和发行人破产的情况下不被列入破产资产。风险隔离并不是要减少风险单位本身的损失程度，而是要从整体上降低损失，因而对于整个资本运营过程而言是一种效果比较明显的风险控制方式。但是风险隔离在降低整体损失程度的同时，增加了风险单位的数量，进而会加大资本运营风险管理的成本。

5. 风险控制

风险控制是指对已经发生的风险，通过采用一定的措施以降低风险可能造成的损失程度。可采取的措施包括事前控制和事后补救两种类型，用以降低损失发生的概率和程度。

事前控制的目的在于消除或者减少风险发生的概率，事后补救的目的在于减轻风险发生后不利后果的损失程度。

(五)资本运营风险管理效果评价

在资本运营项目结束以后，运营主体要对整个项目的风险管理活动进行评价和总结，以便为以后的资本运营风险管理提供经验或警示。风险管理效果评价就是以风险管理措施实施后的实际资料为依据，对企业风险管理的方式和手段的效益性和适用性进行分析、检查、评估和修正，包括对资本运营风险管理决策水平、管理水平、执行情况、执行效果等方面的评价。一般可采用效益与费用的比值来评价资本运营风险管理的效果。这里的效益是指实现风险管理目标后所取得的实际效果，通常用经济效益和社会效益来表示；费用则是指在风险管理过程中实际的投入。比值越大，则说明风险管理的效果越好。在风险管理效果评价的基础上，运营主体还要对前一阶段的风险管理活动进行总结，以积累经验，提高未来资本运营风险管理的能力和水平。

(六)资本运营风险管理机制

为有效控制企业资本运营中的风险，企业必须建立完善的资本运营管理机制。建立资本运营管理机制，要注意以下几个问题：第一，要建立和完善风险预警和报告制度，以便运营主体第一时间了解风险信息并及时采取有效的防范措施。第二，要注意对资本运营活动结束后的资源整合风险的控制。资本运营后资源整合的好坏直接影响着企业未来经营状况的好坏，因此运营主体必须重视资源整合过程中蕴含的潜在风险，并对其进行有效控制。第三，建立财务风险防范制度，对企业资本运营成本、效益以及财务承受能力进行分析，选取最佳的资本运营方案，同时合理地预测、规避财务风险，实现经济利益最大化。

本章小结

(1) 本章首先介绍了资本的含义与特点、资本运营的含义与特点，分析了资本运营的内容与模式，进而从三个方面对资本运营的意义进行了论述，并对资本运营的理论进行了简要介绍。

资本运营就是以追求资本价值增值和最大利润为目的，遵循市场规律和资本运动规律，利用资本市场，通过资本重组和产权交易等方式进行资本的有效流通和运作，以实现企业资源的优化配置和固有资本动态调整的一种有效的经营管理活动。

资本运营是在产品运营的基础上发展起来的，是企业经营管理的更高形态。资本运营的内容极为丰富，可分别从资本的运动过程、资本运营的形式和内容、资本的运动状态、资本运营的方式、资本运营活动是否跨越国界五种划分方式进行归纳。资本运营模式主要包括扩张型运营模式、收缩型运营模式、治理型运营模式、资产重组运营模式、租赁经营运营模式五种。

(2) 从风险投资、企业上市、企业并购三个方面介绍了现代资本运营方式。

风险投资是一种行之有效、新型的支持创新及其产业化的融资机制。首先介绍了风险投资的概念与特征，概括了风险投资运作的基本要素，介绍了风险投资的运作过程。

股票的发行和上市是现代企业资本运作的主要方式之一。在我国，股票的公开发行与上市往往是同步进行的。首先介绍了企业上市的含义；分析了企业上市的优缺点，各企业应该根据自身特点和条件决定是否上市；介绍了首次公开发行与上市的程序；除了直接上市，企业还可以通过买壳上市或借壳上市的方式实现间接上市的目的；境内企业还可以通过直接和间接两种方式在境外上市交易。

企业并购是指兼并与收购的统称。首先介绍了并购的内涵与并购方式，分析了企业并购的一般动因，最后讨论了企业并购后的整合问题，包括战略、资产、人力资源、财务、组织结构、文化六个方面。

(3) 企业资本运营是一项充满风险的经营活动。首先对风险的含义进行了阐述，分析了资本运营风险存在的原因，进而概括了资本运营风险具有客观性、随机性、动态性、耦合性、预测性、可破坏性的特点，从系统性风险和非系统性风险两个方面概述了资本运用风险的类型，最后指出要从明确目标、风险识别、风险分析、风险控制、风险管理效果评价和建立资本运营风险管理机制几个部分做好风险管理工作。

本章案例

旅游业的资本运营时代

随着旅游业资本运营的快速发展，企业并购活动开始向境外延伸，国际化资本运营走势显现。2016年后，旅游业的并购风生水起，可谓你方唱罢我登场。如携程旅游宣布与去哪儿度假合并，这是继中国旅游集团公司诞生后，旅游界又一重大并购举措。随后，中国国旅集团有限公司整体并入中国港中旅集团公司，诞生了巨无霸式的中国旅游集团公司。

旅游业的并购预示着旅游业资本运营时代的到来。旅游业并购之风劲吹，既有横向并购，也有纵向并购。2015年旅游业投资超过1万亿元，2016年上半年全国完成旅游投资4211.5亿元。光是2016年上半年国内旅游上市公司就有105起资本活动，涉及兼并重组的规模为173.49亿元。近期发布的《中国旅游发展报告2016》预测，未来5年，中国酒店业、民航、旅行社等领域还将持续发生大规模并购。最终，市场上将形成数个大型多元化企业集团，成为中国旅游业持续发展的有力支撑。

非但如此，随着旅游业资本运营发展，企业并购活动向境外延伸，国际化资本运营走势显现。一方面，不少企业运用市场战略，逐鹿出境游市场。如阿里旅行改名后运用新品牌"飞猪"，推出"出境超市"，声称"一站购齐"，以年轻群体为目标市场，进行深耕细作。携程在并购海鸥旅游、纵横集团后，再加上与途风网的战略合作，与竞争对手争夺出境游市场。另一方面，进行全球化整合并购。这两年中资企业的海外并购日趋活跃，尤其是酒店的项目抢手，这是中国旅游业走出去的重大举措，也是运用国际品牌发展壮大自身的必然选择。

中国旅游业在敞开胸怀迎接国际化资本运营时代的同时，也要谨慎操作。如果旅游业的并购难以达成真正的交易成本节约与多赢局面，其结果就有违初心。

一是旅游业的并购应带来产品与服务的提升。其一，品牌战略的运用。并购会带来品牌整合、拓展与延伸。并购之后的品牌战略非常重要，如利用并购的名牌可采用子品牌加母品牌战略，或重新规划不同品牌的定位。如同程旅游与万达旅业合并构建旅行社巨头，将"百旅会"定位于中老年旅游市场,这样可以将产品做得更加垂直和深入。其二,服务升级。并购后的资源整合,可以给旅游企业带来更多服务能力,包括产品、品牌、信誉、管理模式等。这就可以服务两个市场:一个是旅游企业,通过分工协作,建立新的分工体系;另一个是游客,用更高效与智慧化服务,增强终端竞争力。其三,产品线重组与延伸。旅游业通过并购产生巨无霸,这是资本积累一下子难以达到的,如并购后的中国旅游集团布局旅行社、酒店、景区、地产、金融、物流和资产等7个板块,就可以为游客提供更加多样化、高品质的产品。

二是旅游业的并购必须理性。在旅游业走出去的并购中,既有携程以1.8亿美元投资印度最大在线旅游公司这样的横向并购,也有驴妈妈收购菲律宾长滩岛中文游客中心这样的纵向并购。通常认为,横向并购缘于规模经济效应或消除恶性竞争;纵向并购缘于降低交易成本与进行市场控制;混合并购除了以多样化经营应对市场多变外,还包括获得资源、管理、财务、服务等多方面的整合作用。

三是旅游业的并购要立足于环境分析与企业长远战略。旅游业发展与环境密切相关,并购必须综合考虑产业的环境及政策,考虑企业的市场地位以及行业生命周期等。随着旅游业国际化发展,光是"一带一路"战略实施,未来5年便可能给沿线国家带来1.5亿人次中国游客。在旅游业快速成长时期,横向并购达成规模经济的可能性比较大。随着行业到了成熟阶段,适合运用纵向并购来整合资源,实现垂直一体化经营,以降低交易成本。到了衰退阶段应该考虑收割或退出,混合并购或许是一大良策。

因此,旅游业的并购如果没有长远谋略,只是一味地买买买,忽视企业核心竞争力的发挥,忽视价值链环的衍生扩展,忽视具有竞争力的技术与产品开发,最终将使得并购不经济,增大摩擦成本与协调成本,便得不偿失了。

(资料来源:张苗荧.迎接国际化资本运营时代,旅游企业该做好哪些准备[N].中国旅游报,2017-01-03,第003版.)

讨论题

1. 在旅游业的并购活动中,能为旅游企业带来哪些好处?
2. 案例中提到旅游业的并购必须理性,你如何看待?并购后总有企业出现业绩下滑,旅游业能够避免这一问题吗?
3. 国际资本运作过程中,旅游企业会面临哪些风险?应如何规避?

思考题

1. 简述资本运营的内容与模式。
2. 什么是风险投资?
3. 风险投资体系由哪些要素构成?
4. 企业上市有何利弊?
5. 简述企业并购的动因。
6. 企业并购后整合的内容有哪些?
7. 简述资本运营的风险类型。
8. 资本运营的管理措施有哪些?

第十三章 商务风险管理

【学习要点及目标】

- 了解风险和不确定性的含义。
- 掌握风险管理的内涵及意义。
- 了解风险管理的来源。
- 了解商务风险的基本原理。
- 熟悉商务风险的管理流程,包括风险识别、度量、评价等。
- 掌握商务风险管理与控制的技术方法。
- 重点掌握商务风险的类型,风险的识别和防范措施。

【核心概念】

风险　风险管理　不确定性　风险识别　风险度量　风险评价　市场风险管理　信用风险管理　筹资风险管理　投资风险管理　贸易风险管理　风险控制技术

【引导案例】

瑞幸咖啡造假事件带来的风险

2020年4月2日,美股上市公司瑞幸咖啡公告其独立特别委员会调查结果,并承认2019年第二季度到第四季度期间存在大约22亿元的伪造交易行为。揭露瑞幸造假的关键在于浑水公司2月1日发布的匿名看空报告,展现了动用1500名员工监视瑞幸门店流量的证据。瑞幸财务造假信息的释放与确认已导致其股价从1月17日高点51.38美元下跌至4月3日的5.38美元,市值从超过120亿美元缩水至13.55亿美元。

瑞幸咖啡的造假事件引发国内外资本市场广泛关注,大量财经媒体进行深度跟踪报道。虽然该事件仅是个别公司层面的事件,但背后蕴藏着较大风险,主要体现在下述几方面。

1) 美国政府限制中资企业在美进行融资的风险

美国证监会、美国的上市公司会计监察委员会等机构长期以来一直要求访问国内的账簿和审计工作底稿等关键信息,以对主要业务在国内的美国上市公司财报加强监督。出于保护国家机密和安全的目的,我国目前并不允许如此行为。2018年12月,美国证监会在其官网对包括中石油、中国电信、携程、新东方等224家中国在美上市企业提出财务报表审计质量的疑虑,涉及公司的总市值超过1.8万亿美元。一旦疫情缓和,瑞幸造假事件可能会给美国政府一个较好的借口对中国在美上市企业进行更严厉的监管,提出更高的披露要求,甚至限制股份和债券发行融资的风险。

2) 国际资本市场对中资企业产生信任危机的风险

2011年,由于造假问题频发导致国际资本市场对中概股产生信任危机,造成中概股融资困难,大幅度影响了估值和流动性,导致赴美上市公司数量锐减,后续引发大量中概股私有化退市。在当年那次危机之后,中国和美国之间通过反复磋商,于2013年达成合作协议，以变通的方式进行联合监管。此后，市场信心才逐步恢复，京东、阿里巴巴等中国高科技企业才得以陆续上市在美融资并发展壮大。

而此次瑞幸造假事件警示境外投资者，这样的联合监管框架并不可靠，可能会影响对中国企业财务真实性的整体信心。一方面，中国企业在境外融资的数量和估值会受影响；另一方面，国际资金进入中国的信心也可能受损，导致对境内人民币资产配置减少。

3) 现有制度导致国内上市公司造假信息难以释放的风险

在我国目前的制度下，上市公司的负面信息很难得到释放。一方面，我国确认公司造假只能依赖证监会的调查与判断，而目前的监管力量和人手并不足以及时覆盖3000多家上市公司。而另一方面，市场参与者的负面信息调查、释放和看空交易较容易被认定为"损害公司商业信誉"或"窃取商业机密"而被上市公司报案受到刑事处罚。

据燃财经报道，此次瑞幸被揭露造假的案例就是因为雪湖资本是境外看空机构，通过外资咨询公司Third Bridge和本土咨询公司汇生咨询、久谦咨询，来完成做空所需的调研工作。他们到门店里录像，在门店蹲点计算其客流、营收、现金流的情况。一些境内的上市公司得以通过造假长期操纵股价，损害中小股民利益和资本市场配置资源的效率。

(资料来源：根据网络资料整理所得
https://baijiahao.baidu.com/s?id=1663325157828529227&wfr=spider&for=pc)

【案例导学】

企业的商务活动面临着种种风险。瑞幸事件对所有企业都是一次警示，信用风险永远是企业最需要关注的。失去诚信就会失去市场，瑞幸造假事件不仅影响瑞幸自身，更影响中国企业，影响在境外上市的中国企业形象，影响国际投资者在华投资。对瑞幸事件进行冷静思考，重新评估自身商业模式的可行性、可拓展性与发展的可持续性，重视现金流管理、调整经营发展策略等，最核心的问题是要关注企业经营中的各类风险，让所有企业和个人都不能再犯"瑞幸之错"。

第一节 风险及风险管理

一、风险与不确定性

(一)风险的含义

风险在英文中的单词有 risk、peril、hazard。"risk"的词义指不利事件发生的可能性，如新产品退出后损失的可能性。"peril"的词义指所发生的不利事件本身，如火灾、洪水、车祸等，或引起不利事件发生的条件。"hazard"的词义指不利事件发生的条件，即发生事故的前提、环境、诱因等。

关于风险的定义，学术界主要有下述几种观点。

1. 风险是损失或损害的可能性

1895年美国学者海尼斯(Haynes)在《Risk as an Economic Factor》中从经济学意义上提

出了风险的概念。他认为："风险"在经济学和其他学术领域中，并无任何技术上的内容，它意味着损失的可能性。某种行为能否产生有害的后果由其不确定性界定，如果某种行为具有不确定性，其行为就反映了风险的负担。

2. 风险是损失的不确定性

1986年，美国经济学者罗伯特·梅尔(Robert I. Mehr)在所著的 *Fundamentals of Insurance* (书名可译为"保险基本原理")一书中将"风险"定义为"在一定条件下损失的不确定性"。C. A. 克布(C. A. Kulp)和约翰·W. 霍尔(John W. Hall)在两人合著的 Casualty Insurance(书名可译为"意外事故保险"或"灾害保险")一书中将"风险"定义为"在一定条件下财务损失的不确定性。"

3. 风险是实际结果和预期结果的离差

美国学者欧文·佩弗尔(Lrving Pfeffer)认为，风险是一种客观存在，不论人们是否已经觉察，它总是以客观的概率来测定的。也就是说，客观事物按其自身的运动规律在不断地发展变化，不管人们是否注意它们或观察它们，它们都有可能出现各种不同的结果，因而才有风险。这是不以人的主观意志而存在的客观环境或客观条件变化的产物。

美国学者小阿瑟·威廉姆斯(C. Arthur Willianms)和里查德·M. 汉斯(Richard M. Heins)在1985年合著的 *Risk Management and Insurance*(书名可译为"风险管理与保险")一书中将风险定义为"在给定情况下和特定时间内，那些可能发生的结果间的差异。如果肯定只有一个结果发生，则差异为零，风险为零；如果有多种可能结果，则有风险，且差异越大，风险越大"。

4. 风险是可度量的不确定性

美国经济学家富兰克·H. 奈特(Frank H. Knight)在其1921年出版的 *Risk，Uncertainty and Profit*(书名可译为"风险、不确定性与利润")一书中认为：风险是指"可度量的不确定性"。而"不确定性"是指不可度量的风险。风险的特征是概率估计的可靠性，概率估计的可靠性来自所遵循的理论规律或稳定的经验规律。与可计算或可预见的风险不同，不确定性是指人们缺乏对事件的基本认识，对事件可能结果知之甚少。因此，不能通过现有理论或经验进行预见和定量分析。

风险普遍存在于企业的经营活动中，具有客观性、普遍性、损失性、可变性的特征。从管理角度看，所谓风险是指发生某种不利事件或损失的各种可能状态的总称。从风险的定义可知，构成风险的基本要素有两个：一个是发生不利事件或损失的负面性；另一个是负面性出现的可能性或概率。通常人们认为风险就是危机，其实二者既有联系也有区别。危机是企业或组织处于意外事件所引起的危险和紧张的状态，是已经发生的事件，如果处理得当，可以减少损失；风险是未发生的状态，可能带来损失，也可能带来机会，有时甚至是巨大收益。风险如果处理不当，可以转化为危机。

上述四种观点都将风险与"不确定性"相联系，由此可见，"不确定性"是风险研究的出发点。

(二)不确定性的内含

1. 不确定性的含义

不确定性(Uncertainty)是指不一定发生的事件或不确定的状态,有主观不确定性和客观不确定性之分。不确定性是显示生活中客观存在的事实,它反映了一个特定事件在未来有多种可能的结果。如抛硬币,会得到"正反面"两个结果,是不确定的。客观不确定性是事件结果本身的不确定性,也就是事件按照自身运动规律发展而出现的各种可能性是不依赖人们的主观意志存在的,它是客观环境或客观条件变化的产物。主观不确定性是人对事物认识或估计上的不确定性。当人们有意识地观察客观事物时,会对事件发生与否、发生的时间、发生状况及未来结果等作出种种推测。由于个人的认识、经验、精神和心理状态的不同,对于相同的客观风险,不同的人会有不同的主观预计,从而形成主观的不确定性。

可见,就风险事件来说,由于客观不确定性的存在,未来事件产生结果差异。由于人们主观的不确定性,提出了对未来结果的期望,这种预期结果和实际结果之间发生偏差便形成了风险。因此,从风险形成的机理来看,风险是客观不确定性和主观不确定性的统一。

2. 不确定性是风险产生的必要条件

因为事物发展有多种结果的可能,性质完全相同的事件在时间、地点、环境等客观条件不同时所呈现出的结果也不相同。不同的结果对人们造成的影响也不相同,从而产生风险问题。所以,不具备客观不确定性的未来事件没有风险。

如果未来事件的本身具有客观不确定性,但人们并没有对事件的未来进行预计,没有预计结果,当然就不会存在认识上的主观不确定性,更不会存在实际结果与预期结果的偏差,也就不会产生风险问题。因此,不具备主观不确定性的未来事件也没有风险。

那么,如果未来事件本身具有主观、客观的不确定性,是否会产生风险呢?对于具备不确定性的未来事件,如果其所有的结果都是人们能够预计到的并且是可以接受的,也不会产生风险问题。所以,不确定性是风险产生的必要条件,而不是充分条件。

二、风险管理概述

(一)风险管理的定义

准确定义风险管理并不简单,就像准确定义可以被所有人接受的合适定义一样艰难。因为我们普遍认为风险管理应当特别关注各种危险因素风险、不确定性因素及机会风险,所以能够反映风险管理活动的宽泛领域的定义及描述迫在眉睫。风险管理是企业为了能够将收益最大化、波动性以及结果的可变性最小化所开展的各种活动。对风险管理定义的理解见表 13-1 所示。

表 13-1　风险管理定义

组织	对风险管理的定义
ISO Guide 73　BS31100	旨在引导和控制企业风险的协调活动。
风险管理研究所	为了增加成功的可能性和降低失败的可能性,帮助企业理解、评估并应对风险的行为。

续表

组织	对风险管理的定义
英国财政部	与风险的识别、评估和判断相关的所有事物，辨别风险所属，采取相应的规避或者预见措施，并对风险实施监控以及回顾的过程。
伦敦经济学院	企业对其所面临的风险的选择、规避或者转移，随后采取相应的风险应对措施。
业务连续性协会	企业为了有效监管潜在机会以及负面影响所精心设计的企业文化、信息运作流程以及企业架构。

(二)风险管理的构成要素

风险管理的构成要素有以下几点。

(1) 内部环境。管理当局确立关于风险的理念，并确定风险容量。内部环境决定了主体中的人们如何看待风险和着手控制风险。所有公司的核心都是人(他们的个人品性，包括诚信、道德价值观和胜任能力)以及经营所处的环境。

(2) 目标设定。必须先有目标，管理当局才能识别影响它们实现的潜在事项。公司风险管理应确保管理当局必须采取恰当的程序去设定目标，所选定的目标支持和切合该主体的使命，并且与它的风险容量相一致。

(3) 事项识别。必须识别可能对主体产生影响的潜在事项。事项识别涉及从影响目标实现的内部或外部原因中识别潜在的事项。它包括区分代表风险的事项和代表机会的事项，或者二者兼有。机会被反馈到管理当局的战略或目标制定过程中。

(4) 风险评估。要对识别的风险进行分析，以便确定应该如何对它们进行管理的依据。风险与可能被影响的目标相关联，既要对固有风险进行评估，也要对剩余风险进行评估，评估要考虑到风险的可能性和影响。

(5) 风险管理。员工识别和评价可能的风险管理，包括回避、承担、降低和分担风险。管理当局必须采取一系列措施使风险主体的风险容限和风险容量相协调。

(6) 风险控制。制定和实施政策与程序以帮助确保管理当局的风险管理得以有效实施。

(7) 信息与沟通。收集、整理、传递相关的信息以确保员工履行其职责，并予以识别、获取和沟通。主体的各个层级都需要借助信息来识别、评估和应对风险。有效沟通的含义比较广泛，包括信息在主体中的向下、平行和向上流动，员工获得有关他们的职能和责任的清晰的沟通。

(8) 风险监控。通过对公司风险管理进行全面监控，必要时加以修正，能够动态地反映，根据条件的要求而变化、监控持续的管理活动、对公司风险管理的个别评价或者两者相结合来完成。

(三)风险管理的过程

风险管理是应用一般的管理原则去管理一个组织的资源和活动，并以合理的成本尽可能地减少风险损失及其对所处环境的不利影响。风险管理的一般过程如下所述。

(1) 风险识别(Risk Identification)，也称风险辨识或危险识别，是在特定的系统中确定风险并定义其特征的过程。风险识别是风险管理的基础和起点，也是风险管理者重要的，或许是最困难的一项工作，它的任务是辨认本经济单位所面临的风险有哪些，确定各种风险的性质，分析可能发生的损失及明确风险损失所处的具体部门。风险识别的意义在于如果不能准确地辨明所面临的各种风险，就会失去切实地处理这些风险的机会，因而使风险管理的职能得不到正常地发挥，自然也就不能有效地对风险进行控制和处置。

(2) 风险估计(Risk Estimation)也称风险衡量，是在特定的系统中对风险损失的大小进行定量计算的过程。其内容包括频率分析，即特定风险因素发生的频率或概率分析；后果分析，即分析特定风险因素在环境因素下可能导致的各种事故后果及其可能造成的损失，包括情景分析和损失分析。情景分析是指分析特定风险因素在环境因素下可能导致的各种事故后果；损失分析是指分析特定后果对其他事物的影响，进一步得出其对某一部分的利益造成的损失，并进行量化。

(3) 风险评价(Risk Evaluation)。在对特定系统中所有危险进行风险估计之后，需要根据相应的风险标准判断该风险是否可以被系统接受，是否需要采取进一步的安全措施，这就是风险评价。一般来说，风险估计可与风险评价应同时进行。

(4) 风险决策(Risk Decision)也称风险应对或风险防范，它是根据风险评估的结果以一种最低成本最大限度地降低系统风险的动态过程。一般的风险应对方法包括风险规避、风险转移、风险分散等。

(5) 风险监控(Risk Control)，包括风险监测与风险控制。风险监测就是对风险进行跟踪，监视已识别的风险和残余风险、识别进程中新的风险，并在实施应对计划后评估应对措施对减轻风险的效果。风险控制则是在风险监测的基础上，实施风险管理规划和风险应对计划，并在情况发生变化时，重新修正风险管理规划或应对措施。在某段时间内，风险监测和风险控制应交替进行，即发现风险后经常需要马上采取控制措施，或风险因素消失后立即调整风险应对措施。因此，常常将风险监测和风险控制综合起来考虑。

三、风险管理的意义

风险管理是企业对生产经营过程中可能产生的风险因素采取预防或消除措施，以及在风险发生之后采取弥补措施的科学管理方法。因此，风险管理的本质是运用管理原理开展有关各种资源和组织的活动，从而使组织及其周围的意外损失降到最低程度，包括对风险发生后损失的处理，同时还包括风险发生前对损失的防止和控制。

企业商务活动中的风险管理对企业的经营和发展的重要意义主要体现在下述几方面。

(1) 成功的风险管理可以为企业成员提供安全感。员工对企业都有一种依赖性和依附欲，甚至有与企业同命运、共生存的信念。因此，企业的风险少，员工就能在安全的环境中努力工作，从而为企业创造更多的价值。

(2) 通过风险管理，采取一系列预防、减少风险的措施，能够减轻企业年度收益和资金流的波动。这既是风险管理的结果，也是新的经营良性循环的基础，它有助于企业制订正确的计划，保持生产经营活动的稳定性。

(3) 通过对潜在风险的分析，能为预测未来发展趋势做好准备，即可捕捉有利的时机，扩大企业的经营规模。通过潜在的风险分析，也可以采取预防措施，减少企业损失，维持正常生产经营活动。

(4) 通过风险管理，能提高企业管理人员管理水平和能力。在风险管理条件下，要求管理者临危不惧、有胆有识、出奇制胜。在风险较少的情况下，要求管理者能居安思危，有远见卓识，以战略眼光看待"太平盛世"，不至于在风险发生后束手无策。

(5) 风险管理能使企业在竞争中立于不败之地。风险管理就是要以战略的眼光看待未来，使自己在竞争中扬长避短，保护发展自身，战胜对手。

(6) 在未发生风险之前，必须对企业各项活动进行计划和监督，对已发生的损失进行检查分析，在责任范围内，力争损失最小。

除此之外，有效的风险管理还可以避免危机的发生，保护企业财产、人身安全，保护社会和自然环境。因此，加强企业的商务风险管理是企业获得安全经营的基本保障，直接关系到企业的经营成败，西方学者也把商务风险管理形象地称为现代企业的"救生圈"。

第二节　商务风险管理原理

商务风险是企业在开展商务活动中产生的风险，与其他风险一样具有负面性以及负面性出现的可能性这两个基本要素。商务风险有广义和狭义之分。狭义的商务风险是指在商务活动过程中直接产生的风险，如采购风险、运输风险、销售风险、结算风险等，也称为贸易风险。广义的商务风险泛指一切与商务相关的活动所产生的风险，包括交易风险、产品质量或服务与合同不相符所产生的风险、选择商业机会的风险、运输和结算风险。此外，还包括筹资和投资风险等。因为筹资和投资活动直接决定了商务活动的绩效，而且筹资和投资的目的就是选择有利的商务竞争领域，实现企业效益最大化。因此，筹资和投资风险也可以称为广义的商务风险。

一、商务风险的来源

企业所处的市场环境风云莫测，瞬息万变，影响商务活动盈亏的因素很多，有时一个细微的变化都有可能成为很大的风险来源。商务活动的风险主要来自环境和企业的经营决策。

1. 环境因素带来的风险

企业的商务活动都是在一定环境中开展的，各种环境因素及其发展变化都会给企业带来风险。通常，政策、法律、经济、技术、人员等环境因素的变化会使企业的商务活动面临各种风险，如表 13-2 所示。

表 13-2　商务风险的环境因素

环境因素	风险产生原因
政策因素	政策的导向与企业内在发展方向不一致而产生的风险；或由于管理层政策口径发生突然变化而给企业造成的风险。
法律因素	法律法规的变化使企业经营条件发生变化，或企业内部管理、经营行为等因素引发的法律风险。
经济因素	由于利率、汇率、价格、成本等因素的变化，直接影响企业的经营成果。

续表

环境因素	风险产生原因
人员因素	商务活动中消费者消费行为、价值观的变化给企业的生产经营带来的风险；或参与人员的素质欠佳给企业造成不必要的损失。
技术因素	技术进步可能使一些企业灭亡，也可能产生一批新的企业。
信息因素	企业获得的有价值信息可能使其收益，也可能因信息泄露使企业面临风险和危机。

2. 企业决策带来的风险

企业在经营决策过程中包含着各种风险。在确定型决策中，虽然决策方案的结果十分明确，但也可能因为决策者判断选择失误导致入选方案在实施中产生风险；在风险型决策中，事物的自然状态以一定的概率出现，概率本身就是一种可能性，这势必对决策方案的执行带来一定的风险；在不确定型决策中，事物自然状态出现的概率是不可知的，只能由人的经验和主观意志按一定方法来决策，这样风险也是不可避免的。在多种决策方法中，战略决策的风险更大，这是因为战略决策不是经常和反复出现的，有关决策的信息不充分，决策实施时间长，所有这些因素既增加了决策的难度，也增加了决策的风险。

3. 资本运营中的风险

资本运营风险按资本运营内容可分为筹资风险、投资风险、经营风险、外汇风险等。

(1) 筹资风险。是由企业筹资收益的不确定性形成的，有筹资本身的内因，也有筹资之外的因素，内因主要有举债的规模、负债利息率及期间结构等，外因指企业的经营风险，预期的现金流入量，资产的流动性及金融市场。筹资风险表现为商业信用筹资风险、股票发行风险、债券发行风险、负债经营风险、国外筹资风险等。

(2) 投资风险。任何投资方案都存在多种不确定性因素，对投资方案作出决策时，对风险因素考虑不周或因某种不确定因素出现投资决策失误而带来风险。

(3) 经营风险。指企业在生产经营过程中由于产销量等因素的变动而导致税息前收益的变动或不确定性，包括各种物价、利率、原材料供求变化以及资金不能回收的风险等。

(4) 外汇风险。国际贸易和国际合作的迅猛发展给企业造成了外汇风险，汇率变动是政治、经济、科技等因素的综合影响，企业难以对此加以预料和控制，企业有可能因汇率的变动而受到损失。

二、商务风险管理的基本原理

每项商业活动都是赌博，都具有风险性。在风险并不明显的商业领域里，风险管理有什么应用呢？银行、保险公司和风险投资机构的业务都明显的带有风险性。在一个企业的商业目标中往往包含了利润最大化、增长最大化、风险最小化、现金流量最优化、保护和利用知识产权五大目标。这五个目标通常是相互关联的，在一份合约的谈判过程中，这五个商业目标通常是相互矛盾或排斥的，例如，降低价格、减少利润可以带来销售增长，但却是以牺牲"利润最大化"这一目标为代价的。没有周全地考虑条款就轻易接受合同，可能会增加订单数量，但也增加了商业风险。过于强调知识产权的保护，则会歧视那些想合法取得某种许可或权利的客户。因此必须敏锐地使各个商业目标保持平衡。

所以，需要优先考虑风险最小化，传统的风险分析技巧可用于识别这些技术和程序上的风险，然后用合理的项目管理方法进行管理。这些风险既有项目管理的一面也有合同的一面。

(一)风险钟摆

在任何商业交易中，一方或另一方不可避免地将承担隐含的风险。在理想状态下，风险钟摆也许会在交易双方之间取得完美的平衡，而在现实中，钟摆的位置在很大程度上取决于双方讨价还价的地位。例如，在某个合同中，国内的甲公司向美国的乙公司供应商购买商品，那么可能产生的问题是合同价格的支付是采用人民币还是美元结算，对买、卖双方来说都承担着汇率波动的风险。两家公司都倾向于使用本国货币，如果美国乙公司先用人民币向中国购买商品，那么可以用这一项交易的人民币去支付另一项交易，从而获得有利的交易地位。另一方面，如果美国乙公司希望用美元支付，而中国公司却找不到可以替代的产品，那么美国公司也可能如愿以偿。从而体现了在风险管理中不同的优劣地位。

在实际交易中，我们可以通过改变政策等使风险的钟摆发生偏移。因此，成功的商业风险管理的黄金定律是风险钟摆的移动更多地取决于交易双方的讨价还价能力，风险会偏向讨价还价能力弱的一方。如好的政策能够保证合同和法律的风险转移到另一方身上，好的合同能够最大限度地激励另一方去努力履行合同。但合同双方不应尽力地推卸风险责任，而应该通力合作降低风险。

(二)风险承担与分担

在商务活动中，合同是"具有法律效力的交换承诺""一种载体，通过它，交易中固有的风险在卖方和买方之间进行分配。"那么，从合同作为风险分配的载体这一角度看，风险的简单表达就是合同没有产生交易各方想要的结果。如果事情无法解决，交易中买方、卖方、第三方各参与方均有各自的期望，合同将风险在交易各方中进行分配。但在起草和协商合同条款之前，交易各方应弄清他们之间所要建立的合同关系的性质，这种合同关系应当在风险、价值及期限的基础上加以考虑。

(三)资源性伙伴关系与契约性伙伴关系

依据经营活动性质的不同，可以区分买卖双方之间的两种主要性质。两者均以伙伴关系原则为基础，均假定伙伴关系将减少合同风险，然而并不妨碍合同风险在买卖双方之间的分配。尽管"基于伙伴关系的精神"，与出现问题相关的合同补偿坑你被有意撇开，以便伙伴关系中更广泛的利益得到保障。这两种类型分别是资源性伙伴关系和契约性伙伴关系。这些伙伴关系并不是严格法律意义上的伙伴关系，而是着眼于促进合作与开放的定义。当卖方和买方相隔遥远时，资源性伙伴关系显得更为方便。另一方面，在契约性伙伴关系中，买卖双方在迎合最终客户需要这一观念上的合作更加密切，这种关系适合于客户要求独特的大订单以满足特别需求的情形，尤其是要求高水平的研究、设计或开发的情形。

(四)免责条款

如果从契约性伙伴关系的想法回到一般的买卖合同，那么就有必要考察一种更加直接的商业风险管理的手段：利用免责条款限制或免除某一方可能承担的责任。这一问题的权威性基本来源于1997年的不公平合同条款法案,该法案防止免除对各种形式的合同疏忽所导致人员伤亡的赔偿责任。然而,在消费者不参与的合同中,各方被允许通过合理性测试去免除一些责任,如违约责任、按期望执行合同的责任、完全执行的责任、其他疏忽后果的责任、货品符合合同描述或样本、满意的质量等。促使买方接受某一免责条款的诱因,可能只是卖方提供的价格折扣。所有的风险至少都具有抽象价值,而免责条款只是将风险转来转去。

(五)保险

商务风险管理事关买卖双方之间的风险分配。然而当特定的风险降临于某一方时,并不意味着风险承担者没有别的选择而只能自行承担风险。除了分配风险,商务风险管理还有减缓风险的作用,即将风险全部或部分转嫁给第三方。在商业交易中,并不是所有内在风险都享有保险。保险交易的核心,是承担风险以后的获利前景。如果企业的失败都可以保险,乃至到了损失抵销潜在收益的程度,那么就没有任何获取收益的激励。而保险公司则由于企业没有向预期目标努力,而无休止地对期望利润的损失进行支付。然而,如果失败是某个偶然事件(如火灾)的结果,而且存在足够的类似风险,使保险公司能够对损失作出切合实际的预测,从而能够计算出合理的保险费,那么这一风险就可以保险。

第三节 商务风险管理流程和控制技术

一、商务风险管理流程

商务风险管理程序的合理化是有效进行风险管理的重要环节,一般包括风险的识别、风险估测、风险评价以及对风险实施有效的控制和妥善处理风险所致的损失等几个主要步骤,以达到以最小成本获得最大安全保障。同时,风险管理是一个动态反馈的过程,在这一过程中需要对决策进行定期的评价和修正。随着时间的推移和形势发生变化,可能产生新的风险,风险的可能性和严重性可能会产生变化,管理这些风险的方法也要随之而变。

(一)风险的识别

1. 风险识别的定义

风险识别(risk identification) 就是指通过连续、系统、全面的判断与分析,确定风险管理对象的风险类型、受险部位、风险源、严重程度等,并且发掘风险因素引发风险事故导致风险损失的作用机理的动态行为或过程。风险识别的内容主要包括:一是查找风险源,分析风险类型、受险部位、风险损失严重程度;二是找出诱发风险事故的风险因素及导致风险损失的原理。

风险识别是商务风险管理的第一步,是指对所面临的以及潜在的风险加以判断、分类和鉴定风险性质的过程。一方面,对风险的识别可以通过感性认识和经验进行判断;另一方面,则必须对各种客观的会计、统计资料进行分析、归纳和整理,发现各种风险的损害情况。

企业在商务活动中面临的风险有多种:如纯粹风险与投机风险;静态风险与动态风险;

特殊风险与基本风险；筹资风险与投资风险；财产风险与责任风险；股市风险与外汇风险等。但一定时期内不可能各种风险同时存在，在经营期的不同阶段，会有不同的主要风险。如企业创办期筹资和投资风险是主要的，在正常经营期，交易风险和财务风险可能较多；在经营不善时可能会有债务风险；在某些年份可能遇到自然风险等。风险管理人员应全面了解企业的风险结构，集中力量识别和处理关系全局的主要风险。

2. 风险识别的目的

风险识别需要考虑哪些风险？导致损失的风险事故有哪些？引起风险事故的主要原因和条件是什么？风险事故所致后果如何？主要包括：①识别出可能的风险因素、性质以及风险产生的条件；②识别风险可能造成的后果；③风险识别包括内在风险及外在风险；④存在的或潜在的风险因素。

风险识别是风险管理的基础，直接影响风险管理的决策质量和最终结果。风险识别是风险衡量的基础，也是进行风险管理决策的基础，要想达到风险识别的目的，就要了解客观风险因素和致损因素；定性地找出直接损失和间接损失；

3. 风险识别的内容

我们识别风险并不是为了风险本身，而是为了尽可能地预测并降低风险，或者是在我们的风险降低策略无效时对风险作出反应。

风险识别即是对尚未发生的、潜在的和客观的各种风险系统地、连续地进行识别和归类，并分析产生风险事故的原因。

风险识别的主要方法有查找风险源；分析风险类型、受险部位、风险损失程度；识别风险因素诱发风险事故而导致风险损失的原理。一方面应依靠感性认识，经验判断，即通过经验判断了解客观存在的各种风险；另一方面，应进行风险分析；即分析引起风险事故的各种因素，可使用一些方法和工具等进行分析和归类整理，从而发现各种风险的损害情况以及具有规律性的损害风险。在此基础上，鉴定风险的性质，从而为风险衡量做准备。

4. 风险识别的过程

(1) 按照风险管理过程看，风险识别的过程主要包括：①获得企业风险管理的整体计划。它是风险识别工作开展的总体依据，包括企业背景、风险管理目标、风险标准、决策标准以及对风险识别的总体要求等。②确定风险识别的对象和范围。它包括确定必须开展风险识别的企业生产或业务活动的过程、计划、目标、具体的风险标准等，以获得风险识别对象的信息。③制订风险识别计划。包括识别方法的选择，在此基础上确定识别人员能力需求、识别工作时限、识别深度、识别费用、识别成果形式等。④准备识别工具。根据所选的具体识别方法，准备相应的识别工具，例如风险识别对象的分解结构、风险因素调查表、情景分析会、风险的历史资料、风险登记表等。⑤开展调查。它是指通过调查进行风险因素、相应风险事件和可能结果的描述及分类。⑥提交识别成果。识别成果即风险识别报告。

(2) 从人的认知规律来看，风险识别流程可以分为两个阶段：①感知风险，即通过调查和了解来识别风险的存在。②分析风险，即通过归类，掌握风险产生的原因和条件以及风险所具有的性质。感知风险和分析风险构成风险识别的基本内容，且两者相辅相成，相互联系。感知风险是风险识别的基础，分析风险是风险识别的关键。只有通过感知风险，才能进一步进行分析。只有通过风险分析，才能寻找到可能导致风险事故发生的各种因素，为拟订风险处理方案和作出风险管理决策服务。

5. 风险识别的方法

风险管理的阶段不同，识别风险的方法就不同。风险管理的单位与主体不同，其识别的方法也会不同。通常，风险管理组织不可能有足够的损失资料供风险管理人员识别本组织可能面临的风险。为了更好地识别风险，风险管理人员往往需要先获得具有普遍意义的风险管理资料，然后运用一系列具体的风险识别方法，去发现与识别风险。

风险识别的方法主要有风险损失清单法、现场调查法、财务报表分析法、流程图法、因果图法和事故树法。单一的风险识别方法都存在一定的局限性，任何一种方法都不可能揭示出经济单位面临的全部风险，更不可能揭示导致风险事故的所有因素，因此，必须根据企业的性质、风险的类型以及方法的特点将多种方法综合使用。

(二)风险的衡量

1. 风险衡量的概念

风险衡量是指在风险识别的基础上，通过对所收集的大量的详细资料加以分析，运用概率论和数理统计技术，估计和预测风险发生的频率和损失程度，并以此作为风险管理技术选择的依据。

风险衡量能使风险管理建立在科学的基础上，而且使风险分析定量化。损失分布的建立、损失概率和损失期望值的预测值为风险管理者进行风险决策、选择最佳管理技术提供了可靠的科学依据，因而成为风险管理的重要手段。它要求从风险发生频率、发生后所致损失的程度和自身的经济情况入手，分析自己的风险承受力，为正确选择风险的处理方法提供根据。

2. 风险估测的内容

风险估测的内容主要包括损失频率和损失程度两个方面。损失频率，又叫损失机会，是指在一定时间范围内实际损失或预期损失的数量与所有可能发生损失的数量的比值。具体可以指一定时期内，一定数目的风险单位可能（或实际）发生损失的数量次数，通常以分数或百分率来表示，用于度量事件是否经常发生。

损失频率的高低取决于风险单位数目、损失形态和风险事故；损失程度是指某一特定风险发生的严重程度。

风险单位是指一次风险事故发生可能造成的最大损害范围。在保险实务中，风险单位是指保险标的发生一次保险事故可能造成的最大损失范围，是保险人确定其可以承担最高保险责任的计算基础。

损失程度是指一次风险事故发生造成的损失规模大小或金额多少。它是发生损失金额的算术平均数，用来度量每一事故造成的损害。通常情况下，发生损失的频率和损失程度成反比关系。从保险的角度看，损失机会越高，并不意味着风险越大。同样，损失程度越严重，也并不意味着风险越大。

3. 风险衡量的作用

(1) 降低不确定性的层次和水平。风险衡量的主要作用是为了降低不确定性的层次和水平。对不确定性的认识有时又会受人的主观感受影响，不确定性是难以准确预测和计算的，是复杂变化的。虽然人们无法得到或者准确预测损失的不确定性，但是可以大致区分风险管理的层次和水平，风险管理的目的就是要降低不确定性的程度和水平，争取达到较低水平的不确定。表 13-3 列出了不同层次和水平的不确定性。

表 13-3　确定性与不确定性的等级划分

不确定性水平	特　征	例　子
无(确定)	结果可以精确预测	物理定理，自然科学
水平 1(客观不确定)	结果确定，概率可知	概率游戏：硬币、抓阄儿
水平 2(主观不确定)	结果确定，概率不可知	火灾、车祸
水平 3	结果不完全确定，概率不可知	太空探测、基因研究

(2) 消除主观认识造成的影响。实际估计损失频度，损失幅度的方法有多种，一些风险经理在评价已识别的风险时，对这些概念的使用并不很严格。他们或许是宽泛的分为："轻微""中等""确定"。而且对损失幅度也有类似的大致估量。

(3) 便于确认合同的范围。随着风险管理越来越复杂，大多数公司试图更精确地衡量风险，以便于责任风险合同范围的确认。

(三)风险的评价

1. 风险评价的概念和特点

风险评价是指在风险识别和风险估测的基础上，对风险发生的概率、损失程度，结合其他因素全面进行考虑，分析风险对企业目标影响的综合性评价，以决定是否需要采取相应的措施。

风险的评价是在前两个步骤的基础上，把风险发生的概率、损失严重程度，结合其他因素综合起来考虑，得出系统发生风险的可能性及其危害程度，并与安全指标比较，确定系统的危险等级，然后根据系统的危险等级决定是否需要采取控制措施，以及控制措施采取到什么程度。风险评价按照不同的分类标准可以划分为不同的类型。按照风险评价的阶段划分，有事前评价、中间评价、事后评价和跟踪评价；按照评价的角度可划分，有定性评价、定量评价和综合评价。

风险评价的目标任务实际就是评价识别出风险的危险程度，确定可承受的风险，并给出优先顺序的排列。评价主要指的是探讨多种风险因素对组织目标的总体影响。

例如：环境风险是指自然环境产生的或者通过自然环境传递的，对人类健康和福利产生不利影响同时又具有某些不确定性的危害事件。安全风险评价。安全风险评价的重点和对象是人为因素和操作因素等引发的安全危害。通过对各单元的物料危险性；发生事故的原因、概率，引起职业危害的因素；危险单元的分析评价来确定其安全水平。评价内容以事故引起厂(场)界内及附近人员的伤亡和财产的损失为主。

2. 对风险评价的理解

对于风险评价的理解主要包括两方面，一是评价风险是在确定损失幅度、损失频率的基础上确定风险等级。如图 13-1 所示。

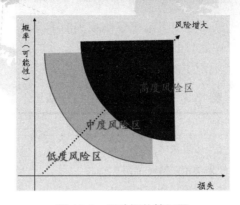

图 13-1　风险评价等级图

二是风险评价就是综合性评价。按照评价的方法可划分定性评价、定量评价和综合性评价。它要求从风险发生频率、发生后所致损失的程度和自身的经济情况入手,分析自己的风险承受力,为正确选择风险的处理方法提供依据。如表 13-4 所示。

表 13-4　风险综合评价表

定量方法一	评分	1	2	3	4	5
定量方法二	一定时期发生的概率	10%以下	10%～30%	30%～70%	70%～90%	90%以上
定性方法	文字描述一	极低	低	中等	高	极高
	文字描述二	一般情况下不会发生	极少情况下才发生	某些情况下发生	较多情况下发生	常常会发生
	文字描述三	今后10年内发生的可能少于1次	今后5～10年内可能发生1次	今后2～5年内可能发生1次	今后1年内可能发生1次	今后1年内至少发生1次

三是风险管理要依靠风险评估的结果来确定随后的风险处理活动,风险评价可以为决策者提供决策依据。

3. 风险评价的实质

风险评价可以分析各风险因素的风险结果,探讨这些风险因素对目标的影响程度,对与各项危害有关的风险的程度作出主观评价,并给出风险的分级;其主要依据研究者的知识及经验、历史教训、政策走向以及特殊变例等非量化和量化资料对风险状况作出综合性的判断。

风险评价的实质是为风险管理活动指明方向,不管评价方法有多详细和多专业,也只能描述风险状态,而不会改进组织的安全状态。机构只有利用评估结果持续地进行改进活动,实现风险有效管理,才能使机构的安全状态得到改善。评估好坏的评价标准在于其对随后的风险处理的指导作用,良好和确切的风险评估是成功的风险管理的基础。

(四)选择风险管理技术

根据风险评价的结果,为实现风险管理目标选择与实施最佳风险管理技术是风险管理的第四步。风险管理技术可分为两大类:一类为控制型技术(Control Method);另一类为财务型技术(Financing Method)。前者是为了避免、消除和减少意外事故发生的机会，采取限制已发生损失继续扩大的一切措施，重点在于改变引起意外事故和扩大损失的各种条件；后者则是在实施控制技术后，对无法控制的风险所做的财务安排，这一技术的核心是将消除和减少风险的成本均匀地分布在一定时期内，以便减少因随机性的巨大损失发生而引起的财务上的波动，通过财务处理，可以把风险成本降低到最小程度。实践中，通常会将几种管理技术优化组合，使其达到最佳状态。

(五)风险管理效果评价

风险管理效果评价是指对风险管理技术的适用性及其收益性情况的分析，检查、修正与评估。风险管理效益的大小取决于是否能以最小的风险成本取得最大的安全保障。成本的大小等于为采取某项管理技术所支付的各项费用与机会成本之和。而保障程度的高低取决于由于采取了该项管理技术后减少的风险直接损失和间接损失之和，若前者大于后者，说明该项管理技术是不可取的；若后者大于前者，则该项技术是可取的，但不一定是最佳的。从经济效益来讲，最佳技术是指各项可供选择的技术中，下述比值最大的风险管理技术，即效益比值＝(采取某项技术后减少风险的直接损失和间接损失之和)/(采取某项技术所付各项费用和机会成本之和)

二、商务风险管理与控制技术

为实现风险管理目标，根据风险评价结果，选择最佳风险管理技术并实施是风险管理最为重要的环节。风险管理技术可分为控制型和财务型两大类，前者的目的是降低损失频率和减少损失程度，重点在于改变引起风险事故和扩大损失的各种条件；后者是事先做好吸纳风险成本的财务安排。

(一)控制型风险管理技术

控制型风险管理技术是指在风险分析的基础上，针对企业存在的风险因素，积极采取控制技术以消除风险，或减少风险因素的危险性，其目的主要有两个：①在事故发生前，降低事故发生的频率；②在事故发生时控制损失继续扩大，将损失减少到最低限度。具体的控制方法有下述几种。

1. 回避风险

回避风险即通过放弃或拒绝合作，停止业务活动来回避风险源。回避风险是最彻底的风险控制方法，即从根本上消除风险，但其局限与缺陷也是显而易见的。虽然潜在的或不确定的损失能就此避免，但获得利益的机会也会因此而丧失。回避风险时，还应考虑风险回避的可能性和合理性。有些风险是无法回避的，如履行责任有风险，但不能因此什么也不做；有些风险可以回避，如卖方拒绝与信用不好的买方签订买卖合同等。风险回避的合理性，就是比较接受损失和回避损失的成本，如果为了回避风险花费超过损失本身，就得不偿失；或为了回避损失而带来更大的风险也是不可取的。

回避风险的方法一般在某种特定风险所致损失频率和损失程度相当高或处理风险的成本大于其产生的效益时采用，它是一种最彻底、最简单的方法，但也是一种最消极的方法。

2. 预防风险

预防风险是指在风险发生之前采取各种措施减少风险的发生频率与损失程度，它是通过消除或减少风险因素来实现的，目的在于降低损失发生的频率。一般企业在损失频率高而损失幅度小的前提下可以采用这种策略。风险预防侧重于风险的物质因素，所以也称为工程物理法，如设计防火、防盗装置，设备的安全检查等；风险预防的另一类方法是侧重于人的行为，也称为人类行为法，如加强职业教育，提高思想觉悟等。在商务活动中收集必要的信息，选择合适的中间商也可以预防风险，减少损失。

3. 抑制风险

抑制风险是指在风险发生时或发生后，为了防止风险的蔓延和损失扩大而采取的一系列措施，是处理风险的有效技术。如安装自动报警装置或自动喷淋系统，以便及时发现和扑灭火灾。风险抑制的一种特殊形态是割离，它是将风险单位割离成许多独立的小单位而达到降低损失程度的一种方法。风险抑制常在损失幅度高且风险又无法回避和转嫁的情况下采用。

4. 分散风险

分散风险是指以增加风险单位数量来提高风险的可测性，平衡风险损失，降低风险成本。在现实生活中分散风险的实例很多，如炒股人士持有不同种类和数量的股票就是防止某种股票过分下跌而带来的风险损失。人们常说的不要把鸡蛋放在一个篮子里，也是为了分散风险。

分散是集合有同类风险的多数单位，将风险损失分散到众多的单位，使某一单位所承担的风险较以前减少；或者将具有不同风险的单位组合起来，使之互相协作，提高各单位应付风险的能力，由于大数法则的作用，使损失的不确定性相对减少。通过集中与分散，达到降低风险的目的。如企业通过合并、扩张、联营或采用商品品种多元化经营的方式，以利于分散或减轻可能遭到的风险；再如在贷款、投资方面，可以采取贷款期限多样化、贷款种类多样化、货币种类多样化和联合投资的方式来分散风险。

(二)财务型风险管理技术

由于人们对风险的认识受许多因素的制约，因而对风险的预测和估计不可能达到绝对精确的地步，而各种控制处理方法，都有一定的缺陷。为此，有必要采取财务法，通过预先提留各种风险准备金，消除风险事故发生时所造成的经济困难和精神忧虑，包括风险自留或承担和风险转移两种。

1. 风险自留

风险自留是指对风险的自我承担，即企业或单位自我承受风险损害后果的方法。自留风险可以是被动的，也可以是主动的；可以是无意识的，也可以是有意识的。当风险在没有被预见，因而没有做好处理风险的准备时，风险自留就是被动的或者无计划的。这种风险自留的方式是最常见的，在一定程度上不可避免。主动的或有计划的风险自留，通常是采取建立一笔专项基金的方式，以此来抵偿可能遭遇的不测事件所带来的损失。对一些无法避免和转移的风险，采取现实的态度，在不影响投资者根本或局部利益的前提下，将风险自愿承担下来不失为一种有效规避风险的方式。

一般来说，在风险所致损失频率和幅度低、损失短期内可预测以及最大损失不足以影响企业的财务稳定时，宜采用自留方法。但有时会因风险单位数量的限制而无法实现其处理风险的功效，一旦发生损失，因可能导致财务调度上的困难而失去其作用。

2. 风险转移

风险转移是一些单位或个人为避免承担风险损失而有意识地将风险损失或与风险损失有关的财务后果转嫁给另一单位或个人承担的一种风险管理方法。

风险转移可分为直接转移和间接转移。直接转移是将与风险有关的财务或业务直接转嫁给他人；间接转移是指在不转移财产或业务本身的条件下将财产或业务的风险转移给他人。前者主要包括转让、转包等；后者主要包括租赁、保证、保险等。其中，转让是将可能面临风险的标的通过买卖或赠予的方式将其所有权让渡给他人；转包是将可能面临风险的标的通过承保的方式将其经营权或管理权让渡给他人；租赁是通过出租财产或业务的方式将与该项财产或业务有关的风险转移给承租人；保证是保证人和债权人约定，当债务人不履行债务时，保证人按照约定履行债务或承担责任的行为；保险则是通过支付保费购买保险将自身面临的风险转嫁给保险人的行为。如企业通过分包合同将土木建筑工程中水下作业转移出去，将带有较大风险的建筑物出售等都属于风险转移行为。

风险转移并没有直接改变风险的频率和程度，而是将风险转移给他人，间接地达到了降低损失频率和减小损失幅度的目的。

第四节 商务风险类型与管理

一、市场风险管理

(一)市场风险概述

市场风险是指由于市场供求或价格因素(如利率、汇率、证券价格、商品价格与衍生品价格)发生的不利变动而使公司的表内和表外业务或公司价值发生损失的风险。根据风险因素的不同，它可以分为利率风险、汇率风险、证券价格风险、商品价格风险与衍生品价格风险。分别是指由于利率、汇率、证券价格、商品价格和衍生品价格的不利变动而使公司业务或价值遭受损失的风险。其中利率风险和汇率风险是最主要的市场风险。

1. 利率风险

利率风险是指由于利率水平或者利率结构的变化引起金融资产价格发生不利的变动带来损失的风险。按照来源的不同，又可以分为重新定价风险、收益率曲线风险、基准风险和期权性风险。重新定价风险也称为期限错配风险，是最主要和最常见的利率风险形式，源于银行资产、负债和表外业务到期期限(就固定利率而言)或重新定价期限(就浮动利率而言)之间所存在的差异。收益率曲线是将某一债券发行者发行的各种期限不同的债券收益率用同一条线在图表上连接起来而形成的曲线。基准风险也称为利率定价基础风险，也是一种重要的利率风险。在利息收入和利息支出所依据的基准利率变动不一致的情况下，虽然资产、负债和表外业务的重新定价特征相似，但是因其现金流和收益的利差发生了变化，也会对银行的收益或经济价值产生不利的影响。期权性风险是一种越来越重要的利率风险，源于银行资产、负债和表外业务中所隐含的期权。一般而言，期权赋予其持有人的只是买入、卖出或以某种方式改变某一金融工具或金融合同的现金流量的权利，而非义务。

2. 汇率风险

汇率风险是指由于汇率变动使某一经济主体以外币计值的资产、负债、盈利或预期未来现金流以本币度量的价值发生变动，从而使该经济主体蒙受经济损失的可能性。

根据表现形式，公司经营活动中面临的汇率风险可以分为三类。

一是交易风险。指公司的债务债权因汇率变动在进行外汇交割清算时所出现的风险。二是折算风险。又称会计风险，指公司财务报表中的外汇项目，因汇率变动而在转换为本币时价值跌落的风险。三是经济风险。指由于未能预料的汇率波动，引起公司未来预期收益发生变化的潜在性风险。这三类风险对公司的影响程度不同，按其影响的重要性大小不同排序依次是经济风险、交易风险和折算风险。

(二)市场风险的识别

1. 利率风险的识别

利率风险主要来自六个方面。①利率水平的预测和控制具有很大的不稳定性；②公司的资产负债具有期限结构的不对称性；③利率计算具有不确定性；④为保持流动性而导致利率风险；⑤以防范信用风险为目标的利率定价机制具有逆向选择风险；⑥公司的非利息收入业务对利率变化也越来越敏感。

2. 汇率风险的识别

经济主体由于汇率变动而遭受的汇率风险主要源于外币敞口、跨货币交易与时间因素。表现在：①经济主体以外币计价的资产或负债存在"敞口"；②汇率风险的产生源于经济主体的跨货币交易行为；③汇率风险的产生与时间因素有密切关系。

(三)市场风险的监测和控制

1. 市场风险报告

有关市场风险状况的报告应当定期、及时地向董事会、高级管理层和其他管理人员提供。不同层次和种类的报告应当遵循规定的发送范围、程序和频率。向董事会提交的市场风险报告通常包括总体市场的风险水平、盈亏状况以及对市场风险限额和市场风险管理的其他政策和程序的遵守情况等内容。向高级管理层和其他管理人员提交的市场风险报告通常包括按地区、业务经营部门、资产组合、金融工具和风险类别分解后的详细信息，并具有更高的报告频率。风险管理部门应当能够运用有效的分析和报告工具，向高级管理层和交易前台提供有附加价值的风险信息，以辅助交易人员、高级管理层和风险管理专业人员进行决策。

市场风险报告应该包括如下所述全部或部分内容：①按业务、部门、地区和风险类别分别统计的市场风险头寸；②按业务、部门、地区和风险类别分别度量的市场风险水平；③对市场风险度量和市场风险水平的结构分析；④盈亏情况、内外部审计情况；⑤市场风险识别、度量、监测和控制方法及程序的变更情况；⑥市场风险管理政策和程序的遵守情况；⑦市场风险限额的遵守情况，包括对超限额情况的处理；⑧事后检验和压力测试情况；⑨市场风险经济资本分配情况；⑩对改进市场风险管理政策、程序以及市场风险应急方案的建议。

先进的风险管理信息系统是提高市场风险管理效率和质量的核心，该系统必须有能力将完整的市场风险信息，按照交易人员、风险管理专业人员、高级管理层和董事会的要求，在最短的时间内自动生成缝隙和各种辅助决策报告。例如，发现当前的高风险点、提供最佳的风险规避方案、简化复杂的投资组合等，这些及时、动态的风险报告对提高市场风险管理质量是非常有帮助的。

从国外的市场风险管理实践看，市场风险报告具有多种形式和作用，例如投资组合报告、风险分解"热点"报告、最佳投资组合复制报告和最佳风险规避策略报告。

2. 市场风险控制

(1) 限额管理。商业银行实施市场风险管理的主要目的是确保将所面临的市场风险规模控制在可以承受的合理范围内，使其承担的市场风险水平与其风险管理能力和资本实力匹配。限额管理通常是对商业银行对市场风险进行有效控制的一项重要手段。常用的市场风险限额包括交易限额、风险限额和止损限额等。

(2) 市场风险对冲。除了采用限额管理来控制市场风险外，商业银行还可以通过金融衍生产品等金融工具，在一定程度上达到控制或对冲市场风险的目的。风险对冲是指通过投资或购买与管理基础资产收益波动负相关或完全负相关的某种资产或金融衍生产品来冲销风险的一种风险管理策略。当原风险敞口出现亏损时，新风险敞口能够盈利，并且使盈利能够尽量全部抵补亏损。

除此之外，还有缺口管理、久期管理、内部管理方法、金融组合管理方法、资产负债管理等。

二、信用风险管理

(一)信用风险管理定义及信用风险类型

信用风险管理(Credit Risk Management)是指通过制定信息政策,指导和协调各机构业务活动，对从客户资信调查、付款方式的选择、信用限额的确定到款项回收等环节实行的全面监督和控制，以保障应收款项的安全及时回收。信用风险具有不对称性、累积性、非系统性和内源性的特征。

信用风险主要包括以下几种类型。

(1) 违约风险，债务人由于种种原因不能按期还本付息，不履行债务契约的风险。如授信企业，可能因经营管理不善而亏损，也可能因市场变化出现产品滞销、资金周转不灵导致到期不能偿还债务。一般说来，借款人经营中风险越大，信用风险就越大，风险的高低与收益或损失的高低呈正相关关系。

(2) 市场风险，资金价格的市场波动造成证券价格下跌的风险。如市场利率上涨导致债券价格下跌，债券投资者就会受损。期限越长的证券，对利率波动就越敏感，市场风险也就越大。

(3) 收入风险，人们运用长期资金作多次短期投资时实际收入低于预期收入的风险。

(4) 购买力风险，指未预期的高通货膨胀率所带来的风险。当实际通货膨胀率高于人们预期水平时，无论是获得利息还是收回本金时所具有的购买力都会低于最初投资时预期的购买力。

(二)信用风险的衡量

信用风险对于银行、债券发行者和投资者来说都是一种非常重要的影响决策的因素。若某公司违约，则银行和投资者都得不到预期的收益。现有多种方法可以对信用风险进行管理。但是，现有的这些方法并不能满足对信用风险管理的更高要求。

国际上，测量公司信用风险指标中最为常用的是该公司的信用评级。这个指标既简单又易于理解。例如，穆迪公司对企业的信用评级即被广为认可。该公司利用被评级公司的财务和历史情况分析，对公司信用进行从 aaa 到 ccc 信用等级的划分。aaa 为信用等级最高，最不可能违约。ccc 为信用等级最低，很可能违约。 另外一个对信用风险度量的更为定量的指标是信用风险的贴水。信用风险的贴水不同于公司偿债的利率和无违约风险债券的利率(如美国长期国债)。

公司的信用评级越高，则投资者或金融机构所承担的信用风险越低，所要求公司付出的信用风险贴水越低；而公司信用评级的降低，则意味着投资者或金融机构所承担的信用风险越高，而在高风险的情况下，投资者或金融机构要求公司付出信用风险贴水越高，则公司会很大程度上增加融资成本。

(三)信用风险的防范

在信用管理中，为避免信用风险应遵循以下原则：①对称原则。金融机构的资产与负债的偿还期应保持高度的对称关系，无论资产还是负债都要有适当的期限构成。②资产分散原则。应注意选择多种类型的证券和放款，尽量避免将资金集中于某种证券或某种放款。③信用保证原则。在授信时，要求受信人以相应的有价证券或实物资产作为抵押或者由第三者承诺在受信人不能清偿债务时承担履约的责任。

信用风险防范有多种方法。传统的方法是贷款审查的标准化和贷款对象的分散化。近年来，较新的管理信用风险的方法是出售有信用风险的资产。银行可以将贷款直接出售或将其证券化。银行还可以把有信用风险的资产组成一个资产池，将其全部或部分出售给其他投资者。当然，使用各种方法的目的都是转移信用风险而使自己本身所承受的风险降低。不过，这类方法并不完全满足信用风险的管理需要。

1. 贷款审查标准化和贷款对象分散化

贷款审查的标准化和贷款对象分散化是管理信用风险的传统方法。贷款审查标准化就是依据一定的程序和指标考察借款人或债券的信用状况以避免可能发生的信用风险。例如：如果一家银行决定是否给一家公司贷款，银行首先要详细了解这家公司的财务状况。

然后，应当考虑借款公司的各种因素，如盈利情况、边际利润、负债状况和所要求的贷款数量等。若这些情况都符合贷款条件，则应考虑欲借款公司的行业情况，分析竞争对手、行业发展前景、生产周期等各个方面。然后，银行就可依据贷款的数量，与公司协商偿还方式等贷款合同条款。尽管共同基金与债券投资并不能确定投资期限，但他们也是通过类似的信用风险分析来管理投资的信用风险的。

此外，银行还可以通过贷款的分散化来降低信用风险。贷款分散化的基本原理是信用风险的相互抵消。例如：如果某一个停车场开的两个小卖部向银行申请贷款，银行了解到其中一家在卖冰淇淋，另一家则卖雨具。在晴天卖冰淇淋的生意好，卖雨具的生意不好，而在雨天则情形正好相反，因为两家小卖部的收入的负相关性，其总收入波动性就比较小。银行也可利用这样的原理来构造自己的贷款组合和投资组合，在不同行业间贷款可以减少一定的信用风险。贷款审查标准化和投资分散化是管理信用风险的初级的也是必要的步骤，而利用这两个步骤控制信用风险的能力往往会因为投资分散化机会较少而受到限制。

2. 资产证券化和贷款出售

近年来，管理信用风险的新方法是资产证券化和贷款出售。资产证券化是将有信用风险的债券或贷款的金融资产组成一个资产池并将其出售给其他金融机构或投资者。从投资者的角度来看，因为通过投资多个贷款或债券的组合可以使信用风险降低，所以这种资产组合而产生的证券是有吸引力的。同时，购买这样的证券也可以帮助调整投资者的投资组合，减少风险。

贷款出售则是银行通过贷款出售市场将其贷款转售给其他银行或投资机构。通常，银行在给企业并购提供短期贷款后，往往会将其贷款出售给其他投资者。极少数时候，银行可以对某一单一并购提供大量贷款，这种情况下信用风险分析就显得十分重要。资产证券化和贷款出售均为信用风险管理的有效工具。不过，资产证券化只适合那些有稳定现金流或有类似特征的贷款项目，例如，房地产和汽车贷款。所以，最新的信用风险管理工具是依靠信用衍生工具。

三、筹资风险管理

企业生存与发展所需要的资金主要来源于权益资金和负债资金，负债是企业一项重要的资金来源。然而，负债资金在为企业带来杠杆效应，增加股东收益的同时，也会增加企业的筹资风险，而较大的筹资风险甚至可能导致企业生命的终止。因此，控制资本结构，防范和降低筹资风险就显得尤为重要。

(一)筹资风险的含义及分类

由于权益资金属于企业长期占用的资金，不存在还本付息的压力，也就不存在偿债的风险；而负债资金则需要还本付息，是一种法律义务。因此，筹资风险主要是指由负债筹资而引起的到期不能偿债的可能性。筹资风险可分为现金性筹资风险和损益性筹资风险两大类。

1. 现金性筹资风险

现金性筹资风险是指企业在特定时点上，现金流出量超过现金流入量而产生的到期暂时不能偿付债务本息的风险。形成现金性筹资风险的主要原因是由于企业债务的期限结构与其资产的使用期间搭配不当，负债比例过高等。现金性筹资风险的基本特征主要有四点：第一，它是一种暂时的风险，表现为企业在某一特定的时点无法清偿某些债务，但不表明企业的长期偿债能力有问题；第二，它是一种个别风险，表现为企业某一项债务不能即时即刻偿还；第三，它是一种支付风险，与企业盈利状况无关；第四，它是一种纯粹的筹资风险，是由于筹资不当引起的，表现为现金预算与实际状况的不符等。

2. 损益性筹资风险

损益性筹资风险是指企业损益状况恶化出现的不能依约偿还到期债务本息的风险。引起损益性筹资风险的原因主要是由于企业资金结构不当，经营状况恶化。损益性筹资风险的基本特征主要有：第一，损益性风险不是个别风险，体现为企业的整体风险，它对全部债务的偿还都将产生不利的影响；第二，损益性风险本质上是经营风险引起的筹资风险，它不是一种支付风险，企业经营处于亏损状态时，偿还债务的能力会逐步丧失；第三，损益性风险是一种终极风险，不是一种暂时的风险，企业经营亏损的状况若不能得到改观，企业将会陷入破产的边缘。

(二)筹资风险的成因

企业筹资风险的成因来自内外两个方面。

1. 筹资风险的内因

(1) 负债规模过大。企业负债规模过大，则利息费用支出自然增加，由于收益降低而导致丧失偿付能力或破产的可能性也会增大。同时，负债比重越高，企业的财务杠杆系数[息税前利润÷(息税前利润-利息)]越大，股东收益变化的幅度也越大。所以负债规模越大，财务风险越大。

(2) 资本结构不当。这是指企业资本总额中自有资本和借入资本比例不恰当对收益产生负面影响而形成的财务风险。企业借入资本比例越大，资产负债率越高，财务杠杆利益越大，伴随其产生的财务风险也就越大。合理地利用债务融资、配比好债务资本与权益资本之间的比例关系，对于企业降低综合资本成本、获取财务杠杆效益和降低财务风险是非常关键的。

(3) 筹资方式选择不当。在我国，目前可供企业选择的筹资方式主要有银行贷款、发行股票、发行债券、融资租赁和商业信用。不同的筹资方式在不同的时间会有各自的优点与弊端，如果选择不恰当，就会增加企业的额外费用，减少企业的应得利益，影响企业的资金周转，从而形成财务风险。

(4) 负债的利息率。在同样负债规模的条件下，负债的利息率越高，企业所负担的利息费用支出就越多，企业破产风险也就越大。同时，负债的利息率对股东收益的变动幅度也有较大影响。因为在息税前利润一定的条件下，负债的利息率越高，财务杠杆系数越大，股东收益受影响的程度也就越大。

(5) 负债期限结构不当。这一方面是指短期负债和长期负债的安排，另一方面是指取得资金和偿还负债的时间安排。如果应筹集长期资金却采用了短期借款，或者应筹集短期资金却采用了长期借款，则会增加企业的筹资风险。所以企业在举债时也要考虑债务到期的时间安排及举债方式的选择，只有如此，才能在债务偿还期不至于因资金周转出现困难而无法偿还到期债务。

(6) 筹资顺序安排不当。这种风险主要针对股份有限公司而言。在筹资顺序上，要求债务融资必须置于流通股融资之后，并注意保持间隔期。如果发行时间、筹资顺序不当，则必然会加大筹资风险，对企业造成不利影响。

2. 筹资风险的外因

(1) 经营风险。经营风险是企业生产经营活动本身所固有的风险，其直接表现为企业息税前利润的不确定性。经营风险不同于筹资风险，但又影响筹资风险。当企业完全采用股权融资时，经营风险即为企业的总风险，完全由股东均摊。当企业采用股权融资和债务融资时，由于财务杠杆对股东收益的扩张性作用，股东收益的波动性会更大，所承担的风险将大于经营风险，其差额即为筹资风险。如果企业经营不善，营业利润不足以支付利息费用，则不仅股东收益会化为泡影，而且要用股本支付利息，严重时企业将丧失偿债能力，被迫宣告破产。

(2) 预期现金流入量和资产的流动性。负债的本息一般要求以现金偿还。因此，即使企业的盈利状况良好，但其能否按合同规定偿还本息，还要看企业预期的现金流入量是否足额、及时和资产流动性的强弱。现金流入量反映的是现实的偿债能力，资产的流动性反映的是潜在的偿债能力。如果企业投资决策失误或信用政策过宽，不能足额、及时地实现预期的现金流入量以支付到期的借款本息，就会面临财务危机。此时，企业为了防止破产可以变现其资产。各种资产的流动性(变现能力)是不一样的，其中库存现金的流动性最强，固定资产的变现能力最弱。企业资产的整体流动性，即各类资产在资产总额中所占比重，对企业的财务风险影响最大，很多企业破产不是没有资产，而是因为其资产不能在较短时间内变现，结果不能按时偿还债务而宣告破产。

(3) 金融市场。金融市场是资金融通的场所，企业负债经营要受金融市场的影响，如负债的利息率就取决于取得借款时金融市场的资金供求情况。金融市场的波动，如利率、汇率的变动，会导致企业产生筹资风险。当企业主要采取短期贷款方式融资时，如遇到金融紧缩、银根抽紧、短期借款利息率大幅度上升，就会引起利息费用增高利润下降，更有甚者，一些企业由于无法支付高涨的利息费用而破产清算。

(三)筹资风险的防范

筹资活动是一项系统工程，为了降低筹资风险，企业必须拟定正确的筹资方案，并对筹资活动进行监控。为了防范筹资风险，商务企业应做到以下几点。

1. 应树立风险意识

在市场经济体制下，企业是自主经营、自负盈亏、自我约束、自我发展的独立商品生产者和经营者，企业必须独立承担风险。企业在从事生产经营活动时，内外部环境的变化，导致实际结果与预期效果相偏离的情况是难以避免的。如果在风险临头时，企业毫无准备，一筹莫展，必然会遭致失败。因此，企业必须树立风险意识，即正确承认风险，科学估测风险，预防发生风险，并且有效应对风险。

2. 建立有效的风险防范机制

企业必须立足市场，建立一套完善的风险预防机制和财务信息网络，及时地对财务风险进行预测和防范，制定适合企业实际情况的风险规避方案，通过合理的筹资结构来分散风险。如通过控制经营风险来减少筹资风险，充分利用财务杠杆原理来控制投资风险，使企业按市场需要组织生产经营，及时调整产品结构，不断提高企业的盈利水平，避免由于决策失误而造成的财务危机,把风险减少到最低限度。

3. 保持合理的负债比率

企业筹集资金是为了满足生产经营的需要,但不能过剩,否则也会加大筹资的风险。当外部筹资运营后所获利润高于利息支出时,负债经营有利,借入的资金越多,获利越多。但应确定适度的负债数额,保持合理的负债比率。负债经营能获得财务杠杆效益,同时企业还要承担由负债带来的筹资风险损失。为了在获取财务杠杆效益的同时避免筹资风险,企业一定要做到适度负债经营。企业负债经营是否适度,是指企业的资金结构是否合理,即企业负债比率是否与企业的具体情况相适应,以实现风险与报酬的最优组合。在实际工作中,如何选择最优化的资金结构,是复杂和困难的。对一些生产经营好,产品适销对路,资金周转快的企业,负债比率可以适当高些;对于经营不理想,产销不畅,资金周转缓慢的企业,其负债比率应适当低些,否则就会使企业在原来商业风险的基础上,又增加了筹资风险。

4. 合理制订负债财务计划

企业应按照需要与可能安排适量的负债,同时,还应根据负债的情况制订出还款计划。如果举债不当,可能会到了债务偿还日无法偿还,从而影响企业信誉。因此,企业利用负债经营,就必须从加强管理,加速资金周转上下功夫。企业应努力降低资金占用额,尽量缩短生产周期,提高产销率,降低应收账款,增强对风险的防范意识,在充分考虑影响负债各项因素的基础上谨慎负债。在制订负债计划的同时必须制订出还款计划,使其具有一定的还款保证,企业负债后的速动比率应不低于1:1,流动比率应保持在2:1左右的安全区域。只有这样,才能最大限度地降低风险,提高企业的盈利水平。同时还要注意,在借入资金时,长短期资金应根据需要合理安排,使其结构趋于合理,并严格防止还款期过分集中。

5. 根据利率走势作出筹资安排

针对由利率变动带来的筹资风险,企业应认真研究资金市场的供求情况,根据利率走势及其发展趋势,作出相应的筹资安排。在利率处于高水平时期,尽量少筹资或只筹集急需的短期资金;在利率处于由高向低过渡时期,也应尽量少筹资,不得不筹集的资金应采用浮动利率的计息方式;在利率处于低水平时,筹资较为有利;在利率处于由低向高过渡时期,应积极筹集长期资金,并尽量采用固定利率的计息方式。

企业负债经营,就必须承担筹资风险。筹资风险控制得好,能为企业筹得必要的资金,扩大生产经营规模,促进企业发展;如果筹资风险较大又无力控制,会给企业带来金融危机,甚至威胁企业的生存。因此,筹资风险的识别与控制是商务风险管理的首道关口。企业应在正确认识筹资风险的基础上,充分重视筹资风险的作用及影响,提前采取筹资风险的防范措施,使企业既获得负债经营带来的财务杠杆收益,同时又将风险降低到最低限度,使负债经营更有利于提高企业的经营效益,增强企业市场竞争力。

四、投资风险管理

投资是继筹资之后企业的又一项关键性经营活动,它不仅是企业生存与开拓的动力,更是企业成功与发展的机遇。同样，投资形式的多样性和环境的复杂性也会使企业面临各种投资风险，其防范和控制的措施也各不相同。

(一)投资风险的概念及成因

投资风险是投资决策时必须考虑的一种特种风险，由于投资活动受到多种不确定因素的共同影响，而使实际投资出现不利结果的可能性增大。投资风险表现为实际投资结果与期望投资收益之间的不一致。一般来说，实际投资出现不利结果的可能性越大，偏离期望投资收益越远，投资的风险也就越大。在投资风险存在的情况下，可能出现截然不同的两种结果：好的结果是投资收益的实际结果超过期望水平，坏的结果是投资的实际结果低于期望水平。

导致投资风险产生的原因主要有：一是整个投资期内投资费用的不确定性；二是投资收益的不确定性；三是投资期间金融市场变化导致的购买力风险和利率风险，对投资项目的收益结果会产生很大影响；四是政治环境的变化和自然灾害等因素也会影响投资项目的收益，从而形成投资风险；五是人为因素造成的投资决策失误。

(二)投资风险的分类

投资风险通常分为系统性风险和非系统性风险两大类。

1. 系统性风险

系统性风险是指由于政治、经济及社会环境的变化而造成的所有投资行为的风险。它包括经济周期风险、利率风险、通货膨胀风险等。这类风险的共同特点是它们的影响不是作用于某一种投资对象，而是对整个投资行为发生作用，导致所有投资行为出现风险。由于系统性风险对所有投资行为普遍存在且无法通过多样化的方法来加以回避与消除，因此又称为非多样化风险。

2. 非系统性风险

非系统性风险是指由于市场、行业以及企业本身等因素导致个别投资行为的风险。它包括行业风险、企业经营风险、财务风险、企业违约风险等，这是由单一因素造成的，它只影响某种投资收益的风险。尽管目前不同类别的投资行为在不同程度上都具有非系统性风险，但根据投资理论研究的结果，非系统性风险属于个别风险，能够通过投资多样化的方法将其分解，并且可以进行有效的防范，因此又称为多样化风险。

(三)投资风险的识别

投资风险识别是风险管理人员运用有关的知识和方法，系统、全面和连续地发现投资活动所面临的风险的来源、确定风险发生的条件、描述风险的特征并评价风险影响的过程。投资风险识别是风险管理的首要步骤，只有全面、准确地发现和识别投资风险，才能衡量风险和选择应对风险的策略。投资风险的识别具有以下几个特点。

(1) 投资风险的识别是一项复杂的系统工程。由于风险的无时无处不在，决定了投资过程中的风险都属于风险识别的范围；同时，为了准确、全面地发现和识别风险，需要风险管理部门和生产部门、财务部门等方面密切配合。

(2) 投资风险识别是一个连续的过程。一般来说，投资活动及其所处的环境随时都处在不断地变化之中,所以,只有根据投资活动的变化适时、定期进行风险识别,才能连续不间断地识别各种风险。

(3) 投资风险识别是一个长期过程。投资风险是客观存在的,它的发生是一个渐变的过程,所以在投资风险发展、变化的过程中,风险管理人员需要进行大量的跟踪、调查。对投资风险的识别不能偶尔为之,更不能一蹴而就。

(4) 投资风险识别的目的是衡量和应对风险。投资风险识别是否全面、准确,直接影响着风险管理工作的质量,进而影响风险管理的成果。识别风险的目的是为衡量风险和应对风险指明方向并提供依据。

(四)企业投资风险的防范

投资活动是一个较长期的过程,而不仅仅是注入资金获得权益的一瞬间,其内容包括获得权益前后一系列管理运作行为,时间上则包括从项目物色准备直至投资收回的各个阶段。所以,对风险的防范和控制应贯穿于投资的全过程。

1. 投资预算与企业的战略计划一致

企业战略计划和投资预算的关系是企业战略决定投资预算。没有好的战略,投资失误会使一个富翁变成乞丐,如果投资预算和战略计划脱节、背离,投资就会失去方向和重点,可能出现各个项目相互矛盾的问题。如果投资方案和战略计划不一致,还会导致投资的错误分配。比如,战略计划中希望得到扩充的地区分不到投资,或者得到较少;反之,战略计划要收缩的地区或业务,投资预算却继续增加。为了防止这种问题发生,企业的战略计划需要通过正式的方式让所有项目投资者都知道,并共同遵守其规定的基本原则;战略计划必须在编制投资预算以前就制订出来,以便使它成为投资预算的指南;在编制投资预算的过程中,投资项目要和战略计划的关键规定及约束条件相对照;如果战略计划过程还没有完全结束,或还没有正式批准,投资预算不要最后拍板。

2. 投资预算与企业实力相符合

投资预算必须在资金能力的范围内进行评价。制定投资预算的最初阶段,要将资金产生的能力数量化,也就是说要根据实际情况来计划和安排资金来源。公司的资金一般有下列几个来源:从公司税后利润中扣除分红及其他应付款项后可以重新投入企业经营的部分;提取固定资产折旧以及其他如土地、资源所摊提的资金;非现金的流动资金(包括会计应收款和期票),可以变现的库存物资(包括原材料、在制品、制成品等);其他来源(包括期初的富余现金、变卖固定资产的收入,以及发行新的债券和股票所筹集的现金收入等)。这些资金来源构成了公司支持投资的财力约束条件。计算出来的总财力往往偏高,但它仍然可以为投资额预算规定一个上限。

以上有关财力的分析,也包括以货币表现的物力,剩下的就是人力如何与投资预算相适应,这也是投资成败的关键因素。如果企业的技能、管理能力与投资需要不平衡,贸然将资金投向某个行业,也可能会犯大错误。在这种情况下,投资应当受到严格的限制,直到企业采用了新技术,人员经过培训等能够胜任为止。

3. 投资必须进行严格的控制

由于企业外部环境和内部条件的变化,一项投资计划也可能会被证明是错误的,或者是不合时宜的，这时控制职能可以为追踪决策提供必要的反馈信息。退一步说，即使是有希望获得成功的投资预算，也需要对其实施过程进行控制。控制的方法是将主要投资项目分解成若干个子项目，以提供一个检查、控制开支的基础；对已批准的投资项目，在正式签订合同或采购之前，必须按子项目进行具体细致的审查；按时间顺序拨款，定期检查预算开支情况，以控制成本超支等问题。

4. 控制风险要贯彻到投资过程的各个阶段

在投资的准备阶段：投资的准备即对项目的储备、筛选，在发掘项目的过程中，我们就应充分考虑项目实施将可能发生的种种风险，将风险度作为考察项目的重要因素，甚至是首要因素。

在投资的决策阶段：科学合理的决策体系可有效防范风险。集团决策系统应充分发挥集体智慧，采用先进的决策方法。在对研发机构的项目建议和可行性研究报告进行详细审查，通过答辩程序进一步论证的基础上，才能作出决策，避免凭感觉"拍脑袋"决策。

在投资的实施阶段：投资项目的执行实施单位始终要具有风险防范意识，在运作过程中要及时发现潜在风险，采取相应措施。集团要加强风险监控体系建设，建议集团设立专门的风险管理职能部门或专职人员，对每项投资实施实时监测，及时反馈有关信息。

五、贸易风险管理

(一)买卖风险的识别与防范

买卖风险是指在商品所有权转移过程中产生的各种风险，包括采购风险、销售风险和变价风险。

1. 采购风险及其防范

采购风险是由于采购商品过程中发生的不利于采购方的行为的总称，主要有以下几种风险：①质量不符，即供方提供的货物不符合采购合同规定的品质要求，如劣质商品、假冒商品、需提供使用说明书但未提供的商品、需负责安装但未履行安装义务的商品、需提供配套产品而未提供配套产品的行为等。②数量不符，即供方提交货物不足合同规定数量或超过合同规定数量。③时间不符，即供方延时或提前交付货物，前者影响到买方的生产或转售，造成经济损失，后者增加了买方的储存费用。④地点不符，即供方交货的地点与合同的要求不符。⑤采购数量不当，即占压过多企业流动资金，或货源供应不充分。

防范采购风险，首先，应认真签订采购合同。合同的条款一定要具体、明确，如对质量要求要注明品质标准和检验办法；对数量要明确溢交或短交的比率等。其次，应合理确定采购批量，按需采购。再次，严把质量检验关，尤其要提高采购人员的责任心，对每笔采购品都要认真查验，不让劣质产品进入企业。最后，慎重选择预付款手段。预付货款采购商品是许多商品交易中的惯例，应根据供求状况慎重确定预付款的数量。对供过于求的商品，一般应采取货到付款的形式；对供不应求的紧缺商品，可适当多付预付款。

2. 销售风险及其防范

销售风险是指企业在出售商品过程中产生的风险，通常有买方拒收货物造成损失、买方不付款或不按时付款造成损失两种风险。

防范销售风险,一方面应严格按合同要求交付货物和全面了解买方的资信情况,凡在合同中明确了交货数量、质量、时间和地点的,必须按要求认真履行销售合同,如遇特殊情况影响按要求履行合同时,必须及时与买方联系,取得买方的谅解和支持;当买方发生拒收货物行为时,要认真分析原因,及时化解纠纷。另一方面,考察买方资信情况是保证买方是否按时付款的关键,对资信好的企业,可采取货到付款方式;对资信不好的企业,要采取款到交货方式。

3. 变价风险及其防范

对于大多数合同交易的商品,通常存在交易的时间和空间差异。从合同签订到履行的间隔期内,市场形势可能发生变化,从而引起商品价格的涨落,产生合同价格与实际市场价格不相符的现象,带来变价风险。采购和销售活动都存在这种风险。如签订采购合同时市场价格较高,而履行合同时市场价格明显下降,采购方需按合同中的价格履行合同,就要承担价格变动所带来的损失;又如签订销售合同时市场价格较低,而履行合同时市场价格显著上升,销售方需按合同中价格履行合同,也要承受变价损失。

防范变价风险的重要措施是准确预测市场信息,掌握市场变化规律。对于市场变化(波动)大的商品,要在签订合同时订立"变价处理办法"的条款,同时缩短签约与履约的时间;对季节性商品,在定价时要充分考虑储存费用对价格的影响。

(二)运输风险的识别与防范

运输风险是货物在运送过程中产生的风险,包括货物的短少、损坏和灭失。造成运输风险的原因主要有装卸不当、运输事故及不可抗力事件等。运输风险是货物运输中客观存在的风险,在贸易过程中需要慎重对待。

防范运输风险需要注意:首先,要认真签订运输合同,明确承运人与受托人的权利和责任,以便当货物在运输过程中发生灭损时采取有效的损害救济方法;其次,要对货物进行运输保险,货物运输保险是商务活动中常用的手段,尤其在国际贸易中使用最为广泛,通过保险可使损失减少到最低程度;最后,货物运输中发生不可抗力事件后,要及时采取抢救措施,减少损失。

(三)结算风险的识别和防范

结算风险是在贸易结算过程中产生的各种风险,最常见的风险有两类:①由于货币价格变动产生的风险,最典型的是由于通货膨胀给买方或卖方带来的损失;②由于采用不同的结算方式而带来的风险,如采取远期信用证结算方式可能产生较大风险。

商务活动,特别是对外商务活动中比较突出的就是外汇风险,这是企业在一定时期内对外贸易活动中,以外币表现的资产或负债因未预料到外汇汇率变动或结算方式选择不当可能带来巨大的贸易损失。

防范外汇风险可以采取以下几种避险措施:①出口以硬货币、进口以软货币或多种货币报价;②如未能达成出口以硬货币、进口以软货币或多种货币报价,则可采取加价保值或压价保值的办法,即出口企业接受以软货币计价成交时将汇价变动所造成的损失摊入出口商品的价格中,以转移汇率风险;③在出口贸易中,如预测到计价货币在结算期可能贬值,要设法提早结算收款;相反,如计价货币升值时应推迟付款,避开汇率变动期;④为减少因时间推移带来的风险,出口企业应按期交货、迅速收汇,缩短收汇时间;⑤如果企业在进出口贸易中预测到收付货币汇率的变动,可以在进出口交易的基础上以远期外汇买卖转嫁外汇风险。

本章小结

(1) 本章对商务风险管理的相关知识进行了探讨。首先介绍了风险、不确定性、风险管理的概念与内涵,指出进行商务风险管理的重要性。通过风险管理,采取一系列预防、减少风险的措施,能够减轻企业年度收益和资金流的波动;通过对潜在风险的分析,能为预测未来事态做好准备,及时捕捉有利的时机,扩大企业的经营规模,通过风险管理提高企业的竞争力。

(2) 对商务风险的来源与基本原理进行了介绍。从环境因素、内部决策因素及资本运营中的风险几方面分析了商务风险的主要来源。环境因素主要包括政治、经济、法律、人员、技术和信息等几个方面;内部决策主要是指企业在不同类型的决策过程中面临的风险;资本运营中包括了投资、筹资、贸易、汇率等方面的风险因素。并介绍了商务风险管理的风险钟摆、风险承受与分担、资源性伙伴关系与契约型性伙伴关系、免责条款、保险等基本原理,以帮助读者理解商务风险的意义。

(3) 介绍了商务风险管理的主要流程,包括风险识别,风险衡量、风险评价以及对风险实施有效的控制和对风险管理效果的评价等几个主要步骤。一般来看,规避风险主要有完全回避风险、风险损失控制、风险转移、风险自留和分散风险等方式,应针对不同的风险采取不同的风险规避措施。总之,风险规避不仅可以消除风险,而是在减少未来可能损失的同时还可以寻求可能的收益增长机会。

(4) 本章最后分析了商务风险中的主要类型,包括市场风险、信用风险、筹资风险、投资风险和贸易风险。市场风险的概念与类型,从利率风险和汇率风险的成因对市场风险进行了识别,并提出市场风险报告的监测手段及运用限额管理、风险对冲等手段的风险控制方法;信用风险主要来源于市场风险、违约风险、收入风险和购买力风险,其衡量主要通过公司信用评级,并通过贷款审查标准化和贷款对象分散化、资产证券化和贷款出售的方法进行控制;筹资风险的防范主要是通过保持合理的负债比率、合理制订负债财务计划以及根据利率走势作出筹资安排;投资风险的防范要使投资预算与企业的实力相符合,并贯彻到投资过程的各个阶段;贸易风险主要从交易风险、运输风险和结算风险三个方面防范。

本章案例

雷曼兄弟的破产

2008年9月15日,美国第四大投资银行雷曼兄弟按照美国公司破产法案的相关规定提交了破产申请,成为美国有史以来倒闭的最大金融公司。拥有158年历史的雷曼兄弟公司是华尔街第四大投资银行。从2008年9月9日,雷曼公司股票一周内股价暴跌77%,公司市值从112亿美元大幅缩水至25亿美元。第一个季度中,雷曼卖掉了1/5的杠杆贷款,同时又用公司的资产作抵押,大量借贷现金为客户交易其他固定收益产品。第二个季度变卖了1 470亿美元的资产,并连续多次进行大规模裁员来压缩开支。然而雷曼的自救并没有把自己带出困境。华尔街的"信心危机",金融投机者操纵市场,一些有收购意向的公司则因为政府拒绝担保没有出手。雷曼最终还是没能摆脱破产的厄运。

关于破产的原因主要有以下几点:

1. 受次贷危机的影响

次贷问题及所引发的支付危机,最根本原因是美国房价下跌引起的次级贷款对象的偿付能力下降。因此,其背后深层次的问题在于美国房市的调整。美联储在IT泡沫破灭之后大幅度降息,实行宽松的货币政策。全球经济的强劲增长和追逐高回报,促使了金融创新,出现很多金融工具,增加了全球投资者对风险的偏好程度。而房地产市场的上涨,导致美国消费者财富增加,增加了消费力,使美国经济持续快速增长,又进一步促进了美国房价的上涨。2000 至 2006 年美国房价指数上涨了 130%,是历次上升周期中涨幅最大的。在房价大涨和低利率环境下,借贷双方风险意识日趋薄弱,次级贷款在美国快速增长。同时,浮动利率房贷占比和各种优惠贷款比例不断提高,各种高风险放贷工具增速迅猛。

和过去所有房地产市场波动的主要不同是此次次贷危机,造成整个证券市场,尤其是衍生产品的重新定价。而衍生产品估值往往是由一些非常复杂的数学或者是数据性公式和模型做出来的,对风险偏好十分敏感,需要不断地调整,这样就给整个次级债市场带来很大的不确定性。投资者难以对产品价值及风险直接评估,从而十分依赖评级机构对其进行风险评估。然而评级机构面对越来越复杂的金融产品并未采取足够的审慎态度。而定价的不确定性造成风险溢价的急剧上升,并蔓延到货币和商业票据市场,使整个商业票据市场流动性迅速减少。由于金融市场中充斥着资产抵押证券,美联储的大幅注资依然难以彻底消除流动性抽紧的状况。到商业票据购买方不能继续提供资金的时候,流动性危机就形成了。

在这一轮由次级贷款问题演变成的信贷危机中,众多金融机构因资本金被侵蚀而面临清盘的窘境,这其中包括金融市场中雄极一时的巨无霸们。贝尔斯登、"两房"、雷曼兄弟、美林、AIG皆面临财务危机或被政府接管、或被收购或破产收场,而他们曾是美国前五大投行中的三家,全球最大的保险公司和大型政府资助机构。

2. 雷曼兄弟自身的原因

(1) 进入不熟悉的业务领域,且发展太快,业务过于集中。作为一家顶级的投资银行,雷曼兄弟在很长一段时间内注重于传统的投资银行业务(证券发行承销,兼并收购顾问等)。进入 20 世纪 90 年代后,随着固定收益产品、金融衍生品的流行和交易的飞速发展,雷曼兄弟也大力拓展了这些领域的业务,并取得了巨大的成功,被称为华尔街上的"债券之王"。在 2000 年后房地产和信贷这些非传统的业务蓬勃发展之后,雷曼兄弟和其他华尔街上的银行一样,开始涉足此类业务。这本无可厚非,但雷曼的扩张速度太快(美林、贝尔斯登、摩根士丹利等也存在相同的问题)。2000 年以来,雷曼兄弟一直是住宅抵押债券和商业地产债券的顶级承销商和账簿管理人。即使是在房地产市场下滑的 2007 年,雷曼兄弟的商业地产债券业务仍然增长了约 13%。这样一来,雷曼兄弟面临的系统性风险非常大。在市场情况好的年份,整个市场都在向上,市场流动性泛滥,投资者被乐观情绪所蒙蔽,巨大的系统性风险给雷曼带来了巨大的收益;可是当市场崩溃的时候,如此大的系统风险必然带来巨大的负面影响。

另外，雷曼兄弟"债券之王"的称号固然是对它的褒奖，但同时也暗示了它的业务过于集中于固定收益部分。虽然雷曼也在其他业务领域(兼并收购、股票交易)有了进步，但缺乏其他竞争对手所具有的业务多元化。对比一下，同样处于困境的美林证券可以在短期内迅速将它所投资的彭博和黑岩公司的股权脱手而换得急需的现金，但雷曼就没有这样的应急手段。

(2) 自身资本太少，杠杆率太高。以雷曼为代表的投资银行与综合性银行(如花旗、摩根大通、美洲银行等)不同。它们的自有资本太少，资本充足率太低。为了筹集资金来扩大业务，它们只好依赖债券市场和银行间拆借市场；在债券市场发债来满足中长期资金的需求，在银行间拆借市场通过抵押回购等方法来满足短期资金的需求。然后将这些资金用于业务和投资，赚取收益，扣除要偿付的融资代价后，就是公司运营的回报。就是说，公司用很少的自有资本和大量借贷的方法来维持运营的资金需求，这就是杠杆效应的基本原理。借贷越多，自有资本越少，杠杆率就越大。

(资料来源：根据网络资料 https://jtxt.tlu.edu.cn/s/74/t/363/96/83/info38531.htm 整理所得。)

讨论题

1. 你认为雷曼兄弟在风险管理方面的意识和管控措施如何？
2. 除了案例中提到的破产原因外，你认为还有哪些方面的原因？进一步思考企业应该如何通过战略规划提升其抗风险能力？
3. 此案例带来的启发有哪些？

思考题

1. 风险和不确定性带给我们的思考有哪些？
2. 商务活动中的风险主要来自哪些方面？
3. 商务活动中为什么要进行风险管理，其重要作用体现在哪些方面？
4. 如何理解商务风险管理的几种原理，能否举例说明？
5. 结合具体的商务活动谈一谈如何进行商务管理，识别、度量及评价阶段各需要关注的重点内容有哪些？
6. 如何识别与防范商务活动中的市场风险？
7. 筹资、投资中的商务风险管理的重点体现在哪些方面？
8. 商务风险回避的策略有哪些，如何运用控制技术达到降低风险的目的？

参 考 文 献

[1] 赵悦，韩志霞，崔瑜如. 公司战略与风险管理[M]. 大连：大连理工大学出版社，2017.
[2] 许瑾良. 风险管理(第四版)[M]. 北京：中国金融出版社，2011.
[3] 宋建波. 内部控制与风险管理[M]. 北京：中国人民大学出版社，2013.
[4] 上海国家会计学院. 企业风险管理[M]. 北京：经济科学出版社，2012.
[5] 霍普金. 风险管理：理解、评估和实施有效的风险管理[M]. 蔡英右，译. 北京：中国铁道出版社，2013.
[6] 王战勤. 企业筹资风险管理分析[J]. 会计之友，2011(32)：54-55.
[7] 何慧. 企业财务风险控制研究[J]. 合作经济与科技，2013(20)：87-88.
[8] 徐莉. 中国企业对外直接投资风险影响因素及控制策略研究[D]. 济南：山东大学，2012.
[9] 王开良. 资本运营技巧与风险管理[M]. 北京：中国书籍出版社，2015.
[10] 易中天. 中国智慧[M]. 上海：上海文艺出版社出版，2011.
[11] 李建中，等. 中国文化概论[M]. 武汉：武汉大学出版社，2005.
[12] 李浚源，等. 中国商业史[M]. 北京：中央广播电视大学出版社，1985.
[13] [德]马克思，恩格斯. 马克思恩格斯全集[M]. 北京：人民出版社，1995.
[14] [英]孟(Thomas Mun，1571—1641). 英国得自对外贸易的财富[M]. 北京：商务印书馆，1997.
[15] [英]斯密. 国富论[M]. 北京：华夏出版社，2005.
[16] [英]马歇尔. 经济学原理[M]. 北京：人民日报出版社，2009.
[17] [美]张伯伦. 垄断竞争理论[M]. 北京：三联书店，1958.
[18] [美]熊彼特. 资本主义、社会主义和民主主义[M]. 北京：商务印书馆，1979.
[19] 邓春玲. 经济学说史[M]. 大连：东北财经大学出版社，2006.
[20] 孙国辉，曲扬. 国际商务管理[M]. 北京：清华大学出版社，2007.
[21] 黄旭. 战略管理思维与要径[M]. 2版. 北京：机械工业出版社，2013.
[22] [美]贝叶. 管理经济学与商务战略[M]. 北京：社会科学文献出版社，2003.
[23] 邓恩，勒斯克. 零售管理[M]. 5版. 北京：清华大学出版社，2007.
[24] 杨言洪. 国际商务环境研究[M]. 北京：北京对外经济贸易大学出版社，2011.
[25] [美]特班，等. 电子商务：管理视角[M]. 5版. 严建援，等译. 北京：机械工业出版社，2010.
[26] 王瑜，浅谈商圈分析对连锁零售企业选址的重要性[J]. 消费经济，2017(1).
[27] 叶娟娟. 我国智慧社区商圈经济发展对策研究[J]. 齐齐哈尔大学学报(哲学社会科学版)，2020(01).
[28] [日]辻村清行. 移动互联时代的商机[M]. 王慧，译. 北京：中信出版社，2013.
[29] 刘行倍. 商务管理[M]. 北京：清华大学出版社，2008.
[30] [美]钦科陶，隆凯宁，莫菲特. 国际商务[M]. 姚新超，史纪明，译. 北京：机械工业出版社，2011.
[31] [美]丹尼尔斯，拉德巴赫，沙利文. 国际商务环境与运作[M]. 11版. 石永恒，译. 北京：机械工业出版社，2008.
[32] 张静. 现代商务管理实操[M]. 北京：对外经济贸易大学出版社，2012.
[33] [美]科特勒，等. 营销管理[M]. 14版. 王永贵，等译. 北京：中国人民大学出版社，2012.
[34] [美]拉纳戴夫. 看到未来商业机会[M]. 2版. 曹嬿恒，译. 北京：东方出版社，2010：18-20.
[35] 李双喜. 企业信息化与管理[M]. 北京：清华大学出版社，2008.

[36] 郑淑荣. 零售业大数据：形成、应用及启示[J]. 理论探索. 2014(2).

[37] 邓立治. 商业计划书原理、演示与案例[M]. 2版. 北京：机械工业出版社，2020.

[38] 秦志华，赖晓. 从商业创意出发理解创业研究的特征[J]. 管理学报，2010，7(2)：225-232.

[39] 王资. 商务管理[M]. 北京：中国水利水电出版社，2009.

[40] 查菲. 电子商务与管理[M]. 大连：东北财经出版社，2011.

[41] 杨丽. 商务管理综合应用[M]. 北京：中国财政经济出版社，2012.

[42] 陈运涛. 商务运营管理[M]. 北京：中国财政经济出版社，2013.

[43] 廖进球. 商务管理学[M]. 北京：中国财政经济出版社，1998.

[44] 蒋国平，等. 现代管理学[M]. 北京：机械工业出版社，2013.

[45] 魏炜，等. 发现商业模式[M]. 北京：机械工业出版社，2011.

[46] 赵红梅，岳建集. 生产与运作管理[M]. 北京：人民邮电出版社，2007.

[47] 汪涛. 浅谈企业供应链管理[J]. 煤炭经济研究，2007(12).

[48] 陶敏，彭磊. 采购战略与策略分析[J]. 现代管理科学，2003(2).

[49] 危永波，等. 采购战略四要素[J]. 商场现代化，2005(1).

[50] 你有采购战略吗？[J]. 中国商贸，2001(21).

[51] 汤晓华. 采购管理工具箱[M]. 北京：机械工业出版社，2012.

[52] 冯利伟. 采购过程控制精细化管理手册[M]. 北京：人民邮电出版社，2012.